ID # 2022
QINGTONGXIA
NIANJIAN

青铜峡年鉴

中共青铜峡市委党史和地方志研究室 编

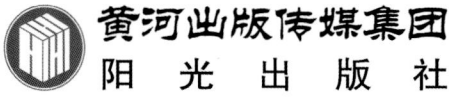
黄河出版传媒集团
阳光出版社

图书在版编目（CIP）数据

青铜峡年鉴. 2022 / 中共青铜峡市委党史和地方志研究室编. -- 银川：阳光出版社，2022.11
ISBN 978-7-5525-6631-4

Ⅰ.①青… Ⅱ.①中… Ⅲ.①青铜峡市 – 2022 – 年鉴 Ⅳ.①Z524.33

中国版本图书馆 CIP 数据核字（2022）第 234628 号

青铜峡年鉴（2022）	中共青铜峡市委党史和地方志研究室　编

责任编辑　胡　鹏
封面设计　王　丽
责任印制　岳建宁

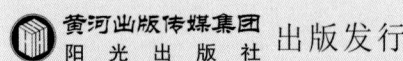

出 版 人　薛文斌
地　　址　宁夏银川市北京东路 139 号出版大厦（750001）
网　　址　http://www.ygchbs.com
网上书店　http://shop129132959.taobao.com
电子信箱　yangguangchubanshe@163.com
邮购电话　0951-5047283
经　　销　全国新华书店
印刷装订　宁夏文之杰印刷科技有限公司
印刷委托书号　（宁)0024888

开　本　880 mm×1230 mm　1/16
印　张　30.25
字　数　790 千字
版　次　2022 年 12 月第 1 版
印　次　2022 年 12 月第 1 次印刷
书　号　ISBN 978-7-5525-6631-4
定　价　298.00 元

版权所有　翻印必究

青铜峡市党史地方志编纂委员会

主　任　文学智

副主任　赵彦林　丁　辉　宋　丽　王照陆　苏　忠　徐怀俊　吴文彪　罗志成
　　　　吴雪君　牛俊刚

成　员　王宏强　高锦阔　姜建辉　张立军　杨军峡　高志成　周学明　卢　海
　　　　李海文　哈新强　王文涛　郭　涛　沈　冰　王仙涛　王立平　姚志勇
　　　　秦永华　张青云　朱永霞　韩万东　陈英君　官振华　杨富威　杨金和
　　　　马明松　李凤霞　夏建军　何立国　王　军　张进喜　李　华　王宝茹
　　　　柏晓东　丁斓进　哈存连　王紫玉　梁立军　何保国　肖　波　李晓刚
　　　　葛继平　周志刚　李志平　张新普　王　东　张彤彤　郭小改　李丽华
　　　　郝文斌　包作军　田学军　王自迁　王　伟　马　力　王　浩　海　军
　　　　马新斌　赵壮壮　杨建光　李　刚　武智杰　马新林　赵小顺　聂少军
　　　　李金川　梁　才　王　娟　陈树华　郭恒斌　杨文斌　李永祥　苏吉生
　　　　李睿华　张　锋　陈小宁　张少华　李艳华

《青铜峡年鉴（2022）》编辑部

主　编　秦永华

副主编　窦海军　马　静

编　委　乔才山　韩　汀　陈　玲

审　读　吴晓红

编辑说明

一、《青铜峡年鉴》是大型综合性资料年刊,由中共青铜峡市委党史和地方志研究室主编,《青铜峡年鉴》编辑部编辑出版后面向国内外公开发行。

二、《青铜峡年鉴(2022)》坚持以马克思列宁主义、毛泽东思想、邓小平理论、"三个代表"重要思想、科学发展观和习近平新时代中国特色社会主义思想为指导,坚持辩证唯物主义和历史唯物主义的立场、观点和方法,存真求实,系统记述青铜峡市自然、政治、经济、文化、社会和生态建设等方面的基本情况,为社会各界了解青铜峡、研究青铜峡、建设青铜峡提供全面、客观、翔实的资料。记述时限为2021年1月1日至12月31日。

三、《青铜峡年鉴(2022)》采用分类编辑法,设类目、分目、条目3个层次,部分分目增设次分目,条目为记述基本层次。全书设类目25个、分目250个、条目1606个。为打造中国年鉴精品工程,全书框架结构与往年相比,类目名称、排列顺序、所辖分目均有重大调整。类目设置如下:专载、大事记、综览、政治、军事、法治、民主党派与工商联、群众团体、经济管理、财政税务、农业农村经济、工业、商贸流通、城乡建设、交通·邮政·通信、自然资源管理、生态环境、科技·教育、文化·旅游·传媒、卫生·体育、社会管理、金融·保险、镇·街道、荣誉榜、附录。

四、《青铜峡年鉴(2022)》配有双重检索方法,书前有中文详细目录,书后附综合性主题索引。全书所有资料可通过目录、书眉、索引等检索渠道查阅。

五、本期年鉴所载资料均由青铜峡市各部门专人撰写并经领导审核,部分资料由编辑部收集、补充并反馈至原单位核对后,由编委会定稿。主要数据和统计资料由青铜峡市统计局提供,部分数据由各相关部门提供。由于统计口径等原因,相关部门的个别数据与统计资料不一致的,以统计资料为准。反映青铜峡市国民经济和社会发展的数据系《青铜峡市2021年国民经济和社会发展统计公报》数据,详细数据以青铜峡市统计局《宁夏回族自治区青铜峡市国民经济统计资料(2021)》为准。

2021年9月25日,中共青铜峡市第十三次代表大会在龙海宾馆大会堂隆重开幕

(市委办公室 提供)

2021年11月19日,青铜峡市第十六届人民代表大会第一次会议在龙海宾馆开幕

(市人大常委会办公室 提供)

2021年11月18日,政协第十二届青铜峡市委员会第一次会议在青铜峡宾馆开幕

(市政协办公室 提供)

2021年7月2日，青铜峡市委召开庆祝中国共产党成立100周年座谈会

（市委组织部 提供）

2021年，庆祝"七一"建党节期间，青铜峡市公安局举行"光荣在党50年"纪念章颁发仪式暨退休党员座谈会　　　（市公安局 提供）

2021年5月12日，住建系统党员干部在黄河楼开展庆祝建党100周年我和我的祖国快闪宣传活动

（王俭 摄影）

2021年6月24-28日，青铜峡市举办庆祝建党100周年"永远跟党走"革命歌曲大合唱比赛

（市委宣传部　提供）

2021年6月30日，青铜峡市举行庆祝建党100周年"永远跟党走"文艺晚会

（市委宣传部　提供）

2021年6月10日，青铜峡市举行"庆祝建党100周年"优秀党课展演

（市委宣传部　提供）

2021年3月4日，市委召开常委会（扩大）会议暨市委党史学习教育领导小组第一次会议
（市委宣传部 提供）

2021年4月1日，青铜峡市举行市委理论学习中心组（扩大）学习会暨领导干部党史学习教育专题辅导报告会
（市委宣传部 提供）

2021年3月19日，青铜峡市开展"学党史，我为企业解难题"专题调研交流研讨活动
（市委宣传部 提供）

2021年5月31日，青铜峡市委领导到裕民街道开展党史学习教育宣讲
（市委宣传部 提供）

2021年5月20日，青铜峡市举办"永远跟党走"党史学习教育知识竞赛暨"学习强国"学习平台达人挑战赛决赛
（市委宣传部 提供）

2021年4月23日，青铜峡市在市影剧院举行"传承红色基因 赓续精神命脉 汲取奋进力量"主题学习教育暨"4·23"世界读书日经典诵读展演活动
（市委宣传部 提供）

2021年4月16日,市农业农村局开展"学党史传承农耕文化、春藤架下为民送技术"主题活动
（市委宣传部　提供）

2021年8月19日,裕民街道东街社区举办"东街大妈在行动"党史宣讲活动
（市委宣传部　提供）

2021年4月6日,青铜峡市开展党史学习教育文化惠民演出进社区活动
（市委宣传部　提供）

工业园区区块　　（市工业和信息化局　提供）

2021年正在建设的重点项目——宁夏天霖新材料科技有限公司　（市工业和信息化局　提供）

2021年正在建设的重点项目——宁夏吉宏环保包装科技有限公司
（市工业和信息化局　提供）

2021年正在建设的重点项目——万向新元（宁夏）智能环保科技股份有限公司
（市工业和信息化局　提供）

2021年正在建设的重点项目——宁夏银丰新材料科技有限公司　（市工业和信息化局　提供）

2021年正在建设的重点项目——宁夏中泰新能科技有限公司　（市工业和信息化局　提供）

2021年10月14日，市工业和信息化局、宁夏职业技术学院（宁夏开放大学）举办"助力黄河流域生态保护和工业经济高质量"政校战略合作签约暨政校企合作座谈会　（市工业和信息化局　提供）

陈袁滩镇高标准农田建设俯视图　　　　（市农业农村局　提供）

制种玉米无人机飞防　（市农业农村局　提供）

玉米制种万亩五化基地（市农业农村局　提供）

制种基地制种玉米
（市农业农村局　提供）

在峡口镇举行玉米技术培训现场观摩会
（市农业农村局　提供）

2021年7月14日,举办高素质农民培育(农业服务人员－动物疾病防控)培训班技能操作培训
（市农业农村局　提供）

叶盛镇小拱棚　（市农业农村局　提供）

2021年5月28日,农业技术人员在五星村拱棚指导种植户蔬菜栽培技术　（市农业农村局　提供）

西鸽酒庄外景图　（市农业农村局　提供）　　　　西鸽酒庄酿酒葡萄发酵车间

2021年4月20日,青铜峡滨河新村污水处理站投入运行 （王 俭 摄影）

2021年8月9日,光明小区老旧小区改造第一部电梯安装完成 （王 俭 摄影）

2021年9月6日,青铜峡市城市更新工程全面启动,图为小坝步行街
（王 俭 摄影）

2021年9月6日,青铜峡市城市亮化工程全面启动,图为小坝步行街夜景
（王 俭 摄影）

2021年10月21日,黄河母亲雕像实施平移工程
（王 俭 摄影）

2021年,青铜峡市老旧小区改造全面展开,图为改造后的光明小区
（王 俭 摄影）

完成改造后的青逸湖　　　　（王 俭 摄影）

青铜峡市陈袁滩滨河新村垃圾分类回收分拣中心　　（王 俭 摄影）

改造后的青铜峡宏远小区
（王 俭 摄影）

2021年6月29日，青铜峡市举办庆祝建党100周年青铜峡市"古峡美"百幅美术作品（小品）展
（市文化旅游广电局　提供）

2021年7月15日，青铜峡市文化馆广场舞队在银川体育馆参加千乡百村广场舞大赛暨"我要上全运"全国第十四届运动会广场舞项目宁夏选拔赛全区总决赛，获一等奖
（市文化旅游广电局　提供）

2021年9月下旬，青铜峡市演艺公司深入汉坝小学、第二小学、第六中学等8所学校开展"戏曲进校园"系列文艺演出
（市文化旅游广电局　提供）

2021年5月17日，在青秀园召开第六届"万步有约"健走激励大赛青铜峡赛区启动会
（市疾病预防控制中心　提供）

2021年6月12日,"文化和自然遗产日"表演　　　　　　　　　　　（市文化旅游广电局　提供）

2021年3月2日,青铜峡市邵岗镇邵岗影剧院被列为自治区历史文化保护建筑
（市文化旅游广电局　提供）

2021年3月2日,全市历史建筑摸底工作全面展开,此为中滩乡粮库
（市文化旅游广电局　提供）

2021年6月4日至6日,《刘氏泥塑》传承人刘立军参加宁夏黄河流域非遗作品创意大赛暨"两晒一促"优品大赛
（市文化旅游广电局　提供）

2021年7月28日,村民正在家中制作手工工艺
（市文化旅游广电局　提供）

2021年7月2日至8日，青铜峡市在第六中学、汉坝小学等学校举办党史人物暨抗疫作品校园巡回展览活动　　（市教育局　提供）

2021年4月20—23日，青铜峡市第十四届中小学生田径运动会在职业中学举行，全市33所学校组队参加　　（市教育局　提供）

2021年9月23日，由宁夏教育信息化管理中心主办，青铜峡市教育局承办，全区第十一期"互联网＋教育"大讲坛在青铜峡市第五中学召开　　（市教育局　提供）

2021年5月8日，市教育工委、教育局主办的庆祝建党100周年系列活动"党啊妈妈听我唱、花儿朵朵向太阳"暨全市第八届学生合唱艺术节在市黄河奥体中心举行　　（市教育局　提供）

2021年10月20日，落实国务院"双减"政策，全市学科类校外培训机构"营转非"工作推进会在教育局召开　　（市教育局　提供）

改造提升后的青铜峡市甘城子中心学校七彩跑道

　　（市教育局　提供）

2021年9月16日,青铜峡市卫生健康局组织开展"健康孕育,护佑新生"公益行活动

(市卫生健康局 提供)

2021年6月22日,青铜峡市医疗健康总院揭牌仪式在市人民医院举行

(市卫生健康局 提供)

2021年12月3日,青铜峡市人民医院开展互联网医院上线培训,青铜峡市人民医院正式加入自治区互联网医院

(市卫生健康局 提供)

2021年4月1日,大坝镇卫生院开展"优质服务基层行"技能操作培训 (大坝镇卫生院 提供)

2021年3月30日,青铜峡市开展中小企业法律风险防范意识培训

(市司法局 提供)

2021年5月29日,青铜峡市公安局成功侦破"4·06"电信网络诈骗案,捣毁窝点3处,抓获嫌疑人21名,止损1000万余元 (市公安局 提供)

2021年6月1日,青铜峡市人民检察院李金玲宣讲"检爱同行 共护未来"——预防青少年违法犯罪

(市人民检察院 提供)

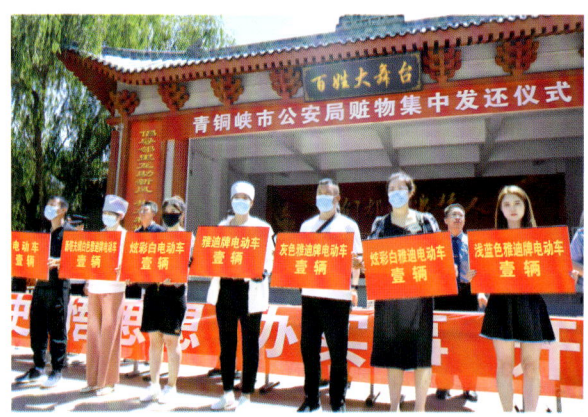

2021年6月23日,青铜峡市公安局举行赃物集中返还仪式,向群众返回追回的100万余元财物

(市公安局 提供)

2021年6月25日,自治区妇联、市妇联、市禁毒办联合在裕民街道汉源社区举办了婚姻家庭矛盾纠纷观察点设立仪式暨"拒接毒品 家家平安"主题活动 (市妇联 提供)

社会建设

2021年6月27日，市委宣传部、市文明办、市妇联联合策划举办了"传承红色家风 献礼百年华诞"暨"党的声音进万家"宣讲活动

（市委宣传部　提供）

2021年1月15日，市人民检察院控申部门负责人、专委委员胡兴军在峡口镇八闸村化解信访案件调解现场

（马利伟　摄影）

2021年3月9日，青铜峡市2021年春风行动暨春季人力资源系列招聘会　　　（市就业局　提供）

2021年3月16日，青铜峡市司法局、退役军人事务局联合在宁夏青禾律师事务所揭牌成立全区首家"退役军人法律维权服务站"

（龚　成　摄影）

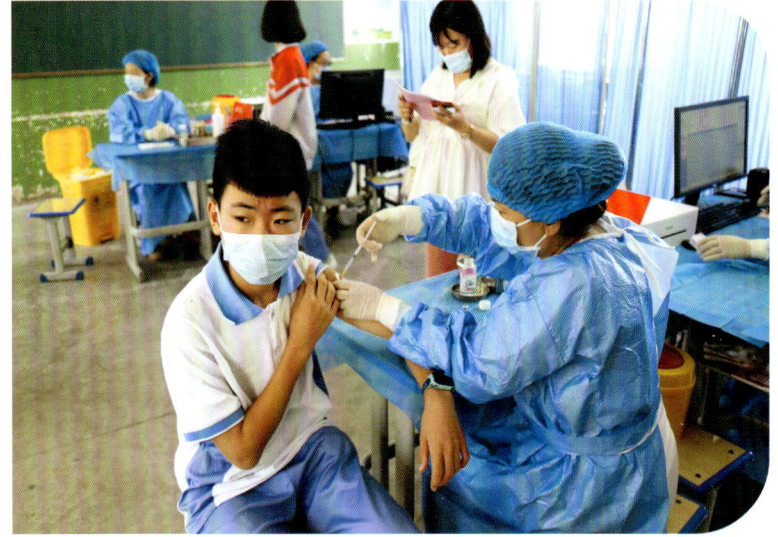

2021年8月18日,青铜峡市启动12至14岁人群新冠病毒疫苗接种工作

（市疫情防控办　提供）

卡点防控

（市疫情防控办　提供）

核酸样本运送车辆就绪　（市疫情防控办　提供）

运送核酸检测医护人员（市疫情防控办　提供）

疫情防控

防疫宣传
（市疫情防控办　提供）

嘉宝片区采样点　（市疫情防控办　提供）

党员青年突击队

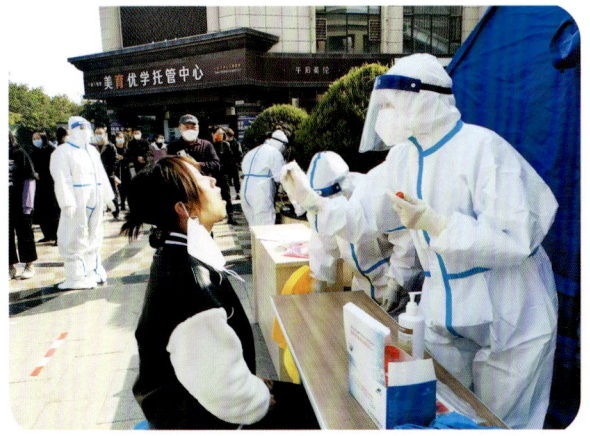

核酸检测　（市疫情防控办　提供）

目 录

专 载

勇担新使命 奋进新征程 在先行区建设中干在先走在前 为继续建设经济繁荣民族团结环境优美人民富裕的美丽新宁夏做出青铜峡贡献 …… 1

青铜峡市人大常委会工作报告 ……………… 15

政府工作报告（摘要） ……………………… 20

中国人民政治协商会议青铜峡市委员会常务委员会工作报告 ……………………………… 31

青铜峡市2021年国民经济和社会发展统计工报 ………………………………………………… 37

大事记

1月	……………………………………	42
2月	……………………………………	42
3月	……………………………………	43
4月	……………………………………	44
5月	……………………………………	45
6月	……………………………………	46
7月	……………………………………	47
8月	……………………………………	48
9月	……………………………………	49
10月	…………………………………	49
11月	…………………………………	50
12月	…………………………………	51

综 览

市情概况 ………………………………… 52
　地理环境 ………………………………… 52
　地形地貌 ………………………………… 52
　气候特征 ………………………………… 52
　年度气候 ………………………………… 52
　极端天气 ………………………………… 53
　土壤水系 ………………………………… 53
　湖泊湿地 ………………………………… 53
　矿产资源 ………………………………… 53
　动植物资源 ……………………………… 54
　历史沿革 ………………………………… 54
　地名由来 ………………………………… 54
　行政区划 ………………………………… 55
　人口发展 ………………………………… 55
　民族宗教 ………………………………… 55
　旅游资源 ………………………………… 55
　军事重镇 ………………………………… 55
　地方特产 ………………………………… 56

经济建设 ………………………………… 56
　经济总量 ………………………………… 56
　财税金融 ………………………………… 56
　固定资产投资 …………………………… 57
　工业经济 ………………………………… 57
　高效农业 ………………………………… 57
　畜牧养殖 ………………………………… 58
　旅游服务 ………………………………… 58

城市建设	58
乡村建设	59
交通运输	59
深化改革	59

政治建设 ……………………………………… 60
 党的建设 ………………………………………… 60
 基层组织建设 …………………………………… 60
 换届选举工作 …………………………………… 60
 党风廉政建设 …………………………………… 61
 法治政府建设 …………………………………… 61
 精神文明建设 …………………………………… 61
 民族团结进步创建 ……………………………… 62

文化建设 ……………………………………… 62
 文艺创作 ………………………………………… 62
 文艺演出 ………………………………………… 62
 群众体育 ………………………………………… 62
 广播电视 ………………………………………… 63
 图书阅览 ………………………………………… 63
 遗产保护 ………………………………………… 64

社会建设 ……………………………………… 64
 居民收入 ………………………………………… 64
 疫情防控 ………………………………………… 64
 移民扶持 ………………………………………… 64
 社会保障 ………………………………………… 65
 社会治理 ………………………………………… 65

生态文明建设 ………………………………… 65
 环境质量 ………………………………………… 65
 生态修复 ………………………………………… 66
 污染防治 ………………………………………… 66

政　治

中国共产党青铜峡市委员会 ………………… 67
 重要会议 ………………………………………… 67
  中国共产党青铜峡市第十二届委员会第十四次全体会议 ……………………………………… 67
  中国共产党青铜峡市第十三次代表大会 …… 67
  中国共产党青铜峡市第十二届、第十三届常委会会议 ……………………………………… 67
  其他会议 ……………………………………… 73
 组织工作 ………………………………………… 75
  庆祝中国共产党成立100周年系列活动 …… 75
  党内评选表彰慰问 …………………………… 75
  理想信念教育 ………………………………… 76
  市镇领导班子换届 …………………………… 76
  干部监督管理 ………………………………… 76
  农村党组织建设 ……………………………… 76
  城市党组织建设 ……………………………… 77
  村(社区)"两委"换届工作 …………………… 77
  各领域党建工作 ……………………………… 77
  人才工作 ……………………………………… 78
 宣传工作 ………………………………………… 78
  理论武装 ……………………………………… 78
  理论宣讲 ……………………………………… 78
  党史学习教育 ………………………………… 79
  社会宣传 ……………………………………… 79
  新闻宣传 ……………………………………… 79
  网络宣传 ……………………………………… 79
  精神文明创建 ………………………………… 79
  精神文明实践 ………………………………… 80
  时代新风弘扬 ………………………………… 80
  未成年人思想道德建设 ……………………… 80

文艺创作 … 80	党史宣传 … 86
文化惠民 … 80	《七彩古峡》编辑 … 86
文旅融合 … 81	市情教育 … 86
统一战线工作 … 81	档案管理 … 86
概况 … 81	数字档案馆建设 … 86
政治引领 … 81	档案馆际共享 … 86
"双创"工作 … 81	档案归集整理接收 … 87
服务中心工作 … 81	档案查阅利用服务 … 87
宗教工作 … 82	档案信息化工作 … 87
党外工作 … 82	档案安全、执法监督检查 … 87
政策研究工作 … 82	档案"十四五"规划编制 … 87
调研工作 … 82	保密、档案工作会议 … 87
深化改革 … 82	全国档案事业发展规划宣讲 … 88
目标效能考核 … 82	**青铜峡市人民代表大会** … 88
财经工作 … 83	重要会议 … 88
机构编制管理 … 83	青铜峡市第十五届人民代表大会第六次会议 … 88
基层整合审批服务执法力量改革 … 83	
事业单位改革 … 83	青铜峡市第十六届人民代表大会第一次会议 … 88
事业单位登记管理 … 83	
机构编制动态管理 … 84	青铜峡市人大常委会会议 … 88
机构编制核查 … 84	财政经济工作委员会 … 90
党校(行政学校)工作 … 84	概况 … 90
主体培训 … 84	部门评议 … 90
联合培训 … 84	计划执行和经济运行情况监督 … 90
网络培训督导 … 84	政府全口径预算审查和监督 … 90
基层培训 … 84	财政预算执行审计工作监督 … 90
党课质量提升 … 85	政府全口径财政决算审查和监督 … 90
理论文章撰写 … 85	财政预算调整审查工作 … 91
调查研究工作 … 85	国有资产监督 … 91
党史地方志编研 … 85	会务工作 … 91
《青铜峡市志》编修 … 85	法制工作委员会 … 91
《青铜峡年鉴(2021)》编辑 … 85	部门评议 … 91
党史编研 … 86	《民法典》培训 … 91

代表培训 …… 91	信访基础建设 …… 101
信访接待 …… 92	信访专项攻坚 …… 101
规范性文件备案审查 …… 92	审批服务管理 …… 102
会务工作 …… 92	概况 …… 102
教科文卫工作委员会 …… 92	政务服务办理 …… 102
部门评议 …… 92	"一件事一次办"改革 …… 102
评议意见整改督查 …… 92	政务服务评价推行 …… 102
医疗保障工作审议意见整改落实督查 …… 92	基层政务服务 …… 102
专题片制作 …… 93	政务服务跨省通办 …… 102
会议宣传工作 …… 93	"12345"便民热线运行管理 …… 102
农业与环境资源保护工作委员会 …… 93	镇(街道)赋权清单对接落实 …… 102
工作评议反馈意见整改情况督查 …… 93	服务模式创新 …… 102
工作检查反馈意见整改情况督查 …… 93	政务服务宣传 …… 103
部门评议 …… 93	网络安全和信息化建设 …… 103
会务工作 …… 94	网络舆情管控 …… 103
代表联络与选举工作委员会 …… 94	网络宣传 …… 103
市镇代表选举 …… 94	网络空间治理 …… 103
选举业务骨干培训 …… 94	网络安全宣传 …… 104
各镇换届选举指导 …… 94	网络安全管理 …… 104
代表资格审查 …… 94	信息化建设 …… 104
代表议案建议督办 …… 94	**政协青铜峡市委员会** …… 104
部门评议 …… 95	重要会议 …… 104
三级人大代表会议议案建议征集 …… 95	政协第十一届青铜峡市委员会第六次会议 …… 104
其他工作 …… 95	政协第十二届青铜峡市委员会第一次会议 …… 104
青铜峡市人民政府 …… 95	政协青铜峡市委员会2021年协商计划开题会 …… 105
重要会议 …… 95	政协常委会会议 …… 105
政府第六次全体(扩大)会议暨党风廉政建设工作会议 …… 95	政协主席会议 …… 106
第十五届、第十六届政府常务会议 …… 95	政协经济委员会 …… 107
其他会议 …… 99	经济社会发展调研 …… 107
信访工作 …… 100	专题协商 …… 107
概况 …… 100	
市级领导包保化解 …… 101	

界别协商 …………………………… 107	政治监督 …………………………… 112
社情民意信息 ……………………… 107	案件查处 …………………………… 113
调研考察配合 ……………………… 108	行业领域整治 ……………………… 113
界别工作室建设 …………………… 108	警示教育 …………………………… 113
政协教科文卫体委员会 ………………… 108	作风建设 …………………………… 113
专题协商 …………………………… 108	执纪监督 …………………………… 114
监督性协商 ………………………… 108	村(社区)廉政监督 ………………… 114
界别委员活动 ……………………… 108	扫黑除恶 …………………………… 114
调研考察配合 ……………………… 108	中共青铜峡市第十二届纪律检查委员会第六次全
工作实录编纂 ……………………… 109	体会议 …………………………… 115
政协社会治理委员会 …………………… 109	中共青铜峡市第十三届纪律检查委员会第一次全
协商议政 …………………………… 109	体会议 …………………………… 115
对口协商 …………………………… 109	巡察工作 ………………………………… 115
社情民意信息 ……………………… 109	概况 ………………………………… 115
界别工作室建设 …………………… 109	巡察规范化建设 …………………… 115
界别群众服务 ……………………… 109	巡察"回头看" ……………………… 116
协商议题征集 ……………………… 110	政治巡察 …………………………… 116
送书读书活动 ……………………… 110	巡察整改 …………………………… 116
考察交流接待 ……………………… 110	巡察成果运用 ……………………… 117
政协提案和委员联络委员会 …………… 110	巡察人才能力素质提升 …………… 117
社情民意信息 ……………………… 110	
委员履职管理考核 ………………… 110	# 军　事
提案文本规范 ……………………… 110	
重点提案遴选 ……………………… 111	青铜峡市人民武装部 …………………… 118
提案跟踪督办 ……………………… 111	概况 ………………………………… 118
提案工作信息化建设 ……………… 111	党委建设 …………………………… 118
委员读书活动 ……………………… 111	纪委工作 …………………………… 118
协商议政 …………………………… 112	基层风气监察联系点工作 ………… 118
文史资料编辑出版 ………………… 112	"四个秩序"建设 …………………… 119
提案工作报告撰写 ………………… 112	民兵训练 …………………………… 119
提案征集 …………………………… 112	国防动员潜力调查 ………………… 119
纪委　监委 ……………………………… 112	安全管理 …………………………… 119
纪检工作 …………………………… 112	国防教育 …………………………… 120

双拥工作	120	司法体制改革	125
新冠疫情防控	120	社会治理机制建立	125
换届选举工作	120	全域网格建设	125
武警青铜峡中队	120	综治中心建设	126
概况	120	网格员队伍调整优化	126
主题教育	120	反诈防诈	126
军事训练	121	政法队伍教育整顿	126
安全防范	121	谋划部署	126
后勤保障	121	责任落实	126
人民防空	121	督导检查	127
人防行政审批	121	五项教育	127
主题宣传活动	121	自查自纠	127
人防警报鸣放	121	组织查处	127
人防系统电台维护值班	121	顽疾整治	128
工程建设政府采购专项治理	121	问题整改	128
人防活动	122	为民办事	128

法 治

		扫黑除恶斗争	128
政法	123	概况	128
综述	123	责任落实	129
概况	123	力量保障	129
组织部署	123	督导检查	129
国家安全机制建立	123	舆论宣传	129
国家安全宣传	123	政治教育	129
经济犯罪防范打击	124	警示教育	129
命案防控	124	线索核查	129
交通事故预防	124	依法严惩	130
矛盾纠纷化解	124	深挖彻查	130
信访积案化解	124	行业领域整治	130
重点人员管控	124	矛盾纠纷化解	130
公共安全管理	125	基层组织整顿	131
行业整治	125	**法治政府建设**	131
		概况	131
		法治政府体制建设	131

"互联网+政务"融合 …………………… 131
营商环境优化 …………………………… 131
基层政务公开标准化规范化试点县（市）创建
　………………………………………… 132
政府依法履职边界规范 ………………… 132
重大行政决策制度完善 ………………… 132
规范性文件管理 ………………………… 132
重大突发事件处置能力提升 …………… 132
行政执法"三项制度"推行 ……………… 132
行政执法监督管理 ……………………… 132
基层审批执法改革 ……………………… 133
法治宣传教育 …………………………… 133
公共法律服务建设 ……………………… 133
行政复议和应诉工作 …………………… 133

公安 ………………………………………… 133
公安基层机制改革 ……………………… 133
案件侦破 ………………………………… 133
公安执法服务 …………………………… 134
公安队伍建设 …………………………… 134

检察 ………………………………………… 134
概况 ……………………………………… 134
批捕公诉 ………………………………… 134
刑事检察 ………………………………… 135
诉讼监督 ………………………………… 135
执行监督 ………………………………… 135
民事检察 ………………………………… 135
行政检察 ………………………………… 135
公益诉讼检察 …………………………… 135
未成年人司法保护 ……………………… 136
扫黑除恶 ………………………………… 136
检察队伍建设 …………………………… 136
阳光检务 ………………………………… 137

法院 ………………………………………… 137
概况 ……………………………………… 137
扫黑除恶 ………………………………… 137
经济案件审判 …………………………… 137
涉农案件审判 …………………………… 137
刑事案件审判 …………………………… 137
民事案件审判 …………………………… 138
行政案件审判 …………………………… 138
审判执行 ………………………………… 138
诉讼服务 ………………………………… 138
诉源治理 ………………………………… 138
司法体制改革 …………………………… 138
审判监督管理 …………………………… 139
智慧法院建设 …………………………… 139
廉政建设 ………………………………… 139
司法能力提升 …………………………… 139
司法公开 ………………………………… 139

司法行政 …………………………………… 140
依法治市工作 …………………………… 140
法治政府建设 …………………………… 140
普法依法治理 …………………………… 140
人民调解工作 …………………………… 140
特殊人群管控 …………………………… 140
公共法律服务 …………………………… 141

民主党派与工商联

民革青铜峡市委会 ………………………… 142
组织建设 ………………………………… 142
参政议政 ………………………………… 142
社会服务 ………………………………… 142
民盟青铜峡市委会 ………………………… 143
思想教育 ………………………………… 143

组织建设 …………………………… 143
　　民盟第五次代表大会 ………………… 143
　　参政议政 …………………………… 143
　　社会服务 …………………………… 143
民进青铜峡市委会 …………………… 144
　　思想教育 …………………………… 144
　　组织建设 …………………………… 144
　　民进第三次代表大会 ………………… 144
　　参政议政 …………………………… 144
　　社会服务 …………………………… 145
青铜峡市工商业联合会 ……………… 145
　　民营经济人士政治引领 ……………… 145
　　民营经济扶贫帮困公益活动 ………… 145
　　助力疫情防控 ……………………… 145
　　助力就业创业 ……………………… 145
　　助推民营企业发展 ………………… 145
　　营商环境优化 ……………………… 146
　　民营经济代表人士政治推荐和考察 …… 146
　　工商联第十次代表大会 ……………… 146
　　"五好"县级工商联创建 ……………… 146
　　建言献策 …………………………… 146
　　商协会建设 ………………………… 147
　　2021全国地域特色美食创意大赛 …… 147
　　中级厨师技能培训班 ………………… 147

群众团体

青铜峡市总工会 ……………………… 148
　　概况 ………………………………… 148
　　工会组织建设 ……………………… 148
　　职工之家建设 ……………………… 148
　　服务经济发展 ……………………… 148
　　职工权益维护 ……………………… 149
　　劳模评选 …………………………… 149
　　服务民生 …………………………… 149
　　职工医疗互助 ……………………… 149
　　职工文化活动 ……………………… 149
共青团青铜峡市委员会 ……………… 150
　　思想政治教育 ……………………… 150
　　青年之家阵地建设 ………………… 150
　　基层团组织建设 …………………… 151
　　青年志愿服务 ……………………… 151
　　青年创业 …………………………… 151
　　希望工程 …………………………… 151
　　青少年合法权益保护 ………………… 151
　　少先队工作 ………………………… 151
　　短视频征集大赛 …………………… 152
青铜峡市妇女联合会 ………………… 152
　　思想教育 …………………………… 152
　　巾帼志愿服务 ……………………… 152
　　巾帼创业行动 ……………………… 152
　　关爱妇女健康 ……………………… 152
　　文明家庭创建 ……………………… 152
　　妇女权益保障 ……………………… 153
　　"两规划"实施 ……………………… 153
　　"妇女之家"建设 …………………… 153
　　妇联换届选举 ……………………… 153
　　妇联队伍素质提升 ………………… 153
青铜峡市科学技术协会 ……………… 154
　　概况 ………………………………… 154
　　实用技术培训 ……………………… 154
　　科技志愿服务 ……………………… 154
　　科普平台应用 ……………………… 154
　　科普宣传 …………………………… 154
　　企业科研服务 ……………………… 154
　　科技人才培养 ……………………… 154

科普基础设施建设	154
基层"3+1"组织服务能力提升	154
农技协组织建设	154
科普项目申报	155
青少年科技教育活动	155

青铜峡市文学艺术界联合会 … 155
  文艺创作 … 155
  《古峡文学》刊发 … 155
  中国共产党成立100周年文艺活动 … 156
  文旅融合发展 … 156
  文艺平台建设 … 156
  青铜峡市文学艺术界联合会第二次代表大会 … 156
  文学创作人才培训 … 156

青铜峡市残疾人联合会 … 161
  残疾人康复工作 … 161
  残疾人就业培训 … 161
  残疾人扶残助学 … 161
  残疾人社会保障 … 162
  残疾人合法权益维护 … 162
  残疾人文化宣传 … 162
  残疾人基本状况调查 … 162
  残疾人托养中心投入运营 … 162
  残疾人教育培训阵地建设 … 162
  残疾人邻里照护服务 … 162

青铜峡市红十字会 … 163
  理顺管理体制 … 163
  应急救护宣传 … 163
  应急救护培训 … 163
  救助募集工作 … 163
  应急救援队建立 … 163
  "三献"工作 … 163
  疫情防控 … 164

青铜峡市归侨侨眷联合会 … 164
  概况 … 164
  思想教育 … 164
  侨胞之家建设 … 164
  文化活动聚侨心 … 165
  帮扶慰问暖侨心 … 165

经济管理

宏观经济管理 … 166
  经济发展情况 … 166
  项目建设 … 166
  "先行区"建设 … 166
  重点产业发展 … 166
  城乡建设 … 166
  乡村"四大提升" … 167
  服务业发展 … 167
  清洁能源产业发展 … 167
  节能降耗 … 167
  营商环境优化 … 167
  粮食安全 … 167
  价格调控 … 167

市场监督管理 … 167
  概况 … 167
  "放管服"改革 … 168
  食品安全监管 … 168
  药品医疗器械市场整顿 … 168
  知识产权保护 … 168
  计量器具检定 … 169
  特种设备安全监管 … 169
  产品质量安全监管 … 169
  网络订餐监管 … 169
  市场监管 … 169

疫情防控 …………………………… 169
扫黑除恶斗争 ……………………… 169

统计 …………………………………… 170
　统计规范化建设 …………………… 170
　单位名录库充实完善 ……………… 170
　第七次全国人口普查数据发布 …… 170
　统计分析监测 ……………………… 170
　统计执法监督 ……………………… 171

审计 …………………………………… 171
　概况 ………………………………… 171
　重大政策措施落实情况跟踪审计 … 171
　预算执行审计 ……………………… 171
　领导干部经济责任审计 …………… 171
　重点民生资金和项目审计 ………… 172
　国企审计 …………………………… 172
　审计质量提升 ……………………… 172
　审计成果巩固 ……………………… 172

财政税务

财政 …………………………………… 173
　概况 ………………………………… 173
　财政支出 …………………………… 173
　财政收入 …………………………… 173
　助推经济发展 ……………………… 173
　民生支出 …………………………… 173
　风险防控 …………………………… 173
　财政管理 …………………………… 173
　信息宣传 …………………………… 174
　业务培训 …………………………… 174
　主要会议 …………………………… 174
税务 …………………………………… 174
　税费征收 …………………………… 174

减税降费 …………………………… 174
税收征管改革 ……………………… 174
税源监控管理 ……………………… 175
税费监管 …………………………… 175
税收执法 …………………………… 175
税收共治 …………………………… 175
营商环境优化 ……………………… 176
征管职责划转 ……………………… 176

农业与农村经济

综述 …………………………………… 177
　概况 ………………………………… 177
　作物种植 …………………………… 177
　生物育种 …………………………… 177
　农业技术推广 ……………………… 178
　绿色食品产业 ……………………… 178
　设施农业建设 ……………………… 178
　农业机械化 ………………………… 178
　生猪养殖 …………………………… 178
　奶牛养殖 …………………………… 178
　渔业养殖 …………………………… 179
　动物疫病防控 ……………………… 179
　动物卫生监督 ……………………… 179
　农业投入品质量监管 ……………… 179
　农业面源污染治理 ………………… 179
　高标准农田建设 …………………… 179
　农田水利基本建设 ………………… 180
　国家农业现代化示范区创建 ……… 180
　农产品产地冷藏能力提升 ………… 180
　新型经营主体培育 ………………… 180
　产业发展新业态培育 ……………… 180
　农村集体产权制度改革 …………… 180

农村承包地管理和改革 …………… 181
　　农村宅基地改革管理 ……………… 181
　　农村人居环境整治 ………………… 181
　　脱贫攻坚成果巩固 ………………… 181
种植业 …………………………………… 182
　　粮食作物种植 ……………………… 182
　　经济作物种植 ……………………… 182
　　测土配方施肥 ……………………… 182
　　病虫害防治 ………………………… 182
　　粮食绿色转型科技创新示范园区 … 182
　　小麦绿色高质高效技术模式示范 … 183
　　粮食作物生产动态监测 …………… 183
　　春麦复种两熟模式示范 …………… 183
　　化肥减量增效 ……………………… 183
　　有机肥使用 ………………………… 183
　　农业污染物回收 …………………… 184
　　植保监测系统建设 ………………… 184
　　作物绿色发展 ……………………… 184
　　统防统治与绿色防控 ……………… 184
　　服务运行模式创新 ………………… 184
养殖业 …………………………………… 184
　　概况 ………………………………… 184
　　畜禽标准化规模养殖 ……………… 184
　　养殖粪污综合利用 ………………… 185
　　良种繁育体系建设 ………………… 185
　　种养一体化发展 …………………… 185
　　畜牧科技培训 ……………………… 185
葡萄酒产业 ……………………………… 185
　　酿酒葡萄基地建设 ………………… 185
　　低产低效葡萄园改造 ……………… 186
　　葡萄酒产业人才培养和引进 ……… 186
　　产业扶持政策调整优化 …………… 186
　　基础设施配套建设 ………………… 186

　　招商引资 …………………………… 186
　　葡萄酒庄建设 ……………………… 186
　　"葡萄酒+文化旅游"发展 ………… 186
　　葡萄酒产品推介 …………………… 186
　　葡萄酒品牌宣传 …………………… 187
动物卫生监督 …………………………… 187
　　概况 ………………………………… 187
　　生猪运输车辆监管 ………………… 187
　　生猪检疫监督 ……………………… 187
　　牛皮肤性结节病防控 ……………… 188
　　动物产地检疫和屠宰检疫监管 …… 188
　　动物卫生信息化管理 ……………… 188
　　规模养殖场防疫监督检查 ………… 188
　　病死畜禽无害化处理 ……………… 188
　　兽药饲料监管 ……………………… 189
　　畜禽屠宰专项整治 ………………… 189
　　非洲猪瘟防控 ……………………… 189
动物疾病防控 …………………………… 189
　　重大动物疫病免疫 ………………… 189
　　非洲猪瘟防控 ……………………… 190
　　动物防疫先打后补 ………………… 190
　　动物防疫法宣传 …………………… 190
　　防疫知识宣传培训 ………………… 190
　　动物防疫责任落实 ………………… 191
　　兽医社会化服务 …………………… 191
　　动物防疫监管 ……………………… 191
　　动物防疫宣传 ……………………… 191
　　畜禽养殖政策性保险 ……………… 191
　　动物防疫物资管理 ………………… 192
　　牛羊布鲁氏菌病基线调查 ………… 192
农业机械化 ……………………………… 192
　　概况 ………………………………… 192
　　农机化技术推广应用 ……………… 192

农机新技术新机具试验示范 …………… 192
　　智能化农机装备引进 ………………… 192
　　农机购置、报废补贴 ………………… 192
　　农机农艺融合示范园区建设项目 ……… 193
　　农机作业公司建设项目 ………………… 193
　　农作物秸秆综合利用项目 ……………… 193
　　农机免费管理项目 …………………… 193
　　农机综合保险保费补贴项目 …………… 193
　　农机安全管理 ………………………… 193
　　农机培训与宣传 ……………………… 194
　　农机质量监督检查 …………………… 194
　　农业机械研发 ………………………… 194
　　农机社会化服务 ……………………… 194
农村合作经营管理 ………………………… 194
　　农村土地承包经营权确权颁证 ………… 194
　　农村土地经营权流转 ………………… 195
　　农村土地经营权流转风险防范 ………… 195
　　农村"三资"管理业务培训 …………… 195
　　农村集体产权制度改革 ………………… 195
　　农村"三资"监管 …………………… 196
　　村级集体经济项目实施 ………………… 196
　　农民合作社质量提升行动 ……………… 196
　　农民专业合作社和家庭农场培育 ……… 196
　　新型经营主体项目监管 ………………… 196
　　农业社会化服务托管试点项目 ………… 196
　　家庭农场联盟组建 …………………… 197
　　全区农业社会化服务推进会筹备 ……… 197
　　农民负担监督管理 …………………… 197
　　农村产权交易 ………………………… 197
农业综合执法 …………………………… 198
　　概况 …………………………………… 198
　　农资市场监管 ………………………… 198
　　农资案件查处 ………………………… 198
　　秸秆焚烧监督执法 …………………… 198
乡村振兴 ………………………………… 198
　　概况 …………………………………… 198
　　移民致富提升行动 …………………… 198
　　城乡居民收入提升行动 ………………… 199
　　基础教育质量提升行动 ………………… 200
　　全民健康水平提升行动 ………………… 200
　　庄点清洁整治工程 …………………… 200
　　污水管网扩面工程 …………………… 200
　　农房质量提升工程 …………………… 200
　　庄点庭院绿化工程 …………………… 200
　　燃煤供热替代工程 …………………… 201
　　动态监测 ……………………………… 201
　　保障兜底 ……………………………… 201
　　问题整改 ……………………………… 201
　　领导体制衔接 ………………………… 201
　　工作体系衔接 ………………………… 201
　　政策措施衔接 ………………………… 201
　　工作考核衔接 ………………………… 202
　　基层组织建设 ………………………… 202
　　法治乡村建设 ………………………… 202
　　时代文明新风弘扬 …………………… 202
　　人才队伍建设 ………………………… 202
　　全域网格积分制管理 ………………… 202
农业农村经济调查 ……………………… 203
　　调查基础工作 ………………………… 203
　　统计调查宣传 ………………………… 203
　　统计工作方法创新 …………………… 203
　　统计业务培训 ………………………… 203
　　统计调查服务 ………………………… 203
　　统计执法检查 ………………………… 204
　　居民收入调查 ………………………… 204
　　居民消费支出调查 …………………… 204

农作物播种面积及粮食产量调查 ………… 205
畜禽养殖监测调查 ………………………… 205

水利 205

节水机关创建 ……………………………… 205
工业节水减排治污 ………………………… 205
城镇节水减漏降损 ………………………… 206
河滩地管理 ………………………………… 206
农业用水权确权 …………………………… 206
工业用水权确权 …………………………… 206
规模畜禽养殖业用水权确权 ……………… 206
水权交易 …………………………………… 207
水资源监管 ………………………………… 207
用水管理 …………………………………… 207
水行政执法 ………………………………… 207
取水许可管理 ……………………………… 207
防汛抗旱 …………………………………… 207
水库维修养护 ……………………………… 207

渠首管理 208

灌区标准化建设 …………………………… 208
干渠输水保障 ……………………………… 208
水利工程维修改造 ………………………… 208
安全生产 …………………………………… 208
灌溉用水管理 ……………………………… 208
数字治水 …………………………………… 208
内控管理 …………………………………… 209
水利文明创建 ……………………………… 209

宁夏农垦连湖农场有限公司 209

概况 ………………………………………… 209
种植业 ……………………………………… 209
酿酒葡萄种植 ……………………………… 209
特色农产品品牌建设 ……………………… 209
场办企业 …………………………………… 209
土地规模化经营 …………………………… 210

土地权改革 ………………………………… 210
土地资产评估和信息化建设 ……………… 210
重点项目建设 ……………………………… 210
沟道及庄点整治 …………………………… 210
植树造林 …………………………………… 210
农田水利基本建设 ………………………… 210
生产条件改善 ……………………………… 211
国有经济布局优化和结构调整 …………… 211
机构改革 …………………………………… 211

青铜峡市良种繁殖场 211

良种繁育 …………………………………… 211
作物种植 …………………………………… 211
农田水利建设 ……………………………… 211
生态环境保护 ……………………………… 211

工 业

综述 213

概况 ………………………………………… 213
固定资产投资 ……………………………… 213
产业转型升级 ……………………………… 213
企业服务 …………………………………… 213

青铜峡工业园区 214

概况 ………………………………………… 214
项目建设 …………………………………… 214
招商引资 …………………………………… 214
基础设施建设 ……………………………… 214
科技创新引领 ……………………………… 215
营商环境优化 ……………………………… 215
智慧园区信息化建设 ……………………… 215
安全环保 …………………………………… 215
大气污染管控 ……………………………… 215
水体污染治理 ……………………………… 215

土壤污染防控 …………………… 216
电力工业 ……………………………… 216
　国能宁夏大坝发电有限责任公司 ……… 216
　国能宁夏大坝三期发电有限公司 ……… 216
　国能宁夏大坝四期发电有限公司 ……… 217
　国家电投集团黄河上游水电开发有限责任公司
　　宁电分公司 …………………… 217
　宁夏大唐国际青铜峡风电有限责任公司
　　 …………………………………… 217
　青铜峡铝业发电有限责任公司 ……… 218
有色金属材料工业 ……………………… 218
　青铜峡铝业股份有限公司 …………… 218
　宁夏鼎辉科技有限公司 ……………… 218
　国家电投集团宁夏能源铝业科技工程有限公司
　　 …………………………………… 219
　青铜峡市中源有色金属有限公司 …… 219
　宁夏中青银铝业有限公司 …………… 219
　宁夏苏锡威特铝业有限公司 ………… 220
　宁夏鑫电铝合金线缆有限公司 ……… 220
冶金工业 ……………………………… 220
　中电投宁夏能源铝业青鑫炭素有限公司 … 220
　宁夏嘉祺隆冶金化工集团有限公司 … 221
　宁夏和兴碳基材料有限公司 ………… 221
　宁夏国昌实业有限公司 ……………… 221
　宁夏海盛实业有限公司 ……………… 222
　宁夏蓝伯碳素有限公司 ……………… 222
　宁夏瑞资联实业有限公司 …………… 222
化学工业 ……………………………… 223
　宁夏金昱元化工集团有限公司 ……… 223
　宁夏东吴农化股份有限公司 ………… 223
　中涛新材料有限公司 ………………… 223
　宁夏京成天宝科技有限公司 ………… 223
　吴忠领航生物药业科技有限公司 …… 224

青铜峡市利源工贸有限公司 …………… 224
建材工业 ……………………………… 225
　宁夏青铜峡水泥股份有限公司 ……… 225
　宁夏西夏天杰水泥有限公司 ………… 225
　宁夏青龙管业股份有限公司 ………… 225
　宁夏嘉惠道路资源再生利用有限公司 … 226
　青铜峡市蒙龙砂业科技有限公司 …… 226
　宁夏亿昀特种工程材料有限公司 …… 226
　青铜峡市恒源砼业有限公司 ………… 226
　青铜峡市瑞通支撑剂有限公司 ……… 227
　青铜峡市凯旋商贸有限公司 ………… 227
　宁夏天达环保有限责任公司 ………… 227
　青铜峡市宏达砼业有限公司 ………… 227
　青铜峡市富安隆建材有限公司 ……… 227
轻工业 ………………………………… 228
　宁夏法福来食品股份有限公司 ……… 228
　宁夏塞外香食品有限公司 …………… 228
　青铜峡市老苗食品有限责任公司 …… 228
　宁夏黄河谣农产品综合开发有限公司 … 229
　宁夏新希望反刍动物营养食品有限公司 … 229
　青铜峡市仁和纺织科技有限公司 …… 229
装备制造工业 ………………………… 230
　宁夏塞上阳光新能源科技有限公司 … 230
　宁夏新大众机械有限公司 …………… 230
　宁夏汇高科技集团有限公司 ………… 230
　宁夏苏锡铜业科技有限公司 ………… 230
　宁夏银河钢塑滴灌设备有限公司 …… 231
包装印刷工业 ………………………… 231
　宁夏吉宏环保包装科技有限公司 …… 231
　宁夏青铜峡市海源包装有限公司 …… 231
　中盐宁夏金科达印务有限公司 ……… 231
　宁夏圣泰环保科技有限公司 ………… 232
　宁夏富佑达纸业有限公司 …………… 232

商贸流通

招商引资 ································ 233
 概况 ································ 233
 项目引进 ···························· 233
 项目落实 ···························· 233
 项目服务 ···························· 233
 主要招商活动 ························ 233
商贸服务 ································ 234
 消费提升 ···························· 234
 服务业扶持 ·························· 234
 餐饮住宿 ···························· 234
 电商发展 ···························· 234
 市场监测 ···························· 235
 安全生产 ···························· 235
供销合作 ································ 235
 概况 ································ 235
 农业生产资料储备供应 ················ 235
 农业综合社会化服务体系建设 ·········· 235
 新型基层组织体系建设 ················ 235
 "数字供销"示范区建设 ················ 236
 村级综合服务社建设 ·················· 236
 "三位一体"综合合作试点启动工作 ······ 236
 烟花爆竹经营管理 ···················· 236
 技术人才培训 ························ 236
粮食购销与储备 ·························· 237
 概况 ································ 237
 粮食安全 ···························· 237
 优质粮食工程 ························ 237
 粮食营销 ···························· 237
 原粮储备生产基地建设 ················ 237
 粮油平衡专项调查 ···················· 238
 储备粮油规范化管理 ·················· 238
 订单粮食和新增储备粮油收购入库 ······ 238
 储备粮油轮换 ························ 238
盐业 ···································· 238
 概况 ································ 238
 用工模式创新 ························ 238
 销售模式创新 ························ 239
 营销方式创新 ························ 239
 行政执法辅助 ························ 239
烟草专卖 ································ 240
 概况 ································ 240
 客户服务 ···························· 240
 市场监管 ···························· 240

城乡建设

综述 ···································· 241
 概况 ································ 241
 农村危房和抗震宜居农房改造 ·········· 241
 老旧小区改造 ························ 241
 市容环境专项整治 ···················· 242
 绿地补栽改造提升 ···················· 242
 环境保护专项整治 ···················· 242
 农村生活污水第三方运维 ·············· 242
 美丽宜居村庄建设 ···················· 243
 市政基础设施管理 ···················· 243
 城市污水垃圾处理 ···················· 243
 城市公用事业 ························ 243
 建筑业市场管理 ······················ 244
 燃气管理 ···························· 244
 道路桥梁隐患排查 ···················· 244
 房地产开发 ·························· 244
 青秀园提升改造 ······················ 245

青秀园绿化管理 …… 245
青逸湖改造 …… 245

城市公用事业服务 …… 245
　概况 …… 245
　供水 …… 245
　供暖 …… 246
　农村供热改造工程建设 …… 246
　供水设施设备改造 …… 246
　水源井维修 …… 246
　小坝城区供热一级管网井室套管防水维修 …… 246
　物业服务 …… 246
　调度室升级改造 …… 247
　供水供暖控制自动化 …… 247
　供水用户普查 …… 247
　服务质量提升 …… 247
　信访矛盾化解 …… 247
　安全生产监管 …… 247
　学党史办实事 …… 248

市政管理服务 …… 248
　概况 …… 248
　服务监管 …… 248
　环境整治 …… 248
　典型选树 …… 248

建设工程质量监督 …… 249
　概况 …… 249
　工程检查巡查 …… 249
　建设工程标准化推行 …… 249
　房屋质量投诉受理 …… 249
　住宅工程质量分户验收 …… 250
　商品砼和检测机构专项检查 …… 250
　城市公共设施安全专项体检 …… 250
　质量安全专业技术培训 …… 250
　老旧小区改造工程质量监管 …… 250

工程质量提升行动 …… 250

城市管理综合执法 …… 251
　概况 …… 251
　"双创"宣传 …… 251
　专项整治 …… 251
　校园周边环境整治 …… 251
　常态化监督管理 …… 251
　便民服务 …… 252

住房保障服务 …… 252
　公租房分配 …… 252
　棚户区改造 …… 252
　保障性住房建设 …… 252
　房屋面积测量 …… 253
　"双创"工作配合 …… 253
　打击违规转租转借行为 …… 253

住房公积金管理 …… 253
　住房公积金归集 …… 253
　住房公积金提取 …… 253
　住房公积金贷款 …… 254
　电子稽查 …… 254
　专项审计问题整改 …… 254

城乡供电 …… 254
　概况 …… 254
　安全生产 …… 254
　应急救援 …… 254
　电网建设 …… 255
　运营服务 …… 255
　配网运维 …… 255
　试点创新 …… 255

交通·邮政·通信

交通 ·· 256
　交通运输规划编制 ···························· 256
　公路管养 ······································ 256
　城乡客运一体化 ····························· 256
　公路改建 ······································ 256
　超限超载治理 ································ 256
　道路营运专项治理 ·························· 257
　行政许可审批服务 ·························· 257
　安全生产责任落实 ·························· 257
　安全生产专项整治 ·························· 257
　道路建设 ······································ 257
　农村公路养护 ································ 257

邮政 ·· 259
　概况 ··· 259
　邮政储蓄 ······································ 259
　寄递业务 ······································ 259
　邮政业务 ······································ 259
　邮政惠农 ······································ 259
　网点服务 ······································ 259
　助力乡村振兴 ································ 259

通信 ·· 259
　电信 ··· 259
　　概况 ·· 259
　　数字乡村建设 ····························· 259
　　云改数转 ··································· 260
　　网络维护 ··································· 260
　　基础网质量建设 ·························· 260
　　老旧小区光缆改造 ······················· 260
　　平安城市建设 ····························· 260
　　美丽乡村建设 ····························· 260
　移动 ··· 261
　　概况 ·· 261
　　诚信建设服务 ····························· 261
　　文明窗口创建 ····························· 261
　　电话实名登记 ····························· 261
　　诈骗电话拦截 ····························· 261
　　伪基站监控 ································ 261
　　电信诈骗宣传 ····························· 261
　联通 ··· 261
　　网络建设 ··································· 261
　　美丽乡村建设 ····························· 262
　　服务提升 ··································· 262

自然资源管理

土地管理 ······································· 263
　行业服务与审批 ····························· 263
　　国土规划编制 ····························· 263
　　国土空间规划编制 ······················· 263
　　生态环境保护督查问题整改 ·········· 263
　　窗口建设 ··································· 263
　土地开发利用和评估 ······················· 264
　　土地挂牌出让 ····························· 264
　　自然资源评价评估 ······················· 264
　　土地指标跨区域交易 ···················· 264
　　农村用地市场交易 ······················· 264
　　土地审批监管 ····························· 265
　　土地市场动态监测 ······················· 265
　自然资源调查监测 ·························· 265
　　2020年度国土利用现状变更调查 ···· 265
　　黄河宁夏段青铜峡市河道及河滩地土地利用状况调查 ··· 265
　　测绘行业监管 ····························· 265

地图市场巡查	265
土地资源保护与储备	266
土地资源盘活	266
土地储备	266
国有农用地开发利用清查	266
土地权改革	266
土地报批	267
耕地保护利用	267
工矿废弃地整治	267
土地确权登记	267
概况	267
房地确权登记	267
河湖水域划界确权登记	267
集体建设用地确权登记	268
农村承包地和宅基地确权	268
集体建设用地和确权	268

矿产资源管理 268
监测与管理	268
矿山动态监测	268
矿山信息联网	268
监督管理执法	269
矿产资源专项整治行动	269
非煤矿山安全专项整治	269
违规开采矿山区域生态恢复	269
开采企业专项整治	269
矿山安全生产专项整治	269
矿产资源生态治理	270
矿山扬尘污染治理	270
矿山恢复治理	270
地质灾害防治	270

林草湿地管理 271
湿地管理	271
湿地保护宣传与监管执法	271
湿地修复	271
火情防控	271
项目规划编制	271
生态保护项目建设	272
草原监理和执法	272
禁牧封育	272
森林草原防灭火	272
违法行为查处	273
草原征占用审核审批	273
草原生态修复治理	273

生态建设及林场管理 274
生态林建设	274
概况	274
生态林管理	274
湿地保护修复	274
义务植树	274
移民村经果林产业提升	274
生态屏障建设	275
实施"两山"生态保护修复工程	275
疫病监测防治	275
树新林场	275
公益造林	275
苗圃繁育	276
粮食酿酒葡萄种植	276
养殖业	276
基础设施建设	276
为民服务	276
森林防火	276
重点项目	277

生态环境

环境监管 ……………………………………… 278
　概况 ……………………………………………… 278
　环保责任落实 …………………………………… 278
　推进改革创新 …………………………………… 278
　环保督查问题整改 ……………………………… 278
　国务院第八次督查反馈问题整改 ……………… 279
　环境保护执法 …………………………………… 279
　存在主要问题 …………………………………… 279
污染防治 ……………………………………… 279
　水体污染治理 …………………………………… 279
　土壤环境管控 …………………………………… 279
　清洁能源推广 …………………………………… 280
　能耗双控落实 …………………………………… 280
　大气环境整治 …………………………………… 280
生态保护 ……………………………………… 282
　黄河流域生态环境问题整改 …………………… 282
　生态环境修复 …………………………………… 282
污水处理 ……………………………………… 282
　安全生产管理 …………………………………… 282
　污水处理排放 …………………………………… 282
　污水处理项目建设 ……………………………… 283
　公共排污设施维护 ……………………………… 283

科技·教育

科学技术 ……………………………………… 284
　科技服务 ………………………………………… 284
　　概况 …………………………………………… 284
　　政策落实 ……………………………………… 284
　　培训辅导 ……………………………………… 284
　　企业扶持 ……………………………………… 284
　　科技创新 ……………………………………… 284
　　培训宣传 ……………………………………… 285
　防震减灾 ………………………………………… 285
　　概况 …………………………………………… 285
　　防震减灾宣传 ………………………………… 285
　　抗震设防监管 ………………………………… 286
　　震情跟踪监视 ………………………………… 286
　　震情监测分析 ………………………………… 286
　　抗震设施能力建设 …………………………… 286
　　地震应急演练 ………………………………… 286
　气象测报 ………………………………………… 286
　　通信系统升级改造 …………………………… 286
　　质量管理体系建设 …………………………… 286
　　应急联动机制 ………………………………… 286
　　气象预警服务 ………………………………… 287
　　气象工作宣传 ………………………………… 287
　　气象为农服务 ………………………………… 287
　　服务酿酒葡萄产业 …………………………… 287
　　服务行业发展 ………………………………… 287
　　气象助力精准扶贫 …………………………… 287
　　气象保障服务 ………………………………… 287
　　防雷监管 ……………………………………… 288
　　施放气球监管 ………………………………… 288
教育 …………………………………………… 288
　教育行政管理 …………………………………… 288
　　概况 …………………………………………… 288
　　基层组织建设 ………………………………… 288
　　强师工程 ……………………………………… 288
　　教育教学管理 ………………………………… 289
　　民办教育管理 ………………………………… 289
　　教育资源配置 ………………………………… 289
　　教育督导体制改革 …………………………… 289

教育惠民政策	290	义务教育优质均衡发展	298
公益助学活动	290	规范化办学	298
教育资助工作	290	高中教育	298
资源增量达标工程	290	青铜峡市宁朔中学	298
规范化管理工程	290	立德强师工程	299
改革创新工程	291	创新强才工程	299
三项建设行动	291	体教融合	299
四项改革行动	291	校园文化建设	299
五项全覆盖行动	291	家校合作共育	299
七项提升行动	292	教学管理	300
教育信息化建设	292	青铜峡市第一中学	300
教育教学改革	292	常规教学教研	300
全民健康水平提升行动	293	第二课堂活动	300
"互联网＋教育"示范校创建	293	教师培训	301
校园治理达标县	293	教学研究与教师培训	301
校外培训机构专项治理	293	概况	301
"阅读强智"工程	294	组织基础教育质量提升"5+1"系列活动	301
学前教育	295	教学常规落实	301
概况	295	作业设计优化	302
幼儿园管理	296	教研队伍建设	302
提高幼儿园覆盖率	296	教研员"五包"工作	302
2021年度普惠性幼儿园奖补资金发放	296	城乡联动教研	302
学前教育扶贫	296	在线互动课堂	302
学前教育办学条件	296	数字教材应用	303
学前教育普及普惠县创建工作	296	义务教育质量监测	303
义务教育	296	基础教育教学课题研究	303
概况	296	职业教育	303
义务教育优质均衡发展	296	概况	303
基础教育质量提升	297	高职分类考试	303
控辍保学成果巩固	297	基础设施建设	304
教育教学管理优化	297	订单培养及冠名培养	304
农村学校办学条件改善	298	工学交替	304
移民学校教育教学质量提升	298	校企共建培训基地	304

文化·旅游·传媒

文化

综述
- 文艺作品创作 ... 305
- 文化惠民 ... 305
- 全民阅读 ... 305
- 文化市场监管 ... 305
- 文化市场整治 ... 306
- 行政审批执法 ... 306
- 群众文化活动 ... 307

群众文化
- 公共文化服务 ... 307
- 人才培训 ... 307
- 文化活动 ... 307
- 文化三下乡活动 ... 307
- 文化宣传 ... 308
- 文艺创作 ... 308
- 非物质文化遗产保护 ... 308

文艺创作与演出
- 概况 ... 309
- 文艺作品 ... 309

文物保护
- 文化遗产保护 ... 309
- 文物保护宣传 ... 309
- 文物保护项目工程 ... 309
- 田野文物安全巡查 ... 310
- 文物保护四有工作 ... 310
- 文物保护单位管理权移交 ... 310
- 文物基础数据整理 ... 310
- 文物保护单位基础数据测量 ... 310
- 石窟寺及长城调查工作 ... 310
- 文物安全检查 ... 310

图书管理
- 概况 ... 310
- 读书日活动 ... 311
- 线上阅读 ... 311
- 服务基层 ... 311
- "三下乡"活动 ... 311
- 移动图书馆 ... 311

图书发行
- 概况 ... 312
- 教材教辅发行 ... 312
- 一般图书发行 ... 312
- 图书下基层活动 ... 312

旅游

综述
- 全域旅游 ... 312
- 黄河大峡谷国家5A级景区创建 ... 312
- 文旅产业融合 ... 313
- 旅游品牌宣传 ... 313

景区建设
- 旅游项目建设 ... 313
- 旅游质量提升工程 ... 313

传媒

广播电视
- 概况 ... 314
- 广播电视播放 ... 314
- 重要宣传报道 ... 314
- 优势特色 ... 315
- 业务融合 ... 315

电影放映
- 概况 ... 315
- 放映任务分解落实 ... 315
- 放映员培训管理 ... 316

百部红色电影进基层及优秀影片展映	316	重点传染病监测与防治	321
科教片展映	316	地方病防治	321
电视网络	316	免疫规划	321
概况	316	慢性病防治	322
资产整合	316	公共卫生监测	322
项目审计	316	**卫生监督**	322
民生工程	316	创城复审	322
农网收费	317	新冠疫情防控	323
营销策略	317	卫生监督执法	323
安全保障	317	打击医疗乱象	323
网络传输服务	317	传染病监督	323
网络资源利用	317	职业卫生整治	323
		放射诊疗整治	323
		消毒产品整治	323

卫生·体育

		健康体检	323
卫生健康	318	人类辅助生殖整治	323
卫生行政管理	318	公共场所卫生监督	324
概况	318	生活饮用水卫生监督	324
人才工作	318	学生卫生监督	324
新冠肺炎疫情防控	318	卫生协管监督	324
公共卫生管理	318	**爱国卫生**	324
基层卫生建设	319	健康教育宣传	324
健康扶贫	319	病媒生物防制	324
行政事项审批	319	国家卫生城市复审	324
医疗服务	319	健康"细胞"建设	324
平安医院建设	319	全民健康水平提升行动	325
院感防控	319	无烟党政机关创建	325
中医中药事业	320	**妇幼保健**	325
紧密型医共体建设	320	概况	325
互联网+医疗健康	320	妇幼卫生三项监测	325
综合医改	320	孕产妇妊娠风险评估	325
疾病防控	321	增补叶酸预防神经管缺陷	325
新冠肺炎疫情防控	321	两癌筛查	325

预防艾滋病、梅毒和乙肝母婴传播 …………… 325	高校毕业生就业创业 ……………………… 332
儿童眼保健和视力检查 …………………… 326	农民工就业服务 …………………………… 332
孕产妇优生优育 …………………………… 326	就业援助兜底 ……………………………… 332
避孕药具管理 ……………………………… 326	就业技能培训 ……………………………… 333
人才培养 …………………………………… 326	转移就业 …………………………………… 333
疫苗接种 …………………………………… 326	失业保险 …………………………………… 333
医疗机构 ……………………………………… 326	社会保险 ……………………………………… 333
市人民医院 ………………………………… 326	概况 ………………………………………… 333
市中医医院 ………………………………… 327	社保待遇调整发放 ………………………… 333
体育 ……………………………………… 328	工伤保险即时结算 ………………………… 333
群众体育 ……………………………………… 328	职业年金做实 ……………………………… 333
体育设施建设 ……………………………… 328	**民政** ……………………………………… 334
全民健身活动 ……………………………… 328	社会救助 …………………………………… 334
体育社团管理 ……………………………… 328	养老服务 …………………………………… 334
学校体育 ……………………………………… 328	社会组织管理 ……………………………… 334
体教融合发展 ……………………………… 328	社会事务工作 ……………………………… 334
学校体育活动 ……………………………… 329	婚姻登记 …………………………………… 334
体育竞赛 …………………………………… 329	未成年人保护 ……………………………… 334
	基层换届选举 ……………………………… 335

社会管理

	养老项目工程建设 ………………………… 335
	居家养老服务 ……………………………… 335
人力资源和社会保障 …………………… 330	社会组织 …………………………………… 335
综述 …………………………………………… 330	日间照料服务 ……………………………… 335
职务聘任及岗位晋升 ……………………… 330	残疾人两项补贴 …………………………… 336
人才项目申报和推荐选拔 ………………… 330	农村低保专项整治核查 …………………… 336
2020 年度全市事业单位考核及招聘 ……… 330	社区服务专项治理 ………………………… 336
劳动权益维护 ……………………………… 330	社区阵地建设 ……………………………… 336
劳动执法监察管理 ………………………… 331	城市治理 …………………………………… 336
农民工欠薪监管 …………………………… 331	社区网格化建设 …………………………… 337
2020 年度农民工工资支付考核与宣传 …… 331	**医疗保障** ………………………………… 337
事业单位工资管理 ………………………… 332	概况 ………………………………………… 337
就业创业与人才服务 ………………………… 332	医保基金支出 ……………………………… 337
概况 ………………………………………… 332	医疗救助 …………………………………… 337

医保收费 ·················· 338
　　电子医保卡使用 ············· 338
　　药品采集 ·················· 338
　　"一站式"结算和异地就医直接结算服务
　　　······················ 338
　　医保基金监管 ··············· 338
退役军人事务管理 ················ 338
　　退役军人专项服务 ············ 338
　　退役军人服务保障 ············ 339
　　拥军优属 ·················· 339
　　拥政爱民 ·················· 339
应急管理 ······················ 339
安全管理 ······················ 339
　　安全责任落实 ··············· 339
　　森林草原防灭火 ············· 339
　　防灾减灾救灾 ··············· 340
　　防汛抗旱 ·················· 340
　　应急保障能力建设 ············ 340
　　安全生产行政执法 ············ 340
　　应急预案演练 ··············· 340
　　防汛抢险队伍建设 ············ 341
　　灾害防御教育培训 ············ 341
　　群测群防网络 ··············· 341
　　预警预报设施 ··············· 341
　　防洪隐患排查 ··············· 341
　　汛期隐患整改 ··············· 341
　　防洪工程修复治理 ············ 341
　　水库安全管理 ··············· 341
　　城市排灌设施排查 ············ 341
　　落实产权单位主体责任 ········· 342
消防救援 ······················ 342
　　概况 ····················· 342
　　消防整治 ·················· 342
　　消防宣传 ·················· 342
　　消防备战 ·················· 342

银行·保险

银行 ························· 343
中国人民银行青铜峡市支行 ········· 343
　　支持乡村振兴 ··············· 343
　　服务经济发展 ··············· 343
　　维护金融稳定 ··············· 343
　　财政金融服务 ··············· 344
　　征信服务和管理 ············· 344
　　农村支付环境建设 ············ 344
　　辖区客户金融服务 ············ 344
　　绿色金融体系建设 ············ 344
中国农业发展银行青铜峡市支行 ······ 344
　　业务经营 ·················· 344
　　服务经济发展 ··············· 344
中国工商银行股份有限公司青铜峡支行 ···· 345
　　概况 ····················· 345
　　对外营销 ·················· 345
　　对公业务 ·················· 345
　　安全管理 ·················· 345
中国农业银行股份有限公司青铜峡市支行
　　······················ 345
　　概况 ····················· 345
　　存款业务 ·················· 346
　　服务乡村 ·················· 346
　　信用贷款 ·················· 346
　　清收处置 ·················· 346
　　数字经营 ·················· 346
　　风险防控 ·················· 346
　　支持地方经济 ··············· 346

中国建设银行股份有限公司青铜峡支行 ……… 347
　概况 ……………………………………… 347
　存款业务 ………………………………… 347
　信贷业务 ………………………………… 347
　三大战略实施 …………………………… 347
　营销服务 ………………………………… 348
　服务"三农" …………………………… 348
中国银行股份有限公司青铜峡支行 ………… 348
　概况 ……………………………………… 348
　服务经济发展 …………………………… 348
　农通业务 ………………………………… 349
青铜峡市农村商业银行 ……………………… 349
　概况 ……………………………………… 349
　存款业务 ………………………………… 349
　营销业务 ………………………………… 349
　支持政府重点项目建设 ………………… 349
　服务"三农" …………………………… 349
　信贷业务 ………………………………… 350
　财务管理 ………………………………… 350
　清收处置 ………………………………… 350
　资产处置 ………………………………… 350
　企业改制 ………………………………… 350
石嘴山银行青铜峡支行 ……………………… 350
　概况 ……………………………………… 350
　存款营销 ………………………………… 351
贺兰山村镇银行 ……………………………… 351
　概况 ……………………………………… 351
　信贷投放 ………………………………… 351
　营业收入 ………………………………… 351
　风险指标评估 …………………………… 351
保险 ………………………………………… 352
中国人寿保险股份有限公司青铜峡支公司
　…………………………………………… 352
　概况 ……………………………………… 352
　运营服务 ………………………………… 352
　"防贫保" ……………………………… 352
　普惠性保险推广 ………………………… 352
　企业保险发展 …………………………… 352
中国人民财产保险股份有限公司青铜峡支公司
　…………………………………………… 352
　概况 ……………………………………… 352
　车辆保险 ………………………………… 353
　非商业性保险业务发展 ………………… 353
　农险市场拓展 …………………………… 353

镇·街道

青铜峡镇 …………………………………… 354
　概况 ……………………………………… 354
　项目建设 ………………………………… 354
　现代农业 ………………………………… 354
　文旅产业 ………………………………… 354
　疫情防控 ………………………………… 355
　人居环境优化 …………………………… 355
　生态环境保护 …………………………… 355
　脱贫攻坚成果巩固 ……………………… 355
　卫生健康 ………………………………… 355
　民生保障 ………………………………… 355
　综合治理 ………………………………… 355
　法治政府建设 …………………………… 356
　基层党建 ………………………………… 356
　第十三次党员代表大会 ………………… 356
　第五届人民代表大会第一次会议 ……… 356
小坝镇 ……………………………………… 356
　概况 ……………………………………… 356
　项目建设 ………………………………… 356

现代农业	357
特色产业	357
生态环境保护	357
民生保障	358
文化产业	358
脱贫攻坚成果巩固	358
疫情防控	359
法治政府建设	359
党史学习教育	359
基层党建	359
第四次党员代表大会	360
第五届人民代表大会	360
村"两委"换届	360

瞿靖镇 ……………………………………… 360
概况	360
项目建设	360
现代农业	361
人居环境优化	361
脱贫攻坚成果巩固	361
乡村振兴示范村打造	361
民生保障	362
疫情防控	362
综合治理	362
基层党建	362
党风廉政建设	363
第十五次党员代表大会	363
第五届人民代表大会第一次会议	363

大坝镇 ……………………………………… 363
概况	363
项目建设	363
现代农业	364
村集体经济发展	364
文旅融合	364

人居环境整治	365
污水管网扩面	365
住房安全	365
清洁供暖工程	365
脱贫攻坚成果巩固	366
民生保障	366
平安建设	366
"五元"共治	366
文化阵地建设	366
基层党建	366
第四次党员代表大会	367
第五届人民代表大会	367

峡口镇 ……………………………………… 367
概况	367
项目建设	367
现代农业	367
脱贫攻坚成果巩固	368
推进农村改革	368
优化人居环境	368
生态环境保护	368
民生保障	368
文化教育	368
疫情防控	369
精神文明建设	369
综合治理	369
法治政府建设	369
基层党建	369
党风廉政建设	370
第十四次党员代表大会	370
第十七届人民代表大会第一次会议	370

叶盛镇 ……………………………………… 370
概况	370
项目建设	370

现代农业 …………………………………… 371
庆祝中国共产党成立100周年系列活动
　　…………………………………………… 371
美丽乡村建设 ……………………………… 371
民生保障 …………………………………… 371
脱贫攻坚成果巩固 ………………………… 372
法治政府建设 ……………………………… 372
平安建设 …………………………………… 372
疫情防控 …………………………………… 372
党史学习教育 ……………………………… 372
对外宣传 …………………………………… 372
基层党建 …………………………………… 372
党风廉政建设 ……………………………… 373
第十二次党员代表大会 …………………… 373
第十五届人民代表大会第一次会议 ……… 373

邵岗镇 …………………………………………… 373
概况 ………………………………………… 373
项目建设 …………………………………… 373
现代农业 …………………………………… 374
葡萄产业 …………………………………… 374
脱贫攻坚成果巩固 ………………………… 374
乡村振兴示范村建设 ……………………… 374
民生保障 …………………………………… 374
基础设施建设 ……………………………… 375
生态环境保护 ……………………………… 375
人居环境优化 ……………………………… 375
法治政府建设 ……………………………… 375
综合治理 …………………………………… 375
精神文明建设 ……………………………… 375
基层党建 …………………………………… 375
第四次党员代表大会 ……………………… 376
第五届人民代表大会第一次会议 ………… 376
村（社区）"两委"换届选举 ……………… 376

陈袁滩镇 ………………………………………… 376
概况 ………………………………………… 376
项目建设 …………………………………… 376
现代农业 …………………………………… 377
用水改革 …………………………………… 377
文旅融合 …………………………………… 377
生态建设 …………………………………… 377
美丽乡村建设 ……………………………… 377
人居环境改善 ……………………………… 378
疫情防控 …………………………………… 378
脱贫攻坚成果巩固 ………………………… 378
民生保障 …………………………………… 378
科教卫健工作 ……………………………… 378
平安建设 …………………………………… 378
安全生产 …………………………………… 378
法治政府建设 ……………………………… 379
精神文明建设 ……………………………… 379
基层党建 …………………………………… 379
党风廉政建设 ……………………………… 379
第四次党员代表大会 ……………………… 379
第十六届人民代表大会第一次会议 ……… 380

裕民街道 ………………………………………… 380
概况 ………………………………………… 380
网格化治理 ………………………………… 380
物业服务监督 ……………………………… 380
便民服务 …………………………………… 380
综合治理 …………………………………… 381
疫情防控 …………………………………… 381
社区整治 …………………………………… 381
民生保障 …………………………………… 381
党史学习教育 ……………………………… 381
精神文明建设 ……………………………… 382
基层党建 …………………………………… 382

党风廉政建设 …………………………… 383

荣　誉

先进集体 …………………………………… 384
省部级先进集体名录 …………………… 384
厅局级先进集体名录 …………………… 385
吴忠市先进集体名录 …………………… 391
青铜峡市先进集体名录 ………………… 392
先进个人 …………………………………… 394
厅局级先进个人名录 …………………… 405
吴忠市先进个人名录 …………………… 412
青铜峡市先进个人名录 ………………… 413

附　录

青铜峡市农业灌溉末级渠系终端水费收缴及末级渠系水费使用管理办法 …………… 423
青铜峡市自流灌区农业灌溉末级渠系水价调整执行方案 …………………………… 426
青铜峡市基层水利服务体系改革实施方案
………………………………………… 432

索　引

专 载

编辑◎乔才山

勇担新使命 奋进新征程 在先行区建设中干在先走在前 为继续建设经济繁荣民族团结环境优美人民富裕的美丽新宁夏做出青铜峡贡献

——中国共产党青铜峡市第十三次代表大会上

中共青铜峡市委书记 张自力

（2021年9月25日）

各位代表、同志们：

现在，我代表中国共产党青铜峡市第十二届委员会向大会做报告。

中国共产党青铜峡市第十三次代表大会，是在全市上下深入学习贯彻习近平总书记在庆祝中国共产党成立100周年大会上的重要讲话精神，向着全面建成社会主义现代化强国的第二个百年奋斗目标迈进的关键时期，召开的一次承前启后、继往开来的重要会议。

大会的主题是：高举习近平新时代中国特色社会主义思想伟大旗帜，深入贯彻党的十九大和十九届二中、三中、四中、五中全会精神，全面学习贯彻习近平总书记"七一"重要讲话精神、习近平总书记视察宁夏重要讲话精神，认真落实党中央和区市党委各项决策部署，回顾总结过去五年工作，明确今后五年目标任务，动员全市各级党组织和广大党员干部群众，勇担新使命、奋进新征程，在先行区建设中干在先走在前，为继续建设经济繁荣民族团结环境优美人民富裕的美丽新宁夏做出青铜峡贡献！

过去五年的工作成效和基本经验

市第十二次党代会以来的五年，是青铜峡发展历史上具有重要意义的五年，面对多重机遇叠加、多种困难交织的复杂环境，在党中央和区市党委的坚强领导下，市委团结带领全市党员干部群众，抢抓机遇、砥砺奋进，办成了许多过去想办而没有办成的大事，解决了许多长期想解决而没有解决的难题，取得了一系列振奋人心的成就，全市呈现出经济实力不断增强、发展质量稳步提升、民生福祉持续改善、社会大局和谐稳定、政治生态风清气正的良好局面。先后荣获全国循环经济示范市、现代农业科技示范基地、平安建设先进市等24项国字号荣誉。

五年来，我们坚持站稳立场、把准方向，政治建设全面加强。市委始终把对党绝对忠诚作为首要政治原则，带头增强"四个意识"、坚定"四个自信"、做到"两个维护"，不断提高政治判断力、政治领悟力、政治执行力，在思想上政治上行动上始终同以习近平同志为核心的党中央保持高度一致。坚定不移用习近平新时代中国特色社会主义思想统揽全局、统领发展，研究重大事项和重点工作前，首先学习习近平总书记重要论述、重要指示批示精神，真正做到学思用贯通、知信行统一。扎实开展"两学一做"学习教育、"不忘初心、牢记使命"主题教育、党史学习教育，精心组织开展中华人民共和国成立70周年、中国共产党成立100周年等系列庆祝活动，全社会爱党爱国爱社会主义的热情全面激发。对党中央和自治区、吴忠市党委重大决策部署快速响应、坚决贯彻，先行区建设、乡村振兴、脱贫攻坚等决策部署落实有力，各级各类巡视巡察督察反馈问题有效整改。

五年来，我们坚持真抓实干、攻坚克难，综合实力持续增强。市委始终把加快发展作为第一要务，千方百计抓项目、扩投资、兴产业、促转型，经济社会发展稳步向好。预计2021年完成地区生产总值148亿元，是2016年的1.5倍，年均增长8.2%，人均GDP达到5.88万元，高于区市平均水平；社会消费品零售总额26亿元，是2016年的1.4倍；城乡居民人均可支配收入达到34321元和18777元，分别是2016年的1.5倍和1.6倍，城乡收入比下降至1.8:1，优于全区水平；累计完成一般公共预算收入37.8亿元，经济社会发展取得长足进步，后劲不断增强。

五年来，我们坚持转变方式、调优结构，三次产业质效双增。市委始终把深化供给侧结构性改革作为主攻方向，全力推动工业转型升级、农业高效种养、服务业文旅融合。实施万向新元等基本建设项目655个，完成固定资产投资391亿元，产业类投资占比达到60%，有效投资持续扩大。引进领航生物等延链补链项目218个，实施青铝、金昱元等技改项目68个，万元GDP能耗、用水量分别下降21%、31%。粮食生产实现"十八连丰"，奶牛、生猪等畜禽养殖扩量增效，酿酒葡萄种植面积达到14万亩，累计获得国内外葡萄酒顶尖赛事奖项217个。宁夏引黄古灌区入选世界灌溉工程遗产名录，黄河楼创成国家4A级旅游景区，黄河大峡谷列入国家5A级景区预备名单，创成国家全域旅游示范区。电子商务、现代物流等新兴服务业蓬勃发展，三次产业结构趋优，经济发展的韧劲更足、潜力更大、前景更好。

五年来，我们坚持改革破题、创新开路，发展动能有效释放。市委始终把改革创新作为加快发展的第一动力，以改革激活力、用创新增动力，330多项重点改革全面发力、纵深推进、多点突破。"放管服"改革不断深化，1226项政务服务事项全部实现网上办理，"最多跑一次"实现率达92%以上，城市信用体系排名跃升至西部县级市第二，基层政务公开标准化规范化试点获得国务院通报表扬。在全国率先完成农村承包地土地确权，基层整合审批服务执法力量改革走在全区前列。累计培育国家级高新技术企业13家、自治区科技型中小企业70家，R&D投入强度达2.52%、位居全区第二，荣获国家知识产权示范市称号。

五年来，我们坚持精准施策、合力攻坚，全面小康成色更足。市委始终把打赢三大攻坚战作为重中之重，攻难点、补短板、强弱项，如期与全国全区同步全面建成小康社会。聚焦"两不愁三保障"，产业、金融、就业、教育、社会扶贫协同发力，贫困村全部出列，14137名建档立卡贫困户高质量脱贫，人均纯收入达到11500元，是2016年末的2.6倍，历史性地解决了绝对贫困问题。坚决打好蓝天、碧水、净土三大保卫战，黄河"四乱"问题全部整改销号，库区湿地生态全面恢复，黄河青铜峡段水质稳定在Ⅱ类标准，空气质量优良天数比例保持在83%以上，森林覆盖率达到15%，荣获全国生态建设突出贡献奖。积极防范化解重大风险，金融、房地产等重点领域风险平稳可控，牢牢守住了不发生重大系统性风险的底线。

五年来，我们坚持统筹推进、协调发展，城乡面貌焕然一新。市委始终坚持高标准规划、高质量建设、高水平管理，着力推动城乡融合发展。实施城市更新行动，推进"城市双修"，建成吴忠黄河奥林匹克体育中心、三馆一厅、快速通道等一批基础设施项目，老旧小区改造走在全区前列、做出样板示范，常住人口城镇化率突破60%，顺利通过国家卫生城市复审。全力推进乡村振兴，统筹实施乡村建设"五大工程"，建设美丽小城镇5个、美丽村庄23个，农村卫生厕所普及率达到92%，危房改造、垃圾治理成效明显，在全区率先实现农村硬化路"组组通"，荣获全区首批"四好农村路"示范市、农村人居环境整治示范市，入选中国最美县域榜单，城乡发展更均衡、更协调。

五年来，我们坚持倾注民生、增进福祉，人民生活显著改善。市委始终把为民造福作为最重要的政绩，用心用情用力解决群众"急难愁盼"问题。坚持把稳就业摆在突出位置，累计新增城镇就业2.2万人、农村劳动力转移就业12.5万人，城镇登记失业率始终控制在4%以内。坚持教育优先发展，推进"互联网+教育"建设，学前教育普及普惠发展，义务教育均衡发展顺利通过国家复验，高考本科上线率达64.5%。扎实推进健康青铜峡建设，深化医药卫生体制改革，推动市域综合医改，基层医疗条件明显改善，人均预期寿命达到75.9岁。深入实施文化惠民工程，全面构建住房、养老等覆盖全民的多层次社会保障体系，群众获得感幸福感安全感不断提升。

五年来，我们坚持综合施策、系统治理，社会大局和谐稳定。市委始终把维护社会稳定作为一切工作的前提，政治安全、社会安定、人民安宁的大好局面不断巩固。支持和保证人大及其常委会依法行使职权，支持和保证人民政协依章程积极履行职能，巩固发展爱国统一战线，群团组织桥梁纽带作用充分发挥，第七次荣获"全国双拥模范城"称号。深化民族宗教工作，创建自治区、吴忠市级民族团结进步示范单位37个，荣获全国民族团结进步创建活动示范市。全面推进依法治市，荣获全区法治政府建设示范市称号。深化平安青铜峡建设，扫黑除恶专项斗争取得压倒性胜利，刑事发案率实现"八连降"。坚持和发展新时代"枫桥经验"，信访积案化解率达90%以上。推进全域网格积分制管理，"一村一警"模式在全区推广。安全生产形势保持平稳。

2020年，面对突如其来的新冠肺炎疫情，全市上下众志成城、共克时艰，13000多名医务人员、党员干部、社区工作者和志愿者冲锋在前、日夜奋战，仅用19天就阻断了疫情传播，牢牢守住了"三个不发生"的底线，夺取了疫情防控人民战争、总体战、阻击战的阶段性胜利，有力维护了人民群众生命安全和身体健康。

五年来，我们坚持全面从严治党、强基固本，党风政风明显好转。市委始终把抓好党建作为最大政绩，全面落实从严管党治党主体责任，不断提升党的建设科学化水平。软弱涣散村党组织全部整顿转化，"空壳村"全部清零，"联合党委""红色业委会"等工作经验在全区推广，被评为全国城市基层党建工作示范市，基层党组织创造力、凝聚力、战斗力不断增强。树立重实干、重实绩、重基层的鲜明用人导向，坚持在疫情防控、脱贫攻坚、项目建设、招商引资、巡视巡察等"一线战场"检验和识别干部，提拔使用了一批80、90后优秀年轻干部，推荐重用了一批实绩突出、群众公认的本地干部，高质量完成镇村两级换届，政法队伍教育整顿取得明显成效，党员干部奋斗精神得到有效激发。强化党风廉政建设，精准有效运用监督执纪"四种形态"，对群众身边的腐败问题和不正之风零容忍、出重拳，推动"惩治极少数"向"管住大多数"拓展，真正实现了以优良党风凝聚党心民心、带动政风民风。

成绩来之不易，艰难方显勇毅。成绩的取得得益于习近平新时代中国特色社会主义思想的科学引领，得益于党中央和自治区、吴忠市党委的坚强领导，得益于历届市委班子打下的坚实基础，得益于全市党员干部群众的实干苦干，得益于各民主党派、工商联、无党派人士、驻青区属吴属单位和社会各界人士的共同支持和积极参与。在此，我代表十二届市委，向所有热爱青铜峡、支持青铜峡、建设青铜峡的同志们、朋友们致以崇高的敬意和衷心的感谢！

五年砥砺前行，经验弥足珍贵。我们深刻体会到：必须发挥市委统揽全局的领导作用。党的领导是做好一切工作的根本保证，是战胜一切困难的"定海神针"。过去的五年，我们始终坚持"中央有要求，自治区、吴忠市有部署，青铜峡见行动"的政治自觉，全面及时贯彻中央和区市党委各项决策部署，使我们的发展始终沿着正确方向前进。实践证明，只有发挥市委统揽全局、协调各方的领导作用，才能团结一切可以团结的力量、调动一切可以调动的因素，凝聚起推动各项事业不断向前的强大合力。必须坚持人民至上的执政理念。老百姓满不满意是衡量工作成效的最高标准。过去的五年，我们始终坚持民生工作优先考虑、民生投入优先保障，80%以上的财政支出用于解决基本民生、底线民生、热点民生问题，实现了"市委政府想干的"和"广大群众期盼的"有机统一，切实让群众共享到了改革发展带来的丰硕成果。实践证明，只要我们想群众之所想、急群众之所急、解群众之所难，千方百计办好民生这一"关键小事"，就一定能赢得广大群众发自内心的拥护和支持，我们做任何工作立场就不会错、方向就不会偏、结果就不会差。必须弘扬改革创新的开拓精神。思想上的落后是最大的落后，没有思想的大解放，就没有事业的大发展。过去五年，我们始终坚持以改革的办法解难题、以创新的精神求新路、以开拓的眼光谋发展，支持企业开展技术攻关和产品研发，确定"5+5"十大产业体系，构建起现代产业发展的"四梁八柱"，切实激发了高质量发展新动力。实践证明，只要我们敢想敢干、敢闯敢拼，解开思想的扣子、迈开改革的步子、甩开实干的膀子，就一定能破除障碍、破解难题、破浪前行，最终将既定目标变为美好现实。必须倡导真抓实干的优良作风。"躺平"并不能"躺赢"，唯有实干才是发展良方。过去五年，我们始终坚持重点工作项目化、重点项目工程化、重点工程清单化、重点清单责任化的"四个重点化"工作方法，以钉钉子的精神，推动产业发展、乡村振兴、生态环保、基础设施建设、公共服务提升等重点工作可量化、可操作、可落实。实践证明，只要我们保持不甘落后的拼劲、锲而不舍的韧劲、埋头苦干的实劲，奔着问题去、迎着困难上、挑着重担干，各项工作就一定能落到实处、见到实效、取得实绩。必须秉持"功成不必在我"的精神境界。一切伟大成就都是接续奋斗的结果。过去五年，我们始终坚持多做打基础、利长远的事情，在库区湿地退耕、黄河"四乱"整治等生态领域勇于担当，决不把问题留给下一任，在产业结构调整、大规模国土绿化等发展领域攻坚突破，决不因短期看不出成绩弃而不干。实践证明，只要我们始终秉持"功成不必在我"的精神境界，坚定"功成必定有我"的使命担当，牢记"任期有限、责任无限"，一棒接着一棒跑、一茬接着一茬干、一张蓝图绘到底，就一定能把青铜峡赶超发展的基础打得牢而又牢、筑得实而又实。这些经验和启示既是过去五年探索实践的智慧结晶，也是开启新征程、吹响新号角的信心和底气，要继续坚持、持续巩固、不断提升。

在肯定成绩的同时，必须要清醒认识到，当前我们仍处在"滚石上山、爬坡过坎"的关键阶段。这块"石"，主要表现在发展任务还很重，经济总量小、发展层次低、产业链条短，民生领域欠账多、公共服务水平低，社会治理能力比较薄弱。这座"山"，主要表现在发展差距越拉越大，在川区八县（市）排名逐渐靠后，在吴忠五县（区）优势不再，前面的标兵渐行渐远，后面的追兵越来越近。这个"坡"，主要表现在实现高质量发展的难度还很大，不平衡不充分的问题仍然突出，资源环境约束越来越紧，财政税源单一，保民生、保工资、保基本运转的压力较大。这道"坎"，主要表现在制约发展的因素还比较多，一些深层次的体制机制障碍尚未完全破除；个别党员干部思想落后、观念陈旧，能力不足不能为、动力不足不想为、担当不足不敢为的问题依然存在。在这个关键阶段，紧一紧就能爬坡过坎、势如破竹，松一松就会滑落深谷、前功尽弃。为此，我们一定要高度重视这些问题，采取有力举措，认真加以解决。

今后五年的指导思想和奋斗目标

今后五年，是在全面建成小康社会的基础上，乘势而上开启全面建设社会主义现代化新征程的关键时期，是推动青铜峡经济总量大幅跃升、城乡品质明显提升、民生福祉持续攀升的重要机遇期。从外部环境看，唯有抢抓机遇、乘势而上，才能把发展机遇转化为发展优势。随着党中央做出加快推进西部大开发形成新格局、支持宁夏建设黄河流域生态保护和高质量发展先行区、国家葡萄及葡萄酒产业开放发展综合试验区等一系列重大战略部署，自治区做出加快建设以银川为中心的宁夏沿黄城市群、重点发展"九大重点产业"、实施"四大提升行动"和"十大工程"等决策部署，都为我们提供了千载难逢的发展机遇。我们必须准确理解把握、用足用活用好这些政策机遇，顺势而为、乘势而上、借势而行，以更高的落实成效按下转型的快进键、跑出发展的加速度、跑赢赶超的接力赛。从自身发展看，唯有拉高标杆、科学定位，才能把先发优势转化为竞争优势。五年来，我们坚持高标准推进产业转型升级，一大批打基础、利长远的重大项目开工建设，"5+5"十大产业体系初步形成，加快全面转型的基础不断夯实；坚持高质量推动城乡融合发展，乡村建设"五大工程"扎实推进，老旧小区改造等一批城市更新项目顺利实施，国家卫生城市、全域旅游示范区等"金字招牌"持续发力，推动全域美丽的态势正在形成；坚持高站位增进民生福祉，移民安置区发展后劲逐步释放，农民增收渠道不断拓宽，城市居民就业更加充分，城乡居民收入稳步增长，向着全民富裕的目标不断迈进。这些都是我们的先发优势，在新的历史起点上，必须高标准定位、高标杆引领，在动能转换上快人一步、目标定位上高人一招，才能抢占先机、赢得主动。从干部队伍看，唯有真抓实干、奋发图强，才能把组织优势转化为发展动能。全市各级党员干部历经"两学一做"学习教育、"不忘初心、牢记使命"主题教育和党史学习教育的思想洗礼，充分凝聚了忠诚担当、团结一心、务实为民的精气神；历经疫情防控、脱贫攻坚、黄河"清四乱"等大战大考，磨砺锻造了敢于斗争、能打硬仗、善作善成的铁肩膀，这是我们事业的最大信心和希望所在。信心比黄金更珍贵，只要我们保持战略定力、增强战略信心，以"翻篇"的姿态、"归零"的心态、"奋发"的状态，全力攻坚、苦干实干、砥砺奋进，就一定能在日益激烈的区域竞争中占据主动、抢抓先机、拔得头筹，重振雄风、重拾荣光、重塑辉煌！

今后五年的指导思想是：高举习近平新时代中国特色社会主义思想伟大旗帜，深入贯彻党的十九大和十九届二中、三中、四中、五中全会精神，全面贯彻习近平总书记"七一"重要讲话精神、习近平总书记视察宁夏重要讲话精神，按照"五位一体"总体布局和"四个全面"战略布局,坚定不移贯彻新发展理念,坚持稳中求进工作总基调,以推动高质量发展为主题,以深化供给侧结构性改革为主线,以建设黄河流域生态保护和高质量发展先行区为时代使命,以改革创新为根本动力,以满足人民日益增长的美好生活需要为根本目的,统筹发展和安全,主动融入新发展格局,加快建设现代化经济体系,扎实推进基层治理体系和治理能力现代化,坚决守好"三条生命线",做好调、转、增、融"四篇文章",按照"13358"总体思路,勇担新使命、奋进新征程,推动青铜峡全面转型全域美丽全民富裕,为继续建设经济繁荣民族团结环境优美人民富裕的美丽新宁夏做出青铜峡贡献。

"13358"总体思路是市委着眼发展全局、深入调研思考、反复谋划论证做出的决策部署:坚持"一个统领",即坚持以建设黄河流域生态保护和高质量发展先行区统领经济社会发展各项事业。打响"三张名片",即打响"黄河岸边·世界灌溉工程遗产""贺兰山下·紫色葡萄酒文化""牛首山上·清洁能源基地"名片,不断提升青铜峡知名度、影响力。聚焦"三项重点",即聚焦工业转型升级、农业高效融合、服务业提档增速,做大做强"5+5"十大产业,推动产业结构更优、发展质量更高、经济效益更好。实施"五大倍增计划",即实施地区生产总值、工业总产值、城乡居民收入、固定资产投资、科技创新五大倍增计划,推动青铜峡经济社会发展水平实现新跨越新超越。打好"八场硬战",即坚决打好经济发展翻身战、改革创新攻坚战、城乡融合大会战、生态环境保卫战、民生改善持久战、基层治理提升战、文明创建荣誉战、全面从严治党总体战,高水平谱写"建设美丽新宁夏、共圆伟大中国梦"的青铜峡篇章。

推动青铜峡全面转型、全域美丽、全民富裕,是市委深入学习贯彻习近平总书记视察宁夏重要讲话精神,为建设富强民主文明和谐美丽青铜峡提出的细化举措和具体行动。"全面转型",是发展所需,就是要创新发展方式、转换发展动能、变革发展路径,实现更高质量、更加公平、更可持续的发展,打造经济质量好、创新能力强、开放水平高的实力青铜峡。"全域美丽",是大势所趋,就是要推动生态美、城乡美、山水美、庭院美,让青铜峡有文化、有韵味、有内涵,着力打造生态环境美、城市能级强、乡村建设佳的魅力青铜峡。"全民富裕",是民心所向,就是要让群众腰包更鼓、腰杆更硬、底气更足,不断增强人民群众获得感、幸福感、安全感,打造民生福祉殷实,基层治理完善,民族团结进步、精神文明富足的幸福青铜峡。具体要实现"八个更加"目标:

——经济实力更加强劲。地区生产总值增速始终高于全区平均水平,"5+5"十大产业体系迈向中高端,服务业占比超过40%,一般公共预算收入达到15亿元,地区生产总值达到2020年的1.8倍以上,进入全区县域经济总量第一梯队。

——改革开放更加深化。重点领域改革取得突破性进展,"四权"改革取得明显成效,营商环境建设走在全区前列,要素市场化配置取得重大突破,公平竞争制度更加完善,市场主体活力迸发,R&D投入强度保持在2.5%以上,位居全区前列,创新能力持续增强。

——城乡融合更加协调。城市更新行动深入推进,城市发展由外延式向内涵式转变,常住人口城镇化率突破65%,人均公园绿地面积达到25平方米,城市环境更宜居、功能更完善、服务更高效;乡村建设"五大工程"取得更大成效,推动农业全面升级、农村全面进步、农民全面发展,乡村振兴取得实质性突破。

——生态环境更加优美。生态文明体制机制更加健全,山水林田湖草系统治理成效明显,生产生活方式更加绿色低碳,森林覆盖率达到20%,万元GDP能耗大幅下降,黄河青铜峡断面水质保持Ⅱ类,环境空气质量稳定达到国家二级标准,土壤污染风险有效防控,生态安全屏障更加牢固。

——民生福祉更加殷实。城乡居民人均可支配收入分别达到2020年的1.8倍、2倍，全体居民收入增速始终高于GDP增速，农民收入增速始终高于城镇居民收入增速，移民收入始终高于农村居民收入增速，城乡收入比控制在1.6∶1以内，全体居民、城乡居民收入总量和增速领跑全区。社会事业全面发展，多层次社会保障体系更加完善，基本公共服务质量和均等化水平不断提高，更好满足人民对美好生活的期盼。

——治理体系更加完善。依法治市纵深推进，重点领域治理体系更严密、责任体系更清晰、服务体系更高效、保障体系更有力，在推进基层治理体系和治理能力现代化上当尖兵、做示范。安全生产治理能力、突发公共事件应急能力和防灾减灾救灾能力明显增强，防范化解重大风险机制更加完善，社会大局安定和谐。

——社会文明更加进步。社会主义核心价值观深入人心，全民思想道德素质明显跃升、科学文化素质持续上升、身心健康素质稳步提升，公共文化服务体系更加完善、文化产业体系基本形成，人民群众精神文化生活日益丰富，各民族共有精神家园根基更加牢固。

——管党治党更加有力。全面从严治党向纵深发展、向基层延伸，持续推进党风廉政建设和反腐败斗争，基层党组织战斗堡垒作用和党员先锋模范作用充分发挥，干部队伍能力素质全面过硬，政治生态更加风清气正，党的建设更为坚强有力。

今后五年的主要任务

社会主义是干出来的，幸福是奋斗出来的。做好今后五年的工作，必须聚焦重点任务、抓住关键环节，在加快发展中直道加速、在转型升级中弯道超车、在改革创新中变道领跑，实现各领域各方面工作的大跨越大提升。

2020年6月，习近平总书记视察宁夏时赋予了宁夏建设黄河流域生态保护和高质量发展先行区的时代使命，这是未来五年乃至今后一个时期统领经济社会发展的重大政治任务。青铜峡市地处引黄灌区精华地带，黄河流经69公里，保护"母亲河"责无旁贷。我们要牢记殷切嘱托、勇担时代使命，坚持以建设黄河流域生态保护和高质量发展先行区统领生态文明建设、引领经济社会发展，聚焦"五区"建设，实施"八大工程"，努力在先行区建设中干在先走在前。

一、坚决打好经济发展翻身仗，在提升综合实力上实现新跨越发展是解决一切问题的基础和关键

必须坚持完整、准确、全面贯彻新发展理念，全力构建"5+5"十大产业体系，促进一二三产业深度融合，实现更高质量、更有效率、更可持续的发展，在"建设经济转型发展创新区"中做出示范。

（一）狠抓项目建设不松手。离开项目谈发展就是空谈。要始终把项目建设作为推动高质量发展的"强引擎"和"硬支撑"，实施固定资产投资"倍增"计划，紧盯"先行区"建设、乡村振兴等政策利好，围绕"三新""三绿""三基"等领域，继续谋划一批大项目、好项目，力争更多列入国家和自治区规划盘子，项目储备规模达到1800亿元以上，产业类投资、民间投资占比均保持在70%以上。高质高效开展招商引资，围绕"5+5"十大产业，强化产业链招商、集群式招商、生态化招商，实行重大项目"一对一、点对点"专班服务，切实提高项目落地率和成活率。强化项目保障服务，坚持经济工作项目化、项目工作具体化、具体工作责任化，落实包联责任，全面提升项目开工竣工率和投产达效率，真正通过高质量的项目调优经济结构、调强转型动能、调高发展质效。

（二）紧盯工业转型升级不松动。实施工业产值"倍增"计划，坚持锻长板和补短板统筹推进、传统产业和新兴产业双轮驱动，推进工业结构改造、智能改造、技术改造、绿色改造，打造宁夏工业转型升级引领区。高质量打造"铝产业、新型材料"千亿级产业集群，坚定不移抓招商、延链条、增效益，引进一批铝精深加工企业，加快建设铝产业园、"飞地园区"，推动铝产业向高尖端、高技术、高附加值方向发展，真正把42万吨铝水就地消纳、"吃干榨净"。坚定新型材料绿色高质量发展方向不动摇，推动金昱元搬迁入园改造升级，引进一批技术领先、生态绿色、行业标杆的新型材料企业，走稳走好高端化、智能化、绿色化、集约化发展之路，新型材料产值突破500亿元。提升清洁能源、装备制造两个特色产业板块，加快建设投资70亿元的牛首山抽水蓄能电站一期项目，力促投资100亿元的二期项目落地建设。统筹推进分布式光伏、生物质能、氢能等新能源项目建设，继续推进传统火电超低排放和节能改造，清洁能源产值突破50亿元。以农机研发和轴承生产为核心，推动装备制造企业开展设备换芯、生产换线、机器换人，构建各具特色、优势互补、结构合理的产业发展格局，打造农机产业园，装备制造产值突破50亿元。

（三）聚焦农业高效融合不松懈。坚持调结构、做标准、延链条、育品牌、拓市场，推动农业高效种养、上下游全链条联动、接二连三融合发展，打好智慧农业、绿色农业、品牌农业、富硒农业"四张牌"，推动传统农业大市向现代农业强市迈进，争创国家级现代农业示范区。高标准打造葡萄酒、奶产业两个百亿级产业集群，实施葡萄酒品牌建设、基础设施完善、龙头企业培育、专业人才培养"四大工程"，推动生产标准化、管理智能化、经营规模化、营销市场化，建成鸽子山葡萄酒文化旅游小镇，酿酒葡萄面积突破20万亩，酒庄达到60家，打响贺兰红大单品等世界级高端葡萄酒品牌，葡萄酒销售收入达到35亿元以上、综合产值突破200亿元。抢抓奶产业发展黄金期，打造以牛首山东麓为核心的标准化奶源基地，配套完善基础设施，奶牛存栏达到16万头，引进高端乳制品深加工企业，奶产业综合产值突破150亿元。做强生猪、玉米制种、绿色食品三个特色产业板块，巩固生猪养殖大县地位，打造大坝、瞿靖、邵岗三条生猪产业带，生猪饲养量达到50万头，建成宁夏生猪产业研究院，引进深加工企业，着力构建生猪养殖、屠宰、加工、销售全产业链经营体系，生猪产业综合产值突破50亿元。立足打好种业翻身仗，引导登海种业等龙头企业加强科技创新和技术研发，玉米制种面积突破10万亩，产值突破40亿元。大力实施绿色食品品牌建设提升工程，依托青铜峡大米、甘城子苹果、连湖西红柿、先锋大青葡萄等特色农产品，引进冷链物流、果汁果干、休闲食品等下游深加工企业，推动农产品加工转化率达85%以上，绿色食品产业综合产值突破30亿元。

（四）推动服务业提档增速不松劲。紧盯服务业这个最大短板，把文旅融合发展作为主抓手和突破口，挖掘新潜力、发展新业态、激活新消费，持续推动现代服务业发展提速、比重提高、水平提升，打造宁夏黄河金岸服务业文旅融合发展精品区。深化文旅融合，用足用好国家全域旅游示范区"金字招牌"，打造"三带一长廊"，形成百亿级文旅融合产业集群。打造黄河岸边生态景观带，将滨河大道沿线优质资源串珠连线，实施黄河大峡谷、黄河楼5A级旅游景区"双创工程"，成为全区唯一一个拥有双国家5A级景区的县。建成引黄古灌区世界灌溉工程遗产公园，打响"黄河岸边·世界灌溉工程遗产"名片。打造牛首山自然风光带，围绕牛首山抽水蓄能电站，开发电力科技长廊、百米高空蹦极、冬日激情滑雪等特色旅游项目，形成黄河水电奇观、塞北江南天池、牛首寻幽探秘为一体的工业旅游新业态，打响"牛首山上·清洁能源基地"名片。打造稻花香里乡村休闲带，充分发挥黄河大峡谷、黄河楼等知名景区示范辐射带动作用,扩大休闲观光农业知名度和影响力,高标准建设惠农渠、汉延渠等美丽渠系,打造"余桥—韦桥—唐滩—先锋—地三"乡村旅游精品线路,串珠成线、织线成面、点面互补,推动餐饮民宿、观光采摘、康养休闲综合配套,建设全国乡村旅游重点村2个以上,争创全国休闲农业和乡村旅游示范市。打造贺兰山下紫色文化长廊,深挖鸽子山、明长城等历史文化遗址内涵,推动"葡萄酒+文化旅游"深度融合,举办明长城全国徒步登山大会、贺兰山东麓葡萄春耕展藤节、西鸽杯自行车骑行、全国马帮联盟车友会、酿酒葡萄采摘节"五大赛事活动",推出"葡萄园里看星空""星空音乐节"等特色品牌,将鸽子山葡萄酒文化旅游小镇打造成全国第一家以葡萄酒文化为主题的国家级旅游度假区,打响"贺兰山下·紫色葡萄酒文化"名片。发展新兴业态,抢抓数字经济发展机遇,推进5G网络、工业互联网、大数据中心等数字化基础设施建设,全面推进电子商务进农村,建成运行大禹智运网络货运平台、农直通数字电商平台,打造全区数字经济产业园。依托奥体中心,大力发展体育经济、会展经济、演艺经济,培育壮大现代金融、电子商务、现代物流、家政物业、养老托幼等新业态,促进现代服务业做大规模、做优结构、做高层次,打造全区物流产业集聚区和会展经济功能区。激发消费活力,实施消费惠民计划,发展夜间经济、假日经济、共享经济,丰富完善青铜古镇旅游业态,改造提升步行街、天一街、龙海商业街、新百广场"四大商业街区",实施"城市记忆·建民印巷"项目,建设集红酒品鉴、文创空间、餐饮美食、休闲购物、特色民宿于一体的城市商业综合体,打造全区巷子文化的打卡地和新爆点,真正让城市商圈更加聚集、消费日趋多元、经济充满活力。

二、坚决打好改革创新攻坚战,在激活发展动能上再创新水平

改革是引领发展的活力源泉。必须坚定不移深化改革、扩大开放,打通改革"最后一公里",从更广的范围集聚更高势能、打造更强功能、增添更大动能。

(一)在重点领域改革上精准发力。深化"放管服"改革,持续提高基层整合审批服务执法力量改革效能,全面优化营商环境,构建"亲""清"新型政商关系。统筹推进商事制度改革,加快社会信用体系建设,打造高效规范、统一开放、竞争有序的市场体系。深化国有企业改革,支持非公经济发展,实施民营企业培育工程和优秀企业家培育计划,非公经济比重超过55%。深化投融资机制改革,支持金融机构持续健康发展,探索成立葡萄酒、奶产业等重点产业和城乡建设、交通运输等重要领域投资公司,充分发挥自治区"先行区"建设基金杠杆作用,引导社会资本共同参与,实现政府"小资金"撬动社会"大资本"。开展辖区旅游景区经营管理体制改革,成立青铜峡文化旅游投资公司,实现黄河楼、黄河坛、黄河大峡谷建管运一体化。深化工业园区改革,推进"管委会+公司"模式,鼓励市场主体参与园区运营建设,完善基础设施,打造配套齐全、功能多元、承载力强的高水平园区。推进农村集体产权制度、城乡综合执法体制改革,统筹推进医疗、教育、文化等领域改革,加速释放发展活力。

(二)在推动四权改革上全面聚力。推动用水权全面突破、土地权排污权山林权多点开花,打造宁夏北部绿色发展区样板。推进"节水增效",坚持农业用水控总量、工业用水提效益、生活用水减损耗,实施现代生态灌区、城市雨污分流、城乡污水及工业废水回用、贺兰山小流域综合治理蓄洪等工程,推动沟水回灌、中水回用、雨水回收,实现变污为净、变废为宝;开展全社会节水行动,让节约高效用水成为共同意识、全民行动,力争非常规水资源利用率达到50%,农业灌溉水利用系数提高到0.6，万元GDP用水量下降15%，交易水权指标2000万立方以上，让有限的水资源真正变成看得见、实打实的"真金白银"。推进"盘活增值"，抓好城乡统一用地市场建设、农村宅基地"三权分置"、集体经营性建设用地入市改革，建立宅基地和闲置农房盘活利用机制。加大废弃矿坑修复和国土整治力度，跨省交易耕地指标2万亩以上，在"建设生态保护修复示范区"中打造样板。坚持"亩产论英雄"，开展僵尸企业、闲置土地盘活利用专项行动，力争全部出清，单位工业用地产出效益提高20%以上，综合利用效益走在全区前列。推进"降污增益"，依法依规开展排污权有偿使用交易，减少污染排放，腾出总量空间，扩大环境容量。开展园区绿色化改造，构建循环经济链条，倒逼企业主动转方式、调结构、换动能，建设绿色企业、绿色工厂、绿色车间，争创国家级绿色工业园区。推进"植绿增绿"。深入推进"三条生态廊道"建设，全面推行林长制，积极开展山林地"三权分置"，实现林权不动产应登尽登。在全区率先开展社会化造林，培育新型绿化经营主体，整合资源推进以林养林，每年新增造林面积2万亩以上，积极发展林下经济，探索开展山林权交易，实现生态环境好转、生态价值增值、生态效益提升。

（三）在扩大对外开放上持续用力。主动融入国内大循环，全面畅通青铜峡开放通道，强化与京津冀、长三角、大湾区及周边城市在产业、文化、教育、医疗等领域合作，引进承接一批非资源型产业、高新技术产业、战略性新兴产业项目，落地一批上市公司、行业标杆、单打冠军。借助中阿博览会和内陆开放型经济试验区平台，培育一批面向"一带一路"国际出口型企业，打造新型材料、新能源、葡萄酒、皮草等外向型经济增长极，力争外贸出口总额翻一番，以更高水平开放促进更高质量发展。

（四）在创新驱动发展战略上深度着力。实施科技创新"倍增"计划，开展创新型示范企业培育行动，鼓励支持企业建设研究中心、重点实验室、创新联盟等研发平台，推动大中小企业融通创新，国家高新技术企业达到25家以上、实现翻番，自治区科技型中小企业突破100家，创成自治区"双创"示范基地，工业园区创建国家级高新技术产业开发区。完善人才培养、引进、使用机制，柔性引进高层次人才，开展"人才+产业"行动计划，充分发挥职教中心优势，结合铝产业、新型材料、酿酒葡萄、文化旅游等重点产业，着力培养技术人才、大力推动产城融合，打造全区产业人才聚集新高地。

三、坚决打好城乡融合大会战，在统筹区域协调上再上新台阶

城乡融合发展是稳定经济增长的基石。必须树牢"精明增长、紧凑城市"理念，把乡村作为"景点"、水系作为"景观"、城市作为"景区"一体打造，让城市更精致、乡村更美丽、发展更均衡。

（一）高质量推进乡村振兴战略。加快补齐农村短板、夯实农业发展基础，促进农业高质高效、乡村宜居宜业、农民富裕富足。严格落实"四个不摘"要求，推动巩固拓展脱贫攻坚成果同乡村振兴有效衔接。落实粮食安全党政同责，坚决遏制耕地"非农化"和防止耕地"非粮化"。实施乡村建设行动，深化"11246"工作模式，加快"多规合一"实用性村庄规划编制，持续推进乡村建设"五大工程"，推动农村水电路气信等基础设施建设，农村污水处理率达到60%以上，农村供热燃煤替代覆盖面达到85%以上，争创全国农村人居环境整治激励县、全国村庄清洁行动先进县、全区垃圾分类试点示范县，建设村庄美、庭院美、生态美、乡风美的美丽乡村。

（二）高水平推进城市更新行动。坚持以绿荫城、以文化城、以水活城、以景美城，注重内涵式发展，打造宜居宜业宜游宜养高品质城市。深入推进城市更新行动，持续开展"城市双修"工程，加快

信息化、数字化、智能化基础设施建设，打通人行步道、自行车道城市交通"内循环"，加大城市公共休闲绿地和小微游园建设，城市绿地率达到38%以上，在全区率先完成老旧小区改造，争创国家森林城市、全国老旧小区改造示范市。加快海绵城市、韧性城市、智慧城市建设，探索推行街长制，推动城镇治理科学化、精细化、智能化，不断提升城市服务管理水平。

（三）高标准促进城乡融合发展。推进城乡基础设施一体化，实施吴灵青北环高速公路、109国道过境段改线、"互联网＋城乡供水"等项目，加快基础设施向农村延展。促进城乡公共服务均等化，开展城乡公交提质增效扩面工程，加快公共服务向农村延伸、社会事业向农村覆盖，构建城乡快捷高效的交通、市政、信息、服务"四张网"。开展"空心村""空心房"整治，打造闲置宅基地盘活利用试点村，推动闲置宅基地和农房退出复垦。加快农业转移人口市民化，常住人口城镇化率达到65%以上。

四、坚决打好生态环境保卫战，在推动绿色发展上迈出新步伐

绿水青山就是金山银山。必须树牢生态优先、绿色发展理念，推动生态文明建设实现新进步，让蓝天常在、碧水长流、美丽与发展同行。

（一）以碳达峰碳中和引领绿色发展。坚持落实碳达峰、碳中和战略部署，探索碳排放交易和用能权改革，实行煤炭消费总量控制，全面推进煤炭清洁高效利用。严格落实能源消费"双控"制度，坚决遏制"两高"项目盲目发展。大力实施可再生能源替代行动，整县推进分布式光伏发电项目，清洁能源使用比例达到40%以上。加快新能源车辆推广应用，优先发展公共交通，在旅游景点、商业街区、大型社区建设智慧充电桩，打造绿色低碳的综合交通运输体系。

（二）扎实推进生态环境保护治理。持续打好蓝天保卫战，统筹推进"四尘同治"，全面推行工业企业堆场规范化全封闭管理，深入开展矿山综合治理，持续推动火电、冶金、水泥等重点行业排放提标改造，空气质量稳定达到国家二级标准。持续打好碧水保卫战，统筹推进"五水共治"，常态化落实河湖长制，城镇和工业园区污水处理厂稳定达标排放，农村污水处理站实现全覆盖，黄河青铜峡断面水质保持在Ⅱ类；实施河岸堤防、河道控导、滩区治理、城市防洪"四大工程"，加大薄弱堤岸和隐患河段治理力度，在"建设河段堤防安全标准区"中打造样板。持续打好净土保卫战，统筹推进"六废联治"，危废安全处置率达到100%。坚决整改中央、自治区生态环境保护督察反馈问题，在"建设环境污染治理率先区"中担当作为，坚决守好改善生态环境生命线。

（三）着力健全完善生态文明制度体系。严格落实生态环保责任，压实企业主体责任、压紧政府监管责任，健全完善生态文明绩效考核体系，落实生态环境损害责任终身追究、生态环境损害赔偿等制度，切实强化刚性约束。落实自治区"四禁""四减""四保"要求，加大监管执法力度，加快构建天地一体、上下协同、信息共享的生态环境监测网络，对环境违法行为严管重罚、重拳出击。大力倡导绿色生活、绿色消费，打造一批绿色机关、绿色社区、绿色乡村、绿色学校、绿色建筑，让绿色低碳生活成为新时尚，实现生态环境"高颜值"和经济发展"高质量"协同并进。

五、坚决打好民生改善持久战，在增进民生福祉上开创新局面

老百姓过上好日子，是我们一切工作的出发点和落脚点。必须坚持把为民造福作为最重要的政绩，实施"四大提升行动"，让人民群众获得感成色更足、幸福感更可持续、安全感更有保障。

（一）大幅提高城乡居民收入。老百姓的幸福指数高不高，关键看钱袋子鼓不鼓。要大力实施移民致富提升行动，抓好产业、就业和社会融入，壮大搬迁安置区特色养殖规模，提高设施农业效益，实现稳得住、有就业、逐步能致富，到2026年末移民收入基本达到全区农村居民平均水平。实施城乡居民收入提升行动，以更大力度促进农民转移就业、城镇居民充分就业，让群众有活干、有钱赚，增加居民工资性收入。培育壮大各类市场主体，建设一批创业孵化基地、创业园区和众创空间等平台，新增国家级、自治区级"双创"示范基地2个以上，提高居民经营性收入。扎实推进产权制度改革，盘活居民闲置资产，鼓励居民合理投资，扩大居民财产性收入。稳步提高社保水平，加强困难群体救助，实现橄榄型收入格局，城乡居民收入基本实现翻番。

（二）加快发展社会公共事业。实施基础教育质量提升行动，落实"双减"政策，推进"五项管理"，全面依法规范校外培训行为，推动学前教育普及普惠优质发展，加快发展特殊教育和职业教育，联合银川、吴忠两市名校共同办学，切实提高教育教学质量，争创自治区义务教育优质均衡发展市和"互联网+教育"示范市。深化医药卫生体制改革，实施全民健康水平提升行动，推进"互联网+医疗健康"，深化市域紧密型医共体建设，引进区内外知名医疗机构联合办医，人均预期寿命达到78岁以上，建成自治区健康促进县。建立完善重大突发公共卫生事件应急响应体系，提高农村、社区基层防控能力。完善全民健身服务体系，推进健身步道、社区多功能运动场、体育公园等场地设施建设，打造15分钟体育健身圈，真正让群众学有所教、病有所医、体有所健。

（三）健全完善社会保障体系。实施全民参保计划，继续提高退休人员基本养老保险、城乡居民基础养老金，健全灵活就业人员社保制度，实现城镇基本养老保险全覆盖、城乡居民养老保险适龄参保人员应保尽保。完善重大疾病医疗保险和救助制度，探索建立长期护理保险和商业医疗保险，职业劳动者失业保险、工伤保险覆盖率达到100%。继续深化社会救助制度改革，强化低收入人口监测帮扶，实现符合条件的相对贫困人口应扶尽扶。健全退役军人工作体系和保障制度，落实妇女、儿童、青年发展规划，健全老年人、残疾人关爱服务体系，发展多元化托养托育服务，争创国家级养老示范区。

六、坚决打好基层治理提升战，在构建和谐社会上谱写新篇章

稳定是做好一切工作的前提。必须统筹发展与安全，加强治理体系和治理能力现代化建设，切实维护社会和谐稳定大局，建设更高水平的平安青铜峡。

（一）不断加强民主法治建设。发展全过程人民民主，支持人大及其常委会依法充分履行职能，保障人大代表依法行使职权；支持政协围绕团结和民主两大主题，多层次推进协商民主。坚持和完善基层群众自治制度，充分调动各方力量积极参与社会治理。巩固和发展爱国统一战线，加强与民主党派、工商联、无党派人士的联系合作，做好外事侨务工作，加强党外知识分子、新的社会阶层人士统战工作。全面加强党对政法工作的领导，努力建设一支信念坚定、执法为民、敢于担当、清正廉洁的政法铁军。强化工会、共青团、妇联等群团组织的桥梁纽带作用。坚持党管武装，深化全民国防教育和国防动员，第八次创成全国双拥模范城。

（二）扎实推进民族宗教工作。全面贯彻中央民族工作会议精神，以铸牢中华民族共同体意识为主线，深入开展党的民族政策理论和马克思主义"五观"宣传教育，引导群众树牢"两个共同""三个离不开""五个认同"思想。持续开展民族团结进步创建活动，每年高标准打造自治区级示范点3个以上，争创全国民族团结进步模范市，坚决守好促进民族团结生命线。坚持我国宗教中国化方向，深入开展"五进"宗教场所活动，依法加强宗教事务管理，防范和抵御宗教极端思想渗透，引导宗教与社会主义社会相适应。

（三）持续强化基层社会治理。落实总体国家安全观，积极防范化解重大风险，牢牢守住不发生系统性风险的底线，坚决守好维护政治安全生命线。统筹推进乡村、社区、宗教、校园、企业、社团6个重点领域治理，深入推进全域网格积分制管理，探索"五治融合"基层治理新路子。统筹推进全面依法治市，扎实开展"八五"普法，创成全国法治政府建设示范市。坚持和发展新时代"枫桥经验"，依法规范信访行为和信访秩序，争创全国信访工作示范县。开展各行业各领域平安创建活动，推动扫黑除恶常态化，完善社会治安防控体系，推进安全生产专项整治三年行动，争创全国综合减灾示范县，高水平创建全域食品药品安全区。

七、坚决打好文明创建荣誉战，在提升精神文明上彰显新风尚

宣传思想文化工作事关旗帜道路、事关发展全局、事关人民福祉。必须以先进思想文化凝心聚魂，让主旋律更响亮、正能量更强劲。

（一）牢牢守住意识形态阵地。坚持党管宣传、党管意识形态、党管媒体、党管网络，建强学习宣传、文化市场等阵地，加强网络综合治理，推动媒体深度融合发展，大力宣传党的理论和路线方针政策，深刻阐释党中央重大决策和区市党委工作部署，生动反映群众的火热实践和精神风貌。牢牢把握正确舆论导向，讲好青铜峡故事，传播好青铜峡声音，面对舆情敢于发声、及时发声、善于发声，旗帜鲜明反对和抵制各种错误观点，不断增强意识形态领域领导权、主动权和话语权，坚决维护意识形态领域安全。

（二）着力提升社会文明程度。大力弘扬和践行社会主义核心价值观，深化拓展新时代文明实践工作，打造善行银行、志愿服务"集市"等特色实践品牌。常态化开展群众性精神文明创建活动，加大新时代文明村镇、文明单位、文明家庭、文明校园创建力度，高扬主旋律、唱响正气歌。实施市民文明素养提升行动，推动诚信建设和志愿服务制度化，深化移风易俗、家风家训传承活动，加强未成年人思想道德建设，倡导新风尚、树立新气象，建成全国婚俗改革实验区，争创全国文明城市。

（三）大力实施文化惠民工程。巩固国家公共文化服务体系示范市创建成果，加强文化基础设施建设，提升公共文化服务标准化、均等化水平。培育新型文化业态，打造一批有实力、有活力的骨干文化企业，推出一批有影响力的文学艺术精品力作，满足群众多样性、高品质的精神文化需求。深度挖掘黄河文化的时代价值，开展黄河文化传承行动，建设有品牌力的文化载体、有带动力的示范项目、有传播力的宣传平台，打造黄河文创中心，依托黄河坛和青铜古镇打造影视基地，将文化资源优势转化为文化产业优势，在"建设黄河文化传承彰显区"中展现特色。

八、坚决打好全面从严治党总体战，在加强党的建设上展现新气象

事业成败，关键在党，关键在人。必须牢固树立抓好党建是最大政绩的理念，坚持党要管党、全面从严治党，努力把各级党组织建设得更加坚强有力。

（一）突出政治建设，在对标对表中把牢正确方向。政治建设是党的根本性建设。要始终胸怀"两个大局"、心系"国之大者"，不断提高政治判断力、政治领悟力、政治执行力，以实际行动增强"四个意识"、坚定"四个自信"、做到"两个维护"。强化政治担当，不折不扣落实党中央重大决策和区市党委部署要求，确保令行禁止、政令畅通。认真落实重大事项请示报告制度，严格执行新形势下党内政治生活若干准则，坚持民主集中制原则,增强党内政治生活的政治性、时代性、原则性、战斗性。

(二)加强思想引领,在学思践悟中汲取奋进力量。思想建设是党的基础性建设。要认真贯彻《关于新时代加强和改进思想政治工作的意见》,把学习贯彻习近平新时代中国特色社会主义思想作为重大政治任务,学深悟透习近平总书记"七一"重要讲话、习近平总书记视察宁夏重要讲话精神,深刻领悟真理伟力和实践伟力。深化拓展党史学习教育成果,用好余家桥革命烈士陵园、党史教育中心等教育资源,广泛开展理想信念教育、爱国主义教育、革命传统教育,教育党员干部传承红色基因、赓续红色血脉,切实把学习成果转化为追赶超越、领跑竞跑的精神动力。

(三)狠抓基层党建,在固本强基中夯实战斗堡垒。基层组织是我们党执政的最大组织优势和宝贵资源。要深入贯彻新时代党的组织路线,常态化整顿软弱涣散基层党组织,推进党支部标准化、规范化建设。深入开展农村党建"一抓两整"和"两个带头人"工程,落实城市党建"五联五化"机制,深化国企党建"六化六提升"活动,提高非公企业和社会组织"两个覆盖"质量,持续开展"让党中央放心、让人民群众满意"的模范机关创建活动,集体经济收入超100万元的行政村达到20个以上,四星级以上党组织创建覆盖率达到15%以上,切实筑牢基层党组织坚强战斗堡垒。

(四)坚持公道正派,在选育用管中激发奋斗精神。没有干不成的事,只有干不成事的人。要实施干部政治能力和专业能力提升"两大工程",坚持在"五个一线"战场锻炼识别干部,选好配强"一把手",加大重点岗位干部轮岗交流力度,大力选拔使用年轻干部,统筹用好女干部、少数民族干部和党外干部,真正让选出来的干部组织放心、群众满意、干部服气。强化正向激励,全面落实能上能下、容错纠错、澄清正名机制,弘扬"三牛"精神,激发奋斗之志,培育一支"信念坚定、为民服务、勤政务实、敢于担当、清正廉洁"的干部队伍。

(五)从严管党治党,在正风肃纪中永葆清廉本色。腐败是我们党面临的最大威胁。要严格落实全面从严治党"两个责任",严格执行中央八项规定精神和自治区"八条禁令"要求,坚定不移惩治腐败、持之以恒纠治"四风",坚持"无禁区、全覆盖、零容忍",以坚决的态度减少腐败存量、果断的措施遏制腐败增量,标本兼治一体推进不敢腐不能腐不想腐。坚持严管就是厚爱,在严格管理、严格监督、严格要求上下功夫,对混日子、不作为的干部坚决打板子、挪位子,做到真管真严、敢管敢严、长管长严,坚定不移把全面从严治党引向深入。

同志们,每一代人有每一代人的长征路,每一代人都要走好自己的长征路。推动青铜峡全面转型全域美丽全民富裕,绝不是轻轻松松就能实现的,注定要付出更为艰辛、更为艰苦、更为艰巨的努力。全市上下要坚持"干"字当头、"实"字为要、"闯"字为先,果断跳出舒适圈、敢于挑战旧框框、全力突破天花板,同强的比、跟快的赛、向高的攀,跳起来摘桃子、弯下腰抓落实,真正干出成效、干出亮点、干出名堂,做到不负信任、不负重托、不负期望。

各位代表、同志们,百年征程风正劲,重任千钧再出发。让我们更加紧密地团结在以习近平同志为核心的党中央周围,以习近平新时代中国特色社会主义思想为指导,在党中央和区市党委的坚强领导下,弘扬伟大建党精神,坚决响应伟大号召,牢记嘱托、担当使命,以永不懈怠的精神状态和一往无前的奋斗姿态,推动青铜峡全面转型全域美丽全民富裕,在先行区建设中干在先走在前,为继续建设经济繁荣民族团结环境优美人民富裕的美丽新宁夏做出青铜峡贡献。

青铜峡市人大常委会工作报告

——青铜峡市第十六届人民代表大会第一次会议
青铜峡市人大常委会主任　姬文泽
（2021年11月20日）

各位代表：

现在，我受青铜峡市第十五届人大常委会委托，向大会报告工作，请予审议。

市十五届人大工作的回顾

市十五届人大常委会任期的五年，是全市上下凝心聚力决战脱贫攻坚、决胜全面建成小康社会的五年，是青铜峡市综合实力不断增强、民生福祉大幅提升的五年，也是全市人大工作完善机制、夯实基础、提升实效、创新发展的五年。五年来，在市委的坚强领导下，市人大常委会坚持以习近平新时代中国特色社会主义思想为指导，全面贯彻党的十九大和十九届二中、三中、四中、五中、六中全会精神，深入贯彻习近平总书记关于坚持和完善人民代表大会制度的重要思想，以及习近平总书记视察宁夏重要讲话精神，坚持党的领导、人民当家做主、依法治国有机统一，围绕市委中心工作和全市发展大局，切实履行宪法和法律赋予的各项职责，为青铜峡经济社会发展和民主法治建设做出了积极贡献。

——五年来，我们立足新时代，坚持党的领导，提高政治站位，在推进全市重大事项落实上发挥人大职能。常委会旗帜鲜明讲政治，始终把坚持党的领导贯穿于依法履职的全过程，切实增强"四个意识"、坚定"四个自信"、做到"两个维护"，重大事项及时请示报告、重要部署主动跟进、重大决策坚决落实，各项工作始终与市委思想同心、目标同向、行动同步。服务经济社会发展，依法行使重大事项决定权。常委会主动站在推动全市经济社会发展的高度，立足市情，认真审议，依法批准重点建设项目融资、调整财政预算等议案，做出决议决定51项，为全市重大项目的顺利实施和民生改善提供了坚实的财力保障。坚持党管干部与人大任免有机统一，依法行使人事任免权。充分发挥地方国家权力机关的职能作用，依法任免国家机关工作人员267人次，加强对任命干部的监督，切实增强被任命人员的责任意识、为民服务意识和依法履职意识，为青铜峡市各项事业发展提供了有力的组织保障。严肃换届纪律，依法做好市镇两级人大换届选举工作。换届选举工作是全市人民政治生活中的一件大事，是坚持和发展人民代表大会制度，实现人民当家做主的一项基础工作。根据选举法和有关法律规定，依法选举产生了新一届市镇两级人大代表，通过代表资格审查，当选的市镇两级人大代表政治素质高、履职意识强、群众口碑好，具有广泛的代表性。同时，圆满完成了各镇人大换届选举工作任务，为人大工作开展奠定了坚实的基础。

——五年来，我们践行新理念，聚焦第一要务，促进全面转型，在助推高质量发展上彰显人大担当。常委会立足新发展阶段、贯彻新发展理念、构建新发展格局，对标建设黄河流域生态保护和高质量发展先行区，找准监督的切入点，切实增强监督实效。全力助推产业转型发展。围绕全市科技创新、项目建设、招商引资等重点工作，紧盯装备制造、清洁能源、酿酒葡萄、绿色食品等重点产业持续监督，督促市人民政府培育壮大新型产业、改造提升传统产业、加快农业提质增效、推进服务业提速升级，夯实了经济高质量发展的基础，全市经济运行稳中有进、持续向好。推动"三大攻坚战"落地落实。力促防范化解债务风险，要求政府完善债务风险评估和预警机制，坚决遏制隐形债务增量，牢牢守住不发生系统性债务风险底线。力促生态环境持续改善，连续5年开展生态环境保护检查、调研，对大气、河流、生态等保护工作开展系列监督，营造天蓝地绿水清、人与自然和谐共生的生态环境。力促脱贫攻坚决战决胜，跟踪监督产业、金融、教育等扶贫政策落实，助推我市如期完成脱贫攻坚目标任务，实现与全国全区同步全面建成小康社会，完善脱贫长效机制，巩固拓展脱贫攻坚成果同乡村振兴有效衔接。助力疫情防控"双战双赢"。新冠肺炎疫情发生后，常委会第一时间向全市各级人大代表发出倡议书，广大人大代表积极投身到疫情防控这场人民战争中，他们用实际行动展现了人大代表强烈的为民情怀和责任担当，践行了"人民选我当代表、我当代表为人民"的诺言。常委会班子成员深入到疫情防控、复工复产工作一线，帮助企业稳经营、渡难关，提振企业发展信心。

——五年来，我们关注新期待，坚持人民至上，一切为了人民，在促进民生事业发展上体现人大作为。常委会坚持以人民为中心的发展思想，把人民日益增长的美好生活需要作为工作的出发点和落脚点，持续将民生关切纳入监督范围。促进更加满意的教育文化卫生事业。聚焦农村薄弱学校内涵发展、城区学校大班额化解等问题，对教育重点项目进行视察，推进"互联网+教育"建设，督促补齐教育短板，改善办学条件，推动全市义务教育优质均衡发展。满足群众文化需求，建议加快文化基础设施建设，一大批文化体育设施投入使用，群众的文化生活更加丰富多彩；深入挖掘青铜峡市历史文化、黄河文化资源，推进国家全域旅游示范市成功创建。对公立医院综合改革进行调查，促使青铜峡市医疗资源配置更加优化，群众看病难看病贵问题得到了有效缓解。促进更加健全的社会保障体系。围绕普惠性、基础性、兜底性民生建设，对困难群众生活保障问题开展监督，督促城乡居民最低生活保障、特困供养、医疗救助等政策落实，加快社会养老项目建设，推动社会救助体系不断完善。对全市医疗保障工作开展专题询问，进一步深化医保领域改革，加强医保基金监管，推进异地就医即时结算，提升医疗保障服务能力，助推健康青铜峡建设。要求落实退役军人优抚政策，强化服务保障，在全社会营造尊崇军人的浓厚氛围。促进更高品质的城乡环境。积极回应群众对改善城乡面貌的新期待，关注农村人居环境改善，推进生态宜居美丽乡村建设。着眼群众的生活质量和生命健康，督查农村饮水安全，依法保护水源和水质安全。紧盯老旧小区改造不放松，先后8次对老旧小区改造进行调研和检查，督促市人民政府高质量完成全市32个老旧小区改造任务，人民群众获得感成色更足、幸福感更可持续、安全感更有保障。

——五年来，我们贯彻新思想，营造法治环境，维护社会公平正义，在加快法治青铜峡建设上贡献人大力量。常委会认真贯彻习近平法治思想，充分发挥人大在法治建设中的关键支撑作用，积极营造良好的法治环境。推进法治教育常态化。做出"七五"普法决议，把法治宣传教育融入法治青铜峡、平安青铜峡建设全过程，促进全民尊法守法学法用法。举办领导干部法律知识培训班，提升领导干部依法行政的能力水平，营造办事依法、遇事找法、解决问题用法、化解矛盾靠法的法治环境。推进法律实施规范化。适应法治政府建设新要求，对政府9件规范性文件进行合法性、规范性审查备案。深化部门工作评议，届内对25个政府工作部门评议全覆盖，促进政府部门切实转变职能、依法行政，评出了人民群众的期盼，评出了行政机关的干劲。对政府工作部门贯彻落实法律法规情况开展执法检查，发现的问题及时督促整改，促进了法律法规在青铜峡市有效贯彻执行。积极配合全国人大、自治区人大、吴忠市人大立法调研和执法检查，提出有利于青铜峡市经济社会发展的立法建议，更好地服务经济社会发展，推进依法治市进程。推进法律监督实效化。加强对公安机关、人民法院、人民检察院工作的监督，推进刑事诉讼制度改革和行政诉讼制度改革，推动"两院"在规范司法行为、维护司法公正、提高司法效率上取得实效；针对群众对法治公安建设的期待，要求公安局加强社会治安综合治理，有力维护了群众利益和社会和谐稳定；对全市扫黑除恶专项斗争进行督查，支持和督促司法机关在深挖整治上见成效，通过三年专项整治，社会公众的安全感大幅提升。不断完善信访接待制度，本届以来，接待来信来访103件，保障了群众的合法诉求。

——五年来，我们落实新机制，创新活动方式，优化服务保障，在充分发挥代表主体作用上汇聚人大智慧。常委会把代表工作放在突出位置，支持保障代表依法履职。强化服务保障，代表履职更有底气。把代表履职能力建设作为一项基础工作抓细抓实。五年来，组织2560名代表参加各类培训，增强了代表履职能力；安排194名代表列席人大常委会会议，让代表参与到人大日常工作中，激发了代表履职动力；邀请572名代表参加人大常委会的专题调查、专项检查和工作视察，让代表参与到全市经济社会发展中，提升了代表履职实效；选派98名代表旁听法院案件庭审和参加"检察开放日"活动，让代表参与到司法活动中，促进司法公正。加强议案建议督办，代表履职更加硬气。始终坚持把代表满意不满意作为办好议案建议的重要标准，围绕"办理高质量"的要求，常委会邀请提出议案建议的代表集中督办检查，面对面听取承办单位办理情况汇报。市人民政府高度重视，加大办理力度，把高质量办理代表议案建议转化为政府部门转变职能、服务群众、推动发展的具体举措。本届以来，交办议案建议203件，代表提出的"关于为市人民医院购置64排以上螺旋CT机的议案""关于对青铜峡市城区紫薇等5个老旧小区进行综合改造的议案"及建议按期办结，解决了一批医疗、教育、农业、交通、环保等代表关注、群众关切的急难愁盼问题，代表满意率不断提高。搭建活动平台，代表履职更接地气。发挥全市86个"代表之家""代表工作室"平台作用，常态化开展代表联系服务群众工作，将代表作用发挥在基层、体现在日常，让群众切实感受到民意有人代表、民声有人倾听、民生有人关注、民主就在身边。组织以乡村振兴、脱贫攻坚、文明城市创建等为主题的代表小组活动，进一步激发人大代表的履职热情。加强代表履职监督，届内市镇人大代表述职评议全覆盖，增强了代表与群众的联系和沟通。

——五年来，我们围绕新要求，持续强基固本，改进工作作风，在加强自身建设上展现人大形象。常委会始终把讲政治、转作风、提效能作为切入点和着力点，持续加强自身建设。始终不渝加强党的建设。坚持把党的政治建设摆在首位，不断提高政治判断力、政治领悟力、政治执行力。强化常委会党组管党治党政治责任，着力构建党组书记负总责、党组成员落实"一岗双责"、党支部具体落实的工作格局。创建"让党中央放心、让人民群众满意"模范机关，深入推进"两学一做"学习教育常态化制度化，扎实开展"不忘初心、牢记使命"主题教育，认真开展党史学习教育，做到学史明理、学史增信、学史崇德、学史力行，人大常委会机关党的建设不断加强。坚持不懈加强制度建设。修订完善《青铜峡市人大常委会讨论决定重大事项暂行办法》《青铜峡市人大常委会工作评议办法》等常委会议事规则及34项机关管理制度，规范工作流程及标准，推进工作的制度化、规范化、科学化水平，实现了人大工作整体提升。锲而不舍加强作风建设。切实抓好机关党员干部的政治理论教育、党性教育、廉政教育。严格落实中央八项规定及其实施细则，扎实开展纪律教育月和纠"四风"专项整治，认真抓好人大常委会机关巡视巡察反馈问题整改工作，压紧压实意识形态工作责任，强化纪律意识、规矩意识和廉洁意识。班子成员深入基层搞调研、沉下身子抓帮扶，与群众的联系更加紧密。

五年探索实践的经验启示

五年辛勤耕耘，五年春华秋实。回顾五年来的实践和探索，我们深切地体会到：

——必须始终遵循党的领导这一首要政治原则，自觉做到坚决维护核心、坚守政治定力、坚定制度自信，保证人大工作把牢正确方向。党的领导是中国特色社会主义最本质的特征，是坚持和完善人民代表大会制度的根本保证。常委会的工作之所以年年有进步，最根本的是有市委坚强领导、大力支持。实践启示我们，只有毫不动摇地坚持党的领导，人民代表大会制度的道路才能越走越宽广。

——必须切实强化服务大局的责任担当，自觉做到主动作为、务实作为、有效作为，保证人大工作在务实苦干中更好地助推发展。人大工作涉及方方面面，要做精做好、做出成效，必须紧贴中心、聚力发展、务实苦干，这是一项基本要求。实践启示我们，只有超前想、敢担当、有作为，才能真正干出人大的特色、人大的水平、人大的境界。

——必须牢固树立以人民为中心的发展思想，自觉做到为民担责、为民负责、为民尽责，保证人大工作在顺应民心所向中赢得群众广泛认可。人大工作的根基在人民，推动解决群众的操心事、烦心事、揪心事，是我们促进民生事业发展的工作目标。实践启示我们，只有始终把人民放在心中最高位置，才能不断提高广大人民群众对人大工作的满意度。

——必须不断加快工作法治化步伐，自觉做到树立法治观念、突出法理要求、维护法律权威，保证人大工作在法治建设中充分发挥职能作用。言必讲法、行必依法、办事靠法，是人大有效履行职权的基本途径和重要保证。实践启示我们，只有不断推进人大工作法治化，才能切实彰显制度优势、有效发挥人大职能作用。

——必须积极唱响改革创新主旋律，自觉做到与时俱进、因势而进、开拓奋进，保证人大工作在秉持创新发展中持续焕发生机活力。改革创新是各项事业的动力之源，人大工作要发展进步，同样需要把握时代要求、激发创新力量。实践启示我们，只有坚持探索实践不停步，人大工作才能常做常新、越做越好。

——必须充分汇聚加快事业发展的强大正能量，自觉做到民主议事、团结干事、和谐共事，保证人大工作在强化合力同向中不断开创新的局面。本届工作能够不断推进，很重要的一点就是注重整合资源、凝聚各方力量。实践启示我们，只有干事业一条心、抓工作一个调、谋发展一盘棋，才能形成强大工作合力、增强整体工作实效。

各位代表，五年来常委会工作取得的成绩，是习近平新时代中国特色社会主义思想科学指引的结果，是市委坚强领导的结果，是全体人大代表、常委会组成人员和各级人大工作者共同努力的结果，是"一府一委两院"密切配合、大力支持的结果，也是全市人民充分信任、积极参与的结果。在此，我代表市十五届人大常委会向各位代表、各有关方面表示崇高敬意和衷心感谢！

回顾五年来的工作，我们清醒地认识到常委会工作与新时代、新任务、新要求还有差距，与宪法和法律赋予人大的职责履行还有差距，与人民群众的期盼还有差距。

今后工作的建议

市十六届人大常委会任期正处于实施"十四五"规划、开启全面建设社会主义现代化国家新征程的关键时期，也是青铜峡市转型发展的关键五年，机遇与挑战并存，使命光荣、责任重大、任务艰巨。今后五年人大常委会工作的指导思想是：高举习近平新时代中国特色社会主义思想伟大旗帜，全面贯彻党的十九大和十九届二中、三中、四中、五中、六中全会精神，深入贯彻习近平法治思想、习近平总书记视察宁夏重要讲话精神，坚持和完善人民代表大会制度，不断发展全过程人民民主，依法行使职权，紧紧围绕市委"13358"总体思路，推动青铜峡全面转型全域美丽全民富裕，为青铜峡市在黄河流域生态保护和高质量发展先行区建设中干在先走在前，贡献人大的智慧和力量。

我们坚信，在市委的坚强领导下，青铜峡市第十六届人大及其常委会一定能够担负起历史赋予的重任，继往开来，开拓进取，在历届人大工作的基础上取得新的更大成绩。在此，提出以下几点建议：

——坚持党的全面领导，以更高站位把牢正确政治方向。始终把坚持党的领导作为人大工作的最高政治原则，与时俱进，以党的最新理论成果武装思想，进一步增强"四个意识"、坚定"四个自信"，做到"两个维护"，把中央、区市党委的决策部署贯穿于人大工作的全过程，做到重大事项及时请示、重要工作主动报告，充分发挥人大的职能作用，努力使人大及其常委会成为让党中央放心、让人民群众满意的政治机关、国家权力机关、工作机关、代表机关。

——切实增强监督实效，以更大力度服务全市发展大局。以建设黄河流域生态保护和高质量发展先行区为统领，围绕做好调、转、增、融"四篇文章"，聚焦"工业转型升级、农业高效融合、服务业提档增速"等重点工作，找准切入点，开展检查调查视察等监督活动，推动高质量转型发展；跟进乡村振兴战略、"四大提升行动"等重大决策部署，依法开展监督，推动民生改善，增进民生福祉，不断满足人民群众对美好生活新需求。

——深化拓展代表工作，以更实举措保证人民当家做主。进一步健全完善代表工作制度，切实加强对人大代表的学习培训、管理服务和考核评述，不断增强人大代表的履职意识和能力，充分发挥代表来自人民、植根人民的特点和优势，用足用好"代表之家""代表工作室"等平台，进一步加强常委会与代表、代表与广大群众的联系，进一步丰富和规范代表在闭会期间的活动，为代表高质量履行职责创造条件。创新代表议案建议办理工作，强化督办落实，提高办理质量。

——着力加强自身建设，以更好作风展现人大担当作为。牢牢把握政治机关这一根本属性，以党的政治建设为统领，提高政治判断力、政治领悟力、政治执行力。进一步加强常委会的能力建设和作风建设，提高常委会组成人员的履职意识和履职能力。认真落实全面从严治党"两个责任"，不断加强党风廉政建设。密切联系群众，大力崇尚求真务实、真抓实干的作风，积极改进调研方式，推进常委会工作再上新台阶。

各位代表，新时代属于每一个人，每一个人都是新时代的见证者、开创者、建设者。让我们更加紧密地团结在以习近平同志为核心的党中央周围，在市委的坚强领导下，勇往直前，继续奋斗，朝着建设全面转型全域美丽全民富裕青铜峡的宏伟目标奋力前行。

政府工作报告(摘要)

——青铜峡市第十六届人民代表大会第一次会议

青铜峡市代理市长 文学智

(2021年11月19日)

各位代表：

现在，我代表市第十五届人民政府向大会报告工作，请予审议，并请市政协委员和列席人员提出意见。

2021年和本届政府工作回顾

2021年，是"十四五"开局之年、中国共产党成立100周年，新冠肺炎疫情防控和经济社会发展各项任务繁重艰巨，特别是10月20日以来，面对新一轮疫情暴发突然，来势迅猛，影响面大的严峻复杂形势，全市上下立即进入应急状态，坚决贯彻习近平总书记关于疫情防控的重要指示批示精神，在市委坚强领导下，在市人大常委会、市政协的通力协作下，广大党员干部群众、医务人员、社区工作者和志愿者再次集结，齐心抗疫，紧盯疫情传播链，抓紧抓实防控治，有效遏制了疫情扩散蔓延，坚决守住了"三个不发生"的底线，目前风险总体可控。

一年来，市人民政府以习近平新时代中国特色社会主义思想为指导，深入学习贯彻党的十九大和十九届二中、三中、四中、五中、六中全会精神，认真学习贯彻习近平总书记"七一"重要讲话和视察宁夏重要讲话精神，坚决贯彻新发展理念，奋力推进先行区建设，聚焦聚力"三个重点"，坚持不懈调结构、转方式、增动能、促融合，"5+5"十大产业强劲发展，实现了"十四五"良好开局。预计完成地区生产总值145亿元，增长6%左右；完成一般公共预算收入8.9亿元，增长20.4%；实现社会消费品零售总额26亿元，增长8%；城乡居民人均可支配收入分别达到34321元和18777元，增长10%和11%。

——先行区建设加速推进。聚焦"五区"建设，9070亩河滩地全部收回、1945亩确权耕地全部禁种高秆作物，黄河行洪安全保障有力；国土整治修复1.8万亩，完成营造林3.3万亩，是自治区下达目标任务的124%，生态修复卓有成效；第二污水处理厂尾水处理、罗家河人工湿地二期投入运行，在全区率先与宁夏国运签订先行区基金合作项目协议，污染防治迈出关键一步；列入自治区"十大工程"的牛首山抽水蓄能电站前期道路项目9月开工建设，单位GDP能耗下降2.5%，降幅居吴忠市第一；启动古渠首遗址公园项目，《黄河谣》实现常态化演出，黄河文化在展示中彰显传承。

——十大产业加快发展。引进亚辰新材料、古峡重工等延链补链企业17家，津和铝深加工一期、银丰新材料、北京洁源风电等重点项目建成投产，新增规模以上工业企业10家，预计规模以上工业增加值增长3.5%左右。新增酿酒葡萄种植2万亩，超4000亩完成自治区下达任务,葡萄酒销售实现利税754万元,增长27%;奶牛存栏9万头、生猪饲养量22.4万头,分别增长20%和17%;兴豆缘豆文化园建成运营,先锋大青葡萄、甘城子苹果入选全国名特优农产品名录,名列全国5个国家级杂交玉米制种强县之一,预计农业增加值增长8.5%左右。青铜古镇投入运营,叶盛镇地三村、大坝镇韦桥村入选"全国乡村旅游重点村",余桥村入选全区首批特色旅游村镇,实现旅游综合收入15亿元,增长21%,预计服务业增加值增长6%左右。

——投资结构趋于优化。坚持重大项目带动,全年开工建设万向新元、酿酒葡萄基地等项目150个,完成投资64亿元。推行亿元以上项目市级领导专班负责制,落地建设招商引资项目75个,其中投资10亿元以上项目1个、5亿元以上项目2个、亿元以上项目5个,落实到位资金57.1亿元;上争项目300个,落实资金30亿元。投资结构更加优化,产业类项目数量占比达80.5%,民间投资占比达到67%,分别增长20.3%和10%,预计全社会固定资产投资增长8%左右。

——城乡品质大幅提升。改造老旧小区21个,惠及居民4827户,开工建设"城市记忆·建民印巷",开发瀍上御景等房地产项目4个,实施青逸湖等生态修复项目5个,连通水系7万平方米。全面推进乡村建设"五大工程",绿化美化庄点136个,改建抗震宜居农房2944户,清洁供暖试点惠及农户1055户,农村生活垃圾处理率达95%,9个乡村振兴示范点、11个重点帮扶村旧貌换新颜,甘城子村代表吴忠市接受全区深入实施"四大提升行动"全面促进乡村振兴现场会互观互检。

——改革创新持续深化。"四权"改革稳步推进,被确定为全区用水权改革重点县,在全区率先建成二级市场交易平台,年内交易水权指标1500万立方米,实现收益1.6亿元,土地权改革落实土地指标跨省交易2472亩,预计实现收益9888万元,排污权改革首批40家重点企业初始排污权完成核算上报,山林权改革清理林权证275本328宗地,林权抵押融资贷款370万元。新增国家级高新技术企业4家,自治区小巨人企业6家、科技型中小企业4家,全社会R&D经费投入强度达2.61%,位居吴忠市第一。

——人民生活显著改善。启动"四大提升行动",实施邵岗镇移民村养殖园区二期等衔接项目21个,新建养殖圈棚、设施温棚199栋,发展经果林5020亩,移民致富产业不断壮大。全力稳就业保就业,城镇新增就业3224人,农村劳动力转移就业2万余人。稳步提升教育教学质量,义务教育阶段课后服务全覆盖,高考本科上线率达64.5%,校园治理达标县通过自治区验收。成立市医疗健康总院,建成国家级基层版胸痛、卒中和创伤中心,全力推进新冠疫苗接种,疫情防控和重大疾病救治能力不断提升。深化平安青铜峡建设,信访工作呈现"三降三升"良好态势,全市命案"零发生"、八类刑事案件下降61.5%,袁滩村入选全国乡村治理示范村。

各位代表,2021年,我们始终坚持发展第一要务,干成了一批关乎全局的大事、推动发展的要事、改革攻坚的难事、群众期盼的好事,为市十五届人民政府既定目标任务的完成画上了圆满句号。回首五年,我们主动适应新常态,积极应对新变化,妥善解决新问题,在决胜全面小康中破解发展难题,在深化改革开放中激发内生动力,在加快产业转型中推动经济高质量发展。全市地区生产总值年均增长8.2%;一般公共预算收入较2016年增长18.9%;社会消费品零售总额年均增长4.9%;城乡居民人均可支配收入年均增长7.7%和9.3%,综合实力持续增强、群众生活更加殷实,青铜峡步入了蓄势勃发的新阶段。

过去五年,我们聚力转型升级,持之以恒调结构、增效益,产业基础更加牢固。实施工业延链补链强链项目218个,淘汰落后产能

33.4万吨，万元GDP能耗、用水量分别下降21%、31%，进入全国循环经济示范县行列。粮食生产"十八连丰"，瓜菜、生猪和奶牛种养量质齐升，酿酒葡萄种植达到14万亩，建成酒庄22家，实现葡萄酒销售收入3.6亿元，是2016年的6倍，入选首批国家农业可持续发展试验示范区。成功创建国家全域旅游示范区，黄河大峡谷列入国家5A级景区预备名单，是近五年来全区唯一一家，宁夏引黄古灌区入选世界灌溉工程遗产名录，实现宁夏世界遗产"零"的突破，培育新百商业综合体、龙海商业街等夜间经济打卡地，实现旅游综合收入47.5亿元，年均增长25.3%。

过去五年，我们聚力改革创新，持之以恒蓄势能、育动能，发展活力竞相迸发。全面完成新一轮政府机构改革，基层整合审批服务执法力量改革走在全区前列。"放管服"改革不断深化，营商环境持续优化，"最多跑一次"实现率达92%以上，信用体系建设排名西部107个县级市第2位，国家基层政务公开标准化规范化试点工作被国务院通报表扬。率先在全国完成农村土地确权改革，五星村土地股份专业合作社经验在国务院减贫与发展高层论坛上交流并在全区推广。培育国家级高新技术企业13家，自治区小巨人17家、科技型中小企业67家，全社会R&D经费投入年均增长25.4%，获评国家知识产权示范市。

过去五年，我们聚力三大攻坚战，持之以恒防风险、守底线，全面小康成色更足。清欠民营企业中小企业账款4.4亿元，政府全口径债务率下降74个百分点，债务风险等级"由橙转黄"，信用联社不良贷款处置风险妥善化解，牢牢守住了不发生系统性风险的红线底线。累计脱贫退出3035户14137人，贫困村全部出列，贫困户人均纯收入年均增长19.6%，历史性解决了绝对贫困问题。污染防治攻坚战取得阶段性成果，年均空气质量优良天数比例保持在83%以上，黄河青铜峡段出境断面水质稳定保持Ⅱ类标准，危废安全处置率100%，库区湿地生态全面恢复，全市森林覆盖率达15%，荣获全国生态建设突出贡献奖。

过去五年，我们聚力协同发展，持之以恒强基础、增内涵，城乡面貌绽焕新颜。累计投入62亿元实施城市建设项目158个，老旧小区改造走在全区前列、做出样板示范，常住人口城镇化率突破60%。全力推进乡村建设，建设美丽小城镇5个、美丽村庄23个，城乡供水、环卫保洁一体化运营，农村卫生厕所普及率达到92%，生活垃圾治理覆盖率达到95%，顺利通过国家卫生城市复审，获评自治区农村人居环境整治示范市，连续2年入选中国最美县域榜单。累计实施公路建设项目52个300公里，获评全区首批"四好农村路"示范县。

过去五年，我们聚力百姓福祉，持之以恒惠民生、促公平，民生保障坚实有力。坚持每年80%以上财政收入用于民生，累计投入资金134亿元。全面落实稳就业促创业各项政策，城镇登记失业率控制在4%以内，累计培育创业实体3000家以上。优先发展教育事业，累计投入资金2.7亿元，新建改造幼儿园、中小学53所，学前教育普及普惠发展，义务教育均衡发展通过国家复验，职教中心跻身全国重点中等职业学校行列，高考一本上线率较2016年提高7.2个百分点。纵深推进健康青铜峡建设，建成跨区域医联体5个，市镇两级医疗机构远程医疗服务实现全覆盖，居民健康素养水平达19.3%，高于全区平均水平。织密织牢社会保障网，累计发放低保、特困供养等各类救助资金4.8亿元，残疾人康复中心、托养中心投入运营。繁荣发展文化事业，鸽子山遗址考古发掘入选全国十大考古新发现，新时代文明实践所（站）实现全覆盖，创成国家第三批公共文化服务体系示范县。

过去五年，我们聚力安全稳定，持之以恒抓治理、促和谐，治理效能不断提升。铸牢中华民族共同体意识，坚决守好促进民族团结生命线，获评全国民族团结进步创建活动示范市。巩固军政军民共建成果，设立全区首家退役军人法律维权服务站，第七次荣获全国双拥模范城称号。打掉黑恶势力团伙5个，"打财断血"查扣追缴资金1500余万元，扫黑除恶专项斗争取得压倒性胜利。坚持打防管控并举，连续14年命案全破，刑事发案率"八连降"。坚持和发展新时代"枫桥经验"，全面推行全域网格积分制管理，"一村（居）一法律顾问"全覆盖，"一村一警"模式在全区推广，信访积案化解率达90%以上。"七五"普法通过考核验收，创成自治区级法治政府建设示范县。扎实推进安全生产专项整治三年行动，启动自然灾害风险普查，连续5年无较大及以上生产安全事故发生，东街社区荣获全国消防安全示范社区称号。国防动员、税务、调查、工会、档案、气象等工作取得新进展，老龄、妇女儿童、残疾人、红十字、住房公积金等事业有了新进步。

过去五年，我们聚力自身建设，持之以恒转作风、提效能，行政能力显著增强。始终把坚持和加强党的全面领导贯穿政府工作全局，扎实开展"两学一做"学习教育、"不忘初心、牢记使命"主题教育、党史学习教育，"我为群众办实事"解决不动产登记证办理等"急难愁盼"事项193件。坚决整改国务院第八次大督查反馈问题，工程建设政府采购重点领域突出问题专项治理整改事项1054项。认真执行重大事项向市委请示报告制度，依法接受人大常委会法律监督，自觉接受政协民主监督，主动接受社会和舆论监督，提请市委审议重大事项127项，办理答复人大代表议案建议203件、政协委员提案326件。严格执行中央八项规定及其实施细则精神，严守自治区"八条禁令"，政务公开、审计监督覆盖政府工作各方面、全过程，政府公信力、执行力不断增强。

各位代表，市十五届人民政府任期伊始，面对2015年财政收入增速大幅下降、发展跌入低谷的艰难困境，我们负重拼搏、苦干实干、奋力追赶，2021年财政收入达到8.9亿元，是近七年来最高水平，青铜峡向曾经辉煌迈出了重要一步，给未来的发展破了先局。这五年，我们在复杂形势下笃定前行，保持了稳中有进的良好态势；我们在区域竞争中抢抓机遇，谱写了加速赶超的崭新篇章；我们在经济下行中担当作为，绘就了高质量发展的美丽画卷；我们在收支矛盾中节用裕民，践行了真挚深厚的为民情怀；我们在平安建设中开拓创新，筑牢了基层治理的前沿阵地。这些成绩的取得，是习近平新时代中国特色社会主义思想科学指引的结果，是区市党委、政府正确领导的结果，是市委统揽全局、坚强领导的结果，是人大常委会、政协有力监督、大力支持的结果，是全市上下迎难而上、奋力拼搏的结果。在此，我代表市人民政府，向奋战在各条战线的广大干部群众，向人大代表、政协委员、各民主党派、工商联、人民团体，向离退休老同志和社会各界人士，向驻青区属吴属单位、驻地部队、武警官兵、公安民警和消防救援队伍，向所有关心、支持青铜峡发展的各界朋友致以崇高的敬意和衷心的感谢！

回顾五年历程，奋斗历经艰辛，经验弥足珍贵。我们深刻体会到：无论形势怎么变化、挑战多么严峻、任务多么繁重，坚持党的全面领导，坚决贯彻落实中央、区市决策部署和市委工作要求，始终是政府工作的基本准则。坚持发展第一要务，坚决贯彻新发展理念，全力以赴推动经济社会高质量发展，始终是政府工作的永恒主题。坚持改革创新，坚定用改革的思维、创新的办法破解制约瓶颈，闯出转型新路，始终是政府工作的动力源泉。坚持人民共建共治共享，解决好群众最关心最直接最现实的利益问题，不断满足人民群众对美好生活的向往期待，始终是政府工作的不懈追求。坚持真抓实干作风，定了干、干必成、成必优，始终是政府工作的根本要求。

安不忘危，兴不忘忧。在总结成绩的同时，我们也清醒认识到，全市经济社会发展还存在诸多困难和问题：对标经济发展"任务书"，能耗总量约占吴忠市60%、新兴产业支撑不足、财政收入结构单一的问题仍然存在，资源环境约束趋紧、大项目好项目少、收支矛盾突出仍是我们需要审视的"三大难题"；对标产业转型"布局图"，轻重工业比5∶95、农业高效融合不够、现代服务业发展缓慢的问题仍然存在，科技含量低、产业链条短、竞争力不强仍是我们需要正视的"三大实际"；对标群众期盼"心愿单"，农村基础设施建设不完善、教育医疗供给不能完全满足群众需要、"五治融合"作用发挥还不够的问题仍然存在，城乡发展不平衡不充分、公共服务水平低、社会治理能力不足仍是我们需要重视的"三大短板"。对标担当作为"风向标"，部分干部依法行政意识淡薄，引领发展本领不高，不为干事想办法、只为不干找理由，执行力落实力有待强化，政府服务水平同推动高质量发展的要求还有一定差距。我们将正视问题、直面挑战、勇于亮剑，采取更加务实举措转作风、补短板、解难题、开新局，尽心竭力把青铜峡的事情办好，绝不辜负人民群众的期望和重托。

今后五年规划目标和主要任务

未来五年，是加快建设美丽新宁夏的关键期，也是青铜峡奋力担当建设先行区时代使命的机遇期。我们将立足"两个大局"、心怀"国之大者"，在格局重塑中抢占先机、抓住关键、争取主动，在区域竞争中直道加速、弯道超车、变道领跑，进入全区县域经济总量第一梯队，推动全市经济社会事业更高质量发展。

根据市第十三次党代会精神，今后五年全市经济社会发展总体思路是：高举习近平新时代中国特色社会主义思想伟大旗帜，深入贯彻党的十九大和十九届二中、三中、四中、五中、六中全会精神，全面贯彻习近平总书记"七一"重要讲话和视察宁夏重要讲话精神，按照"五位一体"总体布局和"四个全面"战略布局，坚定不移贯彻新发展理念，坚持稳中求进工作总基调，以推动高质量发展为主题，以深化供给侧结构性改革为主线，以先行区建设为时代使命，以改革创新为根本动力，以满足人民日益增长的美好生活需要为根本目的，统筹发展和安全，主动融入新发展格局，加快建设现代化经济体系，扎实推进基层治理体系和治理能力现代化，坚决守好"三条生命线"，做好调、转、增、融"四篇文章"，按照市委"13358"总体思路，以建设黄河流域生态保护和高质量发展先行区统领经济社会事业发展，打响黄河岸边·世界灌溉工程遗产、贺兰山下·紫色葡萄酒文化、牛首山上·清洁能源基地"三张名片"，聚焦工业转型升级、农业高效融合、服务业提档增速，做大做强"5+5"十大产业体系，实施"五大倍增"计划，打好"八场硬战"，推动青铜峡全面转型全域美丽全民富裕，为继续建设经济繁荣民族团结环境优美人民富裕的美丽新宁夏做出青铜峡贡献。

主要奋斗目标是：全市地区生产总值年均增长10%左右；地方一般公共预算收入年均增长11%；社会消费品零售总额年均增长10%以上；城乡居民人均可支配收入年均增长10%和12%。完成自治区下达节能减排目标任务。

各位代表，这样一个预期目标，是我们正视发展差距、回应群众期盼，在科学研判和深入分析基础上确定的，也是今后五年新一届政府矢志不渝的奋斗目标。只要坚定必胜信心，奋力拼搏进取，我们的目标一定会实现，我们的目标也一定能够实现！

我们将重点在七个方面实现新突破、取得新进展，实现更高质量发展。

一、坚定不移加快转型发展，在全力打造十大产业体系上实现新突破

项目和产业是青铜峡高质量发展的"总钥匙"，不仅影响当下，更决定未来。我们将把发展经济的着力点放在实体经济上,毫不动摇坚持"项目为王"理念,尽心竭力打造十大产业体系,坚决打赢经济发展翻身战,力促三次产业比重优化为14∶46∶40,奋力开创青铜峡产业升级"新天地"。

(一)突出项目建设扩投资。实施固定资产投资"倍增"计划,全力厚植经济高质量发展强劲动能。紧盯先行区建设、乡村振兴、生态环保等产业政策和投资导向,围绕"三新""三绿""三基"等领域,精心谋划推进一批重大项目,争取列入国家、自治区规划盘子,力促项目储备规模达到1800亿元以上,形成接连不断、滚动实施的项目储备机制。深化亿元以上项目市级领导专班负责制,用心用情招商、主动靠前服务,力争引进100亿元以上项目1个、50亿元以上项目2个,每年引进亿元以上项目15个以上,到位资金增长10%以上,努力形成大项目顶天立地,小项目铺天盖地,各类项目齐头并进、竞相发展态势。

(二)加快工业转型促升级。坚持从调结构、转方式上全面破局,实施工业产值"倍增"计划,加快现有企业"四大改造",支持中小微企业健康发展,规模以上企业达到130家,打造宁夏工业转型升级引领区。聚焦铝产业、新型材料千亿级产业集群,加快铝产业园、"飞地"园区建设,引进落地常州凯宏铝业、山西瑞格金属等一批铝精深加工项目,打造铝工业循环经济全产业链,推动铝产业实现产值400亿元;争取浙江巨化新材料循环经济产业园落地建设,全力支持金昱元化工搬迁入园改造,力促海利精细化工、永利新材料等项目早日投产达效,推动新型材料产业实现产值600亿元。聚焦清洁能源、装备制造特色产业板块,加快牛首山抽水蓄能电站一期70亿元项目建设,力促二期100亿元项目早日开工;加快屋顶光伏整县推进项目建设,实施地面集中式光伏电站、老旧风电场"以大代小"等26个项目,新增装机容量330万千瓦,推动清洁能源产业实现产值50亿元;加快盘活轴承加工、汽车零部件制造等资源,做精做优农机研发,力促锡州电磁线、腾辉科技等招引项目尽早落地,新大众机械二期、众虎科技等企业扩能增效,推动装备制造产业实现产值50亿元。全面推行"管委会+公司"运营模式,推动工业园区由注重管理向创新服务转变,建成农机产业园,创成自治区级高新技术产业开发区、争创国家级开发区,规模以上工业增加值年均增长11%以上。

(三)狠抓农业融合提质效。全力推进农业高效种养、上下游全链条联动、接二连三融合发展,推动传统农业大市向现代农业强市迈进,争创国家级现代农业示范区,农业增加值年均增长6%以上。聚焦葡萄酒、奶产业两个百亿级产业集群,酿酒葡萄种植突破20万亩,新增酒庄38家、列级酒庄达到15家,力争葡萄酒销售收入达到35亿元、综合产值突破200亿元;加快牛首山北麓奶牛核心区建设,实施宁夏农垦、吉鸿奶牛养殖场等16个新建扩建项目,奶牛存栏达到16万头,打造优势产区、优质奶源基地,全力引进乳制品加工厂,推动奶产业综合产值达到150亿元。聚焦生猪、玉米制种、绿色食品三个特色产业板块,建成宁夏生猪产业研究院,大坝榆树湾养殖园区全面投入运营,生猪饲养量达到50万头,培育引进屠宰加工企业1家,构建全产业链经营体系,推动生猪产业综合产值达到50亿元;支持山东登海、湖北康农等重点种业企业加快自主品种培育,建设国家级玉米制种产业示范园,玉米制种突破10万亩,年种子加工能力达到6万吨,推动制种业产值突破40亿元;打响青铜峡大米、甘城子苹果、连湖西红柿、先锋大青葡萄等特色农产品品牌,引进绿色食品深加工企业5家以上,农产品加工转化率达到85%以上,推动绿色食品产业综合产值达到30亿元。

(四)力促服务业提速激活力。以文旅深度融合为突破口,千方百计挖潜力、提层次,推动服务业发展提速、比重提高、结构优化,全力打造黄河金岸服务业文旅融合精品区,服务业增加值年均增长12%以上。聚焦百亿级文旅融合产业集群,用足用好国家全域旅游示范区"金字招牌",实施黄河大峡谷改造提升等10个项目,创成黄河楼、黄河大峡谷2个国家5A级旅游景区,成为全区唯一一个拥有双5A级景区的县市,培育黄河坛、西鸽酒庄2个国家4A级旅游景区,建成引黄古灌区世界灌溉工程遗产公园,建设黄河文化影视基地,打造黄河岸边生态景观带;实施牛首山电力科技长廊、冬日激情滑雪、天籁星空观测等5个特色旅游项目,形成黄河水电奇观、塞上江南天池、牛首寻幽探秘为一体的工业旅游新业态,打造牛首山上自然风光带;加快发展旅游+观光体验农业,打造"余桥—韦桥—唐滩—先锋—地三"乡村旅游精品线路,培育全国乡村旅游重点村镇2个以上,打造稻花香里乡村休闲带;深化葡萄酒+文化旅游,高标准建设鸽子山葡萄酒文化旅游小镇,举办贺兰山东麓葡萄展藤节、全国马帮联盟车友会等"五大赛事",培育葡萄园里看星空、星空音乐节等葡萄酒文化体验游品牌,建成全国第一家以葡萄酒文化为主题的国家级旅游度假区,打造贺兰山下紫色文化长廊,全面激发全域旅游新活力,游客接待量突破1200万人次,实现旅游综合收入60亿元以上、综合产值超过100亿元。大力发展现代服务业,加快推进工业互联网、智慧园区等数字化基础设施建设,积极发挥大禹智运、智农数贸、农直通等大数据平台集聚效应,打造自治区级数字经济产业园;依托吴忠黄河奥林匹克体育中心,积极承办全国性体育赛事,举办美食节、音乐节、房车博览会等大型活动,打造全区会展经济功能区;实施工业园区货物交通物流中心、小坝新能源汽车市场物流园等项目,推动捷安公铁、西部煤炭物流综合贸易中心等提档升级,打造全区物流产业集聚区。全面激发消费活力,做活"假日经济"、点亮"夜间经济",实施夜游黄河楼项目,丰富青铜古镇旅游业态,倾力打造"城市记忆·建民印巷"城市"慢生活"商业街区,培育打造三星级以上酒店5家、商业综合体2家,加速餐饮服务业提档升级,不断释放城市商圈潜力,最大限度激发消费活力。

二、坚定不移深化改革创新,在充分释放发展动能活力上实现新突破

改革创新是推动青铜峡高质量发展的"强引擎",越是逆水行舟,越要一篙不松。我们要以敢啃硬骨头、敢涉险滩的决心和勇气,坚持在改革中求突破,在创新中谋发展,坚决打赢改革创新攻坚战,奋力跑出青铜峡转型发展"加速度"。

(一)凝聚改革发展新优势。深化"放管服"改革,切实加强政务服务体系建设,全面落实优化营商环境政策法规,构建信用为基础的新型市场监管体制,"最多跑一次"实现率达到95%以上,打造全区最优法治化营商环境。加强对内对外开放,借助内陆开放型经济试验区等平台,鼓励企业参与"一带一路"经贸合作,不断提高开放水平。强化金融创新改革,探索成立重点产业、重要领域投资公司,助推产业集群化发展。深化国企改革,推进国有企业经营性资产集中统一监管。深化市域综合医改,健全完善公共卫生体系和疾病预防控制体系,提升重大突发公共卫生事件应急能力。推行中小学教师"县管校聘"改革,促进新时代教育事业新发展。加快农村客运体制改革,保障广大群众行有所乘。

(二)释放"四权"改革新红利。聚焦"节水增效",深入推进农业、工业节水行动,农田灌溉水有效利用系数提高到0.6以上,规模以上企业用水重复利用率达到98%以上,万元GDP用水量下降15%,交易水权指标突破2000万立方米,努力实现节水惠民、节水减排、节水增效目标。聚焦"盘活增值",深化农村宅基地"三权分置"改革,推动集体经营性建设用地入市,盘活利用城乡闲置建设用地、开发利用国有未利用地,单位工业用地产出效益增幅20%以上,完成土地指标

跨省交易2万亩以上，努力实现盘活资源、激活价值、土地增值目标。聚焦"降污增益"，建立完善政府排污权储备制度，规范排污权交易市场，促进排污权充分交易；推行排污权抵押贷款，拓宽融资渠道，引导企业加快节能减排改造，努力实现环境有价、使用有偿、交易有市目标。聚焦"植绿增绿"，全面推行林长制，加快推进山林地"三权分置"，放活山林地经营权，新增和巩固新型绿化经营主体15家以上；推行"以林养林"，每年新增造林面积2万亩以上，积极培育发展林下经济，努力实现国土增绿、林业增效、农民增收目标。

（三）打造创新驱动新引擎。聚力协同创新，实施科技创新"倍增"计划，强化创新主体培育，鼓励支持企业建设研究中心，重点实验室、创新联盟等研发平台，国家级高新技术企业达到25家以上、实现翻一番，自治区科技型中小企业突破100家，创成自治区"双创"示范基地。强化人才智力支撑，全力保障优秀人才住房养老、医疗服务、子女教育等多元化需求，推动十大产业人才聚集，"高精尖缺"人才达到30名，打造全区产业人才聚集新高地。强化协同创新攻关，推动企业与高等院校、科研院所、发达地区深度合作，打造创新平台40个以上、专业化技术服务平台10个以上，推动科技成果转移转化、技术合同成交额翻一番，全社会R&D经费投入强度稳定在2.5%以上。

三、坚定不移加快绿色发展，在全面推动生态文明建设上实现新突破

绿色发展是青铜峡高质量发展的命脉所在，人不负青山，青山定不负人。我们将横下一条心、攥紧铁拳头，猛药去疴、铁腕治污，走稳走实生态优先绿色发展之路，坚决打赢生态环境保卫战，让青铜峡的蓝天常在、碧水长流、美丽与发展同行。

（一）大力推动绿色低碳发展。全面落实碳达峰、碳中和决策部署，坚决遏制"两高"项目盲目发展，千方百计提高能效水平，重点实施青铝净化节能装置大修、分布式光伏发电等项目，因地制宜整县推进煤改气、煤改电清洁供暖，推动清洁能源使用比例达到40%以上。严格能耗"双控"制度落实，全面推行用能预算管理和重点用能单位能耗在线监测，加速落后低端产能、高耗低效产能退出，腾出用能空间，加快绿色转型发展。大力倡导绿色消费、绿色生活，加大新能源汽车、绿色建材、节能家电、高效照明产品推广力度，开展绿色家庭、绿色学校、绿色社区、绿色工厂创建活动，努力建设节约型机关、节约型社会，让绿色成为青铜峡高质量发展的鲜明底色。

（二）坚决打好污染防治攻坚战。系统推进大气、水、土壤综合治理，推动环境质量持续好转。强化"四尘同治"，实施青鑫炭素烟气净化环保、青铜峡水泥超低排放等20个重点治污项目，环境空气质量优良天数比例达到85%以上，让青铜峡的天更蓝。强化"五水共治"，深化河湖长制，深入开展地下水超采综合治理，加快实施农村黑臭水体治理和罗家河、蚂蚁口子沟水质提升等项目，确保黄河青铜峡段出境断面水质稳定在Ⅱ类、入黄排水沟水质保持在Ⅳ类以上，让青铜峡的水更清。强化"六废联治"，实施固废清理及填埋场、固危废监管平台建设等项目，工业危废和医废安全处置率达到100%，一般工业固废综合利用率达到70%以上；强化农业面源污染防治，实施耕地质量提升、化肥减量项目，畜禽粪污资源化利用率、农药化肥利用率达99.5%和42%以上，土壤环境质量保持总体稳定，让青铜峡的土更净。

（三）压实生态环保政治责任。坚决贯彻落实中央、自治区生态环境保护督察工作规定及办法，严格执行党政领导干部生态环境损害责任追究实施办法，确保生态环境保护实效长效。实行环保信用评价、环境信息强制性披露等制度，全面落实自治区"四禁、四减、四保"要求，强化环境监察执法，重点排污企业全天候在线监测，严打环境违法行为，倒逼企业环境保护主体责任落地落实。严格资源有偿使用和生态补偿、生态环境损害赔偿制度，加强资源总量管理，切实强化刚性约束，坚决守好改善生态环境生命线。

四、坚定不移促进城乡融合，在一体推进区域协同发展上实现新突破

建设宜居宜业宜游城乡是青铜峡人民的美好愿景，变的是环境，不变的是乡愁。我们将坚持城乡一体、建新如故，坚决打好城乡融合大会战，打造有品质有特色、有颜值有韵味、有形象有气质的秀美青铜峡，让居住者舒心、创业者安心、旅行者怡心。

（一）深入推进乡村振兴。巩固拓展脱贫攻坚同乡村振兴有效衔接，实现农业强、农村美、农民富。培育壮大"4+X"特色产业，实施酿酒葡萄产业园、恒源观光农业园等项目，建立健全全产业链利益联结机制，带动农民群众持续稳定增收，全市84个行政村村集体经济收入全部达到35万元以上，力争100万元以上村达到10个、50万元以上村达到22个。构建宜居家园，深化乡村建设"五大工程"，农村生活垃圾无害化处理率、污水处理率达到100%和60%以上，农村清洁供暖覆盖面达到85%以上、无害化卫厕普及率达到95%以上，培育乡村振兴示范村24个，争创全国农村人居环境整治激励县。营造文明乡风，加强农村文化阵地建设，充分发挥村规民约、家风家训教化作用，引导农民讲文明、树新风。加快人才振兴，实施农业科技"百人引进计划"，推动更多科技成果应用到田间地头，农业科技贡献率达到65%，全面激发乡村振兴新活力。

（二）着力提升城市内涵。坚持城市规划为先，高标准编制完成国土空间总体规划，不断优化城市空间结构。深化城市更新行动，全面推进"城市双修"，加快城中村改造，实施老旧小区改造、城区雨污分流管网改造、城市东区道路建设等项目37个，城市照明系统节能改造节电率达到45%以上、建成区绿地率达46%以上，争创国家森林城市、全国老旧小区改造示范市。坚持把水系作为"景观"、城市作为"景区"培育，投资1.98亿元实施水系连通及水美乡村等4个项目，全力打造城市景观核心区、生态文明示范窗口，实现城市品质大幅提升。全面推进智慧青铜峡、数字城市与管理系统建设，实施数字管网工程、智慧供水设施等改造，推动城市建设和运行"一网统管"，提升城市管理服务智能化水平，推动城市管理更精细。

（三）促进区域协调发展。围绕自治区打造"一带三区"总体布局，协同推进"一河两岸、双城一体"发展，加快"一城两带两轴"建设，配合实施吴灵青北环高速公路建设，实现与京藏、古青和乌玛高速构成吴灵青组团高速环线；加快推进"互联网+城乡供水"项目、现代化生态灌区建设，建成日处理5万立方米净水厂，建设现代化生态灌区15万亩，再造区域发展新优势。开展"空心村""空心房"整治，打造闲置宅基地盘活利用试点村，推动闲置宅基地和农房退出复垦；加大公共财政投入向农村倾斜，推动基础设施向农村延伸，建立政府主导、多方参与、市场运作的城乡基础设施一体规划、一体建设、一体管护机制，打造城乡融合发展青铜峡模式。推进城乡基本公共服务均等化，完成乡镇卫生院改扩建，完善社区阵地建设，社区日间照料中心全覆盖，美丽村庄建成率达90%以上。加快农业转移人口市民化，常住人口城镇化率达到65%以上。

五、坚定不移推进社会治理，在着力提升共建共治水平上实现新突破

社会治理是青铜峡繁荣发展的"压舱石"，基础不牢，地动山摇。我们将坚持共建共治共享，坚决守好促进民族团结和维护政治安全的生命线，全面推行"1+6"基层治理体系，坚决打好基层治理提升战，建设更高水平的平安青铜峡。

（一）扎实做好民族工作。深入贯彻落实中央民族工作会议、自治区党委十二届十三次全会精神，聚焦铸牢中华民族共同体意识主线，持续开展马克思主义"五观"宣传教育，促进各民族交往交流交融，构筑共有精神家园，推动"两个共同""三个离不开""五个认同"思想扎根全市各族群众心中，争创铸牢中华民族共同体意识示范市。持续深化民族团结进步创建，纵深推进"三个十"行动，落实"六化六个进一步"，每年高标准打造自治区级示范点3个以上，争创全国民族团结进步模范市，推进新时代民族工作高质量发展。

（二）坚决守好安全发展底线。巩固提升安全生产专项整治三年行动成果，健全落实风险分级管控和隐患排查治理双重预防工作机制，高危企业安全预防控制体系建设实现全覆盖；引入市场化社会化参与机制，有效化解危险化学品、非煤矿山等重点领域风险隐患，坚决防范遏制重特大事故发生，创成国家安全发展示范城市。落实"四个最严"要求，餐饮服务单位明厨亮灶率达到98%以上，食用农产品安全监测总体合格率稳定在97%以上，零售药店达标率达到80%以上，创建自治区全域食品药品安全区。持续推进农村公路"千灯万带"建设，深化城市智能交通管理建设应用，筑牢道路交通安全防线。健全完善应急管理体制机制，增强城乡火灾防控、水旱灾害防御能力，建立应急救援物资储备更新机制，提升防灾减灾救灾水平，争创全国综合减灾示范县。

（三）全力抓好平安青铜峡建设。切实保障国家政治安全和社会大局持续稳定，坚持和发展新时代"枫桥经验"，积极化解矛盾纠纷，依法规范信访行为和信访秩序，初信初访一次性办结，争创全国信访工作示范县。持续推进乡村、社区、宗教、校园、企业、社团6个重点领域治理，打造特色点位36个以上。高质量完成"八五"普法，深化法治政府建设，创成全国法治政府建设示范县。完善立体化智能化社会治安防控体系，坚决打赢"反诈人民战争"，严厉打击电信网络诈骗、非法集资等违法犯罪行为，常态化开展扫黑除恶，不断提升打击犯罪工作水平，巩固全国禁毒示范城市创建成果，吸毒人员增幅控制在1%以内。

六、坚定不移增进民生福祉，在持续改善人民生活品质上实现新突破

人民对美好生活的向往就是我们的奋斗目标，江山就是人民，人民就是江山。我们将坚持人民立场、人民至上，深入实施"四大提升"行动，想群众之所想，急群众之所急，解群众之所难，坚决打好民生改善持久战，让群众的幸福更具"质感"、更有"温度"。

（一）全面提升居民收入。深化百万移民致富提升行动，落实产业就业扶持、公共服务提升等"六项重点任务"，推进依法加强基层治理等"九大专项提升"，力争移民人均可支配收入年均增长20%以上，基本达到全区农村居民平均水平。深化城乡居民收入提升行动，落实更加积极的就业政策，推进更充分更有质量就业，实现农村劳动转移就业累计10万人次、城镇新增就业1.6万人，城镇调查失业率控制在5.5%以内。多渠道增加居民财产性经营性收入，推动实现收入和经济增长基本同步，城乡居民人均可支配收入分别达到55274元、32795元。

（二）全面加强社会保障。落实全民参保政策，城乡居民养老、医疗保险参保实现应保尽保。关心关注特困人员，每年开发购买公益性岗位不少于170个、扶持城镇就业困难人员就业280人以上，持续加大临时救助力度、提高低保保障水平。加快推进养老医护融合发展，实施峡口镇养护院等7个养老服务项目，构建居家社区机构相协调、医养康养相结合的养老服务体系，争创国家级养老示范区。深化"互联网+医保"应用，加强医保基金监管，严打欺诈骗保行为。巩固和发展军政军民团结，加强退役军人服务保障，第八次创成全国双拥模范城。健全残疾人关爱服务体系，发展多元化托育服务，保障妇女儿童合法权益。

（三）全面发展公共事业。深化基础教育质量提升行动，普惠园覆盖率达到90%以上，小学六年、初中三年巩固率分别达到100%和98%，高中阶段毛入学率达到96%，争创国家学前教育普及普惠县，"互联网+教育"助推基础教育质量提升示范市。深化全民健康水平提升行动，人均预期寿命提高到77.4岁，居民健康素养水平提高到30%；全面落实分级诊疗制度，市域就诊率达到90%以上，基层诊疗量占比达到65%以上，实现市镇村信息互联互通，创成自治区健康促进市。深入实施文化惠民工程，打造15分钟体育健身圈，繁荣发展文体事业。完善文明单位结对帮扶共建机制，全面推进文明村镇创建，创成全国文明城市。支持共青团、工商联、文联、科协等群团组织发挥更大作用，推动消防、气象、地震等工作取得新进展。

七、坚定不移强化自身建设，在着力提高政府行政效能上实现新突破

新时代需要新担当，新征程要有新作为。新一届政府将坚决落实新时代党的建设总要求，弘扬伟大建党精神，做起而行之的行动者、不做坐而论道的清谈客，当攻坚克难的奋斗者、不当怕见风雨的泥菩萨，坚持用工作体现忠诚、用发展体现担当、用成效体现落实，努力建设让党放心、让人民满意的服务型政府。

（一）旗帜鲜明讲政治。深学笃行习近平新时代中国特色社会主义思想，进一步增强"四个意识"、坚定"四个自信"、做到"两个维护"。牢牢掌握政府系统意识形态工作管理权、主导权，打好意识形态斗争主动仗。严格落实全面从严治党主体责任，不断提高政府系统党的建设水平。严守政治纪律和政治规矩，不折不扣贯彻落实党中央、区市党委和市委决策部署，以高质量发展成效诠释忠诚、干净、担当。

（二）践行宗旨为人民。始终坚持以人民为中心的发展思想，坚守初心使命，汇聚人民力量，尊重人民意愿，回应人民关切，走好新时代群众路线。坚持把老百姓满意作为最高标准，真心实意听民声、知民情，千方百计解民忧、办实事，每年80%以上财政收入用于民生保障，全力以赴解决群众急难愁盼问题，让群众有更充分、更直接、更实在的获得感幸福感安全感。

（三）依法行政提效能。全面贯彻落实习近平法治思想，纵深推进法治政府建设，带头崇尚法治、敬畏法律，坚持依宪行政、依法行政，行政机关负责人出庭应诉率达100%。依法接受市人大常委会法律监督，自觉接受政协民主监督，主动接受社会监督。深化政府信息公开，加强政务诚信建设，健全政府守信践诺机制，不断提高政府公信力。

（四）担当作为抓落实。持之以恒加强学习型、创新型政府建设，用新思想解放思想、用新理念转变理念、用新格局打开格局。全面推行项目化、清单化管理，做到有目标、有方案、有结果。用好正向激励和容错纠错机制，激发干事创业激情。大力发扬"三牛"精神，以牛劲牛力深耕细作，以实干快干破除万难，让担当尽责、求真务实成为政府工作的底色。

（五）勤政廉洁树形象。持续加强政府系统廉政建设和反腐败工作，始终秉持"赶考心"、坚定走好"赶考路"。严格执行中央八项规定及其实施细则精神，严守自治区"八条禁令"，驰而不息纠"四风"。加强财政、审计、统计监督，深化工程建设政府采购等重点领域突出问题专项治理。支持纪检监察工作，从严惩治各类腐败行为，建设新时代廉洁政府。

中国人民政治协商会议青铜峡市委员会常务委员会工作报告

——政协第十二届青铜峡市委员会第一次会议

青铜峡市政协主席 宋 丽

（2021年11月18日）

各位委员：

我代表政协第十一届青铜峡市委员会常务委员会，向大会报告工作，请予审议。

五年工作回顾

政协第十一届青铜峡市委员会以来的五年，是全市上下攻坚克难、砥砺奋进、成就显著的五年，也是政协工作务实进取、开拓创新、充满活力的五年。

五年来，在中共青铜峡市委的坚强领导下，市政协坚持以习近平新时代中国特色社会主义思想为指导，牢牢把握团结和民主两大主题，充分发挥人民政协作为专门协商机构的作用，着力提高政治协商、民主监督、参政议政水平，更好凝聚共识，为青铜峡市经济社会发展做出了积极贡献，人民政协事业呈现出蓬勃发展的良好局面。

一、强化思想政治引领，在坚定正确政治方向中固本强基

常委会始终把坚持和加强党的领导作为根本政治原则，提高政治判断力、政治领悟力、政治执行力，强化了同心、同向、同行的政治属性。

党的建设全面加强。 政协党组切实肩负起实现党对人民政协领导的重大政治责任，充分发挥把方向、管大局、保落实的重要作用，确保中央、区市党委和市委的决策部署在政协不折不扣贯彻落实。发挥基层党组织的战斗堡垒作用，设立各专门委员会功能型党支部，建立"两会一联系"制度，实现了党的组织对党员委员的全覆盖、党的工作对政协委员的全覆盖。发挥中共党员的先锋模范作用，建立政协党组成员联系政协各参加单位、党员委员联系党外委员制度，党员委员组织关系一方隶属、参加双重组织生活，政协党建工作水平显著提升。

理论武装持续强化。 把深入学习贯彻习近平新时代中国特色社会主义思想作为首要政治任务，认真组织学习中共十九大和十九届二中、三中、四中、五中、六中全会精神和习近平总书记视察宁夏重要讲话精神，巩固团结奋斗的共同思想政治基础。认真学习领会习近平总书记关于加强和改进人民政协工作的重要思想和中央、区市党委和市委政协工作会议精神，增强做好政协工作的政治自觉、思想自觉、行动自觉。建立"1+5"常态化学习制度，在真学真信真懂真用上下功夫，把增强"四个意识"、坚定"四个自信"、做到"两个维护"体现到政协工作全过程各方面。

主题教育扎实开展。 巩固"不忘初心、牢记使命"主题教育成果，推进"两学一做"学习教育常态化制度化，扎实开展中共党史学习教育，深入学习习近平总书记在庆祝中国共产党成立100周年大会上的重要讲话精神。在全体委员和机关干部中广泛开展"新时代新使命新样子"学习讨论活动，深化理论武装，查找履职短板，完善工作措施。开展"学中共党史，担时代使命"委员读书活动，打造"书香政协"，线上开展感悟"三个为什么"专题研讨，线下组织读书沙龙、红色诵读等系列活动，筑牢委员矢志不移跟党走的坚定信念。

二、把握政协性质定位，在发挥专门协商机构作用中守正创新

常委会始终把加强专门协商机构建设作为主责主业和着力点，发挥社会主义协商民主的独特优势，构建了广泛、多层、系统的协商格局。

协商形式更加丰富。开好全体会议，审议各项报告、开展协商议政、安排委员大会发言。围绕市委、市政府中心工作，每年至少安排2次专题议政性常委会会议和若干次专题协商会。以专门委员会为基础，突出界别特色，开展对口协商、界别协商、"有事好商量"协商等活动，探索远程协商、网络协商等新形式。将协商贯穿于提案办理各环节，开展提案质量、提案办理质量"双向评议"工作，推行提案"清单式"管理，落实市级领导领衔督办重点提案制度，"党建+提案"工作得到自治区政协肯定。

协商工作更加规范。制定《协商工作规则》，规范了协商的原则、内容、形式、程序等。坚持市委会同市政府、市政协制定年度协商计划制度，探索以"开题会"的形式明确议题学习、调研、协商的重点方向。专题议政性常委会会议的发言采取预约和即席相结合的形式，增设互动交流环节，发言质量明显提高。推行"不学习就不调研，不调研就不协商"工作法，确保协商取得实效。注重培育协商精神与协商文化，落实"协商会议开法九条""协商议政七条""党政部门领导参加政协协商会议四条"等规则，营造了商以求同、协以成事的协商氛围。

协商效果更加明显。五年来，围绕市委和政府工作重点、群众生产生活难点、社会治理焦点广泛开展协商，共召开全体会议6次、专题议政性常委会会议12次、专题协商会议52次、其他协商会议64次，组织调研视察考察活动80余次，撰写各类报告80余篇，提出意见建议1000多条。坚持协商成果、提案、社情民意信息相互贯通，建立协商成果采纳、落实、反馈机制，对重要协商成果落实情况跟踪了解，开展民主监督，发挥了协商民主在县域治理中的作用，推动政协工作由"干了什么""干了多少"向"干出成效"转变。

三、围绕中心服务大局，在促进经济社会发展中履职尽责

常委会始终围绕党政工作大局谋划政协工作，主动为市委、市政府决策提供参考，贡献了有力、有为、有效的智慧力量。

协商议政聚焦发展。重点围绕"十三五"规划实施、"十四五"规划编制、工业经济转型发展、现代农业质效双增、服务业提档升级、招商引资、民生改善等方面协商议政。其中，关于加大僵尸企业处置力度的建议，推动市政府制定了《青铜峡市工业领域"僵尸企业"处置工作方案》，加大政策扶持力度，盘活"僵尸企业"13家、闲置土地3263亩、闲置厂房22万平方米。聚焦"旅游+"融合发展水平不高、宣传营销力度不大、乡村旅游亟待发展等问题精准发力，助推青铜峡市跻身国家全域旅游示范区行列。

民主监督推动发展。发挥协商式监督制度优势，重点监督市委、市政府重大改革措施、重要决策部署贯彻落实情况，发现问题、提出批评、督促改进。开展民主评议部门工作，推动部门转变作风、改进工作。将监督性议题纳入政协"十四五"规划协商议题库，寓监督于调研、视察、提案等工作中。围绕发挥工业园区载体作用、交通环境综合治理、养老产业发展等议题开展民主监督。就"农村道路交通安全'两站三员'建设情况"首次开展远程协商，助推市政府完善基础设施、健全运行机制、配齐专业队伍，降低了农村交通事故率。

参政议政助力发展。先后就入黄排水沟污染治理、食品安全监管、脱贫攻坚等课题开展调研，分析论证，精准建言。其中，关于加大农村人居环境整治力度的建议，市政府通过整治河道沟渠、扩展保洁服务范围、实施污水处理站提标改造等措施，改善了农村人居环境。重点关注脱贫攻坚工作，关于解决老灌区非移民村贫困户和困难群众同等享受"两不愁三保障"的建议，被政府采纳。市政协班子成员积极承担包抓镇村、重点项目、信访维稳、疫情防控的督查指导等工作，为全市重点工作落实贡献了力量。

四、践行履职为民情怀，在推动民生问题改善中担当使命

常委会始终把顺应人民群众对美好生活的新期待作为履职方向，注重协商为民、改善民生，彰显了爱民、亲民、利民的为民情怀。

*抗疫助困彰显为民情怀。*面对2020年和本轮新冠肺炎疫情，政协组织第一时间发出倡议书，动员政协各参加单位和广大政协委员投身抗疫战场，委员们担当勇为，全力做好卡点值守、志愿服务、救治病人、文艺创作等工作，积极组织企业复工复产，及时提出意见建议，慷慨解囊、捐款捐物达220余万元，在特殊时期书写了光荣的"委员答卷"。委员们自觉把为民服务作为日常"委员作业"，发挥界别优势和专业特长，开展"送医疗进农村、送法律进社区、送讲座进校园、送温暖进人家"主题实践活动，诠释了人民政协为人民的情怀。

*群策群力破解民生难题。*围绕就业、教育、医疗健康、住行等民生问题开展协商，提出意见建议。关于加大对民办教育机构的联动督查力度、加快机关事业单位养老保险制度改革、用足用活创业就业扶持政策等建议得到了政府及有关部门的采纳落实。针对群众关注的殡葬管理乱象，提出了《关于加强西山公墓管理的建议》被市政府采用，出台了《青铜峡市公墓管理暂行办法》，墓穴价格大幅下降，民意诉求得到回应。聚焦"工业园区和葡萄酒产业基地交通不便"的问题精准发力，市政府通过"政府补贴+企业出资"的方式开通了公交线路，解决了群众出行难问题。

*社情民意反映群众诉求。*完善社情民意信息的征集、报送、跟踪督办机制，五年来，累计报送《社情民意信息》166期。《关于关注非贫困村群众同步脱贫的建议》《关于对宁夏境内引黄古灌区进行立法保护的建议》等社情民意信息被自治区领导批转有关部门办理。《关于对汉延渠退水闸景观桥周边环境进行整治的建议》《关于加强流动餐车管理的建议》《关于修建复刻青铜峡石碑的建议》等社情民意信息被市政府采用，通过整治汉延渠周边环境、完善监管机制、修建复刻石碑等措施予以落实，发挥了社情民意"直通车"的作用。

五、紧扣团结民主主题，在增进合作共事中凝心聚力

常委会始终注重发挥人民政协作为最广泛的爱国统一战线的组织优势，努力寻求最大公约数、画出最大同心圆，形成了团结、合作、和谐的工作局面。

*团结各方凝聚共识。*不断深化与各民主党派、工商联、人民团体和无党派人士的合作共事，通过参加各类会议、开展调研协商、督办重点提案等形式，为各参加单位参政议政、发表意见创造条件，广泛汇聚团结奋斗的磅礴力量。全面贯彻落实党的民族政策和宗教工作基本方针，铸牢中华民族共同体意识，推动宗教和顺，促进社会和谐。通过举办专题讲座、重大节日走访慰问、组织考察参观等活动，教育引导少数民族界和宗教界委员在领悟新思想、体验新变化、感受新成就中凝聚共识。搭建委员履职新平台，线上线下举办6期委员大讲堂，发出政协好声音、传播社会正能量。

*界别活动汇聚共识。*突出界别优势，体现界别特色，设立3个界别委员工作室和1个委员会客室。施艳玲委员会客室就幼儿园门口道路交通拥堵和聘用教师薪

资待遇低等问题开展界别协商，公安、教育等部门通过划定停车位、提高聘用幼儿园教师薪资待遇等方式予以落实。开展委员按界别联系社会组织试点工作，经济、工商联、科技等16个界别分别与市个体私营协会、旅游协会、电子商务协会等社会组织建立了常态化联系，农业界委员与葡萄酒产业协会围绕"促进全市葡萄酒产业抱团发展"开展联系活动，密切了关系、达成了共识。

宣传联谊扩大共识。在《人民政协报》《宁夏日报》和《华兴时报》等媒体刊发各类稿件110余篇，全方位展现政协工作和委员风采，录制播出《政协工作》20多期，不断增强政协的传播力、引导力、影响力。推动理论研究工作，围绕"学习贯彻习近平总书记关于加强和改进人民政协工作的重要思想""加强人民政协专门协商机构建设"组织委员撰写理论文章60余篇。配合全国、区市政协做好视察调研工作，密切与区内外兄弟政协的联系和交流，共接待来青铜峡调研考察120余批次。编辑出版了《青铜峡文史资料》（第八辑），发挥了文史资料"存史资政、团结育人"的作用。

六、全面夯实履职基础，在加强自身建设中提升水平

常委会始终主动适应新形势、彰显新作为，努力锤炼"两支队伍"过硬履职本领和工作作风，打造了忠诚、干净、担当的政协队伍。

完善各项规章制度。对标人民政协工作新要求，补短板强弱项，对经实践检验行之有效的《全体会议工作规则》《调研视察工作规则》等制度进一步规范运行，对不适应新形势的《专委会通则》《办公室议事规则》等制度及时修订完善，对缺乏规范的《提案审查实施细则》《提案办理"双向评议"办法》等制度及时填补空白，重点从政协党的建设、履职工作、组织管理、内部运行等方面完善各类制度112项，编制完成了《十一届市政协制度汇编》，以制度化推动规范化、程序化，为政协工作提质增效提供了坚实保障。

强化委员服务管理。出台《关于强化政协委员责任担当的实施意见》，重视发挥党员委员和常委会组成人员的示范带头作用。加强委员学习培训，构建集中全覆盖培训与调研视察分专题培训、外出学习培训相结合的培训模式。立足11个政协委员基层联系点，开展"三联系""五个一"活动，鼓励委员参加"第二界别"。不断优化委员结构，加强履职考核，完善"进入""退出"机制。五年来，共接受19名委员请辞委员资格、撤销8名委员资格、新增补42名委员、表彰优秀委员25名，委员履职活力进一步增强。

不断加强机关建设。加强政协领导班子建设，落实全面从严治党主体责任，严格执行中央八项规定，强化意识形态领域工作。健全专委会工作机制，优化专委会设置，明确职能定位。建立专委会向主席会议报告工作制度，支持专委会突出界别特色开展协商活动。强化政协机关是政治机关的意识，加强干部队伍思想政治建设，开展"让党中央放心、让人民群众满意的模范机关"创建活动，以"讲政治、强学习、严制度、精业务"为目标，扎实推进"政协机关工作规范年"活动，干部作风明显改善，工作效率进一步提高。

各位委员，五年来的成绩，是自治区、吴忠市政协悉心指导的结果，是中共青铜峡市委坚强领导的结果，是市人大、市政府及社会各界大力支持的结果，也是政协各参加单位、广大委员团结奋斗的结果。在此，我谨代表政协第十一届青铜峡市委员会常务委员会，向所有关心、支持政协事业的同志们表示衷心的感谢！

在肯定成绩的同时，我们也清醒认识到工作中的不足：贯彻落实中央、自治区、吴忠市党委和市委政协工作会议精神需进一步深入，协商能力建设需进一步加强，凝聚共识水平需进一步提高，委员主体作用发挥需进一步强化等。我们将在今后工作中认真研究改进。

五年奋进路，砥砺共前行。做好新时代人民政协工作，我们深刻体会到：必须坚持中国共产党的领导。这是人民政协的本质要求。要通过制度运行、民主程序和有效工作，把市委的决策部署转化为社会各界的广泛共识和自觉行动。必须坚持人民政协性质定位。这是人民政协的初心使命。专门协商机构综合承载政协性质定位，要准确把握其基本要义，真正"专"出特色、"专"出水平。必须坚持围绕中心、履职为民。这是人民政协的价值体现。只有聚焦市委市政府中心工作，关心群众生产生活，政协工作才能把握着力点，彰显意义价值。必须坚持在凝聚共识上积极作为。这是人民政协的政治任务。要发挥统一战线组织功能，把加强思想政治引领、广泛凝聚共识作为履职工作的中心环节，加强团结联谊，广泛凝心聚力。必须坚持发挥好委员主体作用。这是人民政协的优势所在。要充分尊重委员主体地位，保障委员民主权利，加强委员队伍建设，教育引导委员更好履职尽责。必须坚持守正与创新相统一。这是人民政协的时代课题。面对新时代新使命，政协工作要在继承中发展，在发展中创新，努力在制度与实践上与时俱进，不断增强生机活力。

今后工作的建议

中国共产党青铜峡市第十三次代表大会擘画了青铜峡市开启全面建设社会主义现代化新征程的宏伟蓝图。在新的历史起点上，政协工作的总体要求是：以习近平新时代中国特色社会主义思想为指导，深入贯彻中共十九大、十九届二中、三中、四中、五中、六中全会精神，全面贯彻习近平总书记视察宁夏重要讲话精神，把坚持和发展中国特色社会主义作为巩固共同思想政治基础的主轴，把加强思想政治引领、广泛凝聚共识作为中心环节，坚持团结和民主两大主题，充分发挥专门协商机构作用，紧扣实现第二个百年奋斗目标，在建言资政和凝聚共识上双向发力，为继续建设经济繁荣民族团结环境优美人民富裕的美丽新宁夏做出青铜峡贡献。

一、把学习贯彻习近平新时代中国特色社会主义思想作为重中之重

更好把握政协学习规律和特点，落实习近平新时代中国特色社会主义思想学习座谈会制度，贯彻习近平总书记"七一"重要讲话精神，持续强化思想政治引领。继续把学习贯彻中央、自治区、吴忠市党委和市委政协工作会议精神作为重大政治任务，用习近平总书记关于加强和改进人民政协工作的重要思想指导实践、推动工作。引导参加人民政协的各党派团体和各族各界人士自觉接受中国共产党的领导，增强"四个意识"、坚定"四个自信"、坚决做到"两个维护"。

二、把更好发挥专门协商机构作用作为时代使命

政协履行各项职能都要聚焦协商之主业，契合协商之要义。在发展全过程人民民主中展现政协作为，丰富有事好商量、众人的事情由众人商量的制度化实践，精心打造"青你来协商 有事好商量"协商品牌。创新工作方式，灵活多样地开展对口协商、界别协商、提案办理协商等协商活动，把现代信息技术同政协协商结合起来，推进"智慧政协"建设。进一步突出履职成效，建立协商议政质量评价体系，提高协商成果转化率，提升履职质量和水平。

三、把推动"先行区"建设作为履职尽责的中心任务

深入贯彻新发展理念，紧扣市委"13358"总体思路，围绕"八大攻坚战"深入协商，完成好市委安排的协商计划，为推动全市经济社会发展献计出力。更加关切民生，选择一些切口小但群众普遍关心的问题，通过协商理顺情绪、化解矛盾，推动问题解决。以

服务"十四五"规划实施为主线,围绕"四权"改革、"四大提升行动"等重大改革举措和重要决策部署贯彻落实情况开展协商式监督,助推各项任务落实落地。

四、把广泛凝聚共识作为助力发展的重要职能

深刻认识建言资政是履职成果,凝聚共识也是履职成果,甚至是更为重要的成果。自觉把凝聚共识融入视察考察、调查研究、协商议政各项活动中,在建言成果、思想收获上一体设计、一体落实。更好把握凝聚共识工作特点,为各民主党派和无党派人士搭建履职平台,做好党外知识分子和新的社会阶层人士工作,既要在人民政协内部凝聚共识,也要面向社会传播共识,切实把各方面智慧和力量凝聚起来。

五、把强化委员责任担当作为做好政协工作的关键

强化责任肯担当,坚持为国履职、为民尽责,自觉投身"四个一线",汇聚起党和国家事业发展的正能量。提高能力善担当,适应推进国家治理体系和治理能力现代化要求,做到懂政协、会协商、善议政,守纪律、讲规矩、重品行。模范带头敢担当,充分认识政协是政治组织,始终做到政治立场不含糊、政治原则不动摇,以实际行动践行责任委员的要求,影响带动所联系的界别群众共同进步。

各位委员!志不求易者成,事不避难者进。伟大的中华民族开启了向第二个百年奋斗目标进军的新征程,人民政协使命光荣、责任重大。让我们更加紧密地团结在以习近平同志为核心的党中央周围,高举习近平新时代中国特色社会主义思想伟大旗帜,在中共青铜峡市委的坚强领导下,凝心聚力推动青铜峡市全面转型全域美丽全民富裕,以优异成绩迎接中国共产党第二十次全国代表大会胜利召开!

附:名词解释(按正文出现顺序排列)

"两会一联系"制度:习近平新时代中国特色社会主义思想学习座谈会、组织生活会、党员委员联系党外委员制度。

"1+5"常态化学习制度:政协党组理论学习中心组学习为引领,以主席会议深入学、常委会集中学、专委会线上线下经常学、专题交流研讨学、委员培训系统学相结合的学习制度。

四个意识:政治意识、大局意识、核心意识、看齐意识。

四个自信:道路自信、理论自信、制度自信、文化自信。

两个维护:坚决维护习近平总书记党中央的核心、全党的核心地位,坚决维护党中央权威和集中统一领导。

两学一做:学党章党规、学系列讲话,做合格党员。

"三个为什么":中国共产党为什么"能"、马克思主义为什么"行"、中国特色社会主义为什么"好"。

"协商会议开法九条":精心选题,戒大戒空;及早通知,认真准备;学习调研,深入分析;规模适当,时间充裕;预约发言,求实求深;即席发言,简明扼要;聚焦重点,多提建议;相互尊重,有商有议;凝聚共识,尊重异意。

"协商议政七条":要紧扣议题,不要跑偏走样;要依章依规,不要轻率随意;要言之有据,不要道听为实;要理性有度,不要偏激偏执;要坦诚交流,不要各说各话;要求同存异,不要强加于人;要落实共识,不要流于形式。

"党政部门领导参加政协协商会议四条":尊重包容、切题回应;建议合理、采纳肯定;观点不一、交流引导;集思广益、凝心聚力。

两不愁三保障:不愁吃、不愁穿,义务教育、基本医疗住房安全有保障。

三联系:主席联系常委、常委联系委员、委员联系界别群众。

"五个一"活动:撰写一件提案、提出一条信息、参加一次视察活动、反映一件社情民意信息、提一项建议。

"13358"工作思路:坚持"一个

统领",即坚持以建设黄河流域生态保护和高质量发展先行区统领经济社会发展各项事业。打响"三张名片",即打响"黄河岸边·世界灌溉工程遗产""贺兰山下·紫色葡萄酒文化""牛首山上·清洁能源基地"名片,不断提升青铜峡知名度、影响力。聚焦"三项重点",即聚焦工业转型升级、农业高效融合、服务业提档增速,做大做强"5+5"十大产业,推动产业结构更优、发展质量更高、经济效益更好。实施"五大倍增计划",即实施地区生产总值、工业总产值、城乡居民收入、固定资产投资、科技创新五大倍增计划,推动青铜峡经济社会发展水平实现新跨越新超越。打好"八场硬战",即坚决打好经济发展翻身战、改革创新攻坚战、城乡融合大会战、生态环境保卫战、民生改善持久战、基层治理提升战、文明创建荣誉战、全面从严治党总体战,高水平谱写"建设美丽新宁夏、共圆伟大中国梦"青铜峡篇章。

"四权"改革:用水权、土地权、排污权、山林权"四权"改革。

自治区"四大提升行动":百万移民致富提升行动、城乡居民收入提升行动、基础教育质量提升行动、全民健康水平提升行动。

"四个第一线":凝心聚力第一线、决策咨询第一线、协商民主第一线、国家治理第一线。

青铜峡市 2021 年国民经济和社会发展统计公报

(青铜峡市统计局 2022 年 3 月)

2021 年,全市上下坚持以习近平新时代中国特色社会主义思想为指导,深入学习贯彻党的十九大、十九届历次全会精神和习近平总书记视察宁夏重要讲话精神,坚决落实自治区、吴忠市各项决策部署,坚持稳中求进工作总基调,贯彻新发展理念,推动高质量发展,扎实做好"六稳"工作,全面落实"六保"任务,全力推进黄河流域生态保护和高质量发展先行区建设,科学统筹疫情防控和经济社会发展,全市经济运行总体稳定,社会大局保持和谐稳定。

一、综合

初步核算,2021 年全市实现地区生产总值 155.8 亿元,按不变价计算,比上年增长 6.8%。分产业看:第一产业实现增加值 30.4 亿元,增长 8.1%;第二产业实现增加值 78.9 亿元,增长 6.3%;第三产业实现增加值 46.5 亿元,增长 6.7%。三次产业比例为:19.5∶50.6∶29.9。按常住人口计算,人均地区生产总值 63588 元。

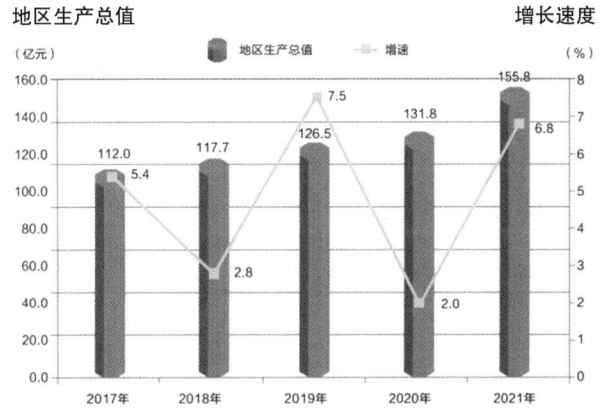

2017—2021 年地区生产总值及其增长速度

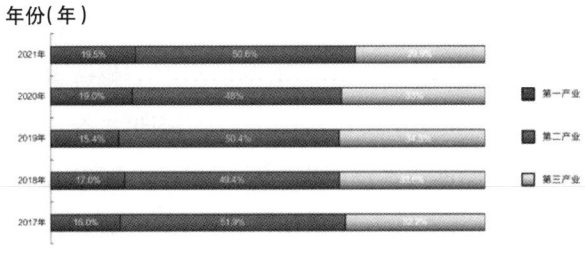

2017—2021 年三次产业增加值占地区生产总值比重

截至2021年年末，全市户籍总人口274273人，其中：城镇人口84908人，男性140401人。全市汉族人口205842人，占总人口的75.1%。年末全市常住人口24.5万人，其中：城镇常住人口14.6万人，占常住人口比重（常住人口城镇化率）59.59%，比上年末提高1.32个百分点。全年全市人口出生率为8.57‰，死亡率为7.76‰，自然增长率为0.81‰。

全市城镇新增就业3361人，就业困难人员实现就业296人，城镇登记失业率为3.78%。农村劳动力转移就业20821人，累计实现工资性收入2.9亿元。

二、农林牧渔业

全年实现农林牧渔业总产值59亿元，比上年增长8.8%，其中：农业产值32.7亿元，增长10.2%；林业产值662万元，下降29.2%；畜牧业产值23.1亿元，增长11.9%；渔业产值1.7亿元，增长5.1%；农林牧渔服务业产值1.4亿元，增长4.2%。

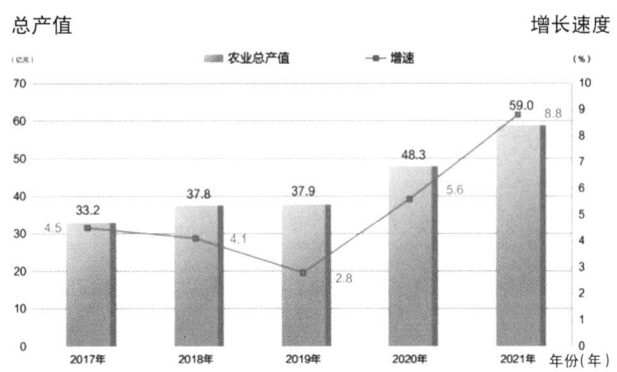

2017—2021年农林牧渔业总产值及其增长速度

全年落实农作物播种面积79.4万亩，比上年下降4.7%，其中：粮食作物播种面积43.8万亩，与上年持平；蔬菜播种面积22万亩，比上年增长13.7%。粮食总产量28.2万吨，比上年增长0.7%；蔬菜总产量66.6万吨，比上年增长6.4%。葡萄总面积达到13.7万亩，其中，酿酒葡萄面积13.1万亩。

年末，全市生猪存栏9.2万头，比上年增长10.3%；生猪出栏9.7万头，与上年持平。牛存栏13.8万头，比上年增长13%，其中：奶牛存栏9万头，增长0.4%；羊存栏15.7万只，出栏15.5万只，分别比上年增长8.3%和19.7%。家禽存栏295万羽，出栏193.4万羽，分别比上年增长14.1%和19.7%。全年肉类总产量2万吨，比上年增长7.8%；禽蛋总产量3万吨，比上年增长2.6%；奶类总产量35.8万吨，比上年增长15.1%。

全年共完成造林面积2.5万亩，比上年增长0.7%。果树种植面积19.6万亩，比上年增长6%，水果总产量8.1万吨，比上年增长4.5倍。全市渔业养殖面积2.5万亩，与上年持平；水产品总产量1.2万吨，比上年增长2.5%。

三、工业和建筑业

全市全部工业增加值比上年增长5.1%。规模以上工业增加值比上年增长3.9%。在规模以上工业中，分轻重工业看：轻工业增加值比上年增长10.2%，重工业增加值比上年增长3.6%；分经济类型看：公有企业实现增加值比上年增长7%，非公企业实现增加值比上年下降1.9%；分门类看，采矿业增加值比上年增长31.9%，制造业增加值比上年下降2.8%，电力、热力、燃气及水生产和供应业增加值比上年增长11.5%。

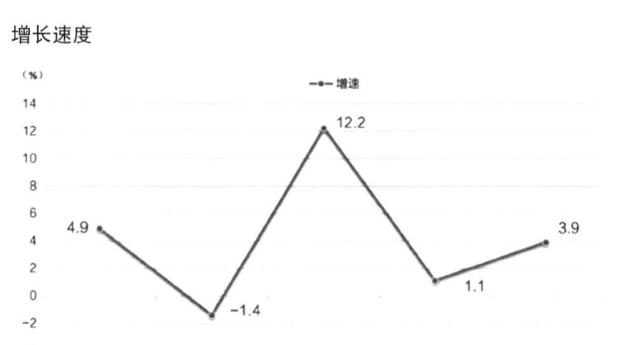

2017—2021年规模以上工业增加值增长速度

全市规模以上工业综合能源消费量（等价值，下同）394.7万吨标准煤，比上年增长1.6%。单位工业增加值能耗比上年下降2.2%。全市规模以上工业企业累计消耗电力103.7亿千瓦时，比上年增长1.8%。

2021年规模以上工业企业主要产品产量

产品名称	单位	产量	增速(%)
发电量	亿千瓦时	254.3	2.4
其中：火力发电量	亿千瓦时	234.9	3.3
风力发电量	亿千瓦时	4.2	30.9
小麦粉	万吨	3.5	-13.9
大米	万吨	2	-24.9
饲料	万吨	10.5	14
硅酸盐水泥熟料	万吨	213.7	-8.7
水泥	万吨	219.9	-12.8
商品混凝土	万立方米	52.1	-8.7
石墨及碳素制品	万吨	35.5	-6.2
铁合金	万吨	5.4	-8.9
十种有色金属(铝、锌)	万吨	44.4	1.1
铝合金	万吨	8.1	-44.7
铝材	万吨	7.5	-4.2

全市具有资质等级的总承包和专业承包的建筑企业25家，完成建筑业总产值9.4亿元，比上年增长47.7%；建筑业企业房屋建筑施工面积19万平方米，增长5%；实现营业收入11.5亿元，比上年增长51.3%；实现利税0.6亿元，比上年增长98.7%。

四、固定资产投资

全年完成全社会固定资产投资比上年增长9.9%。在固定资产投资(不含区返、房地产)中，第一产业投资增长85.7%，第二产业投资增长11%，第三产业投资增长43.9%。政府投资比上年增长34.3%，民间投资比上年增长24.2%。

全年完成房地产开发投资3.1亿元，比上年下降10.7%。全市房屋施工面积41.6万平方米，比上年下降3.6%；其中，住宅施工面积30.3万平方米，增长25.9%。房屋竣工面积6.4万平方米，比上年下降56.4%。商品房销售面积7.1万平方米，比上年下降3.2%。

五、国内贸易和旅游

全年实现社会消费品零售总额24.7亿元，比上年增长3.7%。按经营地统计，城镇市场实现社会消费品零售额19.6亿元，比上年增长4.4%；农村市场实现社会消费品零售额5.1亿元，比上年增长0.8%。

全市各景区、农家乐共接待游客282.65万人次，同比增长90.98%，实现旅游综合收入15.55亿元，同比增长90.98%。

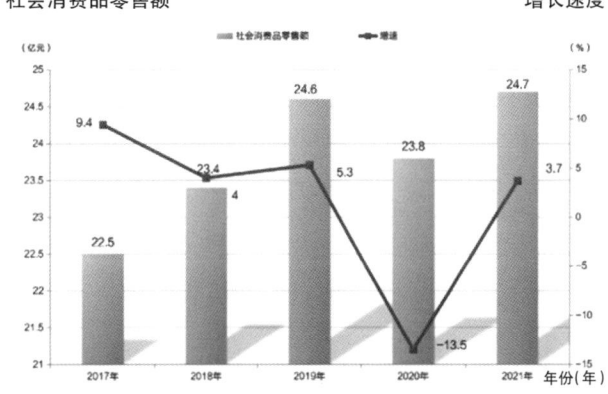

2017—2021年社会消费品零售额及增长速度

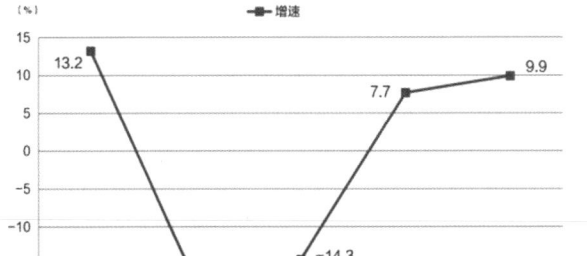

2017—2021年固定资产投资增长速度

六、交通和邮政

年末，全市公路通车里程1633公里，其中高速公路通车里程89.7公里，国道105.9公里，省道80.2公里，县道43.2公里，乡道388.6公里，村道790.1公里。全市共有危货运车辆177辆，普货车辆3433辆，牵引车1608辆。班线车辆86辆，公交运营车辆66辆，吴忠经营公交车辆44辆，出租车337辆。全市共有一类维修企业2家，二类维修企业9家，三类维修企业385家,检测中心2家,驾驶员培训企业2家。

全年完成邮政业务总量1180.4万元,比上年增长12.4%。全年完成函件业务6359件,包裹快递业务147万件,报刊业务238.5万份。

七、财政和金融

全年完成地方公共财政预算收入8.2亿元,比上年增长10.7%,其中:税收收入5亿元,下降0.2%。地方公共财政预算支出35.2亿元,比上年下降3%。

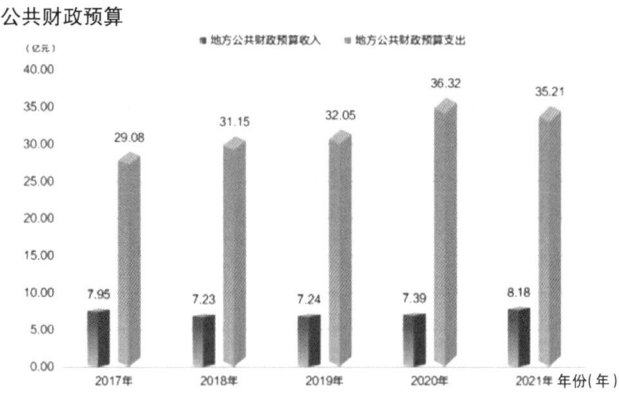

2017—2021年公共财政预算收入、支出

年末,全市金融机构人民币存款余额152.4亿元,比上年下降1.4%,其中:住户存款余额121.8亿元,增长3.7%。全市金融机构人民币贷款余额148.8亿元,比上年下降1.3%。其中:住户贷款余额42.9亿元,增长7.6%;非金融企业及机关团体贷款余额105.9亿元,下降4.5%。

全年实现保费收入41435万元,与上年持平,其中:财产险保费收入11804万元,增长5.9%;人寿险保费收入29631万元,下降2.2%。全年各项支出12164万元,比上年增长5.6%,其中:财产险赔款支出7680万元,下降0.7%;人寿保险支出4484万元,增长18.4%。

八、城市建设和应急管理

全市建成区绿化覆盖率41.66%,建成区绿地率38.99%,城市人均公园绿地面积19.61平方米。生活垃圾无害化处理率100%。城市拥有道路长度244.56公里,道路面积420.69万平方米,人均城市道路面积29.42平方米。全年供水总量956.02万立方米,集中供热面积653万平方米,液化石油供气总量650吨,天然气供气总量4127立方米。

全市共发生生产安全事故4起,死亡4人,其中:工矿商贸事故4起。单位地区生产总值生产安全事故死亡率0.03人/亿元。

九、科技、教育、文化和卫生

全年共组织申报自治区重点、一般研发项目39项,实施《石墨烯基隔热防腐涂层材料研发关键技术及应用》等重点研发项目3项,《钝化氧化锌技术研发》等一般研发项目4项;获批自治区企业科技创新后补助项目38项。组织实施2021年自治区科技特派员专项22项,围绕百万移民致富提升行动重点村产业需求,组织实施科技服务项目11个。围绕酿酒葡萄产业、绿色食品等领域组织实施乡村振兴科技成果引进示范项目6项。

全市共有各类学校76所,其中:职业中学1所、普通中学13所、普通小学25所、幼儿园37所。全市教职工3316人,其中:专任教师2750人。在校学生总数38961人,其中:普通中学在校学生13648人,普通小学在校学生14727人,幼儿园6729人。

全市共有国办文化体育事业(广播影视)单位15个,其中:文化馆1个,图书馆1个,文物所1个,广播电视台1个,农村电影放映中心1个,乡镇文化站8个,街道文化站1个,林场文化站1个。有专业文化艺术表演团体1个,业余文艺团队42个。有村级综合文化服务中心84个,社区综合文化服务中心14个,图书流动基层服务点5个。有各类体育协会15个,体育俱乐部6个,全民健身中心2个,健身广场8个,移民村体育健身广场3个,体育活动中心1所。广播、电视信号在青铜峡全境的覆盖率达到了100%。

全市共有公立医疗卫生机构19个,其中:综合医院2个，卫生院9个，妇幼保健机构1个，社区卫生服务站4个，其他卫生机构3个。实有床位859张，职工1574人，卫生技术人员1347人，其中：执业医师及执业助理医师432人，注册护士610人。

十、人民生活和社会保障

全年城镇居民人均可支配收入33610.2元，同比增加2409.2元，比上年增长7.7%。其中：城镇居民人均工资性收入22443.2元，同比增加75.8元，增长0.3%；人均经营净收入6087.2元，同比增加1733.6元，增长39.8%；人均财产净收入792.8元，同比增加191.2元，增长31.8%；人均转移净收入4287.0元，同比增加408.6元，增长10.5%。

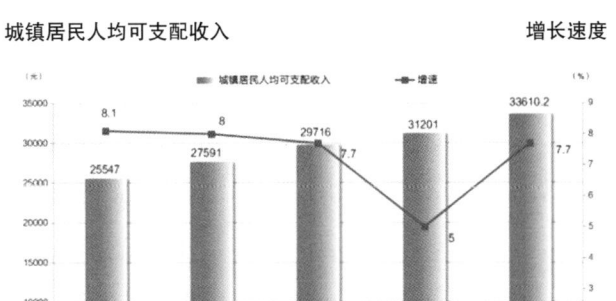

2017—2021年城镇居民人均可支配收入及其增长速度

全年农村居民可支配收入为18798.2元，同比增加1881.6元，增长11.1%。其中：农村居民人均工资性收入9556.8元，同比增加1048.1元，增长12.3%；人均经营净收入8105.0元，同比增加738.9元，增长10.0%；人均财产净收入为351.0元，同比增加25.1元，增长7.7%；人均转移净收入785.4元，同比增加69.5元，增长9.7%。

参加企业职工基本养老保险的人数（含其他人员，即以个体身份参保人员）65896人。其中：在职职工48314人，离休人员8人，退休人员17574人；实际缴费人数31078人，其中：单位职工13113人，以个人身份参保缴费17965人。城乡居民养老保险参保人数112165人。工伤保险参保缴费人数35461人。

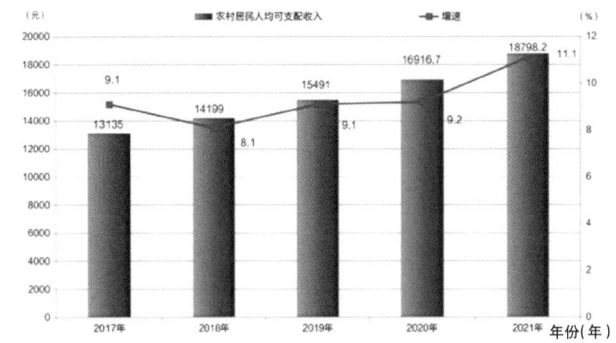

2017—2021年农村居民人均可支配收入及其增长速度

年末，全市参加城镇职工医疗保险人数43860人，参保人员中缴费29433人。参保职工中在职职工参保29433人，占67.1%，退休14427人，占32.9%，在职退休比为2.04∶1。参加城乡居民医疗保险人数216114人，其中：成年人参保163251人，中小学儿童参保52863人。生育保险参保人数27927人。

全市有敬老院1所，床位150张，其中护理型床位54张，共有特困人员122人。年末城镇享受最低生活保障人数为2394人，城市低保月人均补助水平458.5元。农村享受最低生活保障人数为13642人，其中80岁以上低收入高龄对象2172人，农村低保月人均补助水平302.3元。

注：1.公报中统计数据为初步统计数，正式数据以统计年鉴为准。部分数据因四舍五入原因，存在总计与分项合计不等的情况。

2.地区生产总值、各产业增加值和人均地区生产总值绝对数按现价计算，增长速度按可比价格计算。

大事记

编辑◎乔才山

1月

5日，自治区党委、政府劳动模范和先进工作者表彰大会召开，青铜峡市马昌云、叶小云、马剑钊、妥玉英、徐明秀5人荣获自治区劳动模范荣誉称号。

6日至8日，政协第十一届青铜峡市委员会第六次会议在青铜峡宾馆举行。

7日至9日，青铜峡市第十五届人民代表大会第六次会议在龙海宾馆大会堂举行。

12日，市长金永灵到青铜峡市敬老院、宁夏福宁木业有限公司、宁夏格林凯姆生物科技有限公司、青铜峡市泰吉祥隆工贸有限公司、吴忠领航生物药业科技有限公司，督导检查全市安全生产专项整治三年行动进展情况及疫情防控工作。

14日，吴忠市委书记沈左权到青铜峡市调研黄河生态保护及"四乱"治理情况。

14日至15日，市长金永灵到裕民街道惠泽园小区，叶盛镇稻香园小区、联丰村，邵岗镇连湖社区等地，督导检查疫情防控工作。

19日，市长金永灵到宁夏盛隆达煤炭储配交易中心、宁夏大唐国际大坝发电有限责任公司、宁夏国能大坝发电有限责任公司、青铜峡铝业分公司，督导检查工业企业疫情防控、生产经营及环保工作。

是月，青铜峡市民政局正式启动"美好家庭和谐共生"婚姻调解与辅导项目。青铜峡市婚姻登记处是宁夏首批命名的民政部民政标准化建设试点单位。

2月

2日，青铜峡市召开村（社区）"两委"换届工作调度会暨帮扶责任单位动员会。

3日，青铜峡市人民政府颁发嘉奖令，对圆满完成2020年税收任务的青铜峡市税务局予以通令嘉奖。

5日至7日，全市84个行政村和25个社区相继召开村（居）委会换届选举大会，依法依规完成各项议程，选举产生各村（居）委会新一届主任、副主任、委员。

6日，市委书记张自力到青铜峡镇余桥村，大坝镇韦桥村、大坝村，小坝镇张岗村，督导检查村委会换届选举和疫情防控工作。

9日，中国共产党青铜峡市第十二届纪律检查委员会第六次全体会议召开。

10日，吴忠市委书记沈左权到青铜峡市调研安全生产及疫情防控工作。

是日，市委书记张自力到青铜峡市工业品公司、青铜峡市博能燃气有限公司，督导检查春节前疫情防控及安全生产工作。

16日，市委书记张自力到甘城子鸽子山葡萄产业基地、青铜峡镇同进村，督导检查全市葡萄产业发展暨生态造林谋划工作情况。

25日，全国脱贫攻坚总结表彰大会在北京人民大会堂隆重举行。青铜峡市邵岗镇被授予全国脱贫攻坚先进集体称号，青铜峡镇同进村驻村工作队队长、青铜峡镇党委委员、武装部长赵忠宏被评为全国脱贫攻坚先进个人称号。

是日，市委副书记、市政府党组书记文学智到山东登海种业股份有限公司青铜峡市分公司、益禾植保专业合作社基地、金土地农机作业服务公司和铭泽农业技术综合服务站，调研春耕备耕工作。

3月

1日，公安部新闻宣传局发布《关于对董杨等同志进行奖励公示的公告》，对2020年"三八"妇女节系列表彰奖励活动中拟授予全国公安系统二级英雄模范的53人予以公示。其中，青铜峡市公安局刑侦大队警务技术一级主管王志琴拟被评为全国公安系统二级英雄模范称号。

2日，青铜峡市第十五届人大常委会第三十八次会议召开，会议依法任命文学智为市人民政府副市长、代理市长。

是日，京东集团西北区总经理陈骁带队到青铜峡市考察，就"互联网+"农产品出村进城工程项目进行座谈交流。

3日，青铜峡市举行2021年重点项目集中开工暨大坝榆树湾25万头生猪养殖基地三期生猪产业研究院建设项目启动仪式。

4日，青铜峡市委召开常委（扩大）会议暨市委党史学习教育领导小组第一次会议，研究部署全市开展党史学习教育工作。

5日，青铜峡市召开政法队伍教育整顿动员部署会议。

9日，自治区副主席吴秀章到宁夏金科达印务有限公司、青铜峡市新宁百货超市有限公司、中盐宁夏盐业公司青铜峡分公司，调研青铜峡市盐业市场监管工作和食盐储备情况。

是日，自治区政协副主席冯志强带领调研组对依法治区工作开展自治区、吴忠市、青铜峡市政协三级联动调研。

10日，自治区党委常委、宣传部部长李金科到青铜峡市调研党史学习教育和文化体制改革工作。

是日，青铜峡市人民政府印发《青铜峡市国民经济和社会发展第十四个五年规划和二〇三五年远景目标纲要的通知》。

10日至12日，青铜峡市新任职村（社区）干部培训班开班。培训班邀请吴忠市委党校副校长高明举就党的十九届五中全会精神及区、市"两会"精神进行解读，吴忠市委党校教授杨红就中国共产党党史等进行专题辅导，同时还邀请市相关部门专业技术人员就农村集体资金、资产、资源管理及经营、基层党建工作进行业务辅导。

11日，市委书记张自力到大坝镇制种玉米"五化"示范基地、市农作物新品展示示范园、金土地农业社会化综合服务站、市农业农村局智慧农业大数据服务平台，调研全市生物育种产业发展情况。

是日，中共青铜峡市十二届委员会召开第十三轮巡察暨第三轮对村（社区）巡察工作动员部署会议。

15日，宁夏引黄灌区青铜峡河西总干渠唐正闸提前开闸放水，标志着宁夏2021年引黄灌区春灌工作全面展开。2021年开闸放水时间比2020年提前两周时间。

16日，青铜峡市司法局、退役军人事务局联合在宁夏青禾律师事务所揭牌成立全区首家"退役军人法律维权服务站"，该服务站主要为退役军人提供法律咨询、代写法律文书、法律援助等一站式法律服务，切实维护退役军人的合法权益。

18日至20日，青铜峡市党史学习教育暨党的十九届五中全会专题培训班正式开班。培训班邀请自治区党校教授做专题辅导。

21日，自治区党委常委、政法委书记雷东生到青铜峡市峡口镇谭桥村、裕民街道南苑社区和城关派出所，实地调研自治区基层治理"1+6"政策体系贯彻落实情况。

24日，市委书记张自力到包抓的政法队伍教育整顿基层联系点小坝派出所，督导检查教育整顿情况，并为派出所民警辅警讲党课。

25日，市委书记张自力、代市长文学智到宁夏天泽新材料科技有限公司、青铝股份铝合金材料分公司、宁夏奇立城机械科技集团有限公司、青铜古镇部分重点项目建设一线，调研重点项目建设进展情况。

30日，宁夏县域科技成果推介对接活动在青铜峡市举办。

是日，广东省佛山市南海区区委常委、常务副区长蔡汉全带领国有资产监督管理局、南海铝业集团负责人一行对青铜峡市铝产业项目进行考察。

4月

1日，中国少年先锋队青铜峡市裕民街道北苑社区工作委员会揭牌成立。

5日，市委书记张自力到邵岗镇甘城子葡萄种植基地、工业园区新材料片区、乌玛高速青铜峡同兴村段，调研生态建设项目推进情况。

6日，2021年全区学生田径锦标赛暨全国第十四届学生运动会选拔大赛在吴忠黄河奥林匹克体育中心举行。

8日，自治区副主席杨培君到青铜峡市同兴小学及同兴村卫生室，调研青铜峡市教育医疗卫生工作。

是日，市委书记张自力到市公安局交管大队、市人民法院小坝法庭、市人民检察院和市公安局，督导检查政法队伍教育整顿开展情况。

是日，青铜峡市十五届人民政府召开第六次全体（扩大）会议暨党风廉政建设工作会议。

9日，青铜峡市召开市镇领导班子换届工作会议。

是日，2021年全区学生游泳锦标赛暨全国第十四届学生运动会游泳选拔赛在吴忠黄河奥林匹克体育中心游泳馆举行。

10日，市委书记张自力、代市长文学智带领各镇（场）、相关部门主要负责人和部分村党组织书记，对全市各镇乡村振兴推进情况进行集中督导观摩。

12日，唐正闸（大坝）水利风景区被自治区党委党史学习教育领导小组办公室列为第一批党史学习教育参观学习点。

是日，代市长文学智到青铜峡黄河大峡谷旅游区游船码头、滨河林场、青铜峡库区湿地自然保护区鸟岛、青铜峡工业园区消防救援站，督导检查森林草原防灭火工作开展情况。

14日，自治区党委书记陈润儿到青铜峡市调研老旧小区改造及政法队伍教育整顿工作。

15日，青铜峡市召开2021年国家卫生城市复审工作启动会。

15日至16日，全市机关、国有企业、非公企业和社会组织党组织书记培训班开班。培训班邀请自治区、吴忠市相关专家和长期从事基层一线工作的党务工作者，围绕中国共产党历史、马克思主义民族观宗教观，《中国共产党党组工作条例》《中国共产党发展党员工作细则》和党务基础知识等方面内容进行培训。

16日，共青团青铜峡市委十一届二次全体（扩大）会议暨党史学习教育推进会召开。

17日，市委书记张自力、代市长文学智到城市排水防涝项目、罗家河水系景观提升项目、青铜峡古渠首遗址公园改造提升项目、第二污水处理厂及河东区污水处理厂尾水人工湿地项目、贺兰山东麓牛首山历史遗留废弃矿山生态修复项目、鸽子山葡萄基地水利骨干工程项目、高标准农田建设项目、农村清洁能源燃煤替代项目等建设现场，督导检查先行区建设重点项目推进情况。

18日，市委书记张自力、代市长文学智到裕民街道银河社区教育卫生小区、南苑社区汉延西区、怡园社区光明小区、紫薇社区、青秀园，督导检查老旧小区改造提升情况。

20日，全市中小学生第十四届运动会暨"劳体强身"工程启动仪式在职教中心举行。

21日,全国人大常委会委员、民盟中央副主席龙庄伟到青铜峡市调研宁夏引黄灌区建设、生态保护工作。

是日,青铜峡市社会组织联合会成立大会暨第一届一次会员大会召开。会议选举产生第一届理事会、监事会,以及会长、副会长、秘书长、监事长。

23日,国家广播电视总局规划院院长余英带领检查组对青铜峡市融媒体中心(广播电视台)进行迎接中国共产党成立100周年广播电视安全播出进行检查。

25日,自治区副主席王道席到青铜峡市调研水利工作。

26日,市委书记张自力、代市长文学智带领各镇(场)、相关部门主要负责人和部分村党组织书记,对全市各镇场乡村振兴工作推进情况进行第三次集中督导观摩。

29日,自治区政协副主席许宁到青铜峡市调研黄河文化彰显区建设。

是日,市委书记张自力、代市长文学智到小坝村再生资源市场、连湖农场、盛隆达物流园、树新林场、青铜峡工业园区三合公司、卡子庙矿山开采区,调研生态环境工作。

是日,青铜峡市"花开新时代 启航新征程"第四届牡丹文化艺术节在青秀园中心广场开幕。

是日,由青铜峡市委、市政府主办,团市委承办的"青春向党·奋斗强国"庆祝中国共产党成立100周年暨纪念"五四运动"102周年文艺晚会在银河广场举行。

是日,"学习百年党史·弘扬传统文化·传唱红色经典"名家演唱会暨青铜峡市第六届"走·黄河岸边吼秦腔"秦腔大赛颁奖活动在青铜峡影剧院举行。

30日,市委书记张自力到部分重点企业及人员密集场所督导检查"五一"期间安全生产工作。

5月

1日,塞上驿站·青铜古镇正式投入试营业。

2日,2020—2021年"冠深杯"全国游泳俱乐部大联盟联赛宁夏首站赛(青铜峡站)在吴忠黄河奥林匹克体育中心举行。

5日,平罗县县长郭耀峰带领党政代表团到青铜峡市观摩调研乡村振兴工作推进情况。

6日,市委书记张自力到政法队伍教育整顿工作联系点小坝派出所和市司法局,督导检查政法队伍教育整顿查纠整改环节工作开展情况。

是日,代市长文学智到汽车站、银河早晚市、小坝商城、张岗市场、张岗村、西环路等地,督导检查青铜峡市国家卫生城市复审工作。

7日,自治区副主席刘可为到青铜峡市调研旧城改造工作。

是日,自治区副主席、全区政法队伍教育整顿领导小组副组长、公安厅党委书记、厅长杨东到青铜峡市公安局督导检查公安队伍教育整顿工作。

是日,全国第六届"万步有约"健走激励大赛青铜峡赛区启动会在青秀园中心广场举行。

8日,青铜峡市召开工程建设政府采购等重点领域突出问题专项治理工作领导小组(扩大)会议,传达自治区、吴忠市专项治理工作领导小组会议和专项治理问题及线索移交工作会议精神,通报全市专项治理情况,研究部署下一阶段专项治理任务。

10日,市委理论学习中心组(扩大)学习会暨全市领导干部传承党的百年光辉史基因铸牢中华民族共同体意识专题辅导报告会举行。会议邀请自治区宣讲团成员、自治区党委统战部副部长陈建龙做专题辅导。

19日,2021中国(宁夏)黄河金岸文化旅游节系列活动暨"5·19"中国旅游日开幕。

20日,青铜峡市举办"永远跟党走"党史学习教育知识竞赛暨"学习强国"学习平台达人挑战赛决赛。比赛分为现场决赛和网络竞赛两种方式进行。现场决赛,有

18支队伍参赛，峡口镇荣获现场决赛集体一等奖。网络竞赛于5月中旬在线上开展，全市6800多名党员干部在线参赛，最终决出"学习之星"22人。

22日，2021年全国田径分区邀请赛（西北赛区2）在吴忠黄河奥林匹克体育中心开赛，甘肃、江苏、辽宁、内蒙古、宁夏、青海、陕西等地的9支代表队百余人参赛，宁夏派出48人参赛。

24日，国家民委"中华民族一家亲"卫生下基层义诊惠民活动走进青铜峡市，开展义诊和指导服务。

26日，自治区宣讲团成员、自治区党委统战部副部长陈建龙到宁夏青铜峡铝业股份有限公司，为党员干部做《传承党的百年光辉史基因，铸牢中华民族共同体意识》宣讲。

28日，市委书记张自力带领各镇（场）、相关部门主要负责人和部分村党组织书记，对全市各镇乡村振兴工作推进情况进行第四次集中督导观摩。

29日，21时，青铜峡市公安局"4·06"电信网络诈骗案专案组押解9名犯罪嫌疑人走出银川站，标志着赴湖北、安徽两省收网行动告捷。专案组共端掉电信网络诈骗窝点3处，抓获犯罪嫌疑人21人，现场扣押银行卡60余张、手机40余部、手机卡60余张，查扣作案电脑6台、SUV车辆1台。

31日，黑龙江省政协考察组到青铜峡市考察历史文化挖掘保护和利用情况。

6月

1日，市委书记张自力调研滨河大道沿线黄河生态治理和全市用水改革及外销蔬菜用水情况。

2日，青铜峡市召开"四权"改革动员部署会议，安排部署全市山林权、土地权、用水权、排污权改革工作。

3日，全国政协常委、社会和法制委员会副主任强卫到青铜峡市专题调研建立健全经常性社会心理服务和预警干预机制工作。

是日，吴忠市各级劳模"学党史 争先进 永远跟党走 奋进新征程"巡回宣讲活动走进青铜峡市。

5日，市委书记张自力到市第一中学、市高级中学考点，督导检查高考准备工作。

是日，盐池县委书记龚雪飞、代县长王海宁率领盐池县党政考察团到青铜峡市考察学习。

8日，市委书记、青铜峡工业园区党工委书记张自力到宁夏瑞资联实业有限公司、宁夏农加新材料科技有限公司、青铜峡市鼎辉工贸有限公司等企业，督导检查工业园区安全生产和项目建设情况。

是日，青铜峡市乡村振兴局正式挂牌。

9日，吴忠市委书记沈左权到青铜峡市调研黄河河道、滩地被占问题整治情况。

10日至11日，自治区政协副主席冯志强带领调研组到青铜峡市就"以四大提升行动为载体，推动巩固拓展脱贫攻坚成果同乡村振兴有效衔接"议题开展专题协商调研。

12日，人民的非遗 人民共享——2021年"文化和自然遗产日"宁夏主会场活动在青铜峡市黄河楼举行。

是日，市委书记张自力到邵岗镇甘城子村、大沟村、玉西村，督导检查甘城子百万移民致富提升发展情况。

15日，市委书记张自力到恒源林牧场和牛首山北麓奶牛养殖核心区塞上迎辉、聚牧奶牛养殖场，调研奶产业发展情况。

17日，中共青铜峡市十二届委员会召开第十四轮巡察暨第四轮对村（社区）巡察动员部署会。

是日，代市长文学智到阳光瀜上御景项目施工现场、博能燃气有限公司，督导检查全市安全生产工作。

是日，民盟青铜峡市委员会第五次代表大会召开。

18日，市委书记张自力到博

能燃气有限公司红星加气站、新百广场、塞纳庄园建筑施工工地，督导检查安全生产工作。

是日，市委书记张自力到陈袁滩镇韵欣苑社区、小坝派出所，调研信访维稳工作。

19日，市委书记张自力、代市长文学智带领各镇（场）、相关部门主要负责人和部分村党组织书记，对全市各镇乡村振兴工作推进情况进行第五次集中督导观摩。

是日，民革青铜峡市委员会第六次代表大会召开。

22日，代市长文学智到大坝拦洪库、庙山湖沟、马圈沟、大沟拦洪库，督导检查防汛工作。

是日，代市长文学智到市自然资源局、陈袁滩司法所、裕民街道东街社区，督导检查信访维稳工作。

是日，青铜峡市医疗健康总院揭牌仪式在市人民医院举行，标志着青铜峡市域综合医改工作迈上快车道。青铜峡市医疗健康总院由市人民医院牵头，市中医医院、妇幼保健计划生育服务中心、疾病预防控制中心及9家镇卫生院、3家社区卫生服务中心（站）等16家医疗卫生机构为成员。

23日，代市长文学智到小坝再生资源市场、青铜峡市华牧奶牛养殖场、宁夏东吴农化有限公司、银丰新材料科技有限公司，督导检查生态环境保护工作。

是日，"新农具服务农民美好生活"手机应用技能培训暨2021年宁夏农民手机应用技能培训周活动在大坝镇举行。

24日，自治区人大常委会副主任沈左权到青铜峡市调研公益诉讼检察服务黄河流域生态保护和高质量发展先行区建设情况。

24日至25日，青铜峡市庆祝中国共产党成立100周年"永远跟党走"革命歌曲大合唱比赛在吴忠黄河奥林匹克体育中心举办。

27日，代市长文学智到市高级中学、市第一中学考点，督导检查2021年中考准备工作。

28日，青铜峡市在吴忠黄河奥林匹克体育中心举办庆祝中国共产党成立100周年"永远跟党走"革命歌曲大合唱主题晚会。

是日，代市长文学智到京藏高速青铜峡出口疫情防控检查点、香缇湾社区、市中医医院，督导检查常态化疫情防控和新冠疫苗接种工作。

是日，民进青铜峡市委员会第三次代表大会召开。

30日，青铜峡市举行优秀共产党员、优秀党务工作者和先进基层党组织表彰大会。为老党员代表颁发佩戴"光荣在党50年"纪念章，对田宁等50名共产党员、马楠等20名党务工作者、中共青铜峡市人大常委会机关支部委员会等30个基层党组织，分别被授予"全市优秀共产党员""全市优秀党务工作者""全市先进基层党组织"称号。

是日，青铜峡市举行庆祝中国共产党成立100周年"永远跟党走"文艺晚会。

7月

1日，市委书记张自力到宁夏永利新材料有限公司、万向新元（宁夏）智能环保科技股份有限公司项目建设现场，调研重点项目建设情况。还深入青铜峡镇同进村、同兴村绿化造林项目区，实地督导检查春季绿化造林情况。

5日，市委书记张自力、代市长文学智到宁夏鼎盛翔奶牛养殖专业合作社、宁夏盛隆达煤炭物流园、宁夏金昱元化工集团电石渣场，督导检查生态环境保护反馈问题整改落实情况。

6日，广西壮族自治区政协考察组到青铜峡市考察农旅融合发展情况。

7日，自治区人大常委会副主任沈左权到青铜峡市调研百万移民致富提升行动推进情况。

9日，市委书记张自力、代市长文学智、市人大常委会主任姬文泽、市政协主席宋丽及各镇党委书记、有关部门主要负责人到银川市西夏区昊苑村、镇北堡村、德林村，吴忠市城市东区高铁站片区,红寺堡区弘德村、永新村,盐池县曹泥洼村、滩羊产业发展集团,考察学习人居环境整治、社会治理及城市建设、生态修复、文旅融合、产业发展等情况。

是日,青秀园、青逸湖改造开工。

10日,张自力、文学智等市领导及各镇(场)、相关部门主要负责人和部分村党组织书记,到峡口镇巴闸村、青铜峡镇余桥村、大坝镇韦桥村、小坝镇先锋村、陈袁滩镇唐滩村、叶盛镇地三村、邵岗镇沙湖村、瞿靖镇毛桥村,观摩督导人居环境整治提升、文创产业发展及民俗工作、乡村旅游、产业融合、太阳能光伏发电供暖试点工程推进情况。

是日,峡口镇巴闸村举办首届麒麟无籽西瓜节暨土地股份专业合作社分红大会。

21日,青铜峡市与内蒙古自治区腾格里经济开发区签订政务服务跨省通办协议,涉及公安、社保、就业、文旅等7个部门的78项服务被列入跨省通办服务事项。

22日,黄河楼附属工程搬迁暨黄河母亲像平移工作全面展开。

23日,内蒙古自治区政协到青铜峡市考察绿色养殖和生态保护、黄河生态系统保护情况。

27日至28日,自治区依法治区督察组到市住房和城乡建设局、人力资源和社会保障局、小坝镇,对青铜峡市法治政府建设工作进行督察。

29日至30日,青铜峡市8个镇分别召开党员代表大会,选举产生新一届镇党委班子、纪委班子和出席中国共产党青铜峡市第十三次代表大会代表。选举产生新一届镇党委委员72人、镇纪委委员40人,各镇出席市第十三次党代会代表126人。

8月

2日,青铜峡市政法队伍教育整顿总结会议召开。会议总结全市政法队伍教育整顿成效经验,安排部署长效常治工作。

9日,市委书记、市委应对新冠肺炎疫情防控工作领导小组组长张自力到新宁百货、市人民医院、凯鹏宾馆集中隔离点、青铜峡火车站、古青高速青铜峡南出口,督导检查疫情防控工作。

11日,市委书记、市委党史学习教育领导小组组长张自力到裕民街道东街社区、宁夏新大众机械有限公司、市自然资源局、小坝镇先锋村、市党史教育基地金山集邮文化博物馆,督导检查全市党史学习教育开展情况。

是日,代市长文学智到小坝镇先锋村、陈袁滩镇唐滩村、大坝镇中庄村,督导检查市政协关于改善农村人居环境,构建生态宜居乡村的建议办理情况。

16日,自治区人大常委会副主任沈左权到青铜峡市调研百万移民致富提升行动推进情况。

17日至19日,市人大常委会主任姬文泽、党组书记丁辉带领检查组对市十五届人大六次会议代表议案建议、市十五届人大四次会议未办结代表建议办理情况进行集中检查。

18日,市委书记张自力、代市长文学智到市第三污水处理厂、市中医医院,督导检查自治区生态环境保护督察反馈问题整改落实工作。

24日,自治区主席咸辉带领参加全区推进黄河流域生态保护和高质量发展先行区建设(重大项目建设)第五次推进会与会人员到青铜峡市鸽子山葡萄酒基地观摩葡萄酒产业发展情况。

27日,市总工会被中华全国总工会评为全国工会财务会计先进单位。

28日,代市长文学智深入小坝镇先锋村、陈袁滩镇唐滩村,调研乡村振兴工作开展情况。

是日,黑龙江省政协主席黄建盛在自治区政协主席崔波陪同下到青铜峡水利枢纽工程、宁夏水利博物馆、青铜古镇,考察黄河文化传承彰显区建设情况。

9月

1日，吴忠市政协主席孙瑛、副主席孙亚东到青铜峡市叶盛镇叶盛社区、地三村调研乡村振兴工作。

4日，全国政协常委、农业和农村委员会副主任陈雷，全国政协委员、农业和农村委员会副主任杜宇新到青铜峡市大坝镇韦桥村、小坝镇永丰村，围绕"加强高标准农田建设"开展调研。

6日，由团中央和中组部组织的第21批中央到宁博士服务团到鸽子山产区皇蔻酒庄、维加妮酒庄，观摩青铜峡市葡萄酒产业。

7日，青铜峡市工商业联合会（民间商会）第十次会员代表大会召开。

8日至9日，青铜峡市各镇召开人民代表大会。选举产生镇人大、政府领导班子，提出今后5年的工作任务，并对2022年的各项工作进行安排和部署。

10日，自治区人大常委会副主任沈左权到青铜峡市调研生态环境工作。

12日，山西省政协考察组到宁夏水利博物馆、青铜峡黄河水利枢纽工程、青铜峡镇余桥村考察青铜峡市推动黄河流域生态环境保护和高质量发展工作与文旅融合发展情况。

13日，自治区党委副书记陈雍带领参加全区农村厕所革命现场会与会人员到青铜峡市陈袁滩镇袁滩村，观摩农村卫生厕所改造情况。

15日至16日，全国政协副主席马飚一行到青铜峡市调研。

16日，自治区党委副书记陈雍到青铜峡市青铜峡镇同进村，邵岗镇甘城子村和同乐村，调研"四大提升"行动工作。

20日，自治区党委常委、秘书长雷东生到青铜峡市邵岗镇甘城子村调研并召开座谈会，实地查看和指导"四大提升行动"推进情况。

21日，青铜峡市2021年"中国农民丰收节"暨第六届先锋大青葡萄文化旅游节在小坝镇先锋村开幕。

22日，中国共产党青铜峡市第十二届委员会第十四次全体会议在青铜峡市龙海宾馆举行。

23日，自治区人大常委会副主任沈左权到青铜峡市调研实施"四大提升行动"、全面促进乡村振兴情况。

是日，青铜峡市2021年"中国农民丰收节"暨韦桥黄河大地艺术展演活动启幕。

25日至26日，中国共产党青铜峡市第十三次代表大会在龙海宾馆大会堂召开。

26日，中国共产党青铜峡市第十三届纪律检查委员会举行第一次全体会议。

27日，自治区党委常委、政法委书记赖蛟到青铜峡市裕民街道南苑社区老梁警务室调研基层社会治理相关情况。

28日，自治区政协副主席郑震到青铜峡市视察葡萄酒产业发展情况。

30日，市委书记张自力到青铜峡市新南天然气有限责任公司、宁夏福宁木业有限公司、黄河大峡谷旅游区、青铜古镇，督导检查安全生产及疫情防控工作情况。

是日，代市长文学智到市区两家隔离酒店、新百商超、学府一号住宅小区施工工地，督导检查节前安全生产及疫情防控工作情况。

是月，大坝镇韦桥村入选全国乡村旅游重点村。

是月，陈袁滩镇代表队代表青铜峡市参加全国第十四届运动会群众展演广场舞决赛，获得群众展演广场舞项目农村乡镇组二等奖。

10月

8日，青铜峡市鸽子山葡萄酒文化旅游小镇项目建设拉开序幕。

12日，市委书记张自力到鸽子山、维加妮酒庄，专题调研政协青铜峡市第十一届六次会议第6号提案《关于加大葡萄酒品牌推广力度的建议》办理情况。

14日，自治区政协副主席张守志带领港澳台侨界委员到青铜峡市调研密登堡酒庄、西鸽酒庄葡萄酒文化建设，促进酒庄文化休闲旅游融合发展情况。

15日，全国政协副主席刘奇葆率全国政协调研组到青铜峡市开展"推进黄河国家文化公园建设"专题调研。

是日，市委书记张自力、代市长文学智到瞿靖镇蒋顶村污水处理站、国能宁夏大坝三期发电有限责任公司、宁夏金昱元能源化学有限公司，督导检查自治区党委生态环境保护督察组反馈问题整改情况。

是日，青铜峡市骨干党员培训班正式开班，全市251名骨干党员参加培训。培训采取集中学习、专题辅导、远程教育等方式，围绕习近平总书记"七一"重要讲话、马克思主义民族观宗教观、《中国共产党党员教育管理工作条例》《中国共产党发展党员工作细则》和党规党纪等方面内容进行讲解。培训分两期开展，第一期以各党（工）委下属党支部党务干部为主，第二期以各党（工）委上报的部分党员为主，每期两天。

21日，市委书记张自力到集中隔离酒店、迎春园小区（封控管理小区），督导检查疫情防控工作。

29日，自治区党委书记陈润儿、自治区主席咸辉带领自治区有关省级领导，区直有关部门和市县（区）负责人，到青铜峡市实地观摩深入实施"四大提升行动"、全面促进乡村振兴工作。

是日，青铜峡市人大常委会党组书记丁辉，市委常委、武装部部长牛俊刚到青铜峡镇菜市场、农贸市场、商贸等各封控点，督导检查疫情防控工作。

11月

1日，市人大常委会党组书记丁辉到青铜峡工业园区、青铜峡镇余桥村，督导检查全市煤炭、天然气等能源物资运输保障工作。

2日，市人大常委会党组书记丁辉到大坝镇，督导检查疫情防控工作。

3日，市人大常委会党组书记丁辉到青铜峡工业园区，督导检查疫情防控工作。

4日，市委书记张自力到青铜峡龙海宾馆、昊泰酒店等定点隔离医学观察场所，督导检查疫情防控管理工作落实情况。

5日，市委书记张自力到小坝镇迎春园小区、青铜峡镇余桥村、大坝镇大坝村、韦桥村等封控点和交通卡口，督导检查疫情防控工作。

6日至7日，市委书记张自力深入部分小区、超市、集中隔离医学观察酒店、医院、交通卡口、企业，督导检查疫情防控工作。

8日，市委书记张自力到滨河大道叶盛地三与永宁交界处、京藏高速叶盛收费站出口、国道109叶盛与永宁交界处、省道103线瞿靖镇时坊村等交通卡口，督导检查疫情防控工作。

15日，市委书记张自力到市公安局、市汽车运输集团有限公司、市自然资源局，督导检查常态化扫黑除恶斗争和重点领域行业治乱整治情况。

16日，市委书记张自力到叶盛镇、瞿靖镇、大坝镇，调研全市农田水利基本建设工作。

18日至20日，政协第十二届青铜峡市委员会第一次会议在青铜峡宾馆召开。

19日至21日，青铜峡市第十六届人民代表大会第一次会议召开。

21日，宁夏引黄灌区停灌，自3月15日开闸放水，安全行水212天。

24日，宁夏黄河流域生态保护和高质量发展先行区建设基金启动暨青铜峡试点项目战略合作签约仪式在青铜峡市举行。

30日，青铜峡市召开"反诈"人民战争动员部署会，标志着一场以"党政主导、部门联动、公安主打、行业治理、网格管控、全民参与"的"反诈"人民战争正式打响。

12月

7日，农业农村部、财政部、国家发展改革委将北京市平谷区等100个县（市、区）列入2021年农业现代化示范区创建名单，青铜峡市在列。

10日，市委书记张自力到青铜峡铝业集团有限公司、小坝村再生资源市场，督办第二轮中央生态环境保护督察反馈和信访举报转办问题整改工作。

是日，市长文学智到宁夏顺宝现代农业有限公司、邵岗镇甘城子大沟村、树新林场，督导检查第二轮中央生态环境保护督察信访投诉转办件办理情况。

是日，"应急先锋·2021"军地联合防凌抢险应急演练在黄河青铜峡段柳条滩举行。

11日，中华人民共和国工业和信息化部公布第六批绿色制造名单，青铜峡工业园区被认定为国家级绿色园区。

12日，市委书记张自力、市长文学智到黄河楼、青铜峡库区湿地自然保护区、宁夏科进峡光纸业有限公司、南干沟峡口段、市水务局，督导检查生态环境保护工作。

14日，吴忠市委书记徐耀到包抓重点移民村青铜峡市青铜峡镇同进村调研人居环境整治、基层治理和农业产业发展情况，并对党的十九届六中全会精神做宣传解读。

是日，市长文学智到邵岗镇玉西村马圈沟，督导检查第二轮中央生态环境保护督察信访转办件办理情况。

15日，平安中国建设表彰大会在北京召开。青铜峡市公安局城关派出所南苑警务室民警梁维科荣获"平安中国建设先进个人"荣誉称号，这是此次表彰大会上宁夏公安机关唯一获此殊荣的民警。

16日，市委书记张自力、市长文学智到宁夏金昱元化工集团、宁夏科进峡光纸业有限公司、宁夏青铜峡工业园区新材料片区、小坝村再生资源市场，督办第二轮中央生态环境保护督察组重点转办件办理情况。

17日，自治区副主席刘可为带领自治区生态环境厅、工业和信息化厅、自然资源厅等相关部门到青铜峡工业园区宁夏东吴农化股份有限公司调研督导关于异味扰民重点信访转办件办理情况。

19日，中央第四生态环境保护督察组第二工作组到青铜峡工业园区青铜峡市利源工贸有限公司、宁夏银丰新材料科技有限公司，就园区企业异味扰民问题开展实地督察。

21日，青铜峡市文学艺术界联合会第二次代表大会召开。

26日，中央第四生态环境保护督察组组长宋秀岩到青铜峡库区湿地保护区调研库区生物多样性保护工作。

29日，自治区人大常委会副主任、总工会主席沈左权到宁夏金昱元化工集团有限公司，调研青铜峡市总工会工作。

是日，乌玛高速公路青铜峡至中卫段顺利建成通车。

31日，吴忠市人大常委会副主任、青铜峡市委书记张自力到凯鹏宾馆集中隔离点、市人民医院、京藏高速青铜峡出口检查点、工业园区嘉宝片区核酸检测点等地，督导检查节前安全生产和疫情防控工作。

是日，市长文学智到青铜峡市博能燃气有限公司、宁夏法安德药业有限公司、古青高速青铜峡南收费站出口疫情防控检疫点，督导检查安全生产和疫情防控工作。

是日，宁夏青铜峡农村商业银行股份有限公司（简称青铜峡农村商业银行）正式挂牌开业。该行由青铜峡市农村信用合作联社改制组建成立，下辖支行18家。

是月，陈袁滩镇袁滩村入选"第二批全国乡村治理示范村"。

是月，青铜峡市文化馆拟被命名为国家一级文化馆。

综览

编辑◎乔才山

市情概况

【**地理环境**】 青铜峡市位于东经105°37′~106°21′，北纬37°16′~38°15′之间，地处黄河中上游，宁夏平原中部，东隔黄河与吴忠市利通区相望，南以牛首山为界和中卫市中宁县接壤，西至明边墙（明长城）毗邻内蒙古自治区阿拉善左旗，北连银川市永宁县。南北长60余千米，东西宽30余千米，行政区域面积2324.7平方千米。市政府驻地裕民街道，东距吴忠市利通区14千米，北距宁夏回族自治区首府银川市59千米，是全市政治、经济、文化中心。

【**地形地貌**】 青铜峡市域内地势由西南向东北自高而低呈现阶梯状分布，形成山地、低山丘陵、缓坡丘陵、洪积扇地带、黄河冲积平原和库区6个地貌类型。其中，山地面积1.48万公顷，占全市土地面积的8.5%；低山丘陵1.38万公顷，占全市土地面积的7.9%；缓坡丘陵1.58万公顷，占全市土地面积的9.1%；洪积扇地带7.07万公顷，占全市土地面积的40.6%；黄河冲积平原5.36万公顷，占全市土地面积的30.8%；库区0.54万公顷，占全市土地面积的3.1%。海拔为1150~1170米。

【**气候特征**】 青铜峡市地处西北内陆东部季风区与西部干旱区域交汇地带，属中温带大陆性气候。四季分明，干旱少雨，蒸发量大，昼夜温差大，无霜期短，光、热、风能资源丰富，有独特的气候资源。主要灾害性天气有干旱、暴雨（雪）、大风、沙尘暴、高温、寒潮、霜冻、冰雹、雷电等。年平均气温9.8℃；极端最高气温39.0℃，出现在2017年7月12日；极端最低气温-25.0℃，出现在1993年1月20日；年平均降水量177.8毫米，其中5~9月的降水量占全年的83%；日最大降水量55.9毫米，出现在2002年8月14日；年平均相对湿度53%；年平均风速2.4米/秒；极大风速29.2米/秒；年平均无霜期178天；年蒸发量1806.5毫米；最大冻土深度83厘米；年平均日照时数2980.2小时，占可照时数的69%。

【**年度气候**】 2021年，青铜峡市年平均气温为11.1℃，年最高气温37.5℃，出现7月13日，最低气温-22.7℃，出现在1月7日；年降水量为160.5毫米，较常年（177.8毫米）偏少17.3毫米；年平均气压为888.9百帕；年平均湿度为50.3%；年平均风速为1.7米/秒；极大风速为19.6米/秒，出现在11月5日。年内主要降水天气集中在8月和9月，其中8月月累计降水量为26.6毫米，9月月累计降水量为38.9毫米。年日照时数2572.3小时，比历年平均值偏少471.8小时。

【极端天气】 2021年2月26日13时30分左右，青铜峡市陈袁滩镇唐滩村五组出现大风灾害天气，阵风达到7至9级。大风天气导致3家农户屋顶、车棚、门窗及太阳能严重损坏。受灾农户人数13人，损坏房屋共5间，其中住房3间，直接经济损失1.3万元。2月27日16时50分左右，青铜峡市叶盛镇龙门村出现低温冷冻灾害天气。有10户农户的24栋温棚种植的覆膜西瓜遭受严重冻害，预估直接经济损失11.38万元，受灾人数30人。3月15日3时10分左右，青铜峡市叶盛镇因沙尘暴天气造成8顶温棚棚膜受损，直接经济损失2.4万元，受灾人数4人。4月15日10时，叶盛镇遭遇9级大风和扬尘天气，造成叶盛镇叶盛村、地三村农户经营的温棚、育秧大棚和小拱棚棚膜被大风刮飞。经现场核实，有16户（74人）群众遭受风灾，有6栋温棚、36栋育秧棚、11栋小拱棚的棚膜被大风撕毁，群众培育的西瓜苗也不同程度受损，预估直接经济损失87500元。4月15日，陈袁滩镇遭遇9级大风和扬尘及霜冻天气，造成袁滩村4户（共18人）群众菜苗遭受不同程度冻害。经初步统计受灾面积38.5亩，预计经济损失24100元。受灾主要农作物为糯玉米、豆角、西兰花苗。

【土壤水系】 青铜峡市土壤类型复杂多样，有灰钙土、灌淤土、浅色草甸土、盐土、湖土、风沙土、堆垫土和新积土8个土类，26个亚类，48个土属，409个土种和变种。灰钙土主要分布在山区和丘陵地带，分布面积最大，易生长天然野生植物。灌淤土分布于引黄灌区，土层厚度50厘米至90厘米，质地均一、保水保肥，为全市农业生产的主要土壤。浅色草甸土主要分布于河滩地及山川交界处，土层较薄，地下水位高，有机质含量低。盐土主要分布于唐徕渠和西干渠之间，含盐量高，表层有蜂窝状盐结皮，土质松散，多生长盐生植物。市域内地表水源丰富、水质良好，黄河是流经青铜峡市唯一的常年性河流，域内长约58千米，年平均流量274.6亿立方米。从黄河引水，通过秦渠、汉延渠、汉伯渠、唐徕渠、惠农渠、大清渠、东干渠、西干渠、泰民渠九大干渠自流灌溉、纵贯全境，是全市主要地表水资源，为全市农业灌溉和各项事业发展提供方便。青铜峡市还有山泉15处，年总涌水量4320万立方米。青铜峡市多年平均地下水资源量2.69亿立方米，可开采量1.16亿立方米；多年平均降水量3.43亿立方米，平均地表水资源量0.19亿立方米。

【湖泊湿地】 青铜峡历史上湖泊众多，古有"十二连湖"之说。据《甘肃通志稿》记载：唐徕渠东岸有解而湖、杨家湖、陈家湖、洛洛湖；汉渠西岸有平列湖、老鹳湖、双塔湖；清渠东岸有姚家湖、苇子湖、张喇湖；汉渠东岸有明水湖、龙太湖；惠农渠西岸有黑渠湖、塔桥湖。清代有著名的芦沟湖，"芦沟晚霞"是广武八景之一。1954年，在连湖建立国有连湖农场。青铜峡域内还有青龙湖、青逸湖、庙山湖、沙湖、三道湖、朱家湖等。有宁夏最大的生态湿地——青铜峡库区湿地自然保护区，该湿地是青铜峡拦河大坝大型水利枢纽工程形成后逐步形成的，内有中心湖、天鹅湖和洪闸湖镶嵌其中。青铜峡库区湿地自然保护区总面积28.5万亩，早在1982年就被列为自治区级鸟类自然保护区，2002年被列为自治区级湿地类型自然保护区。鸟、鱼类资源丰富，其中动物种群250余种，仅鸟类就达100余种，是鸟类栖息的天堂，有"西北鸟岛"的美称，是我国西北及全球东亚—澳大利亚地区鸟类的重要迁徙路线和栖息地。2017年1月，宁夏青铜峡鸟岛国家湿地公园试点通过国家林业局验收并授牌，正式进入国家湿地公园行列。

【矿产资源】 青铜峡市有非金属矿产、燃料矿产、金属矿产和水矿产4种，其分布主要以非金属矿产为主，金属矿藏储量小、品位低、开采难度大。已探明的矿种有21种，包括煤、铁、铜、镁、金、铸型用砂、电石用灰岩、制碱用灰岩、石膏、水泥用灰岩、水泥原料用黏土、砖瓦用黏土、矿泉水等，还有膨润土、重晶石、建筑用砂(石)、建筑石料用石灰岩、砂岩、砂砾石等矿石。金属矿产种类较少，只有铁矿、铜矿2种，均分布在野猫子山；非金属矿产资源较为丰富，尤其是建材原料，不但资源量大，且分布广泛，均已进行不同程度的开采，为全市经济社会发展起到很大的推动作用。

【动植物资源】 青铜峡市山川兼备、地貌多样，动植物资源丰富。灌区植被主要是各种乔木、灌木、草木和花卉等。水生植被由三棱草、芦苇、蒲草、慈菇、鸭舌草等组成；草甸植被主要由稗草、苦苦菜、刺儿菜、车前草、灰绿藜、苍耳、冰草、小芦草等杂草组成。山区植被主要有荒漠草原植被，分布于牛首山和西山草场分守岭北部地区；草原化荒漠植被，分布于西山草场南部；沙生植被，分布于西山草场雷避窑局部浮沙区；盐生植被，分布于西山井沟以南的洼地。天然林植被分布于青铜峡市南部的青铜峡水库区，南北长1千米，东西宽3千米，面积6667公顷，主要有旱柳、沙柳、柽柳等。野生动物资源主要有鸟类、兽类、爬行类、鱼虾类。鸟类以候鸟为多，其次为留鸟和部分旅鸟，每年春夏之交达100余种。兽类有刺猬、狐狸、黄鼠狼、蝙蝠、黄羊、青羊、岩羊、狗獾、野兔花鼠等。爬行类有壁虎、麻蜥、沙蜥、蛇等。鱼虾类主要在境内黄河附属水体中，天然鱼类5科22属。其中，鲶鱼科1种，鲤鱼科18种，鳅鱼科5种，塘鳢科1种，虾虎鱼科1种，攀鲈科1种。

【历史沿革】 青铜峡市历史悠久、源远流长。远在1万年前的中石器时代，域内鸽子山就有人类生息繁衍。距今8000～4000年前的新石器时代，域内广武、芦沟湖、连湖农场有原始人类活动。先秦时代基本上为戎狄、匈奴等古代少数民族牧猎之地。秦始皇三十三年(前214年)，域内属北地郡富平县，为宁夏平原最早设置的县，始有行政建制。此后分别置灵武、回乐、顺州等县郡。清雍正二年(1724年)设宁朔县，隶属甘肃省宁夏府，县署设在宁夏府城(今银川市兴庆区满春乡)，是宁夏古县之一。1912年，宁夏府改为甘肃省朔方道，宁朔县属之。1913年，朔方道改为宁夏道，宁朔县隶属朔方道。1914年，宁朔县署迁至宁夏府城西门外7.5千米处新满城(今银川市金凤区平湖桥东南)。1929年1月，裁朔方道置宁夏省，宁朔县隶属于宁夏省。1932年初，宁朔县署迁至王宏堡(今永宁县望洪镇)。1941年春，宁朔县署迁至瞿靖堡(今青铜峡市瞿靖镇)。1943年春，县署移驻汉坝堡(今青铜峡市裕民街道)。1949年9月24日，宁朔县解放，成立宁朔县人民政府。1954年9月，宁夏省撤销，宁朔县属甘肃省银川专区。1958年10月，成立宁夏回族自治区，宁朔县属之。1960年8月15日，撤销宁朔县，设立青铜峡市，市筹备委员会驻青铜峡镇。1963年6月29日，撤销青铜峡市，设立青铜峡县，县人民政府移址小坝。1984年12月17日，撤销青铜峡县，恢复青铜峡市。市人民政府所在地小坝镇。2003年7月，撤乡并镇，市人民政府所在地更名为裕民街道。

【地名由来】 青铜峡因黄河青铜峡大峡谷而得名。青铜峡，南距市区20千米，两山相夹，黄河流经其中。晴天时，两岸山石"土色如金"，峡谷在蓝天碧水中互相映衬，呈现出青铜的颜色，故名。《水经》曰"上河峡"。东汉时称上河峡，北魏时称青山峡，后又称"铜口"。唐时称硖石、大石山，宋时称青铜峡。《明史·地理三》载：峡口山，一名"青铜峡"。《乾隆宁夏府志·卷三》载:"对岸山石嵯岈,与河流映照时作青红色,疑返照之翻赤壁此,殆青铜之所由名"。古名又溯自何代,史无考,北宋张舜民《西征回途中二绝》诗曰:"青铜峡里韦州路,十去从军九不回。白骨似沙沙似雪,将军休上望乡台。"至今已逾千年的历史。"青铜峡"一名来历也有传说,传说公元前2000年的舜帝时代,黄河流经沙坡头后,就流进了庆阳湖,因湖水不通海,所以上游受涝,下游受旱。大禹为开峡引水,救百姓于水火之中,就借助神力,集中民智,凝聚民力,苦炼3650个日夜,熔铸青铜斧,劈山引水。时值夕阳西下,霞光万道,整个峡谷呈现青铜色,故名"青铜峡"。1960年设青铜峡市,1963年撤市设县,1984年恢复县级市。

【行政区划】 2021年,青铜峡市辖峡口镇、青铜峡镇、大坝镇、小坝镇、瞿靖镇、邵岗镇、陈袁滩镇、叶盛镇8个镇,裕民街道1个,城镇社区22个、行政村84个。

【人口发展】 截至2021年年底,全市户籍总人口274273人,其中:城镇人口84908人,男性140401人。全市汉族人口205842人,占总人口的75.1%。年末全市常住人口24.5万人,其中城镇常住人口14.6万人,占常住人口比重(常住人口城镇化率)59.59%,比2020年末提高1.32个百分点。人口出生率为8.57‰,死亡率为7.76‰,自然增长率为0.81‰。

【民族宗教】 青铜峡市是一个多民族聚居地区,除汉族外,还有回、满、蒙古、壮、苗、朝鲜等20个少数民族。全市回族人口6.7万人,占全市总人口的24.4%;其他少数民族1435人,占全市总人口的0.5%。市内有依法登记的宗教活动场所106处,其中伊斯兰教59处、佛教38处、道教7处、基督教1处、天主教1处,已登记宗教人士255人。成立伊斯兰教协会、佛教协会、道教协会3个宗教团体,是全区宗教工作的重点地区之一。

【旅游资源】 青铜峡市是国家全域旅游示范区,流淌几千年的黄河孕育了古老的黄河文明,构成青铜峡丰富多彩的旅游资源。青铜峡市有世界灌溉工程遗产宁夏引黄古灌区、青铜峡黄河大峡谷旅游区、金沙湾黄河坛景区、黄河楼景区、青秀园、董府、青铜峡鸟岛湿地自然保护区、牛首山寺庙群、青铜古镇等旅游景区,有大坝韦桥、叶盛地三特色旅游示范村,有四星级农庄2家、三星级农庄3家,还有鸽子山文化遗址、芦沟湖文化遗址、广武岩画、明长城、大坝营遗址、玉泉营遗址、甘城子营遗址、庙山湖寺庙遗址、柳木高烽火台、汤家寨子等古遗址,有青铜峡市首批历史建筑瞿靖镇毛桥大寨礼堂、宁夏连湖古峡酒业有限公司酿酒车间。2021年,全市有国家级湿地公园1处、国家级重点文物保护单位3处、国家级非遗保护传承项目1个、国家4A级旅游景区2个、3A级旅游景区4个,三星级以上宾馆2家、旅行社(含分社)12家,全国乡村旅游重点村2个,宁夏特色旅游村3个,星级旅游示范点9家,四星级农家乐1家,三星级乡村旅游示范点3家,宁夏十大旅游特色街区1家。

【军事重镇】 清末学者、《朔方道志》编修、青铜峡著名诗人吴复安《青铜禹迹》诗中写道:"峭壁岈嵯相对峙,银川锁钥此称雄。"青铜峡自古就是兵家必争之地。秦朝大将蒙恬于公元前215年,奉秦始皇之命,率30万大军北伐匈奴,收复河南地,在今青铜峡域内筑神泉障,设置富平县,开垦屯田,成为宁夏引黄灌区开发第一人。西汉名将霍去病,东汉大将马贤、虞诩,北魏名将刁雍、唐代名将李靖、郭子仪,明朝镇国将军沐英、平贼将军仇钺,清代名将左宗棠、著名爱国将领吉鸿昌都曾在青铜峡征战。青铜峡域内有明长城68公里,明长城距今已经有500余年的历史,后经历年增建,形成以墙体、敌台、烽火台构成的军事防御体系,长城墙体长68千米,敌台20座,烽火台34座,关堡3座。明长城是中国也是世界上修建时间最长、工程量最大的一项古代军事防御工程。青铜峡域内明长城以北岔口长城最为有名,被誉为"宁夏的八达岭",位于青铜峡市西北约40公里处的贺兰山南麓的营子山,始建于1473年,长城依山势走向而修筑,盘旋于高山峻岭之上,起伏于山谷之中,气势磅礴,雄伟壮观,是宁夏境内明代长城保存较完好的一部分。中华人民共和国成立后,驻青铜峡部队与青铜峡人民开展军民共建活动,加强军政军民团结,双拥共建硕果累累,1993年、1994年、1997年、2000年、2003年、2016年、2020年七次荣获全国双拥模范城称号。

【地方特产】 青铜峡市最负盛名的特产有大米、大青葡萄、葡萄酒、二毛皮等。青铜峡大米在西夏时期就很有名,被誉为"西夏贡米";清代与当时最有名的江西玉山大米齐名,成为康熙皇帝钦点主食;民国时期有"想吃黄米走东山,想吃大米走地三"的民谚;青铜峡大米在2009年荣获全国食味品评第一名,被誉为"中国第一米",2017年"青铜峡大米"成功注册中国地理标志证明商标,跻身中国最优大米行列。青铜峡大青葡萄种植历史悠久,尤以小坝镇先锋村大青葡萄最好,被誉为"葡萄村",所产大青葡萄因果粒大、果皮薄、果味香、果肉甜而享誉区内外。青铜峡市境贺兰山东麓是国内外公认的世界葡萄种植黄金地带,已成为中国优质酿酒葡萄产区,所产葡萄酒多次在世界及国内比赛中获得金银铜奖。二毛皮是宁夏五宝之一的白宝,青铜峡市是宁夏最大的二毛皮加工、生产、销售基地,年加工二毛裘皮30余万平方米,制成二毛皮褥、靠座垫、毛领条、披肩、围巾、床罩等系列裘皮产品,销往天津、浙江、江苏、上海等地,并出口到欧洲、亚洲等国家,驰名中外。此外,青铜峡市的月饼、苹果、驴肉及驴肉宴、港菜、连湖西红柿等也非常有名,深受游客青睐。

经济建设

【经济总量】 2021年,青铜峡市实现地区生产总值155.8亿元,按不变价格计算,比2020年增长6.8%。分产业看:第一产业实现增加值30.4亿元,增长8.1%;第二产业实现增加值78.9亿元,增长6.3%;第三产业实现增加值46.5亿元,增长6.7%。三次产业比例为:19.5∶50.6∶29.9。实现社会消费品零售总额23.7亿元,增长3.7%;按常住人口计算,人均地区生产总值63588元,城乡居民人均可支配收入分别达到33610.2元和18798.2元,增长7.7%和11.1%。

【财税金融】 2021年,青铜峡市市本级一般公共预算收入完成81805万元,增长10.7%。其中,税收收入完成49769万元,下降0.2%,占比60.8%;非税收入完成32036万元,增长33.3%,占比39.2%。市本级一般公共预算支出完成352131万元。年末,全市金融机构人民币存款余额152.4亿元,下降1.4%,其中:住户存款余额121.8亿元,增长3.7%。全市金融机构人民币贷款余额148.8亿元,下降1.3%。其中:住户贷款余额42.9亿元,增长7.6%;非金融企业及机关团体贷款余额105.9亿元,下降4.5%。全年实现保费收入41435万元,与2020年持平,其中：财产险保费收入11804万元，增长5.9%；人寿险保费收入29631万元，下降2.2%。全年各项支出12164万元，增长5.6%，其中：财产险赔款支出7680万元，下降0.7%；人寿保险支出4484万元，增长18.4%。

【固定资产投资】 2021年，青铜峡市坚持重大项目带动，全年开工建设万向新元智能环保科技、甘城子酿酒葡萄基地等项目139个，完成固定资产投资78亿元，产业类项目数量占比达90%，民间投资占比达67%，分别增长20.3%和10%，全社会固定资产投资增长9.9%。推行亿元以上项目市级领导专班负责制，落地建设招商引资项目75个，其中投资10亿元以上项目1个、5亿元以上项目2个、亿元以上项目5个，落实到位资金57.1亿元；上争项目300个，落实资金30亿元。

【工业经济】 2021年，青铜峡市围绕工业产业规划布局，实施四大改造提升行动，打造精细化工、铝产业两大主导产业，引进亚辰新材料、古峡重工等延链补链企业21家，津和铝深加工一期、银丰新材料、北京洁源风电等重点项目建成投产，新增规模以上工业企业12家；实施青铜峡水泥4000t/d二代新型干法节能环保绿色智能示范、金昱元电石炉清洁生产升级改造等技术改造项目41个，排查整治"两高"项目11个，累计完成工业固定资产投资31.02亿元，同比增长11%。通过淘汰退出、破产清算、兼并重组、改造提升、倒逼退出等手段，盘活"僵尸企业"2家。协调金融机构累计为企业融资贷款6.7亿元，落实企业贷款贴息、技改等各类奖补资金1.4亿元。全市工业增加值比2020年增长5.1%。规模以上工业增加值增长3.9%。在规模以上工业中，分轻重工业看：轻工业增加值增长10.2%，重工业增加值增长3.6%；分经济类型看：公有企业实现增加值增长7%，非公企业实现增加值下降1.9%；分门类看，采矿业增加值增长31.9%，制造业增加值下降2.8%，电力、热力、燃气及水生产和供应业增加值增长11.5%。全市规模以上工业综合能源消费量394.7万吨标准煤，增长1.6%。单位工业增加值能耗下降2.2%。全市规模以上工业企业累计消耗电力103.7亿千瓦时，增长1.8%。

【高效农业】 2021年，青铜峡市聚焦优质粮食产业和优质葡萄酒两大主导产业，着力打造国家粮食绿色高质高效行动示范市、中国葡萄酒产业融合发展集聚区。全市粮食种植面积达到43.81万亩，粮食总产量达到28.2万吨，实现"十八连丰"。建成规模化制种基地3.5万亩，农作物制种面积达到7.7万亩，产量达到3280万公斤，青铜峡市被评为国家级玉米制种超级大县，是全区唯一一个入围的县。瓜菜种植面积稳定在22万亩，总产量达到66.6万吨。新建日光温室450亩，大中拱棚6410亩，设施瓜菜种植面积3.22万亩，占瓜菜总面积的14.6%，设施瓜菜总产量达到15万吨，实现产值3.2亿元以上。培育发展千亩以上瓜菜示范基地8个、绿色水稻示范基地12个，创建国家绿色农产品标准化示范基地2个、自治区全域绿色食品标准化原料基地6个；主要粮食作物全程机械化率达到95%，农机总动力达到54.65万千瓦。组织认定国家级农业产业化重点龙头企业1家，培育农副产品加工龙头企业2家，创建绿色大米产业化联合体1家，建成豆制品类绿色食品加工产业区1个，农产品加工转化率达到82%以上。葡萄种植总面积达到13.7万亩，其中酿酒葡萄种植面积13.1万亩，新增酿酒葡萄种植2万亩，葡萄酒销售实现利税754万元，增长27%。通过实施粮食与重要农产品产能提升、优势特色产业标准化基地升级、农业科技创新能力提升、乡村产业融合升级、农业绿色发展引领、数字农业建设、农业现代化主体扶优、基础设施提升等七大工程,成功入选国家农业现代化示范区创建名单。

【畜牧养殖】 2021年,青铜峡市巩固生猪养殖大县地位,稳步推进生猪养殖扩群增量,建成大坝榆树湾养殖园区,续(扩)建新兴农牧、天地兴农等生猪规模养殖场6家(其中规模达到10万头以上的2家),规模养殖场(户)达到42家,规模化养殖比重达到45%,落实中小养殖户改造提升6家,生猪饲养量达到22.4万头,增长17%;打造奶产业百亿级产业集群,抢抓伊利集团扩产机遇,新扩建奶牛养殖场6家,奶牛规模养殖场达到45家,全市奶牛存栏达到9万头,1000头以上奶牛养殖场30家,规模化养殖率达到98%以上,综合产值达到92亿元。羊存栏15.7万只,出栏15.5万只,分别比2020年增长8.3%和19.7%。家禽存栏295万羽,出栏193.4万羽,分别增长14.1%和19.7%。全年肉类总产量2万吨,增长7.8%;禽蛋总产量3万吨,增长2.6%;奶类总产量35.8万吨,增长15.1%。渔业养殖面积2.5万亩,水产品总产量1.2万吨,渔业总产值达到1.56亿元。

【旅游服务】 2021年,青铜峡市完成青铜古镇萌宠乐园、精品酒店、商业街等改造运营项目,后期将继续对青铜古镇河源组团、渠城组团、水城组团三个功能建筑组团进行改造,建设温泉街、自由式餐饮、特色商铺、SPA理疗馆、中小型商务会议厅等;推动青铜峡市黄河楼景区提升项目和黄河流域文化旅游带青铜峡古渠首公园旅游基础设施和公共服务设施配套项目建设;依托贺兰山东麓葡萄酒黄金产区,整合鸽子山葡萄酒产区周边酒庄、鸽子山遗址、北岔口明长城、庙山湖等文化旅游资源,以葡萄酒文化旅游融合发展为目标,发展青铜峡市鸽子山葡萄酒文化旅游小镇项目,通过"葡萄酒庄+文化体验+乡村民宿"的发展模式,发挥度假、康养、休闲、游憩等旅游体验功能,打造宁夏乃至全国第一家以葡萄酒文化为主题的国家级旅游度假区。黄河大峡谷列入国家5A级旅游景区创建名单,叶盛镇地三村、大坝镇韦桥村入选"全国乡村旅游重点村",青铜峡镇余桥村入选"全区首批特色旅游村镇",黄河大峡谷景区、黄河楼景区被自治区教育厅命名为"首批宁夏中小学生研学实践教育基地",黄河坛景区、西鸽酒庄、青铜峡市大坝镇韦桥村古渠首、青铜峡市福汇龙门农庄被吴忠市教育局、吴忠市文化旅游体育广电局命名为"吴忠市中小学生研学实践教育基(营)地";新建宁夏青铜峡农特产品文创产业基地、青铜峡市中新云智文化旅游农创发展有限公司等文创产品、旅游商品研发、销售企业,牛仔八宝茶获得"2021中国旅游商品大赛"银奖。全年各景区、农家乐接待游客282.65万人次,同比增长90.98%,实现旅游综合收入15.55亿元,同比增长90.98%。推进"互联网+农产品"出村进城,建设数字农业信息中心1个,建成镇村电商服务站55家、益农信息社84家,电子商务实现线上交易额达到3亿元,增长10%。全年实现社会消费品零售总额24.7亿元,增长3.7%。按经营地统计,城镇市场实现社会消费品零售额19.6亿元,增长4.4%;农村市场实现社会消费品零售额5.1亿元,增长0.8%。

【城市建设】 2021年,青铜峡市以国家卫生城市复审、创建全国文明城市工作、自治区文明城市复检为契机,投资8300万元实施老旧小区改造项目,涉及青铜峡镇4个社区、裕民街道1个社区,共20个小区198栋楼4827户,进行楼体立面和单元间维修及排水改造、小区排水主管、供暖供水分户改造,小区绿化、门禁监控、道路及铺装、亮化、社区管理和物业服务等设施的完善改造等,改造经验被中央政研室《学习与研究》长篇幅刊登。实施完成老旧小区（宏远小区、建民小区、光明小区）沿街周边建筑立面综合整治改造项目、影剧院周边老旧小区建筑立面综合整治改造项目、青铜峡市2020年老旧小区照明项目、青铜峡市2021年城区街道及商网综合改造项目。持续开展城市"双修"工程，实施道路交通、公共绿化等基础设施工程，新建停车位和充电桩、城市公共休闲绿地和小微游园，完成建民巷子一期改造，打造葡萄酒展示巷；完成黄河楼附属工程11个主题公园环保问题整改工作及黄河母亲像平移工程；完成全区县域经济观摩天河通夏观景平台酒庄建设项目；实施青逸湖等生态修复项目5个，连通水系7万平方米；城市新增绿地面积75亩，建成区绿化覆盖率、绿地率、人均公共绿地分别达到38.93%、36.37%、10.48平方米，争创国家森林城市示范市。开工建设"城市记忆·建民印巷"，开发灞上御景等房地产项目4个，全市房地产完成投资3.1亿元，下降10.67%；商品房销售面积完成6.57万平方米，增长27.34%，实现销售收入2.55亿元，增长51.87%；商品住房销售均价3888.7元/平方米，同比增长19.26%，二手房成交均价为2408.89元/平方米，下降0.58%。

【乡村建设】 2021年，青铜峡市全面实施脱贫攻坚与乡村振兴有效衔接"五大提升工程"，完成18.6公里农村污水管网提标提升、1457户农村集中供热扩面提升、3242户农房建设质量提升任务；完成农村污水处理站第三方运营、34座农村污水处理站的修缮，2020年建成5座农村污水处理站和3个提升泵站项目；在邵岗镇打造"四大提升行动"示范村，完成甘城子村、大沟村、玉西村、同乐村人居环境综合整治工程，代表吴忠接受自治区的观摩。全面推进乡村建设行动"五大工程"（庄点清洁整治、污水管网扩面、供热燃煤替代、农房质量提升、庄点庭院绿化工程），其中庄点清洁整治工程累计投入人力24万人次、机械2.1万台次，清理农村垃圾5.1万吨，绿化美化庄点136个。以党员带头、全域网格积分制鼓励引导群众争当勤劳致富、美丽庭院、睦邻和谐、崇文重教、遵纪守法、移风易俗6个先锋示范户。9个乡村振兴示范村、11个重点移民村、30个重点提升整治村村容村貌全面提升，新建农村卫生厕所500户，农村卫生厕所普及率达到93%，农村生活垃圾、生活污水处理率分别达到95%、44%，农村安全饮水覆盖率达96%，被评为国家村庄清洁行动示范县、自治区农村人居环境整治示范县。

【交通运输】 2021年，青铜峡市编制完成《青铜峡市"十四五"综合交通运输发展规划》，以"综合交通、绿色交通、智慧交通、平安交通"为主线，全面建设"结构合理、布局优化、功能完善、衔接顺畅"的综合交通网络体系。投资7333.87万元实施青黄公路改建项目、国道110至大青公路连接线项目、马青公路改建项目及鸽子山酿酒葡萄文化旅游小镇道路建设项目等36.65公里；改建大坝镇王老滩村泰民渠桥和峡口镇赵渠村南干沟桥、小大路中干沟桥3座。加强客运基础设施建设和农村客货邮融合发展，建成二级汽车客运站1个、乡镇简易客运站和综合运输服务站5个、农村客运招呼站98个。截至年末，全市公路通车里程1633公里，其中高速公路通车里程89.7公里、国道105.9公里、省道80.2公里、县道43.2公里、乡道388.6公里、村道790.1公里。全市共有危货运车辆177辆，普货车辆3433辆，牵引车1608辆。班线车辆86辆，公交运营车辆66辆，吴忠经营公交车辆44辆，出租车337辆。全市共有一类维修企业2家，二类维修企业9家，三类维修企业385家，检测中心2家，驾驶员培训企业2家。

【深化改革】 2021年，青铜峡市优化营商环境，全面开展"一网、一门、一次、一窗、一号"改革,"一件事一次办"事项由原来的法定时限4325个工作日,减少为303个工作日,压缩率93%;政务服务"好差评"群众满意度100%;1226项政务服务事项实现"网上办理",最多跑一次事项率92%以上,清理取消事项证明107项,实现44证合一。新增国家级高新技术企业4家,自治区小巨人6家、科技型中小企业4家,全社会R&D经费投入强度达2.61%,位居全区第四,吴忠第一。深化农村集体产权制度改革,注册成立股份经济合作社67个,经济合作社17个,率先在全国完成土地确权改革,确权登记颁证5.1万余户,确权面积43万余亩,农村承包地确权登记颁证工作荣获自治区一等奖。稳步推进"四权"改革,被确定为全区用水权改革重点县,在全区率先建成二级市场交易平台,年内交易水权指标1500万立方米,实现收益1.6亿元,土地权改革落实土地指标跨省交易2472亩,实现收益9888万元,排污权改革首批40家重点企业初始排污权完成核算上报,山林权改革清理林权证275本328宗地,林权抵押融资贷款370万元。

政治建设

【党的建设】 2021年,中共青铜峡市委把庆祝中国共产党成立100周年作为政治生活大事,组织全市党员干部群众收看庆祝中国共产党成立100周年大会盛况,聆听习近平总书记重要讲话,召开全市庆祝中国共产党成立100周年座谈会、"两优一先"表彰大会,为全市1195名老党员颁发"光荣在党50年"纪念章。深入开展党史学习教育,引导党员干部群众在百年党史中感悟思想伟力、汲取奋进力量。召开市委常委会44次、理论学习中心组学习会18次,开展"党课开讲啦"活动849场次,举行特色党课大赛、红歌比赛等形式多样的庆祝活动,举办学习习近平总书记"七一"重要讲话、党史学习教育等培训班15期,教育引导广大党员干部做到政治信仰不变、政治立场不移、政治方向不偏,最大限度调动一切积极因素,凝聚共识、集聚力量,汇聚起各行业、各领域、各部门加快发展、追赶超越的强大合力。

【基层组织建设】 2021年,中共青铜峡市委坚持以"基层党建全面提升年"为统领,扎实推进"一抓两整"示范县乡创建行动,整顿提升2个软弱涣散村和7个后进村党组织,驻村第一书记和工作队行政村覆盖率达到51.2%。探索实践"叶盛经验",持续壮大村集体经济,全市60%的村集体经济收入达到10万元以上,50万元~100万元的14个,100万元以上的4个。深化全国城市基层党建工作示范市创建成果,统筹推进机关党建"三强九严"工程、非公企业和社会组织"五强五促"行动,各领域党建工作全面进步、全面提升。落实中央和区市关于激励干部新时代新担当新作为各项措施,认真执行容错纠错、交流轮岗各项机制,先后调整交流干部63人,提拔重用疫情防控、乡村振兴、项目建设、信访维稳、巡视巡察等一线干部78人,晋升职级121人。

【换届选举工作】 2021年,青铜峡市坚持把纪律规矩挺在前面,严明换届纪律,严肃换届风气,广泛宣传换届"十严禁"纪律要求,加强换届期间纪律监督,建立信访举报"快查快结"机制,专人负责"12380"举报平台24小时运行,择优选聘换届风气监督员20

人，组建换届巡回督导组参与换届风气监督，纪委监委跟进监督市、镇、村（社区）"两委"换届，受理并办结问题线索13个，完成对2228名候选人初步人选的资格审查。坚持在疫情防控、乡村振兴、项目建设、招商引资、巡视巡察"一线战场"检验和识别干部，全年提拔重用干部8批94人、晋升职级117人，其中"五个一线"提拔重用58人。紧扣"五个好"换届目标，坚决贯彻落实中共中央、自治区党委和吴忠市委部署要求，制定市镇换届人事安排方案，为乡镇领导班子配备35岁以下干部23人，乡镇领导干部平均年龄从47.1岁下降至42.3岁。

【党风廉政建设】 2021年，青铜峡市强化政治监督，加大对"三不为"干部及形式主义、官僚主义问题整治力度，查处"两个责任"落实不力问题11件，问责领导干部13人、4个单位（党组织）。成立工程建设和政府采购领域等突出问题专项整治工作专班，自查发现问题1353个，完成整改1299个，整改率达96%。坚持巡察与纪律、监察、派驻监督"四位一体"监督体系，开展第14轮巡察，发现问题1319个，移交问题线索109件，下发巡察建议书17份，组织巡察107个村级党组，发现问题663个。对腐败问题始终坚持"无禁区、全覆盖、零容忍"，全年处置问题线索228件，立案60件79人，给予党纪政务处分63人。落实《中国共产党纪律处分条例》，先后追究主体责任落实不到位等"两个责任"落实不力问题11起。

【法治政府建设】 2021年，青铜峡市围绕创成全国法治政府建设示范县（市）目标，出台《法治青铜峡建设规划（2021—2025年）》《青铜峡市法治社会建设实施方案（2021—2025年）》，构建"党委领导、政府负责、社会协同、公众参与、法治保障"的社会管理新格局。推动落实以成立1个领导小组、举办1次学习培训、组织1次互观互检、进行1次督察、开展1次回头看为重点的"5个1"推进措施，为实现全国法治政府建设示范县（市）"创必成"提供有力组织保障。全面推行"一窗受理、集成服务"审批新模式，梳理"不见面"事项1093项，不见面率达77%、最多跑一次事项率达98%。推行"窗口+网格员"代办服务模式，优化"一站式"功能，将49项便民服务事项全部下沉村（社区）办理，将41项市场监管、75项公安事项全部进驻镇民生服务中心就近办理，基层代办量达2.6万余件。持续巩固深化全国100个基层政务公开标准化规范化试点县（市）创建成果，探索打造面向用户的"1236"政务公开闭环管理体系，形成以用为核心的O2O（线上+线下）公开模式，成功打造系列政务公开"青铜峡经验"，获得全国基层政务公开标准化规范化试点"优秀"等次，青铜峡市被评为自治区法治政府建设示范市，市委依法治市委员会守法普法协调小组被评为全国"七五"普法先进集体。

【精神文明建设】 2021年，青铜峡市贯彻落实《新时代公民道德建设实施纲要》《新时代爱国主义教育实施纲要》和《吴忠市文明行为促进条例》，以开展市民素质、社会治理、政务服务等十大提升行动为抓手，结合自治区文明城市到届复验和创建全国文明城市工作，开展自治区、吴忠市群众性精神文明创建活动，推荐自治区级文明单位2个、村镇2个、校园3所，吴忠市级文明单位4个、村镇5个、校园6所。增加各单位常态化开展群众性精神文明创建工作在年终效能目标考核中的分值占比，加强文明单位、村镇、校园动态管理，对到届的青铜峡市级24个单位、22个村、4所校园首次采用网络申报、测评，对创建严重滑坡的1个单位、2个村、1所校园给予限期整改一年惩戒。落实《青铜峡市文明单位、文明村镇、文明校园奖励办法》，召开全市精神文明建设表彰大会，表彰集体30个、个人60人。建立健全先进典型选树宣传长效机制，采取"线上+线下"常态化开展"我推荐、我评议身边好人"活动，其中2人入选"中国好人"候选榜，市文明办获得自治区精神文明建设先进集体，陈袁滩镇"红草帽"志愿服务队获得全区最美志愿服务组织，裕民街道东街社区获得全区最美志愿服务社区等荣誉称号。

【民族团结进步创建】 2021年，青铜峡市全力做好第二轮全国民族团结进步示范市及自治区铸牢中华民族共同体意识示范市"双创"工作，以铸牢中华民族共同体意识为主线，持续开展马克思主义"五观""传承党的百年光辉史基因 铸牢中华民族共同体意识"等主题宣讲160余场次，培训教育2万余人次，推动党的民族政策理论在一线落地生根，不断增进"五个认同"。打造主题基地1个、民族团结进步示范点14个，提升品牌点8个，示范点创建率达95%以上，通过国家民委对青铜峡市铸牢中华民族共同体意识、自治区民族团结进步示范市复验及吴忠市创建全国民族团结进步示范市验收工作。

文化建设

【文艺创作】 2021年，青铜峡市各文艺团体及个人创作各类文学艺术作品60余件，其中鲁兴华的小说获全国微小说精品奖，周培贵的书法作品获得"艺赞百年路，大美西夏区"庆祝中国共产党成立100周年书画摄影展优秀奖，戴红的美术作品《一路芳华》入选自治区党委宣传部、自治区文联联合主办的"美丽新宁夏，翰墨颂党恩"庆祝中国共产党成立100周年全区书画作品展。文化馆广场舞队代表宁夏参加第十四届全国运动会群众展演广场舞项目比赛，荣获群众展演广场舞项目乡镇组"二等奖"。复排秦腔历史剧《窦娥冤》《生死牌》《辕门斩子》，新创排诗朗诵《中国共产党万岁》、伦理教育黄梅小戏《爸爸回来了》、传统小戏《红灯记》、秦腔古典剧《王魁负义》、宁夏小曲《狱中阳光》等节目；打磨提升大型实景剧《黄河谣》，在黄河楼旅游区常态化演出26场次。

【文艺演出】 2021年，青铜峡文化演艺公司演出总场次共计126场。其中文化惠民演出100场，大型实景演出《黄河谣》26场，举办吴忠市春晚录制2场、元宵节晚会1场，"送戏下乡"党史学习教育宣传演出28场，第四届牡丹节2场，歌手大赛及器乐大赛颁奖1场，青铜古镇开业典礼1场，一百零八塔宣传演出1场，黄河楼非遗演出1场，部队慰问演出2场，邵岗镇同乐村宣传启动会1场，银河广场"永远跟党走"专场文艺演出1场，"庆祝中国共产党成立100周年"专场文艺演出1场，宣传习近平总书记七一重要讲话精神文化惠民演出17场，深入青铜古镇、怡园社区、林皋村进行"送戏下乡"惠民文艺演出4场，在汉坝小学、第五中学、职教中心等进行戏曲进校园演出8场，在青铜峡市影剧院进行秦腔历史剧《窦娥冤》《王魁负义》《生死牌》等戏曲展演12场，邵岗镇甘城子村交流会1场，学习宣传贯彻党的十九届六中全会精神16场。

【群众体育】 2021年，青铜峡市有各类体育协会15个，体育俱乐部6个，全民健身中心2个，健身广场8个，移民村体育健身广场3个，体育活动中心1所。实施《全民健身计划（2021—2025年）》，举办2021年全民健身季"迎新春"象棋比赛、乒乓球、羽毛球赛、第四届农民篮球争霸赛；承办全国毽球公开赛、全国田径分区赛（西北赛区2）、全区羽毛球邀请赛、2020—2021年"冠深杯"游泳俱乐部大联盟赛宁夏首站赛（青铜峡站），协办全区中学生田径运动会。完善瞿靖镇全民健身中心室内装修项目，完成城区黄河路街健身步道项目建设；完成1个体育总会、14个单项体育协会的换届、法人变更等工作。

【广播电视】 2021年，青铜峡市广播电视聚焦庆祝中国共产党成立100周年、党史学习教育、乡村振兴等主题，开设《奋斗百年路 起航新征程》《以史为鉴 开创未来》等新闻专栏，在广播、电视、微信等媒体平台重要版面、黄金时段，采制刊播"学党史 悟思想 办实事 开新局""红色记忆""党史百年天天读"等党史宣教内容；聚焦市镇换届、政法队伍教育整顿、文旅融合、老旧小区改造等重点工作、民生热点，先后推出《白天鹅"领舞"青铜峡库区湿地 上演和谐生态大戏！》《建设黄河流域生态保护和高质量发展先行区——青铜古镇：黄河金岸地标式休闲度假旅游目的地》《政法队伍教育整顿·七大提升行动 | 基层基础提升行动——青铜峡市深入推进全域网格积分制管理》《四大提升行动——邵岗镇甘城子村：乡村振兴扮靓"颜值"壮大产业增效益》《青铜峡镇：老旧小区旧貌换新颜》等主题宣传报道；全年电视新闻累计发稿1962条；《云上青铜峡》APP客户端下载量88526人次，推送稿件21653条；微信公众号发布信息8302条，粉丝数38274人；微博发布信息4543条；抖音推送视频951条，粉丝9628人；《黄河云视》发布稿件1936条；发布"现场云"报道1万条，视频1352条，直播102场次；"学习强国"青铜峡融媒号推发图文视频类稿件1092条，签发369条，签发稿件数量位居吴忠市前列。其中，围绕疫情防控，《青铜峡新闻》播出疫情防控新闻125条；"云上青铜峡"APP转载、推送疫情防控相关信息440条，发布《青铜峡市关于推迟核酸检测时间的公告》阅读量近9万次；"魅力青铜峡"微信公众号发布稿件135条；"魅力青铜峡"视频号推送短视频78条，发布短视频《加油！青铜峡，我们共同守护你》浏览量12.5万人次；抖音平台同步推送短视频78条，发布"宁夏战疫进行时"全媒体网络直播青铜峡站，一睹为快》浏览量10.7万人次；黄河云视平台上稿125条；电视播放疫情防控宣传内容15条，循环播放4139次；播放疫情防控相关公益广告23条，播放675次。

【图书阅览】 截至2021年12月20日，青铜峡市图书馆纸质藏书图书达182494册，新增借阅卡369个；征订2022年度杂志252种266份，征订报纸51种61份。新馆"智能＋网络"硬件设备全面提升，争取自治区财政厅项目资金630万元，其中新馆数字化建设资金400万元、新馆装修专项资金230万元。旧馆改造装修工程完工，借阅功能面积由改造前的1072平米增加至1260平米，配备歌德电子阅读机、自助借还机、自助查询机、存包柜、安全门禁等数字化、智能化、现代化自助借阅设备，增设茶水间、咨询台、休闲区，阅览坐席由原来的85席位增加至125席位，开架图书容量从改造前的2万册增加至4.5万册。全年接待读者116416人次（其中15个基层图书服务点共计借阅图书10314册），借阅册次达152798册。歌德电子借阅机图书下载量达18556册，移动图书馆访问量达300281次。流动车下基层服务12次，为基层农家书屋开展业务指导共计58次，新增武警中队、库区管理局、小坝法庭3个基层服务点，总计配书1472册，被评为第九届全国服务农民、服务基层文化建设先进集体。

【遗产保护】 2021年，青铜峡市完成长城北岔口段抢险加固修缮项目，推动黄河铁桥加固修缮工程和一百零八塔安防工程建设；结合党史学习教育以及"文化和自然遗产日"活动，开展黄河铁桥、拦河大坝、余家桥革命文物展览展示和革命文物保护利用宣传活动，举办文化遗产专题讲座，普及文化遗产资源保护知识，讲述革命文物和红色文化遗址故事；加强非物质文化遗产保护工作，组织筛选中医烧烫伤紫草祛腐生肌膏、编结、喜牛舞、"以指代针"按摩疗法4个项目申报第六批自治区级非遗保护项目，筛选夏氏中医正骨、刘氏泥塑申报第七批吴忠市级非遗保护项目，其中编结被确立为自治区级非遗保护项目。

社会建设

【居民收入】 2021年，青铜峡市城镇居民人均可支配收入33610.2元，比上年增加2409.2元，同比增长7.7%。其中，城镇居民人均工资性收入22443.2元，同比增加75.8元，增长0.3%；人均经营净收入6087.2元，同比增加1733.6元，增长39.8%；人均财产净收入792.8元，同比增加191.2元，增长31.8%；人均转移净收入4287.0元，同比增加408.6元，增长10.5%。农村居民可支配收入为18798.2元，同比增加1881.6元，增长11.1%。其中，农村居民人均工资性收入9556.8元，同比增加1048.1元，增长12.3%；人均经营净收入8105.0元，同比增加738.9元，增长10.0%；人均财产净收入为351.0元，同比增加25.1元，增长7.7%；人均转移净收入785.4元，同比增加69.5元，增长9.7%。

【疫情防控】 2021年，青铜峡市完善公共卫生和应急体系，新建改建发热门诊2个、预检分诊点19个、核酸检测实验室2个，组建流调、检测、消杀防疫队伍12支，定点发热门诊累计就诊2835人次，基层医疗机构转诊发热患者317人次。高效处置"10·20"疫情，重点管控涉及风险人员5833人，开展三轮大规模核酸检测664715人，重点管控人员核酸检测84551人次，均为阴性。强化医疗机构重点人群、重点环境定期核酸检测工作，累计采样检测85916人次，切实做到早发现、早报告、早隔离、早治疗。全市规范设置新冠疫苗接种点22个，接种新冠病毒疫苗481487剂次。

【移民扶持】 2021年，青铜峡市制定《青铜峡市实施百万移民加大产业扶持力度提升行动工作方案》，出台奶牛托管代养、发展种植养殖业扶持奖励等产业帮扶措施8项，新建养殖圈棚162栋，累计建成450栋，鼓励零散养殖集中入园，户均年收入1.2万元以上。深化"企业+农户"利益联结机制，托管企业集中养殖奶牛4835头，移民每户年稳定收益2800元。新建温棚32栋，累计建成1947栋，每棚年收入2.5万元以上，推出"山海情拍摄基地+连湖西红柿采摘"线路，吸引游客3万余人次，带动销售连湖西红柿45吨左右，移民增收约50万元。实施农村劳动力就业能力提升工程，加大劳务输出组织建设力度，提升移民就业组织化程度，完善"土地流转+优先雇佣+返租倒包"机制，将移民群众土地集中流转发展酿酒葡萄产业，采取农户承包全程田间管理、经纪人组织务工等方式，带动移民务工就业5067人，人均年收入达到1.8万元以上。认定消费扶贫产品供应商19家，消费扶贫产品达到32

种，商品价值达到48537.2万元。采取线上销售、"农超对接"、生鲜流动直通车进社区等方式，累计销售金额达到26045.88万元，带动脱贫人口2488人。

【社会保障】 2021年，青铜峡市做好高校毕业生、农民工、退役军人等重点群体就业工作，落实灵活就业社保补贴、公益性岗位安置就业等政策，开展各类技能培训4641人次，新增就业岗位4347个，实现城镇新增就业3224人，转移农村劳动力20821人，城镇登记失业率控制在3.7%以内。改善甘城子中心学校等12所中小学办学条件，加快推进"互联网+教育"建设，对6所学校（园）实行联盟化、集团化办学，推动义务教育优质均衡发展；落实"五项管理"和"双减"政策，注销学科类培训机构27所，稳步提升教育教学质量，高考上线率达64.5%，进入全区首批学校治理达标县行列。实施市医院救治能力提升、中医院医街建设等7个项目，挂牌成立青铜峡市医疗健康总院，加快"互联网+医疗健康"建设，辖区内远程医疗废弃物在线视频实现监控覆盖。加大社会保障力度，财政支出80%以上用于保障和改善民生，做好社会救助工作，失业保险、工伤保险、城乡居民基本养老保险参保率均达100%，居民养老保险、医疗保险实现全覆盖。成立青铜峡市退役军人法律维权服务站，做好退役士兵安置和权益保障工作。怡园老年养护院、怡园社区日间照料中心等8个养老服务设施建成并投入运行，4家养老院推行"公建民营"运营模式，促进养老服务提质增效。

【社会治理】 2021年，青铜峡市全面落实"1+6"基层社会治理方案，创新实施"党建+网格+积分"全域网格积分制管理模式，全市网格管理村（社区）覆盖率突破73%，陈袁滩镇袁滩村入选全国乡村治理示范村。坚持和发展新时代"枫桥经验"，加强基层信访工作网络建设，成立矛盾纠纷调解中心（室），开展信访工作"四无"村（社区）创建活动，矛盾纠纷调解成功率达98%以上。开展政法队伍教育整顿，举办政治轮训班15期，培训干警1700余人次，排查出顽疾问题372条，核查认定129条，全部完成整改。围绕"五类矛盾"和"六类人员"组织专项行动，防止"民转刑""刑转命"发生，排查各类矛盾纠纷1056起，化解1045起，化解率99%，八类刑事案件下降61.5%，命案实现"零发生"，荣获自治区法治政府建设示范县，第7次获评全国双拥模范城。严格落实安全生产责任制，全面排查整治各领域安全生产风险隐患，年内未发生较大及以上安全生产事故。常态化开展扫黑除恶斗争，工程建设、自然资源等13个行业领域乱点乱象实现标本兼治。制定《青铜峡市2021年民族团结进步创建工作方案》等文件，开展"传承党的百年光辉史基因 铸牢中华民族共同体意识"等主题宣讲160余次，发放"五观"口袋书、促进民族团结进步工作条例等资料1200余本，组织举办朗诵、知识竞赛、征文、手抄报122场次，上线"云宣传"课堂、"社会主义核心价值观"主题微电影等内容114条。

生态文明建设

【环境质量】 截至2021年12月26日，青铜峡市城市环境空气质量有效监测天数356天，优良天数292天，占比82.02%；PM_{10}浓度60微克/立方米，$PM_{2.5}$浓度27微克/立方米。黄河青铜峡段出入境断面保持Ⅱ类进Ⅱ类出，罗家河入河口、南干沟利青段、第一排水沟青铜峡至永宁段水质总体保持在Ⅳ类，4个城市饮用水源地水质符合地下水Ⅲ类水质标准。

【生态修复】 2021年，青铜峡市强化黄河河道、滩地整治，收回河滩地9070亩，其中1945亩确权耕地全部禁种高秆作物；完成黄河文化园清理整治工作，依法依规清理水上餐厅、游乐设施及周边商铺，完成1747株高大乔木移植，恢复自然生态9万平方米；修复非法盗采区域生态土地2192.25亩，加固修复高压电网铁塔地基13座、迁移2座；国土整治修复1.8万亩，栽植营造林3.3万亩，完成自治区下达目标任务的124%；第二污水处理厂尾水处理、罗家河人工湿地二期投入运行，在全区率先与宁国运签署先行区基金合作项目协议，初步确定3个生态环保项目，从根本上治理环境隐患。青铜峡库区自然保护区投资454万元，完成综合监控及监测中心建设项目；实施2020年中央财政第二批湿地保护补助资金——宁夏青铜峡鸟岛国家湿地公园湿地保护恢复项目、青铜峡库区湿地自然保护区2021年中央财政林业补助资金——珍稀濒危野生动物保护项目和保护区防火应急救援通道及中心湖东岸塌陷湖堤抢修工程。全年全市湿地保护修复5.41万亩，实际完成退耕还湿0.81万亩，纳入保护湿地面积20.8万亩，湿地保护率达到70.4%。

【污染防治】 2021年，青铜峡市狠抓扬尘烟尘治理，整合取缔非煤矿山企业12家；成立重点企业生态环境保护工作专班，强化电力、煤炭物流、固废处置、冶炼等企业工业固废贮存场扬尘综合治理力度。建立机动车排放检测与维修制度，实现"检测—维修—复检"闭环管理。紧盯能耗"双控"落实，完成32家重点耗能企业节能诊断，提出"一企一策"节能措施，9家企业错峰生产，实施青铜峡铝业、金昱元化工等技改项目43个，可淘汰落后产能540吨，单位GDP能耗下降2.5%，推动工业向绿色化方向发展。全面治理水体污染，组织实施罗家河人工湿地水质改善工程（二期）等2个新建尾水人工湿地项目，开展6个"千吨万人"农村集中式饮用水水源地规范化建设，建立黄河干流及重点入黄排水沟排污口清单，持续巩固提升重点入黄排水沟环境质量。争取上级资金1950万元实施完成8个农村污水处理站建设项目并投入运行，全市农村生活污水处理设施监测实现全覆盖。

政 治

编辑◎乔才山

中国共产党青铜峡市委员会

重要会议

【中国共产党青铜峡市第十二届委员会第十四次全体会议】2021年9月22日召开。全会决定，2021年9月24日至9月26日召开中国共产党青铜峡市第十三次代表大会。讨论并原则通过《中国共产党青铜峡市第十二届委员会报告》和《中国共产党青铜峡市第十二届纪律检查委员会工作报告》，酝酿通过《中国共产党青铜峡市第十三届委员会委员、候补委员和市纪委委员候选人预备人选名单》，表决通过《青铜峡市出席吴忠市第六次党代会代表候选人预备人选建议名单》。

【中国共产党青铜峡市第十三次代表大会】2021年9月25日至26日召开。市委书记张自力代表中国共产党青铜峡市第十二届委员会向大会做题为《勇担新使命 奋进新征程 在先行区建设中干在先走在前 为继续建设经济繁荣民族团结环境优美人民富裕的美丽新宁夏做出青铜峡贡献》的报告。中国共产党青铜峡市第十二届纪律检查委员会工作报告以书面形式提请大会审议。会议表决通过《关于中国共产党青铜峡市第十二届委员会报告的决议》和《关于中国共产党青铜峡市第十二届纪律检查委员会工作报告的决议》。选举张自力、文学智、王照陆、苏忠、徐怀俊、吴文彪、金鹏剑、罗志成、吴雪君、胡兴成、牛俊刚11人为中国共产党青铜峡市第十三届委员会常务委员会委员。张自力当选为市委书记，文学智、王照陆当选为市委副书记。全会通过中国共产党青铜峡市第十三届纪律检查委员会第一次全体会议选举结果的报告。

【中国共产党青铜峡市第十二届、第十三届常委会会议】2021年1月4日，中国共产党青铜峡市第十二届委员会2021年第1次常委会会议召开。会议研究审议青铜峡市第十五届人民代表大会第六次会议有关事宜，讨论《青铜峡市国民经济和社会发展第十四个五年规划和二〇三五年远景目标纲要（草案）》《政府工作报告（送审稿）》《青铜峡市2020年国民经济和社会发展计划执行情况与2021年计划（草案）的报告（送审稿）》《青铜峡市2020年财政预算执行情况和2021年财政预算（草案）的报告（送审稿）》等会议材料。

1月15日，中国共产党青铜峡市第十二届委员会2021年第2次常委会会议召开。会议传达学习习近平总书记在中共中央农村工作会议、中共中央政治局民主生活会、全国政协新年茶话会上的重要讲话精神及习近平总书记

2021年新年贺词、向人类减贫经验国际论坛的贺信、祝贺探月工程嫦娥五号任务取得圆满成功的贺电；传达学习自治区党委、吴忠市委经济工作会议和自治区建设黄河流域生态保护和高质量发展先行区第三次推进会精神，全国疫情防控工作电视电话会议精神和自治区疫情工作指挥部办公室《关于全区冬春季新冠肺炎疫情防控工作方案》。听取市政府党组关于2020年全市经济工作情况和2021年经济工作思路汇报、全市近期疫情防控工作情况的汇报、村（社区）"两委"换届工作进展情况汇报及市直机关党建工作情况的汇报。

2月5日，中国共产党青铜峡市第十二届委员会2021年第3次常委会会议召开。会议传达学习习近平总书记在省部级主要领导干部学习贯彻党的十九届五中全会精神专题研讨班开班式、中共中央政治局常务委员会会议、中共中央全面深化改革委员会第十七次会议上的重要讲话精神及自治区、吴忠市"两会"精神。听取市委第十二轮巡察工作情况汇报，研究部署2021年市委巡察工作。传达学习全区工程建设政府采购等重点领域突出问题专项治理工作动员部署会议精神，审议《关于开展工程建设政府采购等重点领域突出问题专项治理工作实施方案（送审稿）》。听取全市近期安全生产工作情况汇报。传达学习十九届中央纪委五次全会、十二届自治区纪委五次全会精神，研究召开市纪委十二届六次全会有关事宜。传达学习全国、全区宣传部部长和文明办主任会议及"扫黄打非"工作会议精神；传达学习全国公安厅局长会议、全区公安局处长会议、吴忠市公安工作会议精神；传达学习自治区党委农村工作会议精神，研究贯彻意见。

2月26日，中国共产党青铜峡市第十二届委员会2021年第4次常委会会议召开。会议传达学习习近平总书记在中共中央政治局第二十七次集体学习、中共中央政治局会议、考察北京河北和在北京2022年冬奥会和冬残奥会筹办工作汇报时的重要讲话精神及近期重要指示、致辞；传达学习全国、全区组织部部长会议精神，研究贯彻意见。研究审议《中共青铜峡市委常委会2021年工作要点（送审稿）》。

3月4日，中国共产党青铜峡市第十二届委员会2021年第6次常委会会议召开。会议传达学习习近平总书记在中共中央全面深化改革委员会第十八次会议、2021年春节团拜会上、贵州考察、会见探月工程嫦娥五号任务参研参试人员代表并参观月球样品和探月工程成果展览时的重要讲话精神，在中国—东欧国家领导人峰会上主旨演讲，给河北省平山县西柏坡北庄村全体党员、上海市新四军历史研究会百岁老战士们的回信，致第34届非洲联盟峰会、中尼建交50周年的贺信；学习《中国共产党统一战线工作条例》《中国共产党地方组织选举工作条例》《军队政治工作条例》；传达学习全国统战部长、民委主任会议和全区统战部部长会议精神，研究贯彻意见。会议研究审议并原则通过《关于全面推进乡村振兴加快农业农村现代化的实施方案（送审稿）》。

3月12日，中国共产党青铜峡市第十二届委员会2021年第7次常委会会议召开。会议传达学习十二届自治区党委第十轮巡视情况汇报会、第十一轮巡视动员部署会议、自治区巡视指导督导工作专题培训会和五届吴忠市委第十一轮巡察工作动员部署会议精神，研究贯彻意见；传达学习全国、全区双拥模范城（县）命名暨双拥模范单位和个人表彰大会精神，研究贯彻意见；传达学习自治区劳动模范和先进工作者表彰大会精神，研究贯彻意见。研究审议并原则通过《关于在全市推行网格积分制管理制度实施方案（送审稿）》，研究2020年基层党组织评星定级结果和评定党建工作示范镇事宜。

3月22日，中国共产党青铜峡市第十二届委员会2021年第8次常委会会议召开。会议传达学习习近平总书记在全国脱贫攻坚总结表彰大会、中共中央政治局会议、中共中央政治局第二十八次集体学习、中共中央党校（国家行政学院）中青年干部培训班开班式、参加全国"两会"有关代表团审议及政协联组会时的重要讲话精神及全国"两会"精神；传达学习《中共中央关于全面加强新时代少先队工作的意见》精神，研究贯彻意见。听取全市第一季度项目建设进展情况的汇报。

4月1日，中国共产党青铜峡市第十二届委员会2021年第9次常委会会议召开。会议传达学习习近平总书记在福建考察时的重要讲话精神和在中共中央财经委员会第九次会议上的重要讲话精神，以及《中国共产党组织处理规定（试行）》等。会议传达学习自治区政法队伍教育整顿工作推进会精神，研究贯彻意见。会议研究审议并原则通过市政府党组《关于青铜峡市2021年国家卫生城市复审工作方案（送审稿）的请示》。

4月9日，中国共产党青铜峡市第十二届委员会2021年第10次常委会会议召开。会议传达学习《习近平新时代中国特色社会主义思想学习问答（"四个全面"擘宏图——如何理解当前和今后一个时期我国发展仍然处于重要战略机遇期）》。听取全市党史学习教育进展情况汇报，研究审议并原则通过《市委党史学习教育实施方案任务分解及责任分工》。套开市委统一战线工作领导小组2021年第1次会议。

4月15日，中国共产党青铜峡市第十二届委员会2021年第11次常委会会议召开。会议传达学习习近平总书记在3月30日中共中央政治局会议、参加首都义务植树活动时，对革命文物工作、深化东西部协作和定点帮扶工作做出的重要指示；传达学习自治区党委书记陈润儿在吴忠市调研工作座谈会上的讲话精神，研究贯彻意见。会议套开市委全面深化改革委员会第6次会议，传达学习中共中央、自治区党委、吴忠市委相关会议精神；审议《中共青铜峡市委全面深化改革委员会2020年工作总结（送审稿）》《中共青铜峡市委全面深化改革委员会2021年工作要点（送审稿）》《青铜峡市基层水利服务体系改革实施方案（送审稿）》《青铜峡市农业灌溉末级渠系终端水费收缴及末级渠系水费使用管理办法（送审稿）》《青铜峡市自流灌区农业灌溉末级渠系水价调整执行方案（送审稿）》。

4月20日，中国共产党青铜峡市第十二届委员会2021年第12次常委会会议召开。会议套开全市一季度经济运行调度会，听取全市第一季度经济运行情况的汇报。

4月23日，中国共产党青铜峡市第十二届委员会2021年第13次常委会会议召开。会议传达学习自治区建设黄河流域生态保护和高质量发展先行区第四次推进会、全区当前经济形势分析通报会议精神，研究贯彻意见；传达学习《宁夏回族自治区生态环境保护督察工作实施办法》，听取中央环保督察"回头看"及自治区环保督察转办、督办问题整改情况的汇报，审议并原则通过市政府党组《关于青铜峡市贯彻落实自治区生态环境保护督察反馈意见整改方案（送审稿）的请示》。

4月30日，中国共产党青铜峡市第十二届委员会2021年第14次常委会会议召开。会议传达学习习近平总书记在广西考察调研时的重要讲话精神、在清华大学考察时的重要讲话精神及对打击治理电信网络诈骗工作、职业教育工作做出的重要指示精神；传达学习中央定点帮扶单位座谈会、全区脱贫攻坚总结表彰大会、实施百万移民致富提升行动会议精神，研究贯彻意见。听取全市安全生产工作情况汇报。套开2021

年党的建设领导小组第1次会议。

5月12日，中国共产党青铜峡市第十二届委员会2021年第17次常委会会议召开。会议传达学习习近平就中老建交60周年同老挝党中央书记、国家主席通伦互致贺电，在"领导人气候峰会"上的重要讲话，同俄罗斯总统普京分别就中俄执政党对话机制第九次会议致贺信，同沙特王储穆罕默德、印尼总统佐科通电话，学习中共中央有关文件精神。传达学习自治区党委书记陈润儿在红寺堡区调研座谈时的讲话精神，安排部署下一步工作。会议套开市委全面依法治市委员会第三次会议，传达学习中共中央全面依法治国工作会议、自治区党委全面依法治区委员会第五次会议、自治区党委全面依法治区委员会办公室第四次会议精神，审议《青铜峡市委全面依法治市委员会2021年工作要点(送审稿)》《青铜峡市切实加强党政机关法律顾问工作充分发挥党政机关法律顾问的实施方案(送审稿)》，听取创建全国法治政府建设示范市工作推进情况的汇报。

5月29日，中国共产党青铜峡市第十二届委员会2021年第18次常委会会议召开。会议传达学习习近平总书记在中共中央政治局会议和中共中央政治局第二十九次集体学习、河南考察工作时的重要讲话精神，学习《中国共产党党务公开条例(试行)》。传达学习中共中央政治局常委、全国政协主席汪洋到宁夏视察时的讲话精神、自治区党委常委会会议精神、关于贯彻落实全国巡视工作会议暨十九届中央第七轮巡视动员会会议精神。听取市委第十三轮巡察暨第三轮对村(社区)巡察工作情况汇报和第十四轮巡察暨第四轮对村(社区)巡察工作安排。传达学习自治区党委应对新冠肺炎疫情工作领导小组第17次会议精神。听取市应对新冠肺炎疫情工作指挥部关于做好当前疫情防控工作情况的汇报，安排部署下一步工作。套开市委全面深化改革委员会第7次会议，审议《青铜峡市落实水资源"四定"原则，深入推进用水权改革实施方案(送审稿)》《青铜峡市红十字会改革实施方案(送审稿)》、市政府党组《关于青铜峡市文明单位、文明村镇、文明校园奖励办法(送审稿)的请示》《关于实现巩固拓展脱贫攻坚成果同乡村振兴有效衔接实施意见(送审稿)的请示》《关于贯彻落实〈自治区、吴忠市关于进一步强化易地搬迁后续扶持实施移民致富提升行动的意见〉重点任务分工方案(送审稿)的请示》、市政府党组《关于2021年青铜峡市无集中供热区域煤改电(清洁取暖)试点抗震宜居农房加固方案(送审稿)的请示》。

6月4日，中国共产党青铜峡市第十二届委员会2021年第19次常委会会议召开。会议传达学习《宁夏回族自治区加强作风建设八条禁令》，研究贯彻意见；传达学习全区市、县(区)党史学习教育工作座谈会精神，听取全市党史学习教育工作进展情况汇报；听取2020年全市食品药品安全工作情况汇报，安排部署2021年工作。

6月10日，中国共产党青铜峡市第十二届委员会2021年第20次常委会会议召开。会议传达学习习近平总书记近期重要讲话和指示精神，以及中共中央有关文件精神，安排部署贯彻落实工作；会议听取全市近期生态环境保护工作情况汇报，安排部署下一步工作。

6月18日，中国共产党青铜峡市第十二届委员会2021年第21次常委会会议召开。会议传达学习习近平总书记在中共中央政治局第三十次集体学习时的重要讲话精神和在青海考察时的重要讲话精神，研究部署贯彻落实工作；会议传达学习习近平总书记对湖北十堰市张湾区艳湖社区集贸市场燃气爆炸事故重要指示、李克强总理批示及全国、全区安全防范工作视频会议精神，听取全市近期安全生产工作和化解信访积案工作情况汇报。会议套开全市第5次总河长会议，传达学习自治区、吴忠市总河长第5次会议精神；听取2020年以来全市河湖长制工作完成情况、全市水环境水污染防治及检测督查情况汇报。

7月3日，中国共产党青铜峡市第十二届委员会2021年第24次常委会（扩大）会议召开。会议传达学习习近平总书记在庆祝中国共产党成立100周年大会上的重要讲话，集中交流讨论，安排部署学习宣传及贯彻落实工作。

7月8日，中国共产党青铜峡市第十二届委员会2021年第25次常委会会议召开。会议传达学习习近平总书记在中央政治局第31次集体学习时的重要讲话精神、在"七一勋章"颁授仪式上发表的重要讲话、向金沙江白鹤滩水电站首批机组投产发电贺信，以及《中国共产党党徽党旗条例》。会议套开市委全面深化改革委员会第8次会议，研究审议《青铜峡市关于深入推进土地权改革完善土地要素市场配置的实施方案(送审稿)》《青铜峡市关于深入推进山林权改革 加快植绿增绿护绿步伐的实施方案（送审稿）》《青铜峡市关于开展排污权有偿使用和交易改革 加快建设环境污染防治率先区的实施方案（送审稿）》《青铜峡市关于学前教育深化改革规范发展的实施方案（送审稿）》。

7月16日，中国共产党青铜峡市第十二届委员会2021年第26次常委会会议召开。会议传达学习习近平总书记在中央全面深化改革委员会第二十次会议、中国共产党与世界政党领导人峰会上的重要讲话精神，学习《中华人民共和国乡村振兴促进法》，并研究贯彻意见。研究审议关于中国共产党青铜峡市第十三次代表大会代表选举工作有关事宜。

7月23日，中国共产党青铜峡市第十二届委员会2021年第27次常委会会议召开。会议传达学习习近平总书记对防汛救灾工作的重要指示精神，分析研究全市上半年经济运行情况，安排部署下半年经济工作。

7月31日，中国共产党青铜峡市第十二届委员会2021年第30次常委会会议召开。会议听取全市上半年党风廉政建设和反腐败工作情况汇报、国家卫生城市复审工作进展情况、近期全市新冠肺炎疫情防控及新冠病毒疫苗接种工作情况、全市重大动物疫病防控工作情况汇报，安排部署相关工作。套开2021年扫黑除恶斗争领导小组第一次会议。

8月13日，中国共产党青铜峡市第十二届委员会2021年第31次常委会会议召开。会议传达学习习近平总书记在中央政治局第三十二次集体学习、中共中央政治局会议、党外人士座谈会、西藏考察时的重要讲话，以及对深入推进农村厕所革命作出的重要指示精神。会议套开市委党史学习教育领导小组第4次会议，听取市人大代表议案建议和政协委员提案办理工作情况、"四权"改革进展情况的汇报。

8月20日，中国共产党青铜峡市第十二届委员会2021年第32次常委会会议召开。会议传达学习习近平总书记关于健康中国重要论述综述，给"国际青年领袖对话"项目外籍青年代表的回信和《中国共产党党内法规体系》；传达学习自治区党委书记陈润儿在全区领导干部学习贯彻习近平总书记"七一"重要讲话精神专题研讨班上的重要讲话精神，研究贯彻意见。会议研究审议"四大提升行动"相关方案，听取中央、自治区环保督察反馈问题整改进展情况的汇报。

9月3日，中国共产党青铜峡市第十二届委员会2021年第34次常委会会议召开。会议传达学习习近平总书记关于总结党的历史经验、加强党的政治建设的重要论述，在中央财经委员会第十次会议上的重要讲话精神，致第五届中国—阿拉伯国家博览会的贺信；传达学习全区推进黄河流域生态保护和高质量发展先行区建设(重大项目建设)第五次推进会精神,研究贯彻意见。会议套开市委全面依法治市委员会第四次会议、市委退役军人事务工作领导小组第三次会议及市委全面深化改革委员会第9次会议。

9月13日,中国共产党青铜峡市第十二届委员会2021年第36次常委会会议召开。会议传达学习习近平总书记在河北承德考察、在中央全面深化改革委员会第二十一次会议、在中共中央政治局会议上的重要讲话精神,给云南沧源县边境村老支书们的回信,致中国—上海合作组织数字经济产业论坛、2021年中国国际智能产业博览会的贺信;传达学习中央民族工作会议和自治区党委常委会议、吴忠市委常委会议精神,研究贯彻意见。听取十二届市委第十四轮巡察暨第四轮对村(社区)巡察工作情况和十二届市委巡察工作综合情况的汇报,研究召开中共青铜峡市纪委十二届八次全体会议有关事宜,审议青铜峡市出席吴忠市第六次党代会代表初步人选建议名单。

9月18日,中国共产党青铜峡市第十二届委员会2021年第37次常委会会议召开。会议传达学习习近平总书记近期重要讲话、致辞贺信精神。传达学习习近平总书记在2021年秋季学期中央党校(国家行政学院)中青年干部培训班上的重要讲话精神,在2021年中国国际服务贸易交易会全球服务贸易峰会、第六届东方经济论坛全会开幕式上的致辞,致菌草援外20周年暨助力可持续发展国际合作论坛、第32届国际航空科学大会上的贺信。听取市第十三次党代会筹备工作情况汇报,审议有关建议名单、文件及重要报告,研究有关事项。研究通过召开中共青铜峡市委十二届十四次全体会议有关事宜,审议并原则通过《中国共产党青铜峡市第十二届委员会报告(讨论稿)》《中国共产党青铜峡市第十二届纪律检查委员会工作报告(讨论稿)》,研究关于召开中国共产党青铜峡市第十三次代表大会事宜。

9月29日,中国共产党青铜峡市第十三届委员会2021年第1次常委会会议召开。会议传达学习自治区党委常委会"坚持以案促改、深化作风建设"和吴忠市委常委会"深化作风建设"专题民主生活会精神、全区开展违规吃喝隐形变异问题专项整治动员会议精神;学习《中华人民共和国安全生产法》和习近平总书记关于安全生产和应急管理工作重要论述摘编,研究贯彻意见。听取第三季度安全生产及应急管理工作情况的汇报。

10月9日,中国共产党青铜峡市第十三届委员会2021年第2次常委会会议召开。会议传达学习习近平总书记在陕西榆林考察时重要讲话精神,在《求是》杂志上发表的重要文章《毫不动摇坚持和加强党的全面领导》,在金砖国家领导人第十三次会晤上的重要讲话精神,给全国高校黄大年式教师团队代表、"高原戍边模范营"全体官兵的回信,致第32届国际航空科学大会开幕式、可持续发展大数据国际论坛、2021年"一带一路"·长城国际民间文化艺术节、首届北斗规模应用国际峰会、中国质量(杭州)大会的贺信。

11月2日,中国共产党青铜峡市第十三届委员会2021年第3次常委会会议召开。会议传达学习习近平总书记在中共中央人才工作会议上的重要讲话精神、在第七十六届联合国大会一般性辩论会等会议上的重要讲话和贺信精神,学习《习近平法治思想概论》;传达学习自治区党委十二届十三次全会精神,研究贯彻落实意见;传达学习自治区党委常委会会议精神,听取前三季度经济运行情况汇报,研究部署下一阶段工作;传达学习全区深入实施"四大提升行动"全面促进乡村振兴工作现场会精神,研究贯彻意见;传达学习自治区、吴忠市疫情防控工作电视电话会议精神和自治区党委常委、纪委书记、监委主任艾俊涛在吴忠市疫情防控工作调研督导会上的讲话精神，听取全市近期疫情防控工作情况汇报，安排部署下一阶段工作。

11月16日，中国共产党青铜峡市第十三届委员会2021年第4次常委会（扩大）会议召开。会议传达学习中国共产党第十九届中央委员会第六次全体会议精神、自治区党委2021年第40次常委会（扩大）会议和吴忠市委2021年第47次常委会（扩大）会议精神，安排部署贯彻落实工作。研究青铜峡市第十六届人民代表大会第一次会议、政协第十二届青铜峡市委员会第一次会议有关事宜，审议通过《人大常委会工作报告（送审稿）》《政府工作报告（送审稿）》《政协常委会工作报告（送审稿）》和《法院工作报告（送审稿）》《检察院工作报告（送审稿）》，以及《2021年国民经济和社会发展计划执行情况与2022年国民经济和社会发展计划（草案）的报告（送审稿）》《2021年财政预算执行情况与2022年财政预算（草案）的报告（送审稿）》。

12月8日，中国共产党青铜峡市第十三届委员会2021年第5次常委会会议召开。会议传达学习习近平总书记在中共中央人大工作会议、纪念辛亥革命110周年大会、深入推动黄河流域生态保护和高质量发展座谈会等会议上的重要讲话精神；传达学习自治区党委十二届十四次全会精神，研究贯彻意见；传达学习全国政协系统党的建设工作经验交流会及中国共产党吴忠市第六次代表大会会议精神。研究审议市政府党组《关于在全市公民中开展第八个五年法治宣传教育的实施意见（送审稿）的请示》。

12月22日，中国共产党青铜峡市第十三届委员会2021年第6次常委会会议召开。会议传达学习《求是》杂志发表的习近平总书记重要文章《坚定理想信念 补足精神之钙》和习近平总书记向《联合国气候变化框架公约》第二十六次缔约方大会世界领导人峰会发表的书面致辞等重要讲话精神；传达学习中共中央经济工作和自治区党委经济工作会议精神，并研究贯彻意见。听取第二轮中央生态环境保护督察工作情况的汇报。会议套开市委全面深化改革委员会第10次会议，传达学习中央全面深化改革委员会第二十二次、二十三次会议、自治区党委全面深化改革委员会第十五次会议和吴忠市委全面深化改革委员会第十三次会议精神；审议《关于调整优化青铜峡市委全面深化改革委员会及专项小组的请示》等。

12月29日，中国共产党青铜峡市第十三届委员会2021年第7次常委会会议召开。会议传达学习习近平总书记对档案工作的重要批示精神及新修订的《档案法》；传达学习全国、全区、吴忠市拓展新时代文明实践中心建设工作会议精神，听取全市新时代文明实践中心建设情况汇报，安排部署下一步工作；会议听取市人大常委会党组、政府党组、政协党组、法院党组、检察院党组工作情况，全市安全生产工作情况及全市未成年人思想道德建设和义务教育工作情况的汇报。

【其他会议】 2021年2月8日，中国共产党青铜峡市第十二届委员会常委会2020年度民主生活会召开。会议通报市委常委会2019年从严整改自治区党委第一巡视组巡视反馈问题专题民主生活会及"不忘初心、牢记使命"专题民主生活会整改措施落实情况及2020年市委常委会贯彻执行中央八项规定精神、持续解决形式主义问题深化拓展基层减负工作情况。各常委围绕"认真学习贯彻习近平新时代中国特色社会主义思想，加强党的政治建设，提高政治能力，坚守人民情怀，夺取全面建成小康社会、实现第一个百年奋斗目标的伟大胜利，开启全面建设社会主义现代化国家新征程"这一主题，紧密结合工作实际、联系思想实际，进行自我检查、党性分析，认真开展批评和自我批评。

1月13日，青铜峡召开基层党（工）委（党组）抓党建、党风廉政建设主体责任、意识形态责任制、党管武装工作述职汇报会召开。峡口镇、大坝镇、农业农村局党委（党组）汇报抓党建工作情况；邵岗镇、自然资源局、住房和城乡建设局党委（党组）汇报履行党风廉政建设主体责任情况；瞿靖镇、叶盛镇、公安局党委汇报落实意识形态工作责任制情况；青铜峡镇、小坝镇、陈袁滩镇党委汇报党管武装工作落实情况。其他党（工）委（党组）提交书面报告。市委分管领导进行点评，肯定做法经验，指出差距不足，提出工作要求。

1月15日，青铜峡市村（社区）"两委"换届工作调度会在市委党校召开。会议传达学习自治区、吴忠市村（社区）"两委"换届工作调度会精神，听取各镇、街道、树新林场党（工）委党组书记换届工作进展情况汇报，安排部署下一步全市村（社区）"两委"换届重点工作。

1月16日，全区疫情防控工作电视电话会议后，市委疫情防控工作领导小组2021年第2次会议召开。会议进一步分析研判当前疫情防控形势，对做好冬春季疫情防控工作进行再部署、再安排、再落实，全力确保疫情防控工作落实落细。

2月2日，青铜峡市村（社区）"两委"换届工作调度会暨帮扶责任单位动员会召开。会议对村（居）委会换届选举工作进行具体安排部署。同时，还对全市村（居）委会换届选举大会须知进行讲解培训。

3月5日，市委农村工作会议召开。会议传达学习中共中央农村工作会议、全国巩固拓展脱贫攻坚成果同乡村振兴有效衔接工作会议、全国扶贫开发工作会议精神和自治区党委、吴忠市委农村工作会议精神，安排部署2021年全市农业农村工作。市委宣传部、农业农村局、住房和城乡建设局、自然资源局，以及峡口镇、邵岗镇做表态发言。会前，市委书记张自力、代市长文学智带领市直有关部门负责人，各镇、农林场主要负责人到利通区考察学习。

3月5日，青铜峡市政法队伍教育整顿动员部署会议召开。会议传达学习全国、自治区和吴忠市政法队伍教育整顿动员部署会议精神，宣读《青铜峡市政法队伍教育整顿实施方案》，对全市政法队伍教育整顿工作进行动员部署。

4月6日，青铜峡市2021年平安青铜峡建设协调小组第1次会议暨市域社会治理现代化、"1+6"基层治理、扫黑除恶斗争推进会召开。会议传达学习平安宁夏建设协调小组2021年第1次会议精神、自治区扫黑除恶专项斗争领导小组2021年第1次会议精神。审议《平安青铜峡建设2021年工作要点》，通报自治区2020年平安建设考核结果和青铜峡市2020年平安青铜峡建设考核结果。青铜峡市平安建设考核居川区县第一。市委统战部、市农业农村局、市民政局、市教育局、市工业和信息化局围绕宗教治理、乡村治理、社区治理、社团治理、校园治理、企业治理汇报2020年工作情况及2021年工作安排；裕民街道办事处、青铜峡镇围绕市域治理做交流发言；市自然资源局就扫黑除恶专项斗争行业乱点乱象整治做表态发言。

4月9日，青铜峡市市镇领导班子换届工作会议召开。会议对全市市镇领导班子换届工作进行安排。

4月29日，青铜峡市召开"导师帮带制"工作启动会。会议宣读《关于开展"导师帮带制"工作的实施方案》，并为帮带导师代表颁发聘书；帮带导师与学员代表签订帮带协议并表态发言。计划从2021年4月开始至2022年2月结束，主要在全市各镇（街道）党（工）委开展以镇（街道）、村（社区）为主体，以村为重点，每个镇（街道）党（工）委确定6个村（社区）开展帮带工作，通过"导师帮带制"的推进，通过"谁来帮""帮什么""怎么帮"等措施，带领帮带对象在实践中增进人民情感、增强群众工作本领、提升解决实际问题的能力，优化提升基层干部队伍能力素质，推动基层组织建设不断进步、基层治理水平不断提升。

5月20日，青铜峡市2021年创建全国文明城市暨未成年人思想道德建设工作推进会召开。会议传达《全国未成年人思想道德建设体系操作手册（2021版）》和全国中小学幼儿园安全工作视频会议精神，通报2020年全市未成年人思想道德建设工作情况。下发《青铜峡市2021年未成年人思想道德建设工作方案》，市委政法委、市市场监督管理局、裕民街道办事处、团市委分别做表态发言。

6月8日，青铜峡市全国文明城市创建、国家卫生城市复审暨自治区文明城市复验工作推进会召开。会议通报全国文明城市创建和国家卫生城市复审工作情况；相关单位就全国文明城市创建和国家卫生城市复审工作分别做表态发言。

6月10日，青铜峡市效能目标管理考核工作总结会议召开。会议全面总结2020年度效能目标管理考核工作，研究部署2021年各项工作。会议通报2020年度自治区、吴忠市和全市效能目标管理考核结果，青铜峡工业园区、峡口镇、市委政法委、市委统战部、市农业农村局做交流发言。

6月30日，青铜峡市举行优秀共产党员、优秀党务工作者和先进基层党组织表彰大会。为老党员代表颁发佩戴"光荣在党50年"纪念章，授予田宁等50名共产党员、马楠等20名党务工作者、中共青铜峡市人大常委会机关支部委员会等30个基层党组织"全市优秀共产党员""全市优秀党务工作者""全市先进基层党组织"称号。

8月2日，青铜峡市政法队伍教育整顿总结会议召开。会议总结全市政法队伍教育整顿成效经验，安排部署长效常治工作。

9月12日，市委全面依法治市委员会工作会议召开。会议通报全市法治政府建设督察情况，市自然资源局、农业农村局和叶盛镇、瞿靖镇发言。

11月17日，青铜峡市常态化扫黑除恶斗争推进会召开，传达学习有关会议精神，通报全市常态化扫黑除恶斗争督查情况，安排部署下一阶段重点工作。

12月9日，青铜峡市公务员平时考核工作推进会召开。会议传达学习全国公务员平时考核联系点暨干部考核工作基层观测点部署动员会精神；为与会人员就公务员平时考核工作政策进行解读及业务培训。裕民街道、市场监督管理局、审计局围绕开展公务员平时考核工作做交流发言；市民政局、文化旅游体育广电局、卫生健康局围绕如何做好下一步公务员平时考核工作做表态发言。

（张馨文）

组织工作

【庆祝中国共产党成立100周年系列活动】 2021年，青铜峡市委印发《中共青铜峡市委关于中国共产党成立100周年庆祝活动的通知》，深化拓展理想信念教育和对党忠诚教育，挖掘红色资源、红色历史、红色文化，组织开展"向党送祝福，感恩新时代""党旗在基层一线高高飘扬"支部主题党日和特色党课大赛、红歌比赛等形式多样的庆祝活动，举办"党课开讲啦"活动849场次，开设《党旗在基层一线高高飘扬》专栏，宣传优秀共产党员、先进基层党组织和其他典型模范的先进事迹，通过"云上青铜峡"客户端、"两微一端"、电视广播宣传基层党组织庆祝活动120余次，激励党员干部提振精气神、展现新气象。

【党内评选表彰慰问】 2021年，青铜峡市委组织做好区、市党委"七一勋章"提名和全国、全区、吴忠市级"两优一先"推荐工作，推荐自治区"两优一先"11个、吴忠市"两优一先"35个，评选表彰青铜峡市"两优一先"100个，并组织召开"两优一先"表彰大会，指导各党（工）委评选表彰"两优一先"855个。为入党50年老党员发放"光荣在党50年"纪念章1195枚。走访慰问全市获得党内功勋荣誉表彰的党员、生活困难党员、老党员、老干部和烈士遗属、因公殉职党员干部家属1005人。

【理想信念教育】 2021年，青铜峡市委始终把学习习近平新时代中国特色社会主义思想作为党员、干部必修课，举办学习习近平总书记"七一"重要讲话、市委党史学习教育暨党的十九届五中全会等培训班15期，分领域、分层级、全覆盖轮训党员干部；严格落实《2019—2023年党员教育培训工作规划》和《2021年党员教育工作要点》目标要求，分级分类举办培训班9期，组织各基层党组织开展集体学习3000余次，实现全市14000余名党员学习教育全覆盖。

【市镇领导班子换届】 2021年，青铜峡市委围绕"五个好"换届目标，贯彻落实中央、自治区党委和吴忠市委的部署和要求，制订市镇换届人事安排方案，加强换届期间纪律监督力度，建立信访举报"快查快结"机制，专人负责"12380"举报平台24小时运行，择优选聘20名换届风气监督员，组建换届巡回督导组参与换届风气监督，全力营造风清气正的换届环境。与市人大、政协统筹配合，顺利召开市党代会，提前谋划布局市人代会、政协会确保换届工作按时间、按节点顺利完成。为乡镇领导班子配备35岁以下干部23人，其中党政正职3人，30岁以下干部10人，乡镇领导干部平均年龄从47.1岁下降至42.3岁，各镇领导班子学历层次、专业能力、综合素质均有提升。

【干部监督管理】 2021年，青铜峡市坚持以严的标准要求干部，用严的措施管理干部，开展因私出国（境）专项整治工作，联合公安部门全覆盖比对核查党政机关干部持有因私出国（境）证件，确保全市科级干部持有的因私出国（境）证件集中统一保管，干部规矩意识和纪律意识明显增强。在常态化开展平时考核时，着力打造裕民街道、公安局、审计局、市场监督管理局、审批服务管理局、邵岗镇等平时考核联系点（其中青铜峡市裕民街道办事处被确定为中组部平时考核工作联系点），制订《青铜峡市公务员平时考核联系点工作方案》，通过抓点带面、总结完善、典型示范，推动《公务员平时考核办法（试行）》落地见效，不断增强公务员平时考核结果运用，激励干部担当作为。落实中央和区、市关于激励干部新时代新担当新作为各项措施，执行容错纠错、交流轮岗各项机制，对5名受处理处分积极工作的干部，影响期满后及时合理使用，先后调整交流75人，提拔使用基层一线干部72人，晋升职级109人。

【农村党组织建设】 2021年，青铜峡市委推进"一抓两整"示范县乡创建行动，印发《抓党建促乡村振兴实施方案》，创新开展农村党员"三类五岗"职责划分、"一线三区域"导师帮带等工作载体，开展"三联三帮"结对帮扶活动，建立"村党组织—网格党小组—党员联系户"三级组织体系，提高村干部队伍工资待遇，把"六个先锋"示范引领行动写入中共青铜峡市第十三次代表大会报告，作为未来5年抓乡村振兴战略的重要载体，建立"1+2+N"工作机制，创新"拼图式授牌""乡风文明微表情管理"等自治模式，不断提升党建引领村民自治水平。落实星级评定和整顿工作，推进党组织评星定级、整顿提升、示范点建设工作，评定五星级党组织5个、四星级党组织60个，三星级及以下党组织343个，创建党建工作示范点65个，打造韦桥村"党建+乡村旅游"、黄河楼社区"红色管家"

等党建品牌。推进"导师帮带制"工作，把"导师帮带制"作为党建工作提质、产业发展提档、人才质量提升的重要抓手，择优选拔48名政治坚定、经验丰富、作风扎实的老乡镇、老支书，帮带49名新进"两委"班子成员、新录用选调生和基层年轻干部。落实"六个一"工作法，探索"薪火论坛""璞玉行动"两项载体，设立"中滩村书记课堂""赵渠村产业发展""地三村乡村旅游"3个帮带工作室，把课堂设在田间地头、工作现场、项目一线，通过"季度问询、半年座谈、年底测评"，推动帮带工作落到实处，结出硕果。发挥驻村第一书记和工作队员"尖兵作用"，驻村第一书记和工作队行政村覆盖率达到51.2%，2个软弱涣散村党组织整顿销号。坚持区域化布局、规模化经营、标准化生产，培育青铜峡镇余桥村旅游观光、邵岗镇甘城子蛋鸡养殖、叶盛镇蒋滩村精品蔬菜等一批乡村特色优势产业，打造唐滩村、先锋村等16个乡村振兴示范村，高标准完成12个自治区扶持壮大村集体经济项目。截至年底，全市60%村集体经济收入超10万元，50万元以上的经济强村累计达到15个，全市村级集体经济从"有没有"向"强不强"转变。

【城市党组织建设】 2021年，青铜峡市委巩固城市基层党建工作示范市创建成果，实施党建引领基层治理短板行动，全覆盖建立"社区党组织—网格党支部—楼栋（院落）党小组"三级组织体系，依托商圈市场、楼栋院落等灵活划片成立网格党支部42个、党小组117个，设立党员中心户211个，建立起社区结网、街巷连"线"、小区布点的组织体系。深入推进街道"大工委"、社区"联合党委"制度建设，制订印发《全市在职党员到社区"双报到 双服务"的实施方案》，明确重点任务、工作步骤和相关要求，2600余名在职党员到社区开展志愿服务，认领"微心愿"450余个，协调解决停车难、充电难、基础设施不完善等240余项问题。制订"红色物业"建设行动实施方案，深化物业管理"三权下放"，将党组织建设、发展党员等情况纳入物业考评范围，社区"联合党委"吸收22名物业企业、业主委员会党员负责人担任兼职委员，建立居委会、物业企业、居民代表、有关单位"四方会议"制度，破解物业管理体制不畅问题。新成立物业企业党支部3个，在物业企业中发展党员6人，确定入党积极分子38人，稳步推进"红色业委会"建设，新建业委会联合党支部5个，提升党的组织和工作覆盖，相关做法在中新网、宁夏电视台等媒体广泛宣传报道。

【村（社区）"两委"换届工作】 2021年，青铜峡市坚持组织选择和群众意愿有机统一，聚焦全市经济社会发展需要，完成村（社区）"两委"换届工作。新一届村"两委"班子成员平均年龄42.9岁，比换届前下降5.5岁；大专及以上学历的174人，提高11.64%；新一届社区"两委"成员平均年龄36.7岁，下降5.2岁；大专及以上学历195人，提高16.5%。新任村（社区）"两委"班子结构更加合理，呈现年轻化、知识化、专业化趋势，"一大三低"问题得到破解。

【各领域党建工作】 2021年，青铜峡市委把"让党中央放心、让人民群众满意"模范机关创建和"三强九严"工程紧密结合，对全市63个市直机关单位模范机关创建工作开展专项督查，印发督查通报，健全每月工作清单、每月工作例会等四项制度，修订完善《我的入党之路》发展党员手册和《机关党组织换届选举培训材料》，全覆盖推行"党建云"收缴党费平台，提升机关党建规范化水平，命名18个创建达标单位为2020年度模范机关。实施非公企业和社会组织"五强五促"行动，补充完善非公有制经济组织和社会组织工委、委员单位工作职责，自治区、吴忠市评选非公企业和社会组织"两优一先"10个，非公企业和社会组织党组织覆盖率分别达到86.0%和89.7%。制定《国有企业基层党建"六化六提升"工程重点任务工作推进表》，细化34条工作举措，全覆盖巡察国有企业党建工作，定期督导检查整改落实情况，提高国有企业党的建设质量。

【人才工作】 2021年，青铜峡市结合青铜峡产业转型升级，谋划人才引进培养"作战图"，完善建立市级领导干部联系服务优秀人才制度，出台《柔性引进人才实施办法》《本土人才培养若干措施》，解决引进高层次人才"住房难"问题，对接住建部门打造人才公寓9套，为人才"引得进、留得住"做好服务保障。围绕葡萄酒、奶产业和新材料等特色优势产业，谋划申报自治区、吴忠市级人才项目7个，引进20余名专家来青铜峡服务指导，帮助企业攻关科技创新技术难题。深化拓展校地校企合作，引进专家教授30余人，组建葡萄酒产业专家委员会、旅游专家智库和装备制造专家团，为全市产业发展提供思路和技术支撑。实施青铜峡籍人才返乡计划，吸引68名返乡大学生到基层服务，接收4名南开大学生到青铜峡基层实践。以培育紧缺型、创新型、专业型人才为重点，分类实施人才培育工程，举办5类人才培训班50余期，培训培育人才2600余人次，择优选派4名基层优秀人才参加自治区"西部之光"和"基层之星"研修，人才队伍整体素质有效提升。着力打造人才培育平台，搭建农技专家服务基地1个、科技示范基地1个、高校教学科研基地2个，推动"产学研"深度转化。围绕优势产业、特色产业发展，持续实施"专家基层服务行"等基层人才帮扶计划，组织190余名农业技术指导员、20余名医疗专业技术人员到基层服务，安置237名高校毕业生到基层实习见习，安排179名"三支一扶"人员到基层参加支农、支教、支医和扶贫工作，选派77名机关干部到乡村振兴一线。将新招录的选调生全部安排到村任职，缓解基层人才短缺问题，22名选调生围绕所在村产业发展情况撰写国情调研报告26篇。

（市委组织部办公室）

宣传工作

【理论武装】 2021年，青铜峡市委理论学习中心组发挥"领航仪"和"导向标"作用，注重形式创新，科学主动求变，积极顺应新时代新形势新要求，将中心组课堂搬到企业、农村、军营，开展互动式、体验式、场景化教学活动，切实把解决思想问题和处理实际问题相贯通。全年市委常委会研究部署全市宣传思想工作5次，召开市委理论学习中心组17场次，交流研讨50人次，开展党的十九届五中全会、习近平总书记"七一"重要讲话精神专题辅导10场次，市级领导带头宣讲党的创新理论100余场次。发挥"学习强国"学习平台、宁夏干部教育培训网络学院作用，全市"学习强国"学习平台总用户12051人，党员加入认证组织比例为71%，宁夏干部网络教育培训100%。

【理论宣讲】 2021年，青铜峡市委宣传部持续开展习近平新时代中国特色社会主义思想"七进"和学校"三进"工作。"联动式"宣讲示范引领，将24名市级领导、50名市直部门、镇（街道）主要负责人划片包村，全部深入新时代文明实践所、站宣讲；"点单式"宣讲精准常态，聚焦党的创新理论成果，设置乡村振兴、民族团结、医疗健康、文明礼仪等宣讲"菜单"，依托"文化大篷车"，编排《习主席到宁夏》《党员日记》等文艺节目，推出"理论套餐"，群众按需"点单"，宣讲员合理"配菜"；"流动式"宣讲遍地开花，发动"百姓民嘴"，培育"蒲公英""东街大妈""稻香花"等宣讲小分队9支，开展"田间地头""葡萄架下""广场长廊"宣讲活动。全年开展各类主题宣讲700余场次,受众达4.5万余人。

【党史学习教育】 2021年,青铜峡市委宣传部开展"五学"(突出重点主动学、以上率下示范学、丰富形式拓展学、联系实际深入学、广泛宣传持久学)活动,创新开展"十个一"活动(即举办一次集中轮训、讲一次专题党课、开展一次红色现场体验教学、观看一部红色党史影片、开展一次"学党史颂党恩　跟党走"主题党日活动、举办一次革命歌曲大赛、开展一次走访慰问活动、开展一次党史学习教育成果测试、举办一次演讲比赛、开展一次"百人答"党史知识竞赛,其中,举办的18支代表队4000名党员干部参加为期3天的"永远跟党走"革命歌曲大合唱比赛,被新华社、《中国日报网》和网易新闻等主流媒体宣传报道,打造陈袁滩镇黄河楼社区(革命歌曲KTV、红色影院)、小坝镇先锋村(金山集邮博物馆)等一批党史学习教育阵地,教育引导全体党员干部学有所思、学有所悟、学有所得。坚持把"我为群众办实事"实践活动贯穿党史学习教育全过程,推进"四项提升"行动,开展"六个一批"活动,落实"八个新"重点任务,深入走访调研,整理"我为群众办实事"清单334条,办结228件。

【社会宣传】 2021年,青铜峡市委宣传部围绕习近平新时代中国特色社会主义思想、习近平总书记视察宁夏重要讲话精神和习近平总书记"七一"重要讲话精神主题,在主要路段、商业街区、景区景点制作宣传展板(宣传栏)146块,刷写宣传标语2100余条。

【新闻宣传】 2021年,青铜峡市委宣传部依托市融媒体中心传播矩阵优势,紧扣市委、市政府重点中心工作,全方位展示先行区建设、民生实事、高质量发展等方面的好经验好做法。《人民日报》新华社先后推出《走进宁夏青铜峡带你乘船渡河》《创新破解难点痛点——老旧小区改造的青铜峡模式》《青铜古镇"滤镜"变脸美起来》等重点新闻报道170余条,在《宁夏日报》、宁夏电视台上稿、报道350余条,比2020年增长13%。

【网络宣传】 2021年,青铜峡市委宣传部坚持"线上+线下"同向发力,实现青铜峡市广播电视台电视节目进入自治区IPTV传输平台,电视节目上网达到90000户。探索建立"新闻+政务+服务商务"运营模式,实现"不见面、网上办"的政务服务功能。依托"九渠云"融媒体矩阵,率先在"学习强国"学习平台上线"青铜峡融媒号",开设《新时代文明实践》《走向我们的小康生活》等13个专题专栏。参加"两晒一促"文旅推介活动(第二季)、"宁夏有礼了"直播带货、"家乡特产很攒劲"等大型活动,面向全国推介青铜峡大米、葡萄酒、大青葡萄、连湖西红柿等优势特色农产品,通过传统媒体和新媒体、网上和网下联动,全景展现产业兴旺、生态宜居、乡风文明、治理有效、生活富裕的乡村振兴画卷。

【精神文明创建】 2021年,青铜峡市结合自治区文明城市到届复验和创建全国文明城市工作,高标准开展市民素质、社会治理、政务服务等十大提升行动,召开创城推进会6次,印发督查通报7期,开设不文明行为曝光台。开展2021年到届青铜峡市文明单位、村镇、校园复验工作,创新工作方法,优化测评体系。针对到届的青铜峡市级文明单位、村镇、校园首次采用网络申报、测评,为复验单位进一步减负。提高各单位常态化开展群众性精神文明创建工作在年终效能目标考核中的分值占比。落实《青铜峡市文明单位、文明村镇、文明校园奖励办法》,激发各单位创建热情,提升创建水平,在全市形成说文明话、办文明事、做文明人的浓厚氛围。年内,推荐自治区级文明单位2个、村镇2个、校园3所，吴忠市级文明单位4个、村镇5个、校园6所。对到届的青铜峡市级24个单位、22个村、4所校园首次采用网络申报、测评，对创建严重滑坡的1个单位、2个村、1所校园给予限期整改一年惩戒。建立健全先进典型选树宣传长效机制，召开全市精神文明建设表彰大会，表彰集体30个、个人60人。采取"线上＋线下"常态化开展"我推荐、我评议身边好人"活动，其中2人入选"中国好人"候选榜，市文明办获得自治区精神文明建设先进集体，陈袁滩镇"红草帽"志愿服务队获得全区最美志愿服务组织，裕民街道东街社区获得全区最美志愿服务社区等荣誉称号。

【精神文明实践】 2021年，青铜峡市深化"15645"新时代文明实践工作法，培育"1+8+N"有特色品牌的志愿服务队，围绕"讲、帮、乐、树、庆"五种形式，以"文明实践＋"为抓手，开展疫情防控、扶贫助困、科技服务等文明实践活动1481场次。建立"做实践、存积分、兑奖品"的奖励激励机制，建设"爱心超市""初心银行""善行银行"95个，占比达87%，以积分制管理助推文明实践活动，通过"小积分"撬动"大文明"。探索建立"互联网＋文明实践"模式，建立青铜峡市"一库两系统三终端"新时代文明实践中心智慧服务云平台，创新"群众点单、组织下单、所站派单、志愿者接单、中心评单"的"五单制"服务机制，全市9个镇（街道）、109个村（社区）新时代文明实践所、站全覆盖，实现阵地资源、融媒体中心和新时代文明实践中心两个融合，群众网上点单、志愿者在线签到打卡、中心网上考核三种模式。

【时代新风弘扬】 2021年，青铜峡市建立"1346"移风易俗工作机制，大力开展移风易俗、弘扬时代新风行动，探索将红白理事会作用发挥情况纳入村监会效能考核，按照考核等次评定发放工作经费。通过板凳会、庭院会宣讲、红黑榜笑脸积分评比、发放倡议书、微信群推送公益广告、微电影等方式多维度宣传移风易俗，涌现零彩礼女家庭2户，以身边榜样为原型，拍摄微电影6部。全年开展移风易俗劝导活动300余场次，聘请第三方举办红白理事会培训班52场次，发放《移风易俗倡议书》等宣传彩页、挂历6万余份。

【未成年人思想道德建设】 2021年，青铜峡市召开未成年人思想道德建设工作推进会，开展"扣好人生第一粒扣子""劳动美"社会实践等主题实践活动126场次，精心培育"红领巾讲师团"项目，"黄河少年说"被自治区党委办公厅列为青少年思想政治教育品牌。

【文艺创作】 2021年，青铜峡市挖掘黄河文化内涵，实施一批重点文艺创作项目，打磨提升实景剧《黄河谣》、眉户剧《青铜峡》。其中，眉户剧《青铜峡》在陕西广播电视台著名戏曲品牌栏目第五套节目《大秦腔》播放并引起强烈反响。聚焦建党百年主题，创作《英魂千古崔景岳》《金色鱼钩》《狱中的阳光》等文艺作品20部。

【文化惠民】 2021年，青铜峡市开展文化科技卫生"三下乡"网上服务赶大集活动，举办"花开新时代 启航新征程"青铜峡市第四届牡丹文化艺术节，第六届"走·黄河岸边吼秦腔"票友大赛颁奖晚会，依托青铜古镇、黄河楼景区打造非遗展示中心、体验中心，举办"人民的非遗 人民共享"2021年文化和自然遗产日宁夏主会场系列活动，开展黄河文化遗产资源普查，共挖掘整理古遗址、古墓葬、古建筑及近现代重要史迹文物古迹212处。完成《泉涌万年古营遗珍——青铜峡鸽子山遗址陈列展》布展，做活非遗特色文章，推荐的"编结"被确立为自治区级非遗保护项目。参加千乡百村广场舞大赛暨"我要上全运"全国第十四届运动会广场舞项目宁夏选拔赛全区总决赛，获得一等奖；市文化馆广场舞队代表宁夏参加第十四届全国运动会群众展演广场舞项目比赛，获得群众展演广场舞项目乡镇组二等奖。

【文旅融合】 2021年，青铜峡市制订《青铜峡市推动文化旅游产业高质量实施方案》，实施青铜古镇改造运营，打造"秦渠第一村""汉唐古渠第一村"等乡村文化旅游品牌，以文塑旅、以旅彰文，通过门票分成方式实现景区、公司合作，推动文化文艺进景区、进农家乐、进乡村，把文化产品转化为文化产业，实现经济文化发展"双丰收"。马长滩欢乐天地旅游区、宁夏贺兰芳华田园酒庄被评定为国家AA旅游景区，大坝镇韦桥村水韵人家农家乐、叶盛镇地三村人家农家乐评定为三星级乡村旅游示范点。新建宁夏青铜峡农特产品文创产业基地、青铜峡市中新云智文化旅游农创发展有限公司等文创产品、旅游商品研发、销售企业，牛仔八宝茶获得"2021中国旅游商品大赛"银奖。

（市委宣传部办公室）

统一战线工作

【概况】 2021年，青铜峡市贯彻落实中央民族工作会议、全国宗教工作会议精神，发挥大团结大联合政治优势，围绕中心、服务大局，创新举措、精准发力，促进统一战线提质增效，为推进高质量发展凝聚强大合力。其中，宗教工作在全区实现"三个率先"，率先完成宗教活动场所法人登记试点工作、率先转换8个汉族宗教场所超额完成压减任务、率先开展天主教堂风格改造探索宗教中国化方向新实践。

【政治引领】 2021年，青铜峡市委统一战线工作领导小组召开会议2次，先后审定《青铜峡市依法治理民族事务促进民族团结的实施方案》等重要文件8个，市委常委会、政府常务会研究民族团结、宗教治理、民主党派等工作7次。市委理论学习中心组、市政府党组会议学习"两个条例""三个会议精神"等10次，通过邀请自治区民委主任陈建龙专题辅导、市委书记讲专题党课等方式，以"关键少数"带动"绝大多数"，示范带动全市各级党组织开展中央民族工作会议精神、铸牢中华民族共同体意识、马克思主义"五观"等统战重点内容专题学习350余场次。加强党对统一战线工作的领导，组织召开全市统一战线庆祝中国共产党成立100周年座谈会和学习贯彻习近平总书记"七一"重要讲话精神研讨会等活动13场次，凝聚党领导下统一战线工作强大合力。

【"双创"工作】 2021年，青铜峡市全力做好第二轮全国民族团结进步示范市及自治区铸牢中华民族共同体意识示范市"双创"工作，以铸牢中华民族共同体意识为主线，持续开展马克思主义"五观""传承党的百年光辉史基因铸牢中华民族共同体意识"等主题宣讲160余场次，培训教育2万余人次，推动党的民族政策理论在一线落地生根，不断增进"五个认同"。打造主题基地1个、民族团结进步示范点14个，提升品牌点8个，通过国家民委对青铜峡市铸牢中华民族共同体意识、自治区民族团结进步示范市复验及吴忠市创建全国民族团结进步示范市验收工作。

【服务中心工作】 2021年，青铜峡市委统战部开展"民族+民生"行动，对接国家民委到青铜峡市开展2021年"中华民族一家亲"卫生下基层义诊活动，举办理论培训、观摩教学等十余次；落实宁夏顺宝现代农业股份有限公司等民族用品生产定点企业贴息资金288.71万元、青铜峡镇同进村经果林产业续建项目少数民族发展资金140万元。

【宗教工作】 2021年，青铜峡市以创建区、市基层宗教治理模范市、打造宗教治理新样板为目标，健全完善市委领导、市政府管理、社会协同、宗教自律的宗教事务治理格局，建立健全宗教界人士思想引导机制，举办宗教界"爱党爱国爱社会主义"系列主题活动、教育培训、联席会议27场次，培训教育宗教界人士4000余人次。建设网络宗教渗透监测平台，规范互联网宗教信息服务，紧盯基督教非法势力向未成年人进行宗教教育等新问题，全面排查宗教渗透和非法宗教活动，坚决防范遏制渗透蔓延。精准划分宗教活动场所、民间信仰场所，实行统一编码、分类建档，推动"三统一"工作由依法登记场所向重点场所延伸；建立安全隐患排查预警机制，定期开展两类场所安全隐患排查整治专项行动，严守场所安全底线。

【党外工作】 2021年，青铜峡市完成民革、民盟、民进3个民主党派市委会和工商联换届，以及政协青铜峡市委会、政协吴忠市委会换届委员提名工作；投入资金20万余元，协调落实党外中青年知识分子联谊会、新的社会阶层人士联谊会、归国华侨联合会专用办公用房，打造统一战线工作联络站5处、统一战线教育基地1处、侨胞之家2处，确保各党派各阶层有人管事、有地议事。以服务非公有制经济"两个健康"为着力点，推动创新发展培训、专业技能培训走深走实，党史学习教育、爱国普法教育入脑入心。助力"六稳""六保"，协调102家民营企业提供用工岗位3175个，开展敬老、助学、扶危助困等社会公益活动，累计捐款捐物290万余元。

（王　璇）

政策研究工作

【调研工作】 2021年，青铜峡市委政研室撰写市"十四五"规划和2035年远景目标的建议、市第十三次党代会报告、市委常委会工作要点、全委会报告等重要文稿，市委农村工作、"四权"改革、"四大提升行动"等重要会议讲话稿16篇，以及各类经验汇报材料、调研报告等80余篇。在草拟《青铜峡市第十三次党代会报告》期间，从西部10个省（自治区）近千个县（市区）中，筛选出30余个与青铜峡市经济体量相当、发展结构相似的县（市区）进行对比分析，学习发展模式、吸纳经验做法，为市委分析全市发展现状、明确定位奠定基础，系统梳理全市10年间经济社会发展主要指标及未来5年的项目支撑，为市委科学制定未来发展目标提供量化依据。

【深化改革】 2021年，青铜峡市委政研室组织召开市委深化改革委员会会议9次，推动出台《青铜峡市深入推进用水权改革实施方案》等重点改革方案、文件11个，草拟市委全面深化改革委员会年度工作要点、改革任务整改落实工作方案等，分类细化改革任务154项，自主谋划改革27项，确保改革方向准、方案实、源头正、根基稳。建立改革联席会议制度，不定期召开各成员单位工作会议，推动改革事项落实落地，协调解决改革中出现的问题，确保改革在关键环节有突破、在重点领域有成果。做好跟踪落实，对照年初工作要点、自治区、吴忠市重大改革安排部署、试点改革任务，制定推进台账，明确责任时限，开展专项督查5次，以目标倒逼进度，以时间倒逼效率，确保年度改革任务按期完成，全面深化改革工作在全区效能目标管理考核中连续两年排名第二。

【目标效能考核】 2021年，青铜峡市委政研室组织召开考核工作推进会12次，分解落实自治区、吴忠市下达的各项目标任务，定期组织考核督察和单位自查，下发督查通报6期，督促各单位整改问题38项，确保问题整改落实到位。全面优化考核体系，实行"重点考核＋全面考核"双百分制,强化日常考核和常态化跟踪,实现由年终"一次性考核"向"全过程考核"的有效转变。科学精简扣分项目,由2020年的5项压减至2021年的3项,精准明确扣分内容,防止双重扣分,着力激发干事创业热情,青铜峡市连续两年在自治区效能目标管理考核中获得优秀等次。

【财经工作】 2021年,青铜峡市委政研室切实发挥财经办牵头抓总、统筹推进职能作用,牵头对经济中的重大问题强化调查研究,协调各成员单位围绕全市经济中心工作,各司其职、各尽其责,加强联动、密切配合,凝聚起做好经济工作的强大合力,做好"调、转、增、融"四篇文章,聚焦工业转型升级、服务业文旅融合、农业高效种养"三个重点",狠抓上争资金、高质高效招商、改革创新"三个关键",完成稳就业、稳投资、稳企业"三项任务",推动经济高质量发展,为市委做好财经工作提供决策依据。

(马婷婷)

机构编制管理

【基层整合审批服务执法力量改革】 2021年,青铜峡市委机构编制委员会办公室编印《青铜峡市推进基层整合审批服务执法力量改革制度文件汇编》《"五个清单"》等资料,会同市委和市政府督查室、市审批服务管理局、司法局等部门对各镇(街道)内设机构运行情况、落实五个清单工作及基层治理等情况进行"回头看"督查调研,下发《关于对全市法治政府建设及基层审批服务执法力量改革工作情况的通报》。结合自治区党委编办和吴忠市委编办对青铜峡市推进基层整合审批服务执法力量改革工作督察调研情况,针对存在的问题,召开工作推进会,制定印发《青铜峡市推进基层整合审批服务执法力量改革问题整改任务分工》,推动镇(街道)工作重心转移到加强党的基层组织建设、经济建设、公共服务、公共管理和公共安全等社会治理工作上来。并抓好改革试点经验推广工作,接洽全区兄弟市县到青铜峡市学习推进基层整合审批服务执法力量改革、机构编制整合、强化基层工作力量、制度机制创新、"五个清单"等经验做法。

【事业单位改革】 2021年,青铜峡市申报海绵城市试点县,成立青铜峡市海绵城市建设领导小组,明确各创建相关部门职责,为城市发展提供体制机制保障。将青铜峡市葡萄产业服务中心更名为葡萄酒产业发展服务中心,并由青铜峡市农业农村局副科级事业单位调整为青铜峡市政府直属正科级事业单位,制定市葡萄酒产业发展服务中心机构编制方案,为青铜峡市葡萄酒产业发展提供机构编制保障。设立青铜峡市社区建设服务中心,为市民政局所属副科级事业单位;为市综治中心增加事业编制2名,为市委政法委所属不定级别事业单位;设立青铜峡市新时代文明实践指导中心,为市委宣传部不定级别公益一类事业单位,核定全额预算事业编制5名。在市人民医院加挂"青铜峡市医疗健康总院"牌子,推进市域综合医改相关工作;为加强国际医疗援助项目建设,设立青铜峡市红十字会群团机构,为市红十字会接收新冠肺炎疫情防控医疗物资奠定基础。根据全市教育发展需要,撤销5所学校,并将人员编制分流至教师资源紧缺的学校。制订《青铜峡市中小学教职工控编减编方案》,对14名中小学人员编制调整上划吴忠市,对55名教职工依据学校规模和学科师资结构需求等因素进行调配。

【事业单位登记管理】 2021年,青铜峡市委机构编制委员会办公室对109家事业单位法人年度报告进行网上公示,办理事业单位法人登记事项39项,其中变更登记36项,注销登记3项。办理党政群机关统一社会信用代码赋码事项42项。

【机构编制动态管理】 2021年，青铜峡市委机构编制委员会办公室按照编制实名制信息库管理办法，每月根据相关文件、人员增减手续等及时调整更新编制实名制库信息，全年调整更新860余人的编制实名制信息。坚持编制预审制度，配合市委组织部、人力资源和社会保障局审核各部门（单位）公务员招考计划，年内上报公务员招考计划60人、选调生招考计划10人、事业单位招考计划164人、免费师范生20人。调整市委宣传部、统战部、党史和地方志研究室、自然资源局、人力资源和社会保障局、商务和投资促进局、工商业联合会等7个行政机关和事业单位编制，推动人员编制向事关全市经济社会发展的重点领域和关键环节倾斜。

【机构编制核查】 2021年，青铜峡市委机构编制委员会办公室按照国家和自治区关于开展第二次全国机构编制核查工作通知要求，制订青铜峡市第二次机构编制核查工作实施方案，召开全市第二次机构编制核查工作暨贯彻中国共产党机构编制条例培训班，对核查工作具体方法步骤做出指导，确保机构编制核查工作按时间节点开展。制定印发《青铜峡市机构编制核查数据比对实施方案》和《关于开展青铜峡市第二次机构编制核查实地核实环节的通知》，召开组织、人社、财政等部门相关人员参加的机构编制核查数据比对协调会议，通过与组织、人社、财政等部门核查比对，确保各相关部门之间机构编制信息一致性，做到机构清、编制清、领导职数清、实有人员清。结合机构编制监督检查工作分两组对抽取的100个行政事业单位进行实地核实，核实机构编制相关内容"账实相符、账账相符"情况、《中国共产党机构编制工作条例》的学习贯彻情况、依照三定方案履职尽责情况等。

（马　静）

党校（行政学校）工作

【主体培训】 2021年，青铜峡市委党校以党史学习教育为主线，举办全市新任村（社区）干部能力提升培训班，市委党史学习教育暨学习贯彻党的十九届五中全会精神专题培训班，全市机关、国有企业、非公企业和社会组织党组织书记培训班，全市发展对象培训班，村（社区）两委班子换届培训班，乡村振兴专题培训班等主体班培训9期，参训2300余人次。并在市直各部门、镇（街道）、农林场及事业单位选调优秀中青年干部41人，举办为期一个月的青铜峡市2021年中青年干部提高基层治理能力培训班，培训班通过专题讲座、现场教学、实地调研相结合方式，全面提升参加培训中青年干部的基层治理能力和治理水平。

【联合培训】 2021年，青铜峡市委党校发挥干部教育宣传培训的多功能阵地作用，先后与市委组织部、宣传部、巡察办、民政局等部门开展联合培训19场次，累计培训部门业务骨干2200余人次；配合市委办、政府办、政法委、卫生健康局、应急管理局等单位召开视频会，培训及推进会议88场次，参会人员6700余人次。

【网络培训督导】 2021年，青铜峡市委党校做好干部网络培训平台管理工作，对71个参训单位1274位参学人员的信息进行重新核查修改登记，协同配合市委组织部定期对参学人员的学习进度进行跟踪督查、发布督学通报，确保学习渠道畅通、学习任务圆满、学习成果显著。

【基层培训】 2021年，青铜峡市委党校安排宣讲教师到公安局、总工会、财政局、裕民街道、大坝镇、树新林场、学校、社区等基层部门单位开展党史学习教育、"传承党的百年光辉史基因、铸牢中华民族共同体意识""我为祖国添光彩、我和祖国共奋进"等专题宣讲32场次,参训学员达2700余人次。

【党课质量提升】 2021年,青铜峡市委党校修改完善《集体备课制度》《新课试讲评讲制度》等教学教研制度,组织教师以习近平新时代中国特色社会主义思想为重点,以党史学习教育为主题,撰写修改《党史学习教育宣讲提纲(通用稿)》《中国共产党的逐梦之路与经验启示》《传承党的百年光辉史基因 铸牢中华民族共同体意识》理论党课讲稿3篇,制作完善配套的PPT课件,丰富党课内容,提升党课质量。

【理论文章撰写】 2021年,青铜峡市委党校结合党史学习教育主题,组织教研人员撰写《中国共产党领导抗疫的实践特色》《传承红色基因做一名合格党校人》《以实施乡村建设行动引领推进乡村振兴》《百年征程波澜壮阔 百年初心历史弥坚》理论文章4篇。在全区各级理论征文评选活动中,《传承红色基因做一名合格党校人》一文入选全区党校(行政学院〈校〉)系统"庆祝中国共产党成立100周年"理论研讨会殊荣。按市委、市政府约稿要求有针对性地进行理论研究,组织师资力量撰写《2021年重大风险研判及对策建议》和《优化生态环境 助推黄河流域生态保护和高质量发展先行区建设》理论文章2篇,为相关产业发展研判提供理论支撑。

【调查研究工作】 2021年,全区党校系统开展"建设黄河流域生态保护和高质量发展先行区"调研研讨活动,青铜峡市委党校组织完成调研报告7篇,其中《着力打造青铜峡市工业转型先行区》和《合理利用引黄灌区水资源推进黄河流域高质量发展》2篇调研报告获选研讨会入围表彰,荣获研讨会优秀组织奖。围绕全市经济社会发展及重点工作,选定调研课题,制定调研计划,分组开展调研工作,撰写调研报告,为党校理论科研和为民办实事打牢坚实理论基础。

(白云峰)

党史地方志编研

【《青铜峡市志》编修】 2017年6月10日,中共青铜峡市十一届委员会第九次常委会会议研究决定启动第二轮《青铜峡市志》编修工作。新修《青铜峡市志》是在承接《青铜峡市志》2004版的基础上,纵贯古今,按照新观点、新体例、新方法编修的志书。上限仍为青铜峡历史发端,下限延伸至2017年年底,限外辑要延伸至2020年底。《青铜峡市志》在编修程序上,采用"专志—分类收集录入—总纂"方法进行,聘请区内修志专家承担志书编纂,宁夏社科院研究员吴忠礼担任总纂。全市110个入志单位参与资料征集工作,180余人搜集整理近800万字的初始资料。编纂期间,市委党史和地方志研究室先后组织召开专家对接协调会5次、内部讨论评议会6次、书面提出文稿审读意见建议4次、知情人员征求意见会4次,商讨编修工作,2019年6月30日形成征求意见稿,2020年12月21日召开新修《青铜峡市志》评审会。吸纳专家意见修改后,于2021年10月11日由方志出版社正式出版发行。全书分上、中、下3册,共计32篇127章447节1968页,总字数301.1万字。

【《青铜峡年鉴(2021)》编辑】 2021年,青铜峡市委党史和地方志研究室结合全市机构改革职能变化,对《青铜峡年鉴(2021)》编纂大纲进行部分调整,使全书框架结构和入鉴内容更能真实全面地反映出青铜峡市经济社会发展面貌,突出时代特色、地域特点。10月,完成近60万字初稿编辑任务,通过部门内审后,报送自治区地方志办公室和宁夏人民出版审核。12月，完成终审，由宁夏人民出版社正式出版发行。《青铜峡年鉴（2021）》采用分类编辑法，设类目、分目、条目3个层次，部分分目增设次分目，条目为记述基本层次，全书设大事记、综览、政治、军事、法治、民主党派与工商联、群众团体、经济管理、财政税务、农业、水利、工业、商贸流通、城乡建设、交通·邮政·通信、自然资源管理、生态环境、教育、科学技术、文化·旅游·传媒、卫生健康、社会管理、金融·保险、镇·街道·农（林）场、荣誉榜、附录类目27个、分目131个、条目1513个，总字数71万字。

【党史编研】 2021年，青铜峡市委党史和地方志研究室启动《中国共产党青铜峡市组织史（第四卷）》编修工作，征集完成市、镇、村（社区）换届资料工作；结合党在青铜峡不同历史时期的重大事件、重要活动和主要人物，撰写《百年辉煌铸青史　改革开放谱新篇》《青铜峡历次党的主体教育经验与启示》《学党史、悟思想，让红色精神永相传》《坚实的足迹　辉煌的成就》《学党史　感党恩　真力行　见实效》等专题文章5篇，以《党史研究参阅》的形式，下发全市党员干部学习。

【党史宣传】 2021年，青铜峡市委党史和地方志研究室以青铜峡党史为体裁，组织编辑人员撰写党课宣讲内容，采取"撰写+宣讲+研讨"的形式，在单位内部进行宣讲，使各编辑人员都能更好地掌握青铜峡历史，并能熟练讲好青铜峡故事。选派4人参加全市党史宣讲团，分别为市总工会、水务局、人力资源和社会保障局、医保局、审批事务局、邵岗镇同乐村、叶盛镇五星村、裕民街道银河社区等15个单位600余人讲解青铜峡发展史。制定《脱贫攻坚口述史》征编方案和采访提纲，分组进行走访，并安排人员做好资料收集整理工作。结合汉延渠景观生态修复工程，弘扬社会主旋律，在汉延渠桥头（原汉坝小学旧址）建立宁夏工委旧址纪念碑，并设置党史宣传长廊。

【《七彩古峡》编辑】 2021年，青铜峡市委党史和地方志研究室秉承"记录地情、存史资政、反映发展、服务社会"的原则，围绕市委、市政府重点亮点工作，对栏目进行重新调整，设置《视察》《会议》《调研》《活动》《党史学习》《基层动态》六大板块内容，全面记述、宣传和展示青铜峡市经济社会发展最新动态。以半年刊的形式，面向各部门、单位发行。全年发行2期840册。

【市情教育】 2021年，青铜峡市委党史和地方志研究室结合"5·18"地方志宣传日，深入开展史志"八进"（进机关、进农村、进学校、进社区、进企业、进军营、进老年活动场所、进宗教活动场所）活动。向市第一中学、职业教育中心、南苑社区、宁夏金昱元化工集团有限公司、叶盛镇五星村、邵岗镇同乐村、驻青铜峡某部队赠送《中共青铜峡历史（1925—1978）》《中共青铜峡历史大事记》《中共青铜峡市组织史》（1、2、3卷）等市情书籍1000余本。发挥青铜峡方志馆历史宣传教育阵地作用，制作PPT青铜峡历史回顾片，集中宣传展示青铜峡悠久历史，全年接待参观学习人员300余人。

（马海鸥）

档案管理

【数字档案馆建设】 2021年，青铜峡市档案馆继续开展馆藏档案数字化加工，完成馆藏档案前期划控7000余卷，扫描19.6万页，录入目录40508条。截至年底，完成档案扫描176.5万页，录入目录225175条，占全部任务的56%，完成17个全宗的数字化档案原文挂接。

【档案馆际共享】 2021年，青铜峡市档案馆按照全区档案信息资源"馆际共享"工作要求,配置设备和人员,鉴定、审核7700余份数字化开放档案,刻盘上报自治区档案馆开放档案目录及原文1277条。

【档案归集整理接收】 2021年,青铜峡市档案局印发《关于做好2020年度文件材料归档工作的通知》和《关于做好涉改部门(单位)档案管理移交工作的通知》。至年底,市档案馆接收、整理市委办2020年度文件84盒625件、涉密档案33盒257件。做好脱贫攻坚、疫情防控"两类档案"归集整理移交工作,对各成员单位档案归集整理移交工作任务、标准、时限等提出具体要求。2020年疫情防控档案由指挥部办公室统一收集外包给第三方公司进行整理和数字化。召开专门会议,对脱贫攻坚档案归集整理移交工作进行安排部署,组织37个成员单位参加吴忠市档案局举办的脱贫攻坚档案视频培训班。年内各成员单位完成脱贫攻坚档案整理和数字化档案4698盒、4600卷、25204件,数字化率90%。4月26日、5月21日,同心县档案馆、扶贫办、中宁县档案馆、扶贫办,到青铜峡市乡村振兴局、邵岗镇、市卫生健康局等单位学习交流脱贫攻坚档案归集、整理工作;6月2日,平罗县档案馆、扶贫办到青铜峡市乡村振兴局、青铜峡镇同兴村学习交流脱贫攻坚档案归集、整理工作。至2022年2月可全面完成脱贫攻坚、疫情防控档案验收、移交进馆工作。

【档案查阅利用服务】 2021年,青铜峡市档案馆配合全市行政规范性文件清理和党内法规文件清理工作,为机关单位、社会公众开展馆藏档案和政府公开文件查阅服务。全年接待来馆查档人员804人次,调阅档案1816卷(件),复印档案10782页。

【档案信息化工作】 2021年,青铜峡市档案馆为进一步提升基层档案信息化管理水平,依托宁夏档案管理平台,档案馆和基层立档单位档案业务信创应用系统在全市各部门全面接入,正在试运行。9月26日,组织全市63个立档单位档案工作人员和公文传输工作人员,在市财政局会议室举办档案业务信创应用系统培训班,由上海光典信息发展有限公司专业人员讲授信创档案业务应用系统知识,重点对数字档案室及电子档案整理、归档、接收系统配置、管理和操作使用进行培训。

【档案安全、执法监督检查】 2021年6月22日,青铜峡市档案局印发《关于进一步加强档案安全工作的通知》,于6月28日至29日、7月13日至16日由市档案局牵头,公安、消防、保密、档案馆工作人员组成检查组,对市场监督管理局等69家立档单位档案安全工作进行检查,对检查出的安全隐患列出问题清单,印发通报并提出具体整改要求,并把整改结果作为年度档案效能考核打分的依据,确保各单位抓好档案安全工作,促进全市档案事业持续健康发展。

【档案"十四五"规划编制】 2021年,青铜峡市档案局结合全市档案工作情况,对"十四五"档案事业发展目标、主要任务、保障措施进行全面调研,编制全市档案事业发展"十四五"规划,谋划好"十四五"期间档案事业发展各项重点工作任务,加强档案治理体系、档案资源体系、档案利用体系、档案安全体系建设。10月20日,以市委办公室印发《关于征求对青铜峡市档案事业发展"十四五"规划(征求意见稿)意见的通知》,组织全市有关单位召开《青铜峡市档案事业发展"十四五"规划(征求意见稿)》评审论证会。

【保密、档案工作会议】 2021年3月25日青铜峡市保密、档案工作会议召开,会议传达学习全区保密、档案工作会议精神,通报

2020年保密、档案工作，安排部署2021年保密、档案工作，市检察院、档案馆对做好档案工作做表态发言。

【全国档案事业发展规划宣讲】2021年11月22日，青铜峡市档案局印发《关于组织参加"十四五"全国档案事业发展规划公益大讲堂的通知》，并于23日至24日在财政局五楼会议室组织全市79个部门及档案馆全体工作人员共86人参加培训，国家档案局档案干部教育中心与政策法规研究司专家重点对习近平总书记关于档案工作的重要批示精神进行专题辅导，对《"十四五"全国档案事业发展规划》提出的26项主要任务和7项重点工程进行宣讲解读。

（赵　阳）

青铜峡市人民代表大会

重要会议

【青铜峡市第十五届人民代表大会第六次会议】2021年1月7日至9日召开。会议听取市长金永灵向大会做的政府工作报告。会议表决通过市人民政府工作报告决议、市人大常委会工作报告决议、市人民法院工作报告决议、市人民检察院工作报告决议、关于青铜峡市国民经济和社会发展第十四个五年规划和二〇三五年远景目标纲要的决议、关于2020年国民经济和社会发展计划执行情况与2021年国民经济和社会发展计划的决议、关于2020年财政预算执行情况和2021年财政预算的决议。

【青铜峡市第十六届人民代表大会第一次会议】2021年11月19日至21日召开。代市长文学智向大会做政府工作报告。大会审查了《青铜峡市2021年国民经济和社会发展计划执行情况与2022年国民经济和社会发展计划（草案）的报告》《审查青铜峡市2021年财政预算执行情况和2022年财政预算（草案）的报告》。大会以视频会议形式设分会场，政协委员在分会场列席会议。会议表决通过关于市人民政府工作报告的决议、关于市人大常委会工作报告的决议、关于市人民法院工作报告的决议、关于市人民检察院工作报告的决议、关于2021年国民经济和社会发展计划执行情况与2022年国民经济和社会发展计划的决议、关于2021年财政预算执行情况和2022年财政预算的决议。选举产生由马立忠等28名委员组成的青铜峡市第十六届人大常委会，选举丁辉为主任，王葆青、汪晓、杨秀梅、肖敬元为副主任；选举文学智为青铜峡市人民政府市长，吴文彪、胡兴成、贺怡、袁保峰、马超、王成为青铜峡市人民政府副市长；选举吴雪君为青铜峡市监察委员会主任、王宏强为青铜峡市人民法院院长、高锦阔为青铜峡市人民检察院检察长；并选举产生青铜峡市出席吴忠市第六届人民代表大会代表。

【青铜峡市人大常委会会议】2021年3月2日，青铜峡市第十五届人大常委会第三十八次会议召开。会议审议通过有关人事任免事项，依法任命文学智为市人民政府副市长、代理市长。

4月28日，青铜峡市第十五届人大常委会第三十九次会议召开。会议听取和评议市科学技术局、交通运输局、审批服务管理局的工作报告；听取和审议市人大常委会评议调查组关于对市科学技术局、交通运输局、审批服务管理局工作评议调查情况的报告；

审议市商务和投资促进局、市农业农村局、市文化旅游体育广电局关于落实市人大常委会评议意见整改情况的报告；审议通过关于许可对包立新采取司法拘留的决定；会议审议通过有关人事任免事项，会议依法任命王紫玉、舒学忠、董建华等10人为国家机关工作人员。

5月7日，青铜峡市第十五届人大常委会第四十次常委会会议召开。会议审议通过有关人事免职事项，决定依法免去范永华的市人民法院执行局局长、审判委员会委员、审判员职务。

6月29日，青铜峡市第十五届人大常委会第四十一次会议召开。会议听取和评议市应急管理局、信访局、自然资源局工作报告，审议通过市镇人民代表大会换届选举工作有关事宜、市人民政府关于暂缓办理市十五届人大六次会议代表建议的请示，会议审议通过有关人事任免事项，依法任命吴文彪、周志刚、王宝茹、张进喜、杨秀梅、李晓刚6人为国家机关工作人员。

8月27日，青铜峡市第十五届人大常委会第四十二次会议召开。会议审议通过关于各镇各选区选举青铜峡市第十六届暨各镇人民代表大会代表的办法（草案）及关于接受青铜峡市市镇、街道选举委员会部分组成人员请求辞职的决定（草案）。

8月31日，市第十五届人大常委会第四十三次会议召开。会议听取和审议市人民政府关于2021年国民经济和社会发展计划上半年执行情况的报告、关于2020年度财政决算（草案）暨2021年上半年财政预算执行情况的报告、关于2020年度本级财政预算执行和其他财政收支审计情况的报告、关于2020年国有资产管理情况综合报告和市属企业国有资产（含金融国有企业）管理情况的专项报告、关于代表议案建议办理情况的报告；听取市人民政府关于全市生态环境保护工作情况的报告、关于全市水资源节约、集约利用执行情况的报告。审议通过市人民政府关于变更市十五届人大六次会议代表建议的请示、关于调整2021年财政预算的议案。会议依法任命胡兴成、马超、袁保峰为市人民政府副市长，任命袁保峰、马明松、李华、何立国4人为政府工作部门主要负责人。

10月12日，青铜峡市第十五届人大常委会第四十四次会议召开。会议审议通过青铜峡市第十六届人民代表大会第一次会议召开时间的决定，补选市十六届人民代表大会代表的事宜，关于许可对苏甲男采取刑事强制措施的决定；依法任命王宏强为市人民法院审判员、审判委员会委员、副院长、代理院长。

10月25日，青铜峡市第十五届人大常委会第四十五次会议召开。会议审议通过关于推迟召开青铜峡市第十六届人民代表大会第一次会议时间的决定（草案）。

11月17日，青铜峡市第十五届人大常委会第四十六次会议召开。会议听取和审议市人大常委会代表资格审查委员会关于市第十六届人民代表大会代表资格审查结果的报告；听取和审议市人民政府关于代表议案建议办理情况的报告、关于"七五"普法实施情况及开展"八五"普法工作的报告、关于在全市公民中开展第八个五年法治宣传教育实施意见的说明，并做出关于深入开展第八个五年法制宣传教育的决议；审议通过《青铜峡市人大常委会工作报告》《青铜峡市人民政府工作报告》《青铜峡市2021年国民经济和社会发展计划执行情况与2022年国民经济和社会发展计划（草案）的报告》《青铜峡市2021年财政预算执行情况和2022年财政预算（草案）的报告》《青铜峡市人民法院工作报告》《青铜峡市人民检察院工作报告》；审议通过青铜峡市第十六届人民代表大会第一次会议有关事宜。

12月31日，青铜峡市第十六届人大常委会第一次会议召开。

会议听取市人大常委会法工委关于规范性文件备案审查工作情况的报告；审议通过市人大常委会代表资格审查委员会名单（草案）、市人民政府关于调整2021年财政预算的议案；审议通过有关人事任免事项。

（马 聪）

财政经济工作委员会

【概况】 2021年，财政经济工作委员会（以下简称财经委）紧扣青铜峡市人大常委会年度工作要点，强化责任意识，依法开展监督工作，较好地完成了各项工作任务。组织开展市属企业国有资产（含金融企业）管理情况调研、计划和预算执行情况审查等7项监督工作，完成调研、审查等报告10篇。

【部门评议】 2021年5月27日至28日，青铜峡市人大常委会评议调查组对市应急管理局进行工作评议，实地查看宁夏东吴农化公司安全生产管理情况、青铜峡市工业园区消防救援站项目建设情况、黄河楼景区消防安全情况、青铜峡市消防救援大队应急救援队伍及装备建设情况、裕民街道东街社区防灾减灾情况。通过实地调查、听取汇报、座谈讨论等形式，对市应急管理局安全生产综合监督和工矿商贸行业安全生产监督管理情况；森林草原火灾、水旱灾害等自然灾害综合监测预警、防治情况；全市总体应急预案和安全生产类、自然灾害类专项预案的编制及演练，应急救援队伍；应急物资储备和应急救援等应急救援能力建设情况；落实人大常委会决议决定、审议意见及办理代表议案建议情况等方面进行工作评议。

【计划执行和经济运行情况监督】 2021年，财经委对青铜峡市上半年农业生产、工业生产、服务业发展、投资、民生保障等方面计划执行情况进行调研，针对经济运行中存在的工业增长动力不足、投资增长后劲不强、服务业缺乏重点产业支撑等主要问题，提出加快培育壮大新动能、全力以赴扩大有效投资、着力提升服务业发展水平、加快农业提质增效、全力推进城乡协调发展、着力持续保障改善民生等建议，促进市政府及相关部门加强经济运行调控和分析，确保完成全年经济社会发展目标任务。

【政府全口径预算审查和监督】 2021年，财经委对青铜峡市上半年预算收入、支出执行情况进行审查，就预算执行和管理中存在的收支矛盾比较突出、预算的约束力还不强、部门单位财务管理不够严格、部分专项资金使用效益不高等问题，建议市政府要着力培育、扶植、壮大有效税源，强化预算刚性约束，加强政府债务管理、防范债务风险等，促进市政府及相关部门树立预算法治意识，严格预算管理，维护预算的严肃性。

【财政预算执行审计工作监督】 2021年，财经委对2020年度青铜峡市本级财政预算执行和其他财政收支审计工作报告进行审查，对审计报告指出的问题以及2019年度审计查出问题的整改落实情况进行分析研究，针对存在的审计整改落实不到位、屡审屡犯等问题，向市政府提出健全和完善审计整改长效机制、严格追责问责、强化审计结果运用等意见建议，促进严肃财经纪律，实现源头治理。

【政府全口径财政决算审查和监督】 2021年，财经委重点对2020年青铜峡市本级财政决算支出完成情况、预算稳定调节基金安排情况、财政结转情况及政府性债务情况等进行审查，为市人大常委会审议市政府2020年财政决算情况的报告、批准2020年财政决算（草案）提供依据。

【财政预算调整审查工作】 2021年，财经委加强与青铜峡市财政部门的沟通协调、相互支持配合工作，对财政部门编制的预算调整方案提前介入进行初步审查，协调办公室将市政府提请人大常委会审查批准的有关预算调整议案列入主任会议进行审议，增强监督的针对性和时效性，为促进经济发展、乡村振兴等提供财力保障。

【国有资产监督】 2021年，财经委组织开展对青铜峡市属企业国有资产（含金融国有企业）管理情况进行专题调研，初步掌握和摸清市属国有企业的资产、负债、国有资本权益，国有资本投向、布局以及国有企业改革发展和国有资产监管等情况。

【会务工作】 2021年，财经委在青铜峡市十五届人大六次会议和十六届人大一次会议期间，加强与发改、财政部门的沟通协调，对当年计划、预算执行情况和下一年度计划、预算草案进行初步审查，按时完成计划、预算审查结果报告，为计划预算审查委员会和大会主席团审查、通过计划预算报告提供依据。

（姜国宏）

法制工作委员会

【部门评议】 2021年3月18日至19日，青铜峡市人大常委会评议调查组对市交通运输局工作进行评议。按照《青铜峡市人大常委会工作评议办法》规定，采取召开动员会、听汇报、发放征求意见表征求意见、个别谈话等方式进行，在深入调研、归纳各方面意见建议基础上，形成对市交通运输局工作的评议调查报告，提出还存在法律法规学习宣传不够广泛深入、农村公路养护问题较为突出、交通运输服务质量与群众期盼还有差距、综合执法水平有待提高等问题。在第十五届人大常委会第三十九次会议上通过《青铜峡市人大常委会关于对市交通运输局工作情况的评议意见》，并将评议意见和征求到的意见归纳整理后，召开会议向市交通运输局全体干部职工及部分服务对象进行反馈，并责令限期整改。5月19日至20日，市人大常委会评议调查组对市信访局工作进行评议。按照《青铜峡市人大常委会工作评议办法》规定，采取召开动员会、听汇报、发放征求意见表征求意见、个别谈话等方式进行，在深入调研、归纳各方面意见建议基础上，形成对市信访局工作的评议调查报告，提出还存在法治信访宣传不够广泛深入、化解信访积案及处置重点信访事项力度不够，信访工作队伍整体素质有待提升等问题。在第十五届人大常委会第四十一次会议上通过《青铜峡市人大常委会关于对市信访局工作情况的评议意见》，并将评议意见和征求到的意见归纳整理后，召开会议向市信访局全体干部职工及部分服务对象进行反馈，并责令限期整改。

【《民法典》培训】 2021年3月15日，法制工作委员会（以下简称法工委）特别邀请自治区法律专家主要从《民法典》的历史发展、编纂《民法典》的重大意义、总体要求、基本原则、主要内容5个方面进行专题法律培训。青铜峡市人大常委会组成人员，政府班子成员及政府工作部门主要负责人，监察委员会班子成员，法、检两院班子成员以及部分市人大代表、人大机关干部109人参加培训。

【代表培训】 2021年12月14日，市人大常委会举办青铜峡市第十六届人民代表大会代表培训班。法工委邀请自治区人大农业与农村工作委员会主任姚文明以"坚持和完善人民代表大会制度，依法履行人大代表职责"为主题，对新一届人大代表进行培训，提高人大代表责任意识和履职能力。市人大常委会主任、副主任、委员、各镇人大主席、部分人大代表共190人参加培训。

【信访接待】 2021年,法工委(青铜峡市人大信访室)始终坚持把解决群众来信来访作为了解民情、促进社会和谐稳定的一项重要工作,严格按照受理、登记、督办、反馈等程序,对受理的信访件及时交办转办和督办。全年接待和受理群众来信来访11件20多人次,信访办理做到事事有交代、件件有着落。

【规范性文件备案审查】 2021年,法工委收到青铜峡市政府报送备案的规范性文件5件,按照"有件必备、有备必审、有错必纠"的要求,逐一登记、审查和存档。从审查结果看,市政府及其机关部门对备案审查工作高度重视,制定的规范性文件报备及时、实体合法、行文规范、质量较高。组织相关部门专业人员,配合吴忠市法工委立法调研,提出有利于经济社会长远发展的立法建议,推进依法治市进程。

【会务工作】 2021年,法工委落实青铜峡市第十六届人民代表大会第一次会议大会秘书处会议筹备后勤保障组工作职责,做好后勤保障工作,做到会议服务指南及时印制、安全保卫、餐饮卫生安全、供电、消防等应急保障有力。尤其是与市卫生健康局紧密配合,严格按照《青铜峡市第十六届人民代表大会第一次会议疫情防控工作方案》,组织8批次2700多名参会人员核酸检测单采双采,为大会召开提供后勤安全服务保障。

(郭晓宏)

教科文卫工作委员会

【部门评议】 2021年3月16日至17日,青铜峡市人大常委会评议调查组对市科学技术局进行工作评议。实地调查宁夏新大众机械有限公司、宁夏黄河谣农产品综合开发有限公司、宁夏兴豆缘豆制品有限公司、宁夏嘉惠道路资源再生利用有限公司。按照《青铜峡市人大常委会工作评议办法》规定,采取召开动员会、个别谈话、实地查看等方式,对全市科技服务、研发及成果转化应用情况;科技创新平台建设及创新型企业培育情况;科技人才队伍建设情况等多方面进行工作评议。形成对市科学技术局工作评议的调查报告,第十五届人大常委会第三十九次会议通过《青铜峡市人大常委会关于对市科学技术局工作情况的评议意见》,提出还存在着科技创新氛围不够浓厚、科技创新主体发展不平衡、科技创新服务水平有待提升、科技创新人才紧缺等问题,并将评议意见和征求到的意见归纳整理向市科学技术局全体干部职工及部分服务对象进行反馈,并责令限期整改。

【评议意见整改督查】 2021年4月14日,青铜峡市人大常委会组成督查组,采取听汇报、查资料、实地看等方式,督查市文化旅游体育广电局整改落实市人大常委会评议意见情况。督察组对市文化旅游体育广电局整改落实人大常委会评议意见予以肯定,提出建立和完善整改长效机制,实施文化惠民工程,争取资金完成图书馆、文化馆新馆搬迁及旧馆改造任务;巩固提升国家全域旅游示范区、国家公共文化服务体系示范区创建成果;加大黄河大峡谷国家5A级景区创建力度,实施精品景区提升工程,做好文化遗产传承和合理利用工作;推动全民健身和全民健康的融合发展等建议。

【医疗保障工作审议意见整改落实督查】 在2020年11月26日召开的青铜峡市十五届人大常委会第三十六次会议上,市人大常委会对全市医疗保障工作进行专题询问,做出审议意见。2021年6

月1日，市人大常委会为了切实增强询问效果，促进国家机关改进工作，采取听汇报、查资料、实地看等方式，督查市人民政府整改落实市人大常委会审议意见情况。督查组认为市人民政府高度重视人大常委会审议意见的整改落实，召开专题会议研究部署，制定整改方案，采取有效措施整改落实，取得较好整改效果。建议市人民政府要建立和完善整改落实长效机制，健全医疗保障体系，不断释放医保"红利"，坚持"三医"联动推医改，推动医保改革走深走实；要发挥医保公共服务机构监管、部门协同监管作用，强化医保基金监管能力，管好用好医保基金；要扩大服务保障供给，推进异地就医即时结算；要进一步提高健康服务水平，提升医疗服务质量，建设完善高效的健康服务体系，实现更高水平的全民健康。

【专题片制作】 2021年，教科文卫工作委员会按照青铜峡市人大常委会换届工作安排，成立十五届人大工作回顾专题片制作专班，全面搜集5年间人大工作音视频及文字资料，撰写近1万字的电视片解说词。根据专题片制作需要，连续两周到镇村、社区、企业采录视频镜头，于10月中旬完成4集总时长约30分钟的专题片制作。根据市人大十六届一次会议宣传方案，专题片于11月15日至18日在青铜峡电视台播出。

【会议宣传工作】 2021年，教科文卫工作委员会落实市第十六届人民代表大会一次会议筹备工作职责，制订会议宣传工作方案，按时完成各种证件审定制作，完成社会面和会议主会场氛围营造，抓好大会现场直播和代表采访等关键环节，为大会召开提供宣传保障。

（张敏轩）

农业与环境资源保护工作委员会

【工作评议反馈意见整改情况督查】 2021年，农业与环境资源保护工作委员会（以下简称农环委）对青铜峡市农业农村工作评议反馈意见整改情况督查。严格按照有关规定，改进监督方式，精心策划，提前介入，开展前期调研，制订督查实施方案，对市农业农村局工作评议提出的工作意见和建议整改情况开展督查，通过督查全市农业农村工作，形成闭环监督管理，助推农业高质量发展。

【工作检查反馈意见整改情况督查】 2021年，农环委对青铜峡市环境保护工作检查反馈意见整改情况进行督查。围绕黄河流域环境保护，听取和审议吴忠市生态环境保护局青铜峡分局相关情况报告，要求市人民政府统筹推进环境综合治理和产业结构调整转型，助推全市生态环境质量持续向好，认真整改对市环境保护工作检查中反馈的意见、组织对相关成员单位整改情况进行跟踪检查，抓好落实。

【部门评议】 2021年5月25日至26日，青铜峡市人大常委会评议调查组对市自然资源局进行工作评议，实地查看青铜峡工业园区废旧矿山生态修复及闲置低效土地利用建设情况；同进村经果林产业带及全市义务植树工作情况；凤凰岛黄河"清四乱"违建别墅拆除清理工作情况；不动产登记事务中心及宅基地、河源水域岸线划界确权工作情况。通过实地调查，听取汇报，座谈讨论等形式，对市自然资源局土地管理工作情况，矿产资源管理工作情况，林草湿地资源管理与生态修复工作情况，自然资源确权登记工作情况，落实人大常委会决议决定、审议意见及办理代表议案建议情况等方面进行工作评议。准确做出评议意见及时予以反馈，根据评议意见，市自然资源局制定整改方案和措施，抓好整改落实。

【会务工作】 2021年,农环委制订方案、完善措施、规范宣传内容,指导各镇做好青铜峡市第十六届人民代表大会代表选举工作的前期宣传;做好市第十六届人民代表大会第一次会议组织组承担的选举工作任务,9个职位99名候选人依法选举产生,宣誓就职。

(李 华)

代表联络与选举工作委员会

【市镇代表选举】 2021年,代表联络与选举工作委员会(以下简称代选委)草拟《关于市镇两级人大换届选举工作安排意见》、关于市镇两级代表名额分配的决定、市镇两级初步代表候选人、正式代表候选人等材料文件35份,经青铜峡市人大常委会党组会议研究,提交市委常委会会议,依法组织协调做好市镇两级代表选举工作。选举工作从2021年4月中旬开始,分五个阶段,到2021年11月21日底结束。换届选举期间,全市成立市、镇(街道)选举委员会10个,市选举委员会选举办公室1个,划分市级选区105个,划分镇级选区345个,依法选举市级人大代表191人,镇级人大代表516人。

【选举业务骨干培训】 2021年4月和5月中旬,代选委分批组织青铜峡市人大常委会组成人员、部分人大代表和人大干部参加全国人大深圳培训中心在浙江扬州和四川成都举办的县乡换届选举专题培训;4月29日,组织市纪检、组织、宣传、统战部门主要负责人,各镇人大主席、裕民街道人大联络处主任和人大专干参加全区县乡换届选举视频培训会议,系统学习《选举法》和选举工作程序。7月7日,召开全市换届选举工作会议,听取各镇(街道)人大主席(主任)换届选举工作开展情况的汇报,并对换届选举工作进行安排部署。7月16日,举办由全市市镇(街道)选举委员会组成人员、人大专干及相关部门105人参加换届选举培训班,邀请自治区人大常委会代表联络与选举任免工作委员会副主任杨振义系统讲解市镇两级人大换届选举工作相关知识。8月13日,组织各镇人大主席、裕民街道人大联络处主任和人大专干参加自治区换届选举统计工作培训。

【各镇换届选举指导】 2021年,代选委按照时间节点,在选民登记阶段,指导青铜峡市各镇严把"三关"即年龄关、法律关、政策关,及时纠正错登、漏登、重登现象。截至8月19日,登记选民218509人,参加投票人数200078人,参选率达91.6%。在候选人提名酝酿阶段,严把候选人的结构关和张榜公示的法定节点,对提名推荐的297名市级人大代表和857名镇级人大代表候选人,严把"入口关",代表结构做到"三升一控",农民、工人和专业技术人员比例比上届有所上升,党政领导干部比例与上届持平,妇女代表比例高于上届,少数民族代表按照法律规定予以保证。8月30日选举日,到各镇(街道)选区指导选举,确保市镇两级人大换届选举工作依法进行。9月8日至9日,各镇召开新一届人民代表大会,依法选举产生镇人大主席8人、镇长8人、副镇长21人,新当选的人大主席、镇长、副镇长向宪法宣誓就职,各镇人大换届选举圆满完成。

【代表资格审查】 2021年10月11日和11月17日,代选委根据选举工作要求,两次组织召开第十五届市人大常委会代表资格审查委员会,对当选的192名市人大代表资格进行审查,根据会议要求,修改《关于青铜峡市第十六届人民代表大会代表资格审查报告》,并提交市十五届人大常委会46次会议审议。

【代表议案建议督办】 2021年8月17日至19日、10月14日,代选委分别对青铜峡市第十五届人大六次会议代表议案建议办理工作进行全面覆盖检查，跟踪督办的市十五届人大四次会议代表建议办理工作情况，采取实地查看、现场听取市人民政府责任领导汇报、征求代表意见、召开汇报会等方式进行检查。截至年底，市十五届人大六次会议确定的2件议案，已办结；40件建议，已办结36件，正在办理3件，暂缓办理1件，办结率为92.7%。并及时将《关于对青铜峡市十五届人大六次会议代表议案建议检查报告》转交市政府办理。

【部门评议】 2021年3月23日至24日，青铜峡市人大常委会评议调查组对市审批服务管理局进行工作评议，实地调查大坝镇民生服务中心标准化建设；市政服务大厅；裕民街道东街社区为民办事代办点。通过实地调查、听取汇报、座谈讨论等方式，对市审批服务管理局完善政务服务事项管理，推进政务服务标准化建设情况；"12345"便民服务工作情况；协同推进"放管服"改革，推进审批服务事项便民化工作情况；"互联网+政务服务"工作情况等方面进行工作评议，并形成《关于对市审批服务管理局工作评议的调查报告》，提交市十五届人大常委会第三十九次会议对市审批服务管理局进行评议。参加市法制工作委员会组织的信访局评议工作。

【三级人大代表会议议案建议征集】 2021年9月25日，代选委印发《关于征集拟向人代会提出议案建议的通知》，对拟征集议案3件，建议67个（其中自治区级4个、吴忠级3个、青铜峡市级63个），利用2天时间，到各镇进行现场甄别，在人代会期间，确定市十六届人代会一次会议议案2件，建议37件，提交市议案审查委员会进行审查。

【其他工作】 2021年，代选委协助市委组织部做好青铜峡市出席吴忠市第六届人大代表推荐、提名、考察等工作，对选出正式代表逐个进行个人信息登记、汇总提交吴忠市人大常委会。并做好市十六届人大一次会议议案组各项工作，起草代表资格审查报告、代表议案的处理办法（草案）、代表提交议案截止时间的决定（草案）等，在议案截止时间内，形成议案建议目录，提交主席团讨论。大会闭幕后，将《关于对青铜峡市第十六届人民代表大会第一次会议议案建议的通知》及时转交市政府办理。

（韩淑文）

青铜峡市人民政府

重要会议

【政府第六次全体（扩大）会议暨党风廉政建设工作会议】 2021年4月8日，青铜峡市十五届人民政府第六次全体（扩大）会议暨党风廉政建设工作会议召开。会议传达学习全国、全区、吴忠市"两会"精神和自治区人民政府第五次全体（扩大）会议精神，政府各副市长对各项重点工作进行再安排、再部署，市人大常委会对2021年人大代表议案、建议工作进行交办，市政协对2021年政协委员提案工作进行交办，市纪委对政府系统党风廉政建设工作提出具体要求，签订市人民政府党组2021年党风廉政建设目标责任书。

【第十五届、第十六届政府常务会议】 2021年1月13日，青铜峡市十五届人民政府第99次常务会议召开。会议传达学习中共中央、自治区党委、吴忠市委经济工作会议和自治区建设黄河流域生态保护和高质量发展先行区第三次推进会精神，研究贯彻落实意见；会议审议《2021年政府工作报告任务分工方案（送审稿）》《青铜峡市乡镇（街道）〈权力清单〉〈赋权清单〉等"五个清单"（送审稿）》《2021年春节慰问活动实施方案（送审稿）》。

3月10日，青铜峡市十五届人民政府第100次常务会议召开。会议传达学习中共中央、自治区党委、吴忠市委农村工作会议精神，中共中央、自治区党委、吴忠市委政法工作会议精神，全国、全区财政、信访、公安、民政、水利等工作会议精神。研究审议并通过《关于政策性文件清理意见的请示》《青铜峡市2021年农村人居环境提升工程实施方案（送审稿）》《关于公开出让国有建设用地使用权等事项的请示》《关于贺兰山东麓葡萄酒产业高质量发展鸽子山骨干供水等3个项目立项的请示》。

3月31日，青铜峡市十五届人民政府第101次常务会议召开。会议传达学习《政府督查工作条例》《自治区人民政府督查室关于学习贯彻〈政府督查工作条例〉聚焦重大决策提升督查能力的通知》精神，听取一季度政府督查工作汇报、全市社团治理工作进展情况的汇报，审议《青铜峡市自流灌区农业灌溉末级渠系水价调整执行方案（送审稿）》《2021年老旧小区改造实施方案（送审稿）》《国家卫生城市复审工作方案（送审稿）》《关于增加社区专职人民调解员的请示》《青铜峡市基层水利服务体系改革实施方案（送审稿）》《青铜峡市农业灌溉末级渠系终端水费收缴及末级渠系水费使用管理办法（送审稿）》《青铜峡市农村生活污水处理站运营方案（送审稿）》。

4月16日，青铜峡市十五届人民政府第102次常务会议召开。会议听取青铜峡市妇女儿童发展规划实施情况的汇报，审议《青铜峡市推进县域义务教育优质均衡发展实施方案（送审稿）》《2021年推进县域义务教育优质均衡发展工作计划（送审稿）》《青铜峡市关于学前教育深化改革规范发展实施方案（送审稿）》《青铜峡市科技创新激励以奖代补资金使用方案（送审稿）》《2020年"引客入青"奖励经费暨〈2021年青铜峡市引客入青奖励办法（试行）〉的请示》《青铜峡市水权交易可交易水量及价格的请示》。

4月19日，青铜峡市十五届人民政府第103次常务会议召开。会议听取全市一季度经济运行情况的汇报，安排部署下一步工作。审议并原则同意《青铜峡市贯彻落实自治区生态环境保护督察反馈意见整改方案（送审稿）》《市教育局、市政管理服务中心等19个单位固定资产处置事项的请示》。

4月23日，青铜峡市十五届人民政府第104次常务会议召开。会议传达学习自治区建设黄河流域生态保护和高质量发展先行区第四次推进会议、全区当前经济形势分析通报会议精神，研究贯彻落实意见；听取全市安全生产工作情况汇报，安排部署下一步工作。

4月30日，青铜峡市十五届人民政府第105次常务会议召开。会议传达学习国务院第四次廉政工作会议、自治区政府廉政工作会议、全区脱贫攻坚总结表彰大会暨实施百万移民致富提升行动会议精神，研究贯彻落实意见；传达学习习近平总书记、李克强总理对职业教育重要指示批示精神，听取全市职业教育工作情况、全市第一季度信访工作情况、2020年全市食品药品安全工作情况的汇报，安排部署2021年工作。

5月27日，青铜峡市十五届人民政府第106次常务会议召开。会议听取全市近期生态环境工作汇报，安排部署下一阶段工作。会议套开双拥工作领导小组2021年第一次会议，传达学习全国、全区双拥模范城（县）命名暨双拥模范单位和个人表彰大会精神;审议《青铜峡市创建双拥模范城（县）实施方案（2021—2024）（送审稿）》《青铜峡市2021年拥军优属拥政爱民工作要点（送审稿）》《关于实现巩固拓展脱贫攻坚成果同乡村振兴有效衔接实施方案（送审稿）》《贯彻落实〈自治区　吴忠市关于进一步强化易地搬迁后续扶持实施移民致富提升行动的意见〉重点任务分工方案》《青铜峡市落实水资源"四定"原则深入推进用水权改革实施方案（送审稿）》《青铜峡市红十字会改革实施方案（送审稿）》。

6月9日,青铜峡市十五届人民政府第107次常务会议召开。会议传达学习《宁夏回族自治区加强作风建设八条禁令》及自治区应对新冠肺炎疫情工作指挥部办公室《关于自治区党委应对新冠肺炎疫情工作领导小组第17次会议精神任务清单的通知》精神,安排部署下一步工作;审议《青铜峡市国家级玉米制种基地2020年度建设方案（送审稿）》。

6月16日,青铜峡市十五届人民政府第108次常务会议召开。会议传达学习习近平总书记对湖北十堰市张湾区艳湖社区集贸市场燃气爆炸事故做出的重要指示精神、李克强总理批示精神,全国全区安全防范工作视频会议精神,自治区安委会关于切实加强当前重点领域安全风险防范工作的紧急通知精神,中央、自治区扫黑除恶专项斗争表彰大会精神,听取全市扫黑除恶专项斗争工作开展情况的汇报,安排部署下一阶段工作;审议《青铜峡市关于学校布局调整撤销设立学校（园）有关事宜的请示》。

7月2日,青铜峡市十五届人民政府第109次常务会议召开。会议传达学习自治区党委书记陈润儿检查督导安全生产、应急管理工作和安全防范视频调度会议精神,听取近期安全生产大检查发现问题整改情况汇报;传达学习自治区党委办公厅　人民政府办公厅《关于改革完善社会救助制度的实施意见》,研究贯彻落实意见。审议《青铜峡市关于开展排污权有偿使用和交易改革加快建设环境污染防治率先区实施方案（送审稿）》《青铜峡市关于深入推进山林权改革加快植绿增绿护绿步伐实施方案（送审稿）》《青铜峡市关于深入推进土地权改革完善土地要素市场配置的实施方案（送审稿）》。

7月15日,青铜峡市十五届人民政府第110次常务会议召开。会议传达学习《中华人民共和国行政处罚法》,审议《关于开展全国法治政府建设示范县（市）创建活动的实施方案（送审稿）》,通报全市疫苗接种进展情况,安排部署下一步工作。

8月9日,青铜峡市十五届人民政府第111次常务会议召开。会议传达学习习近平总书记对防汛救灾工作做出的重要指示精神、全国抗洪抢险救灾和防汛工作视频会议精神、自治区主席咸辉批示精神、全区防汛抗旱工作视频会议精神;听取全市近期防汛抗旱工作汇报,安排部署下一阶段工作;听取市十五届人大六次会议代表议案建议和市政协十一届六次会议委员提案办理情况的汇报。审议《青铜峡市基础教育质量提升行动实施方案（送审稿）》《青铜峡市全民健康水平提升行动实施方案（送审稿）》《青铜峡市城乡居民收入提升行动实施方案（送审稿）》《青铜峡市2021年上半年国民经济和社会发展计划执行情况的报告（送审稿）》《2020年财政预决算（草案）和2021年上半年财政预算执行情况报告(送审稿)》《2020年度市本级财政预决算执行和其他财政收支情况的审计结果报告（送审稿）》。

9月2日,青铜峡市十五届人民政府第112次常务会议召开。会议传达学习习近平总书记在中共中央政治局会议上的重要讲话精神,李克强总理关于上半年经济工作和在国务院西部地区开发领导小组第二次会议上的讲话精神;传达学习习近平总书记关于深入推进农村厕所革命的重要指示精神,听取2021年全市农村厕所革命推进情况、全市国企改革三年行动推进情况、巩固拓展脱贫攻坚同乡村振兴有效衔接工作推进情况的汇报。

9月27日,青铜峡市十五届人民政府第113次常务会议召开。会议传达学习中共吴忠市纪委《关于2021年中秋国庆期间严明纪律要求加强作风建设的通知》《关于2起违反中央八项规定精神典型问题的通报》;传达学习《中华人民共和国安全生产法》和习近平总书记关于安全生产重要论述,听取第三季度安全生产及应急管理工作情况的汇报,研究贯彻落实意见;传达学习《重大行政决策程序暂行条例》《宁夏回族自治区重大行政决策规定》,审议《青铜峡市人民政府2021年度重大行政决策事项目录(送审稿)》;传达学习国家自然资源督察西安局例行督察会议精神,听取督察反馈问题整改情况的汇报;听取全市生态环境保护督察反馈问题整改情况的汇报,安排部署下一步工作;传达学习自治区主席咸辉《关于宁夏鸿裕农业开发有限公司涉嫌越界开采等问题核实整改情况专报》上的批示精神,听取国务院第八次大督查第16督查组反馈问题整改情况汇报,安排部署下一步工作。

11月15日,青铜峡市十五届人民政府第114次常务会议召开。会议传达学习中国共产党第十九届中央委员会第六次全体会议精神,习近平总书记在中央人大工作会议、人才工作会议、纪念辛亥革命110周年大会上的重要讲话精神,在中共中央政治局第三十三次、第三十四次集体学习时重要讲话精神,自治区党委十二届十三次全会精神,学习《习近平法治思想概论》。审议通过《政府工作报告(送审稿)》《青铜峡市2021年国民经济和社会发展计划执行情况与2022年国民经济和社会发展计划(草案)的报告(送审稿)》《青铜峡市2021年财政预算执行情况与2022年财政预算(草案)的报告(送审稿)》《关于市十五届人大六次会议代表议案建议办理情况的报告(送审稿)》《关于市政协十一届六次会议委员提案办理情况的通报(送审稿)》《关于在全市公民中开展第八个五年法治宣传教育的实施意见(送审稿)》《关于深入开展第八个五年法治宣传教育的决议(草案)》《青铜峡市"反诈人民战争"实施方案(送审稿)》。听取全市能源保供和能耗"双控"工作汇报、自治区生态环境保护专项督察反馈意见整改情况汇报,安排部署下一步工作。

12月11日,青铜峡市十六届人民政府第1次常务会议召开。会议传达学习习近平总书记在第三次"一带一路"建设座谈会、深入推动黄河流域生态保护和高质量发展座谈会、全国宗教工作会议上的重要讲话精神,李克强总理在研究分析当前经济形势和部署下一步经济工作时的讲话精神、关于今冬明春电力煤炭供应保障和能源改革发展的讲话精神,自治区党委十二届十四次全会精神、自治区贯彻落实习近平总书记在深入推动黄河流域生态保护和高质量发展座谈会上的重要讲话精神暨先行区建设第六次推进会精神;传达学习中国共产党吴忠市第六次代表大会精神,研究贯彻落实意见。听取全市安全生产(安全生产专项整治三年行动、自然灾害综合风险普查)工作汇报,安排部署下一步工作;听取中央环保督察反馈问题整改情况汇报,安排部署下一步工作;听取脱贫攻坚评估后反馈问题整改情况汇报,安排部署下一步工作。

12月28日,青铜峡市十六届人民政府第2次常务会议召开。会议学习《中华人民共和国预算法实施条例》;传达学习习近平总书记在全国宗教工作会议上的重要讲话精神和自治区党委常委会会议有关精神、中共中央办公厅国务院办公厅《关于做好2022年元旦春节期间有关工作的通知》精神、自治区党委经济工作会议精神和吴忠市"两会"精神,研究贯彻意见;听取全市食品药品安全工作汇报,研究部署下一步工作。

【其他会议】 2021年3月3日,青铜峡市卫生健康工作会议召开。会议就公共卫生、医改、"互联网+医疗健康"等2021年重点任务进行安排部署。

3月15日,青铜峡市森林草原防灭火工作推进会召开。会议通报一季度全市防灭火情况,传达自治区森林草原防灭火指挥部办公室《关于进一步加强森林草原防灭火工作的紧急通知》精神,并安排部署下一步工作。

4月8日,青铜峡市2021年金融工作暨政银企融资对接落实会召开。会议总结2020年全市金融工作,安排部署2021年金融工作,通报全市企业融资需求、招商引资意向和全市乡村振兴规划情况。会上,金融机构和企业代表做交流发言,部分金融机构与企业签订融资金额为6.6亿元的协议。

4月15日,青铜峡市2021年国家卫生城市复审工作启动会召开。会议对迎接国家卫生城市复审工作进行安排部署,市卫生健康局、住房和城乡建设局、裕民街道、市场监管局主要负责人做表态发言。

5月8日,青铜峡市工程建设政府采购等重点领域突出问题专项治理工作领导小组(扩大)会议召开。会议传达自治区、吴忠市专项治理工作领导小组会议和专项治理问题及线索移交工作会议精神,通报全市专项治理工作情况,研究部署下一阶段专项治理任务。市专治办、发改局、财政局、审计局汇报工作进展情况。市自然资源局、生态环境分局做表态发言;会议研究审议《青铜峡市工程建设政府采购等重点领域突出问题专项治理2021年工作要点》《青铜峡市工程建设政府采购等重点领域突出问题专项治理工作领导小组规则》《青铜峡市工程建设政府采购等重点领域专项治理问题及线索管理处置办法实施细则(试行)》。

6月2日,青铜峡市"四权"改革动员部署会议召开。会议传达学习自治区建设黄河流域生态保护和高质量发展先行区第四次推进会、吴忠市建设黄河流域生态保护和高质量发展先行区推进会精神,安排部署全市山林权、土地权、用水权、排污权改革工作,市水务局、自然资源局、吴忠市生态环境局青铜峡分局做表态发言。

6月3日,青铜峡市道路交通安全专项整治工作部署会暨道路交通管理委员会第一次会议召开。会议通报2021年1—5月全市道路交通安全情况,宣读《2021年青铜峡市道路交通安全综合治理方案》,安排部署2021年下半年工作。

6月9日,青铜峡市2021年打击治理电信网络新型违法犯罪联席会议召开。会议通报2020年及2021年1—5月全市打击治理电信网络新型违法犯罪工作情况,对下一步工作进行安排。市委网信办、裕民街道办、中国人民银行青铜峡市支行单位负责人做表态发言。会议审议通过《青铜峡市打击治理电信网络新型违法犯罪专项行动实施方案》。

6月24日,青铜峡市自治区生态环境保护督察反馈问题整改工作推进会议召开。会议听取整改进展情况汇报,并对下一阶段整改工作进行安排部署。

6月25日,青铜峡市安全生产工作会议召开。会议深入贯彻落实习近平总书记对湖北十堰市燃气爆炸事故做出的重要指示精神、李克强总理批示精神和自治区党委书记陈润儿在全区安全生产视频调度会上讲话精神,深刻汲取近期全国、全区多地发生的生产安全事故教训,特别是河南柘城发生的重大火灾事故教训,深入查找存在的问题,进一步明确任务重点,逐级靠实责任,全力以赴抓好安全生产各项工作。

7月14日,全市"四大提升行动"部署推进会议召开。会议传达学习自治区"四大提升行动"部署推进会议精神，安排部署全市移民致富、城乡居民收入、基础教育质量、全民健康水平四大提升行动。市教育局、人力资源和社会保障局、农业农村局、卫生健康局负责人做表态发言。

8月25日，青铜峡市法治政府建设工作推进会召开。会议传达学习自治区法治政府建设会议精神；通报全市法治政府建设工作情况，安排部署迎接中央依法治国实地督察相关工作、全市贯彻落实自治区法治政府建设督察问题整改工作。

9月15日，青铜峡市发展壮大村集体经济工作调研暨推进会召开。与会人员先后到陈袁滩镇沙坝湾村、小坝镇林东村、叶盛镇张庄村等8个村级集体经济项目点，对各镇村集体经济工作进行调研，指导镇村结合自身实际挖掘产业优势、拓展发展思路、优化经营模式。会议通报2021年中央、自治区扶持壮大村级集体经济项目督查情况，传达区、市党委关于村级集体经济项目的经营、管理等方面的具体要求，指出全市当前村级集体经济发展过程中存在的突出问题。

9月22日，市安委会2021年第三次全体（扩大）会议暨安全生产专项整治三年行动工作推进会议召开。会议组织观看安全生产事故警示片，传达新《安全生产法》及修订的主要内容和吴忠市安委会2021年度第三次全体会议精神，通报全市2021年1—9月安全生产工作和安全生产专项整治三年行动开展情况，安排部署下一阶段工作，部分部门单位进行经验交流和表态发言。

11月25日，青铜峡市生态环境保护督察反馈问题整改暨冬春季大气污染防治攻坚工作调度会议召开，传达学习自治区有关会议精神，通报全市关于中央和自治区环保督察反馈问题整改暨全市大气污染攻坚工作情况，安排部署下一步全市生态环保工作。

11月26日，青铜峡市安全生产暨2021—2022年度黄河青铜峡段防凌工作会议召开。会议传达学习自治区防凌专题会议和2021—2022年度黄河宁夏段防凌视频会议精神，通报1—11月全市安全生产工作、消防安全工作、今冬明春气候预测等情况，对安全生产工作进行再提醒、再动员、再部署。市商务和投资促进局、自然资源局、青铜峡工业园区管委会、住房和城乡建设局、水务局、文化旅游体育广电局有关负责人就做好各自领域安全生产工作分别做表态发言。

12月1日，青铜峡市全市巩固脱贫攻坚成果后评估工作推进会召开。会议传达学习自治区集中开展"四查四补"持续巩固脱贫攻坚成果工作文件精神，通报全市巩固脱贫攻坚成果工作情况，对全市集中开展"四查四补"持续巩固脱贫攻坚成果、迎接自治区巩固脱贫攻坚成果后评估工作进行安排部署。

12月7日，青铜峡市巩固脱贫成果后评估反馈会召开。自治区巩固脱贫成果后评估实施组组长张子龙、自治区乡村振兴局考核评估处副处长王玉忠对青铜峡市巩固脱贫成果后评估情况进行反馈。评估组对青铜峡市巩固脱贫成果工作成效、工作措施、政策落实等工作给予充分肯定，对存在的短板弱项问题进行反馈并提出整改建议和要求。

12月28日，青铜峡市安全生产委员会2021年第四次全体（扩大）会议召开。会议传达岁末年初全国安全防范工作紧急视频会议精神，通报2021年全市安全生产及应急管理工作情况，安排部署下一阶段全市安全生产工作。市住房和城乡建设局、交通运输局、自然资源局就做好安全生产做表态发言。

（董新昕）

信访工作

【概况】 2021年，青铜峡市信访局以集中治理重复信访化解信访积案为突破口，切实解决群众利益表达诉求，全力做好信访维稳工作。1—10月，接待、登记、受理信访群众来访、来信、网上投诉341批1205人次。其中，来访167批1022人次（2020年同期219批1095人次），同比批次下降23.7%，人次下降6.6%；来信29件（2020年同期41件），同比下降29.2%；网上投诉145件（2020年同期166件），同比下降12.7%。

【市级领导包保化解】 2021年，青铜峡市召开市委常委会会议5次、政府常务会议2次、信访工作联席会议6次，专题研究部署信访积案化解，落实信访积案化解经费2000万余元。市委、市政府主要领导多次对信访工作做出批示，并主动担当带头包案。市委书记张自力主动包保问题最突出、矛盾最尖锐、化解难度最大的"名峡人家部分业主反映的不动产证办理难问题"和"陈袁滩镇河滩地禁种补偿问题"信访积案，先后4次主持召开专题会议，听取汇报，提出化解方案，推动问题化解。名峡人家320户业主办理不动产证难的问题得到彻底解决。市长文学智主动认领"八家砖厂拆除补偿问题"，"约访"八家砖厂负责人，提出解决意见，督促责任单位采取第三方评估、协议部分补偿、保留法律诉讼等程序进行化解。市委、市政府分管领导始终关注和指导信访积案化解，与23个责任单位负责人签订信访积案化解目标责任书，明确由20名市级领导包保化解，实行台账管理，先后8次研究信访积案化解工作措施，10次到各镇、有关单位督办信访事项化解工作。

【信访基础建设】 2021年，青铜峡市信访局制定《青铜峡市信访工作初信初访责任制管理暂行办法》和《青铜峡市信访重点人员稳控工作办法（试行）》、镇（街道）、村（社区）信访工作联席会议机制，印发《关于市级领导包保化解重点信访事项及协调解决农民工工资问题的通知》，落实初信初访首问首办责任，按照"日接收、周落地、月办结"要求，推行"简易办、盯着办"，推进让群众"最多访一次"，提质提速规范办理各类信访事项，使信访事项办理时限比往年平均缩短30天，无一例超期办理情况发生。加强基层信访工作网络建设，市级成立社会矛盾纠纷调处化解服务中心，镇（街道）组建社会矛盾纠纷调处化解服务站，村（社区）设立社会矛盾纠纷调处化解服务室，全市8个镇、1个街道、84个行政村、24个社区全部实现三级社会矛盾调处化解机构挂牌成立并运行。开展信访工作"四无"村（社区）创建活动，统筹基层社会力量化解矛盾纠纷，做到"小事不出村、大事不出镇、矛盾不上交"。年内65个村（社区）申请创建"四无"村（社区），通过评定验收的44个，占村（社区）总和的40%。全市受理初信初访信访事项377件，办理完结353件，办结率93.6%。全年没有新增一例因政府不作为或政府处置不得当造成的重复信访事项。

【信访专项攻坚】 2021年，青铜峡市信访局开展集中治理重复信访化解信访积案专项工作攻坚行动，制订专项工作实施方案，召开会议安排部署专项工作，按照"属地管理、分级负责、谁主管、谁负责"原则，将中央、自治区、吴忠市信联办交办的第一批73件信访积案和第二批10件信访件进行定向交办，实行台账管理。截至年底，第一批73件信访积案全部上报清零，第二批10件信访积案正在化解中。针对全市梳理出来的55件重点信访事项、信访积案，逐案压实责任，实行限期交账，推动重点信访问题和信访积案依法及时就地解决，年内化解41件，化解率75%。并通过开展"大督查、大接访、大调研"专项活动，对专项工作的推进、信访突出问题的化解进行专项督导，推动专项治理工作落到实处。

（杨振宇）

审批服务管理

【概况】 2021年，青铜峡市审批服务管理局聚焦审批服务便民化，以"互联网+政务服务"为引领，创新优化基础政务服务，全面落实"一网、一门、一次、一窗、一号"改革，探索创新服务模式，着力提升政务服务水平，全年累计受理、办理审批服务事项175万余件，办结率100%。

【政务服务办理】 2021年，青铜峡市审批服务管理局承接自治区派发"四级四同"事项1419项，进驻大厅1381项，进驻率97.3%；推行"一窗受理、集成服务"，"一窗"受理事项比例达90%以上；不见面事项1088项，网上不见面办理率达到80%以上；全市"我的宁夏"手机APP累计注册用户达16万余人。"四减一提升"（压减办事环节、压减办件材料、压减办结时限、压减跑动次数、提升群众满意度）办理时限压减65%以上，申请材料压减30%以上，办理环节压减20%以上。设定最多跑一次事项1385项，占比达到98%。

【"一件事一次办"改革】 2021年，青铜峡市审批服务管理局梳理14个部门的21项"一件事一次办"事项，设立专窗，开展线下代办，办理事项9657件。事项由原来法定4325个工作日减少为303个工作日，压减率为99%。

【政务服务评价推行】 2021年，青铜峡市审批服务管理局制定《青铜峡市政务服务"好差评"制度（试行）》，在全市8个镇、1个街道办、2个农（林）场及政务服务大厅窗口安装评价器85台，实现线上线下服务评价全覆盖。全年评价34105件，群众满意度100%。

【基层政务服务】 2021年，青铜峡市镇（街）民生服务中心集中办理政务服务事项166项，48项便民服务事项下沉村（社区）就近办理。依托全区政务服务"一张网"，实现镇（街道）高频政务服务事项"一网通办、全程网办、一次办结"。8个镇、1个街道办民生服务中心全面推行申请"一窗"受理，全科服务。全市镇（街）民生服务中心、村（社区）代办点代办量5万余件。

【政务服务跨省通办】 2021年，青铜峡市审批服务管理局落实国家和自治区部署的"跨省通办"政务服务事项105项，与内蒙古自治区阿拉善盟腾格里经济技术开发区签约"跨省通办"政务服务事项78项。

【"12345"便民热线运行管理】 2021年，青铜峡市审批服务管理局实现群众诉求"一号通"，政务服务"零距离"，全年受理各类咨询、建议、求助、表扬、举报等事项32137件，办结32010件，办结率99.6%。

【镇（街道）赋权清单对接落实】 2021年，青铜峡市审批服务管理局组织各镇（街道）和市直各相关部门开展赋权清单梳理工作，梳理乡镇（街道）赋权事项77项，除行政处罚、行政强制、行政检查等39项暂不宜进驻镇（街道）民生中心外，涉及医保系统、残联系统、民政系统、人社系统、卫生健康系统共38项事项全部赋权镇（街道）办理。组织协调各有关部门，针对38项赋权镇（街道）事项清单编制培训资料，制定培训计划，对8个镇、1个街道办窗口工作人员进行培训并现场操作测试件，提高镇（街道）人员政策理论水平和业务能力。

【服务模式创新】 2021年，青铜峡市审批服务管理局为解决群众"上班没空办、下班没处办"的堵点痛点问题，政务服务大厅公安局窗口力推365天×24小时"全天候不打烊"服务模式；不动产登记窗口开展"互联网+"服务模式，申请开通官方"微信公众号"，推出不动产登记"微信预约"和"预约查询"服务功能，实现首次登记、转移登记、变更登记、注销登记、抵押权首次登记、抵押权注销登记、预告登记7大类型不动产登记业务提前登记预约，年内登记200余件。

【政务服务宣传】 2021年，青铜峡市审批服务管理局加大"不见面"和"最多跑一次"宣传推进力度，引导企业和群众通过全程网办、帮办代办、快递送等方式开展网上办事。通过在服务大厅展示宣传板，宣传"12345"市民服务热线，引导使用"我的宁夏"手机APP，提高网上审批事项比例。全年向宁夏政务服务网推送政务服务工作动态36条，向各类新闻媒体和报纸投稿85条，编发简报56期。其中，宁夏政务服务网1条，青铜峡市电视台报道3条，魅力青铜峡采用3条。

（马秀芳）

网络安全和信息化建设

【网络舆情管控】 2021年，青铜峡市委网络安全和信息化委员会办公室完善网络舆情监测机制，制订应急预案，落实分组监测、定期分析、跟踪、督办等制度，健全信息监测清查、迅速通报和案件协查协处置机制，实行"人防＋技防"相结合，加强涉青铜峡网络舆情日常监测，强化重要时间节点和敏感事件网络信息监测，坚持领导带班、在线在岗24小时值班制度，召开网络舆情分析研判会，督促涉事部门做好网上舆情处置和网下问题解决。编发《网络舆情月报》《网络舆情周报》《网络舆情专报》，设置《网络热点》《网信动态》《舆情课堂》《法规解释》等8个板块，汇总分析网络舆情，做到敏感信息随时报、热点信息及时报、重要信息定时报，为市委、市政府准确应对舆情提供依据。在全市各部门单位建立网络新闻发言人、舆情信息员、网站管理员和网络评论员等队伍，举办培训班，提升舆情舆论引导能力。

【网络宣传】 2021年，青铜峡市委网络安全和信息化委员会办公室坚持把习近平新时代中国特色社会主义思想、党的十九大、十九届四中、五中全会精神及习近平总书记视察宁夏重要讲话精神网上宣传作为首要任务，在市属网站政务新媒体开设《十九届四中全会》《总书记到宁讲话》《2020全国两会》等专题栏目，确保党的声音成为网络空间最强音。新冠肺炎疫情防控期间，在市政府网站设置防疫专栏1个，转发和发布防疫信息稿件182条，协调"魅力青铜峡"等28个官方微信公众号推送疫情动态疫情防控知识9500余条，总阅读数200万次。开通"网信青铜峡"微信公众号、官方抖音号、官方头条号，参与"抗击疫情 宁夏有我""阻击疫情 吴忠有我"话题，发布宣传视频66条，获赞5万余次，总观看量90万余次。聚焦脱贫攻坚、全域旅游、优势特色产业等，开展"遇见宁夏""第十六届全国网络媒体宁夏行""中国梦·黄河情"等主题采访活动，组织人民日报客户端、人民网、新华网等中央媒体和商业媒体记者、网络红人到黄河楼、恒辉牧业、西鸽酒庄等地开展采访，推送相关帖文12篇，制作短视频11个，网民阅读量20万余次。

【网络空间治理】 2021年，青铜峡市委网络安全和信息化委员会办公室贯彻落实《网络信息内容生态治理规定》，持续网络信息内容生态专项治理，结合网上"扫黄打非"专项行动，开展"秋风2020""护苗2020"等专项治理行动，采用人工巡查方式，对属地备案网站信息内容、备案情况等逐一检查，向吴忠市委网信办移交排查出的境内外涉黄网站和网络赌博网站。制定《青铜峡市商业网站、自媒体和网络直播账号管理办法（试行）》《青铜峡市互联网违法和不良信息举报奖励办法》，加强属地网站日常巡查，发动社会力量积极参与网络空间治理,倡导网民文明用网,营造清朗网络空间。

【网络安全宣传】 2021年,青铜峡市委网络安全和信息化委员会办公室以"网络安全为人民、网络安全靠人民"为主题,开展网络安全宣传周活动,协调市发展和改革局、公安局等15个部门开展网络安全知识宣传,发放网络安全宣传资料,在社区、乡镇、学校等地组织开展网络安全知识讲座,推进网络安全知识进机关、进校园、进企业、进社区。宣传周期间,组织全市31个党委(党组)参加网络安全知识竞赛,以赛促学,提升各部门(单位)工作人员网络安全意识。

【网络安全管理】 2021年,青铜峡市委网络安全和信息化委员会办公室制定《青铜峡市网络安全事件应急处置预案》,组建网络安全员队伍,加强人员培训,强化网络安全突发事件预警通报,做好重大活动和重要时间节点的网络安全保障工作。联合市公安局、工信局对市融媒体中心、市医院等4家单位关键信息基础设施落实网络安全防护情况进行检查,针对安保措施落实不到位问题抓好整改落实。

【信息化建设】 2021年,青铜峡市委网络安全和信息化委员会办公室统筹推进"互联网+"项目,实施城乡"互联网+教育"工作,全市39所乡村学校实现光纤网络全覆盖,实现校校通、班班通,接入带宽300兆,所有教学班智能化终端实现100%覆盖,优质课堂同步在线教学、学校空间开通和使用率均达到100%。夯实"互联网+医疗健康"工作基础,101家乡村卫生医疗机构网速提升至100~300兆,信息专网覆盖率达到100%,8个乡镇卫生院部署云视频会议系统。2020年,市政府投资1026万元统筹推进全市城乡"互联网+医疗健康"一期项目建设工作,计划投资3500万元分三项完成全市医疗健康信息化建设工作。推进"互联网+政务服务"建设,完成市、镇(街道)、村(社区)"一张网"全覆盖的五级互联互通网络体系,政务服务覆盖全市8个镇、84个村,覆盖率100%,办事事项达100多项。投资400万元建设青铜峡市数字图书馆,投资1000万余元推进"智慧旅游"建设,投资1400万元建设青铜峡市综合治理信息化系统,预投资900万余元推进"三馆一厅"民生服务信息化建设。

(林建虎)

政协青铜峡市委员会

重要会议

【政协第十一届青铜峡市委员会第六次会议】 2021年1月6日至8日召开。会议审议通过《政协青铜峡市委员会2021年协商计划》《政协第十一届青铜峡市委员会第六次会议提案审查情况的报告》《政协第十一届青铜峡市委员会第六次会议决议》。受政协第十一届青铜峡市委员会常务委员会委托,市政协主席宋丽向大会报告常委会工作,政协副主席袁浩向大会报告政协第十一届青铜峡市委员会常务委员会关于十一届四次会议以来提案工作情况。

【政协第十二届青铜峡市委员会第一次会议】 2021年11月18日至20日召开。受政协第十一届青铜峡市委员会常务委员会委托,宋丽向大会做工作报告;大会听取政协第十一届青铜峡市委员会常务委员会关于提案工作情况的报告。表决通过政协第十二届青铜峡市委员会第一次会议关于常务委员会工作报告的决议、政协第十二届青铜峡市委员会第一次会议关于提案工作情况报告的决议、政协第十二届青铜峡市委员会提案审查委员会关于十二届一次会议提案审查情况的报告、政协第十二届青铜峡市委员会第一次会议政治决议。大会选举宋丽为政协第十二届青铜峡市委员会主席；选举马文俊、于建华、关秀林为政协第十二届青铜峡市委员会副主席；周学明为政协第十二届青铜峡市委员会秘书长；丁鹤、马明松等28人为政协第十二届青铜峡市委员会常务委员。

【政协青铜峡市委员会2021年协商计划开题会】 2021年3月3日召开。会议审议《关于推进全市依法行政工作调研协商方案》《关于推动黄河文化传承彰显区建设情况调研协商方案》2个专题议政性常委会议题和《关于大力推进乡村人才振兴·为乡村振兴提供有力支撑调研协商方案》《关于依靠科技创新·加快实施工业新旧动能转换调研协商方案》《关于青铜峡市"互联网＋医疗健康"工作调研协商方案》3个专题协商会议题。

【政协常委会会议】 2021年1月8日，市政协十一届二十四次常委会会议召开。会议听取分组讨论情况汇报；会议审议《市政协2021年协商计划（草案）》《市政协十一届六次会议提案审查情况的报告（草案）》《市政协十一届六次会议决议（草案）》。

4月27日，市政协十一届常委会第二十五次会议召开。会议审议通过市政协十一届二十五次常委会议议程；书面传达学习全国"两会"精神；听取市人民政府《关于全面推进严格执法工作情况》的通报。市政协常委会围绕全面推进严格执法工作进行协商议政；邓胜吉、刘蹼等7位委员围绕全面推进严格执法工作进行预约发言和即席发言。市司法局、自然资源局、吴忠生态环境局青铜峡分局、交通运输局、农业农村局、文化旅游体育广电局、市场监管局有关负责人做协商交流，就委员们提出的建议意见面对面一一进行回应。会议还审议通过《关于加强和促进人民政协凝聚共识工作的实施意见》《关于强化政协委员责任担当的实施意见》及有关人事事项。

5月7日，青铜峡市政协十一届二十六次常委会会议召开。会议审议通过有关人事免职事项，决定免去范永华中国人民政治协商会议第十一届青铜峡市委员会常务委员职务，撤销其委员资格。

8月9日，政协青铜峡市十一届委员会第二十七次常委会会议召开。会议通过现场观摩、召开座谈会的形式进行。与会人员先后到贺兰山东麓鸽子山葡萄种植基地、青铜峡镇余桥村、青铜古镇、市第五小学唐源分校等地，通过实地查看、听取汇报，详细了解全市上半年经济社会发展情况。会议传达学习习近平总书记在庆祝中国共产党成立100周年大会上的重要讲话精神；听取市人民政府关于上半年全市经济社会发展情况、关于推动黄河文化传承彰显区建设情况的通报；与会人员围绕上半年全市经济社会发展情况和推动黄河文化传承彰显区建设情况开展协商议政。

9月28日，市政协十一届常委会第二十八次会议召开。会议审议通过市政协十一届常委会第二十八次会议议程；通报市人民政府关于市政协十一届六次会议以来提案办理情况，对市政协十一届六次会议所报送的协商报告、政协专报、社情民意信息等所提意见建议采纳及落实情况。与会人员围绕提案办理情况和协商报告、政协专报、社情民意信息等所提意见建议采纳及落实情况进行协商议政。市科学技术局、司法局、住房和城乡建设局、交通运输局、农业农村局、文化旅游体育广电局、卫生健康局、葡萄酒产业发展服务中心有关负责人做协商交流，就委员们提出的意见建议面对面一一进行回应。

11月16日，青铜峡市政协十一届常委会第二十九次会议召开。会议传达学习中共十九届六中全会精神，与会人员协商通过政协第十二届青铜峡市委员会委员名单和界别设置，审议通过政协第十二届青铜峡市委员会第一次会议有关文件（草案）及各项建议名单、政协第十一届青铜峡市委员会常委会工作报告及报告人名单、政协第十一届青铜峡市委员会常委会提案工作情况的报告及报告人名单、关于召开政协第十二届青铜峡市委员会第一次会议的决定。

11月20日，政协青铜峡市第十二届委员会第一次常委会会议召开。会议审议通过《政协第十二届青铜峡市委员会常委会第一次会议议程》《青铜峡市政协2022年度协商计划》《政协第十二届青铜峡市委员会各委办主任、副主任任职人员名单（草案）》政协第十二届青铜峡市委员会各专门委员会组成人员方案。

【政协主席会议】2021年2月4日，市政协十一届四十五次主席会议召开。会议传达学习自治区、吴忠市"两会"精神；研究市政协十一届六次会议重点提案督办有关事宜；通报工会经费收支情况，研究审议春节职工福利有关事宜；听取各委室2021年工作思路汇报。

3月31日，市政协十一届四十六次主席会议召开。会议传达学习全国政协十三届四次会议精神；审议《〈青铜峡文史资料第八辑〉评审会方案》《关于举办市政协提案办理工作信息化培训班的方案》《市政协机关工作记实制度（讨论稿）》；听取各委室3月工作完成情况汇报。

4月25日，市政协十一届四十七次主席会议召开。会议审议《关于加强和促进人民政协凝聚共识工作的实施意见（审议稿）》《关于强化政协委员责任担当的实施意见(审议稿)》《关于全面推进严格执法的调研报告》《依靠科技创新加快实施工业新旧动能转换的调研报告》《2021年度市政协各委室效能目标管理考核办法（讨论稿）》《市政协十一届二十五次常委会议议程(草案)》及有关人事事项。

5月27日，市政协十一届四十九次主席会召开。会议传达学习中共中央政治局常委、全国政协主席汪洋调研宁夏讲话精神；讨论《中国人民政治协商会议青铜峡市委员会协商工作规则》；审议《市政协提案"回头看"及提案督查工作方案》。

6月24日，市政协十一届五十次主席会议召开。会议审议《关于大力推进乡村人才振兴，为乡村振兴提供人才支撑专题协商报告》《关于推进黄河文化传承彰显区建设的协商报告》《中国人民政治协商会议青铜峡市委员会协商工作规则（审议稿）》《青铜峡市政协委员按界别联系社会组织试点工作实施方案》；听取各委室"政协机关工作规范年"活动开展情况汇报，外出培训学习政协机关干部进行交流发言。

7月15日，市政协十一届五十一次主席会议召开。会议审议《关于大力推进乡村人才振兴为乡村振兴提供人才支撑专题协商报告》《关于开展优秀委员 优秀提案 提案承办先进单位和提案工作先进个人推荐评选工作的方案(讨论稿)》《政协第十二届青铜峡市委员会第一次会议筹备工作分工方案(讨论稿)》《市政协十一届二十七次常委会议议程（草案)》；听取提案和委员联络委员会关于市政协十一届委员会委员履职考核情况的汇报。

7月29日，市政协十一届五十二次主席会议召开。会议审议《市政协关于"互联网＋医疗健康"工作开展情况的协商报告》，通报人事任免事宜。

9月2日，市政协十一届五十

三次主席会议召开。会议审议《关于优秀政协委员、优秀提案、提案承办先进单位、提案工作先进个人通报表扬的方案》；听取市政协十一届六次会议重点提案办理情况的汇报和委员读书活动工作情况的汇报、各专委会协商计划议题库建立情况及2022年协商计划谋划情况的汇报以及提案和委员联络委员会外出交流学习情况的汇报。

9月23日，市政协十一届五十四次主席会议召开。会议听取十二届一次会议各组分工方案和工作开展情况汇报；审议通过政协机关工作规范年待规范事项、市政协十一届二十八次常委会议议程。

10月9日，市政协十一届五十五次主席会议召开。会议审议通过政协第十二届青铜峡市委员会第一次会议请示的相关内容。

10月13日，市政协十一届五十六次主席会议召开。会议听取政协第十二届青铜峡市委员会委员建议名单和界别设置的说明、各专委会2022年协商计划、各专委会五年工作总结；会议审议《政协第十二届青铜峡市委员会第一次会议有关文件（草案）》及各项建议名单，《政协第十一届青铜峡市委员会常委会工作报告（草案）》《政协第十一届青铜峡市委员会常委关于提案工作情况的报告（草案）》《政协第十一届青铜峡市委员会常委会第二十九次会议议程（草案）》《政协青铜峡市委员会委员履职考核办法》。

11月11日，市政协十一届五十七次主席会议召开。会议审议《政协第十二届青铜峡市委员会第一次会议疫情防控工作方案》；安排部署政协十二届一次会议筹备相关工作。

11月20日，市政协十二届一次主席会议召开。会议审议通过《青铜峡市政协2022年协商计划（草案）》《政协第十二届青铜峡市委员会各委办主任、副主任任职人员名单（草案）》《政协第十二届青铜峡市委员会各专门委员会组成人员方案（草案）》《政协第十二届青铜峡市委员会常务委员会第一次会议议程（草案）》。

（易亚男）

政协经济委员会

【经济社会发展调研】 2021年，政协经济委员会先后走访青铜峡市统计局、工业和信息化局、自然资源局、农业农村局等部门，对全市人口状况、一二三产业在全市产业结构中的占比、农林牧渔业发展、土地利用现状、主要发电企业及发电量等情况进行摸底调研，基本掌握全市经济社会总体情况，为政协经济委员会准确履职奠定基础。

【专题协商】 2021年，政协经济委员会按照《青铜峡市政协2021年工作任务分工方案》，在总结专题协商工作程序、方法的基础上，制定专题协商工作规范。并根据《政协青铜峡市委员会2021年协商工作计划》，按照"不学习就不调研，不调研就不协商"原则，组织开展"依靠科技创新加快实施工业新旧动能转换""大力推进乡村人才振兴，为乡村振兴提供人才支撑"专题协商的学习培训、专题调研、协商座谈等工作，完成《依靠科技创新加快实施工业新旧动能转换》《大力推进乡村人才振兴，为乡村振兴提供人才支撑》专题协商报告。

【界别协商】 2021年，政协经济委员会在总结界别协商工作程序、方法的基础上，制定界别协商工作规范。与农业界别委员联系沟通，与青铜峡市葡萄酒产业协会对接协调，在对农业界别委员组织学习培训的基础上，围绕"促进青铜峡市葡萄酒产业抱团发展"议题，组织农业界别委员、市葡萄酒产业协会和相关部门召开界别协商座谈会进行协商，建言献策，提出相关建议，形成3条社情民意信息上报市委。

【社情民意信息】 2021年，政协经济委员会组织委员开展青铜峡市专题调研协商、界别协商等活动，撰写《关于盘活企业闲置资产增强企业发展动力的建议》《关于解决甘城子葡萄酒产区生活用水天然气供给问题的建议》《关于加大对甘城子酿酒葡萄种植区泄洪沟道清淤治理力度的建议》《关于在甘城子葡萄酒产区主要道路路口设置减速带的建议》等社情民意信息。

【调研考察配合】 2021年，政协经济委员会配合接待全国、自治区、吴忠市和外省市各级政协到青铜峡市调研、考察20余次。先后配合全国政协、自治区政协和吴忠市政协开展高标准农田建设、"加快九大产业数字化进程，推动其高质量发展"、宁夏灌溉古渠系保护和利用、葡萄酒产业发展、促进全市餐饮业、奶产量高质量发展、巩固拓展脱贫攻坚成果同乡村振兴有效衔接、加快工业转型升级促进工业高质量发展情况等十余次专题调研。先后接待江西省赣州市政协、四川巴中市政协、广西壮族自治区政协等区外各级政协到青铜峡市开展关于农业产业、培育壮大农旅融合新业态促进农业产业提档升级等议题考察十余次。

【界别工作室建设】 2021年，政协经济委员会在考察学习银川市和利通区政协工作的基础上，专委会分别走访青铜峡宾馆、食品商会，经过对比选址，在嘉宝园区威格瑞思电力有限公司建成经济、工商联界别委员工作室。

（邢　斌）

政协教科文卫体委员会

【专题协商】 2021年5月，政协教科文卫体委员会组织部分政协常委、委员就青铜峡市关于推动黄河文化传承彰显区建设情况开展议政性常委会专题协商，通过学习培训、实地查看、听取汇报、座谈讨论、网络议政、前期调研和集中调研相结合的方式开展调研协商，全面了解黄河文化传承彰显区建设情况和存在的问题，针对协调推进黄河文化传承彰显区建设工作合力尚未形成、深入推进黄河文化与旅游融合发展不够、文化人才队伍建设滞后等问题提出意见建议13条。

【监督性协商】 2021年7月，政协教科文卫体委员会组织部分政协委员对青铜峡市"互联网+医疗健康"工作开展情况进行监督性协商。通过学习培训、实地查看、听取汇报、座谈讨论的形式开展专项监督，深入了解全市"互联网+医疗健康"工作开展情况，针对"互联网+医疗健康"工作建设进度整体缓慢、"互联网+医疗健康"资金保障不到位、"互联网+医疗健康"服务能力不足等问题提出意见建议8条。

【界别委员活动】 2021年5月至6月，政协教科文卫体委员会按照自治区政协2020年协商工作计划安排，以委员界别工作室、委员会客室为平台，组织部分常委、委员以"全市公共卫生疾控体系建设"为主题，开展健康宁夏建设、健康吴忠建设、健康青铜峡建设三级联动专题协商调研。形成《健康青铜峡建设的调研报告》《进一步强化基层公共卫生疾控体系能力建设的建议》上报自治区政协和吴忠市政协，为促进"健康宁夏建设"贡献青铜峡智慧。开展以服务群众，凝聚共识为目的"委员大讲堂"活动，组织文化界委员鲁兴华深入学校、社区开展写作知识培训，夏谦深入社区、部门开展党史学习教育讲座，为凝聚社会各界共识，发出政协好声音。挂牌成立施艳玲委员会客室，就幼儿园门口家长接送孩子拥堵问题、聘用幼儿园教师薪资待遇问题与教育、公安、交通等部门主动对接，促进相关问题解决，拓宽委员履职渠道，搭建委员履职新平台。

【调研考察配合】 2021年，政协教科文卫体委员会配合做好自治区政协、吴忠市政协及外省区政协到青铜峡市开展的调研、考察活动。按照调研、考察活动要求，及时与相关部门联系协调，制订接待方案，落实地点、路线和相关汇报材料，确保调研、考察活动顺利开展。先后配合完成自治区政协关于推进宁夏黄河文化传承彰显区建设、关于开展"以四大提升为载体，推动巩固拓展脱贫攻坚成果同乡村振兴有效衔接"的调研；吴忠市政协关于围绕"推进体教融合进一步提高青少年素质"、关于保护传承黄河文化情况的调研；接待全国政协、黑龙江省政协、辽宁省辽阳市政协等到青铜峡市开展的考察学习活动。

【工作实录编纂】 2021年，政协教科文卫体委员会按照编纂委员会工作要求，收集、整理、编辑出版完成《政协第十一届青铜峡市委员会工作实录》。

（沙 萍）

政协社会治理委员会

【协商议政】 2021年3月至4月，青铜峡市政协组成调研组，采取学习培训、联动调研、专题调研、网络议政、党组织引领、邀请界别委员参加等方式开展全面推进严格执法工作调研协商。社会治理委员会围绕反映市政协工作开展情况，先后撰写吴忠市政协调研青铜峡市基层综合执法改革等工作、自治区政协对青铜峡市全面推进严格执法工作进行调研等15篇。4月27日，市政协召开十一届二十五次常委会议，围绕全面推进严格执法开展专题协商议政，形成《关于全面推进严格执法的协商报告》。通过调研协商不断提升行政执法水平，优化行政执法环境，加强执法队伍建设，统筹推进全市行政执法规范化建设，为"十四五"规划实施和建设现代化美丽青铜峡提供法治保障。

【对口协商】 2021年5月21日，政协社会治理委员会组织专委会委员对合理优化设置城区街道隔离栏开展对口协商。委员围绕对口协商内容建言献策，委员反映人行道斑马线设置不合理、公交站台不靠近人行道、车辆乱停乱放等问题，相关部门针对提出问题与委员沟通协商，逐步解决百姓出行难题。6月9日，《华兴时报》对青铜峡市政协开展对口协商、解决百姓出行难题进行报道。

【社情民意信息】 2021年，政协社会治理委员会组织专委会委员到青铜峡市裕民街道南苑社区开展基层联系点活动，通过实地调研社区建设和治理情况，了解到社区工作人员多、费用开支大、经费不足、网格党支部办公场地和设施不全等问题，先后撰写《关于加大社区网格党支部基层设施提升社区服务水平的建议》《关于安装交通安全设施的建议》等7篇（含联合撰写）。其中，委员龚成、叶广忠撰写的《关于提高青铜峡市社区工作者待遇的建议》，官振华、李睿华撰写的《关于加强全市城乡养老服务运营建议》，杨泽芳、丁建明撰写的《关于加大社区网格党支部基础设施建设提升社区服务水平的建议》，上报市委、市政府批转相关部门解决。

【界别工作室建设】 2021年，政协社会治理委员会在青铜峡市裕民街道南苑社区建立社科社保与工青妇联合界别委员工作室，成立联合组织机构，界别召集人1人、联络员2人、界别委员20人，展示委员风采照片9人。42名专委会委员照片全部上墙，界别委员工作室发挥作用，开展功能型党支部活动，设置委员基层联系点开展党史学习教育等活动，成为联系群众的桥梁和纽带。

【界别群众服务】 2021年，政协社会治理委员会多次与青铜峡市民政部门联系沟通，摸清全市社会组织底数，对全市116家社会组织工作开展情况、发挥作用情况、协会负责人稳定情况、社会各界影响力等进行筛选认定，确定16家社会组织（行业协会），牵头制订《青铜峡市政协委员按界别联系社会组织试点工作实施方案》。按年度分步分批实施，计划2022年召开市政协委员按界别联系社会组织试点工作座谈会，并联系古峡禁毒帮困志愿者协会。

【协商议题征集】 2021年，政协社会治理委员会与青铜峡市委统战部、市人社局、市民政局、市人民法院、市人民检察院、市公安局、司法局、退伍军人事务局多次沟通联系，依据《青铜峡市国民经济和社会发展第十四个五年规划和二〇三五年远景目标的建议》，结合市委全面深化改革办督察通报内容，征集协商议题28个。其中，调研议题23个，视察议题5个，（含监督性议题6个）。围绕就业、社保、养老、社会治理、公益诉讼、道路安全、依法行政、民族宗教、统一战线等方面，为今后五年视察调研协商打下基础。

【送书读书活动】 2021年，政协社会治理委员会开展学党史、送好书、访委员活动，与委员沟通交流，了解委员工作和履职情况，向41名委员赠送《中国共产党为什么能》《马克思主义为什么行》《中国特色社会主义为什么好》《中国共产党简史》等书籍。推送每日红印、每日金句，重庆谈判、两个务必、沂蒙精神、半条被子等革命历史经典故事100多条。通过开展读书分享活动，使委员知史爱党、知史爱国。

【考察交流接待】 2021年，政协社会治理委员会先后接待到青铜峡市开展全国政协建立健全经常性社会心理服务和预警干预机制工作专题调研，自治区政协全面推进严格执法工作、酒庄休闲文旅协调发展工作情况调研，大连市政协、宜春市政协、云南省文山壮族苗族自治州政协考察调研宗教团体建设学习调研、考察交流等9余批次。

（马云东）

政协提案和委员联络委员会

【社情民意信息】 2021年，政协提案和委员联络委员会深化"党建＋提案"工作模式，坚持"两会一联系"制度，发挥好专委会功能型党支部政治引领作用和共产党员委员模范带头作用，组织和引导青铜峡市政协委员参与政协各类会议、协商调研、学习培训、提交提案、反映社情民意等履职活动。组织委员依托叶盛镇委员基层联系点，开展"学党史、悟思想"委员读书活动和委员下基层活动，委员们结合参观金山集邮文化博物馆，就如何学好党史，领悟思想内涵展开座谈交流，对叶盛镇乡村旅游发展提出建议。全年反映社情民意8件，8条信息被《华兴时报》采用，1条信息被市党史地方志研究室采用。

【委员履职管理考核】 2021年，政协提案和委员联络委员会制定《青铜峡市委员履职管理考核办法》，指导各专委会对十一届委员会161名委员综合履职情况进行考核。经考核，履职称职委员131人，履职一般委员23人，履职差的委员7人。做好市政协十一届委员会优秀委员、优秀提案、提案办理先进单位、提案工作先进个人评选工作，采取各专委会推荐，各专委会、提案承办单位推荐，提案和委员联络委员会反复征求意见进行审核、主席会议审定方法，评选出丁洪军等2017—2021年度优秀政协委员25人、《关于加快国家全域旅游示范市创建工作的建议》等优秀提案30件、市住房和城乡建设局等提案承办先进单位10个和提案工作先进个人10人。

【提案文本规范】 2021年，政协提案和委员联络委员会在青铜峡市政协十一届六次会议结束后，对立案的提案从文本格式、提案封面等方面进行全面整理规范，统一提案格式，形成建议清单。主动与市委办、市政府办对接，根据提案内容，对每件提案的主办单位、协办单位进行协商，征求部门意见，做出相应调整后移交市委办、市政府办安排提案交办工作。

【重点提案遴选】 2021年，政协提案和委员联络委员会根据《政协青铜峡市委员会重点提案遴选和督办办法》，通过市委、市政府、市政协三方协商，遴选出备选提案8件，提交主席会议确定重点提案4件。针对提案内容涉及的单位，召开相关部门协商座谈会，完善提案内容，协商市委办、市政府办下发通知，由相关单位办理落实。

【提案跟踪督办】 2021年，政协提案和委员联络委员会坚持提案跟踪督办制度，选择青铜峡市政协十一届一次会议至四次会议6件事关全市经济社会发展和民生改善，但当年不具备条件办理的提案进行"回头看"，组织委员到市图书馆、新建图书馆、滨河大道陈袁滩段、青铜古镇、青铜峡镇建安公司小区、大坝镇中庄村生活污水处理站进行视察，促进提案办理落实。完善市领导领衔督办重点提案的提案督办工作机制。各领衔督办领导主动协调有关方面，主持和参加重点提案的调研视察、协商座谈、跟踪督办等活动，促使一些办理难度大、涉及面广的重点提案得以办理落实。深化提案工作质量"双向评议"活动，把"双向评议"融入提案办理的走访调研、平时督办、跟踪督办、集中督办、调研视察活动中，采取逐件评议、常委会集中评议等方式，对立案的46件提案质量和提案办理质量进行评议测评。6月17—18日，召开提案办理协商座谈会，听取24个承办单位关于市政协十一届六次会议提案和委员意见建议办理进展情况的汇报，全面了解提案办理和委员意见办理情况，就推进提案办理进行协商座谈，提出建议，各承办单位对政协提案质量开展测评；9月8日，组织提案委员对部分提案进行现场督办，听取办理情况，对提案办理质量进行测评，召开市政协常委会议，听取市政府关于市政协提案办理情况的通报，常委们对提案办理质量进行评议测评，提高提案办理质量。

【提案工作信息化建设】 2021年，政协提案和委员联络委员会举办青铜峡市政协提案工作信息化建设培训班，邀请自治区政协提案委员会李夏林进行专题讲座，宁夏希望软件公司工程师就"宁夏互联网+政协综合信息服务系统"提案办理操作流程和方法进行现场培训。各提案承办单位分管领导及提案办理工作联络员及基层委员联系点联络员等70余人参加培训。坚持以提案清单为抓手，制定提案清单式管理实施方案，实施提案网上提交、交办、督查、答复办理模式，推动提案办理信息化建设上台阶。

【委员读书活动】 2021年，政协提案和委员联络委员会根据全国、自治区政协《关于开展委员读书活动的意见》《关于开展委员读书活动的实施方案》要求，制订《青铜峡市政协关于开展"学中共党史，担时代使命"委员读书活动方案》，举行"学中共党史，担时代使命"委员读书活动启动仪式，召开政协委员读书活动座谈会；开展"学党史、送好书、访委员"活动，为91名市政协委员赠送书籍《中国共产党为什么能》《马克思主义为什么行》《中国特色社会主义为什么好》，为61名不是党政机关事业单位的委员赠送《论中国共产党历史》《中国共产党简史》。为推动政协委员读书活动深入开展，市政协以专委会为单位建立4个委员读书群，制定工作计划，从5月10日开始至8月10日，利用3个月时间，通过线上线下方式组织市政协委员围绕中国共产党为什么能、马克思主义为什么行、中国特色社会主义为什么好三个专题，开展"学党史、悟思想"研讨交流活动。举办各类线下委员读书活动14次,参与285人次,其中142名委员撰写学习体会和感悟,并做交流发言。

【协商议政】 2021年,政协提案和委员联络委员会围绕"开通工业园区至青铝集团公交线路"和"开通青铜峡市区至葡萄酒庄公交线路"问题,首次开展"有事好商量"协商议政活动。组织政协委员与市政府相关部门负责人、企业代表,到工业区、葡萄产业基地实地调研青铜峡市区—青铝集团—工业园区和青铜峡市区—葡萄产业基地两条交通线路状况,召开"有事好商量"协商座谈会,形成专题报告呈报市委、市政府。市交通运输局制订《关于开通小坝至工业园区和葡萄产业基地公交线路的实施方案》,明确运营线路、日发班次、站点及发车时间安排,于9月底开通工业园区至青铝集团、青铜峡市区至葡萄酒庄两条公交线路。

【文史资料编辑出版】 2021年,政协提案和委员联络委员会组织召开《青铜峡文史资料》第八辑评审会,汇报编辑工作情况,与会领导及相关部门负责人对《青铜峡文史资料》第八辑的文章选编、板块设计、文字修订、图片使用等提出修改意见建议。根据大家的意见,反复修改,完成出版发行。《青铜峡文史资料》第八辑收录文史稿件36篇19.5万字,设难忘记忆、激情岁月、地域文化3个专栏,从不同角度反映部分历史事件、历史人物、城乡变迁。

【提案工作报告撰写】 2021年7月中下旬,政协提案和委员联络委员会着手谋划撰写青铜峡市政协提案工作报告。坚持"重点突出、文字简练、文风朴实"原则,全面梳理政协第十一届委员会历次会议提案办理情况,总结特色亮点和经验做法,客观分析提案工作中存在问题及不足,提出意见和建议。坚持"开门写报告",虚心接受主席、各副主席及各委室主任、副主任和办公室意见,全面汇总整理、逐条推敲分析、反复研究会商,做到斟酌、提炼、吸收,形成一份高质量《提案工作报告》,得到领导好评。

【提案征集】 2021年,政协提案和委员联络委员会草拟印发《关于征集十二届一次会议提案线索的通知》,面向青铜峡市各部门、单位组织征集提案线索,梳理制作提案线索目录,做好委员知情明政服务工作。草拟《关于征集十二届一次会议提案的通知》,召开提案征集工作协商会,向政协各专委会、各参加单位下达提案征集任务和提案选题目录参考。邀请政府办、民主党派代表和委员代表对征集到的158件提案进行预审,通过对选题的准确定性、问题的客观性和建议的可操作性进行综合评估,提出初审意见,组织召开提案审查会,最终确定立案提案66件。

(张欣泽)

纪委 监委

纪检工作

【政治监督】 2021年,青铜峡市纪委紧盯巩固拓展脱贫攻坚成果同乡村振兴有效衔接、推进黄河流域生态保护和高质量发展先行区建设、实施乡村振兴"四大提升行动"等重大决策部署,持续深化"8121"常态化监督机制,创新建立"2+X"监督工作清单,开展监督检查46次,反馈问题232个,提出整改建议37条，督促各部门（单位）严格履责，推动各项部署任务落实落细。同时，将涵养良好政治生态作为推动政治监督具体化、常态化抓手，对全市各部门（单位）党风廉政建设和政治生态建设情况综合分析研判，聚焦政治意识淡化、党建工作虚化、责任落实软化等突出问题精准施治，力促各部门（单位）担当作为、履职尽责。强化换届风气监督，严格落实"纪检监察机关意见必听、反映线索具体且有可查性的信访举报必查"，完成3073名候选人初步人选资格审查，办结问题线索16件。坚决扛起疫情防控重大政治责任，紧盯"10·20"疫情成立8个督导组，深入疫情防控一线跟进精准监督230余次，下发通报14期，反馈问题88个，督促医疗垃圾管理不规范、个别集中隔离点管控不严等问题整改到位。

【案件查处】 2021年，青铜峡市各纪检机关受理群众信访举报337件，处置问题线索228件，立案60件79人，组织处理103人次，给予党纪政务处分83人，其中科级干部27人，追缴违纪资金31.45万元，严肃查处鸿裕公司非法采矿监管部门失职失责等案件。配合政法队伍教育整顿，牵头开展政法干警违规经商办企业和配偶、子女及其配偶违规从事经营活动专项整治，严肃查处政法系统违纪违法案件13件，给予党纪政务处分13人。

【行业领域整治】 2021年，青铜峡市纪委推进工程建设政府采购等重点领域突出问题专项治理，同步开展行业乱象整治，建立专门培训、抽查检查、意见反馈和问题整改"3+1"工作机制，自查自纠问题1353个，完成整改1351个；成立核查专班，制定工作办法，查办违法转包、围标串标等问题线索35件，其中立案11件，批评教育356人，提醒谈话203人。部署开展粮食购销领域腐败问题专项整治，督促整改问题6个。

【警示教育】 2021年，青铜峡市纪委推进廉政教育制度化常态化，开展"廉政警示教育周"活动，利用廉政警示教育基地、农村党员干部警示教育中心、家风家训馆，分层分批组织3000余名党员干部接受警示教育，定期开展党纪法规知识测试，各部门（单位）观看《作茧自缚的"一霸手"》《零容忍》等警示教育片127场次，13个部门召开坚持以案促改深化作风建设专题民主（组织）生活会；印发典型案例通报9期，组织100余名领导干部旁听市人民法院案件庭审，对128名新任职领导干部及年轻干部开展任前谈话，持续筑牢党员干部拒腐防变思想防线。

【作风建设】 2021年，青铜峡市纪委始终把中央八项规定及其实施细则精神作为长期有效的铁规矩紧抓在手，严格落实自治区"八条禁令"，扎实开展违规吃喝隐形变异问题专项整治，梳理2020年至2021年有关问题线索21件，诫勉谈话、批评教育等处理5人，查处违反中央八项规定精神行为8起，给予党纪政务处分10人，对干部违规接受邀请赴国外旅游、操办婚宴收受管理服务对象礼金等典型问题通报曝光。坚决纠治贯彻党中央决策部署只表态不落实、维护群众利益不担当不作为等突出问题，建立典型问题公开曝光长效机制，点名通报批评12人、约谈48人，有效纠正文件一发了之、工作一推了之、责任一签了之等问题。围绕自治区为基层减负的30条措施，强化监督检查、专题调研督查，着力解决文山会海、过度留痕等问题。深入贯彻落实习近平总书记关于进一步纠治"四风"加强作风建设的重要批示精神，围绕10个方面开展专项监督检查，开展公车私用私车公养问题专项清查整治，纠治制度执行不严格等问题9个。紧盯重要时间节点，聚焦大操大办、餐饮浪费等开展督查抽查12次，督促整改问题13个。加强干部"八小时以外"作风建设，400余名科级干部向市纪委报备承诺。

【执纪监督】 2021年，青铜峡市纪委落实《中共中央关于加强对"一把手"和领导班子监督的意见》及自治区党委《加强对"一把手"和领导班子监督实施办法》，督促各级党组织细化落实"三个清单"，坚持责任报告、责任考核，组织全市各党（工）委（党组）主要负责人公开述责、接受考责，推动"两个责任"贯通协同、一体落实。精准规范用好问责利器，集中约谈落实"两个责任"不力领导干部29人，问责27人。综合运用"四种形态"（执纪"四种形态"，经常开展批评和自我批评、约谈函询，让"红红脸、出出汗"成为常态；党纪轻处分、组织调整成为违纪处理的大多数；党纪重处分、重大职务调整的成为少数；严重违纪涉嫌违法立案审查的成为极少数。）批评教育帮助和处理党员干部314人次，占比分别为76.8%、17.8%、2.9%、2.5%。建立派驻机构、镇（街道）纪（工）委监督检查、审查调查协作机制，整合力量成立4个协作区，推动"四项监督"贯通融合、形成合力。发挥派驻机构"贴身"监督优势，各派驻纪检监察组参加所驻部门（单位）各类会议135次，协调解决问题43件，行政执法、教师职称评审不规范等问题得到解决。开展纪律处分决定执行情况专项检查，督促退回违规领取奖金6.87万元，推动问责制度化、规范化、精准化。严把干部选拔任用廉政审查关，累计回复党风廉政意见221批1.7万余人次，防止"带病提拔"和"带病使用"。坚持"三个区分开来"，落实容错纠错机制，构建"五必谈＋两激励＋零容忍"的"520"暖心回访教育模式，对63名受处分党员干部教育回访，为7名举报失实干部澄清正名。

【村（社区）廉政监督】 2021年，青铜峡市纪委在9个镇（街道）24个行政村（社区）探索建立村（社区）廉政监督工作站。制定实施方案，明确工作任务目标，实现监督管理"零缝隙"，确保政策执行"无折扣"，保证履行职责"不缺位"。建立月例会、季报告、年考核等制度，对监督工作站进行培训考核管理，奖优罚劣，延伸监察职能激活监督神经末梢。发挥来自一线、知根知底、就近监督的特点，每月逐项对照日常监督清单，对当月实际发生事项进行主动监督，变"被动查"到"主动防"。采取提醒谈话、集中约谈等方式，对村干部在村级事务决策、工程项目建设、"三资"管理等方面出现的倾向性问题早提醒、早制止，筑牢监督"前哨"。构建线索收集、资金监管、法规宣传"三张廉网"，推动村级监督延伸到最末梢。120名廉政监督员参与村级各类事务监督1325次，发现并推动解决民生政策落实公示公开、工程项目规范建设等方面存在的问题103个；组织"民情沟通日"活动240场次，沟通事项1264个；排查问题线索350条，查处腐败和作风问题15件，给予党纪政务处分13人。对9个村（社区）试点开展"提级监督"，发现民主议事程序不规范、"三资"管理不透明等问题34个，下发纪检监察建议书6份，督促整改资金使用不规范等问题16个。聚焦食品药品、教育医疗、养老社保等民生领域，开展群众身边腐败和作风问题专项整治，对惠民惠农补贴资金"一卡通"专项治理进行"回头看"，开展专项检查16次，提出监督建议25项。严肃查处侵害群众利益问题，立案18件，给予党纪政务处分35人。村（社区）监督站创新工作被自治区纪委监委评为2021年度特色亮点工作，并被中央纪委国家监委网站和"学习强国"平台宣传推广。

【扫黑除恶】 2021年，青铜峡市纪委坚决扛牢扫黑除恶监督执纪问责政治责任，坚持"一案三查"，深挖彻查马某某涉黑案件"关系网"和"保护伞",办结涉黑涉恶问题线索23件,严肃查处公安干警不正确履职等违纪违法问题,立案7件,给予党纪政务处分10人,诫勉谈话、批评教育等方式处理13人。

【中共青铜峡市第十二届纪律检查委员会第六次全体会议】 2021年2月9日召开。会议传达学习习近平总书记在十九届中央纪委第五次全体会议上的重要讲话精神和十九届中央纪委五次全会、自治区纪委十二届五次全会、吴忠市纪委五届六次全会精神。市委常委、纪委书记、监委主任马晓贤代表市纪委常委会做工作报告;审议通过市纪委十二届六次全会《工作报告》和《全体会议公报》。

【中共青铜峡市第十三届纪律检查委员会第一次全体会议】 2021年9月26日召开。全会表决通过《中国共产党青铜峡市第十三届纪律检查委员会第一次全体会议选举办法》和监票人名单,宣布计票人名单。会议选举吴雪君、袁续兵、舒学忠、高小龙、樊维莲、王立平、张志军为中国共产党青铜峡市第十三届纪律检查委员会常务委员会委员,选举吴雪君为中国共产党青铜峡市第十三届纪律检查委员会书记,袁续兵、舒学忠为中国共产党青铜峡市第十三届纪律检查委员会副书记。

(吴宏丽)

巡察工作

【概况】 2021年,青铜峡市巡察办完成十二届市委巡察全覆盖任务,对市教育工委、自然资源局党组等6个党组织开展巡察"回头看",发现问题97个,移交问题线索13件;对34个村(社区)直接巡察,发现各类问题314个,移交边巡边改问题123个,解决一批老年饭桌开张、老旧小区改造、乡村环境整治等群众急难愁盼问题。开展涉粮问题专项巡察,反馈各类问题14个,提出意见建议4条。市委巡察工作领导小组严格执行《市委巡察整改成效评估实施细则(试行)》,定期听取被巡察党组织整改落实情况,市级分管领导全程督导问题整改。先后对四轮巡察整改成效进行评估督导,对评估成效靠后的党组织主要负责人开展提醒约谈,推动问题全面整改、系统整改、彻底整改。建立"一轮巡察、全面整改"工作机制,明确巡前信息共享、巡中指导协作、巡后合力监督全流程,加强巡察与组织、宣传、审计、财政、信访、统计等相关部门(单位)信息沟通和协作配合,督促巡察发现的36个共性问题全部整改到位。建立巡察监督与纪律监督、监察监督、派驻监督"四位一体"监督体系,构建监督整改闭环,促进监督、整改、治理一体推进。

【巡察规范化建设】 2021年,青铜峡市委常委会、市纪委常委会先后7次传达学习《关于加强巡视巡察上下联动的意见》、中央巡视指导督导工作专题培训会议、全国巡视工作会议暨十九届中央第七轮巡视动员部署会议精神、十二届自治区党委第十一轮巡视动员部署会议、五届吴忠市委第十一轮巡察动员部署会议精神等,并提出贯彻意见。组织召开市委书记专题会议暨市委巡察工作领导小组会议3次,市委书记、巡察工作领导小组组长听取市委巡察工作情况汇报、巡察移交问题线索办理情况和意识形态工作专项督查情况,点人点事39件,巡察工作领导小组成员约谈提醒5名巡察整改情况评估督导排名靠后的被巡察党组织主要负责人,提拔重用巡察干部23人,通报表扬巡察工作优秀抽调干部41人。将中央纪委委员、国家监委委员、中央巡视工作领导小组办公室主任王鸿津在全国新任职县级巡察办主任提级培训班上的讲话呈送巡察工作领导小组各成员及市委、市政府主要领导传阅学习。全体巡察干部及涉粮问题专项巡察组人员完成疫情防控执勤工作后对十九届六中全会精神和全国新任职县级巡察办主任提级培训班精神集中开展线上学习，并通过研讨交流，将会议精神转换为破解难题的新思路，推动新一届市委巡察工作高质量发展。

【巡察"回头看"】 2021年，青铜峡市委紧扣"三个聚焦"重点监督内容开展巡察"回头看"，对巡视巡察、审计、财政反馈问题再督查，对工程建设政府采购等重点领域突出问题再发现，对巩固脱贫攻坚成果同乡村振兴有效衔接再督促，确保上级各项重大决策部署落到实处。科学制订计划，合理安排巡察任务，明确巡察轮次、巡察任务、巡察方式和工作要求等，确保巡察工作全覆盖高质量有序推进。十二届市委先后开展12轮常规巡察和2轮巡察"回头看"，全面完成对66个机关企事业单位党组织巡察全覆盖和对6个部门党组织的巡察"回头看"，共发现问题1193个，移交问题线索109件，下发《巡察建议书》17份，为净化政治生态、优化全市营商环境发挥重要作用。采取"巡镇延村"和直接对村（社区）巡察两种方式，完成对107个村级党组织的巡察，发现问题701个，村级巡察覆盖率为100%，协调镇党委和市直相关部门合力解决涉及环境整治、交通秩序治理、文体活动场所扩建、低保动态管理、支柱产业发展等群众反映强烈的问题113个。

【政治巡察】 2021年，青铜峡市委围绕"一开展、三结合、一围绕"方式推进巡察监督工作。开展巡视巡察整改"回头看"和涉粮问题专项巡察；第十三轮、第十四轮巡察完成对市教育工委、市自然资源局机关党委等6个党组织的巡察"回头看"，发现问题97个，移交问题线索13件。涉粮问题专项巡察于10月中旬完成进驻。结合党史学习教育、自治区工程建设政府采购等重点领域突出问题专项治理和促进巩固拓展脱贫攻坚成果同乡村振兴有效衔接，第十三轮、第十四轮巡察"回头看"发现工程建设政府采购等重点领域突出问题28个，第三轮、第四轮对34个村（社区）开展直接巡察，发现各类问题314个，移交边巡边改问题123个，推动"老年饭桌"投入使用，解决群众的操心事烦心事揪心事，让人民群众实实在在感受到全面从严治党就在身边、政治巡察监督就在身边、正风肃纪反腐就在身边，党的关心和温暖就在周围，切实提升人民群众的获得感幸福感安全感。并围绕加强新换届村（两委）班子建设，督促新上任村（社区）两委班子全力投入乡村振兴战略，结合实施"五大提升行动"谋划好、发展好本村乡村振兴特色产业，激发群众内生动力，提升振兴乡村的能力，切实发展好可以帮助群众持续增收致富的产业，按照"产业兴旺、生态宜居、乡风文明、治理有效、生活富裕"的目标，统筹好产业、人才、文化、生态、组织"五大振兴"，团结带领群众为实现农业强、农村美、农民富的目标共同努力奋斗，为农业农村现代化建设做贡献。

【巡察整改】 2021年，青铜峡市委及班子成员、市委巡察工作领导小组及成员坚持问题导向，狠抓整改落实，从自身做起，带好头、做表率，形成一级做给一级看、一级带着一级干的良好局面。市委书记、巡察工作领导小组组长张自力每轮巡察结束后及时主持召开书记专题会议、巡察工作领导小组会议，点人点事提要求，研究部署巡察整改任务，听取整改工作进展情况汇报，协调解决巡察整改遇到的各种问题，在市委常委会亲自压实市级领导抓整改工作责任；市级分管领导参加分管部门巡察反馈会，全程督导整改工作，对各部门（单位）整改成效负责；市委巡察办健全完善巡察工作闭环运行机制，坚持定性与定量相结合、量化评估与民主测评相结合、整改落实与群众认可相结合,执行《市委巡察整改成效评估实施细则(试行)》,对第十一轮、十二轮巡察整改成效进行评估督导,压实被巡察党组织整改主体责任。坚持巡察与纪律、监察、派驻监督"四位一体"监督体系,与市纪委监委提级监督、日常监督相结合,同时与人大、政协、群众等监督贯通融合,抓实巡察整改工作,提升整改质效。

【巡察成果运用】 2021年,青铜峡市委对巡察发现的共性问题进行梳理汇总,印发《关于十二届市委前十二轮巡察发现的共性问题开展对照整改的通知》《关于十二届自治区党委前八轮巡视整改"回头看"情况的通报》《关于对十二届市委前三轮对村(社区)巡察发现的共性问题开展对照整改的通知》,在全市各部门(单位)、市属国有企业党组织中深入开展巡察发现共性问题对照整改、未巡先改、举一反三、系统整改。督促全市各级党组织针对巡察发现的共性问题再进行自查自纠,落实整改要求,提高整改标准,发挥巡察标本兼治作用,树牢全面从严治党的政治责任,夯实党的执政基础。

【巡察人才能力素质提升】 2021年,青铜峡市开展巡察人才"能力素质提升年"活动,采取抽调跟班培训、定期专题培训、巡中以老带新等方式开展全覆盖、常态化全员培训,两轮巡前集中培训及一期巡察人才库全员培训时间均延长至5天,根据被巡察单位职能职责和巡察工作重点科学安排培训内容,邀请纪检、组织、宣传、发改、财政等相关部门业务分管领导进行授课,切实提升巡察干部业务水平和履职能力。坚持落实新提拔任职科级干部和推荐优秀年轻干部参与巡察工作机制。动态管理巡察组组长、副组长库和巡察工作人员库,结合"能力素质提升年活动"对巡察"三库"人才进行实时更新。截至2021年年底,"三库"共计141人。

(吴宏丽)

军　事

编辑◎乔才山

青铜峡市人民武装部

【概况】 2021年，青铜峡市人武部修订完善战备值班方案，组织战备值班分队轮换，投入90余万元扩建值班系统、补齐战备物资、正规战备秩序。参加"西部·联合—2021"警戒任务，被西部战区评为先进单位。峡口镇、邵岗镇武装部长在军区专武干部培训中分别取得单项第一、第三的好成绩。

【党委建设】 2021年，青铜峡市人武部党委始终坚持把思想政治建设放在首位，组织党委理论学习中心组第一时间学习习近平在庆祝中国共产党成立100周年大会上的讲话、党的十九届六中全会精神等13次；原原本本学习《习近平新时代中国特色社会主义思想学习纲要》《论中国共产党历史》等著作；联系实际学习了党史故事100讲、解放军历史学习教育8课等内容；联合市退役军人事务局、基层武装部围绕"中国共产党为什么能，中国特色社会主义为什么好，归根到底是因为马克思主义行"进行专题研讨学习，围绕"学习习主席重要讲话、感悟领袖思想伟力"进行讨论交流，开展"党史有声·红色朗读"等活动，采取请进来教、走出去看，在教育方法上下功夫，切实解决全体人员认识上的"偏"、骨子里的"软"、灵魂深处的"私"，铲除观念上的"旧"。

【纪委工作】 2021年，青铜峡市人武部党委坚持把维护党的政治纪律、严防政治性问题作为首要政治任务紧抓不放，坚持旗帜鲜明讲政治，围绕习近平主席关于全面从严治党、党风廉政建设、严明纪律规矩等重要论述和上级文件指示，组织党委理论学习中心组学习，不断强化官兵"四个意识"，打牢拒腐防变思想根基。结合"学法规、用法规、守法规"活动，党委会、纪委会认真学习《中国共产党纪律检查委员会工作规定》《军队实行党内监督的规定》《军队纪检监察机关涉案财物管理处置暂行办法》等，坚决把上级纠"四风"正作风压实传导到每名官兵。把纠治"微腐败"作为党风廉政建设责任制的重要内容，常抓常议。坚持从主官做起、从干部严起，坚决杜绝公车私用、私客公待、变通开支、违规宴请喝酒等问题，将廉政文化制作成文化长廊融入各项活动和日常工作，要求大家相互监督，特别是职工对干部文职人员进行监督，以严明的纪律和严格的监督纯正部队风气，较好地形成了纪委以法规为统揽、机关以制度做指导、官兵按纪律干工作的良好局面。

【基层风气监察联系点工作】 2021年，青铜峡市人武部党委、纪委学习贯彻宁夏军区纪委监委

《关于巩固拓展基层风气监察联系点工作的通知》,建立基层风气监察联系点,按照程序确定基层风气监督员,制作发放基层风气监督员聘书,设立监督信箱。先后2次围绕"如何做好基层风气监督员""如何做好民兵训练、兵员征集中的风气监督"进行授课辅导和讨论交流,帮助基层风气监督员理清思路,学会方法。始终保持高压态势,先后10次组织"军纪通"学习教育,坚持每月电话联系基层风气监督员、每季度问卷调查基层风气建设和半年党风廉政建设形势分析,确保将权力关进制度的笼子里,让权力在监督下运行。

【"四个秩序"建设】 2021年,青铜峡市人武部紧扣"规范战备秩序、规范训练秩序、规范工作秩序、规范生活秩序"的建设主旨,投入24.77万元扩建值班系统,投入66.3万元完善补齐战备物资器材94类814件,提升遂行多样化军事任务能力。

【民兵训练】 2021年,青铜峡市人武部根据人员分工变化,修订战备方案,印发《关于调整战备值班分队的通知》,调整战备值班分队。1月4日至5日,组织邵岗镇民兵应急排基干民兵,赴小坝镇红星村参加军区组织的年度开训动员。2月,民兵整组展开前,组织所有专武干部和各编兵单位负责人专题学习军区、军分区关于民兵整组的相关文件规定,提高业务能力。6月,结合民兵应急分队训练,组织专武干部按照国防动员部《民兵军事训练大纲》(专职人民武装干部)规定,区分军事理论和基本技能,完成21个课目97小时训练任务。在军区组织的新任职专武干部培训中,峡口镇武装部部长李彩霞取得射击第一名,邵岗镇武装部部长陈文奇取得"四会"教学第三名的好成绩。2月1日至3日,为提高应急分队应急处突能力,组织市民兵应急连基干民兵,开展战备值班分队临战训练,邀请交警、卫健局、市医院专家现场教学,为参训民兵讲解疫情防控知识,组织基干民兵在重点道路开展道路封控、环境侦测、洗消杀毒等课目训练。7月28日至8月15日,组织基干民兵参加"西部·联合—2021"演习外围警戒封控任务,执行任务多次受到宁夏军区表扬,被西部战区评为先进单位。

【国防动员潜力调查】 2021年2月22日至27日,青铜峡市人武部采取企业行业呈报、统计部门核查、人武系统初审的办法,逐级、逐项、逐片区开展潜力调查,获取翔实数据,利用一周时间走访10家单位和60家企业,掌握动员实力。

【安全管理】 2021年,青铜峡市人武部始终把政治安全放在第一位,高度关注意识形态领域动向,严防网上妄评妄议、恶意炒作敏感问题等行为,确保纪律在末端落地生威,严防失泄密问题。严格落实"四反"教育,及时学习案例通报、定期观看警示教育片,切实增强防范意识和能力。认真落实政治考核、核心涉密岗位人员政治考核,积极引入背景审查、心理测查、信息核查等新手段,严防问题发生。抓好制度落实,严肃查纠涉密资料随意复制、随便借阅、随手乱放等突出问题,切实堵住失泄密漏洞。抓好网络管控,刚性落实《严密防范网络泄密"十条禁令"》《严防军人网上交友"六条禁令"》《军队人员使用微信"十不准"》等法规制度,不在网上暴露军人身份,不在网上谈论涉密事项。严防枪弹问题发生,持续抓好枪弹清理清查,切实摸清底数,建立台账,组织人员参加《枪支弹药警示教育辅导》。动用枪弹严格执行请领、交接、检查、登记、点验等制度。及时更换完善视频监控、红外报警等技防设施,搞好日常维护保养,发挥科技手段的"倍增器"作用。

【国防教育】 2021年8月15日，青铜峡市人武部组织所属部分官兵家属及专武干部家属赴青铜峡合同战术训练基地，与执行任务民兵共同开展"中国梦、强军梦、我的梦"国防教育主题活动。结合党史学习教育，开展"党史有声·红色朗读"活动，小朋友们轮流朗读党史，助推党史学习教育入脑入心。通过"我为祖国守边疆""唱支军歌给军嫂"等活动，现场演绎卫国戍边的艰辛和七夕军恋的深情，进一步激发官兵家属关心、热爱、建设、保卫国防的行动自觉。

【双拥工作】 2021年，青铜峡市持续发扬"拥军优属、拥政爱民"优良传统，建军节、春节等重大节日，市四套班子领导走访慰问驻青铜峡部队，带动各级党组织开展节日慰问、免费义诊、迎新送老等活动30余场次，走访慰问退役军人并发放慰问物资40万余元。"10·20"疫情期间，协调驻地部队一次性收购滞销蔬菜5万斤，解决菜农燃眉之急。全面落实现役军人、退役军人、军烈属乘坐公交、体检和游览景区"三免费"等福利待遇，慰问军烈属37人次、发放物资5.4万元，特别是聚焦解决"后院""后路""后代"难题，为现役军人解决配偶安置、子女就学等后顾之忧，为退役军人推荐就业岗位，实现"二次就业"，为立功受奖现役官兵"上门送喜报"，提升军人军属社会尊崇度。

【新冠疫情防控】 2021年10月21日开始，市人武部组织退役军人、基干民兵、志愿者投入疫情防控，参与体温检测、人员排查、车辆登记、喷洒消毒等工作，展现出退伍不褪色的优良作风，被《中国民兵》期刊宣传报道。

【换届选举工作】 2021年11月19日，中国共产党青铜峡市人武部党员大会召开，大会听取和审查中共宁夏青铜峡市人武部第五届委员会的报告，审查中共宁夏青铜峡市人武部第五届纪律检查委员会的报告，按照《中国共产党章程》和《中国共产党军队党的建设条例》有关规定，选举产生中共青铜峡市人武部第六届委员会和纪律检查委员会。

（田　峰）

武警青铜峡中队

【概况】 2021年，武警青铜峡中队坚决贯彻落实习近平强军思想，以总队、支队两级党委扩大会议精神为指导，紧紧围绕《军队基层建设纲要》统筹部队建设，以推进主题教育为牵引，以实现强军目标和助力全面建设"四铁"先进单位为目标，始终坚持按纲抓建不松劲，扭住经常性基础性工作不放松，在打牢部队建设基础上推进中队发展进步，确保各项建设稳步发展。中队连续两年被评为"四铁"先进单位，并荣立"集体三等功"一次。

【主题教育】 2021年，青铜峡中队按照努力走在前列的要求，始终把树牢听党指挥这个灵魂、服务能打胜仗这个核心、培育优良作风这个保证作为总要求，将主题教育与遂行多样化任务结合起来，与部队经常性基础性工作结合起来，通过组织官兵参与一次大课辅导两个小课串讲、主题演讲、向党旗军旗宣誓等形式抓实围绕庆祝中国共产党成立100周年深化"传承红色基因，担当强军重任"主题教育。在坚持不懈用党的创新理论建连育人中，引导广大官兵增强政治担当、筑牢思想防线，确保任何时候都能坚决做到"两个维护"。

【军事训练】 2021年，青铜峡中队按照《军事训练大纲》，坚持每月支部议训，每周分析训练形势和安全工作。结合上级各类培训、集训等措施，加强中队军事人才队伍建设，注重发挥教练员"酵母"作用，大抓干部警士训练，提高干部警士组织指挥和教学能力，以干部警士训练带动中队整体训练水平。同时严格奖惩制度，坚持从难、从严训练，充分利用"五小练兵""军事竞赛"等活动，强化官兵基础体能和"比学赶帮超"的训练氛围，激发官兵训练热情，提升官兵遂行多样化军事任务的能力。

【安全防范】 2021年，青铜峡中队常态落实安全工作"八个规范"要求，开展暑期"百日安全竞赛"活动和"条令年"活动，坚持每日刷新安全计时牌、诵读安全警示语，每周进行安全提示，每月分析安全形势，形成"时时抓安全、事事想安全、人人讲安全"的浓厚氛围。严格落实总队规范要求，持续抓好人员、车辆、枪弹、手机、保密重点问题及重要时节部队管控，部队安全发展基础不断巩固。

【后勤保障】 2021年，青铜峡中队始终坚持保障工作向中心任务和官兵生活聚焦，不断提高后勤保障能力。严格落实党支部当家理财，坚决杜绝浪费性开支，坚持每月审查经费开支情况，及时张榜公示，确保每一笔经费开支真实公开透明。严格落实伙食保障，从严把控食品配送，落实验菜制度及每月市场价格调查一次，同时广泛征集官兵对伙食的意见建议，合理制定周食谱表，确保官兵吃得可口、吃得舒心。

（马秀忠）

人民防空

【人防行政审批】 2021年，青铜峡市人防办严格执行《中华人民共和国人民防空法》等法律法规的规定，严格审批程序，严格把关，切实做到应建必建、应收必收，坚决杜绝应建少建、应建缴费、应收少收免收。全年受理人防审批项目41项。

【主题宣传活动】 2021年5月12日，青铜峡市人防办在青铜峡影剧院广场开展主题为"防范化解灾害风险，筑牢安全发展基础"的宣传活动，并于现场发放有关防灾减灾、避险逃生知识手册和宣传物品，宣传防灾减灾基本知识，掌握防空防灾的基本技能。

【人防警报鸣放】 2021年，青铜峡市人防办按照自治区人民防空办公室人防警报鸣放工作部署，提前对青铜峡市全部人防警报器进行维护和测试，确保人防警报器能够正常鸣放。9月15日，在全市范围内组织人民防空警报试鸣工作，警报鸣响率百分之百。

【人防系统电台维护值班】 2021年，青铜峡市人防系统无线电台每周周一和周四同区办及有关各市县人防办电台联系，并填写电台值班日志和战备值班，确保无线通信的正常运转。

【工程建设政府采购专项治理】 2021年，青铜峡市人防办贯彻落实青铜峡市工程建设政府采购等重点领域突出问题专项治理工作部署，自查2017年1月1日至2020年12月31日工程建设及政府采购项目82项；住建系统涉及工程建设政府采购项目实施的单位有4个；重点检查工程建设领域7个项目，政府采购领域4个项目；按照"守土有责、守土负责"

的原则认真抓好自查整改工作,将2020年以后工程建设领域的5个项目移交同级行政监督部门发改局处理,2020年1月1日以前实施的26个存在问题的工程建设领域项目和5个存在问题的政府采购项目进行单位内部整改,并进行内部通报,截至年底,所有存在问题均已完成整改销号。3项行政处罚复核事实清楚、证据确实充分、使用法律法规准确、程序合法、处罚裁量基准适当,未发现违规违纪情况。7个问题问题线索核查目前完成4个。

【人防活动】 2021年10月15日,青铜峡市人防办组织人员前往固原观摩"铸盾宁防—2021"固原人民防空实战化演习暨机动指挥所开设比武竞赛。12月2日,参加"铸盾宁防—2021"全区人防通信比武理论竞赛暨全区人防行政法法规行政执法知识竞赛,获得"铸盾宁防—2021"全区人防通信比武理论竞赛一等奖。

(王 俭)

法 治

编辑◎乔才山

政 法

综 述

【概况】 2021年，青铜峡市政法工作坚持稳中求进的工作总基调，紧紧围绕全市中心工作，深入推进防范化解重大风险，常态推进扫黑除恶斗争，统筹抓好基层社会治理，持续协调政法领域全面深化改革，加强政法队伍建设，为全面推动政法工作高质量发展提供坚强保障。市守法普法协调小组被推荐为全区"七五"普法先进集体；青铜峡市获得2021年度平安宁夏建设优秀市、县（区）及2021年度全区扫黑除恶斗争优秀市、县（区）领导小组荣誉称号；市人民法院、检察院获2021年度平安宁夏建设优秀部门（单位）荣誉称号。

【组织部署】 2021年，青铜峡市全力推进市域社会治理现代化试点创建工作。市委、市政府始终坚持把政法工作摆在经济社会发展全局中同谋划、同部署、同推进，市委常委会、政府常务会先后8次研究解决政法工作、政法队伍教育整顿及扫黑除恶斗争中重大问题，切实抓好事关全市政法工作高质量发展全局性、战略性、基础性重点工作。市委政法委发挥统筹协调作用，召开全市政法工作会议、市委政法委员会，部署"七大提升行动""十项重点工作"，制定2021年政法工作要点，将67项重点任务分工细化到54个单位（部门），明确任务、强化协调、形成合力。并先后会同市委巡察办、市委政府督查室、信访等部门（单位），抽调市政法各单位业务骨干，对政法队伍教育整顿，8个镇、1个街道综治中心实体化运行情况、"1+6"基层社会治理进展情况、矛盾纠纷排查化解、信访维稳落实情况开展督查，梳理整改问题12条。

【国家安全机制建立】 2021年，青铜峡市委政法委制定2021年国家安全工作要点，将22项重点任务细化到24个重点单位（部门），强化协调，形成工作合力。出台《贯彻落实区、市党委国安办"工作规范提升年实施方案"工作细则》，印发平安青铜峡建设协调小组、办公室及政治安全、社会治安等8个专项组工作规则，全力做好情报搜集、风险管控、打击处置、教育转化等工作，安排部署开展维护政治安全"六个专项行动"，出台反颠覆反渗透、国保重点人员管控、打击暴力恐怖活动等专项工作方案。全年没有发生影响政治安全的重大案（事）件。

【国家安全宣传】 2021年，青铜峡市委政法委利用电视广播传统媒体及"云上青铜峡""魅力青铜峡"等网络宣传平台宣传报道国家安全法律法规。"4·15"国家安全日，组织人员深入街道小巷、乡镇集市、村组农户，针对各个行业、各个领域开展正面宣传，推进国家安全宣传走向大众化、社会化。全年制作擎天柱宣传牌2处，发放宣传资料4万余份，发送宣传短信10万余条。

【经济犯罪防范打击】 2021年，青铜峡市持续开展非法集资、非法证券、非法保险等排查整治，严厉打击无牌照、超范围违法违规经营活动。加大互联网金融风险排查整治力度，建立健全群众举报、广告监测、监管排查、平台预警等多途径预警体系，严防金融风险渗透蔓延。针对非法集资问题，破获非法吸收公众存款案2起，挽回群众经济损失1000万余元。

【命案防控】 2021年，青铜峡市委政法委以庆祝中国共产党成立100周年活动安保维稳工作为主线，以防范化解重大风险为牵引，紧盯"六个严防、三个不发生"目标，先后6次召开命案防控推进会、专题会。落实命案防控主体责任，明确公安、司法、各镇（街道）主要负责人为第一责任人、分管领导为主要负责人，切实增强命案防控工作的责任感、紧迫感，确保命案防控工作落到实处、取得实效。全年未发生命案。

【交通事故预防】 2021年，青铜峡市贯彻落实"减量控大"目标要求，深入开展"一盔一戴"安全守护行动，增强群众交通安全意识。通过新媒体平台、场站街路等线上线下宣传阵地，采用发放公开信、张贴海报、现场宣讲等方式，引导群众树立文明交通新风尚。采取"白天管控+夜间整治、错时+延时"相结合的工作模式，以农贸市场、学校、住宅小区等大流量路段和非机动车事故高发地点为重点，加强对骑乘电动自行车不佩戴安全头盔人员的纠正、教育。年内道路交通事故死亡人数41起41人，死亡人数同比下降18%，因电动车、摩托车交通事故死亡12人，死亡人数同比下降36.8%。

【矛盾纠纷化解】 2021年，青铜峡市完善联调联动机制，实现镇（街道）村（社区）组（楼院）人民调解组织全覆盖，在全市范围内推行全域网格积分制管理，将109个村（社区）划分为725个基础网格，配备专兼职网格员1395人，引导群众参与矛盾纠纷化解等活动，获得积分兑换奖励，推动群众自我管理，用"小积分"撬动基层"大治理"。围绕婚恋、邻里、债务、土地、拆迁"五类矛盾"和生活失意、性格偏激、问题突出、精神障碍患者、无理缠访、扬言报复"六类人员"，组织开展矛盾纠纷排查化解、重复信访及信访积案化解专项行动，防止"民转刑""刑转命"发生。年内排查化解各类矛盾纠纷934起，化解924起，化解率98.9%，全市没有发生影响社会大局稳定的重大案事件。

【信访积案化解】 2021年，青铜峡市先后投入2000余万元资金支持信访积案化解工作，市级领导包保，责任单位"一把手"负总责，全力攻坚化解信访积案，名峡人家小区不动产证办理难等一大批挂账多年的"钉子案""骨头案"被彻底化解，73件国家、自治区、吴忠市交办的信访案件全部化解（其中国家48件、自治区15件、吴忠市10件），信访积案化解率达100%；自行摸排和新交办的47件案件已化解22件，化解工作有序推进。信访工作呈"三降三升"态势，本级、越级、进京上访批次、人次下降，受理率、按期答复率、满意率提升。

【重点人员管控】 2021年，青铜峡市委政法委发挥基层派出所、司法所、村（社区）力量，全面排查摸底，对涉恐涉稳、重大刑事犯罪前科、涉毒、重点上访人员及肇事肇祸精神障碍患者开展社会危险性评估预判，及时纳入服务管理视线，严格做到"五清六有"，有效防止漏管、脱管、失管的发生。截至7月底，规范管理三级以上肇事肇祸精神病人112人，送医救治35人。对全市448名刑满释放人员进行跟踪管控，对生活失意的，组织社区民警、社区工作人员、有威望群众等，开展谈心教育和针对性心理疏导，在生活、工作上尽力帮其解困，助其回归社会。接收社区矫正对象30人，在册社区矫正对象107人，电子定位率达到100%（手机定位107人），均无脱管、漏管等情况。

【公共安全管理】 2021年，青铜峡市委政法委加强社会面管控，科学划分治安巡逻区。依托"雪亮工程"建设，推动城乡视频监控连接贯通，实现治安防控、城市管理网络三个覆盖，扎实开展"两严一降"、打击治理网络新型违法犯罪、交通事故防控专项行动。全年破获各类刑事案件274起，破获电信网络诈骗案件30件，破获交通事故案件87起。

【行业整治】 2021年，青铜峡市委政法委重点对金融放贷、工程建设、交通运输、市场流通、自然资源、生态环境、文化旅游等行业领域存在的突出问题和乱象进行标本兼治，先后开展打击电信网络诈骗犯罪专项行动、非法营运车辆专项整治、工程建设领域专项治理等各类专项行动20余项，多措并举，综合施策，重点整治。执法检查600余次，罚没款100万余元。制发"三书一函"15份。

【司法体制改革】 2021年，青铜峡市委完善司法权运行机制，探索推进案件繁简分流、多元化纠纷解决机制和审判监督管理改革，严格落实案件评查机制，适用小额诉讼和简易程序审结民事案件1751件，简易程序适用率为77.7%。适用速裁程序审理简单刑事案件37件，诉前调解案件2077件，调解成功1465件。设立跨域立案和网上立案诉讼窗口，共网上立案836件、跨域立案49件、音视频调解案件473件，办案效率及审判质效显著提升。加强检察监督，加大提前介入力度，推动监督关口前移，成立检察官业绩考评委员会，建立健全各类人员权力清单，完善检察官业绩评价体系，落实司法责任制，激励履职尽责。优化警务运行模式，合理分配14名民警充实到各专业警种部门，做好各派出所移交的行政案件、刑事案件及本部门管辖案件的办理，完善派出所不办理刑事案件、不办理黄赌毒等案件工作制度和移送衔接工作机制。全力推动行政执法"三项制度"落实落地，健全行政规范性文件合法性审核机制，充分发挥"互联网+"优势，建成市镇村三级全覆盖的公共法律服务网络体系，为109个村（社区）安装桌面可视电话，实现人民调解纵横网格化、法律咨询纵深及时化、行政执法移动高效化。

【社会治理机制建立】 2021年，青铜峡市委政法委把市、镇（街道）、村（社区）三级综治中心规范化建设、实体化运行作为主攻方向，把"雪亮工程"作为融合治理平台，把创新基层治理"六个一"工作思路作为工作抓手，编制"一方案一意见一清单"（《青铜峡市市域社会治理现代化试点工作实施方案》《青铜峡市完善基层治理体系提高基层治理能力实施意见》及《贯彻落实全市完善基层治理体系提高基层治理能力"1+6"文件任务清单》）。

【全域网格建设】 2021年，青铜峡市委政法委推进全市"网格化+积分制+信息化"建设，不断完善"一核多元"治理工作机制，创新基层治理方式。出台网格积分制管理制度实施方案，明确工作步骤、制定运行规则，细化分值指导标准5类72项。截至年底，全市先行试点的村（社区）36个，为17个运行较好的村（社区）兑现奖励

18万元，累计有2000余名群众参与积分和物品的兑换，激发群众参与社会治理的内生动力。

【综治中心建设】 2021年，青铜峡市委政法委标准化打造市、镇（街）、村（社区）三级综治中心，推动公安、信访、司法、综合执法等机构整体或派人进驻，全市8个镇、1个街道综治中心全部实现实体化运行，镇（街）级综治中心覆盖率达到100%，19个综治中心全面承担起辖区内网格化服务管理工作，紧密结合"雪亮工程"，探索实现所有社会治理事项一口受理、一站解决，真正打造集矛盾调处化解、法律服务、平安建设等多功能于一体的"前沿阵地"和"中心枢纽"。

【网格员队伍调整优化】 2021年，青铜峡市委政法委坚持关口前移，优化人员选配，全面提升网格员综合素质"含金量"。镇（街）主要负责人担任总网格长，村（社区）党组织书记担任网格长，在城市社区，选派机关、企事业单位工作人员下沉网格，公开选拔9名街道领导班子成员和市直机关干部担任社区党委（总支）书记，选派机关干部146人、招聘公益性岗位人员150人担任网格员；在农村，鼓励退休党员、退伍军人等兼任网格员。全市配备城市专职网格员299人、网格志愿者428人、农村兼职网格员869人。

【反诈防诈】 2021年，青铜峡市将反诈人民战争从联席会议机制推动提升到党政工程，实行"1123455"工作模式。即依托一个基地建设，开通一个手机反诈彩铃，运营两个"反诈青铜峡"新媒体账号，建强三支队伍（反诈中心、反诈专业队、反诈志愿队），推进"四个"行动（"织网""断链""断卡""无诈"创建），实施入户宣传"五个一"活动（发放1份致全市人民的一封信、安装1次国家反诈中心APP、推广1次"反诈青铜峡"新媒体账号、签订1份防范电信网络诈骗告知书、开展1次面对面宣传），完善五项机制（考核通报、专项督导、挂牌整治、责任倒查、激励奖励），构建"党政主导、部门联动、公安主打、行业治理、网格管控、全民参与"的"反诈"体系，形成全链条反诈、全行业阻诈、全社会防诈的全民"反诈"工作格局。全年走访入户55714户100896人，签订告知书67259份，安装国家反诈中心APP85023人，宣传覆盖率和APP安装率均达到35%以上。相继破获自治区公安厅督办的"4·06"电信网络诈骗案和"7·02"青铜峡市黄河外滩小区帮助信息网络犯罪活动案等电信诈骗案件79起，串并案件432起，通过冻结止付为群众返还资金191万余元，扣押银行卡、手机卡215张。截至11月底，全市共立电信网络诈骗案件377起，同比（181起）上升108.3%，占刑事立案（989起）的38%，占侵财类案件总数（724起）的52%，损失金额共计1966万元，同比（789万元）上升149%。

（市委政法委办公室）

政法队伍教育整顿

【谋划部署】 2021年，青铜峡市委坚持把政法队伍教育整顿摆在全局工作突出位置，第一时间召开常委会、动员部署会，传达学习会议精神、研究审议《全市政法队伍教育整顿实施方案》，部署推动任务落实，成立由市委书记任组长，市委分管纪委监委、组织、政法领导任副组长的领导小组。市委书记带头履行第一责任人责任，直接动员部署、直接调研督导、直接督办线索，特别是对中央督导组反馈的问题盯着抓、盯着改，充分发挥示范带动作用，推动教育整顿扎实开展。

【责任落实】 2021年，青铜峡市委坚持以上率下、层层负责、压茬推进，先后召开市委常委会5次、领导小组会议8次、工作调度会21次、集体约谈会1次、现场观摩交流会1次，领导小组第一副组长坚持每周召开一次工作推进会，及时掌握情况、及时部署工作、及时解决问题。市政法各单位主要负责人坚决扛起教育整顿主体责任，既当"组织者"，又当"参与者"，更当"示范者"，纪检、组织、宣传等部门全力做好线索核查、交流轮岗、舆论宣传等工作，税务、市场监管等部门全力配合组织查处工作，各成员单位同向发力、协同作战，形成"领导小组统筹、教育整顿办主抓、成员单位落实"的工作格局。

【督导检查】 2021年，青铜峡市委政法委坚持边推进边督查、边整改边提升，领导小组副组长和政法各单位主要负责人包抓联系点，下沉队所庭督查调研30余次，一线抓工作、督导促落实。市教整办开展全覆盖督查8轮，下发线索督办单7期，在两次转段前，均派专班对政法各单位工作情况进行督查指导。组织开展"回头看"，市政法各单位内部督导22次，切实解决基层单位实际问题，提高工作质效。

【五项教育】 2021年，青铜峡市委政法委坚持把政治教育、党史教育、英模教育、警示教育、问题教育"五项教育"贯穿教育整顿始终、常抓不懈，把讲政治作为第一要求、讲忠诚作为第一标准，深入开展习近平新时代中国特色社会主义思想大学习、习近平法治思想大培训、习近平总书记在庆祝中国共产党成立100周年重要讲话精神专题学习，举办政治轮训班15期，培训干警1700余人次，邀请党校教授专题辅导7次，领导小组及办公室成员到基层联系点讲党课52场次，实现政法系统政治轮训和党课宣讲全覆盖。同时，坚持党史学习教育和政法队伍教育整顿"两手抓、两促进"，各政法单位开展专题学习43次、交流研讨120余人次，组织全市政法干警到余家桥烈士陵园、党史教育中心等红色教育基地开展现场教学18次，为广大干警上好党史教育必修课、红色传承初心课。组织干警参加自治区、吴忠市政法英模报告会，选树王志琴、魏占峰等5名政法英模，编印《英模事迹汇编》500余册，召开先进事迹报告会9场次，教育引导广大干警对标英模找差距、争先晋位创佳绩。召开全市政法队伍教育整顿警示教育大会2次，安排纪委监委负责人及派驻政法单位纪检组长做廉政警示报告7场次，组织干警参观廉政警示教育基地、观看廉政警示教育片，印发违纪违法干警《忏悔录》，用身边事教育身边人，警示政法干警严守底线、不触红线。坚持开门整顿归纳问题、深入调研找问题、对标要求查问题，邀请各界代表召开征求意见会25场次，组织开展"六进"大走访、大调研活动，梳理问题100余条，制定整改措施70余条，逐条整改、逐项销号；坚持学干结合、以学促干，开展岗位练兵、技能比武等培训4批600余人次。

【自查自纠】 2021年，青铜峡市委政法委突出自查与被查结合、教育与惩治并重、治标与治本齐抓，树立起鲜明政策导向助推自查自纠走深走实。强化思想发动，开展谈心谈话1200余人次，注重谈话方式和技巧，运用拎着线索"直面谈"、紧盯关键"提醒谈"等方式，促使有问题的干警放下思想包袱。组织家属恳谈会26场次，发放《致政法干警及家属的一封信》600余封，发挥家庭"廉内助""贤内助"作用。坚持以"三学"引领自查，重点学习"两准则一条例"、解读"两个文件"、宣传正反典型案例，举办政策宣讲会18场次，让"自查从宽、被查从严"的11种情形，深入每名政法干警心中，坚持"教育大多数、惩治极少数"原则，对主动向组织说明问题的干警及时兑现从宽政策，依纪依法从轻从快处理，打消干警顾虑，树立"自查被查不一样"的政策导向。

【组织查处】 2021年，青铜峡市

委政法委落实组织查处"九查"措施，着力发现违纪违法干警问题线索。教育整顿期间，立案14件11人，给予党纪政务处分7人。通过设立举报箱、电子邮箱、举报电话，开展"六进大走访""百万警进千万家"等活动，摸排问题线索165条（中央督导组交办12条，12337举报平台交办4条，自治区教整办交办24条，驻吴第三指导组交办19条，吴忠市教整办交办80条，青铜峡教整办自收26条；反映涉法涉诉信访问题93条，反映违法违纪问题40条，反映一般信访问题32条），办结165条，办结率100%，查实52条，查实率31.5%，查否113条，组织处理38人；实名举报161条，满意102条，不满意59条，满意率63.4%。组织开展涉黑涉恶案件（线索）倒查，对马某某涉黑案全面梳理、串并分析，立案5件5人，组织处理4人；对2018年以后发生的895件重点案件和85件"减假暂"开展评查，整改纠正问题案件79件；由市级领导包抓化解20件重点涉法涉诉信访案件，结合建党100周年安保维稳工作，最大限度解决群众诉求；组织开展法律监督专项检查，发出检察建议7份、纠正违法通知书5份。

【顽疾整治】 2021年，青铜峡市委政法委坚持查病灶、找病因、治病根一体推进，加大顽瘴痼疾"查改治建"力度，制定"6+4+1+N"顽瘴痼疾整治方案，成立11个专项整治专班，建立"一顽疾一领导包抓、一方案一专班负责"工作机制，召开顽瘴痼疾整治专题推进会1次、调度会4次，各专项整治工作专班召开专题会议20余次。全面排查突出问题，紧盯"6+4""基础病"重点治，"1+N""地方病"兼顾治，通过倒查、评查、清查、筛查等"九查"工作，排查发现顽瘴痼疾问题372条，认定129条，整改129条。其中涉及六大顽瘴痼疾问题318条，认定86条；涉及四大突出问题14条，认定14条；涉及"1+N"顽瘴痼疾问题29条，认定29条。共排查出问题案件118起，认定78起，纠正78起。坚持边查边改边建同步推进，针对梳理出来的顽疾逐条建立台账、细化整改措施。制定《关于落实"三个规定"要求和事项告知实施办法（试行）》《警情、案件移交工作规范（试行）》等64项制度。

【问题整改】 2021年，青铜峡市委政法委对照中央第四督导组督导吴忠市反馈问题、中央第四督导组与自治区政法队伍教育整顿领导小组见面会反馈问题以及中央第四督导组督导宁夏反馈问题，认领问题35个，制定整改措施90余条，先后召开6次会议安排部署督导反馈问题整改工作，针对整改情况开展3轮督导检查，确保改到位、改彻底。截至年底，35个问题全部整改完成，27个问题需要长期坚持。

【为民办事】 2021年，青铜峡市委政法委坚持把人民满意作为教育整顿的出发点和落脚点，把解决好人民群众的急难愁盼问题作为检验教育整顿成果的"试金石"。市政法各单位采取走出去和请进来、网上和网下相结合等多种方式收集意见建议，走访社区、校园、企业、农村等地开展调研活动，举办"警营开放日"活动6场次，举办征求意见座谈会25场次，开展群众满意度测评3次，听取意见建议，掌握群众所急所需所盼。围绕政法各单位主责主业，政法系统推出10大类55项具体实事举措，制定便民利民措施36项，开展"全域网格积分制管理""一站式多元解纷和诉讼服务体系建设""未成年人保护法律监督""365×24小时政务服务事项办理"等举措，为群众办实事好事350余件。

（市委政法委办公室）

扫黑除恶斗争

【概况】 2021年，青铜峡市办结各类线索39条，打掉涉恶团伙1

个，审结涉恶案件1起，审查起诉并移送吴忠市检察院提级办理涉黑案件1起，马某某涉黑案进入二审程序，发出"三书一函"37份，全部办结回复。顺利通过全国扫黑办特派督导，被自治区扫黑除恶领导小组评为2021年度全区优秀市、县（区）扫黑除恶斗争领导小组。

【责任落实】 2021年，青铜峡市始终把常态化开展扫黑除恶斗争作为重要政治任务，坚持高站位布局、高起点谋划、高标准落实，调整扫黑除恶斗争领导小组组成人员，党政主要负责人担任"双组长"，先后15次召开市委常委会、政府常务会、领导小组会，传达学习习近平总书记重要讲话精神，定期听取各成员单位扫黑除恶斗争进展情况，研究解决鸿裕公司盗采矿产资源、马某某涉黑案等重点难点问题，明确常态化、机制化开展扫黑除恶斗争有关要求，做到情况及时掌握、工作及时部署、问题及时解决。

【力量保障】 2021年，青铜峡市坚持专班不撤、力度不减，在原有人员力量的基础上，持续抽调公检法司业务骨干充实到市扫黑办，市财政列支438万元专项经费用于平安建设工作，重点行业单位先后投入1200万余元用于常态化扫黑除恶斗争。纪委监委、组织部、政法单位及各行业部门做到专班常设、工作常抓，特别是针对常态化开展扫黑除恶斗争及电信诈骗案高发态势，市公安局在吴忠市率先成立有组织犯罪侦查和反诈中队，为常态化斗争开展提供保证。

【督导检查】 2021年，青铜峡市坚持劲头不改、标准不降，边推进边督查、边整改边提升，紧扣重点行业领域整治，先后到48个成员单位督导检查6次，解决宣传发动不持续、源头治理不深入等8个问题。针对突出问题，制订印发《关于开展重点行业领域突出问题专项整治　彻底铲除黑恶势力滋生土壤的实施方案》等文件，新建立行业部门制度36项，确保行业整治行动快、步子实，行业监管建机制、提质效。

【舆论宣传】 2021年，青铜峡市始终保持舆论宣传的热度，把常态化扫黑除恶斗争与政法队伍教育整顿紧密结合，全方位开展宣传、引导、教育，累计制作大型宣传牌、标语条幅、应知手册等4万余份，发送短信50万余条，通过"平安青铜峡""魅力青铜峡"等平台开设宣传专栏，点击率达10万余人次，营造常态化扫黑除恶斗争声势。

【政治教育】 2021年，青铜峡市创新提出"五学"要求，建立"一五十"学习机制，举办政治轮训班15期、培训干警1700余人次，邀请党校教授专题辅导7次，领导小组成员和政法英模到基层联系点讲党课、做报告，实现政法系统政治轮训全覆盖。

【警示教育】 2021年，青铜峡市坚持警钟长鸣知敬畏、警示教育触灵魂，在全市政法机关、行业部门、乡镇村组开展廉政警示教育活动，组织党员干部参观廉政警示教育基地、观看扫黑除恶专题片，印发违纪违法干警《忏悔录》，用身边事教育身边人。扎实开展"八五"普法宣传，用好用活扫黑除恶成果，精心做好行业领域和重点案件以案说法、以案释法，努力让"正义必胜"的理念深入人心。

【线索核查】 2021年，青铜峡市始终把打击锋芒对准群众反映最强烈、最深恶痛绝的各类黑恶势力违法犯罪，聚焦涉黑涉恶犯罪新动向，露头就打、打早打小。坚持把线索核查作为深挖彻查案件的突破口，召开线索研判会3次，分析研判线索39条。其中，对群众重复举报的3条线索进行重点督办，及时回应关切；对历年反复举报的1条线索再次核查回访；对以涉黑涉恶为由举报的9条线索进行重点核查,确保查深查透,经查均不存在涉黑涉恶问题。办结39条（全国"12337"平台线索2条、自治区扫黑办线索3条、吴忠市扫黑办线索13条、本级自收线索21条）,查实或部分查实11条,查实率28.9%,实名举报回访率100%。

【依法严惩】 2021年,青铜峡市坚持"零容忍"、出重拳,对黑恶势力违法犯罪穷追猛打、打深打透,建立市级领导包案、公检法"双三长"会商、"一案一专班"等制度,对重点案件定期会商研判、调度指导,确保案件查实打透,争取战果最大化。2021年年底,吴忠市指定管辖的红寺堡区糟某涉恶案一审宣判,进入二审阶段；利通区丁某某涉黑案提级办理,移送吴忠市人民检察院向吴忠市中级人民法院审理；对专项斗争期间群众举报的祁某某案紧盯不放、深挖彻查,查实违法犯罪12起、抓获犯罪嫌疑人6人,查封、冻结祁某某等人房产4套、银行资金17433.09元,冻结祁某某在人民法院债务纠纷及房屋买卖纠纷执行款15355429元。挖出陶某某团伙涉嫌犯罪新线索,查实违法犯罪11起,抓获犯罪嫌疑人5人。对马某某案件即将到期的50余笔资金账户进行延后冻结,对4笔涉及两人的股票账户进行延后冻结,对到期的4套房产进行重新查封,对马某某巴博斯车辆车户手续进行延后冻结,对利通区法院判决没收的宋某某名下被扣押的车辆抵押手续进行侦查、核查。加大对涉恶案件已判刑案件已判处罚金刑、财产刑执行的监督力度,对糟某案督促公安机关查封扣押财产总价值309.04万余元；在丁某某涉黑案中,扣押冻结涉案财物总价值3.4亿元。

【深挖彻查】 2021年,青铜峡市坚持把"打伞破网"作为常态化扫黑除恶的主攻方向,严查黑恶势力背后的"关系网""保护伞",确保黑恶势力及其"保护伞"一网打尽,不留后患。结合政法队伍教育整顿,市纪委监委对2018年以后受理的41件涉及政法干警的问题线索进行"回头看",严肃查处有案不立、降格处理等违纪违法行为；同时,紧盯马某某涉黑案,深挖彻查、破网打伞,处理处分30人。其中,立案9件12人,组织处理18人,移交吴忠市纪委2件4人。向纪委监委移送祁某某案保护伞问题线索2条,查实1条并做出处理,另1条正在核查中。在丁某某涉黑案件中发现线索54条,全部移送相关部门处理,确保不枉不纵、不漏一人。

【行业领域整治】 2021年,青铜峡市围绕重点行业领域,拓展延伸、自我加压开展"4+2+7"重点行业领域专项整治和百日攻坚行动,着力解决行业监管不力、社会治理缺位等突出问题。2021年,破获"5·19"公安部督办地下赌博案,破获命案积案2起,抓获命案逃犯2名；破获电信诈骗案件101起,抓获犯罪嫌疑人74人,为群众返还资金191万余元；破获各类刑事案件456起,办理"食药环"刑事案件8起,清理经济犯罪积案11起；破获非法吸收公众存款案件2起,高利转贷案件1起,为群众挽回经济损失1100万余元；立案查处鸿裕公司非法盗采砂石案,抓捕涉案人员7人,扣押、查封涉案设备、车辆44台（辆）,累计冻结涉案资金3000万余元；结合工程建设政府采购等重点领域突出问题专项治理,梳理限额以上工程建设、政府采购项目506个,自查发现问题1353个,完成整改1347个,整改率达99.6%。

【矛盾纠纷化解】 2021年,青铜峡市深入开展矛盾风险隐患排查化解专项行动,建立领导包抓工作机制,在财政经费紧张的情况下,先后投入近2000万元解决信访积案等历史遗留问题,73件上级交办信访积案全部化解,推动解决名峡人家小区不动产登记等一批群众的操心事、烦心事、揪心事。全面推行全域网格积分制管理，充分激发群众参与矛盾纠纷排查化解的内生动力。全年排查各类矛盾纠纷1459起，化解1443起，化解率98.9%，全市八类刑事案件同比下降56.25%，可防性命案首次实现"零发生"。

【基层组织整顿】 2021年，青铜峡市始终坚持把加强基层党组织建设作为铲除黑恶势力滋生的治本之策，结合村（社区）"两委"换届，全面落实村"两委"成员资格联审机制和动态调整制度，共开展资格审查1703人，排查出不具备任职条件的100人，撤换调整20名不符合任职资格的村级后备力量。围绕软弱涣散村党组织的13种情形，摸排确定2个软弱涣散村党组织，采取"四个一"包抓整顿、机关单位"三联三帮"结对帮扶等措施，全部实现整顿提升。

（市委政法委办公室）

法治政府建设

【概况】 2021年，青铜峡市深入学习贯彻落实习近平法治思想、中共中央全面依法治国工作会议及自治区党委全面依法治区工作会议精神，坚持用法治思维深化改革、推动发展、维护稳定，全面依法治市工作取得显著成效。2021年6月，青铜峡市被评为自治区法治政府建设示范市，市委依法治市委员会守法普法协调小组被评为全国"七五"普法先进集体。

【法治政府体制建设】 2021年，青铜峡市围绕创成全国法治政府建设示范县（市）目标，出台《法治青铜峡建设规划（2021—2025年）》《青铜峡市法治社会建设实施方案（2021—2025年）》，构建"党委领导、政府负责、社会协同、公众参与、法治保障"的社会管理新格局。推动落实以成立1个领导小组、举办1次学习培训、组织1次互观互检、进行1次督察、开展1次回头看为重点的"5个1"推进措施，为实现全国法治政府建设示范县（市）"创必成"提供有力组织保障。全年市委常委会、政府常务会先后7次专题研究部署法治建设工作，市委依法治市委员会所属司法、执法、守法普法3个协调小组每年至少召开1次协调会。制定《青铜峡市党政主要负责人履行推进法治建设第一责任人职责情况列入年终述职内容工作实施方案》，全面落实法治建设第一责任人职责，并将法治建设年终效能目标考核权重提升至5分，压紧压实各级各部门责任，推动法治建设与经济社会发展一体部署落实。

【"互联网+政务"融合】 2021年，青铜峡市全面推行"一窗受理、集成服务"审批新模式，梳理"不见面"事项1093项，不见面率达77%，最多跑一次事项率达98%。推行"窗口+网格员"代办服务模式，优化"一站式"功能，将49项便民服务事项全部下沉村（社区）办理，将41项市场监管、75项公安事项全部进驻镇民生服务中心就近办理，基层代办量达2.6万余件。印发《青铜峡市政务服务"好差评"制度（试行）》，建立差评投诉核查、督促整改和结果反馈机制，线上线下服务评价实现全覆盖，政务服务"好差评"群众满意度100%。

【营商环境优化】 2021年，青铜峡市为激发市场主体活力，全面落实减税降费政策，累计减税降费1.34亿元。实行企业设立、参保登记等事项线上"一网填报申请办理"，企业开办压至1个工作日完成，"一网通办"服务平台累计办理营业执照750户。推行个体工商户经营场所登记"申报承诺制",实现申请人无须提交证明材料,采用告知承诺即可办理登记。全面归集"双公示"和信用承诺信息,加强信用分级分类监管、失信惩戒和"信易+"成果应用,信用体系建设排名西部107个县级市第2位。

【基层政务公开标准化规范化试点县(市)创建】 2021年,青铜峡市持续巩固深化全国100个基层政务公开标准化规范化试点县(市)创建成果,探索打造面向用户的"1236"政务公开闭环管理体系,形成以用为核心的O2O(线上+线下)公开模式,成功打造系列政务公开"青铜峡经验",获得全国基层政务公开标准化规范化试点"优秀"等次。打造全区政务公开"青铜峡模式",完成政务公开标准指引编制,依托政府网站、政务新媒体、"12345"便民政务服务热线回应公众关切和政务舆情220余次,公开各类政府信息7000余条。

【政府依法履职边界规范】 2021年,青铜峡市人民政府建立政府及组成部门权责清单并予以公布,调整完善25个部门权责事项3500项,明晰政府权力边界,强化动态管理,实现"清单之外无审批、法无授权不可为"。

【重大行政决策制度完善】 2021年,青铜峡市人民政府建立健全政府议事规则、重大行政决策制度,编制《青铜峡市人民政府重大行政决策事项目录及听证目录》,对涉及《青铜峡市鼓励外出经商务工人员返乡创业措施》《青铜峡市农业灌溉末级渠系终端水费收缴及末级渠系水费实用管理办法》等重大事项,严格落实公开征求意见、专家论证、风险评估、合法性审查、集体讨论程序,确保决策程序正当、过程公开、责任明确。

【规范性文件管理】 2021年,青铜峡市公布规范性文件制定主体、合法性审核机构35个,系统梳理筛查市本级1989—2020年政府文件7530余件,废止、失效、修改行政规范性文件121件、政策性文件173件。全面履行公平竞争审查程序,依据"谁制定谁审查"原则,对7件拟定规范性文件进行合法性审核。严格落实规范性文件"三统一"制度,确保合法有效。

【重大突发事件处置能力提升】 2021年,青铜峡市制定综合性、专业性突发事件应急预案30余项,构建形成较为完备的应急预案体系。市本级开展应急演练3次,各部门组织开展118次;市本级开展突发事件应对培训2场次,各部门组织开展54场次,依法预防突发事件、先期处置和快速反应能力不断提升。

【行政执法"三项制度"推行】 2021年,青铜峡市各部门严格执行行政执法公示制度,做到事前公示信息准确、事中公示程序完整、事后公示结果及时,全年做出行政许可9084件、行政处罚2268次,累计公开行政执法数据5850条,录入宁夏行政执法监督平台案卷1740件。实行执法全过程记录制度,统一规范执法程序、执法文书,完善执法音像管理,为25个行政执法部门配备执法记录仪、录音摄像及视频监控等800余台(套),确保执法全过程留痕和可回溯管理。严格重大执法决定法制审核制度,配齐行政执法部门法制审核人员,确保重大执法决定合法适当,通过聘用法律顾问累计开展重大执法决定法制审核209件。

【行政执法监督管理】 2021年,青铜峡市开展行政执法案卷评查工作,评查2020年至2021年行政许可、行政处罚、行政强制等各类案卷1万余件,抽查行政执法单位执法案卷183件。全年为六大重点执法领域执法人员更换国家行政执法证168人，累计举办重点行业执法人员培训班3期400余人次。

【基层审批执法改革】 2021年，青铜峡市在全区率先开展基层整合审批服务执法力量改革试点，建立"一清单、六统一、三制度"模式，优化镇街机构设置，增加40%镇街编制，整合公安、司法等部门1230名条线辅助人员，推动资源服务管理下沉，配齐配强基层人员力量；按照"不少于5名执法人员"的标准组建镇街综合执法办公室，统筹部门派驻执法机构和执法力量，实行联合执法，每镇每年列支10万元~15万元综合执法工作经费，确保基层综合行政执法行为规范、运转高效、保障有力，为全区推进基层整合审批服务执法力量改革提供可复制可推广的"青铜峡经验"。

【法治宣传教育】 2021年，青铜峡市委理论学习中心组、政府党组理论学习中心组开展法治学习教育22次；聘任法治副校长43人，建成法治文化广场、宣传教育基地14个，一镇一法治文化广场、一村（居）一法治文化长廊实现全覆盖；依托网站+手机APP+微信+微博+触屏终端"五合一"网络宣传平台功能，开展社会普法宣讲263场次，受教育群众达到3.2万余人。培育"法律明白人"2.7万人次、"法律明白人"骨干618人。

【公共法律服务建设】 2021年，青铜峡市党政机关、村（居）选聘73名律师担任法律顾问，实现法律顾问全覆盖。依托"12348"宁夏法网，为109个村（社区）配置智能可视电话，全力打造市镇村（社区）三级公共法律服务实体平台。建立异地协作办案机制，试行法律援助经济困难证明告知承诺制，每年用于公共法律服务经费达157.4万元。成立全区首家退役军人法律维权服务站，为退役军人提供一站式法律服务。组建法律服务团深入辖区20余家民营企业开展"送法进商会"暨民企"法治体检"活动，共梳理企业经营管理决策中的法律风险38件，提出合理化意见建议13条。

【行政复议和应诉工作】 2021年，青铜峡市政府收到行政复议15件，其中维持7件、终止审理4件、驳回行政复议申请2件，正在审理2件。一审行政诉讼案件16件，二审行政诉讼案件24件，再审4件，行政机关负责人出庭应诉率100%。

（董新昕）

公 安

【公安基层机制改革】 2021年，青铜峡市公安局城关派出所老梁警务室"二三四工作法"得到自治区党委常委、政法委书记赖蛟充分肯定。"八类"刑事案件同比下降53.33%，组织群防群治力量168支1785人，63.39%小区、45.24%的村刑事案件"零发生"。组建特警中队，精准巡防抓获违法犯罪嫌疑人78人。对57所镇村"护学岗"实行定人定岗到岗工作机制，城区18所中小学、幼儿园"护学岗"全覆盖。严格落实112名三级以上肇事肇祸精神病人"五位一体"管控措施，坚决防止肇事肇祸案事件发生。

【案件侦破】 2021年，青铜峡市公安局移送起诉马某某涉黑案件、祁某某寻衅滋事案件，侦破宁夏鸿裕农业开发有限公司非法采矿案、6·06公安部督办案等大要案件，常态化扫黑除恶斗争取得明显成效。侦破命案积案2起，抓获命案逃犯2人。破获自治区公安厅挂牌督办"非法利用信息网络案",打掉电信网络诈骗窝点3处,抓获犯罪嫌疑人28人,为群众及时止损318万余元;全年破获各类刑事案件354起,破获系列案件10串119起、侵财类案件158起,办理"食药环"刑事案件8起。纵深推进缉毒执法和"大收戒"行动,查获吸毒人员16人,强制隔离戒毒6人,批捕5人。侦破职务侵占案2起,移送起诉非法集资案2起,清理经济犯罪积案5起。

【公安执法服务】 2021年,青铜峡市公安局投资500万元建设运行执法办案管理中心,建立公安机关办理重大、疑难、复杂案件听取检察机关意见机制,强化执法监督。坚持每月一次法制员例会,组织执法集中专题培训11次,点对点进所指导服务27次,在吴忠市公安机关第一期执法信息化比武竞赛中位列第一。实行公安政务服务365天×24小时受理办理制度,全面兑现承诺,所有公安窗口"随时办、随即办",优化24小时无人警务服务,实现29项公安业务一体化办理。赋能"四个宣传",推动"一盔一带"从"被动劝"到"主动戴",未发生较大以上道路交通事故。集中开展行业场所统一清查行动14次,整改隐患53处。出台便民利企10项措施,为全市经济发展提供强有力支撑。

【公安队伍建设】 2021年,青铜峡市公安局创新启动"11个一",组织民警辅警开展"向党说句心里话"活动,探索"三个回访机制",把教育整顿评判权交给人民群众,系统推出"十大民生工程",让群众成为教育整顿最大的受益者,建立健全制度机制26项,队伍纪律作风形象发生根本性变化,教育整顿成效被区内主流媒体刊发推介。从细落实荣警激励和从优待警措施,开展荣警仪式,向19名老党员颁授"光荣在党50年"纪念章,推动辅警经费保障动态增长,稳步推进辅警划转。加强战时典型宣传、表彰奖励、走访慰问和心理疏导,促使队伍以最佳状态、最优作风投入工作。

(张 超)

检 察

【概况】 2021年,青铜峡市检察院参与整顿规范市场经济秩序,起诉非法经营、合同诈骗等破坏市场经济秩序犯罪5人。开展"司法救助助力巩固拓展脱贫攻坚成果助推乡村振兴"专项活动,办理司法救助案件11件12人,发放救助金14.8万元。牵头联合制定《关于建立农民工讨薪纠纷多元化解机制的实施意见》,对21起农民工欠薪案件,向法院提出支持起诉意见13件,追回劳动报酬20万余元。推进"两法衔接",监督行政执法机关移送涉嫌犯罪案件4人,促进严格公正执法。全面落实基层治理"1+6"政策文件。办理食品药品安全、生态环境保护等领域公益诉讼案件64件,服务保障黄河流域生态保护和高质量发展先行区建设。督促行政机关收回国有资产40万余元,保护国有资产安全,促进依法行政。

【批捕公诉】 2021年,青铜峡市检察院受理提请批准逮捕案件79件147人,依法批捕48件93人,同比下降15.79%、6.06%;受理移送起诉案件215件293人,提起公诉160件232人,件数和人数分别同比上升16.79%、20.21%。突出惩治重点,起诉故意杀人、抢劫、强奸、绑架等严重暴力犯罪8人,"两抢一盗"等多发性侵财犯罪24人。批捕电信网络诈骗、帮助信息网络犯罪等新型犯罪26人，提起公诉33人。

【刑事检察】 2021年，青铜峡市检察院统筹推进"两项监督"工作，依托公安执法办案管理中心派驻检察、检察官监督办公室，开展网上巡查、提前介入、跟踪监督，监督立案9件18人，监督撤案15件16人，监督行政执法机关移交刑事案件5件。

【诉讼监督】 2021年，青铜峡市检察院依法纠正漏捕3人，纠正漏罪2件，书面纠正侦查活动违法7件次，刑事检察部门制定印发检察建议7件，采纳7件。全面落实认罪认罚从宽制度，适用认罪认罚197件270人，适用率90.6%，提出量刑建议157人，其中确定刑量刑建议155人，确定刑建议率98.73%，法院采纳率99.36%。

【执行监督】 2021年，青铜峡市检察院深化社区矫正检察监督，对全市9个司法所正在接受社区矫正的113名人员档案进行核查，发现档案管理不规范问题，制定印发检察建议2件。加强交付执行环节监督，防止"纸面服刑"现象发生，以监督促进暂予监外执行工作规范进行。开展对司法工作人员职务犯罪案件线索及交办线索核查工作，获取司法工作人员职务犯罪线索9条，守好办案安全底线。在年初村两委班子换届选举和下半年开展的人大代表选举中，摸排出剥夺政治权利的刑满释放人员16人，向公安机关和青铜峡镇政府发出纠正违法通知书和检察建议，以促整改。

【民事检察】 2021年，青铜峡市检察院将各类民生领域案件作为监督重点，对法院上一年度办结的民事行政审判和执行案件进行评查，调取存在执法不规范问题的卷宗进一步审查向青铜峡市人民法院发出检察建议。开展支持起诉工作，维护弱势群体合法权益。对当事人申请的农民工讨薪案件、损害众多群众合法权益的群体性民事案件，与人民法院、劳动监察大队进行协调，向人民法院提出支持起诉意见。审查办理2019年扫黑除恶专项行动中移交的线索，并制作再审检察建议书向利通区人民法院提出再审检察建议。全年受理民事监督案件20件，其中生效裁判监督1件，审判程序监督10件，民事执行监督9件。对法院审判和执行活动提出检察建议14件。办理行政检察案件10件，办理民事支持起诉案件20件。

【行政检察】 2021年，青铜峡市检察院加大行政非诉执行监督力度，发挥"两法衔接"平台作用，对行政机关的行政执法案件进行线上评查，通过自行评查和专项检查，对青铜峡市人民法院2018年至2021年办理的行政审判和非诉执行案件进行专项检查，调取16件行政审判及行政非诉执行案件进行审查梳理，对发现的问题受理行政审判程序监督4件，行政非诉执行监督6件，发出检察建议10件。深入推进化解行政争议，向青铜峡市人力资源和社会保障局和宁夏盛隆达物流有限公司提出社会治理类检察建议2件，并与劳动监察部门积极调解，以案释法，指出公司违法行为，促使双方达成和解，帮助当事人讨回企业所欠薪资6.5万元。

【公益诉讼检察】 2021年，青铜峡市检察院围绕民生热点问题，立足于让人民群众"喝一口好水、吸一口好空气、吃一口好饭、用一袋好药、走一段好路"深化开展"黄河清四乱""保障农村食品安全""两品一械""公益诉讼守护美好生活"等专项监督活动。发挥"河长+检察长+警长"工作机制，保护黄河流域生态环境和资源，提出诉前检察建议8件，督促清理填埋湿地垃圾土方2000余立方米、腾退湿地800平方米、平整场地3000余平方米、清挖看护沟600余米，栽种垂杨柳1200余株。建立"林长+检察长+警长"工作机制，加强对森林和草原资源的保护，全力保障黄河流域生态保护和高质量发展先行区建设。落实"四号检察建议"，通过提出诉前检察建议，督促相关部门更换破损窨井盖1080个，推进全市窨井盖问题整治。延伸保障"群众脚底下的安全"领域，针对市境内沿山公路110国道与邵岗镇同富村、同乐村附近道路存在安全隐患发出诉前检察建议2件，要求设置减速带等设施，消除安全隐患，确保群众出行安全。

【未成年人司法保护】 2021年3月17日，青铜峡市检察院联合市监委、法院、教育局、公安局、民政局、司法局、卫生健康局、团市委、妇联、残联召开以落实"强制报告制度"为主题的未成年人全面综合司法保护座谈会，贯彻落实最高人民检察院"一号检察建议"、《关于建立侵害未成年人案件强制报告制度的意见》，全面保护未成年人合法权益。持续推行"一站式"办公机制。建成并运行青铜峡市"小白杨工作室""未成年人教育（关护）基地"等"一站式"专门办案场所，开展心理疏导48次，心理测评20次，家庭教育指导2次，移送未成年人社会救助1件、司法救助3件。推动适用《中华人民共和国预防未成年人犯罪法》规定的教育矫治措施，落实《刑法修正案（十一）》个别下调法定最低刑事责任年龄的规定，在充分了解未成年人各方面情况的基础上，制定个性化帮教方案。加强对留守儿童、困境儿童等特殊群体的司法关爱。办理未成年人索要抚养费支持起诉案件3件，对监护人未充分履行监护职责的，发出《督促监护令》2件。监督立案侦查1件，办理未成年人公益诉讼案件4件。创新普法宣传方式，疫情期间，由于全市中小学课堂改为线上教学，未成年人遭受网络诈骗侵害。工作人员及时推出"小白杨·微课堂"系列普法视频，用活泼的语言、生动的案例，为全市的中小学生讲解各类诈骗，增强未成年人的反诈骗意识和自我保护能力。推进社会支持体系建设，购买第三方服务，与吴忠启心社会工作服务中心签订协议，全面开展未成年人案件心理疏导、心理测评、家庭教育指导、帮教考察、跟踪回访等工作。在怡园社区建成"小白杨"心理咨询室。"小白杨"图书阅览室，促进观护基地规范运行。

【扫黑除恶】 2021年，青铜峡市检察院利用"两微一端"等新媒体进行宣传，深入企业、农村、社区、学校法治宣传10场次，发放宣传资料2000余份，对已判决的5件涉恶案开展"以案释法"宣讲；深入开展常态化扫黑除恶斗争，调配精干力量，成立专案组办理涉黑涉恶案件3件40人；强化问题整改，对标对表中央、区、市扫黑除恶督导反馈指出的问题，制定整改措施64项，层层压实责任，已全部整改到位。继续深入开展"破网打伞"，推进"打财断血"，始终坚持"两个一律""一案三查"，深挖伞网线索，移交群众举报线索2条，注重从涉黑涉恶案件中发现"关系网"和"保护伞"线索，办案中发现并移交线索9条；加大对涉恶案件已判处罚金刑、财产刑执行的监督力度，对涉黑涉恶案件涉案财产逐人审查，查封扣押涉案财产总价值312.44万余元。

【检察队伍建设】 2021年，青铜峡市检察院落实中央八项规定精神和党风廉政建设"两个责任"，在政法队伍教育整顿中，整治违反防止干预司法"三个规定"、违规经商办企业、违规从事律师职业及司法不规范等问题21个，批评教育14人、提醒谈话4人，健全规章制度30项，使全面从严管党治检落到实处。创成"让党中央放心、让人民群众满意"模范机关。第一检察部被评为全区扫黑除恶先进集体。

【阳光检务】 2021年，青铜峡市检察院开展"我为群众办实事"活动，开通"民生服务直通车"，提供司法救助、刑事申诉、国家赔偿，同时依托"一十百千"品牌，聘请的10名"特约监督员"和132名"检察联络员"，向人大代表、人民监督员、特约监督员检察联络员等提供监督服务，邀请监督案件13件，参与矛盾化解调处9起，发挥司法办案"观察哨"、民意诉求"导流台"、基层治理"稳压器"、检民沟通"连心桥"作用，用心用情用力解决群众急难愁盼。

（刘　霄）

法　院

【概况】 2021年，青铜峡市法院紧紧围绕"努力让人民群众在每一个司法案件中感受到公平正义"目标，落实"七大提升行动""十项重点工作"，紧紧围绕"三地"法院建设目标，紧扣"守初心、担使命、创佳绩"年度工作主题，忠实履行宪法法律赋予的职责，各项工作取得新进展，为全市经济社会发展提供坚强有力的司法保障。至11月23日，受理各类案件7190件，审执结5610件，结案率78.03%。

【扫黑除恶】 2021年，青铜峡市法院把常态化开展扫黑除恶斗争作为重大政治任务，院长、主管副院长靠前指挥、一线作战，院扫黑办牵头抓总、统筹协调，刑事审判依法严惩、民商事审判摸排涉黑恶线索、执行攻坚推进"黑财清底"，实现"全院一盘棋"整体联动工作格局。吴忠市中级人民法院指定管辖以被告人曹某为首的涉恶犯罪团伙案件，于11月24日按照常态化疫情防控要求开庭审理，12月底前结案。全面摸排黑恶线索，对已审结的6件涉恶案件及54条涉黑恶犯罪举报线索进行倒查，对历年减假暂刑事案件进行评查，未发现新的"保护伞"线索。持续强化执行力度，审结的6件涉恶案件，判处罚金60.2万元，没收违法所得12.35万元，有财产可供执行案件100%执行到位。延伸审判职能，落实村级"两委"成员资格连审机制，协助信息筛查71次2200余人，针对监管漏洞发出司法建议3份，推进行业清源、长效常治。

【经济案件审判】 2021年，青铜峡市法院从严从重惩处各类破坏生态环境犯罪行为，审结韩某某等15人非法采矿案；持续优化法治营商环境，审理宁夏普华冶金制品有限公司破产案件，通过网络拍卖处置企业资产，成交额达3.63亿元，溢价3922万元，缴纳各项税金1100万余元；平等保护各类市场主体合法权益，审结建设工程合同、买卖合同纠纷534件；规范融资行为，审结民间借贷、金融借款纠纷760件。

【涉农案件审判】 2021年，青铜峡市法院加强涉农权益司法保护，审结农村土地、拆迁补偿、宅基地纠纷等案件35件。全力保障劳动者权益，审结劳务纠纷、劳动争议、劳动合同纠纷案件301件，帮助农民工追回"血汗钱"361万元。发挥人民法庭"前哨"作用，打造田间、民间、夜间"三间法庭"，走进田间地头开展巡回审理、就地调处矛盾94次，依靠人民群众和各类调解组织化解纠纷269件，夜间及节假日办理案件71件。

【刑事案件审判】 2021年，青铜峡市法院审结刑事案件179件，结案率87.32%。依法严惩危害群众生命财产安全犯罪，审结故意伤害、抢劫、抢夺、盗窃和危险驾驶案件105件。依法严惩涉众型经济犯罪，审理非法吸收公众存款、电信网络诈骗和集资诈骗案件4件23人。依法严惩腐败犯罪，审理贪污贿赂、渎职犯罪及公职人员犯罪案件3件3人。严格贯彻宽严相济刑事政策，发出社区调查函72份，对37案42人适用缓刑。惩罚犯罪与保障人权并重，为65案97名被告人指定辩护律师。

【民事案件审判】 2021年，青铜峡市法院审结民事案件3443件，结案率84.08%。深化家事审判改革，坚持调解优先、调判结合，审结婚姻家庭、继承纠纷案件456件，以鲜活的案例引导传承良好家风。加强妇女儿童权益保护力度，依法妥善处理涉及未成年人民事案件57件，弘扬尊老爱幼传统美德。加强弱势群体司法保护，开设"绿色通道"，减免缓诉讼费10.09万元。

【行政案件审判】 2021年，市法院审结行政案件38件，结案率59.38%，行政机关负责人出庭应诉率达100%。巩固府院联席会议制度，加强与政府职能部门的联系沟通，促进行政争议实质性化解，协调处理案件6件。加大行政非诉案件审查力度，对自然资源局、市场监督管理局等部门申请的9件涉环资、民生类案件及时准予强制执行，支持行政权力依法有效运行。

【审判执行】 2021年，青铜峡市法院受理执行案件3054件，执结1938件，执结率63.46%，执行到位金额2.35亿元。持续加强执行规范化建设，推行分段集约执行，打破一人包案到底的传统模式。完善监督管理体系，一体推进整治"执行不作为、乱作为"问题。严格落实"一案一账户"工作机制，确保案款流转和发放安全规范。持续加强执行攻坚力度，坚决打击抗拒执行行为，强化失信联合惩戒，发布失信被执行人信息101人次，发布限制高消费令1136份，司法拘留11人。开展涉民生案件专项执行活动7次，采取"假日执行、早晚突袭"等方式查人找物。加强执行信息化建设，建成执行指挥中心，利用智慧执行APP、网络司法拍卖等系统，实现线上冻结、线上扣划，查询信息4万余条，涉及案件2797件、当事人9537人。妥善执结黄河楼旅游景区21户临时摊位拆迁案。

【诉讼服务】 2021年，青铜峡市法院推动"一站式"建设提档升级，建成集立案、速裁、保全等20余项功能于一体的综合性服务平台，对送达、鉴定、评估等辅助性事务实行集约管理，让群众一站通办、减轻诉累。坚决做到"有案必立、有诉必理"，当场立案登记率达99.94%。利用"12368"服务热线、"宁夏法院网"、"宁夏移动微法院"等服务平台，为群众提供线上线下融合、优质便捷高效的诉讼服务，办理跨域立案57件，网上立案873件。结合"我为群众办实事"实践活动，推出假日立案、微信缴费等14项便民措施。

【诉源治理】 2021年，青铜峡市法院坚持发展新时代"枫桥经验"，主动融入党委领导的社会治理体系。积极"走出去"，定期安排法官入驻社区调解中心，对矛盾纠纷早掌握、早介入、早化解。与市司法局、工业园区管委会等9家单位建立诉调对接机制，形成多元解纷合力，协调处理纠纷47件。设立人民调解室、律师工作室，4名特邀调解员长期驻庭参与调解，广泛吸纳律师、人民调解员、法律志愿者入驻诉讼服务中心，调解诉前纠纷820件。全面推行"分调裁审"改革，形成"诉前分流一批、快调速审一批、精审细判一批"的工作模式，适用速裁方式审理案件759件，速裁案件平均审限12.94天。

【司法体制改革】 2021年，青铜峡市法院坚持以司法责任制改革为核心，"让审理者裁判，由裁判者负责",院庭长带头办案,结案2699件,占全院结案数的48.11%。落实法官单独职务序列改革,组成"法官+法官助理+书记员"的新型办案团队。推进以审判为中心的刑事诉讼制度改革,发挥庭审实质性作用,准确适用认罪认罚制度,持续提升刑事审判质效。推行繁简分流改革,适用简易程序审理民事案件2743件,简易程序适用率达81.56%。

【审判监督管理】 2021年,青铜峡市法院制定院庭长权力职责清单,放权不放任、用权受监督。依托审判流程、庭审直播、裁判文书、执行信息四大平台,实施"四建立三通报"审判管理模式。实行常态化的案件评查、节点监控、预警通报和督查问责机制,运用信息通报、审务通报、督查通报的方式,全程监管案件办理情况,案件平均审理时长41.8天。实行专业法官会议制度,严格审委会讨论案件范围,严把案件质量关,集中讨论疑难复杂案件50件,服判息诉率达96.05%。

【智慧法院建设】 2021年,青铜峡市法院建成数字化法庭16个、互联网直播法庭5个、音视频调解室2个,让群众参与诉讼更高效、更便捷。落实常态化疫情防控措施,运用远程提讯系统对50案87名被告人进行网络庭审,电子送达2281次,确保防疫办案"两不误"。深度应用文书智能纠错、文书网上签批、电子签章功能,实现关联案件自动检索、电子卷宗同步生成。强化警务保障,建成法警指挥中心,升级改造"六专四室"。积极打造节能型法院,被国家机关事务管理局、国家发展改革委和财政部授予节约型公共机构示范单位荣誉称号。

【廉政建设】 2021年,青铜峡市法院全面落实党风廉政建设主体责任,健全完善全面从严治党"三个清单",以刀刃向内的决心勇气,高质量推进政法队伍教育整顿,主动说明问题干警15人,排查整治顽瘴痼疾35个,修订完善规章制度17项。严格执行防止干预司法"三个规定",开通"三个规定"视频彩铃。教育整顿期间,运用监督执纪"四种形态"组织轻处理20人,降级撤职1人,移送司法机关1人,坚决清除害群之马,严查严管严惩的态势已全面形成,干警思想受到深刻洗礼,队伍肌体脱胎换骨。

【司法能力提升】 2021年,青铜峡市法院坚持科学用警、从优待警、文化育警,加大轮岗交流力度,提拔任用年轻干部7人。组织参加各类培训23期,充分利用网上优质教育资源,引导干警依托"学习强国"、中国法官培训网等平台开展自主学习。突出实战导向,开展岗位练兵、庭审观摩、案件评查、法警比武等活动18次,提升干警业务水平。加强法院文化建设,升级改造图书室、文化长廊、法庭书屋和法警体能训练室,常态化开展演讲比赛、技能竞赛、趣味运动会等文体活动,增强队伍活力,激发工作动力。

【司法公开】 2021年,青铜峡市法院自觉接受人大监督和政协民主监督,落实市十五届人民代表大会历次会议精神,认真办理人大代表建议和政协委员提案,邀请人大代表、政协委员参加座谈会、视察法院、旁听庭审、见证执行等活动6场210余人次。认真贯彻《监察法》,自觉接受纪委监委、派驻纪检监察组监督。依法接受检察机关法律监督,邀请检察长列席审委会,及时办理检察建议。自觉接受社会各界监督,公开投诉举报电话和电子邮箱,拓宽监督渠道。举办公众开放日活动,邀请各界群众旁听案件庭审450余人次。大力推进阳光司法,网上公开裁判文书3273份、网络直播庭审584场,让诉讼活动更加透明、诉讼结果更可预期。

(宋 佳)

司法行政

【依法治市工作】 2021年，青铜峡市全面推动依法治市工作常态化、制度化、规范化，年内召开市委依法治市委员会2次，出台《法治青铜峡建设规划（2021—2025年）》《青铜峡市法治社会建设实施方案（2021—2025年）》等文件。制定《青铜峡市委全面依法治市委员会协调小组工作细则（试行）》《青铜峡市全面依法治市委员会联络员工作联系制度》。

【法治政府建设】 2021年，青铜峡市举办习近平法治思想领导干部专题培训2场次、依法治市理论辅导1场次。公布规范性文件制定主体、合法性审核机构35个，系统筛查市本级1989—2020年政府文件7530余件，确定行政规范性文件140余件、政策性文件260余件。按照"谁制定、谁审查"原则，对拟定7件规范性文件进行合法性审核；严格行政执法监管，累计举办重点行业执法人员培训班5期800余人次；开展行政执法案卷评查工作，评查2020年至2021年行政许可、行政处罚、行政强制等各类案卷1万余件，抽查行政执法单位执法案卷183件。6月，青铜峡市荣获自治区法治政府建设示范县（市）荣誉称号。

【普法依法治理】 2021年，青铜峡市成立"八五"普法调研小组，制定"八五"普法规划；落实"谁执法谁普法"责任制，组织全市70多个单位8000余名国家工作人员参加线上学法考试；开展《民法典》宣传月活动，成立《民法典》讲师团，进行《民法典》"百场巡回宣讲"；培育农村"法律明白人"9000余人、"法律明白人"骨干480人，组织"法律明白人"培训30多场次1000多人次，参与排查化解各类矛盾纠纷110多起。深化法律"八进"活动，开展各类法律宣传志愿服务90余次，举办普法讲座60多场，发放法律便民联系卡5000张、宣传资料2万余份、宣传品1万余份。青铜峡市全面依法治市委员会守法普法协调小组被评为2016—2020年全国普法工作先进单位；市场监管局被评为全区"七五"普法工作先进集体；有4人被评为全区"七五"普法工作先进个人。

【人民调解工作】 2021年，青铜峡市学习"枫桥经验"，围绕全国"两会两节"、"建党百年"、国庆等重要时间节点，开展矛盾纠纷"大排查 大调解"专项活动，完善人民调解"四张网"，建立健全联调联动机制，打造裕民街道南苑社区一站式矛盾调解中心。实现镇（街道）、村（社区）、组（楼院）专业性行业性人民调解组织全覆盖。全年排查出各类矛盾纠纷1058件，成功化解1058件，调解成功率100%，化解疑难复杂纠纷553件，化解信访矛盾纠纷42件，接受公安移送或委托的人民调解案件43件，为上访人员提供法律咨询和法律建议359人次。

【特殊人群管控】 2021年，青铜峡市深入开展社区矫正执法规范年活动，制订《青铜峡市社区矫正"执法规范年"活动方案》，成立社区矫正案卷审查小组，做好社区矫正案件评查工作，建立案件台账和问题线索清单，落实"一案一档"，对存在问题的司法所及责任人立即上报并提交情况报告；落实刑满释放人员安置帮教机制，做好信息核查，在全国刑满释放人员管理系统中服刑人员信息录入率、核实率、反馈率均达到98%以上。截至2021年12月31日，有在册社区矫正对象107人，电子定位率达到100%（手机定位107人），无脱管漏管情况，涉嫌再犯罪1人。在册刑满释放人员621人,帮教率达到98%,安置率达到98%以上,重新犯罪率控制在3%以下,重点人员接回率达100%,信息核查率达100%。

【公共法律服务】 2021年,青铜峡市完善法援工作机制,以政法队伍教育整顿为契机,先后修订完善《公共法律服务中心律师值班制度》等14项制度,建立异地协作办案工作机制,试行法律援助经济困难证明告知承诺制。持续推进减证便民,简化行政审批程序,推行证明事项告知承诺制。大力推进法治乡村建设,深入推进镇(街道)公共法律服务工作站和村(社区)公共法律服务工作室建设,选聘23名律师担任109个村(社区)法律顾问,实现"一村(社区)一法律顾问"全覆盖;加大根治农民工欠薪工作力度,发挥中央专项彩票公益金法律援助项目作用,切实保障和维护农民工合法权益。全年办理各类法律援助案件672件,解答群众法律咨询2万余人次,为群众避免或挽回经济损失达1350万余元。

(余 宁)

民主党派与工商联

编辑 乔才山

民革青铜峡市委会

【组织建设】 2021年，中国国民党革命委员会青铜峡市委员会（以下简称民革青铜峡市委会）下设4个支部。党员中各级政协委员人大代表15人，其中自治区人大常委1人，吴忠人大代表1人，吴忠政协委员3人，青铜峡市政协委员10人，在读博士研究生1人，硕士研究生3人。2021年6月19日，市委会召开第六次党员代表大会，选举丁鹤、邓胜吉、张文军、张超、龚成、张雪、张勇为民革青铜峡市第六届委员会，邓胜吉当选为主委。

【参政议政】 2021年，民革青铜峡市委会围绕社会难点热点问题，引导党员深入调研，积极参政议政。青铜峡市"两会"期间，提交市十一届政协六次会议立案提案9件（其中集体提案3件，个人提案6件），邓胜吉做题为《改善农村人居环境 构建生态宜居乡村》大会发言；吴忠市"两会"期间，提交政协提案3篇、人大代表建议2篇，报自治区十二届人大四次会议代表建议2篇；向自治区人大常委会提交关于《中华人民共和国水土保持法》和《宁夏回族自治区实施〈中华人民共和国水土保持法〉办法》实施情况、《宁夏回族自治区非物质文化遗产保护条例（修订草案）》及关于编制"多规合一"实用性村庄规划及其实施情况等书面审议材料8篇。全年向青铜峡市政协、吴忠及区民革报送社情民意23条，被区民革采用3条，被吴忠市政协采用3篇，1篇作为大会书面发言材料。

【社会服务】 2021年，民革青铜峡市委会发挥民革青铜峡市法律咨询服务中心及民革青铜峡市法律援助站作用，开展法律宣传、法律咨询、代写法律文书等公益法律服务活动。结合党史学习教育"我为群众办实事"，到困难受援人家中慰问，送去温暖。组织卫生支部党员到社区开展"关注健康，关爱老年人"为主题的义诊咨询活动，为53名老年人进行免费测血压，开展高血压、心脏病等慢性病咨询和用药指导，发放宣传新冠肺炎预防知识手册及三高预防健康宣传单。

（丁 鹤）

民盟青铜峡市委会

【思想教育】 2021年,中国民主同盟青铜峡市委员会(以下简称民盟青铜峡市委会)完善各支部学习制度,组织或要求盟员深入学习、深刻理解习近平新时代中国特色社会主义思想,深入开展中共党史学习教育,为每名盟员购买《论中国共产党历史》《毛泽东邓小平江泽民胡锦涛关于中国共产党历史论述摘编》等学习资料,深入学习习近平总书记在中共中央党史学习教育动员大会的重要讲话精神及中国革命史、社会主义建设史、改革开放史、社会主义现代化建设史,从百年党史中汲取智慧和力量。组织盟员到青铜峡余桥烈士陵园开展"缅怀革命先烈、铭记光辉历史、传承红色基因"扫墓祭奠活动,教育盟员深切感受先烈精神,鞭策自己,无私奉献,做好本职工作。

【组织建设】 2021年1月,民盟青铜峡市委会组织对基层3个支部进行换届工作,配齐配强支部班子,为市委会换届工作打好基础。在2021年的各级人大、政协换届工作中,配合市委统战部,做好民盟组织人大代表、政协委员的推荐工作,青铜峡市盟组织共有1名盟员担任吴忠市六届人大代表、4名盟员担任吴忠市六届政协委员,12名盟员担任青铜峡市十二届政协委员。小坝支部在民盟区委会举办的中国民主同盟成立80周年活动中被评为"活力支部"。市委会被民盟吴忠市委会评为"盟务工作先进集体"。盟员曹文德、陈少林的多幅摄影作品先后在由中国摄影家协会、中国艺术摄影学会、自治区党委宣传部、自治区文联主办的各类展览中获奖或发表;盟员刘俊琴获得2021年全区基础教育教师年度人物称号;盟员包志明在由宁夏教育厅主办的全区中小学教师和师范生"三字一话"基本功大赛中获一等奖;多位盟员获得民盟宁夏回族自治区委员会、民盟吴忠市委会、青铜峡市委组织部、宣传部、市教育局的表彰奖励。

【民盟第五次代表大会】 2021年6月17日,中国民主同盟青铜峡市委员会第五次代表大会在青铜峡市龙海宾馆召开,出席会议盟员代表45人。会议听取并审议民盟青铜峡市第四届委员会工作报告,选举产生民盟青铜峡市第五届委员会。大会选举关秀林、官振华、陈少林、曹文德、刘俊琴、靳斌、马双(人社局)7人为民盟青铜峡市第五届委员会委员,关秀林当选为市委会主委,官振华、陈少林、曹文德、刘俊琴当选为市委会副主委,曹文德兼任秘书长。

【参政议政】 2021年3月,民盟青铜峡市委会组织盟员到峡口镇进行调研,参观青铜峡市祥云皮草有限公司、赵渠村千亩蔬菜基地,了解国家级非物质文化遗产二毛皮制作技艺传承保护、工艺技术发展、制作过程及企业经营情况介绍和"赵渠牌"韭菜的产、供、销情况,实地考察乡镇经济发展情况;8月,组织盟员到裕民街道南苑社区、唐源社区进行实地考察,了解基层社区在提供民生保障、公共服务、物业管理、基层治理等方面情况。在政协青铜峡市第十一届六次全委会上,民盟市委会及担任政协委员的盟员提交提案20多件,立案9件,其中集体提案5件,占立案集体提案1/3,并撰写社情民意多件,完成调研报告1篇。

【社会服务】 2021年1月29日,盟员、青铜峡市鑫悦固废处置有限公司总经理李静带着购买的大米、面粉、香油慰问汉源社区10户老党员、贫困群众;盟员曹文德、陈少林以及部分摄影爱好者到叶盛镇地三村,为村民拍摄、打印、装框,赠送"全家福"照片。"六一"儿童期间,民盟市委会向市第三中学捐赠价值3000元的图书,并组织爱心企业购买价值6000元的学生鞋,捐赠给家庭困难学生。6月23日,在市第三中学举办"阳光、自信、拼搏"心理辅导专题讲座,由民盟盟员秦宁霞为300多名初三年级毕业班学生进行心理辅导。10月,新一轮新冠疫情突发,民盟青铜峡市委会盟员杨凤荣、曹文德、沙国庆、金丽霞、文云霞等7名盟员在防疫一线组织进行核酸检测和医院的分诊预诊工作;教育界盟员黄秀玲、刘俊琴、冯兴民、秦宁霞等10多名盟员在疫情期间进行网课教学以及疫情防控心理辅导课;企业界盟员董生振个人出资22630元,并组织葡萄酒企业共捐赠66260元,向大坝镇、邵岗镇、叶盛镇、瞿靖镇、高速公路路口、疫情防控指挥部、新闻记者等一线防疫人员捐赠方便面1430箱、牛奶300箱,方便米饭204盒,防护衣150套;盟员关秀林、官振华组织动员民营企业、科技型企业30多家,筹集价值30万余元的物资,为防疫一线工作者送温暖。

(关秀林)

民进青铜峡市委会

【思想教育】 2021年,中国民主促进会青铜峡市委员会(以下简称民进青铜峡市委会)学习贯彻落实中共十九届五中、六中全会精神,习近平总书记视察宁夏重要讲话精神,以"圆梦路上 同心同行"主题实践活动为抓手,开展"弘扬爱国奋斗精神 建功立业新时代"活动,通过区委会网站和微信群宣传优秀会员叶小波、张敏等会员优秀事迹,营造向上向善、创先争优的氛围,激发会员双岗建功的热情。组织6名骨干会员参加民进区委会在重庆和遵义组织的"骨干会员参政议政能力提升"专题培训班,提高会员参政议政素质。年内向自治区党委统战部、吴忠市政协、吴忠市委统战部报送理论文章和宣传稿,2篇在《宁夏民进》和民进网站登载。

【组织建设】 2021年,民进青铜峡市委会以庆祝中国共产党成立100周年为主题,开展"爱党、爱祖国、爱人民、爱家乡、爱民进""五爱"教育活动,组织召开座谈会、演讲比赛、书画征文活动等,推选会员马晓娟和刘蹮参加吴忠统战部组织的演讲比赛获得二等奖,会员沈小英参加庆祝中国共产党成立100周年书法美术摄影民进工艺作品展的书法入展。叶小波荣获第三届吴忠市优秀人才暨第五届享受市政府特殊津贴;汤莹丽荣获年度自治区优秀教研员称号,左立宁、马晓娟等4名会员在庆祝民进宁夏回族自治区委员会成立四十周年时评为优秀会员;会员李清琪、谢进、沙品生、商震、叶小波等会员分别荣获年度考核优秀或者优秀医务工作者。

【民进第三次代表大会】 2021年6月28日,民进青铜峡市委会第三次代表大会召开,大会选举产生民进青铜峡市第三届委员会,汤莹丽当选为主委,沙品生、胡敏、左立宁、刘蹮分别当选为副主委,韩春梅、叶广忠当选为市委委员。

【参政议政】 2021年,民进青铜峡市委会向吴忠市政协提交大会发言1篇,向青铜峡市政协提交1篇大会口头发言,2篇社情民意被自治区政协、吴忠市采用。《关于切实减轻中小学负担的建议》《关于全市中小学全面禁止学生将电子产品带入校园的建议》《关于整治旅游业经营秩序，着力促进消费的建议》《关于加强对市域内各类饮用水生产企业监管的建议》《关于加强"互联网+医疗服务"提高医疗服务能力的建议》等提案被吴忠市委、市政府和对口部门高度重视办理，对口部门通过征求意见、邀请视察调研等形式，加强提案办理协商。

【社会服务】 2021年春节前夕，民进青铜峡市委会组织开展辛丑年"春联万·奋进新征程"活动，邀请4名民进书画界会员在市委会集中书写春联和"福"字，再分发给东街社区，共送春联400副、"福"字200副。10月，民进社会支部医药卫生界10名会员奋战在抗疫一线，峡口镇卫生院院长商震、小坝镇卫生院院长沙品生带领卫生院工作人员连续20天驻守，承担两个乡镇居家隔离人员和全员的核酸检测任务。小坝镇卫生院的沙品生会员的事迹被《华兴时报》和自治区政协履职通报，叶小波、马军、康敏、周惠娥的抗疫事迹都被所在单位广泛宣传并给予表彰。

（马　斌）

青铜峡市工商业联合会

【民营经济人士政治引领】 2021年，青铜峡市工商业联合会（以下简称青铜峡市工商联）开展以"守法诚信经营、坚定发展信心"为主题的理想信念教育实践活动，引导民营经济人士听党话，跟党走，加强对民营经济人士的"信任、团结、教育、引导、服务"工作，教育民营经济人士增强"四个意识"，坚定"四个自信"，做到"两个维护"，树立正确人生观和价值观，大力弘扬新时代优秀企业家精神，践行创新、协调、绿色、开放、共享的新发展理念，做合格的中国特色社会主义的实践者、建设者。

【民营经济扶贫帮困公益活动】 2021年，青铜峡市工商联组织各商（协）会、民营经济人士开展敬老、扶贫、助学献爱心活动3次，捐款5万余元，捐献价值2万元的物资；河南省遭受洪灾之时，宁夏金昱元化工集团股份有限公司捐款200万元驰援河南受灾地区。

【助力疫情防控】 2021年，青铜峡市工商联引导民营企业做好企业疫情防控工作，超过80多家民营企业、个体商户捐助各类物资价值88.4万元；工商联及时通过商（协）会信息、微信平台等广泛宣传民营经济人士"一方有难、八方支援"倾情助力抗击疫情的奉献精神，弘扬民营经济人士同舟共济、守望相助的家国情怀和责任担当。

【助力就业创业】 2021年3月9日，青铜峡市工商联配合劳动就业局开展"2021年春风行动暨春季人力资源系列招聘会"活动，引导102家企业进场招聘，提供岗位3175个，入场求职人数近2312人，有1073人与企业达成意向性就业协议。9月，开展"援企稳岗政策进民企、促和谐、助发展"宣讲活动，举办宣讲培训班，50多家民营企业负责人参加培训学习，讲解国家援企稳岗优惠政策，推动援企稳岗政策直达基层、直惠企业，助力"六稳""六保"，促进劳动关系和谐稳定。

【助推民营企业发展】 2021年，青铜峡市工商联联合市司法局、律师事务所、建行青铜峡支行、宁夏银行开展"送党史、送政策、送法律、送金融服务"进商会、进民企活动，加强政策法律宣传，沟通民营企业与银行交流，奠定合作基础；组织民营经济代表人士参加自治区、吴忠市工商联举办的"学党史·送政策·进民企"宣讲会，引导企业抓住机遇，运用优惠政策，积极创新发展；3月18日，召开九届三次执委（扩大）会议，传达学习习近平总书记在党史学习教育动员会上重要讲话精神、《中国共产党统一战线工作条例》《中共中央关于加强新时代民营经济统战工作的意见》等精神，统一民营经济人士思想认识，凝聚发展力量、增强发展信心；联合市税务局开展助力小微企业发展"春雨润苗"送政策进商会活动，宣传减税降费等优惠政策，同时解答企业在纳税过程中遇到的难题或疑问，促进企业健康发展。

【营商环境优化】 2021年，青铜峡市工商联联合市司法局、各律师事务所开展"法治体检"进民营企业活动，讲解企业生产经营中涉及的相关合同签订、担保抵押等注意事项、法律风险和防范措施，为企业解疑释惑。落实"百所联百会"联系合作机制，指导各商（协）会与律师事务所签订合作协议，为商（协）会提供法律咨询服务。组织民营经济人士参加市检察机关服务民营企业征求意见座谈会，就检察机关护航民营经济发展、更好地服务民营企业进行交流座谈。开展以"弘扬诚信文化、建设信用青铜峡"为主题的信用体系建设宣传活动，强化民营经济人士诚信意识，营造"知信、用信、维信、守信"良好经营氛围，提升民营经济信用体系建设水平。3月18日，举办民营经济人士《民法典》知识培训班，培训讲解《民法典》涉及民营企业的相关条款，指导企业运用《民法典》规避风险，依法保护民营企业和民营企业家合法权益。

【民营经济代表人士政治推荐和考察】 2021年，青铜峡市工商联配合市委统战部做好民营经济代表人士的综合评价工作，将政治素质好、企业发展好、热心社会公益、爱国敬业、诚信守法的优秀民营经济人士推荐为党代表、人大代表、政协委员；配合市委统战部，做好吴忠市工商联第五届执委会民营经济代表人士常委人选、青铜峡市工商联第十届执委会民营经济人士副主席人选的考察工作，为民营经济代表人士参与政治搭建好平台。

【工商联第十次代表大会】 2021年9月7日，青铜峡市工商业联合会（民间商会）第十次代表大会在青铜峡龙海宾馆召开。会议听取和审议青铜峡市工商业联合会（民间商会）第九届执行委员会工作报告；选举产生由47人组成的工商联第十届执委会，关秀林当选为主席、民间商会会长；哈新强、吴豹、王立民、邓志军、李建成、李海龙、何欢、余克武、张鹏、张保平、罗予、项军红、赵灵山、哈颜波、侯立平、郭生海、高金山、黄文茂、董生振、雷宝20人当选为副主席，吴豹当选为秘书长；王宏、吴豹、余克武、徐新林、高金山5人当选为民间商会副会长。

【"五好"县级工商联创建】 2021年，青铜峡市工商联按照全国工商联"领导班子好、会员发展好、商会建设好、发挥作用好、工作保障好"的五好标准和创建规划，继续开展新一轮"五好"县级工商联创建工作，2021年12月27日，被全国工商联命名为2020—2021年度全国"五好"县级工商联。

【建言献策】 2021年，青铜峡市工商联围绕全市经济社会发展的热点、难点问题，深入民营企业开展调查研究，了解经营状况、存在的困难问题及企业意见建议，形成《关于青铜峡市葡萄酒产业发展的几点思考》《关于加强商会建设，促进"两个健康"发展》《对非公有制企业文化建设的几点思考》3篇调研报告，为政府决策提供参考。加强民营企业信息调查点工作，为国家制定发展民营企业政策提供参考。

【商协会建设】 截至2021年年末，青铜峡市工商联所属商会有6个（餐饮商会、亨通建筑建材商会、食品商会、融通商贸流通商会、博冠运输维修商会、室内装饰协会），会员500多人。有以团体会员加入工商联的经济性协会组织3个（葡萄酒产业协会、旅游协会、机械工程协会）。5月24日，第三次会员代表大会召开，选举产生由26人组成的第三届理事会，选举王宏为会长、李建成为常务副会长，马立东、王明等12人为副会长（其中1人兼任秘书长、3人兼副秘书长），设监事1人。

【2021全国地域特色美食创意大赛】 2021年7月10日，全国地域特色美食创意大赛在吴忠市农特大厦举办，大赛由中国烹饪协会、吴忠市人民政府主办，中国烹饪协会民族餐饮旅游委员会、吴忠市商务和投资促进局、宁夏餐饮饭店协会、吴忠市餐饮饭店协会共同承办，6个省市区109名选手参赛。青铜峡市参赛选手荣获2金2银1铜佳绩，青铜峡宾馆岳有强以金龙献瑞、山珍鲍扣牛脸，金谷园美食楼陈龙杰以风味羊排、百花烤馍烧牛尾等美食作品荣获金奖；龙海东盛音乐火锅马德玉以开水素燕菜、太极金汤豆腐，瑞丰食府李旺以捞汁牛肚、霸王手撕肋骨等美食作品荣获银奖；嘉旺汉餐李宁以泉水养生鱼丸作品荣获铜奖。

【中级厨师技能培训班】 2021年9月8日，青铜峡市工商联、劳动就业局、商务投资促进局联合餐饮商会在青铜峡宾馆举办青铜峡市中级厨师技能培训班。参训学员40多人，培训分理论教学和实操教学两部分，培训时间20天，聘请宁夏鹏飞职业技术学校按国家职业技能鉴定培训教材组织教学。

（马玉君）

群众团体

编辑◎乔才山

青铜峡市总工会

【概况】 2021年，青铜峡市各级工会组织履职尽责、主动作为，团结动员广大职工在推动青铜峡经济社会高质量发展中发挥积极作用，市总工会被评为全国总工会财务会计工作先进单位，在"吴忠市劳动者之歌"合唱大赛中获得一等奖，厂务公开民主管理工作代表宁夏接受全国总工会互观互检，产业工人队伍改革建设经验在全区交流，先后接待青海省总工会、福建省泉州市总工会、江苏省常熟市总工会到青铜峡市观摩学习。

【工会组织建设】 2021年，青铜峡市总工会落实《青铜峡市关于加强新时代党建带工建工作的实施方案》，开展新业态劳动者集中入会行动，新建基层工会组织36家，发展会员2195人。全市建立工会组织440家，发展会员33505人。6月11日，市总工会十届七次全委(扩大)会议召开，选举马文俊、郭淑娟为青铜峡市总工会第十届委员会常委、副主席。做好吴忠市总工会第五次代表大会代表候选人和吴忠市总工会第五届委员会委员、工会经费审查委员会委员候选人推荐工作，推荐代表候选人62人、工会委员候选人4人、工会经费审查委员会委员候选人1人。

【职工之家建设】 2021年，青铜峡市总工会深化工会组织"四亮一诺"活动，指导基层工会通过整合镇街道文化站、"职工之家"、"青年之家"、"妇女之家"社区文化活动室等，联手打造"会站家一体化""党群服务中心"，建设"规范、和谐、温暖、平安、创新"的五型职工之家。开展"会站家"一体化建设，投入资金36万元，打造基层党群服务阵地3个、户外劳动者之家2个、标准化室内活动阵地5个、职工书屋7个，推荐宁夏兴豆缘豆制品有限公司工会创建自治区职工之家建设项目。

【服务经济发展】 2021年，青铜峡市总工会深入推进产业工人队伍改革建设，开展产业工人岗位技能提升培训9期450人、企业新型学徒制培训157人、以师带徒培训、以工带训4312人；围绕"5+5"十强产业体系，在全市重点工程、重大项目、重点行业开展劳动竞赛5场次，在建材化工、装备制造、能源冶金、快递物流、农产品加工等行业开展合理化建议、技术革新、发明创造等经济技术和建功立业活动38场次。青铜峡水泥股份有限公司成立由杜彦红等5名劳模(技能人才)领衔的技术创新课题攻关小组，组织职工投身技术攻关、技术改进、技术发明，投资2400万余元，分别实施低能耗矿山石灰石破碎系统研发和镁渣配料工艺及资源利用等节能技术改造项目，有效降低企业综合能耗。宁夏新大众机械有限公司成立由吴忠市级劳模郭生海领衔的技术攻关小组，投资2300万元，实施智能化畜牧机械研发产业化项目，助推畜牧业提档升级。全年各企业通过争取政府政策扶持、项目支持和加大经费投入等形式建立劳模（技能人才）创新工作室13个，涉及电力、化工、冶金、建材、装备制造、葡萄酒等10个重点行业开展技术创新，帮助企业解决技术难题135项，取得技术创新成果24项，获得各类专利16项，直接、间接实现经济效益1.5亿元。

【职工权益维护】 2021年，青铜峡市总工会坚持做优主责主业，加强民主管理制度建设，建立健全职代会、集体协商、厂务公开、职工董监事等"四位一体"的民主管理制度，全市企事业单位厂务公开民主管理建制率动态保持在85%以上。推荐上报全国"公开解难题，民主促发展"优秀职工代表提案3件，指导青铜峡水泥股份公司代表自治区接受全国总工会互观互检。指导企业成立劳动争议调解组织112个，打造金牌劳动人事争议调解组织3个，推荐金牌劳动关系协调员8人，调解职工矛盾149件，调解劳动争议15件(次)。开展职工队伍稳定风险排查工作15次，解决问题和风险隐患12个。开展集体协商"稳就业促发展构和谐"专项行动，指导签订工资专项集体合同186份，60%企业职工工资增长3%～10%。

【劳模评选】 2021年，青铜峡市总工会发挥劳模示范引领作用，推荐刘惠银劳模创新工作室为自治区劳模创新工作室，黄学峰、郭生海为吴忠市劳模创新工作室。1月5日，自治区党委、政府召开劳动模范和先进工作者表彰大会，青铜峡市峡口镇谭桥村党支部书记马昌云、叶盛龙门林果协会理事长叶小云、宁夏青铜峡水泥股份有限公司职工马剑钊、宁夏金昱元化工集团股份有限公司职工妥玉英、宁夏塞外香食品有限公司职工徐明秀5人获自治区劳动模范荣誉称号。

【服务民生】 2021年，青铜峡市总工会助推"四大提升行动"，深化"四季送"活动，"春送岗位"联合9部门举办青铜峡市2021年春季人力资源招聘会，提供就业岗位3175个；落实全额返还工会经费支持小微企业发展的惠企政策，指导129家小微企业申请返还工会经费311.4万元，助推小微企业健康发展。"夏送清凉"投入资金20万元，慰问各类单位46个、职工5000多人；"金秋助学"支出资金18万元，资助学生65人；"冬送温暖"筹措资金78.2万元慰问可可美、润昌公司等一线困难职工1468人。筹集资金6.48万元，对216名新业态从业人员进行健康体检。新增"普惠化"服务项目2个，举办5类"乐学公益课"12期，近5000名职工受益。为33名劳模申请生活和特殊困难补助金，组织22名劳模免费体检。

【职工医疗互助】 2021年，青铜峡市总工会实施第六期职工医疗互助活动，通过线上线下"两微一端"、公益短信、入企宣传、发放宣传彩页等方式，广泛宣传职工医疗互助活动意义，安排专人负责，做好政策解释和互助申请审核相关工作，经审会不定期对互助资金收支、管理情况进行审计审查，并将审计结果进行公示，自觉接受职工群众和社会监督，确保互助资金使用规范、管理有序。吸引全市14103名职工参与，全年为157名职工报销医疗互助金43万元。截至年末，累计开展职工医疗互助6期，参保职工近6万人，筹集资金约300万元，为776名住院职工发放互助金262万元。

【职工文化活动】 2021年，青铜峡市总工会先后举办"传承红色基因 牢记初心使命"红色家书经典诵读会、"我和我的岗位"故事征文活动、"学党史、赶先进、铸忠诚、开新局"劳模宣讲、"讲红色故事 深入学党史——红色故事分享会"和劳模"微感言"活动。在青铜峡市总工会微信公众号开展为期7天的党史知识竞答暨"安康杯"知识竞赛活动，参与答题职工3.5万人次。宁夏青铜峡水泥股份有限公司开展"四有职工"培养和"五型班组"创建活动，金昱元化工集团股份有限公司开展"党员带教"活动，宁夏塞外香食品有限公司开展"结对帮带""班前10分钟党课""周六党课学习"等活动。市总工会通过购买社会服务方式，开展"职工乐学公益课"，开设羽毛球、乒乓球、瑜伽、插花、礼仪美妆等课程，吸引全市500余名职工参与。春节前夕，联合市文联举办"送万福进万家"书法公益活动，邀请多名书法家和书法爱好者为12家单位书写、赠送春联作品1100副；"五一"前夕，邀请自治区文工团在银河广场举办专场文艺演出；"七一"前夕，联合市委宣传部、文广局等部门开展庆祝中国共产党成立100周年"永远跟党走"革命歌曲大合唱；参加吴忠市、自治区劳动者之歌大赛，并荣获吴忠市第一名。

（顾 娟）

共青团青铜峡市委员会

【思想政治教育】 2021年，共青团青铜峡市委员会（以下简称青铜峡市团委）着力培育"青年讲师团""黄河少年""风华"等青少年宣讲品牌，举办习近平总书记"七一"重要讲话精神、党的十九届六中全会、"传承党的百年光辉史基因 铸牢中华民族共同体意识"等主题宣讲43余场次，受众5200余人次。"黄河少年说"思想政治教育品牌被自治区党办列为全区青年投身"九个重点产业""十大工程项目""四大提升行动"10条措施之一，荣获"美丽中国·节水在身边"短视频征集大赛二等奖。开展"学党史、强信念、跟党走"和"传承党的百年光辉史基因 铸牢中华民族共同体意识"主题教育，引导全市400个团（总）支部开展党史学习教育，做到100%全覆盖，办理青少年急难愁盼实事16件。组织动员全市团员青年参与"青年大学习"，第十一季累计参与12万余人次，参学率和覆盖面居吴忠市第一。全区"传承党的百年光辉史基因 铸牢中华民族共同体意识"主题教育专题培训班在青铜峡市举办。开展"传承红色基因"红色研学、争当红色小小讲解员、"我和党旗团旗合影"等活动38余场次，参与1.3万余人次，发布"黄河少年说""童心向党学先锋"等短视频26期。开展"团干部大比武"、团干部培训班、团队干部讲党团史、团员青年读书班等活动22场次。14所中学团校建设全覆盖，深入开展理论学习、推优入团等工作。全区青年干部专题读书班、全区节水护水业务骨干培训班在青铜峡市举办。

【青年之家阵地建设】 2021年，青铜峡市团委申请自治区团委示范性青年之家项目1个，争取项目资金30万元，打造怡园社区青年之家阵地，4月之前完成装饰设计方案，5月30日阵地建设完成并投入使用。怡园社区青年之家是青铜峡团委直接运行和管理的直属"青年之家"，面积200平方米，主要由社区少工委、青年阅读室、黄河少年录播室、"小白杨"心理咨询室以及团代表联络站等核心功能区域构成。全年开展活动28场，辐射青年1200余人。团代表联络站进站代表103人，密切联系不同领域青年发挥作用。

【基层团组织建设】 2021年2月23日，青铜峡市团委成立由书记任组长的全市村（社区）团组织换届选举工作领导小组，并于当日召开全市村（社区）团组织换届工作推进会，制定印发《青铜峡市村（社区）团组织换届选举工作方案》《青铜峡市村（社区）团组织换届选举指导手册》。各镇（街道）分别成立相应的工作机构，层层传达部署换届工作。至3月29日，全市新换届村（社区）团支部109个，新一届村（社区）团干部345人，党员139人，占比40.3%。其中，团支部书记109人，平均年龄32.8岁，女性79人，占比72.5%，由新一届村（社区）党组织书记兼任19人，由新一届村（社区）党"两委"成员兼任109人，占比100%。全年发展团员832人，新建24家非公企业、3家社会组织团组织。

【青年志愿服务】 2021年，青铜峡市团委针对新冠疫情防控，发布志愿者招募令3期，招募青年防疫志愿者670余人，成立青年突击队18支，服务227个核酸检测采样点工作，覆盖10万人次，募集防疫物资价值42100元，组建爱心车队和心理疏导团队。青铜峡市团委青年突击队和6名青年受自治区团委通报表扬。常态化开展文明城市创建、"爱在社区"等志愿服务，"保护母亲河"志愿服务项目入围全国"母亲河奖"绿色项目奖，并在全区分享交流。扶持"黄河生态护卫队"等5个社会组织和"保护母亲河·争当河小青"等5个志愿服务项目，开展"保护母亲河"研学游、净滩行动等活动26场次，1支青年志愿服务队和4名青年分别荣获自治区净滩行动优秀集体、自治区净滩行动优秀个人。完成全国保护母亲河行动解放军青年林宁夏青铜峡项目建设，自治区"青春绿动·献礼百年"青少年生态环保主题实践活动在青铜峡市举办。

【青年创业】 2021年，青铜峡市团委搭建"塞上e家"青年创新创业孵化园，成功申报2个吴忠市级青创农场试点，组织青年投身农村产业发展，带动农户稳定增收，助力脱贫攻坚和乡村振兴。号召62名大中专学生参与"三下乡""返家乡"实践活动，实施"千校万岗"就业精准帮扶行动、"青年兴镇"行动。联合举办青铜峡市第二届"家乡有美酒"葡萄酒产业大学生专场座谈会。王雪枫、陈飞荣获首届"全国乡村振兴青年先锋"称号，培育1个项目荣获第八届"创青春"中国青年创新创业大赛（乡村振兴专项）优秀奖。

【希望工程】 2021年，青铜峡市团委实施"青春自护""小白杨"树洞项目，及时了解未成年人的思想动态，关注未成年人心理健康状况。新联系青年社会组织3家、青年社会组织骨干15名、新兴领域青年12名。募集希望工程物资48.6万元，开展"希望工程"助学育人行动，联合爱心人士发起"宁衢相约　希望同行"捐资助学活动。实现"希望工程"项目从单一助学向教育、卫生、文化等各领域延伸拓展。

【青少年合法权益保护】 2021年，青铜峡市团委联合市人民检察院、教育局成立"小白杨"青春护航志愿服务队，开展"法治进校园"巡讲32场次；发放《民法典》《未成年人保护法》120余册，宣传资料1500余份。成立"暖蜂驿站"，为快递员、外卖员等新兴群体提供优质服务，延伸共青团服务触角。摸排特需关爱青少年6人，建立团干部＋社工跟踪服务机制。

【少先队工作】 2021年，青铜峡市团委出台校外少工委规范化建设等工作指引，建成标准化社区少工委10家，打造青铜峡市特色青少年校外教育品牌。"红领巾奖章"争章工作普遍开展，颁发二星章520枚。峡口中学团委书记、大队辅导员徐晶晶被聘为"全国红领巾讲师团"讲师。

【短视频征集大赛】 2021年9月18日,习近平总书记在黄河流域生态保护和高质量发展座谈会上做出重要讲话两周年之际,自治区团委、水利厅联合党委宣传部、教育厅、环保厅等单位,在中卫市举办"青春守护母亲河奋力建设先行区"全区青少年节水护水生态环保实践活动。青铜峡市团委报送短视频作品"黄河少年说"《黄河的渴望·节水从我做起》在"美丽中国·节水在身边"短视频征集大赛中荣获二等奖。

(徐玉珂)

青铜峡市妇女联合会

【思想教育】 2021年,青铜峡市妇女联合会(以下简称青铜峡市妇联)发挥"妇女之家""巾帼讲堂"作用,市镇村三级妇联上下联动,线上线下同频共振,先后在84个村、25个社区全覆盖式开展"弘扬中国精神 奋进伟大征程""党的声音进万家""颂党恩 传家风"大巡讲活动60场次,参与学习的妇女群众5000余人。加大"网上妇联"建设,年内妇联微信公众号共制作推送各类内容70余期140余条,其中自创50余条,引领广大妇女坚定不移听党话、跟党走的信心和决心。

【巾帼志愿服务】 2021年,青铜峡市妇联动员各级妇联执委加入志愿服务组织,全市组建巾帼志愿服务队伍110支,巾帼志愿服务者2518人。先后开展邻里守望、文明新风、生态环保、共建平安、关爱帮扶、清洁行动等志愿服务活动,使"兰花芬芳巾帼红"服务品牌深入人心,为吴忠市"志愿之城"创建贡献青铜峡力量。与文明办等联合举行"学雷锋志愿服务月"暨示范性志愿服务展示活动,向社会传递温暖、播撒爱心。各级妇女组织、妇联执委、巾帼志愿者在村、社区设立巾帼志愿岗,贡献抗疫"她力量"。开通疫情防控心理辅导热线,开设家庭教育空中小课堂,利用微信公众号等媒体宣传妇女、家庭等抗疫先进典型,动员妇女致富带头人等捐款捐物2万余元。

【巾帼创业行动】 2021年,青铜峡市妇联做好农村妇女创业担保贷款工作,全面推广运行农村妇女创业担保贷款线上审批系统,全年为符合条件的324户农村妇女发放创业担保贷款3354万元,实施"双培双代"项目3个,为农村妇女创业就业提供金融支持。与就业创业和人才服务局联合,采用现场招聘和网络招聘的形式,在青铜峡镇、瞿靖镇、邵岗镇、叶盛镇、峡口镇开展小型招聘会,为求职者提供就业岗位3175个。

【关爱妇女健康】 2021年,青铜峡市妇联通过政府购买服务方式,为30名"两癌"患病及特殊、困难妇女实施"两癌"关爱项目,为35名"两癌"患病妇女实施民生实事救助项目,争取救助金35万元。创新"爱妮保"宣传形式,借助"夏奶奶"文化品牌,聘请专业人员,制作《夏奶奶说爱妮保》在媒体进行广泛宣传,年内全市"爱妮保"共投保1.34万人,出险妇女60人,赔付金额237万元,赔付率175.96%,被吴忠市妇联评为"关爱妇女健康'爱妮保'工作先进单位"。

【文明家庭创建】 2021年,青铜峡市妇联持续开展"最美家庭""健康家庭"等各类先进家庭创评活动,推荐区级"健康家庭"8户。开展"抗疫最美家庭"评选,其中3

户家庭获得自治区"抗疫最美家庭"、10户家庭获得吴忠市"抗疫最美家庭"荣誉称号。开展"最美庭院"建设活动，围绕美丽乡村建设，引领妇女参与农村人居环境综合整治，推荐市级最美庭院140户，上报吴忠级最美示范庭院30户。开展"爱润万家 好家庭好家教好家风"宣讲、红色家风故事分享、家庭主题党日、"拒绝毒品家家平安"等主题活动，教育引导广大妇女和家庭成员建立和睦、文明家庭关系。

【妇女权益保障】 2021年，青铜峡市妇联在全市组织开展《民法典》《反家庭暴力法》等宣讲，并做好妇女群众来信来访接待，年内接待来信来访案件110件。联合市民政局实施婚姻辅导与调解项目，婚前辅导105对，婚后调解85对，通过调解缓离39对，缓离率46%。在裕民街道汉源社区、唐源社区设立婚姻家庭观察站和心理辅导站，开展政策宣传、法律援助、婚姻辅导、心理咨询等服务，引导妇女及家庭树立正确的婚姻家庭观念，从源头上减少婚姻家庭矛盾纠纷。

【"两规划"实施】 2021年，青铜峡市妇联协调、督促妇儿工委成员单位强化措施，科学分析研究妇女儿童发展中的重大问题，对妇女儿童发展领域、主要目标及策略措施进行深入调研论证，理清长远发展思路，分领域起草新两规的目标和策略措施，高效率完成《〈青铜峡市妇女发展规划（2021—2031）〉和〈青铜峡市儿童发展规划（2021—2030）〉》（以下简称"两规划"）初稿编制工作。年度"两规划"79项指标，完成78项。其中，妇女发展规划监测指标36项，完成35项，仅有孕产妇死亡率未能达标；儿童发展规划监测指标43项全部完成，通过区妇儿工委"两规划"十年终期评估验收。

【"妇女之家"建设】 2021年，青铜峡市妇联按照"哪里有妇女、哪里就有妇女组织"的要求，聚焦大坝镇韦桥风景区游客及周边妇女，实施"双培双带"项目，建设集政策宣传、技能培训、手工作品展示销售、非遗文化互动体验等为一身的多功能"妇女微家"，丰富游客实地采摘、亲身体验的乡村旅游新内涵，辐射带动周边22户农户发展水果采摘园400亩，增收150万元，解决妇女400余人就业。8月23日，自治区妇联主席王君兰到"妇女微家"调研，对青铜峡市将"妇女微家"品牌与本地特色结合，助力文旅融合、乡村振兴的做法给予充分肯定。在陈袁滩镇黄河楼社区建设集巾帼讲堂、婚姻纠纷调解、家风家训传承、养老护理、家政技能培训、执委分组负责制等于一身的全市首家全功能示范"妇女之家"。

【妇联换届选举】 2021年，青铜峡市妇联结合全市村（社区）"两委"换届工作，采取"六项精准"配优配强"领头雁"措施，同步推进全市村（社区）妇联换届选举工作。全市84个行政村和25个社区全部按要求完成妇联换届工作，选举产生村（社区）妇联主席109人、副主席220人，执委1645人，女书记10人，"一肩双挑"的9人，女村长11人，村（社区）妇联主席100%进入"两委"。并结合全市镇（街道）领导班子换届，同步开展镇、街道妇联换届工作，全市9个镇（街道）妇联组织全部完成换届工作，选举产生主席9人，专兼职副主席41人，执委237人。

【妇联队伍素质提升】 2021年7月5日至9日，青铜峡市妇联落实自治区妇联关于深化妇联组织建设改革实施"破难行动"部署要求，在各镇（场）、街道共举办基层妇联干部培训班10场，各村（社区）妇联执委1645人参加培训。通过培训提升基层妇联干部综合素质和履职能力，推动全市妇女儿童事业健康发展。

（杨 月）

青铜峡市科学技术协会

【概况】 2021年，市科学技术协会（以下简称青铜峡市科协）以实施《全民科学素质行动规划纲要（2021—2023年）》工作为主线，科学编制《青铜峡市"十四五"全民科学素质行动计划纲要实施方案》《青铜峡市推进全域科普工作实施方案》，切实履行"四服务一加强"工作职责，围绕五大人群开展全民科学素质行动，青铜峡市获得"全国科普示范县（市）总结评估优秀县（市）"荣誉称号，市科协获得2021年宁夏全民科学素质网络知识竞赛县级优秀组织单位。

【实用技术培训】 2021年，青铜峡市科协组织开展科技助力脱贫攻坚和乡村振兴项目种养业各类实用技术培训班16场次，培训农民910人。

【科技志愿服务】 2021年，青铜峡市科协制定印发《青铜峡市科技志愿服务嘉许激励办法》，全市注册组建科技志愿者队伍97支1565人；采取群众"点单"科技人员"送单"的模式开展点对点志愿服务活动，全年开展志愿活动520场次，受益群众8.3万人次。

【科普平台应用】 2021年，青铜峡市科协注册科普中国APP信息员4960人，人口占比1.95%，学习转载各类科普文章284万多条，科普中国信息员人数和分享量在全区排名均处于前列。

【科普宣传】 2021年，青铜峡市科协采取"网上服务大集"的形式开展"三下乡""科技活动周""全国科技工作者日""全国科普日"等集中示范服务宣传活动，进集市、进乡村、进社区、进学校等宣传48场次，发放各类科普资料32000余份（册），受益群众近2.5万人次。

【企业科研服务】 2021年，青铜峡市科协联合市科技局邀请华中科技大学机械工程学院博士专家团队为宁夏黄河谣农产品综合开发有限公司、宁夏仁和纺织科技有限公司等6家公司开展技术攻关研发服务；接待江苏、湖南两省专家院士到西鸽酒庄开展技术服务指导工作。组织宁夏东吴农化股份有限公司科协等3家企业科协开展服务企业科技创新"增强企业科协活力"项目申报工作。

【科技人才培养】 2021年，市科协举荐市人民医院罗朋英等4名青年科技工作者参加全区选拔，罗朋英入选为宁夏青年科技人才托举工程培养对象。

【科普基础设施建设】 2021年，青铜峡市科协争取资金20万元，用于示范农技协建设、科普信息化队伍、科普示范社区等工作，在邵岗镇邵西村、小坝镇先锋村等新建科普长廊2处160米、科普宣传栏30个。

【基层"3+1"组织服务能力提升】 2021年，青铜峡市科协深入各镇调研基层"3+1"组织工作，召开全市基层科协组织服务能力提升专题培训班，在全市各镇统一制作安装"三长"管理制度牌，确保"三长"工作有安排、有落实。"三长"科技志愿服务队全年组织开展各类宣传活动320余场次，受益群众6万人次。

【农技协组织建设】 2021年，青铜峡市科协开展社团治理，依法注销1个协会和1个中心，规范完善3家协会制度、年检和换届等工作。指导支持基层农技协结合新冠肺炎疫情防控、"全国科技工作者日"等重大活动，开展抗击疫情捐赠物资、科技咨询、科学普及活动。邀请专家在广武林果协会、高酸苹果运销协会、小云林果协会等农技协举办种植养殖技术培训班60多场次，培训农技协会员4200多人。

【科普项目申报】 2021年，青铜峡市科协组织申报基层科普行动计划3项（示范农技协建设、乡村科普信息化队伍建设、示范社区）；科普项目1项（科技志愿服务"智惠行动"）。

【青少年科技教育活动】 2021年，青铜峡市科协开展青铜峡市第六届青少年科学节活动，组织科技辅导员教师参加自治区科技辅导教师培训，组织中小学校参加自治区、吴忠市科普剧、机器人比赛。开展流动科普大篷车、科普知识进校园巡展活动。

（马兴武）

青铜峡市文学艺术界联合会

【文艺创作】 2021年，青铜峡市文学艺术界联合会（以下简称青铜峡市文联）组织全市文艺家精心编排快板书《英魂千古崔景岳》、秦腔小戏《爸爸回来了》、眉户戏《爱有你我他》等一批具有地域元素的文艺作品。开展"黄河楼杯"征文作品大奖赛、《古峡文学》短篇小说征文活动、"大禹杯"摄影大奖赛等主题大奖赛活动。"黄河楼杯"作品大奖赛收到全国29个省市区作者散文、诗歌作品270余篇，"大禹杯"摄影大奖赛收到作品550余幅。组织引领全市文艺工作者开展文艺精品创作，分别向"宁夏文艺网"、《吴忠日报》等媒体网络平台推送青铜峡市文艺动态信息和各文艺家作品达410余篇（幅）。其中，中国文联采用2篇、中国作家网采用文学作品9篇、《朔方》《安徽文学》等省级刊物采用作品60余篇、新华网等各类新闻媒体报刊采用40余篇（幅）。组织文艺工作者围绕疫情防控创作各类文艺作品108篇（幅），52篇（幅）抗疫作品被《人民日报》、中国摄影家协会微信公众号、《宁夏日报》等新闻媒体采用。市美协王波国画水墨虎系列作品入选第二届当代艺术名家"新时代·新经典"活动，并被文旅中国、今日头条、新浪新闻客户端、腾讯新闻、凤凰新闻等多家国内媒体平台推出；市作协包作军短篇小说集《静静的黄河湾》入选自治区重点文艺作品项目，陆正明诗集《幸福其实很简单》由中国联合出版社出版；鲁猿、哈吉军秦腔小戏《背上妈妈奔小康》获宁夏第三届"小品小戏"剧本评选活动一等奖，陈靖剧种《陷阱》、高正升剧种《夫妻辩论会》获优秀奖；市摄影家协会曹文德摄影作品《西瓜保姆》、陈少林摄影作品《大地乐章·春》在中国艺术摄影学会与宁夏、青海、四川、甘肃、内蒙古、陕西、山西、河南、山东九省（区）文化和旅游厅联合主办的大河上下——第十三届黄河流域九省（区）摄影作品展中获得三等奖及优秀奖；市美协会员蒯万海、秦兵美术作品《山路》《风景》入选"冬去春来——宁夏第三届油画艺术展"。包作军、陈靖、龙加全等7名文艺家于2021年被中国作协、中国民协、中国舞协等文艺家协会吸收为国家级文艺会员。

【《古峡文学》刊发】 2021年，青铜峡市文联编辑出版《古峡文学》4期，每期印刷800册，面向全市各部门、各单位、学校、镇（场）、部分文艺工作者及全国文联系统发行。开设《黄河楼文艺》电子微刊，全年发行文艺动态信息及推介文艺家文艺作品119期。

【中国共产党成立100周年文艺活动】 2021年，青铜峡市文联策划举办"学史崇德力行 弘扬抗疫精神"——青铜峡市党史人物暨抗疫作品展、庆祝中国共产党成立100周年——青铜峡市"古峡美"百幅美术作品展、"花开新时代 起航新征程"第四届牡丹节书法美术摄影展、"粽情飘香颂党恩 牢记嘱托共奋进"和"我们的中国梦 文化进万家"——"学党史 传精神 跟党走"等活动，用文艺形式为庆祝中国共产党成立100周年营造良好氛围。

【文旅融合发展】 2021年，青铜峡市文联组织部分文艺家在黄河楼、董府等旅游景区开展"情满中秋夜·月满黄河楼"赏月及"纵横书法·笔墨生辉"书法雅集、"丹青流韵·纸上芳华"等文艺活动，向景区游客赠送书法美术作品达150余幅。组织全市文艺家到叶盛镇地三村、大坝镇韦桥村开展"翰墨飘香歌盛世·水韵韦桥展风采"、"稻花香里·美丽地三"文艺采风活动7场次，参加采风人员达150余人次。市文联报送"青铜峡市文艺家助力美丽乡村"信息被中国文联报道，为全市乡村振兴贡献文艺界的智慧和力量。

【文艺平台建设】 2021年1月至4月，青铜峡市文联按照文艺家协会换届选举工作程序，完成市作协、书协、美协、剧协、音协、舞协、民协、国标舞协会8个协会换届选举工作。5月8日，青铜峡市魔术学会、国学园成立，为文艺工作者及爱好者搭建交流学习和展示提升平台。10月10日，市文联、黄河楼旅游有限公司与天津百花文艺出版社签订共建黄河楼百花作家文创基地（《小说月报》文创基地）合作协议。

【青铜峡市文学艺术界联合会第二次代表大会】 2021年12月21日召开。自治区文联副主席庚君、组联部主任杨永圣、吴忠市文联副主席张月琴及青铜峡市领导王照陆、徐怀俊、汪晓、关秀林参加会议。会议听取并审议青铜峡市文学艺术界联合会第一届委员会工作报告，审议通过《青铜峡市文学艺术界联合会章程》，选举产生青铜峡市文学艺术界联合会第二届委员会委员、主席团成员，选举包作军为主席，苏学文、哈吉军为副主席，陈靖为秘书长。

【文学创作人才培训】 2021年9月15日，由宁夏文联、宁夏作家协会、青铜峡市文联主办，青铜峡市作家协会、青铜峡作家之家承办的"文学照亮生活"公益大讲堂暨中国作家协会文学志愿服务示范性重点扶持项目青铜峡市"青年文学创作人才"培训班在青铜峡市第七中学举办，参加培训1000人。9月24日至25日，宁夏文联第16期《朔方》（青铜峡）改稿班在青铜峡宾馆举办，培训130人。

（陈 靖）

2021年青铜峡市作协会员作品发表、获奖情况统计表

作　品	作　者	刊　物	发表获奖情况	时　间
短篇小说《秘密的庭院》	包作军	《吴忠文学》2021年第1期	发　表	3月
短篇小说《豁牙》	孙海翔	《吴忠文学》2021年第1期	发　表	3月
短篇小说《黑蚯蚓》	袁鸣谷	《吴忠文学》2021年第1期	发　表	3月

续表

作　品	作　者	刊　物	发表获奖情况	时　间
短篇小说《铁棒槌》	董永红	《吴忠文学》2021年第1期	发　表	3月
小小说《乔志达烦心事》	鲁兴华	《吴忠文学》2021年第1期	发　表	3月
小小说二题	陈　靖	《吴忠文学》2021年第1期	发　表	3月
短篇小说《时光节点》	蔡新生	《吴忠文学》2021年第1期	发　表	3月
短篇小说《愤怒的红柳花》	高学毅	《吴忠文学》2021年第1期	发　表	3月
散文《黄河滩》	李振娟	《吴忠文学》2021年第1期	发　表	3月
散文《穿越峡谷抒豪请》	刘志海	《吴忠文学》2021年第1期	发　表	3月
散文《做更好的自己》	刘玲佳	《今日作家》	发　表	5月
文言文小说《狗事三则》	刘玲佳	《星河》2021年第2期	发　表	6月
散文《打草》	刘玲佳	《星河》2021年第4期	发　表	12月
散文《生命之殇》	刘玲佳	《吴忠文学》2021年第1期	发　表	3月
散文《黄河岸边风景画》	李少军	《吴忠文学》2021年第1期	发　表	3月
散文《黄河十里长峡》	张泽花	《吴忠文学》2021年第1期	发　表	3月
文学评论《一曲庄严而神圣的生命礼赞》	刘永山	《吴忠文学》2021年第1期	发　表	3月
《随身携带三件宝》	李正东	《吴忠文学》2021年第3期	发　表	9月
散文《冬天掏家雀儿》《乡村露天大戏》	陈　靖	《楚风》2021年第3期	发　表	6月
评论《平凡的世界里的小人物》	陈　靖	《吐鲁番》2021年第1期	发　表	3月
短篇小说《灰石崖》	董永红	《飞天》2021年第8期	发　表	8月
文学评论《蕙质兰心泛漪澜》	刘永山	《吴忠日报》	发　表	
散文《杯中窥人》	包作军	三苏文学"东坡杯"诗文大赛	金　奖	1月
散文《水韵青铜峡》	包作军	中国水利文学艺术学会"黄河文化"主题作品征文	一等奖	1月
短篇小说《春花绽放在秋天》	包作军	渤海文学网"佐吉奥杯"全国短篇小说大赛	三等奖	2月
散文《仰望韶山怀斯人》	包作军	《华人文学》《上海散文》联合举办的"百年回望"——庆祝中国共产党成立一百周年全国诗文大赛	铜　奖	4月
散文《远去的村庄》	包作军	《滹沱河文学》第一届滹沱河杯散文诗歌大赛	优秀奖	4月
短篇小说《麦子的春天》	包作军	舜网第六届"小康情"全国网络文学征文大赛	三等奖	4月
短篇小说《蛋生鸡》	包作军	第五届"芙蓉杯"全国文学大赛小说奖	优秀奖	5月
文章《听爷爷讲过去的事》	王　鹏	《吴忠日报》	发　表	5月11日
文章《五月槐花香》	王　鹏	《吴忠日报》	发　表	5月25日

续表

作　品	作　者	刊　物	发表获奖情况	时　间
文章《赶路》	王　鹏	《吴忠日报》	发　表	6月1日
短篇小说《秘密的庭院》	包作军	《安徽文学》2021年第6期	发　表	6月
散文《叶盛札记》	包作军	第二届浣花文学奖	优秀奖	6月
散文《父亲的树》	包作军	《当代文学精选》首届"感恩父母，让爱传承"全国散文、诗歌征文大赛	优秀奖	6月
文章《细品肖申克的救赎》	王　鹏	《吴忠日报》	发　表	7月15日
散文《大河安澜》	包作军	《朔方》2021年第7期	发　表	7月
散文《如梦似幻朝那湫》	包作军	"朝那湫"杯全国诗词、散文征文大赛	优秀奖	7月
散文《拉拉缨盛开的河滩》	包作军	天津散文研究会"天津散文杯"大赛	一等奖	8月
短篇小说《桔子》	包作军	《六盘山》2021年第6期	发　表	11月
散文《母亲的玉米》	包作军	中国散文网"三亚杯"全国文学大赛	金　奖	11月

2021年青铜峡市书协会员书画发表、展出、获奖情况统计表

时　间	作　者	作　品	参加活动情况	发表获奖情况
1月	沈小英	《记游定惠院》	宁夏文化馆　第七届全区迎新春群众书法绘画大赛	二等奖
6月	沈小英	临摹《李白仙师卷》	宁夏书法家协会　宁夏第十三届书法篆刻临摹展（网络展）	优秀奖
5月	李　杰	《行书条幅》	陕甘宁蒙晋地区庆祝中国共产党成立一百周年职工书画作品展	展　出
5月	秦　兵	临摹《苏轼寒食帖》	宁夏书法家协会　宁夏第十二届书法篆刻临摹展	线上展
6月	周培贵	《行书条幅》	宁夏第十三届书法篆刻临摹展（网络展）	展　出
6月29日	周培贵	《行书条幅》	自治区党委宣传部、自治区文联联合主办的"美丽新宁夏·翰墨颂党恩——庆祝中国共产党成立100周年书法美术摄影民间工艺作品展"	展　出
6月29日	沈小英	《脱贫攻坚金句》	自治区党委宣传部、自治区文联联合主办"美丽新宁夏·翰墨颂党恩——庆祝中国共产党成立100周年书法美术摄影民间工艺作品展"	展　出
6月29日	刘玲佳	《长征精神》	宁夏回族自治区文学艺术界联合会、宁夏书法家协会"美丽新宁夏·翰墨颂党恩——庆祝中国共产党成立100周年书法美术摄影民间工艺作品展"	展　出
10月13日	刘保国	《节选习近平总书记七一重要讲话》	宁夏书法家协会"宁夏书协基层作者书法（网络展）"	展　出
10月13日	沈小英	《节选习近平总书记七一重要讲话》	宁夏书法家协会"宁夏书协基层作者书法（网络展）"	展　出

续表

时 间	作 者	作 品	参加活动情况	发表获奖情况
10月13日	刘自恒	《节选习近平总书记七一重要讲话》	宁夏书法家协会"宁夏书协基层作者书法（网络展）"	展 出
10月13日	李 杰	《坚持真理》	宁夏书法家协会"宁夏书协基层作者书法（网络展）"	展 出
10月13日	周培贵	《习近平总书记七一重要讲话金句》	宁夏书法家协会"宁夏书协基层作者书法（网络展）"	展 出
10月13日	刘玲佳	临摹《兰亭序》	宁夏书法家协会"宁夏书协基层作者书法（网络展）"	展 出
11月13日	刘保国	《节选习近平总书记七一重要讲话》	宁夏书法家协会"宁夏书协基层作者书法（网络展）"	展 出
10月25日	周培贵	《抗疫标语》	吴忠市文联"抗击疫情，文艺同行"	发 表
10月29日	周培贵	《抗疫诗》	宁夏书法家协会"凝心聚力，以艺抗疫"——宁夏书协在行动	展 出
10月	沈小英	《石钟山记》	红旗出版社、中国妇女报社联合举办全国第九届"书香三八"读书活动	二等奖
11月2日	张卫东	《抗击疫情书法》	宁夏书法家协会"凝心聚力，以艺抗疫"——宁夏书协在行动（二）	展 出
11月4日	周培贵	《战疫联》	在吴忠市文联"挥毫抗疫，翰墨铭心"	发 表
11月4日	周培贵	《疫情防控标语口号》	宁夏书法家协会"凝心聚力，以艺抗疫"——宁夏书协在行动（三）	展 出
11月4日	沈小英	《抗疫口号》	宁夏书法家协会"凝心聚力，以艺抗疫"——宁夏书协在行动（三）	展 出
11月4日	李 杰	《生命至上》	吴忠市文联"挥毫抗疫，翰墨铭心"	发 表
11月4日	刘自恒	《抗疫对联》	吴忠市文联"挥毫抗疫，翰墨铭心"	发 表
11月4日	代 红	《马翠诗疫情防控有感》	吴忠市文联"挥毫抗疫，翰墨铭心"	发 表
11月4日	张卫东	《抗击疫情书法》	吴忠市文联"挥毫抗疫，翰墨铭心"	发 表
11月7日	李 杰	《伟大抗疫精神》	宁夏书法家协会"凝心聚力，以艺抗疫"——宁夏书协在行动（四）	展 出
11月7日	代 红	《毛泽东送瘟神其一》	宁夏书法家协会"凝心聚力，以艺抗疫"——宁夏书协在行动（四）	展 出
11月11日	周培贵	《同舟共济》	《吴忠日报》"艺起战疫，文明同行"以书画致敬吴忠"最美逆行者"	发 表
11月13日	孙随飞	《毛泽东送瘟神其一》	宁夏书法家协会"凝心聚力，以艺抗疫"——宁夏书协在行动（七）	展 出
11月18日	周培贵	《弘扬伟大建党精神》	吴忠市文联学习贯彻党的十九届六中全会精神书法家在行动	发 表
11月	沈小英	《习近平总书记讲话精神》	宁夏回族自治区教育厅《庆祝中国共产党成立100周年书画展》	一等奖
11月	沈小英	《为人民服务》	宁夏回族自治区教育厅《庆祝中国共产党成立100周年书画展》	二等奖
11月	张卫东	《咏中国梦》	宁夏回族自治区教育厅《庆祝中国共产党成立100周年书画展》	二等奖

2021年青铜峡市摄影作品展出、获奖情况统计表

时 间	作 者	作 品	参加活动情况	发表获奖情况
1月	曹文德	《宁夏黄河第一村——南长滩》	自治区党委宣传部、自治区文联联合主办的"塞上江南 美丽宁夏"摄影作品展	二等奖
1月	陈少林	《幸福的少年》	自治区党委宣传部、自治区文联联合主办的"塞上江南 美丽宁夏"摄影作品展	优秀奖
1月	陈少林	《青铜古镇》《黄河楼》《青铜峡水利枢纽工程》	中国国家地理——北京联合出版社 《发现宁夏》	刊 出
4月	陈少林	《利通区黄河滨城》	吴忠市摄影家协会、吴忠市文联主办的"百年辉煌 艺心向党"暨"走进吴忠 寻找最美"摄影作品展	展 出
6月16日	滕永松	《冰雪荷叶图》	中国摄影网 首届"鸟瞰视界"全国航拍大赛	优秀作品展出
6月	曹文德	《雨后南长滩》	自治区党委宣传部、自治区文联联合主办的"美丽新宁夏·翰墨颂党恩"——庆祝中国共产党成立100周年书法美术摄影民间工艺作品展	展 出
6月	陈少林	《大坝雄姿》	自治区党委宣传部、自治区文联联合主办的"美丽新宁夏·翰墨颂党恩"——庆祝中国共产党成立100周年书法美术摄影民间工艺作品展	展 出
6月	陈少林	《大地乐章》(组照)	自治区党委宣传部、自治区文联联合主办的"美丽新宁夏·翰墨颂党恩"——庆祝中国共产党成立100周年书法美术摄影民间工艺作品展	三等奖
6月	哈少锋	《银川凤凰大桥》	自治区党委宣传部、自治区文联联合主办的"美丽新宁夏·翰墨颂党恩"——庆祝中国共产党成立100周年书法美术摄影民间工艺作品展	展 出
6月	程维莲	《电厂360度》	自治区党委宣传部、自治区文联联合主办的"美丽新宁夏·翰墨颂党恩"——庆祝中国共产党成立100周年书法美术摄影民间工艺作品展	展 出
6月	曹 锋	《移民村新貌》	自治区党委宣传部、自治区文联联合主办的"美丽新宁夏·翰墨颂党恩"——庆祝中国共产党成立100周年书法美术摄影民间工艺作品展	展 出
6月	蒋 力	《全民健身热古峡》	自治区党委宣传部、自治区文联联合主办的"美丽新宁夏·翰墨颂党恩"——庆祝中国共产党成立100周年书法美术摄影民间工艺作品展"	展 出
7月	曹文德	《大庙晨影》	宁夏艺术摄影学会主办的"守望黑山峡"摄影艺术展	展 出
7月	陈少林	《南长滩印象》	宁夏艺术摄影学会主办的"守望黑山峡"摄影艺术展	展 出
7月	陈少林	《黄河滩上》	宁夏艺术摄影学会主办的"乡村里的宁夏"专题摄影展	展 出
7月	陈少林	《大坝雄姿》	银川市文联主办的"礼赞百年·银川之光"——庆祝中国共产党成立100周年艺术作品展"	展 出
7月	陈少林	《大地乐章》(组照)	银川市文联主办的"礼赞百年·银川之光"——庆祝中国共产党成立100周年艺术作品展"	三等奖
9月	滕永松	《唯有书香使人醉》	区文联主办的"美丽新宁夏·翰墨颂党恩"——庆祝中国共产党成立100周年书法美术摄影民间工艺作品展	展 出

续表

时间	作者	作品	参加活动情况	发表获奖情况
9月	滕永松	《冰雪荷叶图》	第四届国际摄影研讨会暨2021丽水摄影节	展出
9月	陈少林	《青铜古镇》	宁夏文化和旅游厅——中国旅游出版社《这里是宁夏》	刊出
10月	曹文德	《西瓜保姆》	中国艺术摄影学会主办的"大河上下"——第十三届黄河流域九省区摄影作品展	三等奖
10月	陈少林	《大地乐章·春》	中国艺术摄影学会主办的"大河上下"——第十三届黄河流域九省区摄影作品展	优秀奖
11月	曹文德	《可爱的大白》	中国摄影家协会主办的"聚焦瞬间、以艺抗疫"宁夏摄影人在行动摄影展	展出
12月	蒋力	《坚守"疫"线以"艺"抗疫》	青海省摄影家协会主办的青海省第十八届摄影艺术展	二等奖

青铜峡市残疾人联合会

【残疾人康复工作】 2021年，青铜峡市残疾人联合会（以下简称青铜峡市残联）全面落实残疾儿童康复救助制度，在全市范围内开展0~6岁残疾儿童筛查工作，以"发现一例，救治一例"为目标，转介至定点机构进行康复训练72人，送康复上门10人；做好精神病患者免费发药工作，结合专家合理用药方案，为764人次贫困精神病患者免费发放金额为16.9万余元的精神类药品，为11名精神残疾人申请住院救助；为389名白内障患者、16名贫困重度肢体残疾人、10名骨关节病患者、18名有肢体矫形手术需求的残疾人做好筛查转介服务，为15名残疾人做好假肢和矫形器的适配；全年适配辅助器具1028件，适配率100%；开展盲人定向行走技术指导55人，上门评残办证62人，残疾人签约家庭医生6884人，精准康复服务1658人，服务率为100%；新建"辅助器具借用回收维修站"3个，规范化残疾人社区康复站4个。

【残疾人就业培训】 2021年，青铜峡市残联联合市就业创业和人才服务局开展就业援助月活动和系列招聘会，走访40户残疾人家庭，做好失业残疾人登记，慰问困难残疾人13人，举办招聘会4场，达成就业意向23人；城镇新增就业、农村新增就业残疾人和应届残疾人大学生就业率分别达118.75%、184.44%和100%；落实20名自主创业就业残疾人和27名灵活就业残疾人创业扶持资金18.4万元；开展实用技术培训136人，职业技能培训130人，首次组织学员参加职业技能专项能力考核，合格率达60%以上；做好按比例安排残疾人就业年审工作，全年征收残保金455.7万元。

【残疾人扶残助学】 2021年，青铜峡市残联为持续实施彩票公益金扶残助学项目，联合市教育局对全市范围内学前班及幼儿园3至6岁残疾儿童进行摸底筛查；按照《自治区教育厅关于做好2021年初中学业水平考试有关工作的通知》要求，对参加中考的残疾人考生进行核查，落实19名中考残疾学生考试成绩加5分的惠残政策，并为16名大中专残疾学生申请扶残助学资金5.3万元。

【残疾人社会保障】 2021年春节期间，青铜峡市残联走访慰问贫困残疾人、残疾职工、机构在训残疾儿童835户，慰问金额达64.09万元；落实残疾人"两项补贴"资格认定"跨省通办"政策，做好"两项补贴"线上线下审核工作；深入30户特殊困难残疾人家庭开展访视活动，建立访视清单；完成39名持证残疾家庭收入状况抽样调查工作；落实262名符合条件的贫困智力精神残疾人和重度肢体残疾人每人150元标准的残疾评定补贴3.93万元；为100户智力、精神、重度肢体残疾人提供个性居家托养服务；疫情封控期间，对部分重点封控管理村（社区）的75户残疾群众送去大米、面粉和食用油等生活物资。

【残疾人合法权益维护】 2021年，青铜峡市残联严格审批程序，做好残疾人证核换发工作，新增办证413人，到期换证540人，其中跨省通办残疾人证2人；为83户困难残疾人实施家庭无障碍改造项目；依托市公共法律服务中心办理各类残疾人法律援助案件10件；组织残工委相关成员单位召开行政规范性文件修改讨论会，讨论修改《青铜峡市残疾人免费乘坐城区公交车暂行管理办法》和《青铜峡市保障残疾人权益若干规定》部分条款。

【残疾人文化宣传】 2021年，青铜峡市残联结合党史学习教育，组织100名残疾人及其家属参加"读一本书、看一次电影、游一次园、参观一次展览、参加一次文化活动"残疾人文化进家庭"五个一"活动；征集刺绣、绘画等艺术作品70余件，参加吴忠市残联举办的残疾人文化艺术作品展，选手李凯的作品入选《宁夏残疾人优秀文化艺术作品丛书》；选送2名选手参加全区残联系统"永远跟党走 共筑中国梦"主题演讲比赛，取得三等奖和优秀奖；全年报送信息93期，自治区残联网站刊登44篇，云上青铜峡刊登26篇，吴忠日报微信公众号刊登1篇。

【残疾人基本状况调查】 2021年，青铜峡市残联组织各镇（场）、街道和残工委相关成员单位，对全市8751名持证残疾人进行动态更新入户调查和信息审核，全面掌握青铜峡市持证残疾人基本状况特别是需求信息，为促进服务精准化、便利化提供数据支持。

【残疾人托养中心投入运营】 2021年4月1日，青铜峡市残疾人托养中心正式投入运营，先后为32名就业年龄段的智力、精神和重度肢体残疾人提供日常生活照料护理、生活自理能力训练、康复训练、职业技能培训、心理疏导、文体娱乐等多元化托养服务。引进刺绣及电商两家就业机构对托养人员进行手工编织和刺绣、网络直播、书画装裱、草藤编织、电子商务等职业技能培训，逐步提高托养人员劳动技能。

【残疾人教育培训阵地建设】 2021年，青铜峡市残联充分发挥残疾人就业创业工作"主阵地"作用，在市残疾人托养中心建立培训基地，为残疾人掌握一技之长、增强自主能力、改善生活状况以及为初创阶段的残疾人提供创业、就业等方面的实用技术培训和指导；以村（社区）为抓手，在大坝镇韦桥村和裕民街道汉源社区分别建立新时代残疾人就业创业实践点和就业创业窗口，打造社区培训之家；扶持建立残疾人跳蚤市场，为残疾人自主创业提供条件，实现订单回收产品常态化，开创"托养+培训+辅助性就业+文化旅游"的工作新模式，巩固拓展脱贫攻坚成果同乡村振兴有效衔接。

【残疾人邻里照护服务】 2021年，青铜峡市残联探索开展"邻里互助"新模式,向自治区残联争取资金10万元,选择在峡口镇、陈袁滩镇先行先试,为22户开展贫困精神智力和重度肢体残疾人邻里照护服务,为残疾人提供卫生清洁、洗衣做饭、买菜买粮、家电维修、房屋修葺、看病就医、帮助外出等服务。

(桂淑芬)

青铜峡市红十字会

【理顺管理体制】 2021年,根据自治区编办《关于调整市县红十字会管理体制等有关事项的通知》精神,经青铜峡市编委会议研究,设立青铜峡市红十字会,列入机构编制管理的群团机关序列,印发《青铜峡市红十字会职能配置、内设岗位和人员编制规定》,明确工作职责,核定人员编制。研究制订《青铜峡市红十字会改革实施方案》,做好市红十字会第一次会员代表大会准备工作,完成代表推荐上报、审核、征求意见、会议的议程、日程、主席团会议、理事会、监事会等各类材料的撰写。制订印发《关于建立青铜峡市红十字会基层组织的实施方案》,推进各镇、街道红十字会基层组织建立工作。

【应急救护宣传】 2021年,青铜峡市红十字会利用"5·8"世界红十字日、"5·12"防灾减灾日、"6·14"第18个世界献血者日、"9·11"第22个世界急救日等重大节日,联合卫生健康、应急管理等部门开展各类宣传活动,普及应急救护、卫生健康、防灾减灾、救灾救助等知识和技能;通过电视台、微信群等新闻媒体,宣传救护知识、报道典型事例,弘扬人道、博爱、奉献的红十字精神。

【应急救护培训】 2021年,青铜峡市红十字会按照吴忠市下达给青铜峡市2021年3200人的培训任务,其中红十字救护员取证培训1200人、应急救护普及性培训2000人。开展应急救护培训"五进"(进机关、进企业、进学校、进农村、进社区)工作,采取送教到点、上门服务方式,全力落实各项培训任务。截至9月底,全面完成应急救护培训任务,居吴忠市各县区第一位,救护员培训22场次1222人,完成下达任务的101%,年底前完成信息录入、培训证书的发放等工作;普及性培训15场次2911人,完成下达任务的146%。

【救助募集工作】 2021年9月7日至9日,青铜峡市红十字会组织开展"99公益日"募捐活动,三天时间募集资金35614.72元,将用于购买自动体外除颤器,在人流密集公共场所配备;协助吴忠市红十字会做好向河南受灾地区募捐工作,帮助爱心人士通过吴忠市红十字会账户向河南受灾地区捐款2.07万元;开展红十字博爱送万家活动,为160名困难群众发放大米、鞋等生活物资价值7100元;9月,联系吴忠市红十字会,为邵岗镇连湖社区8名新入学贫困大学生每人发放救助金1000元;为青铜峡镇同兴村1名白血病患儿申请小天使基金项目,得到中国红十字基金会救助。

【应急救援队建立】 2021年,青铜峡市红十字会建立应急救援队1支,发展志愿者25人,组织志愿者参加全市山洪灾害防御防汛应急演练一次,检验市红十字会应急响应能力。

【"三献"工作】 2021年,青铜峡市红十字会弘扬"人道、博爱、奉献"红十字精神,传播"大爱奉献、生命永续"捐献理念,加大无偿献血、捐献造血干细胞、遗体和人体器官捐献宣传动员工作力度,营造全社会参与支持无偿捐献良好氛围。全年无偿献血705人次,献血量271000毫升;通过遗体和人体器官捐献管理系统登记捐献志愿者160人;采集造血干细胞17人,成功捐献造血干细胞1例,挽救1名白血病患儿。

【疫情防控】 2021年,青铜峡市红十字会组织人员全力做好全市接收抗击新冠肺炎疫情慈善募捐工作,制订工作方案,细化工作流程,明确工作责任,对每一笔爱心捐赠认真做好接收、登记、分发、统计、上报、公示、宣传报道、信息报送等各环节工作,并发放捐赠证书、捐赠函、开具公益性发票,确保各类数字、信息等及时准确。截至11月15日,市红十字会共接收43笔爱心企业和爱心人士的捐款捐物1229113.44元,其中捐赠物资889833元、捐款339280.44元。按照市疫情防控指挥部物资保障组的物资调拨单,第一时间将捐赠物资全部分发到疫情防控一线;将捐赠的33万元资金及时拨付到有关单位。同时,将接收的每一个爱心企业、爱心人士捐赠款物的名称、数量、种类、价值等内容以及发放去向在青铜峡电视台、市政府网站进行公示,接受社会监督,确保公开透明。

(吴 翔)

青铜峡市归侨侨眷联合会

【概况】 2020年12月,青铜峡市第一次归侨侨眷代表大会召开,选举产生青铜峡市侨联第一届委员会。全市共有海外人员143人,侨眷138人。2021年,青铜峡市归侨侨眷联合会(以下简称青铜峡市侨联)围绕"凝聚侨心、汇集侨智、发挥侨力、维护侨益"主要任务,以侨胞之家阵地建设为依托,以建设一个组织体系健全、运行机制科学、服务侨界群众有力、联系侨界群众密切的侨联组织为目标,把侨联建设成为广大归侨侨眷和海外侨胞的团结之家、温暖之家、奋斗之家。

【思想教育】 2021年,青铜峡市侨联遵循《中华全国归国华侨联合会章程》,深入学习贯彻中共十九届六中全会、习近平总书记七一重要讲话及关于群团工作和侨务工作的重要论述精神,牢牢把握侨联工作正确的政治方向,积极参加吴忠市和青铜峡市委统战部组织的庆祝中国共产党成立100周年文艺演出、观摩座谈会、社会经济发展意见征求会等各类会议,先后2次邀请"七一勋章"获得者、第八届全国道德模范王兰花到陈袁滩镇黄河楼社区开展民族团结、志愿服务等主题宣讲,组织10余名侨眷参加自治区、吴忠市侨联举办的各类培训班,组织50名侨眷参加吴忠市统一战线庆祝中国共产党成立100周年书画展;依托侨胞之家侨胞书屋,开展学习交流活动。

【侨胞之家建设】 2021年,青铜峡市侨联按照"位置中心一些、侨眷聚集一些、阵地新颖一些、载体丰富一些、组织重视一些""五个一"选点思路,在市工信局办公楼五楼打造侨联侨胞之家1处,在陈袁滩镇打造黄河楼社区侨胞之家1处。黄河楼社区侨胞之家实施"1+3+N"创建模式,即明确1个主阵地(侨胞之家)+扩展3个教育阵地(侨胞议事厅、侨胞书屋、侨胞影院)+辐射9个社区功能阵地(社区警务室、红石榴家园、文体活动中心、老年驿站等)。探索"125"管理模式,成立1个创建工作组,即成立以社区党委书记为组长的侨胞之家创建工作小组,配备社区工作者专门负责侨联工作。找准2个结合点,即将侨联工作与党建工作深度融合,以"党建带侨建,侨建促党建",充分发挥社区"红色管家"作用,探索侨联组织网格化工作模式,延伸侨联工作触角,推进"侨胞之家"工作开展;将侨联工作与志愿服务工作深度融合,聚焦社区侨眷需求,将服务侨眷纳入社区"黄河情"志愿服务队重要服务内容,对重点困难人员建立联系帮扶机制,着力解决侨眷生活困难、无人照料等问题,实现服务"零距离",管理"全覆盖",侨界人士诉求"全响应",努力当好侨胞贴心人。开展5类活动,即在中秋等传统节日开展庆祝活动,重大事项侨联班子、代表在侨胞议事厅开展"有事大家议"活动,统战系统读书月等节点在侨胞书屋开展读书分享活动,每季度组织侨眷在侨胞影院开展观影活动,不定期在老年驿站、李秋梅会客室等阵地开展联谊活动。

【文化活动聚侨心】 2021年,青铜峡市侨联在春节来临前联合市戏剧家协会、裕民街道东街社区开展"走基层 送温暖 促发展"新春送温暖慰问活动,邀请侨眷和社区居民共同观看剧协文艺演出;立春后组织陈袁滩镇黄河楼社区侨胞之家"联侨聚侨,一起向未来"主题活动,侨眷到李秋梅会客室参加手工编织,共同感受传统技艺魅力;端午节联合裕民街道名峡社区开展"情暖端午,侨系你我"志愿服务活动,组织归侨属和社区群众一起包粽子、看节目;在中秋佳节,邀请吴忠市侨联,联合黄河楼社区举办"浓情中秋话团圆·民族团结心连心"民族团结进步月活动暨"月满中秋 情暖侨心"喜迎中秋联谊会。

【帮扶慰问暖侨心】 2021年,青铜峡市侨联排查归侨侨眷生活情况,报自治区侨联、吴忠市侨联及青铜峡市委统战部走访慰问10余人次,发放慰问金2万余元;"七一"前开展中国共产党成立100周年走访慰问活动,慰问入党多年、充分发挥先锋模范带头作用的侨界党员代表3人;春节前协调自治区侨联,向困难侨眷送去来自海外华侨捐赠的御寒棉衣20件。

(施海霞)

经济管理

编辑◎乔才山

宏观经济管理

【经济发展情况】 2021年，青铜峡市坚决贯彻新发展理念，奋力推进先行区建设，聚力"三个重点"，"5+5"十大产业强劲发展，"十四五"开局良好、起步有力。完成地区生产总值155.8亿元，比2020年增长24.3亿元，同比增长6.8%。其中，第一产业实现增加值30.4亿元，增长8.1%，位居全区第四、吴忠市第二，是近十年来增幅最大、发展最好的；第二产业实现增加值78.9亿元，增长6.3%；第三产业实现增加值46.5亿元，增长6.7亿元%。完成一般公共预算收入8.2亿元，增长10.7%。实现社会消费品零售总额24.7亿元，增长3.7%。城乡居民人均可支配收入分别达到33610.2元、18798.2元，增长7.7%和11.1%，位列吴忠市第二。

【项目建设】 2021年，青铜峡市开工建设项目150个，全年完成固定资产投资65亿元，同比增长8%；计划储备2022年储备项目195个，总投资236亿元，年度计划投资92.2亿元；对2017—2020年468个政府投资项目进行全面核查；对116个项目招标控制价进行审核，核减投资0.43亿元。

【"先行区"建设】 2021年10月，"十大工程"之一牛首山抽水蓄能电站开工建设（2021年12月31日，自治区发改委核准批复牛首山抽水蓄能电站）。收回河滩地9070亩，黄河生态园"四乱"问题整改销号，黄河楼工程问题整改，完成黄河母亲像平移，拆除黄河文化园等附属工程9处；完成绿化造林3.3万亩，森林覆盖率达到15%，提前4年完成"十四五"目标任务；率先在全区挂网交易水权指标1500万立方米，可实现收益1.6亿元；实施国土整治和矿坑修复1.8万亩，跨省交易耕地指标1万亩，可实现收益4亿元。

【重点产业发展】 2021年，青铜峡市新增酿酒葡萄面积2万亩，是全区唯一一个超额完成指标任务的县区；推动葡萄酒+文旅深度融合，启动建设鸽子山葡萄酒文化旅游小镇。盘活运营闲置十多年之久的青铜古镇，打造全区最具特色的黄河文化生态旅游小镇。黄河大峡谷成功列入国家5A级旅游景区创建名单。

【城乡建设】 2021年，青铜峡市实施城市更新行动，完成52个老旧小区和14条外立面改造，惠及群众1.2万余户。实施乡村建设行动，创新提出"五大工程"，特别是在全区率先实施供热燃煤替代整县推进，通过热电联产、煤改电、煤改气和分布式光伏4种方式，完成1457户改造任务。

【乡村"四大提升"】 2021年，青铜峡市对11个重点村和9个示范村进行改造建设，辐射带动周边村全面提升，全市移民收入达到9645元，同比增长18%。青铜峡市获得全国农业现代化示范区、全国农村创业创新典型县等国家级荣誉11项。

【服务业发展】 2021年，青铜峡市争取服务业发展引导资金556万元，黄河金岸旅游休闲集聚区高质量补助资金300万元，梳理工业企业主辅分离试点16家，年内力争新增入库服务业企业及"大个体"10家。

【清洁能源产业发展】 2021年，青铜峡市北京洁源、古峡新能源风电项目并网发电，新增装机容量178兆瓦。储备建设分布式光伏、老旧风电场"以大代小"改造等清洁能源产业及配套项目53个，新增装机容量750兆瓦，建成并网装机容量126.9万千瓦。邵岗镇甘城子村等农村地区"光伏+清洁取暖"示范点项目完成30%以上。

【节能降耗】 2021年，青铜峡市遏制"两高"项目发展，完成32家重点耗能企业节能诊断，提出"一企一策"节能措施，通过技改、设备更新等措施实现节能40万吨标准煤。督促9家企业实施错峰生产，遏制能耗快速增长势头，完成全年单位GDP能耗下降2.5%的目标任务。

【营商环境优化】 2021年，青铜峡市推进社会信用体系建设，公示信用信息及典型案例23430条，入驻"信易贷"平台企业724家，授信1.1亿元，完成失信企业信用修复659家，信用体系建设综合排名西部107个县级市第二名，全国383个县级市保持在前50名。

【粮食安全】 2021年，青铜峡市落实粮食安全省长责任制，落实应急粮食储备2400吨（成品粮900吨、原粮1500吨）建设任务，完成优质粮食工程投资1.03亿元，建成青铜峡市救灾物资储备库，配合完成国家粮食和物资储备局调研督导观摩和自治区储备粮种植基地观摩，获得吴忠市粮食安全省长责任考核第一名。

【价格调控】 2021年，青铜峡市动态监管涉企行政事业性收费和政府定价经营服务性收费，下调景区门票价格50%以上，制定停车场收费标准，完成甘城子灌区四级扬水供水、热电联产费用等成本监审，协助价格认定案件123起，涉案标的金额400万余元。

（张杰民）

市场监督管理

【概况】 2021年，青铜峡市登记注册各类市场主体19638户，新登记注册各类市场主体2244户，增长1650户，同比增长36%，其中个体经营户增长47.38%。全市有效发明专利91件，每万人有效发明专利拥有量3.71件；全市注册商标总量达到2491件，同比增长44.3%。全年组织联合执法43次，整治重点风险隐患18个，查处违法行为127起，查处关停5家，立案查处各类案件78件，罚没款共计53万余元，录入行政检查68条、行政处罚数据22条，主项覆盖率47.44%。对2020年已办结149件案件逐一梳理、复查，对存在的问题要求办案机构修正。行政复议案件3起无一败诉。登记受理投诉举报4562件，办结率97.40%，为消费者挽回经济损失18.7万元；销毁过期、检验不合格的食品、药品、医疗器械、保健品、卷烟、化妆品等1042件，货值金额18万余元。

【"放管服"改革】 2021年，青铜峡市市场监管局推行电子化登记、"一网通办"方便企业930家少跑路取得电子营业执照。开放名称库搭建自主申报平台，合理简化名称审核流程，专门协调银行入驻代办窗口协调融资事宜。推行"一照多址，一址多照，集群化登记"，降低市场主体准入门槛。发挥年报公示在事中事后监管中的基础性作用，全年企业年报公示率96.3%、农民专业合作社公示率94.34%、个体工商户公示率99.6%。通过股权出质登记帮助10家企业融资近5亿元，股权出质登记企业开办3小时办结，提供银行免费代办服务。

【食品安全监管】 2021年，青铜峡市市场监管局以全域创建"食品药品安全区"为抓手，组织开展节日期间、盐业市场、保健食品等各类专项整治，检查各类生产经营主体13800余家（次），食品生产企业监督检查覆盖率100%，自查报告报送率达90%以上，抽检各类食品2799批（次），查办案件27起，罚没款12.31万元，下架标示不全小食品400余袋；抽检食用农产品213批次，"三小食品" 74批（次），完成省抽任务141批（次），食用油专项抽检7批（次）；办理投诉举报54件，挽回损失2.5万元，办结率100%。检查各类餐饮2960余家次，餐饮快检450批（次），责令整改66起，立案1起。开展常态化疫情防控下餐饮食品安全监管、餐饮质量提升行动、网络外卖平台监管、文明餐饮、春秋季校园食堂检查、校园周边食品安全检查，学校食堂"互联网+明厨亮灶"覆盖率已达100%。组织从业人员参加"食安员抽考"平台法规知识考试抽查考核覆盖率100%，合格率90%以上。结合全域创建"食品药品安全区"工作悬挂安置各类公益广告牌3035个（块），印发宣传资料5.5万余份，举办全域创建工作大讲堂30余场，覆盖全市8个镇、1个农（林）场、1个街道。在《人民日报》《中国食品报》刊登相关工作报道30余篇，编制工作动态7期，营造食品安全社会共治共享良好氛围。发挥乡镇食品安全成员单位作用，开展农村家宴专项整治，协调建设"农村家宴中心放心厨房"，将农村家宴由过去的"路边灶""露天厨房"改造提升为餐厅化的"放心厨房"。全年新建成农村家宴放心厨房1家，举办各类聚餐活动15余次，未发生一起食品安全事件。

【药品医疗器械市场整顿】 2021年，青铜峡市市场监管局严格落实监督检查计划，全覆盖监督涉药单位800余家（次），责令整改29家，查办案件12起。以开展"阳光药店"建设工程为中心，推广应用"阳光药店"信息系统，全市123家零售药店100%纳入系统监管，80家零售药店验收，"阳光药店"创建率65%。开展"两品一械"质量抽检，完成药品抽检33批（次），医疗器械抽检3批（次），化妆品抽检25批（次）。

【知识产权保护】 2021年，青铜峡市市场监管局对商场超市、集贸市场等区域进行重点清查，对带有专利标识商品进行登记，并现场检索专利法律状态，严厉打击流通领域假冒专利违法行为，督促经营者严把进货关，运用互联网知识检索查询专利，防止专利侵权、假冒产品进入市场，对发现侵权和假冒专利的行为及时拨打知识产权维权援助与举报投诉电话，保护消费者合法权益。全年开展专项检查22次，检查企业80余家，查处商标侵权案件6起；组织召开地理标志产品保护工作会5次，培训合作社负责人4次220人次，设立公益广告宣传牌匾10块；累计检查商品174件，依法下架涉及假冒专利产品1件，查办侵权案件3件；全市有效发明专利91件，每万人有效发明专利拥有量3.71件；全市注册商标总量达到2491件，同比增长44.3%。11月，青铜峡市2家"自治区2019年度服务业品牌化"示范企业通过自治区知识产权专家评审，争取项目资金100万元。

【计量器具检定】 2021年，青铜峡市市场监管局推进标准化生产示范建设，分级分类监管17家检验检测机构，全年检定各类计量器具9696台(次)，立案查处违规案件2起。免费检定计量器具1200余台、血压计65台，检定电子汽车秤120台、天平49台；对全市40个加油站的358把加油枪、12个加气站的75把加气枪进行强制检定。开展"世界计量日"宣传活动，发放资料3000余份，接受群众咨询100余人次，检查计量器具100多台，对7个农贸市场、超市的1280余台计量器具进行强制检定。开展"检验检测机构开放日"活动，邀请代表30余人参加活动。

【特种设备安全监管】 2021年，青铜峡市市场监管局紧盯重点区域、重点行业、重点设备和重点时节，严格安全监管执法，检查特种设备相关单位144家(次)，抽检设备486台(套)，发现一般安全隐患60处，整改率100%，下发特种设备安全监察指令书52份，办理行政处罚案件13件，罚款31.7万元。

【产品质量安全监管】 2021年，青铜峡市市场监管局围绕重点工业产品、重点消费品等，科学制定、有效实施监督抽查和风险监测计划，坚决守住质量安全底线，检查各类产品生产经营单位1200余家(次)，对全市民用煤炭、婴幼儿用品等重点消费品抽检20批次，重点消费品质量合格率为98.33%。

【网络订餐监管】 2021年，青铜峡市市场监管局开展网络订餐第三方平台上所有餐饮店铺巡查，依法查处无证无照、伪造许可信息、PS证照、超范围经营等违法行为。全年开展排查线下餐饮店6516家，取缔关停1247家，立案查处无证照餐饮店从事网络外卖578起，罚没款141.9万余元，并对2家网络订餐因主体责任落实不到位进行立案查处。

【市场监管】 2021年，青铜峡市市场监管局加强生产流通领域产品质量监管，检查252家批次合格率92.2%；排查经营业户9000余户，规范证照304余户；完成各级主管部门指定专项检查任务2349家(次)。登记受理投诉举报4562件，办结率97.40%，挽回损失18.7万元；联合相关部门集中销毁假冒伪劣商品1042件货值18万余元。开展"质量月"活动深入宣传，发放材料5000余份，接受咨询200余人次。开展打击传销和规范直销工作，检查各类经销店538家(次)，检查刊物46种3463张(册)，各类宣传资料安置519个(次)。配合宣传、统战等部门开展依法取缔和打击"精神传销"有害培训专项行动，检查155家(次)，发放宣传资料200余份。无传销县(市、区)创建覆盖面达100%。召开全市公平竞争审查联席会议1次，培训32人次，抽查文旅局、商投局涉及公平竞争文件2件。

【疫情防控】 2021年，青铜峡市市场监管局累计出动执法人员18355人次，检查经营户241628个次，农贸市场1586个(次)，督促开展日清洗、消毒106545户(次)。开展药品药店疫情防控检查，责令整改13家。持续筑牢冷链食品防疫防线，推进"宁冷链"系统宣传使用，指导46家主体注册使用，备案22批次。食品采样692份，人员核酸千余份。按照市疫情防控指挥部要求，摸排个体工商户10186户17244人次。

【扫黑除恶斗争】 2021年，青铜

峡市市场监管局制定专项方案,摸底排查全市8个集贸市场,400余家经营户,开展重点领域专项整治10余项,查办违章违法案件89起,没收0.38万元,罚款53万余元,张贴悬挂各种资料300余份。

(李凌凯)

统 计

【统计规范化建设】 2021年,青铜峡市统计局推进"企业一套表"统计联网直报工作,按照"有机构、有人员、有制度、有资格、有台账"要求,建立健全统计台账、原始记录和统计管理制度,各统计专业分工负责,指导企业建立统计工作台账,完善"四上"企业入库纳统工作流程,按照单位主要责任人和企业负责人工作职责狠抓落实,完成对"四上"单位及项目单位台账规范及业务培训,一对一上门指导服务,开展实地调研核实及项目纳统等工作。全市"四上"企业统计人员培训率达100%;建有统计台账245家(其中工业类68家,商贸类14家,服务业类8家,建筑业类19家,房地产业类13家,投资类123家)。通过QQ远程、电话或上门指导企业统计人员网上直报系统的安装、证书下载和网上填报等具体操作,建立统计人员定期报表短信提醒预警制度,确保企业网上直报数据质量和时效,网上直报率达100%。做好各项定期报表工作,按时完成工业、农业、投资、建筑业、商贸、能源、劳动工资、科技、文化产业、基本单位名录等专业的定期报表上报。2021年,青铜峡市统计局开展生态移民、小康监测、成本费用、能源消费、妇儿"两纲"监测、"四上"企业入库申报等统计调查工作,全面完成2021年人口抽样变动调查工作。

【单位名录库充实完善】 2021年,青铜峡市统计局加强与税务、市场监管等部门协作配合,全面掌握"一套表"调查单位基本情况,实行动态管理,加强信息更新时效,为地方经济发展提供全面、准确、符合要求的资料。对一些主营业务资料模糊不清、难以界定的,与相关部门沟通,确保正确界定行业分类。对缺少机构代码和部门注册码的单位,通过部门查询网站进行查找核实,切实做到不重不漏。结合名录库更新情况,规范流程、强化责任,加强部门协作,做好"一套表"调查单位月度审批入库的工作。截至12月底,在名录库法人单位4270家,产业活动单位686家("四上"企业148家。其中,房地产14家,工业85家,建筑业27家,重点服务业8家,批发零售业8家,住宿餐饮业6家)。2021年,申报规模以上工业企业4家、服务业1家、建筑业3家,5000万元以上投资项目11个。

【第七次全国人口普查数据发布】 2021年,青铜峡市统计局在前期人口普查有序进行的基础上,对人口普查所有数据逐项核实,从严审核,准时高效发布《青铜峡市第七次全国人口普查公报》,详细反映全市人口总量、结构、分布及人口发展变化趋势等。第一时间利用公众号、云上青铜峡等渠道发布公报及微动画,播放量达5700余次。市统计局等5个单位被授予"全区第七次全国人口普查工作先进集体"荣誉称号。

【统计分析监测】 2021年,青铜峡市统计局坚持每月对主要专业经济运行情况进行分析、预测,形成综合分析报告并及时送达市委、市政府领导和各单位。每季度对全市经济运行情况进行全面分析,各专业分别进行分析预测,汇编形成综合统计分析报告提供给各部门领导参阅。对经济指标出现异常波动的,由市委主要领导或市政府分管领导牵头及时召开推进会调度会,研判经济形势部署工作。发挥统计工作"预警器"作用,印发《青铜峡市2020年国民经济和社会发展统计公报》210份,印发《青铜峡市统计年鉴(2017)》《青铜峡市统计年鉴(2018)》《青铜峡市统计年鉴(2019)》各200本,为政府部门和社会各界提供统计服务,全面监测青铜峡市经济发展动向,为经济社会发展提供保障。

【统计执法监督】 2021年,青铜峡市统计局健全统计执法监督工作机制,出台《"双随机"抽查工作办法》《统计违法举报工作制度(试行)》《统计违法违纪案件移送工作办法》《行政执法全过程记录制度》等8个制度规定和工作方案。开展"一套表"调查单位数据质量核查工作,核查面达100%。加强统计法治宣传教育,通过户外电子屏滚动播发宣传标语68条,发放统计宣传资料580份。加强统计诚信建设,组织152家企业开展诚信统计承诺,编发《诚信统计倡议书》《调查单位诚信统计承诺书》和《统计从业人员守信承诺书》1600份,建立统计从业人员诚信档案237人,引导企业依法统计、诚信统计,提高统计数据质量。

(刘丽娟)

审 计

【概况】 2021年,青铜峡市审计局开展"巩固审计质量提升年"活动,从计划制定、日常管理、项目实施、审计成果等方面着手,狠抓审计质量控制,着力提高审计执法水平,深入推进审计质量提升,有效推动各项工作开展。全年组织开展4项重大政策落实情况跟踪审计、6项部门预算执行和财务收支审计、11名党政领导干部经济责任审计、3项政府投资项目审计、1项专项审计。

【重大政策措施落实情况跟踪审计】 2021年,青铜峡市审计局组织开展企业农民工工资保证金的收缴与退还审计、清理规范质量保证金及工程履约保证金审计、青铜峡市就业创业贷款担保基金、2020年创业担保贷款基金管理及使用情况的审计等3个政策跟踪审计项目,重点关注企业农民工工资保证金的收缴与退还、质量保证金及工程履约保证金清退以及创业担保资金筹集使用等问题,推动"放管服"改革政策措施落实到位,担保贷款资金管理规范、安全使用。

【预算执行审计】 2021年,青铜峡市审计局紧扣预算执行和财政管理的真实性、合法性、效益性,以推进财政体制改革为目标,推动提升财政资金安全、规范、高效,维护财经纪律严肃性,落实中央过"紧日子"要求。组织实施市本级2020年度预算执行情况及市信访局等6个部门预算执行情况的审计。运用大数据审计方式,对全市62个一级预算单位进行审计全覆盖。

【领导干部经济责任审计】 2021年,青铜峡市审计局重点关注领导干部贯彻执行国家重大决策部署、遵守有关法律法规、目标责任制落实、重大经济决策、财政财务收支和经济运行风险防范,以及履行有关党风廉政建设第一责任人职责和遵守有关廉洁从政规定等情况。组织开展青铜峡市树新林场、总工会、就业创业和人才服务局及房屋产权产籍交易中心等9个部门11名领导干部经济责任审计。

【重点民生资金和项目审计】 2021年，青铜峡市审计局重点关注扶贫产业项目的推进情况，关注民生资金的管理使用情况，防止财政资金流失，促进建设单位提高投资效益。通过揭示民生资金在筹集、管理、分配和使用等环节存在的问题，推动各项惠民富民政策落到实处，促进保障和改善民生。组织实施医保基金、保障性安居工程、扶持壮大村级集体经济项目、移民村供水水源工程等4项专项审计，对57个壮大村集体项目违规资金使用情况进行专项审计调查。

【国企审计】 2021年，青铜峡市审计局从资产管理、财务管理、内部控制入手，做好国有企业审计工作，揭露国有企业和国有资本运营中存在的违法违规问题，揭示影响国有企业和国有资本运营管理的体制机制问题，提出加强国有企业和国有资本管理建议，推动国有企业加强管理、优化资源配置，促进国有资产保值增值。全年对22家市属国有企业开展国有资产管理及国有资本经营收益情况审计。

【审计质量提升】 2021年，青铜峡市审计局出台《审计项目计划管理及项目进度控制制度》《审计项目复核及审理制度》(试行)，从审计现场实施、"三级"复核、出具审计文书、审计资料归档等方面提出明确要求。实行审计项目责任制限时制，根据工作量和难易程度，将审计项目划分为四类，分别规定审计项目完成时限，把工作量化到天，严格把握审计进度。审计项目因特殊情况确需延长时间的，按相关程序报批。建立审计项目限时制公示制度，将审计项目完成进度以公示栏的形式予以公示，提高审计效率。加强审计复核审理工作，优化审计项目复核审理流程，明确审计组、审计业务科室、法规审理室分别履行审核、复核、审理的工作职责、程序、各自的复核及审理内容以及相应的责任，规范审计行为，提高审计质量，防范审计风险。

【审计成果巩固】 2021年，青铜峡市审计局做好审计"后半篇文章"，压实被审计单位整改主体意识，建立整改台账，落实对账销号制度，对整改落实不到位的单位以审计委员会办公室下发审计查出问题整改督促函等形式，督促其尽快整改。与市委和市政府督查室、纪委监委等部门联动，组织对被审计单位审计整改情况的跟踪督促检查，督促其制定整改措施、规范内部管理，全面整改。对整改难度较大的历史遗留问题，客观对待，限期改正。对表面整改、敷衍整改、虚假整改的，报请市委、市政府严肃追责问责。

(黄　倩)

财政税务

编辑 ◎ 乔才山

财 政

【概况】 2021年，青铜峡市本级一般公共预算收入完成81805万元，同比增长10.7%。其中，税收收入完成49769万元，下降0.2%，占比60.8%；非税收入完成32036万元，增长33.3%，占比39.2%。市本级一般公共预算支出完成352131万元。

【财政支出】 2021年，青铜峡市财政在保基本民生、保工资、保运转的基础上，加大对教育、科学技术、文化旅游与传媒、社会保障和就业、节能环保、农林水等重点领域财政支出力度。全年"三保"及其他刚性支出240000万元，占一般公共预算支出的69%。

【财政收入】 2021年，青铜峡市财政紧盯1500万立方米水权指标交易、东西线供水、古峡新能源光伏发电等重点非税项目，盘活政府闲置资产，依法依规组织财税收入。全年争取上级各类补助资金260796万元，争取新增一般债券46000万元。

【助推经济发展】 2021年，青铜峡市财政统筹各类扶持企业发展资金10200万元，助力全市工业提质扩量转型升级。安排31210万元，支持改善黄河流域生态环境，落实黄河流域生态保护和高质量发展先行区建设，推进创新驱动战略实施，R&D经费投入强度达2.61%。引进社会资本方投资21000万元，召开全市政银企融资对接会，为企业融资64000万元。

【民生支出】 2021年，青铜峡市财政助力实施乡村振兴战略、推进"四大提升"行动、深化农村综合改革、加强农业农村基础设施建设、均衡教育发展、提升文化软实力、完善社会保障、改善城乡面貌、提升疫情防控和重大疾病救治能力等方面。全年十大民生项目支出288565万元，占一般公共预算支出的比重达到82%。

【风险防控】 2021年，青铜峡市做好政府投资项目资金来源审核，从源头遏制隐性债务增量，确保隐性债务只降不增。建立健全金融风险监测预警体系，完善《青铜峡市金融突发事件应急预案》，强化对小额贷款公司、融资担保公司、投资公司的监管责任，治理行业乱象，防范和处置非法集资，政府债务和金融风险平稳可控。全年筹集资金偿还到期债券本金61234万元，兑付政府债券利息12594万元。

【财政管理】 2021年，青铜峡市全面落实深化预算管理制度改革相关要求，推进预算编制标准化改革，优化预算项目支出定额标准体系，完善"能增能减、有保有

"压"的预算分配机制。深化国有企业改革,制订《青铜峡市国企改革三年行动实施方案》,进一步提高国有资本经营管理质量和国有企业市场综合竞争力。制订《青铜峡市行政单位国有资产管理暂行办法》等制度,有效提升国有资产使用效率和资产管理质量水平。建立完善政府采购内控管理制度,加强政府采购信息化建设,深入开展政府采购制度改革,统筹做好政府采购制度改革和政府采购领域突出问题专项治理。

【信息宣传】 2021年,青铜峡市财政局主动公开政务信息966条,其中政府门户网站公开信息220条,政务微博公开信息296条,其他方式公开政务信息230条,采购信息220条。在魅力青铜峡和云上青铜峡新媒体平台发布信息10条,向自治区财政厅报送财政快讯、调研与思考和专题信息等各类财政信息81条,其中2篇被选送至财政部,全年信息报送在全区23个县区中排名第三,获得自治区财政厅通报表扬。

【业务培训】 2021年8月2日,青铜峡市财政局召开"青铜峡市中期财政规划暨2022年部门预算编制布置(培训)会",正式启动2022—2024年中期财政规划暨2022年全市部门预算编制工作。9月29日,市财政局联合市人民银行、农经站在青铜峡宾馆举办2021年财政金融基层工作培训班,对全市8个镇的财经服务中心、村委会书记(驻村工作组)、报账员共221人进行财政金融政策培训,为全市农村财务规范化、制度化、程序化管理提供业务保障。

【主要会议】 2021年4月8日,青铜峡市2021年金融工作暨政银企融资对接落实会召开。会议总结2020年全市金融工作,安排部署2021年金融工作,通报全市企业融资需求、招商引资意向和全市乡村振兴规划情况,金融机构和企业代表做交流发言,为15家企业落实贷款资金6.4亿元。4月29日,青铜峡市申报海绵城市试点工作启动会召开,为建设宜居、绿色、韧性、智慧、人文城市创造条件。

(谭 燕)

税 务

【税费征收】 2021年,青铜峡市税务局面对复杂多变的经济形势,科学应对、统筹施策,既严防收"过头税费"等违规行为,又坚决把该征的税费依法依规征收好。全年入库各项收入23.38亿元,其中税收收入14.04亿元,社保费收入7.56亿元,其他收入1.78亿元。

【减税降费】 2021年,青铜峡市税务局坚持"短平快优"工作法,抓实抓细以前年度延续实施和2021年新出台税费优惠政策及措施的落实,及时解决政策执行中发现和上级督察、审计反馈问题,优化服务举措。全年新增减税降费1.34亿元,其中减税1.16亿元,减费0.18亿元,依法办理退抵税2.18亿元。落实阶段性缓税措施,累计为4户煤电企业办理缓缴税款2583万元,为121户制造业中小微企业办理缓缴税款2139万元。

【税收征管改革】 2021年,青铜峡市税务局按照自治区《关于进一步深化税收征管改革的实施方案》中县级局工作任务,成立深化征管改革领导机构,制定落实措施,建立工作台账,细化148项工作事项,挂图推进改革任务逐项落实,36项改革任务圆满完成。实施出口退税管理系统整合,确保系统上线平稳运行。推进增值税专用发票电子化试点工作,组织干部参加专题培训8次,测试13次,发放宣传辅导资料2000余份,收集处理问题30余条,形成网格化服务管理模式,累计核定电子专票纳税人271户,开具电子发票3303份,涉及金额7.87亿元。

【税源监控管理】 2021年,青铜峡市税务局加大纳税人实名办税采集认证工作力度,建立实名办税免采机制,采集率达98%以上。持续加强对征管基础数据、指标的管理监控,清洗疑点数据1918条。优化注销流程,压缩办理时限,注销即办率达到97.4%。对32户重点税源企业实施动态监控管理,建立58户重点税源企业税收收入统计台账。抓好税收疑点核查,通过风险管理系统接收应对9批82条低风险任务,完成跨区域发票协作任务8批次;对6户成品油企业开展自查自纠辅导工作,对2户成品油企业开展纳税评估。为加强税源管理,规避企业涉税风险,提升纳税服务质效,自行筛选税收风险企业2户,开展专项涉税辅导。建设加油站财税物联网平台,为4户加油站企业安装调试设备,形成试点运行报告。重点检查邮政、航信等代征单位发票开具、解缴入库情况,对超期结报的代征单位加收违约金1.1万元。

【税费监管】 2021年,青铜峡市税务局加强增值税发票风险管理,依托增值税异常扣税凭证系统,累计接收处置异常扣税凭证129份,转出进项税额209.65万元。开展2020年度个人所得税经营所得汇算清缴工作,汇算面、汇算补税办结率及入库率、退税办结率均达100%。加强企业所得税管理,全年企业所得税收入24215.38万元,2020年度企业所得税汇算清缴3248户,汇算清缴面100%。完成增值税消费税与附加税费申报表整合,财产和行为税10税种合并申报。抓好征管协作,为绿色税种的精细管理做好保障。联合统计局开展房土两税减免核查工作,查补税款59.3万元。核实处理税费中申报疑点数据5265条,风险应对准确率达到100%。

【税收执法】 2021年,青铜峡市税务局以持续推进"三项制度"落实为契机,以"互联网+税务"为基本手段,优化税务执法方式,提升税务执法效能。强化普法宣传教育,全面落实普法责任制"四清单一办法",深入机关、企业、社区、乡镇等地进行税法宣传,全年举办各类培训和宣传21次。提升税收执法质量,立足提高行政执法信息公示质效,完成行政执法信息公示6类2189条,撤销公示到期信息1项6条,更新公示信息2项10条。提升税务执法全过程记录质量,完成执法音像记录67户次。开展重大执法决定法制审核,完成重大执法决定法制审核12户。加强内部控制监督平台应用,完成自治区税务局下发的疑点数据8批次35条疑点核查。推进"柔性执法",严格落实"首违不罚"清单制度,完成不予行政处罚43户,税务行政处罚58户次4.98万元。

【税收共治】 2021年,青铜峡市税务局与市检察院、公安局成立"两法衔接"办公室和联络机制办公室,推动形成税警协作、联合打击的税收治理新格局。落实《宁夏回族自治区税费保障办法》,与自然资源局、财政局等相关部门开展政策培训及信息协同,完成水土保持补偿费、地方水库移民扶持基金、排污权出让收入、防空地下室易地建设费等4项非税收入征管职责划转工作,实现划转工作无缝衔接。提早谋划好国有土地使用权出让收入和矿产资源专项收入划转准备工作,确保2022年顺利划转。初步构建"政府主导、部门合作、社会协同、公众参与"的税费共治格局。

【营商环境优化】 2021年,青铜峡市税务局推出"便民办税春风行动"31项100条措施和"春雨润苗"专项行动13项22条任务清单,立足改进服务质效,提升纳税人满意度。深入开展"走业户、强服务、改作风"走访活动,走访管户1万余户次,解决纳税人难题45条。实施办税缴费便利化改革,整合办税服务窗口,升级改造办税服务大厅,开展"大预审"办税服务,在办税服务厅开设电子税务局服务区和自助终端服务区,配备专人引导网上办税,及时解决纳税人、缴费人遇到的各类问题,非接触式办税服务达到214项,推行"快便简"提升办税效率。持续拓宽"最多跑一次"事项清单,将189项政务服务业务缩短为即时办结,办税时间压缩40%,出口退税平均办理时间压缩至7个工作日以内。

【征管职责划转】 2021年1月6日,青铜峡市税务局联合市财政局、水务局、人民防空办公室召开水土保持补偿费和防空地下室易地建设费征管职责划转工作联席会议。会议组织学习《自治区财政厅、税务局、水利厅、生态环境厅、人民防空办公室、中国人民银行银川中心支行关于做好水土保持补偿费等非税收入项目划转征收工作的通知》《国家税务总局关于水土保持补偿费等政府非税收入项目征管职责划转有关事项的公告》,讨论并通过《青铜峡市水土保持补偿费和防空地下室易地建设费征管职责划转工作联席会议制度》,宣读《青铜峡市水土保持补偿费和防空地下室易地建设费征管职责划转交接工作方案》,并对划转移交工作进行安排。1月7日,成功开出第一张防空地下室易地建设费征收票据。

(吴婧妮)

农业与农村经济

编辑◎乔才山

综　述

【概况】 2021年，青铜峡市农业农村局以实施乡村振兴战略为抓手，围绕建设黄河流域生态保护和高质量发展先行区，聚焦巩固脱贫攻坚成果、粮食安全、农业高效融合发展，统筹推进乡村建设行动、农业绿色发展、农村综合改革、农产品质量安全监管，推动农业增效、农民增收、农村发展。先后获得全国农业现代化示范区、全国农村创业创新典型县、全国农民合作社质量提升试点县、农产品产地冷藏保鲜整县推进试点单位、全国星级基层农技推广机构、全国星级基层水产技术推广机构等荣誉。实现农林牧渔业总产值59亿元，同比增长8.8%；农村居民人均可支配收入18798.2元，同比增长11.1%。

【作物种植】 2021年，青铜峡市粮食种植面积43.81万亩，粮食总产量28.2万吨，实现"十八连丰"。落实"菜篮子"市长负责制，推进蔬菜产业经营规模化、生产标准化、发展产业化，加快"两区一基地"建设，建成永久性蔬菜基地20个，200亩以上瓜菜基地51个，新建蔬菜现代集配中心1个，瓜菜种植面积稳定在15万亩，总产量45万吨以上。

【生物育种】 2021年，青铜峡市打造国家级玉米制种强县，制定《青铜峡市玉米制种大县发展规划(2021—2025年)》《青铜峡市玉米制种大县建设2021年度实施方案》，规划"两区多中心"总体布局，重点实施基地生产能力提升、联农带农增收、种子加工装备提升、种业创新能力提升和发展环境优化"五大工程"，着力打造国家现代种业强市、现代种业技术装备集成示范市、现代种业全链条融通发展先行市。新建大坝镇蒋南村、瞿靖镇蒯桥村社会化综合服务站2个，年服务面积达到1万亩以上；建成新品种展示示范园区300亩，开展玉米、大豆新品种区域试验、生产试验119个，展示玉米、小麦、水稻等农作物新品种103个，展示良种、良法、良机配套新技术8项；建设杂交玉米种子生产测试园区500亩，对30个新品种组合进行生产能力测试；建成规模化制种基地3.5万亩，新增"五化"基地2万亩，农作物制种面积8万亩，产量3280万公斤；完成制种玉米耕地质量提升7.7万亩，实施病虫害统防统治7.7万亩；落户种子企业9家，与山东登海、湖北康农2家龙头企业签订框架协议，注册成立全资子公司并投资建设种子研发中心、种子生产加工包装工厂，年种子加工能力达到1亿公斤，综合产值16亿元。通过新一轮农业农村部制种大县奖励政策实施答辩，青铜峡市被评为国家级玉米制种超级大县，"十四五"期间可争取项目资金2.5亿元，2021年争取国家玉米制种大县奖励资金5000万元。

【农业技术推广】 2021年，青铜峡市开展名优水产品推广、微孔高效增氧、蔬菜新技术集成、玉米绿色模式攻关等高产高效技术试验示范20余项，推广应用水肥一体化、秸秆生物反应堆等新技术10余项，主导品种和主推技术到位率达到96%。推进"三百三千"农业科技推广服务行动，推广农业绿色发展技术模式17项，培训高素质农民529人。

【绿色食品产业】 2021年，青铜峡市培育发展千亩以上瓜菜示范基地8个、绿色水稻示范基地12个，创建国家绿色农产品标准化示范基地2个、自治区全域绿色食品标准化原料基地6个；组织认定国家级农业产业化重点龙头企业1家，培育农副产品加工龙头企业2家，创建绿色大米产业化联合体1家，建成豆制品类绿色食品加工产业区1个，农产品加工转化率达到82%以上；打造集参观、体验、品鉴及产学研于一体的豆文化园1个，建设恒源公司瓜菜采摘产业融合示范点、大坝镇韦桥村特色林果采摘观光园区2个，推出"山海情拍摄基地+连湖西红柿采摘"线路，带动销售连湖西红柿45吨左右；认证绿色食品、名特优新农产品4个，创建绿色蔬菜企业品牌2个，培育豆制品品牌2个，发展使用"青铜峡大米"地理注册商标企业6家，农产品加工转化率达到82%以上，综合产值达到18亿元。

【设施农业建设】 2021年，青铜峡市新建日光温室450亩，大中拱棚6410亩，设施瓜菜种植面积达到3.22万亩，占瓜菜总面积的21.4%，设施瓜菜总产达到15万吨，实现产值3.2亿元以上。依托全国农产品产地冷藏保鲜整县推进试点项目，新建冷藏保鲜设施150个，新增果蔬储藏量1.68万吨，全市年保鲜能力达到2.8万吨，年增加经济收益1000万元以上。

【农业机械化】 2021年，青铜峡市实施农机购置补贴政策，补贴各类农机具607台(套)，补贴资金954.28万元，建成宁夏农机产业技术协同中心创新平台1个、农机农艺融合示范园区2个,主要粮食作物全程机械化率达到95%，农机总动力达到54.65万千瓦。

【生猪养殖】 2021年，青铜峡市巩固生猪养殖大县地位，稳步推进生猪养殖扩群增量，建成大坝榆树湾养殖园区，续(扩)建新兴农牧、天地兴农等生猪规模养殖场6家(其中规模达到10万头以上的2家)，规模养殖场(户)42家，规模化养殖比重45%，落实中小养殖户改造提升6家，生猪饲养量35万头，增长25%；新建宁夏生猪产业研究院1家，年内完成基础设施改造，进入"四中心一平台"建设(重大疾病防控与检测技术研究中心、繁殖培育技术研究中心、养殖环境生态安全技术研发中心、饲料与营养检测技术研发中心、技术服务与信息平台)；争取生猪新型农业保险试点产品(生猪价格保险)试点，按照"应保尽保、应补尽补"生猪保险政策，落实能繁母猪保险1.2万头，育肥猪保险2.6万头；建设生猪供精站1处，生猪改良点8个，推广优良精液5.6万份，全市生猪良种繁育率100%，人工授精推广率100%。

【奶牛养殖】 2021年，青铜峡市打造奶产业百亿级产业集群，抢抓伊利集团扩产机遇，新扩建奶牛养殖场6家，新增奶牛存栏2万头，达到10万头，增长25%，奶牛规模养殖场达到45家，全市奶牛存栏达到10万头，规模养殖场奶牛存栏达到9.8万头，1000头以上奶牛养殖场30家，规模化养殖率达到98%以上，综合产值达到92亿元。打造牛首山北麓奶牛养殖核心区，规模养殖场达到23家，奶牛存栏达到占全市的51.3%；推进饲草料种植和奶牛养殖配套衔接，调减低效耗水作物5.4万亩，落实粮饲兼用玉米种植面积18.42万亩，可满足90%以上养殖场需求；加快核心母牛群培育，引进优良品种奶牛5537头，奶牛良种率100%，推广优质性控冻精31412支，产乳牛比重达到51%；实施奶牛良种工程、科技提升工程，推广DHI测定、精准饲喂等关键技术16项，标准化养殖技术普及率达到98%以上。加快奶产业数字化建设，应用精准饲喂系统、环境感知粪污处理系统等5G信息化新技术5项，打造5G未来智慧牧场2个，奶牛规模养殖场信息化、智能化覆盖率达到100%。

【渔业养殖】 2021年，青铜峡市渔业养殖面积稳定在2.49万亩，水产品总产量达到1.2万吨，渔业总产值达到1.7亿元，同比增长5.1%。

【动物疫病防控】 2021年，青铜峡市农业农村局开展重大动物疫病强制免疫工作，累计免疫动物665万头（只、羽）次，消毒面积5235万平方米。免疫抗体检测1085户，检测样品19890份，布病检测1261户，检测样品14025份，应免畜禽建档率100%、免疫密度达到100%、平均免疫抗体合格率达85%以上。开展畜间布病基线调查，检测样品15112头份，发放布病防控调查表876份，布病知晓率达到91%，畜间布病得到有效控制和净化。

【动物卫生监督】 2021年，青铜峡市农业农村局做好兽药、饲料、畜禽屠宰监管，累计检疫动物96.4万（头、只），检疫动物产品7968吨，无害化处理病死动物0.84万（头、只）、病害动物产品6.5吨。开展农产品质量安全、牛羊养殖违禁使用"瘦肉精"和畜禽屠宰生产经营等专项整治行动，检查兽药饲料经营、生产企业和养殖场户426户次，立案查处违法案件4起，监督抽检畜产品90个，饲料产品22个，"瘦肉精"检测7224份，经检测全部合格和无违禁药品使用。

【农业投入品质量监管】 2021年，青铜峡市农业农村局开展禁用农（兽）药、农（兽）药残留超标等专项治理行动，农业投入品在线监管系统上线率达到100%，建设农产品农残快速检测点11个，完成蔬菜农残速测420批次，检测合格率达到100%，生鲜乳、水产品抽检合格率均达到100%。

【农业面源污染治理】 2021年，青铜峡市建设化肥减量增效核心示范区1个、有机肥替代化肥示范区6个、专业化统防统治示范区3个，化肥、农药利用率均达到41%以上；建设农用残膜回收网点5个、农药包装废弃物回收网点11个，农用残膜回收率达到90.6%，农药包装废弃物回收率和无害化处置率分别达到80%和100%；实施农作物秸秆机械化深翻还田8万亩，农作物秸秆综合利用率达到91%；推广"粪污集中收集+沼气发电上网+沼渣制作有机肥""流转土地饲草料基地+粪污加工有机肥还田种植饲草+饲草喂牛"粪污循环利用模式，规模养殖场粪污资源化利用设施配备率达到100%，粪污资源化利用率达到99.5%。

【高标准农田建设】 2021年春季，青铜峡市续建高标准农田建设项目9个，共计5.56万亩（其中高效节水4.33万亩），完成投资9240.68万元；是年秋季新建高标准农田建设项目4个，共计4万亩（其中高效节水1万亩），批复投资5528.18万元。开工建设青铜峡市鸽子山酿酒葡萄灌溉项目2个，共计2.27万亩，涉及总投资3664万元。申报2022年高标准农田项目（高标准农田2.63万亩，其中高效节水0.64万亩）；建设2022年新增酿酒葡萄基地田间高效节项目0.66万亩。

【农田水利基本建设】 2021年，青铜峡市秋季农田水利基本建设建成高标准农田27万亩（其中新建7万亩，复整20万亩），高标准治理胜利沟、罗家河、红旗沟等干沟7条56公里，砌护渠道91公里，清淤沟道2605公里、渠道4618公里，整修农路2331公里。恢复改善灌溉面积12万亩，增施有机肥13.5万亩，机深翻35万亩，秸秆粉碎还田9.27万亩，激光平田整地17万亩，水土保持治理15平方公里，全年新增节水面积4万亩，节水能力达554万立方米，高效节水项目区渠系水利用系数达到0.63，农田灌溉周期由过去的11~15天缩短至5~7天，有效缓解瞿靖镇银光村、大坝镇沙庙村、叶盛镇盛庄村等区域耕地质量等级提高0.16个百分点，灌水保障率达95%，农业灌溉水利用系数由"十三五"初期的0.42提高到"十四五"0.54，获得2021年度自治区农田水利基本建设"黄河杯"竞赛一等奖。并于2021年9月底前交易农业水资源869万立方米，交易资金9385.2万元。

【国家农业现代化示范区创建】 2021年，青铜峡市聚焦优质粮食产业和优质葡萄酒两大主导产业，计划总投资27.7亿元，实施粮食与重要农产品产能提升、优势特色产业标准化基地升级、农业科技创新能力提升、乡村产业融合升级、农业绿色发展引领、数字农业建设、农业现代化主体扶优、基础设施提升等七大工程，成功入选国家农业现代化示范区创建名单，着力打造国家粮食绿色高质高效行动示范市、中国葡萄酒产业融合发展集聚区。

【农产品产地冷藏能力提升】 2021年，青铜峡市入选国家级农产品产地冷藏保鲜整县推进试点县，以蔬菜、瓜果产业集聚区和4个移民村为重点，建设冷藏保鲜设施150个，新增冷藏保鲜能力1.68万吨，全市年保鲜能力达到2.8万吨；涉及村集体合作社30家、农民合作社31家、家庭农场20家，辐射带动全市蔬菜种植12万亩，农产品产地冷藏保鲜能力、商品化处理能力、服务带动能力和农产品品牌溢价能力全面提升，农业生产市场风险得到有效管控。

【新型经营主体培育】 2021年，青铜峡市深入实施家庭农场和农民合作社质量提升行动，新培育农民合作社7家、家庭农场7家，申报自治区、吴忠市级农民合作社示范社5家和自治区、吴忠级家庭农场5家，创建国家农民合作社示范社3个，荣获全国农民合作社质量提升整县推进试点单位；培育农业生产社会化服务组织25家，开展农业生产托管服务试点11.9万亩，青铜峡金土地农机作业有限公司作为全国"全程机械化+综合农事"服务中心典型案例推广，全区农业社会化服务现场推进会在青铜峡市成功召开。

【产业发展新业态培育】 2021年，青铜峡市实施国家数字种植业创新应用基地建设项目，开展农业生产过程数字化监测预警、水肥药精准施用等示范，建成市级农业数据中心1个；实施"互联网+"农产品出村进城工程，搭建线上销售平台4个，建成镇村电商服务站55家、益农信息社84家，完善市、镇、村三级电子商务运营服务网络；深度融合休闲农业和乡村旅游，打造以青铜古镇为依托的青铜峡镇余桥村、以古渠遗产为依托的大坝镇韦桥村、以大青葡萄为依托的小坝镇先锋村、以休闲渔业为依托陈袁滩镇唐滩村、以知青文化为依托的邵岗镇沙湖村5个特色村，带动民宿、餐饮、休闲、采摘、观光等业态蓬勃发展。

【农村集体产权制度改革】 2021年，青铜峡市推进农村集体资产股份合作制改革，注册成立股份经济合作社67个，经济合作社17个；新增土地流转挂牌34宗，土地承包经营权抵押登记贷款60笔，住房财产权抵押登记贷款8笔，完成峡口镇闫渠村农村集体工程建设项目招投标1宗160万元，农机合作社托管交易鉴证1宗67万元；开展农村三资管理信息化利用试点，推广"中银e农通"三资服务平台，实现村集体经济组织账户相关事项线上审批、资金线上支付。

【农村承包地管理和改革】 2021年，青铜峡市完成确权登记颁证收尾工作，全市8个镇81个行政村共确权登记颁证51782户，确权面积436058.63亩；推进土地规范化流转，土地经营权流转面积达21.91万亩，占家庭承包面积的49.73%。建立土地流转风险保障金和分级备案制度，收取土地流转风险保障金311.81万元。

【农村宅基地改革管理】 2021年，青铜峡市成立农村宅基地管理和改革办公室，完善市、镇、村三级农村宅基地管理队伍。与市自然资源局协调对接，做好宅基地信息调查和数据库移交工作，统计宅基地住宅宗数44299个23832.6亩，入住宗数37313个20142.3亩，闲置宗数6986个3690.3亩。

【农村人居环境整治】 2021年，青铜峡市创新"11246"工作推进机制，全面推进乡村建设行动"五大工程"（庄点清洁整治、污水管网扩面、供热燃煤替代、农房质量提升、庄点庭院绿化工程），其中庄点清洁整治工程累计投入人力24万人次、机械2.1万台（次），清理农村垃圾5.1万吨。每半月左右组织1次观摩，开展1次评比，坚持"里子""面子"一起美、不搞一刀切两个原则，着力解决思想观念不新、项目资金不足、长效机制不全、内生动力不足4个问题，以党员带头、全域网格积分制鼓励引导群众争当勤劳致富、美丽庭院、睦邻和谐、崇文重教、遵纪守法、移风易俗6个先锋示范户。9个乡村振兴示范村、11个重点移民村、30个重点提升整治村村容村貌全面提升。自治区卫生厕所现场会在青铜峡市召开，新建农村卫生厕所500户，农村卫生厕所普及率达到93%，农村生活垃圾、生活污水处理率分别达到95%、44%。

【脱贫攻坚成果巩固】 2021年，青铜峡市农业农村局成立产业帮扶工作领导小组，制订《青铜峡市实施百万移民加大产业扶持力度提升行动工作方案》，出台奶牛托管代养、发展种植养殖业扶持奖励等产业帮扶措施8项，新建养殖圈棚162栋，累计建成450栋，鼓励零散养殖集中入园，户均年收入1.2万元以上。深化"企业+农户"利益联结机制，托管企业集中养殖奶牛4835头，移民每户年稳定收益2800元。新建温棚32栋，累计建成1947栋，每棚年收入2.5万元以上，推出"山海情拍摄基地+连湖西红柿采摘"线路，吸引游客3万余人次，带动销售连湖西红柿45吨左右，移民增收约50万元。实施农村劳动力就业能力提升工程，加大劳务输出组织建设力度，提升移民就业组织化程度，完善"土地流转+优先雇佣+返租倒包"机制，将移民群众土地集中流转发展酿酒葡萄产业，采取农户承包全程田间管理、经纪人组织务工等方式，带动移民务工就业5067人，人均年收入达到1.8万元以上。认定消费扶贫产品供应商19家，消费扶贫产品达到32种，商品价值达到48537.2万元。采取线上销售、"农超对接"、生鲜流动直通车进社区等方式，累计销售金额达到26045.88万元，带动脱贫人口2488人。

（马若挺）

种植业

【粮食作物种植】 2021年，自治区下达青铜峡市粮食播种面积43.75万亩，产量28万吨考核约束性指标。完成粮食播种面积43.75万亩。其中，小麦0.76万亩，水稻6.15万亩，玉米36.74万亩，杂粮0.15万亩。粮食总产量28.2万吨。围绕粮食作物优新技术示范推广项目，开展小麦和玉米绿色高质高效生产，建成稳粮保供绿色转型科技创新示范园区1个，小麦绿色高质高效技术模式示范点1个，实现增产为主、绿色优先、节本优先、保护优先的"一主三先"和农药"零增长"目标；在水稻生长发育关键时期提供苗情分析、土壤墒情及水稻产量预测等方面信息，提出生产对策及减灾技术建议；通过春麦复种两熟模式示范提高复种指数和土地产出效益；通过示范推广优新品种，集成组装配套优新技术，充分挖掘作物增产潜力，提高技术到位率，辐射带动粮食作物平均单产较大田增长15%以上，总产量较2020年增长4%以上。

【经济作物种植】 2021年，青铜峡市落实瓜菜种植面积15.08万亩。其中，设施温棚种植3.22万亩，包括日光温室0.87万亩、大中拱棚0.94万亩、小拱棚1.41万亩；供港蔬菜5.4万亩；露地春夏蔬菜5.4万亩；露地西瓜1.32万亩；露地秋菜5.05万亩。瓜菜总产量15万吨，产值3.2亿元。

【测土配方施肥】 2021年，青铜峡市推广测土配方施肥面积52.74万亩。其中，小麦0.69万亩，水稻5.69万亩，玉米36.74万亩，瓜菜9.62万亩，测土配方施肥技术推广覆盖率为95%。在全市范围内共计采集179样品，其中土样160个，植株样19个，土壤样品主要监测有机质、全盐、pH值、有效磷、速效钾、全氮、碱解氮七项，同时对10%的土样进行中微量元素检测，测试内容主要为有效态铜、铁、锌、硼、锰、钼等项目6个。植株样测试内容主要为全氮、全磷、全钾全量分析测试3个。完成监测项次1168项。在水稻、玉米作物上开展各类田间试验18项，其中化肥减量增效试验8项，有机肥替代化肥减量试验10项。

【病虫害防治】 2021年，青铜峡市农作物病虫草害总体偏轻发生，粮食作物病虫害发生面积145.85万亩，防治面积195.73万亩，经防治后挽回损失17959.73吨，实际损失5122.89吨；瓜菜类病虫害发生面积26.44万亩，防治38.87万亩，经防治后挽回损失55212.11吨，实际损失4299.46吨。农田草害发生面积72.50万亩，防治90.43万亩。设置监测点34个（小麦蚜虫、小麦白粉病、玉米蚜虫、玉米大斑病、水稻稻飞虱各1个，棉铃虫2个，草地贪夜蛾27个），布设诱捕器163套，确保长期预报准确率85%以上，中短期预报准确率90%以上。

【粮食绿色转型科技创新示范园区】 2021年，青铜峡市农业技术和农机化推广服务中心在小坝镇新林村建设稳粮保供绿色转型科技创新示范园区示范面积4832亩，完成籽粒直收技术示范、测土配方施肥与化肥减量增效技术示范、腐殖酸水溶肥替代尿素追肥示范、有机肥示范、堆肥示范、锌肥科学施用技术大区示范6项示范；籽粒直收品种展示，基肥加施硫肥展示，测土配方施肥大区对比展示，有机肥应用示范擂台大比拼展示，性诱、食诱、灯诱杀草地贪夜蛾、棉铃虫、黏虫展示，玉米籽粒直收挖潜展示6项小面积展示；新型肥料对粮食作物产量品质及效益影响试验、肥料利用率试验、有机肥（堆肥消纳）不同施用量试验、有机肥不同品种大区试验、玉米药剂二次包衣拌种防治地下害虫和茎基腐病试验、光合细菌菌剂防治玉米大斑病6项试验。

【小麦绿色高质高效技术模式示范】 2021年，青铜峡市农业技术和农机化推广服务中心建设小麦绿色高质高效技术模式示范点示范面积313亩，主推小麦精播追肥减氮技术，即"选用优质高产品种＋增施有机肥＋适度稀播＋精播精种＋腐殖酸水溶肥替代追肥＋绿色防控节药＋全程机械化作业"技术，开展品种展示、腐殖酸水溶肥"意菲乐"替代尿素追肥示范、磷酸二氢钾、硫酸锌叶面喷施示范、腐殖酸水溶肥"意菲乐"替代尿素追肥肥料利用率试验。

【粮食作物生产动态监测】 2021年，青铜峡市农业技术和农机化推广服务中心建立苗情会商制度、秋粮分析会议制度等工作制度，全市水稻面积6.15万亩，分布在7个镇，确定10个水稻普通观测点和2个专项观测点，8名观测员，分普通观测和专项观测，普通观测项目为生育时期、群体动态、产量构成要素；专项观测项目为普通观测、灌浆进程、测产或实产。

【春麦复种两熟模式示范】 2021年，青铜峡市农业技术和农机化推广服务中心主要开展春麦后复种燕麦280亩、春麦后复种大豆25亩粮饲模式示范。主要示范内容为复种燕麦品种大区展示示范、麦后复种燕麦不同播量对比试验；麦后复种燕麦不同收获期对比试验、早熟小麦复种大豆示范。

【化肥减量增效】 2021年，青铜峡市农业技术和农机化推广服务中心在全市范围内开展化肥减量增效技术及测土配方施肥基础工作，集成推广"土壤深耕翻＋增施有机肥＋测土配方施肥""种肥同播机具＋测土配方施肥""增施有机肥＋一次性施肥""机械深翻＋秸秆还田＋测土配方施肥＋机械施肥"等综合技术模式。建设化肥减量增效示范区1个，示范面积0.05万亩以上，示范区测土配方施肥技术覆盖率达到100%，化肥用量减少3%以上，化肥利用率提高到40.5%以上。结合示范区建设，开展各类田间试验8项。其中，肥料效应试验4项、有机肥替代化肥技术试验4项，完成取土化验89个，开展监测分析601项次以上。通过化肥减量增效示范推广与常规施肥对照分析，水稻生产示范区较常规施肥肥料投入减少11.8%，总节本增收54元/亩。玉米生产示范区较常规施肥化肥施用量实际减少9.1%，比对照增产6.2%，从生产成本分析，肥料投入比对照减少9.1%，总节本增收207.6元/亩。

【有机肥使用】 2021年，青铜峡市农业技术和农机化推广服务中心在主要粮食作物上建设有机肥替代化肥示范园区，示范面积2.78万亩，涉及全市8个镇26个新型经营主体和种植大户。建设有机肥替代化肥核心示范区6个，示范面积0.35万亩。其中，水稻核心示范区4个，玉米核心示范区2个，示范面积0.15万亩。示范区亩均施用有机肥399.3公斤，有机肥施用量1.11万吨。项目辐射带动全市施用有机肥面积28万亩，施用有机肥27.5万吨（商品有机肥1.5万吨，农家堆肥26万吨）。全市有机肥示范园区水稻亩均增产11.3公斤，增加产值30.9元（稻谷2.74元/公斤）；亩均节约氮、五氧化二磷和氧化钾分别为2.36公斤、1.9公斤、0公斤，减少农业生产成本投入11.7元，节本增效42.6元。玉米亩均增产58.9公斤，增加产值159.03元（稻谷2.74元/公斤）；亩均节约纯氮、五氧化二磷和氧化钾分别为2.6公斤、1.3公斤和0.13公斤，减少农业生产成本投入23.2元，节本增效182.23元。

【农业污染物回收】 2021年，青铜峡市农业技术和农机化推广服务中心全市设立11个农业废弃包装物网点回收的数量13.98吨，回收率达到85%。设立农田残膜回收网点10个，回收农残膜312吨。

【植保监测系统建设】 2021年，青铜峡市农业技术和农机化推广服务中心开展小麦白粉病、麦蚜、玉米蚜虫、玉米大斑病、苹果蠹蛾、草地贪夜蛾监测，建立田间监测网点，配备自动虫情测报灯、自动计数性诱捕器、病害智能监测仪等现代监测工具，布设自动化、智能化田间监测网点1个，设置监测点35个。其中苹果蠹蛾监测点3个，设置诱捕器25套，草地贪夜蛾27个，163套。落实专业化统防统治与绿色防控示范项目区2个，面积4.1万亩。

【作物绿色发展】 2021年，青铜峡市农业技术和农机化推广服务中心主推有机肥+测土配方施肥、有机肥+成品配方肥、有机肥+一次性施肥技术模式，主要粮食作物测土配方施肥技术覆盖率达95%以上，当季化肥利用率40.1%以上，实现化肥使用量连续下降。同时，推广高效低毒农药、农药减量助剂、现代植保机械及科学用药技术，农作物病虫长期、中短期预报准确率分别达到85%和90%以上；专业化统防统治覆盖率43%，绿色防控覆盖率40%，农药利用率实现稳步提升，使用量实现逐步下降。

【统防统治与绿色防控】 2021年，青铜峡市农业技术和农机化推广服务中心依托项目促进专业化统防统治的发展，鼓励支持专业合作社、家庭农场、农机合作社等成立专业化统防统治组织，壮大专业化统防统治队伍，正确引导社会化服务组织，以"装备现代化、人员专业化、服务全程化"为突破口，大力推进无人机专业化统防统治，提高施药精准化和科学化，并宣传鼓励农户、种田大户参与植保托管。建立专业化统防统治及绿色防控融合示范区，推广病虫害绿色综合防控技术、农药减量控害技术，通过示范区绿色防控示范效果辐射带动周边农户，促进青铜峡市统防统治与绿色防控工作开展。

【服务运行模式创新】 2021年，青铜峡市农业技术和农机化推广服务中心构建"区级专家服务团队+基层技术人员+社会化服务组织"运行模式联合建立稳粮保供绿色转型科技创新示范园区，集成推广绿色高质高效新品种、新模式、新技术，做给农民看、带着农民干，确保技术落地见效。形成突出各级农技推广机构重点、分工协作、密切配合的工作合力，确保技术到田到户。

（蒋万兵）

养殖业

【概况】 2021年，青铜峡市强化龙头企业的示范带动作用，坚持养殖上山、人畜分离、生态养殖的原则，新建奶牛养殖场4家（青铜峡市恒源林牧有限公司三期、宁夏牛瑞源牧业有限公司、青铜峡市牧源牧业有限公司、青铜峡市丰牧源牧业有限公司）。续建生猪养殖场3家（宁夏天地兴农畜牧发展有限公司、宁夏新兴农牧业有限公司、宁夏隆晟农牧有限公司）。全市猪存栏9.2万头，出栏9.7万头；牛存栏13.8万头，其中奶牛存栏9万头；羊存栏15.7万只，出栏15.5万只；家禽存栏295万羽，出栏193.4万羽。

【畜禽标准化规模养殖】 2021

年,青铜峡市制订出台《青铜峡市奶产业高质量发展方案》《青铜峡市奶产业高质量发展规划(2021—2025)》《青铜峡市生猪产业高质量发展实施方案》。实施节本增效科技示范点2个(宁夏聚牧农牧业发展有限公司、宁夏恒天然牧业有限公司),提高草畜产业精细化管理水平、实现节本增效。开展畜禽规模养殖场星级评定和自治区标准化示范场创建工作,评定星级养殖场12家(奶牛规模场3家、肉牛规模场3家、羊规模场1家),创建自治区级标准化示范场4家(奶牛:宁夏青铜峡市金水渊农牧有限公司、宁夏华牧农牧科技有限公司、宁夏上陵澳兰牧业科技有限公司,生猪:宁夏新兴农牧业有限公司)。

【养殖粪污综合利用】 2021年,青铜峡市82家规模养殖场在固体粪便处理方面全部建设堆粪场,粪便进行堆积发酵后还田利用。在液体粪污处理方面,43家奶牛养殖场建设污水深度处理设施,污水进行深度处理后进行回用或肥田及绿化。2家奶牛养殖场与第三方签订污水处理协议进行集中拉运处理。17家生猪规模养殖场建设粪污收贮池,其中9家建设黑膜厌氧发酵,发酵后还田利用。全市畜禽粪污产生总量143.42万吨,畜禽粪污资源化利用143.4万吨,畜禽养殖粪污资源化利用率达到99.98%。畜禽规模养殖场粪污资源化利用设施配备率达到100%。

【良种繁育体系建设】 2021年,青铜峡市以自繁自育为主,引进国外优质遗传资源为辅,扩大饲养量,推进规模化经营,全市规模养殖场从新西兰、澳大利亚、智利、乌拉圭等国购进优良品种奶牛3659头。全市27家规模养殖场采购性控冻精31412支,使用性控冻精22839支,母犊比率由48%提高到83%。

【种养一体化发展】 2021年,青铜峡市畜牧中心推动奶牛养殖和饲草料种植衔接配套,优化调整饲草结构,加大粮改饲推广力度,加快高产优质苜蓿基地建设,推广苜蓿配套生产技术,提高苜蓿产量和质量;鼓励养殖场利用自有土地、流转土地或订单生产的方式建设饲草料基地,推广"青贮玉米+小黑麦"一年两茬种植模式。全市制作全株玉米青贮饲料52.4万吨,种植小黑麦2600亩,种植优质高产苜蓿600亩。

【畜牧科技培训】 2021年,青铜峡市畜牧中心重点抓好农村实用养殖技术的培训工作,培训内容突出实用性和先进性,重点推广全混合日粮技术、生鲜乳标准化生产技术、奶牛性控冻精推广应用技术、奶牛DHI性能测定技术、生物养猪技术、猪舍环境调控技术、猪人工授精技术、肉牛快速育肥技术、农作物秸秆加工调制技术、肉羊舍饲育肥和繁育技术、畜禽无公害养殖技术等。先后举办高素质农民培训、易地搬迁移民培训等各类培训班21场次,培训1175人次。

(吴振兵)

葡萄酒产业

【酿酒葡萄基地建设】 2021年,青铜峡市新增酿酒葡萄基地2万亩,累计达到14万亩,主栽品种为马瑟兰、蛇龙珠、赤霞珠、马尔贝克等,苗木来源为宁夏欣欣向荣苗木有限公司、宁夏农垦西夏王实业有限公司葡萄苗木分公司、吴忠市森源种植有限公司,苗木成活率达到85%以上。

【低产低效葡萄园改造】 2021年，青铜峡市落实酿酒葡萄低产园改造提升面积1.5万亩，完成葡萄清沟、深施基肥、架型改造、更换田间滴管设施，通过老蔓更新、压枝补缺、拉枝延伸等技术进行改造提升。举办全区酿酒葡萄低质低效验收现场观摩培训班。

【葡萄酒产业人才培养和引进】 2021年，青铜峡市联合宁夏大学、国家葡萄产业技术体系、宁夏农科院、宁夏葡萄酒学院等单位举办5期产业技术培训班、1期高素质农民培训班、1期山东蓬莱产区考察学习班，培训人数450人，并争取自治区、吴忠市人才项目资金，扶持酒庄人才引进。

【产业扶持政策调整优化】 2021年，青铜峡市为增强葡萄酒产业核心竞争力，促进产业转型升级，通过梳理自治区、青铜峡市现行葡萄酒产业政策、办法，开展优化产业政策相关调研，征集酒庄（企业）意见、建议，草拟《青铜峡市支持葡萄酒产业高质量发展若干优惠政策》，并完成各部门意见征求。

【基础设施配套建设】 2021年，青铜峡市完成防护林建设2000亩，新建7万立方米蓄水池2座、9.5万立方米蓄水池1座，铺设DN600-1000PCP管道16.4公里，管道附属建筑物158座，新建管理用房628.3平方米、围墙217.6米，新建田间高效节水滴灌工程2万亩。

【招商引资】 2021年，青铜峡市与西鸽酒庄、皇蔻酒庄、云图酒庄、银票酒庄签订投资开发协议，落实投资2.32亿元，新建基地1.4万亩及"葡萄酒+文旅设施"，新建酒庄2座。争取自治区一二三产业融合发展资金900万元，国家级农业现代化示范区项目通过农业农村部视频答辩；编制完成农村产业融合发展示范园项目创建方案。

【葡萄酒庄建设】 2021年，青铜峡市实施酒庄梯度培养计划，组织申报贺兰山东麓列级酒庄，在列级酒庄评选中贺兰芳华酒庄晋级三级庄，西鸽、维加妮、华昊酒庄晋级四级庄，皇蔻、容园美新晋五级庄，列级酒庄增加到9家。开展酒庄A级景区集中申报工作，全市共有AAA级景区酒庄1家（西鸽），AA级景区3家（贺兰芳华、禹皇、华昊），皇蔻、密登堡、维加妮3家酒庄正在启动AA级景区。

【"葡萄酒+文化旅游"发展】 2021年，青铜峡市以政府配套基础设施，引进社会资本投资模式，启动鸽子山葡萄酒文化旅游小镇建设，已建成200平方米指挥部；有12家投资意向入驻鸽子山小镇的酒庄，麓下、银票、七星、西班、青云、飞茑集、华龙、铖铖8家酒庄已完成酒庄建设用地的选择及测量工作。其中，麓下、银票、七星、青云等4家酒庄完成地勘，已开展规划设计及可行性研究报告编制工作；西班酒庄、银票酒庄签订投资协议，麓下、七星、青云、飞茑集、华龙5家酒庄的《酒庄建设项目的投资协议》已征求法律顾问意见，待由市商务和投资促进局提交市政府常务会议审定。

【葡萄酒产品推介】 2021年，青铜峡市按照"政府搭台、酒庄报名参展"的思路，组织产区各酒庄，参加全国春季糖酒会、进博会等国内专业酒展。其中，市财政拨付专款100万元，组织酒庄参加第104届全国春季糖酒会，其间累计接待客户超过3万余人次，新增意向客户5000余位，累计成交意向性订单额超过1亿元，正式发布《青铜峡葡萄酒课程》，并启动2021年度的青铜峡葡萄酒全球推广计划。参加宁夏品质中国行活动，在"上海站"活动中，西鸽酒庄作为青铜峡产区代表与上海全发实业发展有限公司签约2000万元。参加宁夏国家葡萄及葡萄酒产业开放发展综合试验区挂牌仪式推介活动,签订葡萄酒销售合作协议3亿元。

【葡萄酒品牌宣传】 2021年,青铜峡市制作葡萄产业宣传片、酒庄企业宣传画册,加快完善酒庄标识牌,在甘城子、鸽子山产区制作标识牌38套,打造鸽子山产区观景平台1个;举办"家乡有美酒"大学生座谈会,宣传推介葡萄酒。借力中国(宁夏)国际葡萄酒文化旅游博览会,在《宁夏日报》、宁夏电视台、抖音等媒体加大青铜峡葡萄酒产业宣传力度。其中,本届博览会期间获得大金奖2枚、金奖5枚、银奖13枚;在第12届亚洲葡萄酒质量大赛中获得大金奖1个、金奖3个、消费金奖1个、银奖10个;10月20日,在2021秋季法国国际葡萄酒大奖赛中,美御酒庄获得大金奖1个、金奖3个、银奖2个;青铜峡市葡萄酒果汁在国内外大赛中获得奖项达到282个,其中大金奖12个、金奖111个。

(高　陈)

动物卫生监督

【概况】 2021年,青铜峡市动物卫生监督工作以提高从养殖到屠宰的全链条畜产品安全监管能力为中心,加强动物卫生监督,做好兽药、饲料、畜禽屠宰的监管,扎实开展重大动物疫情防控,切实保障动物产品质量安全和公共卫生安全。全年检疫动物42.5万头(只),检疫动物产品3782吨(其中,猪398吨,牛1531吨,羊33吨,鸡1820吨),无害化处理病死动物0.46万头(只)、病害动物产品2.5吨。开展农资打假行动、兽药质量监督抽检工作、违禁兽药专项整治行动、国家兽药产品追溯系统的普及使用、兽用抗菌药减量化试点行动、"治违禁、控药残、促提升"三年行动等工作,检查兽药经营企业、屠宰场、养殖场户326户(次),出动执法人员468人次,责令整改兽药经营店4家,立案查处违法案件3起(经营假劣兽药案件2起、未如实登记入场动物案1起),罚(没)款46267元,没收假劣兽药10盒。开展药物饲料添加剂退出检查核查活动,检查饲料生产企业3家,饲料经销网点24个,规模养殖场户68家,张贴发放《全面禁用含促生长类药物饲料添加剂》告知书600份,抽检饲料样品22个批次、44份,检测结果均为合格。开展打击牛羊养殖违禁使用"瘦肉精"专项整治行动以来,累计排查肉牛羊养殖场(户)536户,排查肉牛19726头、羊22321头,尿检"瘦肉精"900份,检测结果均为阴性。加强对屠宰场非洲猪瘟PCR自检、"瘦肉精"检测工作落实情况的监督,全年累计非洲猪瘟PCR检测382批次,"瘦肉精"检测6534批次,检测结果均为阴性。配合上级部门开展畜产品质量安全监测抽样工作,随机抽取样品猪肝7个批次、猪肉18个批次、牛肝4个批次、牛肉13个批次、羊肉5个批次、鸡肉5个批次、鸡蛋38个批次,经检测结果均为合格。

【生猪运输车辆监管】 2021年,青铜峡市制定《青铜峡市生猪运输车辆备案管理制度》《生猪运输车辆"黑名单"制度》和《生猪运输车辆集中清洗消毒制度》,规范生猪贩运人员依法依规开展生猪运输活动。强化备案车辆的监督管理,通过清理整顿,全市共有生猪运输备案车辆32辆。建立生猪装载前消毒和集中清洗消毒的长效机制,全年开展集中清洗消毒10次,清洗消毒备案车辆320辆次。

【生猪检疫监督】 2021年,青铜

峡市动物卫生监督所加强生猪饲养、贩运、销售、屠宰等环节的检疫监督，全年开展监督检查10次，出动执法人员48人次，严厉打击违规调运、逃避监管、出售无检疫证明运输生猪等违法行为。

【牛皮肤性结节病防控】 2021年，青铜峡市动物卫生监督所加大调入奶牛的防疫监督检查，指导牧场做好隔离圈舍设置、场地消毒、疫病防控等措施，确保奶牛调入后安全饲养。向各规模养殖场广泛宣传牛结节性皮肤病、口蹄疫等重大动物疫病防控知识、《中华人民共和国动物防疫法》动物调运相关法规和宁夏进口奶牛检疫监管的相关规定，累计发放《牛结节性皮肤病防控知识》《依法依规引进牛（跨省、进口）防疫监管告知书》等宣传资料600份。

【动物产地检疫和屠宰检疫监管】 2021年，青铜峡市动物卫生监督所利用"宁夏智慧动监"互联网+监管系统，全面实行产地检疫线上申报制度；定期对产地检疫报检点进行监督检查，规范产地检疫出证条件和出证行为，全市9个检疫申报点能够规范实施检疫工作，生猪产地检疫率达95%，累计检疫畜禽24.8万头（只、羽）。在4个畜禽定点屠宰场完善各项制度、规范派驻屠宰场官方兽医检疫操作，严格按照《屠宰检疫操作规程》实施检疫。严格执行生猪及生猪产品跨省"点对点"调运的规定，无跨省调运生猪及其产品行为。做好跨省种用乳用动物调入监管工作，累计进口及跨省调运奶牛2100头。

【动物卫生信息化管理】 2021年，青铜峡市动物卫生监督所在全市8个镇、4个动物定点屠宰场全部安装电子出证系统，实现电子出证全覆盖。开展生猪运输车辆备案制度，根据备案车辆状况实施动态调整，共有备案车辆32辆，将车辆备案信息与检疫出证相关联，保证生猪运输车辆运行轨迹的有效监管。在生猪、牛、羊屠宰场实行检疫证明扫码回收、闭合管理，为屠宰检疫人员配置检疫工作记录仪，对屠宰环节入场监督检查、待宰观察、同步检疫和验讫盖章实行全程视频影像记录。利用"宁夏智慧动监"监管系统对全市规模养殖场、屠宰场、诊疗机构和贩运单位和个人进行基础信息登记。

【规模养殖场防疫监督检查】 2021年，青铜峡市有10家规模养殖场家纳入分级管理（生猪18家、奶牛35家、肉牛8家、肉羊4家、家禽3家、肉驴2家），换发办理动物防疫合格证18家。开展全市规模养殖场动物防疫条件专项整治和养殖场分级管理评分活动，依据检查结果实行动态管理，其中A级6家、B级27家、C级29家、D级8家。并要求规模养殖场（户）同吴忠市利康医疗废弃物处置有限公司签订《医疗废弃物委托处置协议》，将是否签订协议作为办理"动物防疫条件合格证"的先决条件之一。加大养殖环节动物卫生监督执法力度，累计检查规模化养殖场（户）54家（次），重点监督养殖场（户）畜禽免疫、消毒、检疫、无害化处理、用药等制度的落实情况。

【病死畜禽无害化处理】 2021年，青铜峡市动物卫生监督所完善构建病死畜禽无害化处理长效运行和监管机制。病死畜禽无害化处理分保险环节和养殖环节，保险环节病死动物实行"3+1"联动处理机制，由宁夏华易公司派车统一拉运，统一掩埋处理，无害化处理在市动监所、保险公司工作人员的监督下进行无害化处理。长期在病死畜禽无害化处理掩埋场派驻2名官方兽医，现场查验各类票据证明，监督病死畜禽无害化掩埋处理。年内无害化处理保险环节病死能繁母猪458头、牛1837头、羊602只、禽1207羽。养殖环节无害化处理育肥猪（含仔猪）1360头，动物产品2.5

吨。生猪饲养环节病死猪实行规模场化尸池掩埋处理制度，养殖户病死生猪在各镇畜牧兽医站的指导下投入化尸窖进行无害化处理，杜绝病害肉流入市场，保证人民群众食肉安全。

【兽药饲料监管】 2021年，青铜峡市动物卫生监督所开展农资打假行动、饲料"绿箭"专项整治行动、兽药质量监督抽检工作、违禁兽药专项整治行动、国家兽药产品追溯系统的普及使用、兽用抗菌药减量化试点行动、非法假劣兽药、疫苗清查和日常巡查等工作，检查兽药经营企业及养殖场户180户次，出动执法人员296人次，同兽药饲料经营企业签订守法依规经营承诺书24份、规模养殖场(户)签订依法依规使用兽药承诺书23份，青铜峡市畜禽养殖场质量安全承诺书62份，责令整改经营店4家，立案查处违法案件1起，罚(没)款150元，没收假劣兽药10盒。开展严厉打击非洲猪瘟假疫苗行动，出动工作人员15人，排查兽药经营企业30家、生猪养殖场(户)60家、发放宣传资料120份。开展药物饲料添加剂退出检查核查活动，检查饲料生产企业3家，饲料经销网点24个，规模养殖场(户)20家，张贴发放《全面禁用含促生长类药物饲料添加剂》告知书600份，抽检饲料样品22个批次、44份，检测结果均为合格。开展打击牛羊养殖违禁使用"瘦肉精"专项整治行动，排查肉牛羊养殖场(户)536户，排查肉牛19726头、羊22321头，尿检"瘦肉精"900份，检测结果均为阴性。

【畜禽屠宰专项整治】 2021年，青铜峡市动物卫生监督所对屠宰企业全面检查2次、日常检查12次，屠宰企业"四本台账"记录完整。监督屠宰企业落实食品安全、安全生产的第一责任人的责任，从活畜禽采购、入场查证验物、品质检验入手，严格按程序操作，累计检疫入场屠宰畜禽51.8万头(只、羽)，"瘦肉精"检测1326份，均为阴性，确保出场肉质量安全。与4家屠宰企业签订屠宰监管责任书，明确屠宰企业的责任。协同市场监管、公安等部门执法人员，对城区私屠滥宰行为进行严厉打击，对易发生私屠滥宰的重点区域、重点地段进行重点巡查，严厉打击违法违规行为。

【非洲猪瘟防控】 2021年，青铜峡市动物卫生监督所落实屠宰企业防疫主体责任和生猪屠宰环节非洲猪瘟自检制度，按照非洲猪瘟"批批检、全覆盖"自检要求，与生猪屠宰场签订生猪屠宰场非洲猪瘟防控责任书，从查证验物、消毒、非洲猪瘟PCR检测、疫情上报等制度等进行严格规定，落实非洲猪瘟企业自检和非洲猪瘟检测报告与检疫出证关联制度，累计非洲猪瘟PCR检测328批次。

(赵振林)

动物疾病防控

【重大动物疫病免疫】 2021年，青铜峡市猪免疫口蹄疫32.12万头（其中外调仔猪免疫4.32万头），猪免疫猪瘟36.46万头（其中外调仔猪免疫4.32万头，肉牛免疫口蹄疫11.27万头（其中三免3.17万头），免疫牛结节性皮肤病13.27万头；奶牛免疫口蹄疫29.26万头，免疫牛结节性皮肤病8.36万头；羊免疫口蹄疫50.56万头，免疫小反刍兽疫51.33万头，免疫羊布鲁氏菌病22.44万头，免疫羊痘10.12万头，免疫梭菌苗8.72万头；禽免疫高致病性禽流感582.36万羽，新城疫484.46万羽,犬驱虫10.92万条,犬狂犬病疫苗注射6144条;奶牛布病备案场数41家、备案奶牛养殖数量7.68万头,布病免疫数量7.68万头。各类疫苗使用数量:猪口蹄疫二价灭活疫苗35万份,口蹄疫O型灭活疫苗40万毫升,牛羊口蹄疫二价灭活疫苗98万份,禽流感三价灭活苗335万毫升,布病S2活疫苗30万毫升,狂犬灭活疫苗1.5万毫升,猪瘟耐热保护剂活疫苗60万份,山羊痘活疫苗(用于牛结节性皮肤病)18万份,小反刍兽疫活疫苗55万份。累计免疫畜禽1348.41万头(只、羽、次),口蹄疫、高致病性禽流感、猪瘟、羊小反刍兽疫等应免畜禽免疫密度达到100%;组织开展"大清洗、大消毒"专项行动,发放使用消毒药7680公斤、生石灰224吨,消毒面积14720万平方米。开展抗体水平监测18036份,抗体水平超过国家标准70%以上合格率要求。非洲猪瘟等疫病检测2865份、病理诊断56份,排查养殖场(户)2.3万户,排查生猪92.7万头、牛53.6万头、羊86.5万只、禽1936万羽。全市无重大动物疫情发生。

【非洲猪瘟防控】 2021年,青铜峡市贯彻落实非洲猪瘟防控各项要求,健全各级防控组织,坚持24小时值班制度,疫情举报电话畅通。完善疫情举报奖励制度,落实动物疫情举报核查制度,应急物资储备充足。常年开展非洲猪瘟防控的业务知识和法律知识培训宣传,发放签订非洲猪瘟防控告知和承诺书1450份,举办培训班11场次,培训人员623人次;开展生猪贩运户、育肥户排查、取缔泔水猪喂养户,开展餐饮业、酱肉加工、猪肉加工肉品来源排查;开展饲养加工企业饲养经营销售企业、规模养殖场户饲料是否含有猪血浆蛋白粉、血粉的排查检查;开展不间断的疫情排查和流行病学调查。堵死非洲猪瘟通过餐厨废弃物传播的途径。开展非洲猪瘟的业务排查(农业农村局负责)和行政排查(镇村负责)双线排查,定期对全市所有养猪场(户)、生猪交易市场、生猪屠宰场、生猪无害化处理场等重点场所进行全面排查。各镇层次签订非洲猪瘟防控和排查责任书,把责任落实到人。全年针对非洲猪瘟疫情排查7轮,排查13565户,共计92.7万头。采集屠宰场非洲猪瘟检查环境拭子3次81份,采集规模养殖场(户)14户血样131份、15户环境拭子132份、鼻拭子224份、肛拭子40份、抗凝血112份,采集交易市场2次环境拭子40份、猪肉20份,采集屠宰场猪脾脏、淋巴结各2份,采集消洗中心1次环境车辆拭子78份,动物无害化处理场死亡猪脾脏、淋巴结2次9份、环境拭子33份,进行非洲猪瘟、猪瘟、口蹄疫、猪蓝耳病病原学检测全部为阴性,未发现疑似非洲猪瘟病例及异常死亡生猪。

【动物防疫先打后补】 2021年,按照《国家动物疫病强制免疫指导意见(2022—2025年)》,青铜峡市动物疾病预防控制中心采用养殖场(户)自行免疫、第三方服务主体免疫、政府购买服务等形式,全面推进"先打后补"工作。2017—2019年,青铜峡市对奶牛养殖场和规模养鸡场实施3年"先打后补"工作,对46家养殖场补助资金163.68元。2021年,对规模养殖场进行"先打后补"摸底统计,资金预算130万元左右,缺口较大,暂停实施"先打后补"工作。

【动物防疫法宣传】 2021年,青铜峡市动物疾病预防控制中心制定新《中华人民共和国动物防疫法》宣传方案,制作悬挂横幅20条,监督印制发放宣传彩页950余份,举办培训班3场次,人数236人次,涉及屠宰企业、规模养殖场、兽药饲料经营单位、动物防疫服务公司和乡镇畜牧兽医站人员。利用疾控监督的4个工作微信群进行新动物防疫法工作进度图片宣传,4个群约计200人。

【防疫知识宣传培训】 2021年,

青铜峡市动物疾病预防控制中心与养殖户签订动物防疫明白纸和告知书3140份，与规模养殖场户签订动物防疫监管责任书102份，发放牛羊布鲁氏菌病防控知识调查问卷870份，举办动物防疫和养殖技术培训班17场次，培训人员520人次。

【动物防疫责任落实】 2021年，青铜峡市动物疾病预防控制中心在集中防疫期间，协调各镇场安排配合保定人员和消毒人员，利用青铜峡市动物防疫信息实时报送管理系统不打招呼直接到点突击检查。对免疫结束的村组，随时通过电话回访核实防疫信息，随机入户抽查，记录在案，作为防疫工作报酬兑现和扣罚的依据。系统内所有人员都可以看到其他人员的免疫内容和免疫情况（免疫数量、免疫内容、现场免疫图片），可以随时查阅和电话核实，起到透明管理、相互监督。各镇分别召开安排部署工作会议，签订责任书明确目标责任，要求各村村委会副主任为村防疫负责人，负责在防疫组到来时安排动物保定人员和消毒人员，确保防疫组来后进得去、防得上。防疫时以村民小组为单位各负其责，确保免疫质量，避免出现漏防畜、漏防户。每户建立免疫档案，保留在养殖户家中，每户免疫饲养信息实时上传到青铜峡市动物防疫信息实时报送管理系统，建立电子免疫档案，作为兑付防疫报酬主要依据。集中免疫结束后，逐村考核验收。入户核实免疫内容，并随机采样进行免疫抗体水平监测。以抗体检出率和合格率作为评估依据，免疫密度低于70%，限期重免后再申请验收。对全市84个村的羊、28个村的牛和9个村的猪养殖户进行抽样检测。

【兽医社会化服务】 2021年，青铜峡市召开全市动物防疫工作会议，全面总结2020年兽医社会化服务改革工作，完善相关制度和考核验收办法。通过公开招标方式确定4家动物防疫社会化服务公司共34人负责全市8个镇、2个农林场的动物防疫工作。各畜牧兽医站与规模养殖场户签订监管协议，加大监管工作力度。

【动物防疫监管】 2021年，包镇人员深入一线指导，帮助解决防疫过程中存在的困难和实际问题。青铜峡市动物疾病预防控制中心。积极宣传各镇场防疫过程中好的经验和做法，对配合不力的镇进行通报批评，限期改正。利用"互联网+""钉钉"开放平台开展动物防疫监管，克服防疫工作点多面广、免疫内容多、免疫情况难以核实等困难，通过"钉钉"开放平台对动物防疫现场的时间、地点、人员、免疫场景的影像记录功能，确保真免疫、真有效。对动物防疫实时管理信息系统信息实时进行回访检查，提高时效性和真实性。

【动物防疫宣传】 2021年，青铜峡市动物疾病预防控制中心为提高公众对重大动物疫病、非洲猪瘟、牛结节性皮肤病、狂犬病、包虫病等疫病的知晓率和防范意识，发放布鲁氏菌病防控知识调查问卷816份，印发狂犬病、包虫病等疫病宣传挂图、人畜共患病防治手册等，举办动物疫病和人畜共患病培训班14场次。通过现场培训、发放宣传资料、张贴墙报等形式，宣传重大动物疫病防控重要性、人畜共患病防治知识等，提高城乡居民自我保护和防范意识，倡导文明养殖理念，为动物疫病防控工作创造良好氛围。

【畜禽养殖政策性保险】 2021年，青铜峡市动物疾病预防控制中心组织引导符合参保条件的养殖业主参保。做好中标保险公司日常投保、理赔监管工作，避免漏保、重复保、理赔不及时等问题发生。全市投保奶牛96052头、基础肉牛1180头、能繁母猪12363头、基础母羊32940只。

【动物防疫物资管理】 2021年，青铜峡市动物疾病预防控制中心制定防疫物资储备使用管理制度和生物制品出入库管理制度，建立市、镇、村三级动物防疫物资和生物制品出入库管理会计台账，不定期开展疫苗物资使用检查。做好乡镇管理人员培训，实现网上签收和发放，加入免疫标识溯源系统。规范处理过期生物制品，保证账物相符。

【牛羊布鲁氏菌病基线调查】 2021年，青铜峡市动物疾病预防控制中心完成羊养殖户基础信息填报4271户，完成肉牛养殖户基础信息填报2209户，奶牛养殖场基础信息填报47户，发放回收布鲁氏菌病防控知识调查问卷870份，羊采样526户，采样9234份；肉牛采样379户，采样4345份；奶牛采样41户，1624份；合计采样15203份，样品全部实验室检测并送自治区动物疾控中心检测，归类资料8盒全部送吴忠市动物疾控中心。

农业机械化

【概况】 截至2021年，青铜峡市农机总动力54.6万千瓦，主要农作物耕种收综合机械化率达到95%，拥有各类农机具10.49万台（套），大中型农机具配套比1∶3，农业机械化综合效益达到58.6%，农业机械综合保障能力达到128.3%。农机由单一环节作业向复式、智能化方向发展，由非刚性需求向"离不开、还要好"的刚性需求转变。

【农机化技术推广应用】 2021年，青铜峡市完成玉米精量播种34万亩，玉米机械化收割33.8万亩；完成水稻机械化种植5.2万亩，其中机插秧0.47万亩、精量穴播1.15万亩、旱条播3.58万亩。水稻机收率100%；完成小麦机械播种0.7万亩；完成青黄贮收割8.45万亩，秸秆还田9.27万亩，秸秆机械深翻还田44.3万亩。

【农机新技术新机具试验示范】 2021年，青铜峡市农业技术和农机化推广服务中心围绕主要农作物和经济作物及特色产业机械化生产薄弱环节，开展包括制种玉米机收，玉米籽粒直收，葡萄叶幕修剪，露地蔬菜耕播及采收等环节农机化新技术新机具试验示范，引进新机具53台，完成制种玉米机收6.75万亩，玉米籽粒直收420亩，葡萄叶幕修剪1.43万亩，露地蔬菜耕播一体作业2130亩，沟渠杂草机械处理120公里。

【智能化农机装备引进】 2021年，青铜峡市农业技术和农机化推广服务中心围绕秸秆打捆、秸秆还田、秸秆机械深翻还田、葡萄埋藤等作业环节，安装智能农机作业监测终端107套，完成各类农机作业21.3万亩；围绕玉米精量播种、中耕，蔬菜种植起垄作业，安装北斗导航智能驾驶系统21套，完成玉米播种、中耕作业1.53万亩，蔬菜种植起垄104亩。

【农机购置、报废补贴】 2021年，青铜峡市农业技术和农机化推广服务中心推行线上手机APP信息化办理补贴手续，购置者利用手机申请购机惠农补贴政策，线下开展现场机具核验，采取错峰分镇场入户方式进行。全年，新购置各类农机具596台套，补贴资金9268930元。加大农机报废补贴宣传引导，印发农机报废补贴宣传5600份，报废各类农业机械4台，其中玉米收割机1台、半喂入收割机2台、插秧机1台。

【农机农艺融合示范园区建设项目】 2021年,青铜峡市农业技术和农机化推广服务中心在瞿靖镇毛桥村建设露地蔬菜机械化生产农机农艺融合示范园区1个,实施面积1160亩。园区重点示范推广露地蔬菜机械化耕整地、智能导航起垄、播种、高效植保等4项蔬菜机械化生产技术。园区蔬菜关键环节机械化作业水平达到91.6%。在甘城子西鸽酒庄马瑟兰种植基地建设葡萄机械化生产农机农艺融合示范园区1个,面积2120亩。园区重点示范推广葡萄机械化出土、机械化施肥、机械化植保技术、行间中耕除草技术、叶幕修剪机械化技术、机械埋藤技术等6项葡萄机械化生产技术,园区葡萄关键环节机械化作业水平达到92%。辐射带动贺兰山葡萄产区完成葡萄机械出土、植保、施肥、埋藤等环节机械作业4.56万亩。以农机为引领,通过农机农艺融合,机械化信息化融合,新建水稻、玉米现代农业示范基地5个,面积2.45万亩。

【农机作业公司建设项目】 2021年,青铜峡市农业技术和农机化推广服务中心在小坝镇林东村新建自治区级农机作业公司1个,建设机具库棚及维修间建设面积1627.76平方米。其中,机库面积1232平方米,机棚面积395.76平方米。办公室、培训室153.36平方米,硬化场院6000平方米,完成作业面积3.63万亩。截至年末,全市有各类农机合作组织35家,其中自治区级三星级农机作业公司6家、二星级2家。全年完成农业生产各环节本地和跨区作业134.5万亩,实现农机作业收入2.45亿元。

【农作物秸秆综合利用项目】 2021年,青铜峡市完成秸秆机械化粉碎深翻还田8.28万亩,完成率100%;完成玉米秸秆机械化粉碎还田1万亩,完成率100%。依托项目带动,全市农作物秸秆综合利用率达到91%。

【农机免费管理项目】 2021年,青铜峡市拖拉机和联合收割机注册上牌210台,完成任务的135.5%;安全技术检验4276台次,完成任务的100.6%;审验驾驶员(换证)1406人,完成任务的106.9%;培训农业机械驾驶操作人员1368(含非牌证管理农业机械的操作人员)人次,完成任务的100.5%,购机补贴的拖拉机、联合收割机及驾驶人员100%纳入牌证管理,全市没有发生较大农机事故发生。

【农机综合保险保费补贴项目】 截至2021年,青铜峡市全部完成农机综合保险保费补贴任务,共补贴拖拉机、自走式联合收割机300台(拖拉机261台、自走式联合收割机39台)。

【农机安全管理】 2021年,青铜峡市农业技术和农机化推广服务中心加强农机安全生产责任制落实,建立形成市镇村农机服务组织四级农机安全生产责任体系,签订安全生产责任书47份,农机安全驾驶承诺书1450份。加强农机安全宣传教育,发放农机安全生产宣传反光背心300件,致驾驶员一封信等宣传册和读本2100余份,出动宣传车36台(次),开展安全咨询活动6场(次),受教育农机从业人员累计2000余人次,悬挂《农业机械操作规程》《农机安全生产常识》《农机安全生产责任制》等规章制度15幅,张贴农机宣传横幅120条,事故警示图片300份。开展农机安全专项整治三年行动。围绕主要农事季节和节假日,出动检查车70台(次),出动人员210人次,检查各类农业机械612台(次),纠正违章103起,发现隐患5处,现场整改4处,限期整改1处。并规范农机安全联组建设,建立农机安全联组管理、信息报送、日常巡查、宣传教育、绩效考核等五项制度,形成以制度抓落实、以制度促进度、以制度保安全的工作机制。全市10个农机安全中心联组、80个村级农机安全联组运行正常。

【农机培训与宣传】 2021年,青铜峡市农业技术和农机化推广服务中心举办农机实用技术培训7场,培训农机操作手及农机户574人。发布农机信息25篇,其中宁夏新闻客户端2篇,中国农机化信息网和自治区农业农村厅网站上传3篇。组织承办全国农机"安全宣传咨询日"活动宁夏分会场启动仪式,吴忠市农机驾驶技能大赛,召开葡萄、蔬菜、秸秆综合利用新机具、机收减损现场演示及观摩会7场次。

【农机质量监督检查】 2021年,青铜峡市农业技术和农机化推广服务中心结合农机"3·15"消费者权益日活动,以"提质增效 减损护农"为主题,通过微信公众号等方式,全面开展农机惠民政策和质量投诉线上宣传服务。开展集中式市场检查2次,检查农机经销商、经销点8家,检查各类农机具32台件。

【农业机械研发】 2021年,青铜峡市农业技术和农机化推广服务中心围绕产业急需、农民急用,系统梳理全市机械化生产薄弱环节,协调由市农办牵头,种植业、畜牧养殖、蔬菜产业等部门配合,依托产业项目配套资金,按照每年部署一批、突破一批、推广一批总体思路,建立短板弱项清单,加强与地方农机制造企业联合研发力度。重点就露地蔬菜耕整精播一体作业、智能化自动卷帘、沟渠杂草处理等农业生产环节用工大、生产成本高、无机可用问题,引导宁夏新大众、青铜峡民乐、塞上阳光、利农4家农机制造企业,成功研发5款机型。

【农机社会化服务】 2021年,青铜峡市农业技术和农机化推广服务中心指派技术人员跟踪指导农机作业公司等新型服务主体,从组织架构、管理方式、规章制度等入手,规范化运行机制,建立健全农机服务标准体系,针对不同环节制定服务标准和操作规范,提高作业质量,引导农机服务资源多层级多形式整合,通过"机农联姻"、订单作业、生产托管等模式,提升农机社会化服务水平。全市种植、土肥、植保、农经等部门社会化服务项目,全部依托农机作业公司完成,农机合作组织承担全市农田机械作业87%的作业量,农机社会化服务品牌效应逐步显现。

(蒋万兵)

农村合作经营管理

【农村土地承包经营权确权颁证】 2021年,青铜峡市农业农村局印发《关于做好农村承包地确权登记颁证收尾工作的通知》,重点对暂未确权、颁证、确权信息不准等问题,加大整改力度,分类精准施策。市农村经济经营管理站围绕《中华人民共和国农村土地承包法》、确权登记中有关政策意见、农村土地承包经营权证变更登记的办理等相关业务,对各镇农经干部、村主任、村会计开展农村承包地确权登记颁证收尾工作业务培训8场次,参训人员212人次。工作中按照"厘清一宗、确权一宗"原则,强化纠纷调处,妥善解决历史遗留问题,推进农村承包地应确尽确。截至年末,全市8个镇81个行政村共确权登记颁证51782户,占应颁证户数的99.04%,确权面积436058亩,占应确权面积的99%。其中,邵岗镇同乐村、玫香园社区,叶盛镇地三村移民村承包地确权登记颁发证书1328本。健全完善土地承包合同取得权利、登记记载权利、证书证明权利的确权登记制度,更正农户承包地确权错误信息，完善土地确权登记簿，全年变更发证369户。

【农村土地经营权流转】 2021年，青铜峡市农村土地经营权流转管理工作在坚持"巩固所有权，稳定承包权，放活经营权"前提下，按照"依法、自愿、有偿"原则，鼓励和引导土地经营权向专业大户、家庭农场、农民合作社等新型农业经营主体流转，发展适度规模经营；通过做好土地承包经营权确权登记颁证、规范流转行为、完善合同管理、健全流转管理制度、完善流转服务体系等措施，加强对流转土地用途管制和风险防范。在8个镇举办农村土地经营权流转政策培训班8场次，参加培训212人次。发放宣传彩页1000余份，现场解答群众政策咨询46人次。宣传农村土地经营权流转管理办法、农村土地承包法律法规和政策，帮助群众了解农村土地经营权流转管理工作重要意义，倡导广大群众在"依法、自愿、有偿"的原则下流转承包地经营权。全年，全市农村承包土地流转面积21.91万亩，流转面积占家庭承包面积的49.73%。

【农村土地经营权流转风险防范】 2021年，青铜峡市农经站建立上限控制制度、审查审核制度、风险保障金制度、分级备案制度、事中事后监管制度。规定土地流转大户、工商资本等经营主体租赁农地的面积上限控制在5000亩以内；经营主体租赁农地应先付租金、后用地，当年流转费全额兑现，并按下一年度土地流转租金的30%给村集体缴纳风险保障金，用于防范承包农户权益受损，全市累计收取土地流转风险保障金311.81万元；按照分级管理要求，一次性租赁农民承包地1000亩及以内的，由镇土地流转服务中心备案；一次性租赁农民承包地1000亩以上的，由所在镇报市业务主管部门备案；每年对租赁农地经营、流转承包地用途、风险防范等情况定期开展督查。严格把握农村土地经营权流转的时间和用途管理，严格限制土地流转合同签订时间一律不得超过二轮承包剩余年限，禁止经营主体土地流转后搞非农建设，擅自改变农业用途，坚决守住土地公有制性质不改变、耕地红线不突破、农民利益不受损三条底线，坚持依法自愿有偿和农地农用原则。

【农村"三资"管理业务培训】 2021年9月29日，青铜峡市农经站联合市财政局举办全市财政基层工作培训班。培训班围绕习近平总书记"七一"重要讲话精神、乡村振兴战略的相关政策解读和基本理念、农村产权流转交易服务、农村土地经营权流转和农村产权改革发展壮大集体经济、农村"三资"管理、金融基础知识等内容进行培训。各镇财经服务中心全体工作人员，各村书记或村主任(驻村干部)、报账员，市农经站全体人员236人参加培训。并针对财政金融基层工作培训情况进行问卷调查，征集建议意见9条。

【农村集体产权制度改革】 2021年，青铜峡市农经站以分账管理为重点，督促农村集体经济组织凭农村集体经济组织登记证，办理公章刻制，申请开设银行账户，实现村委会和村集体经济组织(股份经济合作社)"政经"分离，分账管理，使村委会和村集体经济组织的资金使用更为规范，职责更加明确。按照集体经济组织管理规定，推进农村集体经济组织成员信息录入、上传工作，变更登记村党支部书记变化的40个村集体经济组织法人，对有发展壮大集体经济项目的37个村，将其项目资金折股量化到每个集体经济组织成员，将经济合作社变更为股份经济合作社，真正体现农民享有股权，取得分红收益的权利。截至年末，全市村集体经济组织注册成立经济合作社17个村，股份经济合作社67个村，量化资产18234万元，其中集体股

27667股，股本金2750万元，成员股155938股，股本金15455万元。

【农村"三资"监管】 2021年，青铜峡市农经站将农村集体"三资"管理纳入市级提级监管范围，提级监督内容主要围绕村级财务开支审批、资源承包合同规范、固定资产台账管理、集体资产清查、各项财务制度执行、发展壮大集体经济项目实施、项目管理及收益分配等方面。修订完善《村集体经济组织预决算制度》《村集体经济组织财务收支审核审批制度》等"三资"管理制度26项，确保具体实施有章可循，群众监督有制可依。推行"中银e农通"信息平台试点工作，探索村级财务管理新方法，建设青铜峡市"农经综合平台"，在小坝镇9个村、叶盛镇10个村率先推行"中银e农通"系统试点，实现村集体资金使用线上审批、各类资金非现金结算、各类农村银行业务在线办理、凭证直接入农村"三资"系统等，解决现金发放与财务走账难规范问题，打通农业农村"三资"系统和农村集体产权制度改革系统连接银行金融服务的桥梁，提升集体资产管理效能，推动农业农村现代化进程。

【村级集体经济项目实施】 2021年，按照自治区党委组织部、农村工作领导小组办公室等六部门《关于做好2021年度全区扶持壮大村级集体经济有关事项的通知》精神，青铜峡市委制定印发《青铜峡市发展壮大村集体经济奖励办法》和《青铜峡市发展壮大村级集体经济指导意见》，对发展村集体经济成效明显的村"两委"班子成员予以奖励。各镇按照自主经营、委托经营、合作经营等方式，因地制宜确定经营方向，科学谋划项目建设内容，精心编制项目实施方案。最终按照自治区分配的2021年项目扶持村名额，确定大坝镇王老滩村等12个村，作为2021年扶持壮大村级集体经济项目实施村。截至年末，全市84个村集体经营性收入均达到5万元以上，71%的村集体经营性收入达8万元以上。

【农民合作社质量提升行动】 2021年，根据《关于开展2021年全国农民合作社质量提升整县推进试点工作的通知》精神，青铜峡市政府制定《青铜峡市农民合作社质量整县提升实施方案》。各镇及市直相关部门依据职能职责，共享资料和信息，对已备案登记的农民合作社及家庭农场进行系统录入，摸清全市农民专业合作社的底数和发展情况，清理注销"空壳社""僵尸社"74家，推动合作社发展由数量扩张向质量提升转变。

【农民专业合作社和家庭农场培育】 截至2021年年末，青铜峡市新发展培育各类农民专业合作社35家，累计达到425家，按生产类型划分：养殖业有95家，种植业192家，水产养殖24家，其他行业114家。其中，国家级示范社13家；自治区级示范社31家；吴忠市级示范社38家；新增注册家庭农场23家，累计达到258家。其中，二星级家庭农场的有63家，三星级家庭农场23家。

【新型经营主体项目监管】 2021年，青铜峡市农经站根据农民专业合作社扶持范围和重点、扶持对象、扶持方式和立项条件，组织人员对全市登记注册备案的农民专业合作社进行摸底调查，筛选符合条件、具有良好发展前景的合作组织，作为新型经营主体扶持重点，纳入项目库进行管理、申报。全年申报新型农业经营主体项目48个，项目资金343万元，当年完成项目实施的主体单位有47家。

【农业社会化服务托管试点项目】 2021年，青铜峡市农业社会化服务托管试点项目重点围绕优质粮食、葡萄、饲草等优势特色农业生产，引导小农户和农业生产适度规模经营主体接受统一耕、种、防、管、收、秸秆综合利用等全部或部分作业环节，针对农业生产薄弱环节,单个农户做不了、做不好、不愿做的环节,开展农业生产托管服务试点9.29万亩。项目实施完成社会化服务托管面积11.98万亩。其中,完成小农户全程托管作业9780.3亩;小农户多环节托管作业59812亩;适度规模经营主体玉米生产全程托管作业19105亩;小农户或适度规模经营主体水稻生产关键环节综合(机育插秧含秧苗)托管作业3880亩次;适度规模经营主体葡萄生产托管作业20350亩;适度规模经营主体饲草生产全程托管作业6835亩。实际使用补助资金609万元。

【家庭农场联盟组建】 2021年,根据自治区新型农业经营主体高质量发展培育项目实施方案要求,为加快扶持培育一批管理规范、运营良好、联农带农能力强的农民合作社、家庭农场,促进现代农业高质量发展,青铜峡市农经站协调青铜峡市金土地农作物专业合作社联合青铜峡市森伟农机作业专业合作社、青铜峡市瑞祥农机专业合作社在青铜峡市市场监督管理局注册成立青铜峡市众鑫源农业技术服务专业合作社,帮助青铜峡市润祥种植家庭农场联合全市31家各类型家庭农场在民政部门注册成立家庭农场联盟。7月2日,青铜峡市五谷裕丰家庭农场联盟正式揭牌成立。通过成立家庭农场联盟,助力家庭农场实现从"单打独斗"到"协同作战"转变。

【全区农业社会化服务推进会筹备】 2021年9月28日,全区农业社会化服务推进会在青铜峡市龙海宾馆召开。各县(市)150余人参加会议,市农经站做交流发言。推进会先后组织参会人员到灵武市、利通区以及青铜峡市五谷裕丰家庭农场联盟等3家社会化服务组织进行现场观摩。

【农民负担监督管理】 2021年,青铜峡市农经站按照农村集体生产公益事业筹资筹劳限额,对8个镇农村集体生产公益事业筹资筹劳方案进行严格审核。全市2021年农村集体"一事一议"酬劳预算54.77万个,比2020年减少1.35万个;每个劳动力人均义务工4.44个,比2020年减少0.12个。市、镇两级建立健全信访责任制,各负其责,一级抓一级。全年没有出现加重农民负担的信访案件。

【农村产权交易】 2021年,青铜峡市农村产权交易分中心专业人员深入各镇,对各镇农村产权交易工作人员、村级信息员,开展农村产权交易政策法规、交易范围、业务流程等专题培训,举办培训班8场次,526余人参加培训。确保产权交易相关办法、规则宣传落实到位,在全市形成以"土地流转为基础、工程建设招投标项目为重点、农村两权抵押为补充、农产品推介展销为特色"的农村产权交易格局。截至2021年11月底,完成农村产权交易183宗(土地流转179宗,农村小型工程公开招投标2宗,农村产权评估1宗,农村产权托管交易1宗),涉及金额5.62亿元(其中2021年57宗1.42亿元,含新增3956.91万元);开展土地承包经营权抵押登记贷款64笔,贷款金额514.90万元;开展农民住房财产权抵押登记贷款10笔,贷款金额65.1万元。

(雷振华)

农业综合执法

【概况】 2021年，青铜峡市农业综合执法大队坚持以涉农专项行动为着力点，打击各类违法违规行为，全年完成执法监管抽样任务666个（蔬菜242个，生鲜乳380个，农药33个，种子6个，肥料5个），处理各类投诉举报48起，处理涉农纠纷2件；出动执法人员268人次、执法车辆123车次，检查生产经营企业（个体）200余家，发放宣传资料0.3万余份，指导培训8场，办理涉农行政处罚案件81件（其中种子案件1起，农药4起，秸秆焚烧75起，农产品质量安全1起），罚没款6.45万元，无行政复议、公诉案件发生。

【农资市场监管】 2021年，青铜峡市农业综合执法大队分时段对重点农资产品开展专项整治行动4次。2月至5月，开展春季农资打假专项行动和种子专项整治行动，重点查处未经审定品种、无包装及流动经营行为，严格落实种子销售备案制度，查处超范围经营限用药行为。全年共检查农资经营门店142家次，种植基地28家次，出动执法人员120余人次，发放宣传资料2600份。

【农资案件查处】 2021年，青铜峡市农业综合执法大队落实农药经营许可证制度，查处禁用农药、种子和肥料等违法违规行为，与青铜峡市市场监督管理局开展双随机联合执法检查，通过系统随机匹配监管对象与执法人员，检查农药经营企业、肥料经营企业138家，全年办理种子行政处罚案件1件，办理农药行政处罚案件4件，罚没款1.6万元，无行政复议案件发生；处理涉农纠纷48起，为农民挽回经济损失总计52.6万元。

【秸秆焚烧监督执法】 2021年，青铜峡市农业综合执法大队全体工作人员分成3个办案小组，制定值班安排表，接到各镇焚烧秸秆案件举报，随叫随到，配合各镇农业综合执法办公室做好秸秆禁烧案件查办。全年查处案件75起，罚款45700元。

（施润国）

乡村振兴

【概况】 2021年，青铜峡市以"四大提升行动"为契机，找准移民致富的突破点、城乡居民增收的切入点、基础教育质量提升的支撑点、健康水平提升的着力点，聚焦重点任务、抓住关键环节，不断深化拓展脱贫攻坚成果。农村居民、移民人均可支配收入分别达到18798.2元、13069元，增长11.1%、18.6%，突出表现为"三个高于"：移民收入增速高于农村居民7.6个百分点、农村居民收入增速高于全区3个百分点、全体居民收入增速高于GDP增速。

【移民致富提升行动】 2021年，青铜峡市抓住产业发展、就业创业、政策保障等关键，着力延长产业链、提升就业面、保住基本线。以产业发展增强群众持续造血能力，坚持把产业发展带动作为移民致富的根本之策，把更多移民嵌入产业链，获得持久收益。实行"土地流转＋优先雇佣＋返租倒包"机制，将移民群众土地集中流转发展酿酒葡萄产业，亩均土地流转费546元。移民承包管理葡萄园、葡萄基地就近务工,实现就业5067人(其中脱贫人口3346人)、人均年收入达到1.8万元以上。深化"企业+农户"利益联结机制,托管企业集中养殖奶牛4835头,移民每户年稳定收益2800元;新建养殖圈棚162栋、累计建成450栋,鼓励零散养殖集中入园,实行"五统一"模式(统一采购销售、饲草配送、技术指导、日常防疫、粪污处理),户均年收入1.2万元以上。新建温棚32栋,累计建成1947栋,种植草莓、西红柿、辣椒等高效经济作物,每棚年收入2.5万元以上;推出"山海情拍摄基地+连湖西红柿采摘"线路,吸引游客3万余人次,带动销售连湖西红柿45吨左右,移民增收约50万元。在同进村、同乐村种植经果林6695亩,2023年挂果后预计亩收入1.2万元~1.5万元;实施甘城子老果园改造项目,先期完成新品种示范园1000亩,每亩收入提高到1.2万元~1.8万元(较改造前每亩增收0.8万元~1万元)。采取"企业订单、培训机构列单、脱贫群众选单、政府买单"方式,移民技能型劳动力由35%提高到60%以上,实现移民转移就业8423人(其中脱贫人口5203人),人均年收入2.4万元以上。3个帮扶车间吸纳移民就近就业128人,人均年收入2.6万元以上。制定出台《关于巩固脱贫攻坚成果进一步激励移民劳动力勤劳致富的措施(试行)》,鼓励脱贫人口和监测对象劳动增收,摸排发放对象4522人678.3万元(已认定拨付647人97万元)。为应对新一轮新冠肺炎疫情影响,制定《青铜峡市应对新冠肺炎疫情促进经济社会发展政策措施》,出台8条措施,明确"对全市纳入监测户范围的农户,每户一次性补助冬季取暖补贴3000元""对因病、因学、因灾、因意外事故,加之受疫情影响导致基本生活陷入困境的农业户家庭,每户一次性补助突发严重困难补贴5000元""对全市1300户低收入困难家庭,根据困难情形,按每户2400~3600元标准给予一次性临时救助金,确保应救助尽救助"。

【城乡居民收入提升行动】 2021年,青铜峡市抢抓黄河流域生态保护和高质量发展先行区、国家葡萄及葡萄酒开放发展综合试验区建设等重大战略机遇,持续培育新的经济增长点,城乡居民收入分别达到33610.2元、18798.2元,收入比缩减到1.83∶1(优于全国、自治区平均水平)。推进农业高效种养、上下游全链条联动、接二连三融合发展,坚持做大酿酒葡萄、奶产业、生猪、玉米制种、绿色食品5个涉农优势特色主导产业,农业增加值增长8%左右,创历史新高,荣获国家农业现代化示范区、"互联网+农产品出村进城工程"试点县。建立完善产业利益联结机制,让农民在农业规模化、产业化、特色化发展中持续增收,农民人均工资性收入9556.8元,增长12.3%;培养农民经商意识,鼓励农民对农产品分批采收、分级销售,推动农业由"卖原料"向"卖加工品""卖品牌产品""卖服务"转变,农民人均经营性收入8105元,增长10%。打造葡萄酒百亿级产业集群,新增种植面积2万亩,超额完成自治区下达1.6万亩目标任务,是全区唯一完成目标的县,酿酒葡萄种植面积达到14万亩,建成酒庄22家,葡萄酒销售实现利税突破1500万元,翻一番。并抢抓内蒙古伊利实业集团股份有限公司扩产机遇,打造5G未来智慧牧场2个,建成6家规模化养殖场,新增奶牛存栏2万头,达到10万头,同比增长25%。建成大坝镇榆树湾养殖园区,新建规模养殖场6家,饲养量达到35万头。新建社会化综合服务站2个,新增"五化"基地2万亩,制种面积达到8万亩,成功入围全国玉米制种超级大县(全区唯一一个,全国仅5个县入围)。认证绿色食品、名特优新农产品4个,农产品加工转化率达到82%以上。探索农村闲置资源多元化利用,提高资产利用效率，优化用水空间，调整农业种植结构，调减5.4万亩低效耗水作物，发展玉米制种等高效节水作物，节水800万立方米，产值增加2700万元。实施灌区量测水设施现代化改造项目，将水资源细化确权到794个斗渠口，年内交易水权指标1500万立方米，实现收益1.6亿元。按照"盘活增值"原则，抓好城乡统一用地市场建设，农村宅基地"三权分置"、集体经营性建设用地入市改革，完成新增耕地指标跨省交易2472亩，实现收益9888万元；合理配置农村土地资源要素，推动民宿、餐饮、休闲、采摘、观光等业态发展，叶盛镇地三村、大坝镇韦桥村入选全国乡村旅游重点村，青铜峡镇余桥村入选全区首批特色旅游村镇，实现旅游综合收入15.55亿元，增长90.98%。

【基础教育质量提升行动】 2021年，青铜峡市坚持优先发展教育，稳步改善办学条件，稳步提升教育教学质量，持续优化教师队伍，统筹推进义务教育向优质均衡发展，义务教育阶段辍学实现动态清零，重点村幼儿园、小学配置齐全，高考本科上线率达64.5%（较上年提高1.2个百分点），职教中心跻身区级"双优学校"行列。资助学前教育、义务教育、普通高中阶段学生11040人次588.2万元（其中11个重点村学生6169人次276.1万元）；发放中职学生国家助学金9480人次948万元（含免除学费），"雨露计划"补助358人次53.7万元，大学生生源地助学贷款2268笔1657.13万元，构建从学前教育到高等教育全覆盖、无缝隙的教育资助体系。

【全民健康水平提升行动】 2021年，青铜峡市持续优化医疗资源配置，不断提高公共卫生服务、医疗服务、医疗保障、药品供应保障水平，推动重心下移、资源下沉，市镇两级医疗机构远程医疗服务实现全覆盖，居民健康素养水平达21.5%，高于全区2.5个百分点。组建83支全科家庭医生签约服务团队。农村常住重点人群签约53910人，签约率87%，超过自治区标准12个百分点，脱贫人口实现应签尽签。累计投入2060万元，实施基层医疗机构能力提升工程，合理配置村卫生室医疗设备，卫生院、卫生室标准化设备实现全覆盖，形成邵岗镇甘城子村卫生院"八个更加"典型经验（诊疗范围更加广泛、诊断设施更加完善、药品种类更加齐全、医务人员更加专业、分级诊疗更加高效、大病诊断更加便捷、就医环境更加温馨、医疗服务更加优质），让基层医疗卫生机构真正成为老百姓身边的"健康管家"。

【庄点清洁整治工程】 2021年，青铜峡市建立农村人居环境"11246"工作推进机制，充分调动网格员、保洁员、护林员和群众，常态化、制度化推进村庄清洁行动，累计投入人力24万人次、机械2.1万台次，清理农村垃圾5.1万吨，争创国家农村人居环境整治激励县。

【污水管网扩面工程】 2021年，青铜峡市采用"城郊纳入市政管网+村落集中处理+庭院式分散处理"模式，将大坝镇陈俊村等8个城郊村纳入市政管网，新建农村污水处理站5个，累计达到40个，农村污水处理率达到38%。

【农房质量提升工程】 2021年，青铜峡市提升农村农房建设质量，改造抗震宜居农房3591户，让百姓实现从"有居"到"优居"的转变。结合开展"空心房"整治，引导群众对年代久远房屋予以拆除，进行空地绿化或复耕；对长期空置、房屋质量比较好的，探索由村集体或企业租赁发展民宿、乡村游等产业，推进农村房屋集约利用，激发乡村发展活力。

【庄点庭院绿化工程】 2021年，青铜峡市坚持景观效益和生产效益相结合，推进村庄道路林荫化、村民庭院林果化、基本农田林网化,绿化农村庄点空闲地及巷道53个村136个,庄点庭院绿化4800亩(其中经果林2600亩),森林覆盖率达到15%,提前完成自治区下达"十四五"指标。

【燃煤供热替代工程】 2021年,青铜峡市在全区率先整县推进农村供热燃煤替代,实施热电联产、煤改气、煤改电和分布式屋顶光伏项目,惠及1457户,节约燃煤4371吨;探索建立"政府+企业+群众"多元投融资模式,实施"光伏+清洁取暖"项目,破解政府"单打独斗"局面。

【动态监测】 2021年,青铜峡市建立农村低收入人群信息比对工作联动机制,重点监测"脱贫不稳定户、边缘易致贫户,以及因病因灾因意外事故等刚性支出较大或收入大幅缩减"三类人员收入支出状况、"两不愁三保障"及饮水安全状况,由乡村振兴局牵头与民政、教育、卫健等9个部门共享突发性大额医疗支出、意外事故、刚性支出骤增、收入骤减信息,实时线上比对监测、线下定期摸排,全年认定监测对象95户307人(脱贫不稳定户8户41人,边缘易致贫户55户150人,突发严重困难户32户116人),实行"一户一策",通过安排公益性岗位、临时性救助等具体措施,18户监测对象风险可控,77户监测对象持续增补措施、跟踪监测。

【保障兜底】 2021年,青铜峡市全面落实基本医疗保险、养老保险政策,农村居民参保率100%,对脱贫人口继续推行"先诊疗、后付费"和"一站式"结算服务,累计报销1612人次1146万元,报销比例达到92%;脱贫人口、三类人员"防贫保"实现全覆盖,累计赔付77人43万元。强化政策兜底,累计发放农村低保13690人9300万元(其中移民5173人3100万元)、临时救助5039人次744.2万元(其中移民676人次109.5万元)。

【问题整改】 2021年,自治区督查反馈、吴忠市审计反馈23项问题,青铜峡市通过建台账、拉清单、限期销号,确保即查即改、即查即补,已整改22项,正在整改1项。常态化开展"四查四补",累计排查问题325条,全部整改完成。住房安全问题动态清零,饮水安全普及率、供水安全保障率均保持在100%。

【领导体制衔接】 2021年,青铜峡市坚持把巩固拓展脱贫攻坚成果同乡村振兴有效衔接作为首要政治任务、头等大事和第一民生工程,全面系统学习习近平总书记关于巩固拓展脱贫攻坚成果同乡村振兴有效衔接重要论述,及时跟进学习习近平总书记在脱贫攻坚表彰大会上的重要讲话、两次视察宁夏重要讲话,准确把握新形势、新标准、新要求,进一步增强思想自觉、政治自觉和行动自觉。青铜峡市委、市政府主要领导牢牢把责任记在心上、扛在肩上、抓在手上,先后召开市委常委会会议、政府常务会议、农村工作领导小组会、专题会25次,对重要任务亲自部署、重大方案亲自把关、关键环节亲自协调、落实情况亲自督查。

【工作体系衔接】 2021年,青铜峡市优化调整市委农村工作领导小组职责,挂牌成立乡村振兴局,实行"1名市级领导干部+1名部门负责人+1个帮扶部门"包抓11个移民致富提升行动重点村(社区)工作机制,选派第四轮驻村干部77人,覆盖11个重点村(社区)和33个其他行政村,2016名帮扶干部继续结对帮扶,确保责任不缺位、工作不断档、力度不减弱。

【政策措施衔接】 2021年,青铜峡市制定《青铜峡市关于实现巩固拓展脱贫攻坚成果同乡村振兴有效衔接实施方案》和防止返贫动态监测等配套文件19个,全年乡村振兴投入资金9.14亿元，较2020年增加2.24亿元，同比增长32%，实施重点衔接项目45个。

【工作考核衔接】 2021年，青铜峡市坚持整体工作与重点工作、阶段考核与平时督查相结合，将实施乡村振兴战略纳入效能目标考核重要内容，建立重要工作、重点项目、重大工程推进台账，市委政府督查室及市委农办、乡村振兴局开展督查检查100余次，下发督查通报35期，集中观摩点评7次，以督查倒逼工作落实、责任落实。

【基层组织建设】 2021年，青铜峡市坚持以"三大三强"行动、"两个带头人"工程为统领，深入推进"导师帮带制"，68名镇党委班子成员联系包抓153名村党组织书记后备人才，村党组织书记"一肩三挑"比例达到72%，培优育强致富带头人1008人、村级党组织后备力量504人，新进村"两委"班子成员培训实现全覆盖。安排12个三星级及以上村党组织"一对一"包抓帮带12个二星级及以下党组织，实现从组织建设到组织振兴的转变。创新"强村带弱村、师傅带徒弟，多村联创、抱团发展"新模式，打造乡村振兴示范村9个，推动优势互补、资源共享、合作共赢，峡口镇赵渠村联合巴闸、沈闸、郝渠村建设高标准温棚80栋，发展"赵渠韭菜"特色产业，带动村集体经济各增收10万元以上；邵岗镇甘城子村辐射带动大沟村、玉西村，实现一村建设带动周边发展新格局，甘城子地区农民人均收入可达到20800元，增长20%。

【法治乡村建设】 2021年，青铜峡市统筹优化乡镇综治中心、派出所、民生中心等资源力量，建设乡村治理中心2个，建立市公共法律服务中心1个、公共法律服务站9个、村（社区）公共法律服务工作室109个，"一村一法律顾问"实现全覆盖，培养"法律明白骨干"480人，初步形成"半小时公共法律服务圈"，实现农村治理由"管治"向"法治"的转变。

【时代文明新风弘扬】 2021年，青铜峡市依托119个新时代文明实践中心（所、站）、道德讲堂等平台，深入宣传贯彻习近平新时代中国特色社会主义思想，举办"永远跟党走"革命歌曲演唱会、"送戏下乡"文化惠民演出等217场次，推动社会主义核心价值观在农村落地生根，实现从文化扶贫到文化振兴转变。

【人才队伍建设】 2021年，青铜峡市全面落实基层干部工资待遇、年终考核优秀人员等次比例、中高级专业技术职称结构比例等政策，实施高素质农民培训工程，培育高素质农民529人。开展农村创新创业带头人培训行动，培育创业创新基地9个、孵化示范园2个，培训技能型人才2499人，为乡村振兴提供人才保障。

【全域网格积分制管理】 2021年，青铜峡市探索建立"党建进网格，积分促管理"的基层治理新路子，按照"农村50户左右，社区100—300户"的标准，划分设置基本网格单元725个，配备网格员1395名，农村网格员每人每年补助3600元，建立矛盾纠纷"早发现、早制止、早处置"工作机制，有效解决环境卫生、乱堆乱放、违章搭建等难点痛点堵点问题。立足原有"爱心超市"运行模式，将个人（家庭）积分与乡风文明、志愿服务、移风易俗等5类120余项内容挂钩，创新开展"积分制+道德模范""积分制+美丽家庭"等"积分制+N"评选活动，全市64%的村（社区）实行积分制管理，评选"六个先锋"示范户2254户，推动"要我治理"向"我要治理"转变。

（汤学斌）

农业农村经济调查

【调查基础工作】 2021年，青铜峡市调查队严格执行国家调查制度，编印《国家统计局青铜峡调查队制度汇编（2021年版）》，修订规章制度86份，涵盖工作规则、政务管理、统计业务、人事管理等13个板块，规范调查流程，完善调查细节，强化台账管理。

【统计调查宣传】 2021年，青铜峡市调查队针对疫情防控形势，利用公众号微讯、短视频等通俗易懂的方式，让民众增加对统计调查工作的支持度和配合度，制作的方言版动画视频《青青说劳动力调查》《"漫"谈统计|你知道"二师兄"的数量如何统计吗？》《"漫"谈统计——普法集锦弘扬法治精神，全面依法治统》等系列作品以朴实的言语和简短的动画视频拉近与调查户之间的距离，生动形象地展现统计调查日常工作，重点指标含义以及统计相关法律。劳动力调查利用本地开放性公园、农贸市场、环卫车等广播载体，通过循环播放宣传录音，促使劳动力调查工作深入人心。

【统计工作方法创新】 2021年，青铜峡市调查队针对大型农业生产企业和牧场生产数据多、纸质台账登记烦琐、人工审核困难等情况，在农产品生产者价格和畜禽调查中创新使用电子台账，推广运用方便快捷的电子台账。在集贸市场采价调查中，采用纸质版和平板同时录入填写数据的方法，及时询问价格变化原因，做到心中有数。针对外出农民工增多、疫情等多种因素造成外出务工人员就业数据采集难的情况，探索利用住户平台电子问卷面向外出农民工直接采集数据方式，提高源头数据的准确性。

【统计业务培训】 2021年，青铜峡市调查队利用微信群、腾讯会议等方式，建立辅调员联系群，通过线下培训+线上答疑的模式，解决业务疑难问题，做到培训工作日常化、常态化。选取数据质量过硬的调查网点作为观摩点，组织辅助调查员开展现场教学，实地观摩演练，现场传授调查技巧，深度交流探讨规范调查流程的操作和技巧，取长补短。住户调查加强电子记账培训，通过电话指导、微信核实，核查住户记账情况，及时督促提醒记账户少记、漏记收支项目，逐条核实存疑账目，并采用微信传输记账图片形式采集汇总纸质记账户的数据，电子记账率稳定在90%；制作核查清单和访户登记表，在入户时予以重点关注提醒。农作物播种面积与农产量调查抓好辅调员PAD培训、实割实测取样和数据会商等关键环节。主要畜禽监测采取案例教学形式，确保培训效果。月度劳动力调查现场观摩演练入户调查、辅助调查员互评互检等方式提升调查质量。畜禽监测通过腾讯会议等方式对辅助调查员进行线上会议指导，建议辅助调查员通过电话、微信等方式开展调查，并加大电话、微信抽查回访力度，确保数据质量。月度劳动力调查通过视频会议软件对调查员进行线上培训，要求采用电话调查为主，预约登记、隔门登记为辅的灵活调查方式，并对非就业人员因疫情原因不找工作或者不能工作情况进行认真询问和登记。

【统计调查服务】 2021年，青铜峡市调查队深入农户开展专题调研90余次，以突出问题为导向，梳理出疫情下农民工就业、老旧小区加装电梯、居民三孩意愿、生猪价格下行对养殖户的影响等问题，通过与调查对象面对面交流，获取第一手资料，反映经济社会运行情况。全年撰写调查分析报告97篇，专题调研40篇。《青铜峡职业教育发展势头良好，制约因素仍需重视》被国家统计局内网地方分析报告采用；《青铜峡学生暑期补课忙，手机游戏需关注》等4篇被国家统计局内网个人观点采用；《青铜峡市小葡萄串起"紫色"大产业》等3篇被学习强国宁夏平台采用；《青铜峡物业服务发展现状调研报告》等16篇分析报告被青铜峡市领导批示。承担的课题选题研究《乡村振兴背景下沿黄灌区农业现代化发展问题研究》完成初稿并报送。

【统计执法检查】 2021年9月，青铜峡市调查队，对主要畜禽监测专业5家养殖场就2021年上半年主要畜禽监测调查统计报表的上报情况、统计原始记录和统计台账设置情况开展统计执法检查，规范数据上报流程，夯实数据基础，确保统计数据真实性准确性。

【居民收入调查】 2021年，青铜峡市城乡居民人均可支配收入24140.7元，同比增加2013.5元，增长9.1%，比全区平均增幅高0.7个百分点，增速位居川区六县（市）第三。其中，2021年青铜峡市城镇居民人均可支配收入33610.2元，同比增加2409.2元，增长7.7%，增速较全区平均增速高0.5个百分点，增速位居川区六县（市）第四；农村居民人均可支配收入18798.2元，同比增加1881.6元，增长11.1%，增速较全区平均增速高0.7个百分点，增速位居川区六县（市）第四。城镇居民人均工资性收入22443.2元，同比增加75.8元，增长0.3%，占人均可支配收入比重为66.8%；人均经营净收入6087.2元，同比增加1733.5元，增长39.8%，占人均可支配收入的比重为18.1%；人均财产净收入792.8元，同比增加191.1元，增长31.8%，占人均可支配收入的比重为2.4%；人均转移净收入4287.0元，同比增加408.6元，增长10.5%，占人均可支配收入的比重为12.8%。农村居民人均工资性收入9556.8元，同比增加1048.1元，增长12.3%，占人均可支配收入比重为50.8%，拉动人均可支配收入增长6.2个百分点，对收入增长的贡献率为55.7%；人均经营净收入8105.0元，同比增加738.9元，增长10.0%，占人均可支配收入比重为43.1%，拉动人均可支配收入增长4.4个百分点，对人均可支配收入增长的贡献率为39.3%，其中：人均农业净收入4253.1元，同比增加334.1元，增长8.5%；人均牧业净收入863.7元，同比减少124.2元，下降12.6%；人均财产净收入351.0元，同比增加25.1元，增长7.7%，拉动人均可支配收入增长0.1个百分点；人均转移净收入785.4元，同比增加69.5元，增长9.7%，拉动人均可支配收入增长0.4个百分点。

【居民消费支出调查】 2021年，青铜峡市城镇居民生活消费支出16166.9元，同比增加987.0元，增长6.5%。居民生活消费支出"八大项"呈现"六升两降"的态势：人均食品烟酒支出4790.5元，同比增长9.8%；人均居住消费支出2898.7元，同比增长26.4%；人均生活用品和服务、其他用品及服务消费分别为1123.4元、394.4元，同比分别增长9.5%、18.2%；人均教育文化娱乐支出1366.2元，同比增长12.5%；人均医疗保健支出1516.4元，同比增长4.1%；人均交通通信支出2647.4元，同比减少382.8元，下降12.6%；人均衣着消费支出1429.9元，同比下降2.4%；农村居民人均生活消费支出12732.6元，同比增加1187.4元，增长10.3%。从消费结构来看，八大类消费呈现"全面增长"的态势：食品烟酒消费支出3649.5元，同比增长8.6%；衣着消费支出766.0元，同比增长10.7%；居住消费支出2844.8元，同比增长23.4%；生活用品及服务消费支出755.1元，同比增长3.0%；交通通信消费支出1922.9元，同比增长1.1%；教育文化娱乐消费支出

1343.5元,同比增长8.9%;医疗保健消费支出1134.2元,同比增长12.0%;其他用品和服务消费支出316.9元,同比增长4.3%。

【农作物播种面积及粮食产量调查】 2021年,青铜峡市粮食播种面积43.82万亩,同比增长0.01%;粮食总产量28.22万吨,比2020年增加0.19万吨,同比增长0.7%;综合亩产644.1公斤,比2020年增加4.4公斤,同比增长0.68%。夏粮(即小麦)播种面积7760亩,占全年播种面积的1.77%,比2020年减少0.4万亩,同比下降34%;平均亩产390公斤,比2020年增加5公斤,同比增长1.3%;总产量3026吨,占全年粮食总产量的1.07%,比2020年减少1502吨,同比下降33.2%。秋粮种植面积43.04万亩,占全年播种面积的98.2%,比2020年增加0.4万亩,同比增长0.9%;平均亩产648.7公斤,比2020年增加1.9公斤,同比增长0.3%;总产量27.92万吨,占全年粮食总产量的98.9%,比2020年增加0.34万吨,同比增长1.3%。其中,水稻播种面积6.15万亩,较2020年减少4.3万亩,减幅41.2%;水稻亩产623公斤,基本持平;水稻总产3.83万吨,同比减少2.7万吨,减幅41.2%。玉米播种面积36.74万亩,较2020年增加4.91万亩,增幅15.4%;玉米亩产655公斤,同比减少5公斤,减幅0.8%;玉米总产量24.06万吨,同比增加3.06万吨,增幅14.6%。秋杂播种面积0.15万亩,较2020年减少0.2万亩,减幅57.1%;亩产150公斤,基本持平,总产0.02万吨,较2020年减少0.03万吨,减幅57.1%。

【畜禽养殖监测调查】 2021年,青铜峡市生猪存栏9.15万头,同比增长10.31%;能繁母猪存栏0.97万头,同比下降26.61%;出栏9.68万头,同比下降0.01%。牛存栏13.78万头,同比增长13.01%,其中奶牛存栏9万头,同比增长0.43%;出栏2.63万头,同比下降0.39%。羊存栏15.67万头,同比增长8.30%;出栏15.48万头,同比增长19.74%。家禽存栏294.95万羽,同比增长14.11%;其中,蛋鸡存栏284.95万羽,同比增长14.85%;出栏193.41万羽,同比增长19.67%。

(赵 丹)

水 利

【节水机关创建】 2021年,青铜峡市水务局落实水资源管理制度,围绕建设全区节水型示范市目标,开展节水机关创建活动,分解下放17项节水指标,将节水型社会建设工作纳入效能目标考核,压紧压实主体责任,成功创建一批节水型载体,节水型公共机构建成率达74%,节水型学校覆盖率91%,节水型事业单位覆盖率64%,节水型居民小区建成率37.5%。2021年全市用水总量5.66亿立方米,比计划用水量节约4500万立方米,全市公共机构共255家,申报创建224家,验收通过201家,覆盖率达87%,合格率达89%。

【工业节水减排治污】 2021年,青铜峡市水务局按照工业节能降耗和污染减排要求,鼓励工业企业加强工业节能和节水技改创新力度,推进高耗水企业节水技术改造,青铜峡铝业、大坝发电等14家企业实现废水零排放,规模化节水企业覆盖率达到12.39%。提标改造城镇污水处理厂3个,工业园区全部实现污水集中处理,工业污水日处理规模达0.5万吨,第一污水处理厂中利用率达到

30%。

【城镇节水减漏降损】 2021年，青铜峡市水务局实施城乡公共供水管网延伸、改造和节水器具推广工程，对城区老化失修的供水管道进行维修和更换，更换管道近7公里、老旧水龙头1200套、冲水马桶2000套，节约水量60万立方米。实施河西片区水源连通（农村水源替换）工程。投资4438.17万元，治理优化黄河水，替换现有城乡供水水源，年配置总水量1316万立方米。实施城乡公共供水管网延伸、改造工程，切实减少管网漏损水量，将管网水量漏损率由过去的18%降低至10%以内。

【河滩地管理】 2021年3月18日，青铜峡市政府常务会议审议通过《黄河河滩地收回实施方案》，明确300元/亩的河滩地及附着物补偿标准，对整治范围内每宗河滩地面积、承包经营等情况进行核实确认、登记造册、证明审查，推进协议签订并兑付补偿款。测量登记河滩地面积9070亩，确认登记工作进入图斑核实、证明审查阶段，对核查无异议将进行公示，并与种植户签订河滩地种植退出协议。加强黄河河滩地禁种管理，沿河各镇在镇、村、组三级干部大会上对河滩地禁种工作进行安排部署，组成工作专班，明确河滩地管理责任人，印发河滩地禁种宣传资料，要求已确权的1945.5亩耕地禁止种植玉米等高秆作物，对种植小麦、水稻等矮秆作物的，每户补助100元用于购置有机肥。全市已确权的1945.5亩耕地均未种植玉米等高秆作物，所有未确权河滩地均已全面禁种，无耕种情况发生。并压实黄河"清四乱"整治责任，把中央、自治区反馈黄河楼景区占用河道问题整改工作作为重中之重，召开专题部署会，制定整改措施，明确整改目标、整改任务和整改时限，确保整改到位。截至年末，整改工作已完成，黄河母亲像平移至滨河大道外侧，河道内人工栽植阻水林木已进行移植，全面拆除10个小型广场、水上餐厅及周边商铺。对黄河大峡谷旅游区游船码头及候船大厅等11个自治区反馈问题，建立问题清单、责任清单，划定整改时限、明确整改措施，全力推进整改。拆除青铜峡库区西岸码头、黄河楼码头、金沙湾岸坡栏杆、黄河大峡谷旅游区游船码头及候船大厅、库区小西河综合桥及大门、小西河溢流堰等设施已编制防洪影响分析报告和应急预案，通过自治区水利厅专家防洪影响分析报告评审。

【农业用水权确权】 2021年，青铜峡市水务局在已确权到84个行政村364个干渠直开口的基础上，实施灌区智能化计量设施改造项目，把水资源细化确权到794个斗渠口。委托第三方测绘公司为技术支撑，调取2016年农经权农村土地确权数据资料，青铜峡市自然资源局三调耕地面积数据，对照自治区水利厅2019年引黄灌区灌溉面积核实成果，以镇为单元，逐村核实灌溉面积，切实做到精确准确、应确尽确。全市8个镇、2个农（林）场已完成灌溉面积外业核实工作，各镇（场）正组织村组对第三方测绘公司提交的按灌溉渠系划分的逐户面积表册进行核定和农户签字确认。

【工业用水权确权】 2021年，青铜峡市水务局深化用水"黑户企业"大清查行动，精准核定水量、依法规范管理。排查出341家黑户企业，其中工业园区172家，园区外169家，正在办理用水手续128家（园区内54家，园区外74家），已组织审查37家。制定企业自备井的关停方案，就企业按期办理水资源使用权证联合下发限期整改通知书，及时跟进督查，确保各项问题整改到位。

【规模畜禽养殖业用水权确权】 2021年，青铜峡市水务局组织规模化养殖企业（大户）召开用水权改革推进会,向各养殖户下发《致广大规模化养殖用水户的一封信》,引导养殖大户转变用水方式,提高节水效能。全面排查全市78家规模化养殖企业,26家企业已办理取水许可证,5家企业因停产等原因明确不申报用水手续,47家企业正在办理用水手续,已组织审查3家,全面完成用水权确权工作。

【水权交易】 2021年,青铜峡市水务局完善《青铜峡市水权交易管理办法》《青铜峡市水权收储办法》和《青铜峡市县域内水权交易流程》等交易机制,收储运营"散户"用水权,搭建水权交易二级平台,切实变"资源"为"资产"。全年完成1500万立方米水权交易工作。

【水资源监管】 2021年,青铜峡市水务局针对水资源监管能力短板弱项,谋划实施水资源节约集约利用智能监控和灌区量测水设施现代化改造两大项目,完善地表水、地下水取用水计量监管体系,形成全市取用水管控"一张图",提升水务工作现代化、信息化、智能化管理水平,实现从"管不上、管不好"到"管得住、管得好"。

【用水管理】 2021年,青铜峡市水务局建立124家426个取水工程设施名录、问题台账、整改计划,明确目标,压实,限期整改,确保整改问题整到位、改彻底。同时借助《青铜峡市自备井及贺兰山东麓地下水取水井关闭实施方案》关闭计划,开展大排查大督导行动,全面清理整治违法违规取水供水、不按要求落实最小下泄流量以及对水生态环境损害等问题和行为,形成闭环式监督问效机制。全年下发整改通知15件,问题整改15件。

【水行政执法】 2021年,青铜峡市水务局先后开展水行政执法人员的业务培训3次。与乡镇、公安、住建、环保等部门,组成联合巡查执法队伍,加强对水事违法行为的巡查和执法,对用水黑户、河湖非法采砂等企业重拳出击,严厉惩处。

【取水许可管理】 2021年,青铜峡市水务局根据自治区水利厅关于贺兰山、罗山、六盘山(简称"三山")自然保护区区域内自备井关闭要求,规范完善建设项目水资源论证及取水许可审批管理,依法关闭三山关联区内的自备井,对地下水超采区内新增取用地下水的项目一律不予审批,关闭企业自备井5眼。加强水许可证办理监管,新办理取水许可证11户,延续换证15户,办理取水许可电子证照26家。

【防汛抗旱】 2021年,青铜峡市水务局建立市、镇、村三级组织指挥机构,形成市、镇、村、组、户五级山洪灾害防御责任制体系。全市采购防汛物资800多套,对山洪灾害重点区域的19个村张贴山洪灾害防灾避险宣传栏,印发山洪灾害避险明白卡2000张。举办山洪灾害防御培训班2场,武警官兵、水利专干、群众400余人参与防汛演练,各镇(场)明确转移路线、安置地点、防汛责任人、转移责任人,提高群测群防能力。

【水库维修养护】 2021年,青铜峡市水务局全面落实水库防汛"三个责任人",对大坝、磨石沟等5座小型拦洪库,大沟、马莲沟等29条山洪沟道,罗家河、南干沟等14条市级河道进行全面排查,编制完成《青铜峡市小型水库维修实施方案》,修订完善水库调度方案和应急抢险预案。对辖区内不能使用的预警监测设备、破旧的防汛警示牌全面维修更换。维修养护大坝、磨石沟等5座小型拦洪库,确保拦洪库安全度汛。对大坝拦洪库、大沟拦洪库、马圈沟拦洪库3座拦洪库的泄洪通道进行砌护连接,消除安全隐患。

(王 钰)

渠首管理

【灌区标准化建设】 2021年，渠首管理处按照"十定"要求依事设岗、以岗定责、以责定人，建立统一管理、分级负责、职能清晰、权责明确的管理运行机制；制订《渠首灌区标准化规范化创建实施方案》，印发制度手册、技术手册和任务清单，完善4座水闸和31座直开口标示牌及管理范围界桩，制作各类图表1030块。

【干渠输水保障】 2021年，渠首管理处配合建设中心实施青铜峡灌区续建配套项目，完成潜坝上游1.5千米渠道工程改造，提高河西总干渠输水能力和西干渠进水闸供水保障能力。

【水利工程维修改造】 2021年，渠首管理处争取自治区水利厅维修养护资金450万元，完成渠道维修养护工程157项，审批实施渠道涉外工程1项。

【安全生产】 2021年，渠首管理处落实安全生产责任制，修订完善安全生产工作制度，全年组织召开安全生产领导小组会议9次，签订安全生产责任书146份。落实《安全生产检查制度》和"131X"安全隐患四级排查制度，强化渠道建筑物、水闸、机电设施等重点工程、重点部位安全检查维护，严格执行领导干部安全值班制度，逐级建立隐患排查治理档案，制订专项整改措施，跟踪督查，限时整改，全年开展安全生产大检查12次，印发安全生产检查通报12期，投入76万元整改安全隐患85处。持续开展安全生产专项整治三年行动，组织开展安全生产和防灾减灾百日专项整治"七个一"活动，动态更新专项整治"两个清单"，完成5座水闸安全检测鉴定。加强安全教育培训，印制安全标准化口袋书300册，完善制度牌、警示牌130个，设置临水安全防护设施和救生器材12处，开展中型水闸防雷、噪声检测6处；开展"安康杯"技能竞赛、汛期应急抢险、地震防火疏散演练等活动，通过自治区水利厅安全标准化二级达标复审，安全管理水平实现新提升。

【灌溉用水管理】 2021年，渠首管理处严格用水总量控制和定额管理制度，所段人员下沉协会，核准灌溉面积，细化作物结构，优化支斗渠水量调配和用水管理。开展"供水服务提升年"活动，建立水调中心、青铜峡水电厂、各渠道管理处和渠首管理处四级联系协调机制，提升"引、调、供"一体协调能力，河西总干渠3月15日提前开闸放水，为唐徕渠进行生态补水；提前15天为东干渠放水解决18万头奶牛饮水难题。坚持灌溉调度例会、水务公开和灌溉回访制度，完成灌溉水有效利用系数测算采样16次，结合"我为群众办实事"要求，通过翻建新哈渠等高口，清淤淤积严重渠段，调节抬高闸前水位，解决高口高地灌溉难问题。全年安全行水212天，为各干渠供水37.5亿立方米，渠首灌域引水2.25亿立方米，商品率88.5%，完成水费收入794万元，实现引黄灌区大旱之年无受旱。

【数字治水】 2021年，渠首管理处坚持规划先行，编制《"十四五"工程建设规划》《2021年信息化系统升级改造项目计划》，储备工程项目26项。加大自动化信息化建设力度，19座水闸实现水位、开度、流量在线监测，建设水位信息监测39处，实施北干渠进退水闸远程操控改造，处调度室可在146公里外远程操控北干渠水闸，实现现地操控减员、远程管理增效。完成河西总干渠量测水设施测控一体化项目建设，小坝所实现测控一体化应用全覆盖,实现34座直开口精准测控。推进信息化平台与手机"APP"管理应用高度融合,实现调度记录无纸化;依托"巡渠通APP",推进渠道巡护、水工程管理"安全监管+信息化"模式常态化应用,全年巡检8015人次,实现渠道巡检过程轨迹化、巡检结果可视化。开展北方寒冷地区大中型水闸运行养护规程研究,探索应用贴坡式测控一体化闸门,研发激光开度仪在北干渠水闸自动化控制中应用,以数字化赋能高质量发展。

【内控管理】 2021年,渠首管理处完成国有资产管理收入35.15万元,上报自治区水利厅处置资产986万元,接受移交资产12520.96万元。加强人才队伍建设,完成16名专业人员职称评聘,投入经费11.44万元,举办各类培训班19期、参训900人次。投资33.6万元解决东干渠段吃水难等问题23项,群众满意度达95%。推进法治渠首建设,完善综治信访维稳工作机制,开展矛盾纠纷排查化解专项行动和信访"清零"行动,全年接待办结信访件3件,办结率100%,查处水事违法案件3起。

【水利文明创建】 2021年,唐徕闸景区通过2021年国家水利风景区高质量发展典型案例复核并入围十大标杆景区评审,并被列为自治区党史学习教育点,全年接待参学人员达3340人。编制大坝所节水基地、爱国主义基地提升规划,彰显引黄古灌区水文化体系,讲好"宁夏水故事"。

(徐 翔)

宁夏农垦连湖农场有限公司

【概况】 2021年,宁夏农垦连湖农场有限公司(以下简称连湖农场)完成集团公司下达的各项目标任务。全年经营收入任务指标1.6亿元,实际完成1.61亿元,完成率101%;经营利润任务指标-100万元,实际完成-81万元,完成率125%;成本费用占营业收入比重任务指标107.09%,实际完成109%,完成率102%;流动资金周转率任务指标4.63次,实际完成5.58次,完成率120%。

【种植业】 2021年,连湖农场调整种植业结构,实施种粮一体化种植,落实小麦、水稻、玉米三大作物种植面积18353.23亩,占耕地面积46%。夏粮面积1649.23亩,小麦平均亩产550公斤;秋粮面积16704亩,其中水稻种植5328.46亩,水稻平均亩产620公斤;玉米种植11375.54亩,玉米平均亩产903公斤。

【酿酒葡萄种植】 2021年,连湖农场公管面积3162.57亩,完成新植酿酒葡萄种植面积402亩,完成低产园改造面积1200亩。挂果面积2703.09亩,总产量901吨,平均亩产320公斤。公投私管酿酒葡萄359亩,产量154吨,平均亩产428公斤。

【特色农产品品牌建设】 2021年,农业农村部农产品质量安全中心授予青铜峡连湖西红柿"全国名特优新农产品证书"称号,为提升"连湖西红柿"品牌效应,落实新品种推广,迎合消费者需求,对连湖农场双丰育苗中心联动育苗温棚实施改造;2020—2021年冬春生产季,生产销售"连湖西红柿"5000吨,实现收入3000万元,种植户棚均收入同比持平。连湖农场双丰蔬菜公司通过直销、配送等销售模式,销售西红柿27.5吨,实现销售收入22.3万元。

【场办企业】 2021年,连湖农场

双丰蔬菜公司繁育西红柿等各种蔬菜种苗209万株，实现营业收入111.7万元；冷储保鲜各类供港蔬菜43万件，实现营业收入34万元；泡沫箱厂依托供港蔬菜基地生产各类泡沫箱200万套、注塑筐4万个，实现销售收入428万元。米业公司生产销售大米92吨，实现销售收入74万元。

【土地规模化经营】 2021年，连湖农场根据宁夏农垦集团公司《关于加快推进农垦国有土地规模化经营工作的实施方案》，制订《连湖农场有限公司土地规模化经营实施方案》，后将充分发挥农场公司国有土地资源优势，通过自主经营、托管经营、返租倒包等形式，持续扩大公管土地面积，带动农场一二三产融合发展，构建适合农场现代农业发展的产业体系、生产体系、经营体系，实现农业产业高质量发展和"企业增效、职工增收"目标。农场公司与贺兰山奶业公司连湖奶牛场签订托管经营土地面积531亩，亩均增收200元；与贺兰山奶业公司连湖奶牛场签订种植青贮玉米5000吨，亩均增收350元；与贺兰山种业公司联合繁育玉米制种1230亩、小麦良种1000亩，亩均增收260元。

【土地权改革】 2021年，连湖农场原基本农田面积23851亩（老场），新增基本农田面积1466亩（其中老场新增920亩，分场新增546亩），规划后基本农田面积为25317万亩，因规划的分场新增基本农田与集团公司"十四五"规划葡萄用地部分地重合，经与青铜峡市自然资源局对接，连湖分场新增基本农田面积546亩取消工作等待批复。

【土地资产评估和信息化建设】 2021年，连湖农场按照集团公司资产部土地资产评估工作安排部署，完成农场土地评估调查工作。对在土地评估中提出的问题，已核实上报，取证工作已结束，土地评估公司现测算评估中。信息化建设方面，对2021年签订的土地承包（租赁）台账及收费标准进一步复核，确保系统录入数据准确无误。

【重点项目建设】 2021年，连湖农场实施水库移民项目，完成年产80万套蔬菜外包装生产设备技改项目，项目总投资244.55万元；完成5000吨大米加工技术升级改造项目建设工程，项目总投资404.19万元；完成大米加工技术升级改造配套基础设施工程，项目总投资184.37万元；实施蔬菜育苗联栋温室改造提升工程，项目总投资260.26万元。实施完成农五队至农六队一一支沟东道路硬化工程，项目总投资225万元。实施完成小型农田水利工程历年结余资金项目连湖农场高效节水灌溉工程，项目总投资212.1万元。2021年，连湖农场计划实施葡萄公司1200亩低产园改造，项目总投资127.05万元，实际完成面积1206亩。实施完成402亩新植葡萄任务，成活率达96%以上，投入资金226.8万元。

【沟道及庄点整治】 2021年，连湖农场完成农七队养殖场沟道、双丰蔬菜公司东向和南向沟道的重点治理。完成泡沫箱厂400米沟道、双丰蔬菜公司1400米沟道、农六队2700米沟道、农五队2200米沟道、农七队1500米沟道的治理工作。封堵3个港菜基地民工居住点及养殖区27个排污口，完成所有生活污水和养殖污水治理工作。累计支出整治费用207.1万元。

【植树造林】 2021年春季，连湖农场对一一支沟西路西侧农三队段、农六队段农田防护林、分场葡萄地头进行补植补造及农三队庄点路边进行美化绿化，总计栽植柳树、槐树、金叶榆等树种2430株，栽植面积84亩，累计投资25万元。

【农田水利基本建设】 2021年，连湖农场完成秋季农田水利基本建设整治区域 0.5 万亩，改善灌溉面积 0.5 万亩，高效节水面积 0.96 万亩，激光平地 0.5 万亩，机深松 0.5 万亩，机深翻 1.2 万亩。修复小农水损毁工程 23 处，清挖沟道 20 条 27.3 公里，清挖渠道 20 条 27.3 公里，整修田间道路 11 公里，新植农田林网 58 亩，增施有机肥 0.7 万亩，玉米秸秆粉碎还田 0.78 万亩，水稻灭茬深翻还田 0.53 万亩，残膜回收 15 吨，示范带动场域内 2.6 万亩基本农田。

【生产条件改善】 2021 年，连湖农场落实强农惠农富农政策，引导职工发展高效产业，促进农业增产、职工增收，实施内引外联西瓜、蔬菜客商在农四队、农六队、农七队种植麒麟西瓜 1620 亩，在农一队、农三队种植香芹 650 亩，亩均承包费 1200 元。加强农业基础设施建设，硬化农五队至农六队沟东道路、农二队至农三队沟西道路，美化道路两侧环境。

【国有经济布局优化和结构调整】 2021 年，连湖农场发挥国有经济引领带动作用，在公司公管土地区域，加大高效节水灌溉技术推广，落实面积 4200 亩。调整优化国有企业组织机构，围绕集团公司"十四五"规划，公司优质粮食、优质种子、优质蔬菜、优质葡萄确定为重点发展产业。并提升企业自主创新能力，按照集团公司经营业绩考核要求，优化公司科研经费核算方式和统计口径。

【机构改革】 2021 年，经宁夏农垦集团批复，公司机关部室和基层经营单位设置为 4+2 模式。机关部室 4 个，分别是综合办公室、党群工作部、土地经营管理部、计划财务部。经营公司 2 个，分别是农业发展公司、双丰蔬菜公司。改革中将基层 10 个农业生产队撤销，按片划分设置网格管理员，归属农业发展公司管理。机构设置后，原机关部门和基层经营单位自行撤销，原聘任（用）人员全部解聘。

（王建宏）

青铜峡市良种繁殖场

【良种繁育】 2021 年，青铜峡市良种繁殖场引进高端优质水稻"中科 804"和中科发 5 号，争取中科院北方粳稻分子育种研究中心宁夏区域唯一的一家 300 亩示范基地。农作物新品种展示示范园区承担自治区及农作物研究所水稻、玉米新品种区域试验和展示示范 67 个品种，其中玉米新品种 10 个（200 亩），小麦新品种 11 个，水稻新品种 46 个。

【作物种植】 2021 年，青铜峡市良种繁殖场落实优质高产水稻 1100 亩，宁夏鑫茂源冷链物流专业合作社建设供港蔬菜种植基地种植供港蔬菜 1000 亩。

【农田水利建设】 2021 年，青铜峡市良种繁殖场完成自治区财政公益事业建设"一事一议"奖补东支沟生产桥建设项目、唐西分场 570 亩盐碱地改良项目，高标准复整土地 0.3 万亩；配套完善沟渠田林路综合治理，清淤沟渠 79 条 40.4 公里，完成农路建设 32 条 17.9 公里。

【生态环境保护】 2021 年，青铜峡市良种繁殖场加强场区庄点绿化美化，规范环卫作业程序，加强全场动态监管，严查严惩违规占用公共用地行为，严格林木管护工作，依法严查林业违法行为。抓好封育禁牧工作，全场无偷牧、游牧现象。对存在环境污染隐患的企业进行综合整治,加强对养殖企业的排污监管,配合相关部门全面开展畜禽养殖面源污染治理,严格落实市委《关于对"〔2019〕Xf-3号督察组转办单举报受理编号为Wz-xfd-0007号"办理情况的报告》相关要求,完成整改任务。

(市良繁场办公室)

工 业

编辑 乔才山

综 述

【概况】 2021年，青铜峡市围绕绿色发展、转型升级，狠抓调结构、转方式、稳增长等工作，督促企业健全财务制度，做好纳规入统准备工作，培育瑞资联、津和双金属等12家规模以上企业。截至年末，全市87家规模以上工业企业完成工业总产值256亿元，同比增长19.1%，增加值同比增长3.9%。

【固定资产投资】 2021年，青铜峡市实施青铜峡水泥4000t/d二代新型干法节能环保绿色智能示范、金昱元电石炉清洁生产升级改造等技术改造项目43个，年度计划投资10.6亿元。全年开工入库项目43个，累计上报固定资产投资10.14亿元，完成年度投资的95.7%，增长36%。年内计划实施牛首山抽水蓄能、宁夏海利科技精细化工、永利精细化工等重点工业项目39个，年度计划投资45.22亿元。其中，续建项目16个，年度计划投资26.33亿元；新建项目23个，年度计划投资18.89亿元。全年开工建设永利新材料新型阻燃剂及农药医药中间体、亚辰新材料环保型功能性纳米级特种涂层材料建设、青铜峡铝业一车间焙烧系统清洁生产提升改造等36个项目，开工率为92.3%，累计完成工业固定资产投资31.02亿元，完成年度投资的68.6%，增长11%。

【产业转型升级】 2021年，青铜峡市围绕工业产业规划布局，实施四大改造提升行动，全力打造精细化工、铝产业两大主导产业，通过实施青铜峡铝业一车间焙烧系统提升改造示范等26个环保技术改造项目，实现产品多样化，延长铝产业链；紧盯塞佰果、松瑞林等7家"僵尸企业"，通过淘汰退出、破产清算、兼并重组、改造提升、倒逼退出等手段，成功盘活2家"僵尸企业"，5家正在对接盘活中；持续加大"散乱污"企业整治力度，紧盯动态清零目标，全力打击"散乱污"企业反弹势头，坚决杜绝异地转移、死灰复燃。加快科技创新力度，组织60余家企业申报绿色工厂、智能工厂、自治区级示范项目等。强化对商贸物流企业服务力度，通过协调铁路运输、场地租用等方式，外运工业固废5.2万吨左右；推进聚合源再生资源公司年利用工业固废70万吨建材项目建成投产，宁夏炜林环保科技有限公司年产30万吨复合加气块项目完成85%以上。

【企业服务】 2021年，青铜峡市深入开展"处级领导干部及部门联系服务企业"活动，加大企业服务力度，先后帮助企业协调解决各类问题100余个；发挥中小企业公共服务平台作用，围绕融资、项目申报等业务，先后举办业务培训班4次；跟进落地落实落细自治区和吴忠市各类惠企政策，支持企业稳产扩产、达产达效。举办政银企对接会2次，累计为企业协调融资贷款6.7亿元，增强企业发展后劲。

（市工业和信息化局办公室）

青铜峡工业园区

【概况】 2021年，青铜峡工业园区由于三大主导产业中有色金属产业产品单一，附加值不高，受市场价格波动影响较大；精细化工和智能制造产业易受原辅材料及产品价格因素影响，产能得不到充分释放，加之部分企业处于中下游加工，产品利润率不高。个别化工、冶金企业因安全、环保等问题整改，影响企业正常生产和产能释放，制约工业经济高质量发展，但园区经济发展总体呈现快速增长态势。全年完成工业总产值170.4亿元，增长26.8%；工业增加值增长8%以上；实现税收6.2亿元，增长75%；完成固定资产投资27亿元，增加6.9亿元；完成上争资金6500万元；培育规模以上企业11家。万元工业总产值能耗为1.31吨标煤，万元产值用水量2.69立方米。

【项目建设】 2021年，青铜峡工业园区实施工业项目45个，计划总投资92.8亿元，年度计划投资40.7亿元。其中，2个项目被列入自治区重点项目（天霖新材料、万向新元智能环保科技），5个被列入吴忠市重点项目（中泰新能科技、永利新材料、天霖新材料、万向新元智能环保科技、农加新材料）。为推动天泽化工新材料、万向新元、青铝股份铝合金材料分公司高品质铝合金圆铸锭、中泰新能锂电池负极材料、鼎辉科技三期等45个项目快建设快投产快达效，健全落实园区领导、干部包抓项目建设责任制，定期召开项目建设调度会，指定专人负责，强化帮办代办，协调解决项目建设土地审批、贷款融资等问题难题40余个，完成全区黄河流域生态保护和高质量发展第五次推进会现场观摩筹备工作，盘活"僵尸企业"及停产半停产企业14家、闲置厂房7.18万平方米，消化批而未供土地325亩。受建设资金短缺、用地调整及环评、能评、安评审查周期长等因素影响，永利化工、亚辰新材料、海利精细化工、金昱元搬迁改造、和兴碳基5000吨亚微米级碳化硅等项目未按计划开工建设。天泽化工因产品调整，未按计划投入生产。

【招商引资】 2021年，青铜峡工业园区聚焦打造铝产业、精细化工"两大百亿元"产业板块目标，紧盯京津冀、长三角、粤港澳大湾区等东中部产业转移地区，推行以商招商、产业链招商、小分队招商、聘任招商专员等方式，精准对接洽谈湖南海利、南通东港含氟新材料系列产品、天津津和铝杆铝丝等55个符合园区产业发展定位和安全环保政策要求的项目，着力延链补链强链，增强产业发展动力。全年完成招商引资任务25亿元，海鸿智能制造、元储科技新型储能电站等34个项目落地建设。

【基础设施建设】 2021年，青铜峡工业园区围绕污水处理、蒸汽管网、热力岛、道路提升等领域跑项目、争资金，补短板、强弱项。污水处理厂尾水水质提升及回用、嘉宝片区污水处理厂、园区排污管网改扩建及宏达路、纬二路延伸段路灯绿化等低成本化项目完工并已投入运行，为企业降低运行成本7000万余元。实施智慧园区项目，打造县级智慧化管理示范工业园区；开展"小散乱污"企业综合治理和环境综合整治。

【科技创新引领】 2021年，青铜峡工业园全面实施科技创新驱动战略，落实自治区创新驱动30条等政策措施，协助园区企业量体裁衣积极申报各项扶持资金，指导9家企业争创园区高新技术企业、12家企业争创科技型中小企业，协助众虎科技等5家企业柔性引进人才30余人。鼎辉科技等5家企业进入国家高新技术企业行列（累计16家），苏锡铜业等5家企业获得自治区科技型小巨人企业称号（累计20家），大禹新材料等8家企业获得自治区科技型中小企业称号（累计36家），设立博士、院士工作站5个，拥有各类复合型技能型人才1825人，拥有各项发明专利90余项，转化科技成果25项。成功创建自治区级高新技术产业开发区，园区科技创新经验做法代表区内23家工业园区在全区县域科技创新工作大会上交流发言，科技创新对园区经济发展的贡献率达到39%以上。

【营商环境优化】 2021年，青铜峡工业园加快推进"管委会+公司"运营管理模式，引导产业投资资金等各类金融产品服务园区发展。加快推进园区干部职工薪酬制度改革竞聘上岗、待遇落实等工作，深化"放管服"改革和"不见面、马上办"政务服务改革，设立投资项目代办服务窗口，承接7项审批职权和4项代办审批事项，严格落实集中受理、网上办理、限时办结工作机制，为企业解难题，让企业少跑路。编制完成园区远期控制区总体规划（2021—2035）和环境影响报告书并获得批复；完成水资源论证、水土保持等8项"区域评"任务。

【智慧园区信息化建设】 2021年，青铜峡工业园争取自治区工业园区低成本化改造和高新技术园区专项资金支持，投资1300万余元建设安监环保监控、应急指挥中心、智慧展厅及园区办事服务中心等智慧园区信息化平台，形成集运行监测、用地管理、环境监测、安全监管、协同办公等功能于一体的智慧园区管理服务体系。至是年底，智慧园区项目建成并进入调试运行阶段。

【安全环保】 2021年，青铜峡工业园区开展安全生产专项整治三年行动，深化"蓝天、碧水、净土"攻坚战，严格落实安全环保"党政同责、一岗双责"，按照"属地管理、分级负责、全面覆盖、责任到人"的原则，压紧压实企业主体责任，强化抽查检查，从严执法监管，确保安全隐患和环保问题及时发现、及时解决、及时销号，各类隐患整改率为94.6%。园区未发生较大以上安全事故，未发生重大及以上突发环境事件，成功创建国家级绿色园区，鼎辉科技、和兴碳基公司进入绿色工厂行列。

【大气污染管控】 2021年，青铜峡工业园区建立工业炉窑管理清单，指导中源有色、嘉祺隆等3家公司安装工业炉窑烟气在线监测设备。实施青铝发电公司1号机组烟气超低排放改造等4个技改项目，推动企业可持续发展。采取第三方检测、日常巡查等方式，加强化工、冶炼等企业空气异味综合整治。强化青铝发电、嘉祺隆公司煤场等扬尘监管，督促新建项目加强标准化工地建设，有效抑制扬尘污染。

【水体污染治理】 2021年，青铜峡工业园区监督重点涉水企业全部安装废水污染源在线监控设施，定期检测水质，确保达标排放。严格落实"三线一单"和环保"三同时"要求，严把高耗能、高污染行业准入关口，从源头上控制主要污染物排放增量。全面完成新材料片区污水处理厂二期、嘉宝片区污水处理厂建设，改扩建入黄排污口管线29.8公里，确保园区污水达标排放。开展区域地下水污染源调查，切实加强地下水环境监管。

【土壤污染防控】 2021年，青铜峡工业园区压紧压实企业固废、危废污染防治责任，严厉打击固废、危废非法倾倒行为。企业固废全部运往固废填埋场集中处置，督促企业建立危废储存间，实行"两把锁"管理。加大固废资源循环利用力度，力促青铝自备电厂粉煤灰综合利用率（年产80万吨）提升至75%以上，提升园区固废、危废综合利用、安全处置率。

(卢修荟)

电力工业

【国能宁夏大坝发电有限责任公司】 位于青铜峡市大坝镇。原名宁夏大坝发电厂，是国家"七五"计划重点工程。始建于1988年4月，是宁夏首座百万千瓦级火力发电厂，也是西北第一台300兆瓦机组诞生地。1991—1992年，两台30万千瓦机组投产发电，概算投资10.6亿元。二期工程2台30万千瓦机组，1994年开工建设，1997年投产发电，概算投资24亿元。至1997年，全厂总装机容量达到120万千瓦，成为宁夏唯一的百万千瓦级（最大）火力发电厂，跨入国家特大型企业行列。2002年6月8日，被国家电力公司命名为一流火力发电厂。2004年3月，按照国家电网公司和宁夏国有资产管理委员会通知，以宁夏大坝发电厂二期发电公司吸收合并一期资产的形式，组建成立宁夏大坝发电有限责任公司。2007年，公司安全生产和经营管理权全部划转中国华能集团公司，更名为华能宁夏大坝发电有限责任公司。同年3月，新建三期两台600兆瓦机组，由大唐国际发电股份有限公司控股运营，称为宁夏大唐大坝第二发电有限责任公司（后改为宁夏大唐国际大坝发电有限责任公司）。2012年6月，青铜峡铝业股份有限公司投资6090万元购买宁夏加宁铝业有限责任公司所持43.5%股份。2014年，新建四期两台660兆瓦机组，由中国华能集团公司和浙江省能源集团有限公司共同建设（华能控股51%，浙能参股49%），称为华能宁夏大坝发电四期有限责任公司。2016年10月30日，3号、4号机组作为主热源正式向青铜峡市集中供热。2018年8月，公司股权持有人变更，中国华能集团公司退出，将所持56.5%股份转让给中国华能集团有限公司；10月，再次变更，中国华能集团有限公司又将所持股份转让给华能宁夏能源有限公司。2021年4月，又一次变更，华能宁夏能源有限公司退出，将所持股份转让给国家能源集团宁夏电力有限公司。华能大坝发电有限责任公司由此改称为国能宁夏大坝发电有限责任公司，公司股东为国家能源集团宁夏电力有限公司和青铜峡铝业股份有限公司，分别控股56.5%、43.5%。

【国能宁夏大坝三期发电有限公司】 位于青铜峡市大坝镇。是由大唐国际发电股份有限公司、宁夏发电集团有限责任公司（2013年2月更名为中铝宁夏能源集团有限公司）、中国华电集团公司分别以45%、35%、20%的比例共同出资组建，于2003年10月注册成立宁夏大唐大坝第二发电有限责任公司（后改称为宁夏大唐国际大坝发电有限责任公司），负责宁夏大坝发电厂三期扩建工程的建设及运营，是中国大唐集团公司在宁夏首个电源项目。该工程建设规模为2×600兆瓦亚临界燃煤空冷机组，同步建设烟气除尘、脱硫设施，动态投资49.2亿元。工程于2007年3月8日开工建设，首台60万千瓦（5号机组）于2008年10月22日竣工并一次点火成功，进入试运行阶段。两台机组先后于2009年3月31日和4月28日顺利投产发电并投入商业运营，项目完成总投资45亿元。是国内首个以750千伏电压等级接入电网的现代化火电厂，是大唐国际第一个实现全厂主辅网集中控制的新建电厂，是全区第一个成功利用城市中水作为生产补给水源的火电厂，实现废水零排放。2012年5月，公司股权持有人变更，中国华电集团公司转让50%股份，大唐国际发电股份有限公司、宁夏发电集团有限责任公司分别受让5%和15%，双方各持股50%。是年，成为西北地区首家安全生产标准化一级达标企业。2020年12月，再次变更，大唐国际发电股份有限公司将50%股份转让给中国大唐集团有限公司。同月，又一次变更，中国大唐集团有限公司又将50%股份转让给国家能源集团宁夏电力有限公司。2021年4月，宁夏大唐国际大坝发电有限责任公司更名为国能宁夏大坝三期发电有限公司，公司股东为国家能源集团宁夏电力有限公司和中铝宁夏能源集团有限公司，各持股50%。是年，公司年发电量59.51亿千瓦时，实现利润-4.8亿元。

【国能宁夏大坝四期发电有限公司】 位于青铜峡市大坝镇。是由中国华能集团公司和浙江省能源集团有限公司共同建设（华能控股51%，浙能参股49%），于2015年4月注册成立华能宁夏大坝发电厂四期发电有限公司，负责宁夏大坝发电厂四期两台660兆瓦机组扩建工程建设及运营。2017年11月16日，浙江省能源集团有限公司将持有的华能宁夏大坝电厂四期发电有限公司49%股权转让给浙能电力股份有限公司。2021年4月，公司股权持有人变更，华能宁夏能源有限公司将51%股份转让给国家能源集团宁夏电力有限公司，浙江浙能电力股份有限公司继续持股49%，华能宁夏大坝发电厂四期发电有限公司改称为国能宁夏大坝四期发电有限公司。

【国家电投集团黄河上游水电开发有限责任公司宁电分公司】 位于青铜峡市青铜峡镇河东地区。原为青铜峡水电厂，是全国唯一的闸墩式水电站。1958年8月25日，青铜峡水利枢纽工程开工建设。1967年4月，水库蓄水，年底发电。1978年12月6日，青铜峡水电站最后一台（6号）机组投产发电。至此，青铜峡水电站8台机组全部建成发电，装机总容量为27.2万千瓦。2005年1月，青铜峡水电厂划归国家电投集团黄河上游水电开发有限责任公司，改称国家电投集团黄河上游水电开发有限责任公司宁电分公司，公司主要负责青铜峡水电站电力营销、水电设备检修及维护、水情沙情、防汛、防凌等安全生产管理工作，还担负着国家电投集团黄河上游水电开发有限责任公司在宁夏地区水电、风电、光伏发电等能源项目的开发任务。2021年，公司年发电量138853万千瓦时，完成主营业务收入27771.8万元，实现利润5255.35万元。

【宁夏大唐国际青铜峡风电有限责任公司】 2011年12月15日注册成立，注册资本金19858.8万元，由大唐国际发电股份有限公司全额出资，2017年3月6日吸收合并宁夏大唐国际青铜峡光伏发电有限责任公司。总装机容量12.6万千瓦。已投产项目2个，青铜峡风电场装机容量9.6万千瓦，共40台风机，调度命名为贺兰山第六风电场，位于吴忠青铜峡市境内，分为两期建设。一期项目于2012年12月25日投产发电，安装24台湘电风能有限公司XE96D-2000型风力发电机组，经110千伏贺风六线送出至110千伏小坝变电站；二期项目于2018年6月28日投产发电，安装16台沈阳华创风能有限公司

CCWE-3000/122.HD型风力发电机组，经110千伏贺风六线送出至110千伏小坝变电站。青铜峡光伏电站装机容量3万千瓦，调度命名为吴忠第三光伏电站，位于青铜峡工业园区新材料基地新井路以北盛家墩梁，分为两期建设。一期项目于2010年12月30日投产发电，出线接入110千伏艾山变；二期项目于2011年12月26日投产发电，出线接入110千伏艾山变。2021年，公司年发电量23116.05万千瓦时，完成工业总产值13199.83万元，完成销售产值13199.88万元，实现主营业务收入13199.88万元，利润4030.89万元。

【青铜峡铝业发电有限责任公司】位于青铜峡工业园区新材料基地片区。由青铜峡铝业股份有限公司和国电英力特能源化工集团有限公司于2006年5月各出资50%设立，注册资本5亿元，负责建设两台330兆瓦亚临界自然循环直接空冷凝汽式机组。2010年11月，两台机组分别完成168小时试运行投入商业运营。2014年4月，管理权由国电英力特能源化工集团有限公司移交至青铜峡铝业股份有限公司，国有企业。截至2021年7月底，资产总额15.46亿元，资产负债率73.35%；年发电量520000万千瓦时，供热量120万吉焦；内设有办公室、党群工作部（纪委办公室）、人力资源部、计划经营部、财务部、生产技术部、安全质量环保监察部、燃料管理部、发电运行部、设备维护部、输煤除灰部、化验中心共12个部门。2021年，公司年发电量395508.2万千瓦时，完成工业总产值140151.91万元，完成销售产值140151.9万元，实现主营业务收入139924.59万元，利润-3285.91万元。

（卢修荟）

有色金属材料工业

【青铜峡铝业股份有限公司】位于青铜峡市青铜峡镇河西地区。1964年建企，是国家电解铝骨干企业，地处宁夏平原中部，整个区域占地面积25平方公里，其中厂区占地面积6.23平方公里。东临黄河，北靠青铜峡火车站，距离银川78公里，距离河东机场100公里，109国道和包兰铁路从企业的东西两侧穿行，交通便利。公司拥有200千安和350千安两个电解铝生产系列和与之相配套的阳极生产系统，年产电解铝43万吨、阳极制品30万吨，产品有重熔铝锭、铝合金锭等多种规格，"QTX"商标先后在伦敦和上海金属交易所注册，被国家市场监督管理总局认定为"中国驰名商标"，是出口免检产品。公司先后荣获全国五一劳动奖章、全国重合同守信用先进单位等百余项国家和省部级荣誉。2021年，公司完成工业总产值724665.05万元，完成销售产值725712万元，实现主营业务收入732794.53万元，利润79693.46万元。

【宁夏鼎辉科技有限公司】位于青铜峡工业园区新材料基地片区。成立于2016年，公司采用先进的氨法电锌生产工艺，利用含锌工业废渣为原料，生产再生锌锭和氧化锌，处理含锌工业废渣18万吨/年，产出再生锌锭1.5万吨/年、氧化锌1.5万吨/年。2017年底，公司专门成立一支拥有博士、硕士、本科学历的科技研发部门。2019年，研发投入450万元；2020年，研发投入1129万元；2021年，研发投入2000万元，研发投入平均每年增长率90%以上。公司与中国工程物理研究院、昆明理工大学、云南民族大学开展产学研合作。公司拥有国家发明专利2项、实用新型专利12项；承接自治区高新领域一般研发项目4项、自治区高新领域重点研发项目1项、自治区工信厅重点揭榜攻关项目1项。企业获得"自治区科技小巨人"、自治区"专精特新示范企业""互联网+先进制造业企业""国家级绿色工厂""国家高新技术企业"等荣誉名称。2021年,公司完成工业总产值24584.77万元,完成销售产值24398.26万元,实现主营业务收入24533.22万元。

【国家电投集团宁夏能源铝业科技工程有限公司】 位于青铜峡工业园区(铝厂厂区),公司成立于2015年1月,是国家电投集团铝电公司所属单位,国家电投集团铝深加工平台,国家高新技术企业,铝电公司市场化改革试点单位。主要从事铝深加工、固废环保、机械制造及综合智慧能源开发建设等业务。公司具有建筑工程施工总承包二级资质,并在申办电力工程施工总承包三级资质。年生产阳极钢爪4500吨、铝型材2000吨、石墨产品3000吨、风电塔筒免爬器500台。2021年,公司完成工业总产值26850万元,完成销售产值13926.8万元,实现主营业务收入24473万元,利润1777万元。

【青铜峡市中源有色金属有限公司】 位于青铜峡工业园区新材料基地片区。占地面积500亩,2019年11月12日注册成立,2019年11月实现投产,项目投资3700万元,是一家专业生产各系列挤压用铝合金圆铸锭的有色金属加工企业。公司拥有铝合金圆铸锭生产熔炼炉4台、铝合金圆铸锭铸造线4条、铸用铝合金锭铸造生产线2条。与青铜峡铝业有限公司合作,利用电解铝企业高温铝液,生产加工高精度铝加工材用铝合金圆铸锭及铝合金锭。主要生产经营范围及主要产品铝合金圆铸锭(6系牌号)、铝合金锭、铝酸钙、阳极板和阴极板的生产销售。2020年,公司完成工业产值43483万元。2021年未生产。

【宁夏中青银铝业有限公司】 位于青铜峡市青铜峡镇铝厂中兴路1号(青铜峡铝业股份有限公司院内)。宁夏中青银铝业有限公司(宁夏宏宇铝业有限公司)是青铜峡工业园区2018年根据上级党委、政府关于振兴青铜峡有色金属、助推铝产业转型升级,在对青铝分公司拉网式摸底调查闲置土地525亩、厂房12.4万平方米的基础上,引进的一家以铝产品开发、铝材加工为主的企业。项目租用青铜峡铝业分公司现有厂房6000平方米,总投资8000万元,新建辅助配套设施,安装2台25吨熔铝炉、2台50吨熔铝炉、4台液压半连续铸造机和2台锯切机等设备,现已建成年产10万吨铝棒项目。产品工艺利用青铜峡铝业分公司直供的年10万吨电解铝液,直接铸成铝合金棒。公司生产的主要产品为6061和6063合金铝棒。其中6061合金铝棒中的主要合金元素为镁与硅,具有加工性能良好、优良的焊接特点及电镀性、良好抗腐蚀性、韧性,易于抛光、上色膜,氧化效果极佳等特点,可氧化成各种色彩和效果。广泛应用于机械、电子、医疗设备的面板、结构件、电器固定装置、通信领域、自动化机械零件、精密加工、模具制造、电子及精密仪器、SMT、PC板焊锡载具等。6063合金铝棒主要合金元素为镁与硅,具有极佳的加工性能、优良的可焊接性、挤出性及电镀性、良好的抗腐蚀性、韧性,易于抛光、上色膜,阳极氧化效果优良,是典型的挤压合金。6063铝合金型材以其良好的塑性、适中的热处理强度、良好的焊接性能以及阳极氧化处理后,表面华丽的色泽等诸多优点而被广泛应用于建筑型材、灌溉管材、供车辆、台架、家具、升降机、栅栏等用的管、棒、型材。2019年9月底投产后,在1台25吨熔铝炉和1台50吨熔铝炉试运行生产的状况下,当年实现销售收入9000万余元;2020年,受疫情和铝水限量供应影响,实现年销售收入6.7亿元,新增就业岗位80个。2021年,完成工业总产值37231万元。

【宁夏苏锡威特铝业有限公司】成立于2018年,由宁夏威特财务咨询合伙企业(有限合伙)出资建立,注册资本2500万元,固定资产约2000万元,为AAA级信用企业。公司生产经营面积约1万平方米,其中公司总部营业面积400平方米,位于银川市兴庆区清和南街立达国际机电城5-8#;工厂生产面积1万平方米,位于青铜峡工业园区嘉宝区块亲水路28号。配备铝薄板开平线、铝厚板开平线、弯板机、矫平机、剪板机、母线机、焊接机器人、冲床、折弯机、覆膜机、自动码垛机等专业材料加工设备数台套。具备年产铝基幕墙板8000吨,铝阴极板3000吨,铜、铝母排3000吨的生产能力,通过ISO14001(GB/T24001)、ISO9001(GB/T19001)、ISO45001(GB/T45001)标准体系认证。2021年,公司完成工业总产值7058.91万元,完成销售产值6962.62万元,实现主营业务收入8034.1万元,利润74.96万元。

【宁夏鑫电铝合金线缆有限公司】位于青铜峡工业园区(青铜峡铝业股份有限公司院内)。创建于2016年,占地面积4506平方米,注册资金3000万元,是中国西北片区最大的铝杆生产私营企业,主要生产电工圆铝杆、钢芯铝绞线、钢芯铝合金绞线、铝合金绞线等产品,年产值近10亿元。2018年,通过GB/T19001—2016/ISO9001:2015版质量管理认证体系认证。先后成为重庆泰山电缆有限公司、航天电工集团有限公司、上海中天铝线有限公司等国内大型国有企业优质供应商,也是国家特高压导线原材料指定供应商。2021年,公司完成工业总产值13558.5万元,完成销售产值13926.8万元,实现主营业务收入13926.8万元。

(卢修荟)

冶金工业

【中电投宁夏能源铝业青鑫炭素有限公司】位于青铜峡工业园区新材料基地片区长滩路。1999年10月成立,系中电投宁夏能源铝业全资子公司,国内最大的铝用阴极碳素制品生产企业之一,集生产研发于一体。是中国炭素协会会员单位、国家轻标委阴极炭素技术标准起草单位之一、国家级高新技术企业。由贵阳铝镁设计研究院设计,资产总额9.8亿元。拥有两套生产系统,具备4万吨碳素制品的生产能力,是西北最大的铝用阴极材料生产基地,通过质量、安全、环境、职业健康体系认证,并获得英国NQA公司认证证书。2012年,建成沥青浸渍项目,具备1.5万吨超高功率电极的生产能力。至2021年,公司有员工376人,其中技术/研发人员36人。拥有挤压成型和振动成型生产线2条,直流电煅炉3台、3500吨挤压成型机1台、德国Outotec振动成型机1台、32室环式带盖焙烧炉4套、LWG石墨化炉3组。生产系统均使用PLC控制,是国内唯一使用天然气作为环式带盖焙烧炉燃料的生产厂家。年可生产石墨质炭块、石墨化炭块、阴极糊和超高功率电极等产品,主要品种有GS3(HC35)、GS5(HC50)高石墨质阴极炭块;GS10(HC100)全石墨质阴极炭块;石墨化阴极炭块;各类阴极糊料和超高功率电极。可生产截面750毫米×600毫米、长度4200毫米以内的常规及异型炭块。公司产品已批量应用到国家电投宁夏能源(青铜峡、宁东)、国家电投蒙东能源、黄河鑫业、鑫恒铝业、中铝青海、中铝连城、中铝兰州、中铝白银、中铝包头、中铝抚顺、中煤大屯、眉山启明星、广元启明星、山东魏桥、广西信发、新疆信发、新疆众和等国内电解铝企业。产品出口美铝、铝业、挪威海德鲁铝业、美国世纪铝业、德国弛迈特铝业、瑞典库伯铝业、荷兰克莱斯集团、印度韦丹塔铝业、印度国家铝业、黑山波德格里查铝业、巴林铝业等35家电解铝企业。"青鑫"品牌被命名为宁夏著名商标。2021年，公司完成工业总产值34943万元，完成销售产值34092万元，实现主营业务收入36077万元，利润5011万元。

【宁夏嘉祺隆冶金化工集团有限公司】 位于青铜峡工业园区新材料基地纬二路。创建于2003年，是一家专业生产铁合金及其系列产品的民营企业。2013年，将新厂区搬迁至宁夏青铜峡市新材料工业园区内，占地面积200亩，毗邻京藏高速、乌玛高速、201省道和109国道，青铜峡市西高速路口2公里处。新区厂投入5.16亿元，建设20000千伏安的硅锰矿热炉1台和2×25500千伏安铁合金矿热炉2台，于2014年底全部投入生产运行。主要生产设备铁合金矿热炉全部采用微机自动化中控系统精准控制。在全自动化控制基础上，建设高性能全自动加密提纯环保除尘设施3台套，使废物排放实现高效利用；获政府批复尚未建设的15兆瓦铁合金炉气余热发电站预计年发电量86.4亿瓦时，年节约标煤5277.6吨/年，以后投运发电全部可直接用于铁合金生产。公司新设备新工艺的节能降耗技术均达到国内领先水平，新的生产设备设计年产能10万吨，工业产值可达8亿元。2020年，公司完成工业总产值4750万元，完成销售产值4163万元，实现主营业务收入4725万元。2021年未生产。

【宁夏和兴碳基材料有限公司】 位于青铜峡工业园区新材料基地片区（立马公路与经一路交汇处）。成立于2012年9月，公司占地面积33万平方米，员工210人，其中技术/研发人员26人。总投资16.9亿元，经营范围为成品铝板材、铝带材的生产销售；铝材的加工制作、安装及维修；铝材加工设备及机电备件加工销售；成品铝材料及辅助材料销售；提供技术服务、咨询、劳务服务、装卸。主要建设6立方氮化硅烧成炉10台，年产10000吨氮化硅结合碳化硅制品，配套建设1×30000千伏安黑色碳化硅生产线一条，年产碳化硅30000吨。分别从美国、德国、瑞典、意大利引进先进的生产设备和技术，主要工艺设备配置起点高，其中主要已投产设备有1600毫米铝铸轧机生产线2条、1900毫米铝铸轧机生产线4条、1450毫米四辊冷轧机生产线1条、1850毫米四辊冷轧机生产线1条，配有世界一流的美国霍尼韦尔测厚系统、IAS公司的AGC、AFC系统。另有意大利SELEMA公司1450毫米拉弯矫生产线1条、上海捷如公司1850毫米拉弯矫生产线1条，M84160/6000-H数控磨床1台、40吨退火炉3台等板带箔精整设备。产品有1系、3系、8系各种规格的铸轧卷及铝箔坯料，广泛应用于建材、装饰、家电、包装等行业，主要销往国内江苏、江西、河南、河北、湖北，以及区内和国外地区。2021年，公司完成工业总产值33342万元，完成销售产值32387万元，实现主营业务收入29123万元，利润24万元。

【宁夏国昌实业有限公司】 位于青铜峡工业园区新材料基地片区。2017年3月成立，注册资金618万元，私营企业，经营范围为铝铁、硅锰、锰铁、硅铝钡钙合金的生产销售。根据铝冶炼企业规模大型化、冶炼生产清洁化、再生铝资源二次再利用趋势，以再生铝冶炼为轴心，向上游、下游产品开发延伸发展。年生产铝铸件2万吨、金属硅2万吨。2021年，公司完成工业总产值3522.5万元，完成销售产值3317.3万元，实现主营业务收入3047.79万元,利润-82.69万元。

【宁夏海盛实业有限公司】 位于青铜峡工业园区新材料基地片区。2018年8月成立,注册类型为有限责任公司,私营企业,注册资金8000万元。公司主要从事金属硅及其附属产品的生产与销售业务,产品重点用于多晶硅、单晶硅等光伏新能源行业。拥有25500千伏安工业硅矿热炉3台及配套15兆瓦余热发电项目,年产工业硅4.5万吨,发电1亿度的建设规模。可实现年产值8亿元,利税1.2亿元,上缴税金0.8亿元。申请并获得实用新型专利13项、发明专利2项,通过环境管理体系、职业健康管理体系、质量管理体系、知识产权管理体系认证四项管理体系认证。先后被评为国家高新技术企业、自治区技术创新中心、自治区新材料企业。2021年,公司完成工业总产值30174万元,完成销售产值30536万元,实现主营业务收入12007万元,利润316万元。

【宁夏蓝伯碳素有限公司】 位于青铜峡工业园区新材料基地片区。2009年4月成立,注册资本1200万元,占地面积61.27亩,一家专业生产各式矿冶炉用电极糊产品的私营企业。设计年产15万吨,2013年建成投产。生产工艺采用目前国内较为先进的顺流式生产技术,产品主要用于各种冶炼炉及矿热炉。主要生产各种矿热电炉使用的密闭糊、半密闭糊、标准电极糊、冷捣糊和铝用糊等,还可根据客户不同需求,开发、生产特种电极糊产品。产品销往宁夏、内蒙古、甘肃、青海、新疆、四川、湖南、河南、山东等省市区。2017年,被自治区非公有制经济服务局和中小企业发展局认定为"专精特新"中小企业;2018年,被认定为"专精特新"示范企业;2019年,被认定为"专精特新"成长标杆企业、科技型中小企业;2020年,被自治区认定为"电力示范"企业和国家级专精特新"小巨人"企业。2021年,公司采购由舍予公司自主开发(Industrial DataOS)"舍予"工业数据操作系统,面向工业企业生产场景的工业互联网PaaS平台。被自治区科技厅认定为科技小巨人企业。全年公司完成工业总产值14256.61万元,完成销售产值16098.8万元,实现主营业务收入16097.33万元,利润409万元。

【宁夏瑞资联实业有限公司】 位于青铜峡工业园区新材料基地片区,是集生产贸易于一体的冶金企业,是瑞钢联集团的全资子公司。公司现注册资本5亿元,占地面积约400亩。拥有40500千伏安硅铁矿热炉5台、31500千伏安硅铁矿热炉3台,年产量36万吨,居于全国第二;配有30兆瓦低温余热发电配套生产设施与220千伏变电站,总产值可达35亿元,产品主要销往国内外各大钢厂。公司全资控股股东瑞钢联集团,经营铁合金行业18年,是全国最大的铁矿石、镍矿、生铁进口商,及铁矿石资源提供商,集团秉承"铁矿石超市"的经营理念,能够提供全球品种齐全的铁矿石产品。集团公司在中国进口企业200强排名第12名;北京民营企业百强榜单排名第12位;是海关总署推出的关税保证保险首批试点企业、外汇局跨境贸易投资便利化贸易试点企业、东城区政府、海关和北京税务局重点企业。集团旗下物泊物联网科技平台、东铭装配式建筑加工平台、点钢电商平台和钢软技术服务平台。2021年,公司完成工业总产值13759万元,完成销售产值13968万元,实现主营业务收入14483万元,利润-1035万元。

(卢修荟)

化学工业

【宁夏金昱元化工集团有限公司】位于青铜峡市青铜峡镇河东地区。原青铜峡树脂厂，1991年1月成立。1993年8月竣工投产。1994年，实现达产达标，当年生产烧碱1.24万吨、PVC树脂8676吨。2000年10月，进行股份制改造，成立宁夏金昱元化工集团有限公司，下设青铜峡树脂厂、电石厂、热电厂、水泥厂。拥有固定资产6亿元。主要产品年生产能力为烧碱10万吨、聚氯乙烯（PVC）树脂10万吨、电石20万吨、液氯5000吨、盐酸4万吨、溶解乙炔3万瓶、水泥30万吨。2020年1月，整体变更为股份公司，拥有总资产60亿元，下辖宁夏金昱元能源化学有限公司、宁夏金昱元广拓能源有限公司、宁夏金昱元资源再生有限公司、宁夏金昱元资源循环有限公司、宁夏金昱元阳光供热有限公司、宁夏金昱元华峰塑胶有限公司、宁夏兴昊永胜盐业科技有限公司、宁夏金昱元炔烃节能有限公司、宁夏金昱元高新材料有限公司、宁夏金昱元岩盐开发有限公司10个子公司，业务涵盖化工、发电、冶金、建材、物流等，主要产品年生产离子膜烧碱48万吨、高性能树脂（PVC）60万吨、精制工业盐100万吨、碳化钙60万吨、电石渣制水泥160万吨、热电联产装机容量200兆瓦；是全国首批循环经济试点企业、中国石油和化工企业500强、中国合成材料制造业50强、自治区十大民营企业、自治区60家工业龙头企业等，"青化牌"工业氢氧化钠、"金昱元牌"聚氯乙烯树脂被评为自治区名牌产品。2021年，公司完成工业总产值86.97亿元，实现工业增加值17.44亿元，利税12.53亿元。

【宁夏东吴农化股份有限公司】位于青铜峡工业园区新材料基地片区中央大道1号。是由苏州东吴农化公司（1995年成立）在宁夏青铜峡新材料基地投资设立的企业主体，成立于2012年6月，注册资金4000万元，占地面积133400平方米。主要经营范围化学药品原料药、硝酸胍、硝基胍、咪唑烷、甲基硝基胍、恶二嗪、氰基乙酯等化工产品的生产和销售。累计完成安全、消防及环保设施投入1.3亿元，建立相对完善的安全、环保管理体系，公司生产装置都配备自动化控制系统，有效保证公司经营安全运行。年生产咪唑烷8000吨、恶二嗪5400吨、氰基乙酯1800吨，主要销往山东、浙江、江苏、上海等地的上市公司及大型化工企业，部分产品直接出口至欧美、印度、东南亚等地区。公司先后被评为自治区级企业技术中心、智能工厂、科技小巨人企业、知识产权试点单位、农药行业优秀中间体供应商等多种荣誉称号，2019年被评为国家高新技术企业。2021年，公司完成工业总产值66389万元，完成销售产值65316万元，实现主营业务收入64387万元，利润7726.3万元。

【中涛新材料有限公司】位于青铜峡工业园区新材料基地片区。2014年6月成立，私营企业，占地面积100亩，建筑面积18000平方米。年生产盐酸金刚烷胺600吨、右旋苯乙胺苯1000吨，产品通过ISO9001：2015质量管理体系认证，产品主要销往欧洲、日本、美国、南美、印度等国际市场和国内市场。2020年，公司被自治区工信厅评为工业行业标杆企业，获得对标工作标杆奖。2021年，公司完成工业总产值27898.82万元，完成销售产值27898.82万元，实现主营业务收入27898.82万元，利润481万元。

【宁夏京成天宝科技有限公司】位于青铜峡工业园区新材料基地

(区块一)经二路与纬二路交会处东南角。2014年4月成立，注册资金6000万元，是一家主要生产饲料级一水硫酸锌及活性氧化锌的私营企业。公司与北京理工大学、昆明理工大学、武汉工程大学、国家纳米科学中心等院校建立产学研合作伙伴关系，共同研发纳米氧化锌、抗生素替代剂——金属纳米颗粒等高技术产品。企业秉持自主研发，自2015年以来，获得发明专利1项、实用新型专利11项，并正在申请发明专利2项、实用新型专利8项。公司通过欧盟FAMI-QS认证、国际标准ISO9001质量管理体系认证和ISO22000食品安全管理体系认证；并获得宁夏回族自治区科技型中小企业、专精特新企业、科技小巨人企业的认定，国家高新技术企业、自治区技术创新中心、自治区企业技术中心的认定。2021年，公司完成工业总产值23614.2万元，完成销售产值22006.98万元，实现主营业务收入15206.88万元，利润466.55万元。

【吴忠领航生物药业科技有限公司】位于青铜峡工业园区新材料基地片区。是苏州遍净（集团）植保科技有限公司于2019年3月在宁夏青铜峡市注册成立的一家全资子公司，注册资本5000万元。主要从事农药原药的生产和制剂加工。2019年5月，公司一期项目15000吨/年绿色农药项目开工建设，总投资6.5亿元。建成啶虫脒、吡虫啉两个产品的生产车间，及相关辅助配套设施，当年投入生产。二期项目年产21000吨/年新型原药及农药制剂项目总投资5.95亿元。主要建设内容有生产车间、烘干房、配电间、仓库、中控室及相关配套设施，主要产品有甲基托布津1000吨/年、多菌灵2000吨/年、噻虫嗪1000吨/年、DCTF3000吨/年、制剂9000吨/年等。2021年，公司完成工业总产值46867.49万元，完成销售产值43053.62万元，实现主营业务收入43053.62万元，利润4173.08万元。

【青铜峡市利源工贸有限公司】位于青铜峡工业园区新材料基地A区-2号。2003年1月成立，是一家以硫酸为主营产品，集生产、经销、废酸处置为一体的私营化工企业。2016年，因国家产业政策调整，公司停运（拆除）原年产6万吨硫酸生产线，并新建25万吨工业硫酸及4万吨折百废酸项目，该项目于2016年4月开工建设，2017年3月建成并投入生产。项目总投资6200万元，其中安全投资180万元；环保投资290万元。2018年9月，该项目通过安全设施竣工验收。2017年7月，开工建设硫铁矿含硫尾矿综合利用项目，2019年1月建成并投入生产。硫酸生产工艺采用"3+2"二转二吸工艺，主要技术指标达到国内先进水平。2018年11月，折百废酸项目经宁夏回族自治区生态环境厅核查，同意废酸经营，核定经营规模6万吨，经营范围为处置、利用、暂存。公司具有道路运输危险货物运输（8）运输资质，宁交运管许可吴字640381300017号道路运输经营许可证，完全可以承担公司生产硫酸的运输与废酸转移运输能力。2021年，公司完成工业总产值15895.42万元，完成销售产值15673.92万元，实现主营业务收入14791.97万元，利润725.61万元。

（卢修荟）

建材工业

【宁夏青铜峡水泥股份有限公司】 位于青铜峡市青铜峡镇河西地区。公司前身为宁夏青铜峡水泥厂，1959年9月建厂。1999年，青铜峡水泥厂改制为宁夏青铜峡水泥集团有限公司，实行董事会领导下的总经理负责制，集团公司下辖5家子公司、1家单独核算单位。2001年8月，宁夏第一家债转股企业即宁夏青铜峡水泥股份有限公司正式成立，债转股总额为17298万元，企业负债率由原来的85%降为34%。公司拥有1000吨/日和2×2500吨/日的新型干法水泥熟料生产线3条，年产水泥230万吨。生产线环保节能自动化程度高，工艺技术装备先进。公司主要产品为普通硅酸盐水泥、中低热硅酸盐水泥、抗硫酸盐硅酸盐水泥、道路硅酸盐水泥、油井水泥、低碱水泥。"青铜峡牌"水泥是国家免检产品，通过ISO9001:2000国际标准质量管理体系认证和产品质量认证。"青铜峡"牌水泥具有后期强度增长率高、和易性好、建筑成品颜色均匀、对各种外加剂适应性好、可减少外加剂使用量等特点，广泛适用各种条件下的建筑施工。"青铜峡"牌水泥在北京亚运工程、银川河东机场、中宝铁路、古王高速公路、陕北油气田开发等区内外重点工程中被列为指定产品。2021年，公司生产水泥240.63万吨，生产熟料223.88万吨，完成工业总产值74929万元，销售水泥235.07万吨，实现主营业务收入73462.02万元，实现利润总额20074.7万元，净利润17065.74万元。

【宁夏西夏天杰水泥有限公司】 位于青铜峡市青铜峡镇河西地区艾山街。2009年3月成立，注册资金2000万元，由宁夏西夏水泥有限责任公司与自然人耿怀杰共同出资建设，宁夏西夏水泥有限责任公司占60%，耿怀杰占40%。固定资产3.5亿元。拥有一条日产2500吨新型干法旋窑水泥熟料生产线，年产水泥120万吨，该生产线采用国际先进水平的日产2500吨新型干法水泥生产工艺，总投资3.5亿元，年生产普通硅酸盐水泥熟料150万吨。利用窑头、窑尾废气建设纯低温余热新增AQC及SP余热锅炉各一座，建设余热发电站一座，余热电厂发电装机总容量为6兆瓦。2021年，公司生产水泥80万吨，完成工业总产值1.9亿元，实现利润1403万元。

【宁夏青龙管业股份有限公司】 位于青铜峡市青铜峡镇河西地区。始建于1974年10月，其前身是宁夏水利制管厂，隶属于宁夏水利厅。1998年5月改制为民营股份公司后，更名为宁夏青龙管道有限责任公司。2007年8月，整体变更为宁夏青龙管业股份有限公司，并于2010年8月3日在深圳证券交易所挂牌上市。公司净资产近15亿元。为了扩大生产规模，公司在青铜峡工业园区（区块一）成立青铜峡市青龙新型管材有限公司，并实施扩建项目。项目总投资2.05亿元。其中，固定资产投资为1.25亿元，流动资金8000万元。项目占地面积356亩，主要建设原材料库6480平方米、生产车间16900平方米、办公楼600平方米、职工宿舍2028平方米、职工食堂360平方米、其他附属用房1940平方米。主要产品有预应力钢筒混凝土输水管(PCCP)及专用管件、预应力钢筋混凝土输水管（PCP）、钢筋混凝土排水管（RCP）、塑料输水管材等产品。产品广泛应用于水利、电力、城市供排水、化工、通信、工矿企业和公路、铁路等多个领域。主要原料有沙、石、水泥、钢筋等。2020年，公司完成工业产值21540万元。2021年，公司完成工业总产值

29702.75万元，完成销售产值29193.06万元，实现主营业务收入24113.2万元，利润3890.2万元。

【宁夏嘉惠道路资源再生利用有限公司】 位于青铜峡工业园新材料基地区南环路。有员工32人，其中技术/研发人员7人。年生产速凝混凝土5万立方米、高强无收缩灌浆料10万吨、UHPC混凝土2万立方米。2021年，公司完成工业总产值2977万元，完成销售产值2977万元，实现主营业务收入4708万元，利润6万元。

【青铜峡市蒙龙砂业科技有限公司】 2018年8月21日成立，主要生产石油压裂砂支撑剂，是一家采矿生产加工销售集一体的公司。公司下设办公室、财务部、生产部、销售部、质检部5个职能部门。其中质检部有专业人员7人，均取得压裂支撑剂和油田化学剂检验员培训合格证书，现有专业酸溶室及酸溶配套设备，进口振筛机一套，真密度测试仪一套，专业压力机一套，从常规28Mpa至103Mpa抗破碎率均可以进行试验，外加其余专业配套设施，以保证本公司各类产品质量。矿区面积0.105平方公里。公司总占地面积73332万平方米，建筑面积38600万平米。共有两条20/40和40/70混合压裂砂生产流水线（20/40转筛20台，40/70振筛40台，2套除尘设备），年生产量25万吨。2条70/140方形摇摆筛生产线（方形摇摆筛8台，2套除尘设备），年生产量20万吨。4条水洗砂生产流水线，水洗砂年生产量60万吨。年完成产值1.8亿，利税2300万元。2019年3月，公司新建年产5万吨覆膜砂和20万吨压裂支撑剂项目。建设内容为生产车间、水洗车间、烘干车间、原料库、产品库、循环水池、化验室、办公用房、配电室、门房等。拥有年产20万吨成品石英砂的生产能力及2万吨的仓储能力。主营产品为850~425μm、425~212μm、600~300μm、212~106μm等不同规格石英砂。产品先后经长庆油田分公司工艺研究院实验室和中石油勘探开发研究院廊坊分院油气藏改造实验中心检测，各项指标均符合SY/T5108—2014中国石油天然气行业标准对石英砂支撑剂性能指标的要求。产品主要销往石油长庆油田、川庆勘探公司、延长油田股份有限公司丰源实业总公司、新疆克拉玛依油田。年销售各类压裂天然石英砂20万吨以上。2021年，公司完成工业总产值10560万元，完成销售产值9552万元，实现主营业务收入9552万元，利润235万元。

【宁夏亿昀特种工程材料有限公司】 位于青铜峡工业园区新材料基地片区经二路与纬二路交叉口。公司主要从事低密度水泥油井及水泥用减轻外掺料的生产，从开始研发到提供技术方案及现场技术指导等工作的开始，经过不断的发展壮大，在宁夏青铜峡市建立现代化生产基地，工厂占地17300平方米，建筑面积3200平方米。主要生产微硅系、天然漂珠系、人造漂珠系三大类固井材料。使用同一种工艺、同一套设备根据用户需求周转性生产。设计规模年产量30000吨~50000吨具有生产低密度混合材料及减轻剂的生产线，其中可自动化投放20种物料。2021年，公司完成工业总产值2320.7万元，完成销售产值2320.7万元，实现主营业务收入2315.6万元，利润36万元。

【青铜峡市恒源砼业有限公司】 位于青铜峡工业园区新材料基地片区清源街。2015年3月成立，注册资金2000万元，是预拌混凝土专业承包商，主营预拌商品混凝土、预拌砂浆及其相关的服务等业务，各类产品及服务均通过QES体系认证，产品在高铁、铁路、公路、交通、水利、各类工业及民用建筑领域广泛应用。公司建成智慧商砼数字化平台，初步实现从供应链到产品销售全过程生产运营管理的全数字化，建成的经营管理大数据平台、原材料性价比统计分析平台、智能配合比设计及自动调整平台、车辆调度安全运营辅助平台在行业内处于领先水平。2021年，公司完成工业总产值3845.8万元，完成销售产值3845.8万元，实现主营业务收入3845.8万元，利润164.61万元。

【青铜峡市瑞通支撑剂有限公司】位于青铜峡市青铜峡镇立马路。2011年1月成立，占地面积150亩，建筑面积13000平方米。公司主要经营油井压裂支撑剂系列产品、重晶石粉、石灰石粉的生产与销售。公司有压裂石英砂生产流水线4条，年生产能力50万吨，各项质量指标均达到国标、石油行业标准。主要生产212—106μm、212—425μm、300—600μ、850—1180μm粒径的压裂石英砂、压裂树脂砂等支撑剂产品，产品主要销售中石油长庆油田和川庆钻探公司、新疆油田、玉门油田、西部钻探、煤层气区和国内大型钢铁生产厂家。2021年，公司完成工业总产值5884.48万元，完成销售产值6877.23万元，实现主营业务收入6892万元，利润85万元。

【青铜峡市凯旋商贸有限公司】位于青铜峡工业园区新材料基地片区（立马路南侧）。2008年成立，主要经营石灰石粉加工及销售，占地面积33333平方米，仓储场地6000平方米。年生产石灰石粉20万吨。与华能宁夏大坝电厂四期发有限公司、宁夏大唐国际大坝发电有限责任公司、国家电投集团宁夏能源铝业中卫热电有限公司、青铜峡铝业发电有限责任公司、宁夏电投西夏热电有限公司、宁夏发电集团马莲台电厂、西夏热电厂、中宁电厂、灵武华电等多家单位建立合作关系，并签订长期合作合同。2021年，公司完成工业总产值1476万元，完成销售产值1476万元，实现主营业务收入956万元，利润15万元。

【宁夏天达环保有限责任公司】位于青铜峡工业园区新材料基地片区。2011年12月成立，是浙江能源集团下属浙江天地环保科技有限公司的全资子公司。公司利用自身在处理燃煤发电固体废弃物的技术优势，在宁夏青铜峡新材料基地规划建设以粉煤灰、脱硫石膏为主要原材料的综合循环经济示范项目。年生产加气砌块20万立方米。2021年，公司完成工业总产值3003.88万元，完成销售产值3346.6万元，实现主营业务收入3346.6万元，利润164.44万元。

【青铜峡市宏达砼业有限公司】位于青铜峡工业园区新材料基地片区（中央大道与乌玛高速公路交汇处）。2008年8月注册成立，是以生产经营商品混凝土为主的民营企业，注册资金3500万元，占地面积50亩。混凝土专用实验室建筑面积200平方米，各种检测仪器40余台件，采用计算机PKPM控制系统，相关技术标准及规范齐全。年生产混凝土40万立方米。2021年，公司完成工业总产值3003.7万元，完成销售产值2938.9万元，实现主营业务收入3003.7万元，利润–170.3万元。

【青铜峡市富安隆建材有限公司】位于青铜峡工业园区新材料基地片区。2011年2月成立，总投资5000万元，占地面积6万平方米。年生产加气混凝土砌块15万立方米、蒸压粉煤灰砖5000万块。2021年，公司完成工业总产值4840.67万元，完成销售产值6514.22万元，实现主营业务收入6514.22万元，利润597.9万元。

（卢修荟）

轻工业

【宁夏法福来食品股份有限公司】 位于青铜峡市小坝镇永丰路北段。注册资金8060万元，占地面积220亩，主营大米、面粉、挂面，进行食品油的生产和销售。现有意大利奥克里姆自动化面粉生产线一条，年产面粉10万吨；日本佐竹公司智能化大米生产线2条，年产大米15万吨；国产先进挂面生产线一条，年产挂面2万吨。2016年，新建10万吨智能化高端大米生产线和全自动包装流水线、日处理500吨粮食烘干中心和1.5万吨低温储粮仓。2017年，并购2万吨仓容的青铜峡市小坝北粮库，占地面积42亩。2018年，公司对原有小麦粉生产线进行高效节能清洁安全小麦专用粉智能化生产技术改造。公司先后被认定为全国放心粮油进农村示范加工企业、全国食品工业优秀食品龙头企业、农产品骨干流通企业、自治区农业产业化重点龙头企业、宁夏食品十强企业宁夏中小企业50强、专精特新示范企业、"守合同　重信用"企业、自治区工业企业履行社会责任优秀企业，银行信用等级AAA级。2021年，公司有9项技术创新成果获得国家知识产权专利局实用新型专利证书，公司被评为自治区农业高新技术企业。是年，公司完成工业总产值10631万元，完成销售产值10124万元，实现主营业务收入10315万元、利润835万元。

【宁夏塞外香食品有限公司】 位于青铜峡工业园区嘉宝区块汉坝东街69号。始建于2002年6月，注册资金11142.94万元，占地面积505亩。主要生产"塞外香"牌优质大米、面粉、挂面、方便自热米饭、营养米汁五大类，采用全自动生产线，设计年加工15万吨有机大米、18万吨面粉、1500万盒方便米饭、2万吨营养米汁、2万吨挂面。公司先后被评为国家级"守合同　重信用"企业、全国放心粮油示范加工企业、中国十佳粮油创新引领企业、中国百佳粮油企业、"2016中国十大好吃米饭"、"中国大米加工50强"、"宁夏大米核心企业"、自治区农业高新技术企业，被授予自治区质量贡献奖、宁夏好粮油行动计划示范企业等荣誉和称号。产品获得国家"绿色食品"和"有机食品"认证。获得了发明专利授权4项、实用新型专利授权24项、植物新品种1项。"塞外香"已成为中国驰名商标、宁夏农产品优势品牌。塞外香产品销售已全面覆盖宁夏周边省市，并辐射全国省会城市包括发达的二线城市如宁波、大连、厦门等地。2021年，公司完成工业总产值15061万元，完成销售产值12829万元，实现主营业务收入12829万元，利润772万元。

【青铜峡市老苗食品有限责任公司】 位于青铜峡工业园区嘉宝片区嘉宝路。始建于1954年，占地面积105300多平方米，生产车间建筑面积7000多平方米，是宁夏地区食品加工行业"明星企业"；国家民委、财政部指定"少数民族特需用品定点生产企业"；自治区"农业产业化经营重点龙头企业"；"全国质量、诚信、服务卫生环境AAAAA等级企业"。2009年被中国工业协会列为国家食品工业定点产品和定点企业。2010年"老苗"月饼代表宁夏作为上海世博会指定产品；2011年12月"老苗"荣获中国驰名商标；2011—2015年连续五届荣获中国月饼文化节"中国名饼"称号；2014年荣获"全国月饼质量安全优秀企业"称号，被宁夏回族自治区评为"专精特新示范企业"；2015—2016年荣获"宁夏中小企业50强"称号，2017年"老苗"荣获全国百佳农产品品牌，2019年荣获"宁夏老字号企业""宁夏优品企业"，公司先后荣获国家、区、市奖励70多项。公司以月饼研发、生产、销售为主，先后生产出具有民族特色的"老苗"牌苏式、广式、潮式、鲜花、水果、杂粮等系列月饼17大类180多个品种。在保持传统广式月饼(皮薄、松软、香甜、馅美)和苏式月饼(松脆、香酥、层酥相叠)重油而不腻，甜咸适口的基础上，先后推出水果、鲜花、杂粮、法式乳酪果酱月饼等新品。产品均通过ISO9001（2000）国际质量管理体系认证及HACCP食品安全管理该体系认证和ISO14000环境体系认证。2013年后，公司在吴忠、青铜峡、永宁又设立分公司6家，主营公司新品：老苗欧帝妙恋系列各式糕点、果酱、爆米花等50多个品种。同时在全区91家新百连锁超市设有老苗产品销售专柜，销量逐年递增。经过多年发展不仅占领宁夏市场，还远销北京、天津、河北、河南、山东、甘肃、山西、陕西、内蒙古、青海、新疆等15个省市区的90多个大中城市。2021年，公司完成工业总产值2053万元，完成销售产值2053万元，实现主营业务收入2053万元，利润127万元。

【宁夏黄河谣农产品综合开发有限公司】 是一家专业从事粮食副产品深加工的企业。2015年，公司在嘉宝轻纺工业园投资1.107亿元，建设年产10.5万吨农副产品产业链延伸加工项目。项目规划占地39.1亩，总建筑面积15505.58平方米，主要建设生产车间及仓库12786平方米、综合办公楼2461平方米、门房及其他用房258平方米，配套建设供水、供电、道路、绿化等设施。购置安装米糠油、杂粮、油糠、碎米生产线13条，附属设备25台(套)。建设期1年(2015年9月—2016年6月)。项目于2015年9月开工建设，2016年7月投入生产。2021年，公司完成工业总产值493万元，完成销售产值433万元，实现主营业务收入439万元，利润16.4万元。

【宁夏新希望反刍动物营养食品有限公司】 位于青铜峡工业园区嘉宝片区亲民路，前身是青铜峡国雄饲料有限公司，是一家由新希望六和股份有限公司独资建设的民营企业。为提高产能，提升产品质量，公司于2016年8月开始建设，并于2019年5月完成反刍专线、畜禽鱼专线的建设并投产。公司占地面积60亩，分两期建设，总投资1.6亿。一期用地约35亩，建筑面积13000平方米，建有反刍饲料和压片玉米两条标准生产线，年产能达18万吨。设备选型为瑞士布勒公司（Buhler）成套设备，配置先进，是新希望六和在国内建成的第一条集玉米压片、小料预混、饲料加工为一体的现代化生产线。二期畜禽水产料生产车间及附属设施于2018年6月开始建设，均采用自动化程度高、国内领先的生产设备，将大大提高生产效率，提高产品质量。反刍车间于2017年12月投产，畜禽鱼车间于2019年5月投产，公司生产车间总产能超过30万吨。目前公司有使用的圆筒仓9个，储存原料容量达10000吨，两个生产车间均有独立成品及原料库房，安装有机器人码垛机。主营饲料加工，饲料原料销售，养殖等业务。产品涉及畜禽、水产、反刍动物系列浓缩饲料、配合饲料、精料补充料，高能饲料（压片玉米）。2020年，公司主营业务收入超过2.4亿元，产品覆盖宁夏及陕西、内蒙古、甘肃部分地区市场占有率10%以上。2021年，公司完成工业总产值34579.79万元，完成销售产值34994.9万元，实现主营业务收入35693.24万元，利润641.54万元。

【青铜峡市仁和纺织科技有限公司】 位于青铜峡市工业园区嘉宝片区。2016年2月22日成立，占地面积149.08亩，是德州恒丰集团的理事单位，是一家设计规模15万纱锭新型纤维纺纱企业。公司内设财务处、综合办公室、人力资源处、企管处、生技处、质检处、细纱、前纺、仓储等部门。拥有生产线11条，各类主机设备204台套。其他辅机设备35台套，乌斯特实验设备15台套，年产值9875万元，产量5400吨。年生产天竹系列产品2400吨、莫代尔系列产品350吨、纯棉系列产品1400吨、其他差别化纤维纱线产品130吨，主要销售于广东、深圳、浙江、江苏、福建等地。2021年，公司完成工业总产值11076万元，完成销售产值11558万元，实现主营业务收入10862万元，利润82万元。

（卢修荟）

装备制造工业

【宁夏塞上阳光新能源科技有限公司】 位于青铜峡工业园区嘉宝片区。2006年成立，占地面积45亩，是一家以太阳能、空气能热泵、供暖、烘干设备、冷库机组研发制造销售为一体的私营公司。年生产智慧冷库3000台（套）、冷暖一体机3000台（套）、热泵烘干机3000台（套）及热泵供暖、热水机3000台（套）。公司被科技部评为"国家高新技术企业"，被自治区工业和信息化厅授予"宁夏重点节能技术"称号，被自治区住房和城乡建设厅评为"宁夏回族自治区建筑产业化基地"，被吴忠市市场监督管理局评为"吴忠市守合同重信用企业"。2018年，公司研发生产太空能热泵烘干机，填补市场空白。2021年，公司完成工业总产值5690.49万元，完成销售产值4006.08万元，实现主营业务收入4006.08万元，利润541.82万元。

【宁夏新大众机械有限公司】 位于青铜峡工业园区嘉宝片区。始建于1992年，2007年3月公司正式成立，占地面积19000平方米，是集研发、生产、销售、售后服务为一体的农牧机械私营企业，产品以农业机械、畜牧机械为主。公司产品共获得专利67项，其中发明专利3项，有已申报受理中的专利15项。公司先后通过质量、环境、职业健康安全以及知识产权管理体系认证。2018年，公司通过国家高新技术企业的认定。2020年，公司工业总产值达到5700万元，较2019年增长65%。2021年，公司完成工业总产值6199万元，完成销售产值6158.9万元，实现主营业务收入6158.93万元，利润190.14万元。

【宁夏汇高科技集团有限公司】 位于青铜峡工业园嘉宝片区。宁夏汇高科技集团智能制造项目占地面积1172亩，主要建设高端消失模铸造、数控机床、智能机器人、汽车刹车盘，生产车间及配套生活设施共49万平方米，安装生产设备4000台套、100条汽车刹车盘生产线及工业机器人生产线，用于3000万套汽车刹车盘生产的铸造、智能工厂等。项目总投资35亿元，其中固定资产投资26亿元。一期汽车部件及精密铸造项目，年生产连接套180万/只、圆柱螺母6万/只。二期数控机床。三期智能机器人。项目全部达产达效后，可实现年销售收入达50亿元以上，利润5亿元，税收1.5亿元，可解决就业2000余人。2021年，公司完成工业总产值1167.05万元，完成销售产值1186.11万元，实现主营业务收入1084.61万元，利润-471.39万元。

【宁夏苏锡铜业科技有限公司】 位于青铜峡工业园区嘉宝片区亲水路26号。2012年成立，注册资金1亿元，占地面积17万平方米，是一家主要从事电磁线、换位导线生产、销售的专业化企业。公司内设生产部、工程部、检测部、行政部等部门，现有在职员工70余人，包含挤压、拉丝、漆包、质检、电力、维修等工种，其中特种工作作业人员7人。拥有38头电磁线生产设备7台、挤压机7台、拉丝机4台、现代化换位生产线4条及漆包生产线，可实现年产电磁线20条，年生产漆包线2万吨以上。公司申报国家实用新型性专利110项、发明专利2项。2020年8月，被自治区科技厅授予"科技型中小企业"称号。2021年，公司完成工业总产值36501.6万元，完成销售产值36501.6万元，实现主营业务收入36501.6万元，利润452万元。

【宁夏银河钢塑滴灌设备有限公司】位于青铜峡工业园区嘉宝片区中央大道西侧纬一路北侧。2011年3月1日成立，注册资金3000万元，主要经营农业节水器材、U-PVC管材\PE热熔管生产销售、过滤器生产、安装、调试、给水用钢塑管件、钢制阀门、滴灌管材、化工材料、水暖配件销售、废旧塑料回收颗粒制造。2021年，公司完成工业总产值3580万元，完成销售产值2685万元，实现主营业务收入2413.8万元，利润240.5万元。

（卢修荟）

包装印刷工业

【宁夏吉宏环保包装科技有限公司】位于青铜峡工业园区嘉宝区块亲水路北路1号。2018年12月成立，注册资金5000万元。公司投资15000万元，建成后形成年产1.5亿平方米环保包装的生产规模。占地面积为115亩，建设胶印车间、瓦楞包装车间、后道车间、原料仓库、辅料仓库、实验室、办公室、宿舍、餐厅等建筑物，建筑面积共44000平方米；购置高速胶印机、高速高清水印机、柔版预印机、瓦楞纸板生产线、CTP电脑制版设备、全自动覆膜机、全自动裱纸机、全自动模切机、全自动贴窗机、全自动糊箱机及其他后道设备；配建道路工程、给排水工程、电气工程、通信工程、照明工程、消防工程、环卫工程、绿化工程等基础设施。公司设置人事行政部、生产计划部、品管部、安环管理部、财务部、销售部等管理机构。2021年，公司完成工业总产值20436.82万元，完成销售产值22785.05万元，实现主营业务收入20409.65万元，利润2463.8万元。

【宁夏青铜峡市海源包装有限公司】位于青铜峡市工业园区嘉宝片区亲水路22号。2015年4月27日成立，以租赁青铜峡绿源塑胶有限公司厂房及机器设备加工生产，是一家集编织袋生产、印刷于一体的现代化包装印刷企业，是国内首批引进国外先进编织生产技术的企业。2021年，公司完成工业总产值2324.27万元，完成销售产值2324.27万元，实现主营业务收入2324.27万元，利润-32.51万元。

【中盐宁夏金科达印务有限公司】位于青铜峡工业园区嘉宝片区。2005年4月开工建设，2006年6月完成建设内容，2006年7月正式投产达效。固定资产1668万元，占地面积37305.72平方米，厂房面积3102.84平方米，办公及其他房屋面积3732.44平方米，设备投资695万元。企业生产原料为塑料薄膜，原料来源为国内各生产厂家；生产工艺为印刷—贴标—复合—熟化—分切—制袋；工艺水平在国内为中等水平。设计年生产能力为年生产塑料包装卷膜500吨，塑料包装袋5亿条，塑料包装片膜2亿片吨、防伪标识10亿枚,年产值5000万元,年上缴税金500万元;实际年生产塑料包装卷膜300吨、塑料包装袋5亿条、塑料包装片膜1亿片、防伪标识5亿枚,企业主要产品有塑料包装、防伪标识,产品主要销往甘肃、陕西、青海、内蒙古、区内等地。年可完成产值3500万元,实现利润550万元,上缴税金380万元。2021年,公司完成工业总产值3020万元,完成销售产值3211万元,实现主营业务收入3442万元,利润162.1万元。

【宁夏圣泰环保科技有限公司】位于青铜峡工业园区新材料基地片区(区块三汉源街以北、亲民路以西)。2019年4月9日成立,注册资本2188万元。公司主要从事防腐设备、环保设备、钢塑制品设备、塑料制品、包装容器、碳钢不锈钢设备、管道管件、通用设备、普通机械的制造、加工、研发、销售及进出口业务。产品主要以改性聚乙烯(PE)、聚四氟乙烯(F4)、乙烯-四氟乙烯共聚物(F40)、聚烯烃(PO)、聚丙烯(PP)等为原料。进行全滚塑化工防腐设备、钢衬滚塑化工防腐设备、钢衬滚塑非标化工防腐设备三大系列100多个品种的加工制造,公司产品可广泛应用于化工、储运、颜料、染料、稀土、钛白粉、水处理、环保、冶金、电子、制药、酿造等行业。产品全国占有率达到30%以上。项目整体完工后将达到年销售产值8000万元以上,实现销售收入6000万元以上,年利税800万元以上。2021年,公司完成工业总产值2911.72万元,完成销售产值2409.2万元,实现主营业务收入2416.1万元,利润-19.67万元。

【宁夏富佑达纸业有限公司】位于青铜峡工业园区嘉宝片区新昌路。2019年4月18日注册成立,注册资金700万元,是一家瓦楞纸板制造与销售的包装成长型私营企业,用工人数26人,年生产瓦楞纸板1700万平方米。2021年,公司完成工业总产值2777万元,完成销售产值2777万元,实现主营业务收入2777万元,利润56万元。

(卢修荟)

商贸流通

编辑 ◎ 乔才山

招商引资

【概况】 2021年，青铜峡市商务和投资促进局以打造"五个百亿级支柱产业集群"和"五大优势特色产业板块"为主攻方向，坚持高标准对标，着力创新实干，全市商贸经济运行总体平稳，招商引资经济指标保持增长。全年申报区外招商引资项目56个项目（新建41个，续建15个），申报到位资金78.24亿元，完成自治区目标任务的109%；完成上争项目资金605万元（任务550万元）；申报区内外招商引资项目113个（新建85个，续建28个），年度计划投资99.37亿元，申报到位资金82.04亿元，认定到位资金73.68亿元，完成年度目标任务的63.46%；全市下达招商引资有效项目信息目标任务108条，涉及责任单位61个。截至年底，申报有效项目信息108条，完成年度目标任务的100%。

【项目引进】 2021年，青铜峡市以打造五个百亿级支柱产业集群和五大优势特色产业的板块"5+5"十大产业体系为主攻方向，紧盯精细化工、铝产业、葡萄酒、装备制造、奶产业等产业，在项目选优上下功夫。截至12月底，市级领导带队赴浙江、江苏、湖南、河北、陕西等地招商12批次，考察厦门优传、南通施壮、南海铝业、无锡港大电机、华茂伟业等30个项目。储备招商引资项目36个，计划总投资442.42亿元，其中重点跟踪对接项目14个，计划总投资380.91亿元。

【项目落实】 2021年，青铜峡市贯彻落实遏制"两高"项目盲目发展要求，把节能降耗、生态环保等作为招商引资硬性条件，重点招引技术领先、单位产值能耗低、产值效益高的项目，建立发改、工信、环保等部门联席会议制度，加强项目准入论证。全年签约项目20个，计划总投资52.7亿元。

【项目服务】 2021年，青铜峡市招商服务中心成立，为招商企业提供"一站式"便捷服务和项目建设期间的办公场所、会议室、住宿、餐饮等服务。截至12月底，招商服务中心已入驻湖南海利、徐州永利、亚辰新材料、抽水蓄能、东港化工等企业7家，先后为20余家招商引资企业提供"帮办代办"服务，先后对接发改、自然资源、住建、环保等部门80余次，为6家企业兑付招商引资项目建设奖补资金956.369万元，服务满意度达98%以上。

【主要招商活动】 2021年2月22日至24日，由吴忠市委书记沈左权带队赴江苏省南通市考察，实地考察南通天泽化工有限公司，对接推动南通天泽化工有限公司青铜峡精细化工项目建设。3月18日至3月19日,青铜峡市委书记张自力带队赴浙江余姚对接项目,考察浙江美源新材料股份有限公司,洽谈投资合作事宜。5月20日至5月24日,青铜峡市委书记张自力带队赴江苏、山东、北京等地考察,实地考察了阿特斯光伏电子(常熟)有限公司、汇羽丰新材料有限公司、南通东港化工有限公司、南通施壮化工有限公司、华茂伟业绿色科技有限公司、国家电投等公司,对接洽谈项目具体事宜。9月22至9月23日,青铜峡市委书记张自力带队赴浙江省对接项目,考察浙江巨化股份有限公司,洽谈投资合作事宜。

(市商务和投资促进局办公室)

商贸服务

【消费提升】 2021年,青铜峡市依托新百广场、龙海商业街等街区,成功举办"年货大集""第三届全民电商节""电商购物节"等10多项惠民促销活动,复苏新百商业综合体、夜间经济,促进餐饮、休闲购物、文化旅游深度融合。6月22日至6月30日,举办青铜峡市"2021·嗨购夏季"促进消费活动,组织龙海商业街区、新百广场街区、天一街区、康乐街区等31家商户和餐饮企业参与活动,在人流聚集区发放代金券20万元,引导消费群体向餐饮特色聚集街区流入。7月9日至11日,组织餐饮企业参加宁夏吴忠早茶美食文化旅游节暨特色商品展活动,在宁夏农特大厦搭建青铜峡农特产品馆,引导20家特色产品生产加工企业及餐饮企业高质量参展;鼓励青铜峡宾馆、金谷园美食楼、龙海东盛音乐火锅、瑞丰食府、嘉旺汉餐等餐饮企业和商户参加全国地域特色美食创意大赛,获2金2银1铜佳绩;联合市场监管管理局推荐2家餐饮企业参与评选,东顺餐饮服务有限公司符合吴忠早茶示范店评选标准,获吴忠早茶示范店授牌。7月11日,在绿色食品产业推介招商会,签约银票酒庄葡萄酒+文旅产业融合发展、麓下酒庄建设等项目7个,计划总投资4.3亿元。全年城镇和农村消费同比增长4%以上,消费市场逐步回暖,实现社会消费品零售总额24.7亿元,同比增长3.7%,增速位列川区八县(市)区第一。

【服务业扶持】 2021年,青铜峡市落实自治区促进中小企业健康发展18条、促进经济平稳运行财政21条、释放消费潜力支持服务业健康发展16条、吴忠市促进服务业发展政策措施10条等,加大政策宣传力度,开展送政策到企业活动,帮助企业申请相关服务业扶持奖励资金267.7万元。

【餐饮住宿】 2021年,青铜峡市推进餐饮业从业人员服务水平、服务能力和业务素质提升工作,全年组织餐饮商户外出学习2批次,举办餐饮住宿业服务技能培训班培训1200人次。

【电商发展】 2021年,青铜峡市依托市级电商物流园,8个镇级物流配送点和52个村级物流站,发展农副产品和同城配送上行业务。截至12月底,全市特色农副产品出港量达74.2万件,销售额4452.2万元,较2020年同期增长6.5%。深入推进电商助农、兴农工作,完成村级服务站及第三届全民电商节培训3批次,培训150余人次。青铜峡镇同兴村、同进村和邵岗镇同富村、同乐村级服务站实现增收57.4万元,帮助村民实现网络代购代销总金额22.6万元,电商带动贫困户就业人数32人。

【市场监测】 2021年,青铜峡市落实33家样本监测企业的周报、旬报、月报、年报等数据直报工作,信息报送及时率、准确率100%。积极协同统计局对批零住餐4个重点行业、24家企业及大个体进行了深入走访调研,对企业经营状态、年主营业务收入等情况进行认真的摸底排查,年内入库餐饮住宿2家,批发零售企业5家。

【安全生产】 2021年,青铜峡市围绕安全生产三年行动专项整治、安全生产双百专项行动与日常督查、节前检查,开展经常性安全生产督查。截至12月底,共组织餐饮住宿、商超、加油站等企业开展安全培训6批次,培训人数500人次;组织开展节前安全生产检查12批次,检查共发现安全隐患16条,现场整改16条,整改率达到100%,全市38座加油站油气回收、双层罐改造完成率100%,确保商贸系统生产安全和市场运行稳定。

(市商务和投资促进局办公室)

供销合作

【概况】 2021年,青铜峡市供销社深化供销合作社综合改革,开展"三位一体"综合合作试点工作,围绕"五个供销"建设,以服务"三农"为工作大局,推进现代农业社会化服务和乡村振兴战略。全年实现商品销售收入4351万元,实现利润12万元,资产总额达到5462万元。

【农业生产资料储备供应】 2021年,青铜峡市供销社履行服务"三农"职责,完善农资供应服务网络,强化农资供给统筹,打造贯通上下农资服务网络,做到淡储旺供,稳定市场,延长服务时间,推行智能化管理、智能化配送,提供"一站式"农资供应,测土配方、无人机飞防、庄稼医院,构建线上线下协同发展农资服务功能,做好农资储备供应,稳定价格确保质量,提高农资供给能力,确保全市农业生产资料需求。全年储备销售各种化肥3.6万吨。其中,尿素1.2万吨,碳铵0.5万吨,磷酸二铵1万吨,各种复合肥0.9万吨。

【农业综合社会化服务体系建设】 2021年,青铜峡市供销社围绕全区"1+4"特色优势主导产业,突出开展生产领域、关键环节、全产业链的社会化服务为重点,坚持市场化、专业化联合合作,深入推进现代化农业社会化服务体系,领办农民专业合作社23家、家庭农场12家,培育龙头流通企业6家,建设冷链保鲜库8个。以青铜峡市铭泽农业种植专业合作社、青铜峡市金土地农作物种植专业合作社、青铜峡市广源农作物种植专业合作社等为龙头企业带动,开展土地托管、土地流转统防统治、农机服务、无人机飞防服务,实现水肥一体化服务。土地托管面积4.6万亩,开展农业社会化服务6.2万亩。

【新型基层组织体系建设】 2021年,市供销社完成邵岗镇甘城子、青铜峡镇广武、大坝镇大坝3个村新型基层社改造提升建设,充分利用现有基层组织资源,聚合为农服务同类资源,为农提供农资供应物流配送、测土化验智能配肥、果品收购冷储销售等服务助农增收。甘城子村供销社依托电商渠道针对不同消费群体采取不同销售策略,提升苹果销售经济效益,提高合作社成员收入。改造提升大坝村供销社夏源现代农业综合服务中心、小坝村新林金土地现代农业综合服务中心，开展土地流转和土地托管服务，建设现代农业综合服务社9个，庄稼医院8个，建设乡镇为农服务综合体1家，推荐申报国家级示范社1家。

【"数字供销"示范区建设】 2021年，青铜峡市供销社按照《宁夏建设全国"数字供销"示范区实施方案》，拟定《青铜峡市"数字供销"建设方案》（已送审），与宁夏农直通农业科技有限公司合作，成立青铜峡市供销社电子商务运营中心，以市电商运营中心建设提升，供销社域内政务，业务数字化应用系统，智慧供应链体系，数字化农事服务和物联网应用，传统农业的数字化、智能化转型升级，农产品质量安全追溯体系，普惠金融支撑平台为主要内容，全面提升供销合作社数字化水平。推进基层供销合作社、基层经营服务网点信息化改造，将基层合作社、村级服务社与农村电商服务站业务有效融合，打通农村电商配送"最后一公里"，通过电商公司平台开展大米、水果、蔬菜、葡萄酒、八宝茶等在线销售，实现全程在线支付、农产品追溯等信息化管理，智能分拣、配送服务全流程管理，通过线上线下相结合，帮助农民解决卖难问题。建设村级电商服务站42家，累计实现线上销售额2200万元。依托电商培训中心，培训涉农电商人员220余人次。

【村级综合服务社建设】 2021年，青铜峡市供销社采取联合合作、基层社创办等形式，建成村级综合服务社20家，其中培育农村综合星级服务社8家。经营服务覆盖农资供应、日用品销售、农村电商、信息服务、庄稼医院、农产品购销、小额取款、养老医保金代交等。

【"三位一体"综合合作试点启动工作】 2021年，青铜峡市供销社按照自治区供销社办公室《关于生产、供销、信用"三位一体"综合合作试点的通知》精神，以开展生产、供销、信用"三位一体"综合合作试点为切入点，深化服务功能，优化服务机构，改变服务方式，延伸服务网络，采取服务带动、项目撬动，整合服务资源，通过联合宁夏铭泽农业科技有限公司、青铜峡市山果林果专业合作社、依托宁夏金扁担惠农科技发展有限公司示范引领带动，加强联合合作初步达成合作意向。将联合成立供销集团公司、数字电商运营有限中心、争取国家支持项目建设再生资源回收利用市场，充分利用各基层合作社闲置土地，进行网店改造、提升，以村镇建设乡村服务站、乡村驿站、电商配送运营中心为主线，采取乡村金融+科技赋能+惠农服务，打造农村金融服务农产品溯源工程体系。围绕农民对生产、生活的多样性需求，开展多种形式的综合服务，搭建农村现代化综合服务中心，打造商务网络服务平台，以密切与农民利益联结为核心，以提升为农服务能力，加快推进自治区供销社"三位一体"综合合作试点工作，构建现代农业社会化服务中心建设体系，助力推动乡村振兴战略实施。

【烟花爆竹经营管理】 2021年，青铜峡市供销社监管工业品公司做好烟花爆竹专营连锁配送和安全经营管理工作，加强安全监督检查，举办全市烟花爆竹安全经营管理培训班，提高全市烟花爆竹市场经营管理水平，保障春节等重要节假日期间全市烟花爆竹安全供应。同时，做好烟花爆竹禁限放宣传工作。

【技术人才培训】 2021年，青铜峡市供销社为提高基层合作社从业经营人员、专业合作社、农产品经纪人的科技和业务水平，提高农产品经纪人对农作物、林果、葡萄、蔬菜种植积极性，增强依靠科技增收致富的信心和为农服务能力，更好的服务农村合作经济。以培育有文化、懂技术、会经营管理的新型业务人才为目标，举办各类农产品经纪人、龙头企业经营管理及人才服务"三农"培训班，多次联合电商务公司、专业合作社举办农产品经纪人培训班6期，培训各类技术人才820人。

（刘丽娟）

粮食购销与储备

【概况】 2021年，青铜峡市完成自治区储备小麦4512吨、水稻4558吨、玉米4795吨以及3000吨植物油轮换任务，轮换完成率100%。全年完成利润557.1万元。剔除绩效工资166.6万元后，实现利润390.5万元，超额完成552.1万元（目标任务为5万元）。

【粮食安全】 2021年，青铜峡市出台《青铜峡市储备粮管理暂行办法》，市财政投资152万元，完成自治区下达应急粮食储备2400吨（成品粮900吨、原粮1500吨）建设任务，建成电子信息化技术监控平台，通过远程监控加强法福来、塞外香两家应急粮食承储企业动态监管，确保应急储备粮食账实相符，数量充足、质量达标。通过国家粮考办派出联合抽查组对青铜峡市粮食安全省长责任制落实情况抽查工作，并获得吴忠市粮食安全省长责任考核第一名的好成绩。

【优质粮食工程】 2021年4月19日至21日，青铜峡市发展和改革局邀请吴忠市粮食和物资储备局，组织市财政局、市农业农村局、市工业和信息化局、宁夏铭方工程项目管理有限公司及5位区级专家组进行2019—2020年度竣工验收，所有企业全部通过验收。青铜峡市2019—2020年"好粮油"行动计划总投资10195.67万元，实际完成投资10255.5万元。完成优质水稻基地32928.41亩，优质小麦基地1004.83亩，满足原粮市场供应。实际完成优质优价订单收购48737.24吨。其中，水稻37777.79吨，小麦10959.45吨。市场收购26839.18吨，其中水稻23920.18吨，小麦2919吨，助农增收1925万元。支持企业改善原粮及成品粮储存条件，完成优质粮食收纳库维修改造仓容3.42万吨，改造成品库房9200平方米，维修仓间附属地坪400平方米及280吨圆筒仓建设，降低储粮损耗395吨/年，每年节约储粮损失近106万元。7家示范企业全部完成加工设备改造和技术改造提升任务，提高优质粮食生产能力。

【粮食营销】 2021年，青铜峡市完成建设"好粮油"线上销售店10家、线下直销专营店34家、加盟店204家。2020年优质粮油产品生产销售58370吨，优质粮食销售发展稳定；在银川火车站站前广场广告屏播放青铜峡大米宣传片，在中央电视台播放青铜峡大米宣传片，制作发放"好粮油"宣传印刷品，在兰州等地开展青铜峡大米品牌宣传，全方位扩大青铜峡大米宣传；对全市6家粮食产后服务中心、30家粮食经营主体开展储粮知识保管员技术和市场营销培训，经考试颁发结业证书，提高全市安全储粮水平和市场营销能力。

【原粮储备生产基地建设】 2021年，青铜峡市发展和改革局制定《青铜峡市2021年原粮储备生产基地建设实施方案》，市政府、市农业农村局先后组织召开镇场领导及农技中心干部专题会议，要求乡镇明确分管领导和具体工作人员，确保责任到人。联合市委政府督查室、市农业农村局组成联合督查组，对各镇场工作落实情况进行专项督查，督促各镇完成基地订单收购任务。

【粮油平衡专项调查】 2021年，市发展和改革局对83户农户、20户城镇居民开展供需平衡、半年存粮调查等专项调查，完成每周粮油价格监测及相关季度、月报表。

【储备粮油规范化管理】 2021年，青铜峡储备库（公司）实施仓储规范化管理工作，严格执行"一规定 两守则"和宁储粮公司仓储规范化管理办法，做好露天垛标准排码工作，确保粮安人安；严格粮食入库质量关，确保储粮质量稳定，加强现场管理，做到"逐车检验、现场复检"，保证质价相符；加强粮情检查，定期召开粮情分析例会，实行保管员、业务科长、分管领导、库总经理分级负责制，确保储粮安全；推广运用就仓、就垛干燥、机械通风、烘干等保粮技术，提升科技储粮水平，"一符四无"粮仓率达到100%。

【订单粮食和新增储备粮油收购入库】 2021年，青铜峡储备库（公司）开展自治区原粮储备生产基地建设工作，指派专人负责，协调青铜峡市发改局、农业农村局深入乡镇村落，逐家逐户宣传政策，签订订单小麦、水稻收购协议1000多份。收购时，采取下乡设点上门服务和库内收购相结合的方式，做到价格、标准等收购信息公开、公平、公正，提高服务质量，完成收购订单小麦1173吨、水稻1034吨；完成新增储备水稻1900吨、豆油2000吨。

【储备粮油轮换】 2021年，青铜峡储备库（公司）面对小麦市场不稳定现状，灵活运用先销后购、边购边销等方式，按时完成小麦4512吨轮换任务，轮换亏损20.69万元；地储水稻轮换入库采取下乡设点、库内收购、跨库集并等方式，抢时间，抓进度，按期完成稻谷4558吨轮换入库任务，但由于受水稻市场突变影响，致使水稻轮换亏损37.98万元；9月底完成3000吨豆油轮换，产生亏损150万元；玉米轮换采取竞价和自主购销相结合的方式，按期完成4795吨轮换任务，实现轮换收益32.02万元。全年累计经营市场调控粮20378吨，实现收益762.62万元。

（赵子悦）

盐　业

【概况】 2021年，中盐宁夏盐业有限公司吴忠分公司购进各类盐产品7302吨，销售各类盐产品7531吨，较2020年同期7318吨增销213吨。其中，食用盐销售4539吨，较2020年同期4889吨减销350吨，完成全年计划5050吨的89.88%（小包装销售2634吨，较2020年同期2960吨减销326吨，完成全年计划2850吨的92.42%，大包装销售1905吨，较2020年同期1929吨减销24吨，完成全年计划2200吨的86.59%）；畜牧盐销售1298吨，较2020年同期1050吨增销248吨，完成年计划1200吨的108.2%；工业盐销售1694吨，较2020年同期1379吨增销315吨，完成年计划1400吨的121%。实现营业收入1354.7万元，完成年计划1100万元的123.16%，同比2020年1116万元增加238.7万元；费用率30.56%，较目标费用率38.5%下降7.94个百分点，业务招待费2.9万元，实现利润总额-91.6万元。

【用工模式创新】 2021年，中盐宁夏盐业有限公司吴忠分公司打破原有用工模式，调整机构设置，挖掘人力资源潜能，建立一人多岗多责组织体系。健全完善中层管理人员竞聘上岗和选拔后备干部培养机制，经过双向选择竞聘上岗，选聘中层管理人员5人，储备后备干部6人，并与各个配送站签订目标责任书，明确工作目标和责任。制订《各类盐品及非盐销售奖励方案》，修订完善《内部考核奖罚补充细则》，将职工绩效薪酬与个人业绩、公司经营效益紧密挂钩，实现薪酬与效益效率联动，按劳取酬，工资收入向一线倾斜，合理拉开工资收入差距。截至12月底，同岗位、同工龄职工收入最高差距1万多元。

【销售模式创新】 2021年，中盐宁夏盐业有限公司吴忠分公司全面推广宁盐微商城线上销售，并对线上客户下单率明确目标，制定相应措施，提高配送效率，满足客户网上购货需求。同时，探索开发微信助手小程序，利用微信朋友圈、抖音等方式直接向终端消费者推销中高端盐品。截至12月底，线上客户订单1084吨，完成年计划1283吨的84.49%。

【营销方式创新】 2021年，中盐宁夏盐业有限公司吴忠分公司在确保盐品400克精制盐市场占有率的基础上，深入落实中盐集团"增品种、提品质、创品牌"三品战略，加快盐品结构调整，将高附加值盐品及中端盐品在大型商超设专柜，城区布点10家，乡镇BC店21家。同时，推行片区客户经理回访制，严格执行区公司价格政策，结合辖区市场实际，统一批发价格，采取以量定价，以价促销的阶梯式批发价格。利用"3·15"消费者权益日、"5·15"碘缺乏病宣传日及食品安全月等契机开展中盐中高端盐品"进商场、进商圈、进社区、进集市"为主要形式的"四进"活动。鼓励员工利用节假日及周末组装多品盐礼盒到中高档小区门口、早晚市大力宣传，拓宽中高端盐品销售渠道。利通区食品加工用盐大户春升源、宁杨、红山河、青铜峡东吴农化股份有限公司、同心热力公司等公司多次与商家沟通协调，达成合作意向，遏制住食品加工用盐上半年较同期下降500多吨不利局面，工业盐较2020年同期增销315吨。截至12月底，销售股份版高端盐品40.9吨，完成年计划34吨的120.3%；销售宁夏版中高端盐品110吨，完成年计划194吨的56.7%。截至12月底，销售碳酸氢钠1758吨，较2020年同期447吨增销1311吨，新增销售有关联、风险可控的饲料添加剂氧化镁48吨、磷酸氢钙17吨，食用碱33吨，酱油醋1607件，白糖销售159吨。实现非盐经营销售收入400万元。全年走访个体养殖户900多户，实施建档立册、专人管理，畜牧舔块较2020年同期增销31吨，畜牧盐较2020年同期增销217吨。

【行政执法辅助】 2021年，中盐宁夏盐业有限公司吴忠分公司建立辖区餐饮业、零售网点、大中型商超、企事业单位食堂、学校（幼儿园）食堂、食品加工企业、跨省食盐批发企业、工业用盐企业台账，完善辅助服务工作基础资料，确保辅助服务工作符合相关要求。全年辅助执法人员参与辅助执法达574人次，检查商超2177户次、餐厅1035家次、学校食堂128个次、企事业单位食堂69个次、集贸市场152个次、现场快速检测食盐51批次，配合工信、市场监管、卫计局开展食盐市场专项整治检查7次。

（张玲玲）

烟草专卖

【概况】 2021年，青铜峡市烟草专卖局(分公司)根据销售目标，结合市场状况，将销售计划分解到月，调控到周，牢牢把控好自身的销售节奏，不跟风、不冒进，把销量、结构的稳步提升建立在良好的市场状态和扎实的工作基础之上。截至12月底，销售卷烟8019箱，同比增长0.8%，销售收入24258.7万元，同比增长12.6%，条均价120.9元，同比增加12.6元，实现毛利6331.5万元，同比增长14.2%。

【客户服务】 2021年，青铜峡市烟草专卖局(分公司)开展"我与客户共成长"活动，以"我的业务我学习"为基础，引领营销队伍由重视销售向重视服务转型，改变以往"烟草推、客户等、一面热"的终端推进模式，以"我的终端我维护"为基础，发挥示范街、示范店亮点特色，提升终端建设含金量，营造终端创建比学赶帮超氛围。以"我的客户我辅导"为基础，依托诚信互助小组平台，开展客户培训再深化、困难客户帮扶再出发活动，以实际行动践行服务零售客户工作的宗旨。截至12月底，开展小组现场观摩37次、集中培训10次，陈列竞赛2期，优秀诚信互助小组评比3期，为7个困难客户发放推烟器304个，帮助2户改造卷烟陈列货柜，改善经营设施。零包主导陈列面81%，云POS推广面22%，现代终端比重27%，收银区改造提升面10.6%。

【市场监管】 2021年，青铜峡市烟草专卖局（分公司）全面推进"双随机、一公开"监管，深入落实"互联网＋监管"工作模式，将APCD工作法与"双随机"检查有机结合，持续优化市场监管方式，以"三项制度"为执法规范性准绳，提升监管公平性、规范性和有效性，模型、自定义命中率为20.8%。加大"互联网＋物流寄递"环节与新型烟草制品打击力度，开展"雷霆三号""利剑一号"等集中整治涉烟违法行动，采取"稽查＋内管""打击＋防范""集中＋重点"监管方式，集中打击假烟、真烟异常流动违法链条。全年查处各类涉烟案件82宗，其中案值5万元以上大要案5宗，查获各类涉案卷烟39.64万支。加大电子烟专项治理及校园周边专项整治行动力度，严厉打击不良商户向未成年人售烟行为。全年与市场监管部门开展联合检查22次，检查212户次，开具宁夏首起向未成年人销售卷烟处罚单。推进"放管服"改革，制定合理化布局规划并召开听证会，提高烟草专卖行政许可社会公信力。年内网上受理申请量达到243宗，网办率59.27%、行政许可服务评价率100%、好评率100%，5日办结率达到100%。

(董　刚)

城乡建设

编辑◎乔才山

综 述

【概况】 2021年,青铜峡市重点实施城乡建设项目12项,完成投资6.65亿元。老旧小区改造在全区先行先试,高标准完成老旧小区全区现场会的各项准备工作,先进经验做法被中央、区市媒体刊登报道25次,在中央政研室《学习与研究》长篇幅刊登;完成建民巷子一期改造,打造葡萄酒展示巷;高标准完成黄河楼附属工程11个主题公园环保问题整改工作,完成黄河母亲像平移工程;完成全区县域经济观摩天河通夏观景平台酒庄建设项目;开展全国文明城市创建、自治区文明城市到届复验及全国卫生城市复审工作;完成农村污水处理站第三方运营、34座农村污水处理站的修缮,建成2020年5座农村污水处理站和3个提升泵站项目;全面实施脱贫攻坚与乡村振兴有效衔接"五大"提升工程,完成18.6公里农村污水管网提标提升、1457户农村集中供热扩面提升、3242户农房建设质量提升任务;在邵岗镇打造"四大"提升行动示范村,完成邵岗镇甘城子村、大沟村、玉西村、同乐村人居环境综合整治工程,代表吴忠接受自治区的观摩。

【农村危房和抗震宜居农房改造】 2021年,青铜峡市上报危房改造和抗震宜居农房建设任务共计3591户,其中危房改造(四类重点对象)291户、抗震宜居农房建设3300户(原址翻建353户、抗震加固2947户),下达危房改造和抗震宜居农房建设补助资金3605.08万元。截至12月,完成3242户,完成比例90.28%。其中,农村危房改造原址翻建342户,抗震宜居农房建设原址翻建275户,抗震加固开工2625户,按图纸安装钢拉杆达到竣工验收条件的817户。拨付中央及自治区补助资金505户,共计957.2万元。根据《青铜峡市农村房屋安全隐患及自然灾害风险排查整治方案》,全市排查农房37271户。其中,排查用作经营的自建房777户,初判存在安全隐患的52户,全部整改完成;排查未用作经营的自建房33553户,初判存在风险隐患的799户;排查非自建房2941户,初判存在安全隐患21户。为存在安全隐患的房屋全部出具鉴定报告并建立整改台账,分别下发各镇,并组织各镇按照农村危房改造及抗震宜居农房改造申报程序,逐年列入改造计划,计划到2023年底全部整改完成。

【老旧小区改造】 2021年,青铜峡市实施老旧小区改造项目总投资8300万元,涉及青铜峡镇4个社区、裕民街道1个社区,共20个小区198栋楼4827户,进行楼体立面和单元间维修及排水改造、小区排水主管、供暖供水分户改造，小区绿化、门禁监控、道路及铺装、亮化、社区管理和物业服务等设施的完善改造等。截至年底，项目完成70%。实施完成老旧小区（宏远小区、建民小区、光明小区）沿街周边建筑立面综合整治改造项目、影剧院周边老旧小区建筑立面综合整治改造项目、青铜峡市2020年老旧小区照明项目、青铜峡市2021年城区街道及商网综合改造项目。

【市容环境专项整治】 2021年，青铜峡市开展整治占道经营、整治不文明行为环保专项整治行动，疏导清理流动摊点3200余处，暂扣并处罚违章行为人76人次。对建筑物、构筑物、公共设施、树木、店门口及地面涂写、刻画、张贴的各种喷涂广告、印刷宣传品及悬挂横幅划片包干进行清除，累计清除3000余处8000余张，清理被污染墙面80余处约2000平方米，各类条幅60余条，清洗门头1600余家，处置折枝采摘槐花违规行为26起，暂扣采摘槰花20余公斤，钩子钩梢、镰刀等采摘工具15把，并对当事人的违规行为予以罚款，抓捕流浪无主犬10余只，现场规范乱停乱放的非机动车3700余辆，拖离16辆。维修果皮箱115处，更换下水井圈、井盖78套，维修、更换路灯5640余盏，维修更换线路1030多米，城市路灯亮化率达到98%，市政设施完好率95%。查处倾倒建筑垃圾的违法违章行为5人次，雇佣机械清理红旗沟白色垃圾、清运沟边、环城路及城市东区嘉宝园区建筑垃圾60余吨。截至11月，清理清运生活垃圾5.3万余吨，全部进行无害化处理，清理河湖沟渠94条，清理整治偷倒垃圾点600余处30余吨。

【绿地补栽改造提升】 2021年，青铜峡市城区完成陈俊加油站拆迁地、金域水岸北门等空地，汉坝街、宁朔大道等处栽植桃树、杏树4000多株，金叶榆、金叶复叶槭、北美海棠等彩叶树和卫矛、桧柏球路等长青树等1800余株；对城区绿化带缺株地段进行补栽，栽植垂柳、旱柳、国槐等乔木2000多株；在分车带补植地被植物6万多株，恢复补植秃斑地被植物2100余平方米；加大绿地整形修剪力度，修剪桧柏、金叶榆、黄刺玫、国槐等2万余株、灌木3万多株，修剪全市各个小区、单位出入口、遮挡信号灯等树木8000多株，路口24处。对9000多亩绿地使用割灌机打草5次，修剪草坪5万平方米、地被1万平方米。拆除违规搭建设施8处，乱挂横幅50余条，清理建筑垃圾等环境死角70余处，清除杂草、枯枝、建渣及白色垃圾等1800余车，伐除枯死树900余株。全年城市新增绿地面积75亩，建成区绿化覆盖率、绿地率、人均公共绿地分别达到38.93%、36.37%、10.48平方米。

【环境保护专项整治】 2021年，青铜峡市农村环境卫生注重补齐硬件短板，督促康洁为民环卫工程有限公司青铜峡分公司投入100万元，增加侧装车3辆、电瓶保洁车40辆，维修管护垃圾桶2.3万个，维修改造垃圾填埋场，为实现垃圾资源化的充分利用及农村生活垃圾分类工作，开始利用农村生活垃圾焚烧发电。继续扩大垃圾分类实施项目，在原有9个垃圾分拣中心的基础上，新增垃圾分拣中心10个，改扩建垃圾压缩站5座，建设有机垃圾中转场3个，项目完成招投标，计划2022年5月前完工。

【农村生活污水第三方运维】 2021年6月，青铜峡市通过公开招标，引进第三方专业公司对农村生活污水处理站进行运维管理，并委托具有污水监测资质的企业对第三方每月处理的水量、水质标准进行监督管理，每年按考核情况核拨运维企业运营费用。通过第三方运营，全市农村生活污水处理设施得到有效管理，污水达标排放，逐步形成污水专业治理常态化机制。随着新建农村生活污水处理站和排污管道全部移交第三方进行运营，到2025年，全市8个镇、2个农（林）场84个行政村将实现农村生活污水处理设施全覆盖、全收集并全部采用第三方运营维护，做到污水达标排放，实现"村点覆盖全面、群众受益广泛、设施运行常态、治污效果良好"。

【美丽宜居村庄建设】 2021年，青铜峡市美丽村庄建设项目计划建设邵岗镇沙湖村、下桥村，叶盛镇五星村3个试点项目，主要建设基础设施、公共服务设施提升改造、人居环境整治及道路硬化铺装、绿化、亮化及一二三产业融合项目等。3个试点村共计下达批复项目25个，年内实施完成项目21个，正在实施4个。完成项目投资5180万元，其中村庄规划建设区完成投资2770万元，村域范围完成投资2410万元。

【市政基础设施管理】 2021年，青铜峡市以国家卫生城市复审、创建全国文明城市工作、自治区文明城市复检为契机，以道路清扫保洁、垃圾清运、公厕管理工作为着力点，狠抓市政管理服务责任体系、标准化体系、考核评价体系和保障体系等四大体系建设，促使市政管理服务由单一的突击性、问题式和粗放型管理向综合的长效性、预防式和精细化管理迈进，根据不同情况对不同路段进行洒水降尘和高压冲洗的精细化保洁；严格执行生活垃圾规范化清运，按照"日产日清，全天巡回清运"的作业要求，采用"全面布控，重点盯防"模式，增加清运频次，确保垃圾无积存、无遗漏、无冒溢，达到密闭化压缩式清运的高效快捷和无害化处理率100%；强化提升市政管理执行能力，实现街道卫生全天候全覆盖监管；维修果皮箱115处，更换下水井圈、井盖78套，维修、更换路灯5640余盏，维修更换线路1030多米，达到城市路灯亮化率98%，市政设施完好率95%。

【城市污水垃圾处理】 2021年，青铜峡市主要实施第一污水处理厂出水管道改造工程（出水稳定塘部分）和第二污水处理厂及河东区污水处理厂尾水人工湿地一期工程（剩余部分）的建设任务。第一污水处理厂出水管道改造工程（出水稳定塘部分），稳定塘部分概算投资1457.55元，于3月开工建设，年内完成项目主体工程建设，水质展示区水生植物计划2022年种植。第二污水处理厂及河东区污水处理厂尾水人工湿地一期工程（剩余部分）于3月10日复工，年内完成潜流、表流湿地水草种植及绿化，正在进行调试运行、水草养护，准备进行竣工验收。截至11月底，第一污水处理厂处理污水569.4万立方米，向大唐大坝发电有限公司输送中水220.6万立方米，实现COD减排1356吨，氨氮减排150.7吨；第二污水处理厂处理污水44.8万立方米，实现COD减排190.2吨，氨氮减排29.3吨；第三污水处理厂处理污水141.2万立方米，实现COD减排250.3吨，氨氮减排21.7吨。同时，做好城市东区、河东区、河西区排水管网和提升泵站管护，安全开展公共排污设施维护。1—11月，对城市东区排水管网巡查38次，对河东区排水管网巡查50次，对河西区排水管网巡查33次，对发现的问题及时解决。结合卫生城市创建工作，对排水系统、检查井、雨水箅子挨个进行摸排检查，更换下水井盖57个、雨水箅子46个；对纬四路排水井清淤1次，小坝森林派出所化粪池清淤1次，银河广场东北角十字路口排水井疏通清淤1次，新宁广场红绿灯路口西侧疏通清淤1次，东港华庭小区南门排水井疏通清淤1次。

【城市公用事业】 2021年，青铜峡市供暖期实效供热面积669.85万平方米，比2020年增长2.7%；实现暖费收入7348.58万元，增长5.6%；累计售水1089.6万立方米，水费收入2089.1万元，增长7.02%；实现工程收入275.3万元，增长7.23%；全年物业费收入339.64万元。修复破损路面560平方米，施划机动车及非机动车停车位368多位，焊接修补各小区破损围墙400多米，完成韵欣苑、兰馨苑、惠泽苑小区虚拟监控高清摄像头改造工作。

【建筑业市场管理】 2021年，青铜峡市办理建设项目施工许可证65项，招标控制价备案103项，特种设备注册备案28项、安装告知38项、使用登记38项、拆卸告知38项。全年监管房屋建筑和市政基础设施工程招投标项目44个。其中，中标工程价3.78亿元，招标控制价3.56亿元，节约资金2176.3万元。全年稽查建设项目78项，其中2020年结转18项，2021年新开工60项。对在建工程开展春季开（复）工检查1次、综合执法检查3次和冬期停工检查1次，检查涵盖建设程序履行、关键岗位人员到岗、标准化工地创建、扬尘治理、文明施工、安全培训教育、起重机械、危大工程等18个方面内容，针对检查中发现的问题隐患，下发安全隐患限期整改通知书93份、停工整改51份、专项检查表200余份，建筑市场违法违规扣分通知90余份，项目现场收缴销毁不合格安全帽100余顶、不合格安全带20余具、清理有毒食材（发芽土豆）200余斤、封停存在问题的塔式起重机4台。

【燃气管理】 2021年，青铜峡市住房和城乡建设局与各燃气经营企业签订安全生产目标责任书，年内组织燃气安全大检查5次，出动检查人员20余人次，下发限期整改通知书30份。针对"6·13"湖北十堰燃气爆炸事故，制订《青铜峡市燃气安全专项整治方案》，向全市燃气经营企业下发《青铜峡市住建局关于开展燃气安全隐患排查的紧急通知》，组成专项检查组，对燃气企业站场、餐饮、小区、市场商户等重点部位开展重点排查检查，排查点位1100余处，发现一般隐患50处，全部整改完毕。开展燃气报警装置安装使用情况调查摸底，督促推进燃气报警装置安装工作进程，切实提高燃气经营、使用单位安全生产风险意识。督促管道燃气公司投资80余万元购进激光甲烷遥测仪，改造压力温度在线监测设施等。推进小区楼栋燃气安全隐患排查，年内入户安检共完成25000余户，入户安检率达到85%。

【道路桥梁隐患排查】 2021年，青铜峡市按照《国务院安委会关于加强城市轨道交通安全工作的紧急通知》，集中对市区内、道路、主要干线公路等48座桥梁开展隐患排查，重点检查公路桥梁、涵洞、护坡挡墙和桥梁设施完好情况；施工路段的标志标牌设置、安全防护措施情况。

【房地产开发】 截至2021年，青铜峡市有房地产开发企业26家，房地产中介机构17家，经营状况正常企业有19家。2021年，全市房地产完成投资3.1亿元，同比下降10.67%；商品房销售面积完成6.57万平方米，同比增长27.34%，实现销售收入2.55亿元，同比增长51.87%；商品住房销售均价3888.7元/平方米，同比增长19.26%，二手房成交均价为2408.89元/平方米，下降0.58%。青铜峡市住房和城乡建设局编制完成《青铜峡市整治规范房地产市场秩序三年行动方案》，加大对在建、在售房地产开发项目的检查力度，针对个别企业预售证、房地产开发资质张贴位置不明显或公示的证书不全、房源"一房一价"价目表设置不规范、不及时等问题，责令各企业机构进行整改，通过企业机构自查自纠和房地产市场管理督查，规范房地产市场运行。贯彻住建部规范和加强房屋网签备案工作要求，推动建立房地产市场平稳健康发展城市主体责任制，对全市房地产企业进行系统培训并接入宁夏"互联网+

智慧房产"平台。

【青秀园提升改造】 2021年,青铜峡市加大青秀园基础设施建设力度,维修破损广场、道路980平方米,维修粉刷亭子5组,新安装木质亭子2组、安装座椅40套,廊柱彩绘24组,安装景点指示牌30组、花草牌320个,红星渠边安装护栏1200米,公园门口安装测温通道设备3套。新建专类植物观赏园5个,分别为山楂园(栽植大规格山楂树22株)、樱花园(栽植樱花树53株)、玉兰园(栽植玉兰树62株)、海棠园(栽植海棠56株)、盆景园(购置盆景45盆)。安装青秀峰喷雾系统及全息投影灯1套,更换LED庭院灯195盏,维修紫藤苑壁灯19套,西门牌楼安装亮化1组,翠微湖安装亮化1组,南门入口及牡丹园亮化工程。在公园门口醒目位置安装《中国公民文明旅游公约》《中国公民出境旅游文明指南》,园内灯杆安装公益广告牌30组,在公园绿地、垃圾箱、健身器材、座椅张贴文明提醒、文明规劝标语共计260个。

【青秀园绿化管理】 2021年,青铜峡市实施青秀园绿地秃斑及缺株断带补植,栽植国槐120株,栽植四季玫瑰、月季等花灌木2161株,栽植水蜡、金叶榆绿篱24800株,播种草坪600平方米。修剪乔木1200株、花灌木5200株。全年喷洒石硫合剂、氯氰菊酯、多菌灵等药液14次35余吨,对蚜虫、介壳虫及牡丹白绢病等进行有效防治。加强森林防火工作,及时清理枯枝落叶,制作安装森林防火警示牌30个;加强园内草坪、绿篱和常青树管理,及时清除杂草、修剪枯枝,加大清扫保洁力度,清理的垃圾全部运送到指定的垃圾场点,消除安全隐患。

【青逸湖改造】 2021年,青铜峡市投资1960万元实施青逸湖生态修复及基础设施建设项目,绿化种植32289平方米,铺装彩色透水混凝土步道1658米,新建木栈道1374米、亭子景观小品8组、旅游公厕1座。实现水系连通、道路连通、景观连通、功能连通,把青逸湖和青秀园有机地连为一体,城市景观品位明显提升。

(王 俭)

城市公用事业服务

【概况】 截至2021年11月底,青铜峡市2020—2021供暖期实效供热面积669.85万平米,增长2.7%;实现暖费收入7348.58万元,增长5.6%;累计售水1089.6万立方米,水费收入2089.1万元,增长7.02%;实现工程收入275.3万元,增长7.23%;全年物业费收入339.64万元。

【供水】 2021年,青铜峡市城市公用事业服务中心自筹资金,联系专业机构对小坝水厂504支滤膜进行拆检、离线化学清洗,使硬度由每升450毫克降至350毫克,出厂水水质明显改善。坚持定期对小坝镇、大坝镇、青铜峡镇水厂出厂水样进行全面化验,将铁离子、锰离子严格控制在国标范围内,管网末梢压力大于0.2兆帕,出厂水总硬度低于每升260毫克,水质达到高品质饮用水卫生标准。对小坝城区云天华府、黄河外滩、华福御景等22个小区的二次供水情况进行全面排查和统计,联合市住建局、物监办共同监督二次供水水质,为群众安全饮水把好关口。与此同时,将工作重心向农村供水倾斜,对青铜峡镇广武村、邵岗镇甘城子村农饮站的反渗透设备进行清洗保养,在哈存、银光、五道渠、赵渠、叶盛5个农饮站安装新型、高效的次氯酸钠消毒设备，提升农饮水质。针对蒋西、稻香园等7个原水直供农饮站锰、氟化物、硫酸盐、浑浊度等指标接近或超过限值的问题，向青铜峡市水务局提出申请，争取实施农村水质提升项目，保证群众饮水安全。另外，充实抢修队伍，加强管网巡线和抢修维护，供水突发事故处置及时率达到100%。截至11月底，解决自来水爆管漏水事故90余起，全市城乡供水质量优质平稳，未发生大面积停水事故。

【供暖】 2021年4月，青铜峡市城市公用事业中心投入资金475.7万元，对4座隔压站、93座换热站、3座燃煤锅炉房、1座电锅炉房、1座燃气锅炉房以及一、二、三次级供热管网共2700多个项目实施维修保养或更换改造，提高供热保障能力，增强设备安全可靠性。供热期间，坚持冬季供热包站制和值周督查制等制度，强化供热生产管理和中控室自控功能，对隔压站和换热站运行参数进行精准、有效调控，解决好温度和效益的矛盾，找准社会效益和经济效益的平衡点；完善和大坝电厂合作配合机制，制定温度曲线图，加强联系和沟通，及时调节一级网供水温度和压力，全力以赴保证居民室内平均温度不低于23℃。截至12月，未发生大面积停暖问题，未出现栋楼整体不热现象，供热质量优质稳定。

【农村供热改造工程建设】 2021年，青铜峡市结合美丽乡村建设，在全市开展农村供热扩面大提升行动，通过实施集中供热和天然气供热相结合的形式，加快推进乡村基础设施建设，切实解决农村取暖问题。大坝镇滑石沟村作为试点村之一，采用热电供热方式，从大坝电厂至青铜峡市区供热主管线接入，实施并网工程。工程主要建设内容包括新建94.24平方米换热站1座，敷设DN150一级供热管网0.86公里；DN25～DN200二级供热管网7.55公里，总供热面积约为2.1万平方米，安装300户室外入口装置。工程概算总投资1081万元，于2021年4月中旬开工建设，10月底完工，11月1日正式供暖，295户农村群众率先告别煤炉、热炕的取暖方式，享受到与城镇居民一样的供热条件和服务。

【供水设施设备改造】 2021年，青铜峡市城市公用事业中心投资95.5万元对大坝水厂、小坝水厂二级泵房使用年代过长，效率降低，流量、扬程不能满足现有供水需求的水泵进行更新换代，更换相应水泵变频器；并在大坝水厂基地加压泵站和基地生活泵站安装计量装置。

【水源井维修】 2021年，青铜峡市城市公用事业中心投资30万元对因滤水管缠丝、外部尼龙网和棕皮等过滤材料损坏，造成水路不畅，涌水量减少的广武1#水源井、中滩4#水源井进行全面维护维修，保障青铜峡工业园区广大用户用水需求。

【小坝城区供热一级管网井室套管防水维修】 2021年，青铜峡市城市公用事业中心投资23万元对小坝镇城区供热一级管网沿线10座阀门井、补偿器井的漏水防水套管进行维修堵漏，延长井内管材和设备使用寿命。

【物业服务】 2021年，永安物业公司依托老旧小区改造项目，实施一区一策，优先满足居民最迫切需求，先后拆除教育小区、卫生小区之间围墙，便利居民互通，同时增加多幅宣传壁画，增强小区文化氛围；争取资金200万元，对惠泽苑小区道路、路灯、供水供热管网阀门进行更换，并重新实施屋面防水；更换韵欣苑小区外围栏，堵塞安保漏洞；对兰馨苑A区小广场、韵欣园小区广场四周加装减速带，减少事故发生；对韵欣苑、惠泽苑、兰馨苑、康乐四区绿化带斑秃空地进行补栽，增加绿地面积；对韵欣苑1、2、8、9、6、7号楼绿化管道进行更换，解决堵塞问题；更换改造康乐四区门头，更换韵欣苑、惠泽苑等小区太阳能路灯70余盏、破损井盖100余个；施画消防通道网格线及各类停车位，治理乱停乱放行为；增加公共充电桩，杜绝高空甩线；及时维修保养路灯、楼道灯、休闲座椅、健身器械、垃圾箱等公共设施，配备10个微型消防站，实施车辆进出扫码收费。作为老旧小区改造典型，教育小区、卫生小区接受全区各市县代表的观摩。截至年底，收回本年度物业费200.35万元、历年陈欠139.29万元。

【调度室升级改造】 2021年，青铜峡市城市公用事业中心增加调度工作台和超大曲面调度电子大屏，由36块55英寸的超高清液晶屏拼接而成，能够同时将农村安全饮水调度系统、青铜峡供热控制系统、城区供水调度系统、农饮站无人值守监控系统呈现在大屏上，整个智能大屏可以任意切换，自由组合。

【供水供暖控制自动化】 截至2021年，全市4座隔压站和93座换热站全部自动控制，从电厂一级网到各换热站温度、压力、补水量等基本运行参数均可线上控制调整，供热数据实现共享；优化换热站网络通信，增加4G路由器，升级完善换热站高层自控，及时上传高层供热数据，为调度调节提供数据支撑；小坝水厂、大坝水厂及15个农饮站全部通过对应的控制系统自动调节生产运行，状态平稳安全；视频监控全面覆盖公司各个位置，安防报警系统灵敏可靠；客服系统与收费数据实时对接，从接听电话到报修派单，再到回访跟进，形成闭环管理，实现线上线下零距离，推出微信公众号报修、用户满意度评价等功能。

【供水用户普查】 2021年7月12日开始，青铜峡市城市公用事业中心组织百余名职工分成11个工作组对全市范围内的供水用户开展为期两个月的全面普查。普查采取分区域拉网式排查，逐一核对建筑名称和地址、建筑产权、建筑类型、层高、职业类别、用水人口、行政区划、附属设施；逐户核对完善水表信息，包括户名、地址、职业等基础信息；阀门、表井位、表位状况、水表坐标、供水方式、远传装置、防盗装置、过滤器、用户联系信息等。通过普查，摸清全市用水户底数，建立和完善供水信息数据库，健全用户信息档案，为推进信息化建设与管理，持续规范表务管理，实现城乡供水一体化建设及智慧供水目标。

【服务质量提升】 2021年，青铜峡市城市公用事业中心建立覆盖全中心的网络化服务信息管理平台，准确掌握维修及时率、用户满意率等各项数据指标，形成纵向到底、横向到边的供热服务网络。创新水费收费模式，增加第三方支付平台，推出银企通、支付宝、微信支付等几种网络缴费方法，使用户交纳水费更加方便快捷。同时，安排值班人员24小时接听用户报修电话，安排维修人员24小时随时解决用户突发用暖事故。建立健全监督制约机制，对用户服务质量进行跟踪核实，及时对违反服务规范的责任人进行通报处理。开展用户"大回访"活动，全年回访用户20000余户，解决群众用水用暖热点难点问题300余个。

【信访矛盾化解】 2021年，青铜峡市城市公用事业中心坚持做到群众来访必接，有问必答。全年办理"12345"投诉件483个，答复上级部门转办件28个，接待来电投诉93件、来访投诉200余人。

【安全生产监管】 2021年，青铜峡市城市公用事业中心实行"3+2"网络化管理体系，安监员做好日常自查，部门做好日常管理，职能部门做好日常监管，值周小组加强督查，包站小组加强巡查。在整体安全监管网络系统中，安全稽查科坚持每月安全大检查与日常监管相结合，安排专人对各个生产场所、施工工地和重要环节进行盯防，从运输、吊装、高空作业、用电、安全围栏设置、占道施工、交通安全等方面，随时到现场巡查，及时发现并杜绝各种安全问题，实现全年安全无事故。

【学党史办实事】 2021年，青铜峡市城市公用事业中心结合供暖供水生产经营和物业服务工作，着力解决群众关心的热点、难点问题，先后完成塞上江南小区、老公安局路口、物源小区路口、原土地局路口供暖二级网外网改造，更换DN300直埋保温管112米；对步行街DN250直埋保温管340米进行更换；对7个老旧小区DN50至DN200腐蚀漏水的386米直埋保温管进行更换；更换失灵的阀门132只、补偿器8只；对天一街、天二街116家商户的1256米底盘管道进行改造等。实施水质提升工程，使出厂水消毒效果明显改善，水质硬度下降至350毫克每升以下；对邵岗镇玉西村进行供水主管改造，敷设DE50管道600米，DE20入户管2100米；实施水质提升工艺废水利用改造工程，解决广武农饮站供水水量不足的问题；实施广武1#、2#及中滩4#水源井维修，铝厂蓄水池清洗，立交桥供水管道改线工程，大坝镇刘庙村1组跨团结沟De63、山滩跨高速公路涵洞De40、高桥6队De40供水管道改造等。

（铁　斌）

市政管理服务

【概况】 2021年，青铜峡市政管理服务中心全面完成国家卫生城市复审、全国文明城市创建、扫黑除恶斗争、大气污染防治、扬尘治理、疫情防控、安全生产三年整治行动等重点工作，通过吴忠市级文明单位、自治区级文明单位验收，被市委、住房和城乡建设局党组授予先进基层党组织荣誉称号，李拥军被授予全区岗位学雷锋标兵光荣称号，通过四星级党支部及模范机关的前期评估验收。

【服务监管】 2021年，青铜峡市政管理服务中心围绕"市政管理要有新思路、市政工作要有新突破、市政服务要有新举措"的总体要求，建立市政管理服务责任体系、标准化体系、考核评价体系和保障体系等四大体系考评考核机制，强化落实市政管理执行能力，修改完善《市政工作督查处罚细则》，切实改进工作作风，将综合整治和长效管理有机结合，实现街道卫生全天候全覆盖监管，坚持检查考核结果与奖励惩处挂钩，286.8平方米道全部实现"清扫全覆盖、保洁全天候"，27526吨生活垃圾全部日产日清，45座城市公厕星级化服务质量明显提升，老城区31.5千米城市排水管道和1949口检查井、雨水箅子清掏、维护时效明显增强，7966基52228盏城市路灯照明水平明显提高。

【环境整治】 2021年，青铜峡市政管理服务中心通过开展清尘行动、环境整治行动、扬尘治理行动等活动，使市政管理服务由单一的突击性、问题式和粗放型管理向综合的长效性、预防式和精细化管理迈进，累计维修果皮箱70处，更换下水井圈、井盖78套，维修、更换路灯5640余盏，维修更换线路1030多米。

【典型选树】 2021年，青铜峡市政管理服务中心以践行"社会主义核心价值观"为主线开展"立足岗位无私奉献"道德讲堂4次；开展"垃圾不落地""不文明行为整治"等各种志愿服务活动26次，为建民小区、连湖农场清掏淤堵下水井16处，为裕民街道怡园社区、南苑社区、教育小区、小坝镇先锋村维修照明设施31处，落实微心愿22个，累计为民办实事44件，大坝电厂商业街下水井疏通、先锋村路灯线路故障维修、建民西区西侧下水井外溢等为民办实事在《宁夏日报》宣传报道。每季度评选出"党员先锋岗"6名，优质服务发展标兵22名，打造市容环境卫生示范街1条，形成以面带片，比、学、赶、超的良好工作氛围。

（李占保）

建设工程质量监督

【概况】 2021年，青铜峡市建设工程质量监督站突出抓好基础主体结构工程、建筑节能工程及影响建筑物使用功能的工程质量，重点解决工程质量存在的突出问题和群众投诉集中反映的住宅工程质量问题，实行参建各方项目负责人工程质量终生责任承诺制，落实工程永久性标牌、质量责任信息档案等制度。开展住宅工程质量信息公示试点，实现质量责任可追溯。全年监督工程112项，总建筑面积47.94万平方米。其中结转工程47项，其中市政8项。建筑面积18.7万平方米；新开工程65项，含市政21项。建筑面积29.24万平方米；竣工验收工程55项；办理竣工备案工程60项，工程监督报监率、受监工程竣工验收合格率均达100%，未发生较大工程质量事故。全年组织参建各方工程技术人员对工程质量安全进行培训1次；开展在建工程春季复工检查1次，综合执法检查3次，并对4家商砼企业及1家检测机构专项检查3次；对老旧小区改造工程专项检查2次；对城区范围内的行政办公场所及人员密集场所开展城市体检工作，涉及553项单体工程，排查出安全隐患3项。配合市住房和城乡建设局开展自然灾害房屋排查工作，日常质量巡查随机进行，下发质量隐患整改通知书200余份。

【工程检查巡查】 2021年，青铜峡市建设工程质量监督站对辖区内的在建工程进行工程综合大检查3次和专项检查6次，下发整改通知书70余份。主要从市场行为、工程质量、建筑节能、商品砼企业质量管理等方面进行全面检查。建立健全质量常见问题专项治理排查机制，沿用项目分类管理经验，建立项目分类排查台账，重点排查住宅工程和群众反映强烈的项目，重点监督指导质量管理较弱、困难较大的项目，通过专项检查、群众投诉、上级转办等方式，共下发线索摸排表297份，收回297份。

【建设工程标准化推行】 2021年，青铜峡市建设工程质量监督站对辖区开工建设项目，采取强制措施，要求建设项目工地必须达到质量标准化要求，并鼓励企业创建吴忠市和自治区标准化建设工地。8月，组织全市各住宅工程参建单位技术人员80余人在赛纳庄园续建工程项目工地进行标准化工地观摩和质量信息公示现场培训会。全年有10项工程被评为吴市质量安全标准化工地，有7项工程被评为自治区质量安全标准化工地。

【房屋质量投诉受理】 2021年，青铜峡市建设工程质量监督站严格执行《宁夏建设工程质量常见问题防治导则》，结合日常巡查加强工程质量常见问题防治工作，对现浇板裂缝、墙体裂缝及屋面、卫生间渗漏等作为重点进行监督。落实质量公示制度，要求施工单位现场对主要材料、商砼以及质量常见问题进行公示。接到房屋质量投诉后，及时派监督人员到现场进行勘查核实，化解群众矛盾纠纷。全年接待、受理住宅工程质量投诉46起，办结45起，办结率98%。

【住宅工程质量分户验收】 2021年9月，青铜峡市建设工程质量监督站组织全市住宅工程在建项目的工程技术人员对分户验收工作进行现场培训，提高参建各方责任主体质量责任意识。同时，对工程在主体核验、竣工验收两个节点进行分户抽测，严格执行建筑施工规范标准，确保交付合格产品。

【商品砼和检测机构专项检查】 2021年，青铜峡市建设工程质量监督站为了加强商品砼质量控制、防止质量问题发生，依据《宁夏回族自治区预拌砼质量管理暂行规定》以及《关于开展全区预拌砼质量专项检查的通知》要求，对辖区内商品砼和检测机构进行专项检查3次，对预拌砼企业的质量管理和市场行为进行督查，规范商品砼企业监理措施，实现商品砼质量整体可控。

【城市公共设施安全专项体检】 2021年，青铜峡市建设工程质量监督站根据吴忠市城市建设安全生产专项整治三年行动总体部署及《吴忠市城市公共设施安全专项体检实施方案》要求，对城区范围内的行政办公场所及人员密集场所开展城市体检工作，排查行政办公场所及人员密集场所553项单体工程，排查出安全隐患3项，对15个建设年代较长的行政办公楼下发督办通知，要求产权单位对办公楼进行安全和抗震性能鉴定。

【质量安全专业技术培训】 2021年3月中旬，青铜峡市建设工程质量监督站组织开展全市建筑技术培训班，参加人数150余人，培训班讲授质量安全法规、工程质量常见问题等。通过培训，增强一线工作人员的质量意识和理论水平，为工程质量提升奠定理论基础。

【老旧小区改造工程质量监管】 2021年，青铜峡市建设工程质量监督站针对新开老旧小区基础设施改造工程情况，加大对参建各方质量安全行为监管，增加检查频次，在实体工程质量检查中重点加大对进场原材料、安装质量和隐蔽工程作为重点进行监督检查。全年对老旧小区专项检查3次，下发整改通知书8份。通过检查，规范参建各方行为，强化隐蔽工程验收，提高老旧小区改造质量，消除质量隐患。

【工程质量提升行动】 2021年，青铜峡市建设工程质量监督站围绕提升工程质量，制订工程质量提升行动实施方案，突出抓好建设单位首要责任、落实施工单位主体责任、强化监理单位的责任、落实勘察设计单位质量主体责任、加强工程质量检测机构和商品砼的管理。落实住宅工程质量分户验收制度、推进工程质量管理标准化，推行样板引路制度、推行监理报告制度和质量信息公示制度。质量月活动期间，发放宣传册300余份，全市各企业及在建工地共展出展板15余块，宣传标语、横幅50余条。组织企业对标准化工地和分户验收观摩活动2次。

城市管理综合执法

【概况】 青铜峡市城市管理综合执法大队为青铜峡市住房和城乡建设局下属全额预算副科级事业单位。2021年,从住建局、公安局、环保局、水务局、交通局、林业局、市场监管局7个单位划转行政执法权206项(其中行政处罚权202项,行政强制权4项)。有执法人员和城管协管员76人。

【"双创"宣传】 2021年,青铜峡市城市管理综合执法大队通过多种宣传形式向市民及沿街经营业主开展宣传,散发宣传资料3万余张,宣传车流动宣传累计达400余车次,悬挂各类宣传条幅50余条,入店入户宣传达3000余人次,督促沿街商户利用电子屏滚动播放创城宣传标语200余条。

【专项整治】 2021年,青铜峡市城市管理综合执法大队加强占道经营行为整治与疏导,清理流动摊点3200余处,疏导进入市场或到便民设摊区经营,缓解城市交通及市容秩序管理压力,对部分打游击不服从管理的商贩经营工具暂扣并处罚76人次;推动城区小广告无死角、无遗漏、全覆盖清理,对建筑物、构筑物、公共设施、树木、店门口及地面涂写、刻画、张贴的各种喷涂广告、印刷宣传品及悬挂横幅划片包干发现一处清除一处,全年累计达3000余处8000余张,清理涂刷被污染墙面80余处、约2000平方米,拆除各类条幅60余条。加强城市建成区违建管控工作,组织协助街道社区对城区各居民小区违法搭设建筑物、构筑物等违法违规行为的调查,并组织人员协助责任单位依法实施拆除。加强沿街商户(单位)乱泼污水、乱倒垃圾、乱堆废弃物等行为的整治,督促落实"门前三包"责任,制止不文明行为,清理占道乱堆放物品334处,改正乱泼污水行为65起。结合老旧小区改造工程,开展城区门头广告牌匾、建筑物外立面大清洗行动,对沿街商户门头牌匾经长期风吹、日晒、雨淋附着泥渍的门头广告牌匾,挨门逐户用高压清洗枪冲洗、抹布擦洗,清洗门头1600余家,清洗擦拭城区建筑物外立面、玻璃幕墙3600平方米;加大对攀折花木行为查处力度,处置折枝采摘槐花违规行为26起,暂扣采摘槐花20余公斤,钩子钩梢、镰刀等采摘工具15把,并对当事人的违规行为予以罚款,杜绝攀折树木不文明行为发生。结合"网格化"志愿服务活动,组织执法人员对乱停乱放的非机动车进行规范,对长期违规停放非机动车加大管理力度,采取锁定、拖离、处罚等方式进行重点打击,从重处罚,逐步消除非机动车辆乱停乱放现象,现场规范乱停乱放的非机动车3700余辆,拖离16辆。

【校园周边环境整治】 2021年,青铜峡市城市管理综合执法大队对校园周边进行逐一排查,采取错时巡查和高峰值守相结合方式,在早、中、晚上学和放学高峰时段,加大巡查力度,在学校周边路段安排专人值守,定人、定岗、定责开展整治行动,做到发现一处,取缔一处,维护校园周边环境秩序,消除食品、交通安全隐患。年内对校园周边商户进行宣传教育100余人次,规范校园周边店外经营10余家,疏导流动摊点30余个。

【常态化监督管理】 2021年,青铜峡市城市管理综合执法大队针对在餐饮娱乐业油烟噪音专项治理基础上,督促新开设20余家餐饮商户安装油烟净化设备,督促6家餐饮商户更换破损油烟管道,责令清洗被烟油污染墙面24处,受理并解决群众反映油烟噪音问题79件。做好中央环保督察组"回头看"已整改"销号"问题长效管理工作，对自治区环保督查督办西北环路维修门店扬尘污染的问题、城区13家大型停车场场地未硬化，未采取有效降尘措施市民投诉问题，制定整改措施、坚持靶向治理、加大查办力度，年内停车场出入口及车辆进出主路全部硬化，门口加装冲洗降尘设施。

【便民服务】 2021年，青铜峡市城市管理综合执法大队共受理各类投诉、信访、提案件515件，其中市民自投诉67件、市长信箱4件、信访办转办2件、创城办督办1件、人大政协提案4件、纪委转办件1件、住建局转办4件、安委会专班1件、检察建议书1件、"12345"政府服务热线转办件430件，投诉办结率达98%，未发生一起越级上访或集访事件。围绕"我和群众心连心，我为群众办实事"实践活动，为民办实事、办好事24件。在"双创"工作中，为有效解决流动摊点占道经营影响交通及市容市貌秩序的问题，全力以赴做好保民生、增就业工作任务落实，在各街道、公园、居民小区共设置无固定经营场所摊点329处，吸纳646人创业就业。在新民路、裕民街、古峡西街等新修整街道施划停车泊位267个，在建民南街仔猪市场东侧、兰馨苑兰馨路、金岸一品市场东侧等道路新增施划停车泊位1093个，解决群众反映强烈的城区停车难、停车乱问题。

（沙　钊）

住房保障服务

【公租房分配】 截至2021年底，青铜峡市共有公租房5396套，其中入住5014套，空置382套；2021年度自治区住建厅下达租赁补贴保障户数300户，完成301户的廉租补贴任务，发放补贴资金14.75万元；按照住建厅加快"公租房管理信息系统"建设，推进信息化、智能化技术成果应用，对公租房住户信息进行梳理电子录入，完成房源信息整理5396套，保障人员信息全部录入；疫情期间，按照《关于提供帮扶服务业小微企业和个体工商户缓解房屋租金压力相关政策落实情况的通知》精神，为减轻中小微企业租金压力，采取延期合同方式，为中小微企业所配租的78套公租房减免3个月租金共计4.31万元。

【棚户区改造】 2021年，青铜峡市房屋产权交易服务中心完成汉坝西街邮政2号家属楼18户房屋征收入户调查、征求意见、房屋测量、方案制定、第三方评估、风险评估、资金测算、公告发布，提请青铜峡市政府研究决定等各项前期征收准备工作；做好遗留5个片区32户拆迁户思想动员工作。年内签订房屋征收补偿安置协议9户，其中光明小区3户，建民西区商贸房5户及惠泽苑基础设施遗留问题1户（因青铜峡市财政困难，8户没有资金支付来源）；为南市场房屋征收改造遗留15户发放营业损失费437952元，逐步化解南市场房屋征收工作遗留问题。

【保障性住房建设】 2021年，青铜峡市房屋产权交易服务中心做好2021年保障性住房基础设施改造的项目申报、招投标工作，并组织实施完成；完成2014年第二批公租房485套的验收工作；对韵欣苑小区41号楼进行屋面试点维修；结合创城工作完成兰馨苑D区廊亭66平方米的遮阳安装和6个健身器材的安装；对惠泽苑小区地库进行初验；完成惠泽苑幼儿园的消防验收备案工作;完成兰馨苑B区地库、兰馨苑A区半地下自行车棚的消防竣工备案资料的汇总工作;全年保障房维修集中在5个小区和7个配建保障房小区,截至11月底共受理报修申请628份,发生维修金约172万元。

【房屋面积测量】 2021年,青铜峡市房屋产权交易服务中心下属测量中心全年共测量房屋面积107740.76平方米。其中,张岗拆迁摸底调查测量31946平方米,开发商委托不动产测量75794.76平方米。住建局委托地形测量共5688926.66平方米,包含2021年老旧小区改造项目以及青铜峡市垃圾填埋场项目等。全年出具分户图1150份74081.44平方米(金菊园、迎春园、惠泽苑、兰馨苑、金岸城市花园等)。处理不动产遗留问题126起。

【"双创"工作配合】 2021年,青铜峡市房屋产权交易服务中心按照安全生产整治三年行动和创城复验工作安排部署,对拆迁现场实行周巡查制度,制定方案,建立台账,每月上报消防安全报表。全年巡查43次,查出一般消防安全隐患11处,全部整改。在创建文明城市和卫生城市复审中,组织人员对消防巷、建民西区、金鹰城集中进行整治,动用自卸车8辆、平板车2辆、抽粪车1辆、人员36人次,清理建筑、生活垃圾880余立方米,疏通清理污水6车,清理杂草约40000平方米,设置安全围挡290块,张贴有关党史学习教育、创建文明城市、社会主义核心价值观等宣传标语85条,修补破损围墙100米,围挡120米,投入资金63万余元。环保督察整治团结巷拆迁现场,组织车辆7台,洒水车2台,铺设绿色防尘网220卷。

【打击违规转租转借行为】 2021年,青铜峡市房屋产权交易服务中心依据《宁夏回族自治区公租房管理办法》,起草《青铜峡市公租房管理规定》等制度,开展公租房管理行业治乱专项整治行动,梳理出公租房欠缴租金户396户,年内清理212户,纠正行业管理乱象;解决房屋征收遗留问题6件,化解2起治乱线索;保障性住房10家未决算的施工企业有5家完成工程决算手续。

(张槿杉)

住房公积金管理

【住房公积金归集】 2021年,吴忠市住房公积金管理中心青铜峡分中心(以下简称青铜峡市住房公积金分中心)联合各委托银行把归集扩面重心向非公有制企业领域延伸,采取提标式、联动式、挖潜式等手段,扩大制度覆盖面,年内新增开户单位9个,新开户职工64人。1—11月,全市实缴存单位289个,实缴存人数20978人,当年归集住房公积金25140.21万元(年度目标任务2.6亿元),完成计划任务的96.69%,同比增长2.04%。累计归集住房公积金31.98亿元,同比增长9.68%,归集余额11.07亿元。

【住房公积金提取】 2021年,青铜峡市住房公积金分中心依托网络服务平台,推进信息化服务工作,缴存托收业务达到90%以上,网上办事大厅办理退休、销户提取业务62笔114.07万元;自助服务终端办理提取业务459笔2899.43万元。办理异地接续平台业务268笔813.48万元。其中,转入137笔340.45万元,转出131笔473.03万元。1—11月,全市当年各类提取住房公积金2.11亿元,占当年归集额的84.44%,同比增长4.51%。累计提取住房公积金20.92亿元。

【住房公积金贷款】 2021年，青铜峡市住房公积金分中心坚持集体审贷审批制度，大额贷款上报吴忠市住房公积金管理中心审批，严把审核审批关口，从制度上堵塞骗贷骗提行为的发生。着力发展个人贷款业务，扩大提取使用范围，满足住房消费需求。并加强贷后管理和风险防范，坚持"贷前防范、贷中控制、贷后监督"的全程风险防控管理预警机制，定期分析个人贷款回收、逾期情况，实行电话、短信、联合受委托银行上门催收、法律诉讼等手段，降低贷款逾期率。1—11月，全市发放贷款129笔3865.50万元（全年目标任务4000万元），完成计划任务的96.64%；年度结息金额1550.7万元，同比增长5.1%。累计为13208户职工家庭发放贷款13.90亿元，贷款余额2.62亿元，个贷率23.23%，贷款逾期率0.36%。

【电子稽查】 2021年，青铜峡市住房公积金分中心利用电子稽查规范业务，每月根据《住房公积金风险隐患排查对照表》，对标对表，逐项排查，针对排查出的问题进行完善、补充和修改，做出整改情况说明，形成电子稽查报告按月上报吴忠市住房公积金管理中心。加大对各委托银行抽查、监督工作力度，每季度召开座谈会，分析总结存在问题和不足，查漏补缺，杜绝错误率发生。

【专项审计问题整改】 2021年，青铜峡市住房公积金分中心对照《住房公积金风险隐患排查对照表》和《住房公积金政策执行情况检查对照表》，配合吴忠市住房公积金管理中心业务科室做好审计问题整改，按审计需求清单提供的数据和相关材料对标对表逐一排查，全力整改。

（詹海滨）

城乡供电

【概况】 2021年，国网青铜峡市供电公司主要指标全部优于预期，在国网宁夏电力有限公司县供电公司年度指标对标中排名第七名，荣获"进步优胜单位"称号，公司年度业绩在吴忠公司排名A段。全年完成售电量36.16亿千瓦时，电费回收率100%。全年完成电网投资1.02亿元，新投运线路3条，新建及改造10千伏线路138公里，0.4千伏线路59公里。连续两年获得青铜峡市效能目标考核"优秀单位"，连湖供电所被评为国网公司"优秀实践单位"。

【安全生产】 2021年，国网青铜峡市供电公司成立保供领导小组和保供工作专班，采取"实时监控+驻企协调"方式，全力落实11家企业的错避峰有序用电，坚决做到"限电不限民用、限电不拉闸"，确保电力可靠供应。开展"远程+现场"安全督查，做到安全督查流程闭环和督查全覆盖，截至12月31日，安全督查现场3171个，查处违章问题71处，违章记分187分，获上级评价遵章现场7个。开展安全生产专项整治三年行动，滚动更新问题隐患35个，整改28个，整改率达到80%。截至2021年12月31日，青铜峡公司安全运行长周期7869天。

【应急救援】 2021年，国网青铜峡市供电公司配合完成国家电网公司西北分部组织的"黄河生态保护及高质量发展应急互训互练演练"活动。组织22名职工驰援河南抗洪抢险，恢复3000余户居民用电，彰显青铜峡公司"电力铁军"风采，2名职工荣获国网宁夏电力"援豫抗洪抢险保供电先进个人"称号。派出1名职工赴陕西支援全运会保电，构筑起保电工作的铜墙铁壁。

【电网建设】 2021年，国网青铜峡市供电公司完成53项配电网项目工程建设。完成"网上电网"系统青铜峡市县域网格化成果绘制，常态化开展配电网规划项目可研信息维护，推广"网上电网"3项成果。获宁夏电力有限公司优质示范工程1项，获吴忠供电公司优质示范工程2项。围绕自治区政府"四大提升行动"工作要求，实施甘城子"屋顶光伏+空气源热泵"项目，开展美丽乡村电网建设。完成3项乡村振兴电网配套项目，推进农网升级改造，获得青铜峡市人民政府好评。

【运营服务】 2021年，国网青铜峡市供电公司主动承接营销现场作业平台建设试点任务，深化工单驱动营配数字协同业务新模式应用，提升营配业务协同水平。优化营商环境成效显著，"获得电力"指标排名第五名。对接吴忠市政府、企业，超前服务6家大客户预计26.22万千瓦负荷的早接快送，促成万象新元等2家1.3万生产负荷的接入运行。开展"我为群众办实事"实践活动，实施"三零""三省"服务举措，落实电价补贴政策，为23户用电客户补贴电费3828万元。协调推进金昱元集团燃煤自备电厂150兆瓦机组关停及网架调整，促进地方产业节能减排与清洁能源就地消纳"双收益"。落实燃煤发电上网电价市场化改革政策，有序推进代理购电工作。编制印发《国网青铜峡市供电公司提质增效暨重点工作任务"一本通"》和《国网青铜峡市供电公司落实建设现代"双一流"发展目标重点工作清单》，聚焦"六大行动"，践行"双碳行动"，为"青铜峡镇秦渠第一村"特色民宿旅游、供港蔬菜喷滴灌溉提供可靠用电，助力乡村振兴。全年完成电能替代2.54亿千瓦时，代电量完成率达到195.31%。反窃查违成效显著，全年累计追补电费及违约使用电费106.61万元，完成全年任务的161.54%。完成10处12台充电桩建设及投运，为电动汽车用户提供充电服务。

【配网运维】 2021年，国网青铜峡市供电公司紧扣"一体四翼"发展布局，全面落实设备主人制，开展"两制两案六防一提升"活动压降配网故障率。故障跳闸较2020年同期下降47.36%，生产类投诉下降71.43%。万户工单指标名列吴忠供电公司第一。开展"带电作业准军事"，建立健全不停电作业机制，不停电作业开展次数同比提升44.17%。

【试点创新】 2021年，国网青铜峡市供电公司打造马寨变521友好线全绝缘、全感知、全带电作业的"三全"示范配电线路，实现线路全数据监测，缩短故障查找速度，提高供电可靠性。持续深化配电自动化应用，打造低压线路自愈示范台区，持续推进新一代融合终端建设，助力数字赋能行动。有序建设数字化电缆井监测系统，确保电缆井安全稳定运行，截至是年底监测系统覆盖完成70%。

(梁 杰)

交通·邮政·通信

编辑◎韩 汀

交 通

【交通运输规划编制】 2021年，青铜峡市交通运输局组织编制《青铜峡市"十四五"综合交通运输发展规划》，以"综合交通、绿色交通、智慧交通、平安交通"为主线，全面建设"结构合理、布局优化、功能完善、衔接顺畅"的综合交通网络体系。

【公路管养】 2021年，青铜峡市交通运输局制定《青铜峡市深化农村公路管理养护体制改革实施方案和推进"四好农村路"高质量发展实施意见》《青铜峡市农村公路管养"路长制"实施办法》，将全市农村公路建设养护纳入全市整体发展规划，建立权责清晰、齐抓共管的农村公路管理养护体制机制。按照"定养护里程、定路率指标、定养护资金、定奖惩措施"的四定责任制，对全市1314.65公里的农村公路进行分级养护管理，将农村公路管养纳入各镇年度目标责任考核体系。

【城乡客运一体化】 2021年，青铜峡市交通运输局坚持"城乡统筹、以城带乡、城乡一体、客货并举"总体发展思路，加快完善农村公路运输服务网络，不断推进城乡客运一体化建设进程。加强客运基础设施建设和农村客货邮融合发展，全市建成二级汽车客运站1个、乡镇简易客运站和综合运输服务站5个、农村客运招呼站98个。

【公路改建】 2021年，青铜峡市交通运输局投资6606.03万元，实施青黄公路改建项目、国道110至大青公路连接线项目、马青公路改建项目、贺兰山东麓葡萄酒示范区迎宾路至观景台道路建设项目，以及鸽子山酿酒葡萄文化旅游小镇道路建设项目5个33.22公里；大坝镇王老滩村泰民渠桥和峡口镇赵渠村南干沟桥梁工程2座43米。在自治区交通运输厅的指导和大力支持下，修建甘城子移民产业园道路。坚持"一路一方案"，结合旅游元素、大青葡萄及葡萄酒产业元素等，精心打造马青公路、鸽子山酿酒葡萄文化旅游小镇道路等特色路，打通乡域旅游的"大动脉"，带动全域旅游多点开花。结合"坚守公路水运工程质量安全红线"专项行动，认真落实基本建设程序和质量监督管理规定，确保辖区内工程质量监督覆盖率达到100%，问题整改率达到100%。

【超限超载治理】 2021年，青铜峡市交通运输局采用路面检查与源头治理相结合的方式，联合公安交警等部门，构建"区域联防、部门联动、协同控制、动态调整、综合治理"全天候管控体系，严查车辆超限超载运输，全面落实"一超四罚"。现运行治超站2个,确定公示重点货源企业17家。排查拆除不符合设置规定农村公路限高限宽设施52处,出动执法人员3744人次,查处违规装配货运源头企业6家,超限运输车辆317辆,卸货1074吨,移交交警处理超载车辆274辆。处置损坏公路赔补偿案件29起,清理占道摆摊设点109处。

【道路营运专项治理】 2021年,青铜峡市交通运输局结合"扫黑除恶"与行业乱象治理,不定期与公安交警部门开展联合执法行动,采用巡查、暗访、错时执法,重点加强小坝至银川、吴忠等专线非法运输的查处力度。全年共出动执法人员860余人次,暂扣非法营运车辆40辆。

【行政许可审批服务】 2021年,青铜峡市交通运输局压缩办理时限,推进"三检合一"和异地一站式年审,梳理执法责任清单,确定信息人员,按时完成"互联网+监管"系统行政许可、检查和处罚信息录入与审核工作,服务事项实现网上办理。年底,录入行政许可及服务事项共45项,落实取消"机动车维修经营许可""机动车驾驶员培训许可"等许可5项,顺利承接"教练车证、教练车标志牌的核发",以及出租车许可、年审等业务。

【安全生产责任落实】 2021年,青铜峡市交通运输局严格落实"三管三必须"要求,建立领导干部安全生产责任清单,夯实监管责任。加快安全生产标准化建设,推进安全风险防控和隐患排查治理双重预防机制建设,危货运输、旅客运输、公路建设、水上运输等重点领域"双重预防"实现全覆盖。建立健全风险研判、决策风险评估、风险防控协同和风险防控责任"四项机制",对照交通运输安全生产42项重大风险清单,全面排查本行业、本系统安全生产风险,加强重大风险管控工作的组织实施和工作保障,推进风险管控工作科学化、系统化、精细化。

【安全生产专项整治】 2021年,青铜峡市交通运输局组织开展安全生产专项整治三年行动,建立问题隐患和制度措施"两个清单",聚焦行业安全生产重点、难点问题,制定任务清单,盯紧道路运输、水上运输、工程建设等重点领域,确保实现问题隐患和制度缺陷"双归零",切实筑牢交通运输安全生产基本盘。

【道路建设】 2021年,青铜峡市投资7333.87万元,实施青黄公路改建项目、国道110至大青公路连接线项目、马青公路改建项目及鸽子山酿酒葡萄文化旅游小镇道路建设项目等36.65公里;改建大坝镇王老滩村泰民渠桥和峡口镇赵渠村南干沟桥、小大路中干沟桥3座。

【农村公路养护】 2021年,青铜峡市交通运输局实施"乡村振兴战略"和"四好农村路"创建目标,制定印发《青铜峡市深化农村公路管理养护体制改革实施方案和推进"四好农村路"高质量发展实施意见》和《青铜峡市农村公路管养"路长制"实施办法》,将全市农村公路建设养护纳入全市整体发展规划,建立权责清晰、齐抓共管的农村公路管理养护体制,成功创建宁夏最美农村公路。对青铜峡市现列养农村公路1314.65公里进行养护管理,其中:省道38.50公里,县道43.19公里,镇道388.65公里,村道777.61公里,专用道路(含滨河大道44.46公里)66.71公里。

(毛万祥)

2021年青铜峡市道路建设工程一览表

项目名称	地点	设计标准	长度	设计时速	路面结构	主要建设内容	资金来源	开完工日期
青铜峡市贺兰山东麓葡萄酒示范区迎宾路至观景台道路工程	青铜峡市树新林场	乡村二级公路	0.62千米	15千米/小时	沥青混凝土路面	路基、路面、桥涵、防护及交通安全设施等	概算及批复51.26万元,上级补助及自筹	2021年9月16日至10月30日
青铜峡市邵岗镇玉西村十一斗路道路工程	青铜峡市邵岗镇	乡村二级公路	1.925千米	15千米/小时	水泥混凝土路面	路面、路面、桥涵、防护及交通安全设施等	概算批复168万元,上级补助及自筹	2021年10月9日至11月28日
青铜峡市国道110至大青公路连接线项目	青铜峡市大坝镇	四级公路	6.031千米	40千米/小时	沥青混凝土路面	路基、路面、桥涵、防护及交通安全设施等	概算批复1427.97万元,上级补助及自筹	2021年4月14日至11月30日
青铜峡市峡口镇王趟渠路茶南干沟桥危桥改造工程	青铜峡市峡口镇	1-16米预应力混凝土空心板桥	长21.25米,宽8.5米		混凝土空心板		概算批复113万元,上级补助及自筹	2021年6月12日至9月30日
青铜峡市大坝镇王滩村茶民渠桥危桥改造工程	青铜峡市大坝镇	1-16米预应力混凝土空心板桥	长21.25米,宽7.5米		混凝土空心板		概算批复152万元,上级补助及自筹	2021年6月12日至9月30日
青铜峡市青黄公路改建工程	青铜峡市小坝镇、瞿靖镇、邵岗镇	三级公路	18.676千米	40千米/小时	沥青混凝土路面	路基、路面、桥涵、防护及交通安全设施等	概算批复3329.25万元,上级补助及自筹	2021年3月1日至11月30日
青铜峡市马青公路K1+210至K6+550段改建工程	青铜峡市峡口镇	三级公路	5.34千米	40千米/小时	沥青混凝土路面	路基、路面、桥涵、防护及交通安全设施等	概算批复985.55万元,上级补助及自筹	2021年7月26日至11月30日
青铜峡市小大公路中干沟桥危桥改造工程	青铜峡市树新林场	1-13米预应力混凝土空心板桥	18.02米		混凝土空心板		概算批复167.06万元,上级补助及自筹	2021年10月9日至11月28日
青铜峡市鸽子山酿酒葡萄文化旅游小镇道路工程	青铜峡市树新林场	三级公路	2.613千米	40千米/小时	沥青混凝土路面	路基、路面、桥涵、防护及交通安全设施等	概算批复547万元,上级补助及自筹	2021年10月18日至2022年4月30日

邮 政

【概况】 2021年，青铜峡邮政分公司实现收入1439万元，完成计划目标的101.48%，同比增长18.33%，收入增幅位列全区邮政行列第八。

【邮政储蓄】 2021年，青铜峡邮政分公司持续推进储蓄余额、保险、理财、基金等高效业务发展，全年实现金融业务收入874.61万元，增幅33.13%，金融总资产累计新增1.37亿元，储蓄余额净增9016万，新增市场占有率3.42%，规模市场占有率同比增长22%。

【寄递业务】 2021年，青铜峡邮政分公司聚焦主责主业，深入推动特快业务发展，坚持对标立标达标，持续补短板、强弱项、固优势，全年寄递实现收入219.71万元，增幅6.47%。青铜峡邮政揽投部荣获全区邮政"寄递发展20强"称号。

【邮政业务】 2021年，青铜峡邮政分公司集邮业务实现收入90.81万元，完成目标计划的103.19%。2022年度报刊大收订完成351.5万元，完成目标计划101.88%，政务类图书发行突破0.8万册，实现收入31.85万元。

【邮政惠农】 2021年，青铜峡邮政分公司与农业农村局签订《共同推进农民专业合作社（家庭农场）高质量发展合作框架协议》三方协议，走访合作社633个，发展惠农会员3254个，推荐一级白名单127个，助农贷款放款15笔320.7万元。

【网点服务】 2021年，青铜峡邮政分公司普服指标全面达标，各网点普遍服务能力显著提升。营业服务达标率100%，乡镇网点覆盖率100%，邮件报刊妥投率100%，建制村直接通邮率达到100%，《人民日报》县以上城市当日见报率100%，用户申诉满意率达到98%。机要通信连续33年万无一失。

【助力乡村振兴】 2021年，青铜峡邮政分公司做好定点帮扶工作，邵岗镇同乐村10户帮扶对象巩固脱贫。聚焦聚力，持续推进农产品邮乐网线上销售，实现甘城子苹果、叶盛黄冠梨、连湖西红柿等线上销售1396单。

（姚君愔）

通 信

电 信

【概况】 2021年，青铜峡电信分公司有职工52人，其中党员23人，领导班子3人，下设7个中心3个划小（城市东区营服中心、城市西区营服中心、青镇农村营服中心、瞿靖农村营服中心、市场营销中心、云网中心、综合中心、党政军划小、医卫校园划小、工业商客划小）组成，全年完成营业额收入4449万元，同比下降0.84%。

【数字乡村建设】 2021年，青铜峡电信分公司组织开展"百万农民数字应用培训会"34场次740人次，覆盖8个镇34个村。数字乡村建设完成16个，村村享建设签订协议完成16个村。

【云改数转】 2021年,青铜峡电信分公司签订"智慧水务"战略项目合同,带来双线96条、物联网卡300余张,视频业务120路,实现青铜峡市水利工程一张图、水灾害防御可视化系统,整合各方面资源,快速、高效、便捷地实现水利部门上下多级联网视频资源统一管理;打造医卫行业云改数转标杆:2021年1月11日中标医共体项目;2021年8月17日中标智能辅助项目,带来云专线4条,云主机800余核,零场租零电费3座,按照宁夏"互联网+医疗健康"示范区建设规划要求,构建区域一体、上下联动、信息互通的医疗卫生服务体系,建成贯通区、市、县、乡、村五级的全域医疗健康信息专网,实现村级自治区电子政务外网全覆盖,建立以青铜峡市人民医院为中心的县级区域远程诊断中心,落实便民惠民服务内容。

【网络维护】 2021年,青铜峡电信分公司老旧设备退网专项,按照分公司统一安排,设备退网完成METER100设备40台,METER1000设备6台,METER30001台石联交换机18台,光电框10台,BBU设备一台,PTN设备2台,年可节约电费22194元。针对机房、车辆及施工外包人员等重点区域进行通信设施安全隐患整治,将立新、大坝、广武、青镇、邵岗、蒋顶等6处机房漏雨进行维修;玉泉、立新、峡口、中滩等8处防盗门进行维修处理,CD类28个机房安装摄像头36个。严格落实作业计划,线路抬高28处、上改下3处;配合政府线路迁移8处;根据流量及时完成16台OLT设备双上联扩容。

【基础网质量建设】 2021年,青铜峡电信分公司开展基础网质量提升专项行动,实施杆路、线路加补挂钩、收紧拉线、理顺线缆、扶正杆路、抬高吊线,整理沿路分纤箱等,共计完成438.7公里。完成汉延渠线缆入地改造、莲湖九队整治、甘城子十字路口整治、峡口入地改造、大坝电厂杆路迁移、更换电杆293根抬高126处;完成越秀湾、天香园、红星小康楼利民新村、韵欣苑尚景苑等18个小区光皮线、分纤箱的整治;农村电力杆线路整治完成107处,完成率100%。加装二线担隔垫子、补栽杆路、安装增高架,解决线路隐患45处;完成了18个机房的质量提升达标整治;生产类设备能耗压降完成,年节约电费221万。组织力量进行光衰整治,其中更换24芯光缆367米,重新熔接纤芯238芯,整治分纤箱89个,整治光皮线568条。

【老旧小区光缆改造】 2021年,结合青铜峡市政府老旧小区改造工程,青铜峡邮政分公司配合青铜峡电信分公司完成12个小区光缆的入地改造,割接交接箱16个,重新布放2686客户光皮线,清理沿街光皮线561条。完成光明小区、宏远小区、关家园小区、紫薇小区、地税小区、利民小区、物源小区、卫生小区、教育小区、怡园小区、光明小区、林业小区的迁移改造,迁改客户2897户、政企客户38家。

【平安城市建设】 2021年,青铜峡电信分公司筹集资金52万元,完成教育小区、光明小区、宏远小区305个监控摄像头的安装,保障小区各项财产及人员出行的安全。投资114万完成城市3个新建小区及农村35个盲点光网络接入,确保全市小区及农村光网络全覆盖。投资1406万元完成全市48个点位的5G基站及传输网络建设;投资616万完成青铜峡互联网+教育+医疗建设;投资156万完成5个千兆小区建设。

【美丽乡村建设】 2021年,青铜峡电信分公司配合美丽乡村建设,整治乡村线路185公里,完成沙玉路、新材料基地、先锋村线路入地改造,改接光缆24条312芯,新做管道568米。对建民街、裕民街、利民街的架空光缆进行入地改造，割接光缆52条，增加交接箱1个，重新跳纤96条，争取资金补足2万元。

（马 堃）

移 动

【概况】 2021年，青铜峡移动分公司下设网格7个，自有营业厅1个，社会代理渠道70多家。青铜峡移动宽带覆盖13.37万户。其中，城市家庭宽带7.58万户，农村小区宽带覆盖5.79万户。全年建设开通5G基站95座，正在建设的5G基站10座。

【诚信建设服务】 2021年，青铜峡移动分公司深入践行"客户为根、服务为本"服务理念，结合"3·15""网络诚信，消费无忧"活动主题，设立"总经理接待日"，每月第四周在营业前台设立"经理接待专席"，引导分公司党员干部和员工自觉做社会主义道德的示范者、诚信风尚的引领者，树立企业服务基层、服务社会、服务人民群众的良好形象。

【文明窗口创建】 2021年，青铜峡移动分公司本着"诚信经营、规范服务、放心消费"原则，开展创建文明窗口，提升服务水平。在完善厅店硬件设施基础上，在营业厅专门设置适应老年化服务专区，设置老花镜、针线包等便民设施，在显著位置放置用户意见簿、公布监督电话和营业人员工号监督牌；落实六项服务承诺，按照"提速降费"要求，打造超低资费，升级百兆宽带；通过总经理接待日，开展第三方满意度调查，主动接受社会和群众监督；持续开展"讲文明、树新风"公益短信传播竞赛活动，营造知荣辱、讲正气、做奉献、促和谐的良好风尚，持续推进"最美移动人""服务明星""十大优秀青年"等先进推荐评选活动。

【电话实名登记】 2021年，青铜峡移动分公司开展网络安全管理工作；严格落实电话实名制登记。严格把控电话入网环节，打击虚假身份入网，强化社会代理渠道管理。截至2021年11月，在网用户16万余户，实名率100%。

【诈骗电话拦截】 2021年，青铜峡移动分公司利用宁夏公司自建的不良信息监测拦截系统及恶意软件监测系统，每日输出高危号码并于当日关停，整个吴忠分公司2019—2021年累计关停诈骗号码3438个，拦截各类骚扰电话7340万余次，拦截垃圾短信549万余条，监测处置恶意软件侵扰事件13068件（青铜峡隶属吴忠分公司，部分数据无法单独呈现）。

【伪基站监控】 2021年，青铜峡移动分公司利用伪基站监控与追踪系统，结合吴忠移动无线网络指标情况，实现对伪基站的实时监控、及时发现、准确定位，并联动市无线电管理委员会、市公安局对非法设立伪基站的个人及单位进行打击，全年未出现伪基站违法活动。

【电信诈骗宣传】 2021年，青铜峡移动分公司借助国家安全日、国家网络安全宣传月等契机，在街心广场、各大营业厅店摆放宣传展板、张贴滚动宣传标语、发放宣传传单、播放警示宣传片，向广大市民宣传网络安全及电信网络诈骗相关知识。配合政府及公安机关定期发送防范诈骗公益短信，引导用户文明上网，远离网络诈骗侵扰。

（黄 杏）

联 通

【网络建设】 2021年，青铜峡联通分公司加速5G基站建设，提高5G网络覆盖率，提升联通5G品牌美誉度、知名度，全面围绕数字化转型，把握当前发展方向，结合工作实际，坚持互联网化转型，着力推进各项业务的高质量发展。

网络基站中,4G基站222个,5G基站60个,覆盖青铜峡城区及乡镇区域。

【美丽乡村建设】 2021年,青铜峡联通分公司结合《宁夏联通宽带社会化合作的指导意见》,在叶盛镇、邵岗镇、大坝镇、峡口镇,大力推进农村宽带融合无线网络接入服务,提高宽带市场覆盖率,4个镇宽带覆盖完成18个村,端口数达6200个,端口占用率达61%。利用1+N+n的体系,推动"美丽乡村"建设,全力打造农村及城市空白区域的BOT建设,做好2B2C的业务发展,推广数字乡村平台并进行信息导入,转为数字化平台管理模式,将美丽乡村的积分与联通各类优惠券落实到实处,确保用户真正得到实惠,有效提高平台以及用户的活跃度同量推动农村各项业务的发展。

【服务提升】 2021年,青铜峡联通分公司全面推行"首问责任制""服务承诺制",在一线窗口推行百倍用心、十分满意口碑活动,坚持一切服务以"客户满意"为标准,实施诚信工程,开展行风评议活动。全渠道统一制作12宫格公示栏,包含服务承诺、服务质量监督、管局投申诉二维码、实名制公告、防诈骗公告、个人信息保护等使用规则公告、十二项服务监督内容公开热线电话,公开收费标准,公开文明礼貌用语,接受群众监督。

(王 娟)

自然资源管理

编辑 ◎ 韩 汀

土地管理

行业服务与审批

【国土规划编制】 2021年，青铜峡市编制完成国土空间目标与战略（市域）、区域协同发展与市域统筹（市域）、国土空间格局（市辖区）、中心城区国土空间布局、总体城市设计、城乡统筹发展、自然要素保护利用、国土综合整治与生态修复、支撑保障体系、规划实施机制等初稿。依据《青铜峡市成建制移民村"多规合一"实用性村庄规划编制工作方案》，开展小坝镇新林村、大坝镇滑石沟村等12个行政村村庄规划编制工作，高质量完成邵岗镇甘城子村等4个移民村村庄规划，为推进乡村振兴战略实施、"四大提升行动"、建设美丽宜居乡村奠定坚实基础。审定抽水蓄能项目、湖南海利等44个建设项目选址及学府一号住宅小区、青铜峡市5G大厦等48个建设项目规划设计方案。下发建设项目选址意见书3份、建设用地规划许可证26份、建设工程规划许可证60份、乡村建设工程规划许可证1份。

【国土空间规划编制】 2021年，青铜峡市划定生态保护红线区域总面积约37.49平方公里；城镇开发边界划定，按照自然资源部和区自然资源厅指南标准，先后5轮完善修改，成果已提交自治区自然资源厅审查，开展20个行政村庄规划编制；全市稳定耕地面积57万亩，下达永久基本农田保护率为82%，划定永久基本农田总面积46.74万亩。

【生态环境保护督查问题整改】 2021年，青铜峡市自然资源管理局对2020年度国有自然资源（资产）管理情况督查反馈问题整改销号，办理中央生态环境保护督查转办件1件，完成综合治税数据月报、自治区自然资源厅建设用地节约集约利用监管平台矢量数据实时更新上报，做好招拍挂出让公告、存量住宅用地季度信息、临时用地审批信息等公开工作。

【窗口建设】 2021年，青铜峡市自然资源局组织窗口人员及全体职工学习《青铜峡市政务服务中心窗口工作人员平时考核办法（试行）》。采取市政务中心和市不动产中心双重督查和双重考核，加大对窗口人员的监督和考核力度，引导职工以对工作高度负责的态度去开展工作。按照既定的办事时限，简化办事程序，提高办事效率，对相关手续齐全的业务，确保在规定时限内办结。定期培训职工，增强职工综合素质和工作能力，提高为群众服务的水平。全年处理行政诉讼案件3起，处理信访案件10件，处理"12345"

平台工单18件。

土地开发利用和评估

【土地挂牌出让】 2021年，青铜峡市自然资源局委托自治区公共资源交易服务中心挂牌出让宗地16宗，成交14宗，面积1135.38亩，成交金额7286万元。办理划拨土地使用权19宗，面积1972.65亩。土地使用权租赁3宗，面积251.63亩，收取土地租赁费用434.99万元。办理建设用地使用权续期及用途变更补交土地出让金，共11宗，面积189.09亩，收缴土地出让金1349.29万元。审查办理临时用地6宗，面积525.35亩，收取土地租赁费95.2万元。清理2015—2019年临时用地，对到期未履行土地复垦义务的30家企业发送《临时用地到期履行拆迁复垦的通知》，建立巡查台账，加大巡查频次，强化监管力度。

【自然资源评价评估】 2021年，青铜峡市自然资源管理局组织开展农用地定级和基准地价、集体经营性建设用地土地定级和基准地价、城市基准地价更新、城镇标定地价体系建设工作，制定工作任务书，召开初步成果听证会，根据会议意见进行修改完善，形成成果报告和图件。开展工业园区土地集约利用全面评价和全市二、三类产业园调查工作，全面收集汇总园区内各企业的土地审批供应、税收、产值、建筑面积等数据，形成园区矢量数据、全面评价工作报告、技术报告、专题分析报告成果和图件上报自治区自然资源厅。

【土地指标跨区域交易】 2021年，青铜峡市自然资源管理局开展土地整治，采取政府部门主导、引导社会资本参与机制，合力实施青铜峡市邵岗镇国土综合整治项目。项目区建设规模为9303.15亩，主要包括地形地貌整治工程、沟道治理工程、灌溉工程、田间道路工程。项目总投资估算为10401.47万元，亩均投资11180.6元，资金来源为企业自筹。该项目于2021年7月9日开工，当年完成工程量的60%，完成新增耕地面积约5000亩，完成投资4139.2万元。2021年，青铜峡市4个项目被自治区自然资源厅列入国家统筹交易项目，新增耕地面积582.32公顷。其中，由青铜峡市恒源林牧有限公司投资整治的马长滩一期耕地占补平衡项目，新增耕地面积164.46公顷；由青铜峡市恒源林牧有限公司投资整治的马长滩二期耕地占补平衡项目，新增耕地面积175.05公顷；由自治区农业农村厅投资的连湖分场、树新林场高标准农田项目分别新增耕地122.57公顷、120.24公顷。

【农村用地市场交易】 2021年，青铜峡市产权交易市场不断健全完善，各镇农村产权交易服务站都接入吴忠农村产权交易信息化平台，形成统一监督管理、统一交易规则、统一信息发布、统一服务标准、统一交易鉴证、统一平台建设的"六统一"运营管理模式。开展农村承包地经营权、农村土地流转经营权、草原承包经营权、四荒地使用权、农业设施使用权、经备案的大型农机具所有权、农村集体经营性资产的所有权和使用权、农村承包土地的经营权抵押登记、农民住房财产权抵押登记、农村林权抵押登记10项试点任务。完成土地流转交易鉴证160宗，面积77608亩，金额44578万元。创新开展"两权"抵押登记业务，市产权交易分中心主动与青铜峡农村信用合作联社签订战略合作协议，与青铜峡市农经站签署关于防范"两权"重复抵押风险的相关协议，开展土地承包经营权抵押登记贷款60笔，合计金额491.43万元，开展农民住房财产权抵押登记贷款8笔，合计金额49.1万元。峡口镇谭桥村部建筑物及村皮革厂办公楼建筑物的市场价值咨询评估业务顺利开展，评估金额202万元。

【土地审批监管】 2021年，青铜峡市自然资源管理局做好土地审批后的监管工作，开展批而未供和闲置土地处置专项行动，逐宗分析原因研究措施分类处置，制作工作台账，制订实施方案。通过调剂方式消化批而未供土地647.78亩，实施划拨供地23.82亩；对中石油1宗闲置土地，面积7.74亩，完成调查认定工作，督促企业办理规划许可手续，加快开工建设进度；收回中石油宁夏吴忠销售分公司1宗石油库项目用地，面积465亩；对自治区第三建筑公司位于青铜峡镇的10宗国有划拨土地发布拟收回公告，与自治区国资委、自治区第三建筑公司管理人实地核实界线，调查土地使用情况，拟订收回方案。

【土地市场动态监测】 2021年，青铜峡市自然资源管理局做好土地市场动态监测工作，在土地市场动态监测系统录入出让公告10期、成交公示18期、供地结果25宗，对已供建设用地实施动态监管，录入土地出让金、开工、竣工等巡查资料，巡查率99.6%，督促用地单位及时开竣工建设。

自然资源调查监测

【2020年度国土利用现状变更调查】 2021年，青铜峡市自然资源局顺利完成2020年度国土利用变更调查，是青铜峡市第三次国土调查后的第一个全面更新调查任务。2020年度，国家下发图斑623个，自治区下发图斑321个，国家追踪图斑82个。经调查，2020年农用地减少274.54公顷，建设用地增加540.29公顷，未利用地减少265.75公顷；其中，耕地增加190.59公顷，种植园地增加158.82公顷，牧草地减少1195.11公顷，工矿用地增加279.37公顷，交通运输用地增加288.04公顷。2020年度国土利用现状变更调查工作，查清三调时点更新以来地类变化情况，摸清国土利用现状的底数，为自然资源管理和经济社会发展提供基础资料。

【黄河宁夏段青铜峡市河道及河滩地土地利用状况调查】 2021年，青铜峡市自然资源局按照黄河流域生态保护和高质量发展先行区要求，对黄河青铜峡段土地利用状况进行调查，局党组安排专人负责，协助水务局、发展和改革局按照要求上报调查成果。黄河宁夏段流经青铜峡市69公里，涉及5个镇12个行政村和库区湿地管理范围河道和滩地，面积为16.3万亩。按照黄河治理要求，退出3000多亩国有耕地和影响泄洪的部分林地。

【测绘行业监管】 2021年，青铜峡市自然资源局为落实自治区《关于印发〈全区测绘地理信息行业乱点乱象专项整治工作方案〉的通知》要求，履行测绘监管职责，做好行业治乱工作，下发《青铜峡市测绘资质和安全生产巡查通知》，要求测绘资质单位自查和单位巡查。5月底，由分管领导带队对辖区内的五家资质单位进行监督检查，重点对青铜峡市两家资质单位进行全方位的检查。在检查中发现部分测绘企业存在安全意识淡化、测绘成果档案管理不规范等现象。检查组现场指出问题，并要求测绘单位按要求进行整改。

【地图市场巡查】 2021年，青铜峡市自然资源局为了更好地遏止"问题地图"在青铜峡市流转，在"8·29"测绘法宣传日到来之际，组织人员从8月17日开始，对全市范围内的图书馆、书店、书屋、文化广场、旅游景点、广告公司等10家单位进行突击检查，重点检查是否违法销售、展示、制作、发布有"问题地图"的挂图、图书、文化用品、宣传图册、展示图片等。检查人员走进车站、书店、景区宣传《中华人民共和国国家安全法》《中华人民共和国测绘法》《地图管理条例》等相关规定，检查销售、悬挂、张贴、印制违法地图或地图书、册等行为。在检查中发现文汇书店销售无审核过的地球仪,检查人员及时下达问题通知书并现场责令企业将"问题"商品下架,禁止进行销售。通过检查,增强国家版图安全意识,形成共同抵制"问题地图"在市场上流通的氛围,遏制非法出版、印制、销售地图行为和渠道,净化地图市场环境。

(马晶晶)

土地资源保护与储备

【土地资源盘活】 2021年,青铜峡市自然资源管理局对闲置土地资源进行盘活。依据《闲置土地处置办法》有关规定,对青铜峡工业园区汇高集团194.94亩工业用地开展调查认定工作；盘活处置2宗"僵尸企业"用地,面积134.28亩。开展8个镇81个村宅基地闲置情况的调查,闲置6691宗,面积4106.1亩,拆除2339宗,面积1832.8亩。对中石油宁夏吴忠销售分公司8宗划拨土地,向企业下达拟收回通知,多次与企业联系商谈收回土地事宜,委托技术单位对办证范围内的建筑物、土地使用面积等情况开展调查。已收回其中1宗面积465亩土地。编制《青铜峡市批而未供土地消化利用和闲置土地处置工作方案》,青铜峡市2010—2018年批而未供土地用地涉及43个批次,面积3453.55亩,每年处置完成总量的20%。2021年采取调剂使用处置批而未供647亩,占年度目标的94%。

【土地储备】 2021年,为加快2018年青铜峡市土地储备专项债券剩余资金的使用,青铜峡市向自治区人民政府申请土地储备专项债券结余资金调整地块使用,编制《青铜峡市2021年土地储备专项债券项目可行性研究报告》《青铜峡市2021年土地储备项目专项债券收益与融资自求平衡财务评估报告》,《2021年青铜峡市土地储备专项债券项目实施方案》已获自治区人民政府批准。在自然资源部及自治区自然资源厅两级土地储备监测监管系统录入储备地块等信息。全年共征收征用土地面积3083.33亩,主要有乌海至玛沁高速公路青铜峡市境内全长13公里,主线占地面积850.7亩征地补偿费937.76万元；附线工程及遗留问题共需征地水浇地32.03亩征地补偿费562.81万元；银川都市圈城乡西线供水项目,征占青铜峡镇土地面积4.16亩、树新林场土地面积781.76亩,青铜峡镇土地补偿费162240元,树新林场土地补偿费30488640元；银川都市圈城乡东线供水项目峡口镇占地面积909.18亩、青铜峡镇占地面积22.92亩,征地补偿费36351900万元；西干渠征地285亩,征地补偿费未付。全区重点河、湖、排水沟跨行政区监测断面水质自动监测站在青铜峡市境内建设3个水站,具体是邵岗镇沙湖村占地面积1.03亩、连湖农场占地面积0.33亩和叶盛镇地三村占地面积1.25亩,征地补偿费11.07万元；住建局甘城子农村生活污水治理项目占地面积4.3亩,征地补偿费21.5万元；水务局罗家河水质净化项目叶盛占地面积210亩,征地补偿费980.07万元；水务局邵岗镇甘城子水质净化项目占地面积1.04亩,征地补偿费54.16万元；水务局瞿靖镇水质净化项目占地面积1.94亩,征地补偿费7.57万元。

【国有农用地开发利用清查】 2021年,青铜峡市自然资源局针对国有农用地开发利用展开清查工作,实地调查国有农用地宗地的空间位置、面积、四至、土地用途及使用性质、开发利用状况等信息,建立专项数据库,全年核查完成157267亩土地。

【土地权改革】 2021年,青铜峡市自然资源局制订《青铜峡市关于深入推进土地权改革完善土地要素市场配置的实施方案》,初步拟定《青铜峡市完善建设用地使用权转让、出租、抵押二级市场管理实施细则(试行)》《青铜峡市农村集体经营性建设用地入市管理办法》《青铜峡市农村集体经营性建设用地土地增值收益调节金征收管理使用分配暂行办法》《青铜峡市农村集体经营性建设用地入市流程及决策办法》,定期上报改革任务进展情况报告。

【土地报批】 2021年,青铜峡市7个项目涉及土地征收征用总面积3083.33亩,兑付征地补偿费用9275.22万元;报请自治区人民政府批准的建设项目共9批次,共计12个项目,批准用地总面积79公顷,新增建设用地面积79公顷,农用地面积62.17公顷,未利用地16.83公顷。

【耕地保护利用】 2021年,青铜峡市自然资源局在耕地保护工作中,落实马长滩一、二期等4个耕地占补平衡项目,新增耕地约544.99公顷,耕地补充资源丰富,按照《跨省域补充耕地国家统筹管理办法》,全部纳入国家统筹补充耕地项目库,对邵岗镇甘城子村、玉西村高标准农田,青铜峡镇沃沙村、三趟墩村高标准农田新增耕地项目进行验收。

【工矿废弃地整治】 2021年,青铜峡市自然资源管理局针对辖区内废弃工矿土地进行整治。开展贺兰山东麓牛首山历史遗留废弃矿山生态修复项目(一期),位于贺兰山东麓庙山湖地区南侧、新材料基地北侧、青铜峡火车站立交桥南侧等废弃矿坑;牛首山北麓红柳沟两侧、大禹文化园公路两侧废弃矿坑,生态修复面积521.28公顷,项目主要对9个废弃矿山治理区进行治理,项目区土地利用类型包括其他天然牧草地、其他草地、采矿用地等,项目区土地权属全部为国有土地。恢复成农用地、工业用地、天然牧草地、宜林地等,项目总投资3035万元。

土地确权登记

【概况】 2021年,青铜峡市自然资源管理局完成各类不动产登记业务9837宗(其中,首次登记121宗,转移登记3151宗,抵押登记2371宗,其他登记4194宗;),交易业务4712宗(包括新建商品房合同备案897宗;存量房合同网签1660宗;商品房租赁备案54宗;其他业务2101宗),颁发不动产权证书4243本,不动产登记证明2958本;办结率为100%。接待群众电话及现场咨询2130余次,提供延时受理100余次;开通绿色通道服务50余次;上门服务20余次;接受申请人不动产档案查询10979宗;接收、整理、入库各类不动产登记档案9837宗。完成不动产权籍落宗75宗,面积208.73万平方米。其中,房屋44宗,面积7.78万平方米;土地13宗,面积36.1万平方米;不动产变更登记落宗18宗,面积164.85万平方米。

【房地确权登记】 2021年,青铜峡市自然资源局开展农村宅基地"房地一体"确权,8个镇调查宗地数42802宗,面积1928.22公顷,调查房屋37841户,应发尽发总户数28031户。已确权发证26872户,登记发证率为95.87%。开展集体建设用地确权,完成房地一体摸底调查,集体建设用地总643宗,已完成房地一体地籍调查307宗,面积121.75公顷。开展国有农用地开发合同清理,摸底清查农业开发用地908宗,面积104948亩。

【河湖水域划界确权登记】 2021年,青铜峡市自然资源局对19条农田排水沟道、20条山洪沟、5座拦洪库、20条渠道,进行划界确权。已完成农田排水沟10条,长度150.8千米;山洪沟11条,长度101.5千米;拦洪库4座。渠道20条,长度310.2千米;完成全国第一次水利普查名录中青铜峡新增沟道、山洪沟共计18条。其中新增农田排水沟9条，长度38.8千米；新增山洪沟9条，长度52.6千米。

【集体建设用地确权登记】 2021年，按照自治区自然资源厅《关于加快推进集体建设用地确权登记发证工作的通知》精神，青铜峡市制订《青铜峡市集体建设用地确权登记发证工作实施方案》，集体建设用地确权登记工作涉及全市8个镇84个村。2021年7月30日完成招投标工作。中标的伟志股份有限公司宁夏分公司已开始对各村的集体建设用地的房屋及土地权属状况进行调查。前期摸底调查宗地总数为643宗160.16公顷，其中：经营性建设用地95宗，完成房地一体调查宗地数为307宗121.75公顷。

【农村承包地和宅基地确权】 2021年，青铜峡市8个镇81个行政村承包地确权登记颁证51782户，占应颁证户数52282户的99.04%，确权面积436058.63亩，占应确权面积440450亩的99%，未确权承包地4391.37亩。2021年，青铜峡市共8个乡镇，调查宗地数共42802宗，面积1928.22公顷，调查房屋37841户，应发尽发总户数是28031户。已确权发证26872户，还有1159户涉及无权属来源，登记发证率为95.87%。

【集体建设用地和确权】 2021年，按照《青铜峡市集体建设用地确权登记发证工作实施方案》工作要求，青铜峡市完成房地一体摸底调查，集体建设用地总643宗，已完成房地一体地籍调查307宗，面积121.75公顷。函致各乡镇人民政府及农林场，开展国有农用地开发合同清理，摸底清查农业开发用地908宗，面积104948亩。

矿产资源管理

监测与管理

【矿山动态监测】 2021年，青铜峡市自然资源局坚持露天矿山随机抽取与重点选取相结合的原则，与自治区自然资源厅监测单位密切沟通协作，掌握矿山生产动态，做到有的放矢、精准测量，确保实地核查测量工作查到实处、测到要害，完成青铜峡市致盛建材有限公司大沟井建筑石料用砂岩、宁夏鸿裕农业开发有限公司峡口镇草台子建筑用砂矿、宁夏莱德农牧发展有限公司峡口镇草台子建筑用砂矿、青铜峡市九泉沟建材有限公司建筑用砂岩矿、青铜峡市大坝镇卡子庙石料厂7号建筑石料用灰岩矿、青铜峡市义泰石料厂峡口小洞沟建筑石料用砂岩矿、青铜峡市矿产资源开发公司五大台建筑用砂矿7个矿业权人勘查开采信息公示实地核查工作。配合第三方勘测单位开展露天矿山超层越界开采卫星遥感影像动态监测工作，做到露天矿山超层越界监管全覆盖。对青铜峡市致盛建材有限公司大沟井建筑石料用砂矿、青铜峡市光明石料厂、宁夏青铜峡市浩源石料有限公司用砂岩矿超层越界重新核实。根据《宁夏回族自治区自然资源厅办公室关于开展全区历史遗留矿山核查工作的通知》精神，完成区厅下发的335条历史遗留矿山图斑核查工作。

【矿山信息联网】 2021年，青铜峡市自然资源局配合自治区自然资源厅技术人员，对辖区内露天矿山企业摄像头安装情况进行统计调查，采集矿山安装摄像头的数量、型号、分布区域等信息。完成3年以上露天矿山摄像头信息联网9家，完成率100%。督促企业加强摄像头维修维护，保持与自治区自然资源厅监管平台信号连接和在线常态化，确保矿产资源监测预警体系运营正常。

【监督管理执法】 2021年，青铜峡市自然资源管理局执法部门实行重点巡查和夜查163次，下发责令停工及限期改正通知书45份，查扣涉嫌盗采机械设备21台，核查高空卫士线索30条，开展堆砂洗砂场专项清理整治工作，排查堆砂洗砂企业49家，25家非法企业已全部清理完毕。对临时用地进行专项清理整治，排查临时用地企业34家，下发责令停工及限期改正通知书28份，组织拆除清理完毕6家。办理12345案件45份，核查自然资源部部里土地卫片222个，矿产卫片53个，召开案件审查会20次，立案查处土地和矿产违法案件10宗，收缴罚款17万元。

矿产资源专项整治行动

【非煤矿山安全专项整治】 2021年，青铜峡市自然资源局根据《关于印发〈自治区自然资源厅关于深入开展全区矿山违法违规开采专项整治行动实施方案〉的通知》精神，配合自治区自然资源厅专项整治领导小组开展矿山非法开采矿产资源大排查大整治专项行动，对全市106个停产矿山和10个开采矿山逐一进行现场核查，下发整改通知书34份，责令企业立即整改，明确整改范围和时间，落实整改责任。

【违规开采矿山区域生态恢复】 2021年9月3日，国务院第八次大督查第16督查组到青铜峡市峡口镇草台子村，实地督查反馈宁夏鸿裕农业发展有限公司非法盗采问题。市自然资源局委托中国建筑材料工业地质勘查中心宁夏总队对鸿裕公司土地开发范围内非法盗采区域进行实地勘测，出具《宁夏鸿裕农业发展有限公司土方测量报告》，配合公安部门、市纪委监委和区厅执法局开展案件调查，提供相关证据资料。编制完成《青铜峡市峡口镇草台子建筑用砂矿及其周边矿山地质环境恢复治理与土地复垦方案》和《宁夏鸿裕农业开发有限公司峡口镇草台子建筑用砂矿2021年度储量核实报告》，联系挖掘机、装载机、翻斗车、山推等大型机械150多台，邀请自治区自然资源厅矿山地质环境恢复治理专家现场把关指导，加班加点开展恢复治理工作。整个鸿裕公司范围内设计恢复治理总面积为152.02公顷，划分为12个区块进行恢复治理施工，维护加固高压输电线路塔基15座。监督鸿裕公司北侧的宁夏莱德农牧发展有限公司停产整改，对矿区进行恢复治理。

【开采企业专项整治】 2021年，青铜峡市自然资源局联合市公安局、市水务局、市农业农村局、市应急管理局、市市场监管局、市生态环境分局及有关镇场等对全市范围矿产资源开采企业开展大排查大整治专项行动，发现未按开发利用方案立开采、未按"二合一"方案边开采边恢复治理、防洪措施不符合标准、没有取得用水许可、营业执照经营范围不全、违法用地等问题31个。截至11月12日，完成整改23个，对8个未完成整改监督整改。10月，配合市局综合执法室开展卡子庙区域矿山企业乱象综合整治。运行"高空卫士"，在全市范围内40个重要资源区域周围半径5公里范围区域实施全天候、无死角监控，并实时传送画面，对矿山盗采、河湖监管、森林草原防火、秸秆禁烧等环境问题进行判断通报，发现问题，及时安排人员现场处置。年内"高空卫士"有效告警数量共计1193起，其中，森林防火1013起、封山禁牧132起、疑似矿山盗采48起（合法数量为33起，非法数量为1起，未反馈数量为14起）。

【矿山安全生产专项整治】 2021

年，青铜峡市自然资源局配合应急管理部门重点对牛首山北麓和卡子庙5家建筑石料类企业、草台子和沙石墩5家建筑用砂类企业进行重点监督，围绕安全生产设施设备、矿区道路和滑坡、滚石、高角度坡角等安全隐患开展排查。全年组织矿山安全生产巡查65次，现场纠正安全隐患22处，设置更新危险警示及安全警示标志40余块。

矿产资源生态治理

【矿山扬尘污染治理】 2021年，青铜峡市自然资源局督促矿山企业规范矿山开采范围、矿产品及废弃物堆集区域、堆放高度，纠正乱堆乱放、管理无序等违规行为，对矿山易引发扬尘的堆积物采用防尘网遮盖，对场区道路、破碎料作业设备采用喷水装置除尘等措施进行综合整治。加强矿区道路洒水、进出矿区运输车辆管理，降低车辆行驶速度，加盖篷布减少矿区道路扬尘，减少二次污染，做好矿山从业人员管理，规范矿山生活区垃圾收集处理。6月11日，市生态环境保护工作领导小组在督查过程中发现峡口镇曹大沟和青铜峡镇卡子庙区域矿山企业在生产经营过程中存在安全隐患、扬尘污染、乱堆乱放等环境污染问题，召开青铜峡市矿山及养殖企业环保问题约谈督办会。按照约谈督办会精神，立即下发限期整改通知书，责令进行整改，落实整改措施。

【矿山恢复治理】 2021年2月，青铜峡市自然资源局根据《关于开展历史遗留废弃矿山认定 切实做好废弃矿山恢复治理工作的通知》对全市废弃矿山进行认定。截至年底，核查矿山数量57个，总面积149.36公顷。其中，有明确治理恢复责任主体废弃矿山46个，面积1.05公顷；历史遗留无责任主体废弃矿山11处，面积148.31公顷。全市46个有明确治理恢复责任主体废弃矿山采矿证全部到期停产。其中，未开采5个，已经恢复治理26个，正在恢复治理7个，未恢复治理8个。组织实施贺兰山东麓牛首山历史遗留废弃矿山生态修复项目，项目实施内容为矿区废弃建筑物拆除、废弃矿山开采面削坡、采矿场地平整、部分地带撒播草籽。将矿山用地恢复成设施农业用地、工业用地、天然牧草地、宜林地等。截至10月31日，完成工程量的60%以上。组织对青铜峡市聚力源新型建材有限公司砖瓦用黏土矿、青铜峡市长通矿业有限责任公司建筑石料用灰岩矿、吴忠市文广商贸有限公司取土场、青铜峡市金宝砖厂砖瓦用泥岩矿等4个采矿点进行生态恢复治理验收。

【地质灾害防治】 2021年，青铜峡市自然资源局加强地质灾害隐患点排查治理，全市重点地质灾害隐患监测点共6处（峡口镇马车沟、青铜峡镇大沟井沟、树新林场大沙沟、邵岗镇马莲沟、榆树沟、磨石沟）。全年组织地质灾害隐患点排查24次，摸排地质灾害易发地段山洪泥石流沟道18条，张贴地质灾害防治通知单20处。在古峡广场、新百广场组织地质灾害防治宣传活动3次，印发地质灾害防治宣传单1300份。完善预警体系。建立健全市、镇、村、组四级群测群防体系，落实安全预警及监管责任，全市各镇、农林场、库区保护区配备专兼职监测员202人。与市气象局共同组建特殊天气灾害预警预报联合发布机制，在全市各单位、社区、人口密集区域设置天气预报电子屏，24小时不间断滚动播出未来24小时、48小时天气预报。借助地质灾害预防"一信通"平台，建立地质灾害、森林草原防火等预警信息发布机制，及时收集、发布灾害预警信息。通过青铜峡气象预报预警信息发布群、青铜峡市矿山管理群微信平台，及时收集、发布灾害预警等信息，提醒社会各界提前做好防灾减灾准备，做到早报告、早预防、早处理，减少损失。

林草湿地管理

湿地管理

【湿地保护宣传与监管执法】 2021年,青铜峡市库区湿地保护建设管理局强化日常监管,将保护区沿线重点部位实行网格化管理,分片包段,责任落实到人。加强重点时段、重点区域督查、巡查,确保巡查不留死角,不出空当。加强湿地安全生产管理,完善《青铜峡库区防汛及水域安全应急预案》,加大黄河、湖泊、河道水情监测频次,发现问题及时采取措施,确保防汛安全。开展宣传活动,全年开展各类湿地宣传活动5场(次),网络知识答题参与者1000余人,征集各类作文、绘画等作品200余份,各级各类媒体报道40余次。接待来访团体、调研活动9次,累计400余人次。2021年,开展"清风行动",处置30余起野生动物违规活动,劝退违钓人员20余人次,清理偷牧羊只1500余只,向周边种植户、养殖户发放《通告》《禁牧告知书》2500余份。开展保护区人类活动整治工作。开展黄河流域滩地治理和"绿盾"专项行动,全年共制止保护区内侵占湿地违法行为3起,杜绝违法耕种湿地500余亩,排查整治问题点位30个,拆除违建设施6处。

【湿地修复】 2021年,青铜峡市库区湿地保护建设管理局加强湿地水质监测。联合青铜峡市生态环境局水质监测站开展水质检测,及时采取生态补水措施确保水质达标。建设鸟类食源地,在水鸟栖息主要水域投放水稻500余斤,在保护区防火隔离带尝试性播种小麦、葵花等鸟类易食种子,缓解鸟类迁徙期食物短缺问题。开展疫源疫病监测,全年累计开展监测活动210余次,联合自治区、吴忠市业务部门采集野鸟咽肛拭子110余份,准确掌握野生动物疫情情况。对现有实验室进行改造升级,新建野生动物诊疗室一间,新增试验台一组,提高疫源疫病监测能力。

【火情防控】 2021年,青铜峡市库区湿地保护建设管理局建立联防联控机制,压紧压实保护区各有关单位防火主体责任,严格落实领导干部"分区包片包抓"防灭火责任制。开展"安全生产月""防火宣传月""扑火安全警示教育整治周"等活动,不断强化干部职工安全意识,牢固树立"人民至上、生命至上"理念。针对春季农事活动频繁和清明节期间祭祀活动增多的现象,严格管控保护区外围500米范围内村民生产生活用火行为。对保护区内14处坟地的祭祀活动实行登记管理,引导群众文明祭祀,确保祭祀活动不引发火灾事故。

【项目规划编制】 2021年,青铜峡市库区湿地保护建设管理局按照自治区、吴忠市关于建设黄河流域生态保护和高质量发展战略要求,编制《青铜峡库区湿地自然保护区2021年中央财政林业补助资金——珍稀濒危野生动物保护项目》《2021年中央财政湿地补助资金——青铜峡库区国家重要湿地项目》《宁夏青铜峡库区湿地自然保护区2021年度湿地保护恢复建设项目》《青铜峡库区湿地自然保护区总体规划(2021—2035)》《青铜峡库区湿地自然保护区综合科学考察报告》《青铜峡库区湿地自然保护区范围和功能区调整论证报告》和《自然保护区范围调整、功能区调整申报书》,青铜峡库区湿地自然保护区范围及功能区调整得到自治区人民政府批复,为牛首山抽水蓄能项目顺利实施提供必要条件。开展库区鸟类图谱编修工作，配合自治区鸟类专家对库区湿地野生鸟类种类进行准确统计，编修《青铜峡库区湿地自然保护区鸟类图谱》。

【生态保护项目建设】 2021年，青铜峡市库区湿地保护建设管理局投资454万元实施建设重点生态保护项目6个。建设内容主要有基础设施建设、高清视频监控系统、生态环境监测站设备、无线传输及供电、生态语音视频监测设备、移动检测设备，指挥中心及机房设施，系统平台及硬件支撑系统。2020年中央财政第二批湿地保护补助资金100万元建设宁夏青铜峡鸟岛国家湿地公园湿地保护恢复项目，主要建设湿地恢复工程、湿地监测。实施青铜峡库区保护区南段森林草原防火应急救援通道及中心湖东岸塌陷湖堤抢修工程；青铜峡库区湿地自然保护区2021年中央财政林业补助资金投资50万元建设珍稀濒危野生动物保护项目；2021年中央财政湿地补助资金200万元建设青铜峡库区国家湿地项目，建设内容为湿地监测、湿地管护。实施青铜峡库区管理局"我为群众办实事"排水涵管及过水路面维修项目。

(史占军)

草原监理和执法

【禁牧封育】 2021年，青铜峡市把禁牧封育工作作为一项政治任务，市政府与各镇场签定草原禁牧封育目标责任书，纳入年度效能考核。落实禁牧封育及森林草原防火责任管理一张图，将责任落实到人。加大禁牧封育和森林草原防火宣传力度，制作禁牧封育和森林草原防火宣传条幅50幅，发放禁牧封育和森林草原防火宣传品2000份。严格落实禁牧封育、森林草原防火网格化管理责任表册，做到事有人干、责有人担，全市落实镇、村、组、护林员四级禁牧封育和森林草原防火工作人员890人，进行全天候不间断的巡查、检查。依托"高空卫士"监控平台对放牧羊只实施全天候监控，加大对"高空卫士"禁牧监控平台发现偷牧羊只的快速反应和处罚力度，发现一起，处置一起。市禁牧办加大对各镇（场）的督查力度，及时督促各镇（场）进行处置，偷牧羊只得到有效遏制。全年出动禁牧封育和森林草原防火车辆1256车次，5024人次，拆除临时搭建圈舍7处，教育、告诫、劝回草原林地、农田、林带、羊只342群次，驱赶马匹41群次。

【森林草原防灭火】 2021年，青铜峡市自然资源管理局提高安全生产及防火工作重要性的认识，坚持安全就是发展的理念和"宁可千日无火，不可一日无防"的防火工作理念，落实安全生产和防火责任，细化安全生产和防火工作措施，确保森林草原防火安全。青铜峡库区是自治区级自然保护区，森林草原涉及安全生产的工作重点是以湿地资源保护和森林草原防灭火工作为主，树新林场、滨河林场及铝厂电厂林地是重点林地单位。成立安全生产领导小组和森林草原防火工作领导小组，将辖区重点防火责任单位负责人，纳入森林草原防灭火领导小组成员，库区、各镇场成立以护林员或招聘人员为主要力量的巡防队，库区、树新林场公开招聘防火队员60人，在保护区、林场主要入口设立检查站10个，根据片区安排人员24小时开展值守巡护，适时排查火灾隐患，严控保护区周边野外用火行为，明确库区、各镇场及相关有林有草单位安全生产及防火责任，全面分析研判安全生产及防火工作面临的严峻形势，探讨解决存在的突出问题，强化库区、各镇场及有林有草单位安全生产及森林草原防火意识，组织召开库区、各镇场及有林有草单位安全生产及森林草原防火工作会议，层层签订防火目标管理责任书，落实安全生产责任，做到安全防火工作有人管，责任有人担，确保森林草原安全生产不出任何事故。库区自然保护保区内湿地水生植被丰富且覆盖量大，树新林场、滨河林场及铝厂电厂林地进入秋冬季枯枝杂草蓄积量繁多，安全防火压力巨大，入冬以来雇佣割草机车、组织全体防火巡查队员利用人工对保护区内防火隔离带、巡护道路等重点防火区域内的可燃物进行割除清理，形成网格化火灾阻隔系统，防火期来临之际，加强保护区入口管理，安排巡防队员24小时在保护区各入口、重点防火区域值班巡查，严禁闲杂人员进入保护区，确保库区防火安全，加强对库区防火巡查队员的管理，划分片区落实巡护责任，保证巡查责任到人，实行网格化管理，加大对围栏外围农事用火监控力度，做到防火监控无盲区死角。充分利用"高空卫士"监控平台，加强森林草原重点区域防火预警监测。库区、树新林场视频监控、瞭望塔、地面巡查等手段全方位开展火灾预警监测，及时掌握保护区周边人员活动及用火情况，努力做到第一时间发现火情，第一时间报告火情，第一时间处置火情，实现"打早、打小、打了"的目标，防止小火酿成大灾。加强物资储备和机具的检修工作，将原有储备的草原防火物资下拨各镇场及相关单位，要求各镇场及相关单位定期组织对库存森林防火物资进行清点维修，对短缺物资及时进行购置补充，对备战扑灭火机具逐件检查维修，时刻保持临战状态，确保能拉得出、用得上、打得赢。加强森林草原宣传教育。录制相关森林草原防火法律法规及湿地资源保护法律法规，各森林草原重点防火单位利用监控语音系统定时播放，利用电子屏滚动播放安全生产及森林草原防火标语，在保护区重点地段悬挂防火预警旗，营造安全生产及防火宣传氛围，印制防火宣传资料、防火宣传围裙、纸杯、抽纸、文件包、水杯、防火宣传作业本等防火宣传品，向保护区周边群众发放，提升周边群众安全防火意识。严格值班值守，强化应急处置，落实24小时值班和领导带班制度及安全生产零报告制度，及时、准确、规范地报送火情，确保信息上传下达及时、畅通、高效，杜绝脱岗、漏岗、离岗现象。

【违法行为查处】 2021年，青铜峡市自然资源局加大对非法开垦草原，滥采乱挖，破坏草原植被的违法行为查处，市相关单位及各镇（场）共出动48车次，执法人员168人次，加大对非法开垦草原植被，非法种植压砂瓜行为进行严厉打击。

【草原征占用审核审批】 2021年，青铜峡市自然资源局加强草原征占用审核审批工作，合理有序利用草原事关生态文明建设，全年上报自治区审核审批草原用地7宗，占用牧草地约1898.61亩。

【草原生态修复治理】 2021年，青铜峡市争取自治区林业和草原局草原生态修复治理资金200万元，实施退化草原生态修复1万亩。并按照国家林业和草原局、自治区林业和草原局、自治区草原工作站下达青铜峡市草原植被综合覆盖度监测任务及要求，组织技术人员在全市开展草原植被监测，完成草原监测样地8处，监测样方24个，监测数据按要求全部上报国家网络数据系统。

生态建设及林场管理

生态林建设

【概况】 2021年,青铜峡市生态建设工作围绕自治区林草局推进大规模国土绿化行动目标任务,着力构建黄河岸边、路网田间、贺兰山下、牛首山边四道生态防护林网体系,打造黄河流域生态保护和高质量发展的坚实生态屏障。全市完成营造林任务2.66万亩,其中完成新造林1.05万亩,完成生态经济林0.73万亩,完成未成林抚育提升及退化林分改造0.88万亩。森林覆盖率达到14.8%。

【生态林管理】 2021年,青铜峡市建立林长制责任体系,划分12个市级林长责任区,设立24位市级林长,建立青铜峡市三级林长制体系。林业有害生物实际发生面积为8.38万亩。其中,轻度发生面积7.55万亩,中度发生面积0.53万亩,重度发生面积0.3万亩;成灾面积15亩,成灾率0.52‰,低于4‰。无公害防治作业总面积8.38万亩。其中,臭椿沟眶象1.3万亩,苹果蠹蛾0.5万亩,刺吸式害虫6.58万亩;无公害防治面积7.88万亩,无公害防治率达94.03%,高于下达指标91%。预测发生林业有害生物8.5万亩,实际发生面积为8.38万亩,测报准确率98%,高于下达指标91%。

【湿地保护修复】 2021年,青铜峡市湿地保护修复5.41万亩,实际完成退耕还湿0.81万亩,纳入保护湿地面积20.8万亩,湿地保护率达到70.4%。完成黄河宁夏段流经青铜峡市69公里河道及河滩地土地利用状况调查,涉及5个镇12个村和库区湿地管理范围河道和滩地,面积为16.29万亩,其中河流水面35373.04亩,127503.86亩。2021年按照黄河治理要求,完成3000多亩国有耕地和影响行洪的林地退出。

【义务植树】 2021年,青铜峡市完成青铜峡镇同进村防护林建设项目、鸽子山葡萄基地北侧防护林建设项目、晓鸣禽业西侧防护林建设项目、青铜峡市鸽子山茶庙路及西鸽酒庄道路防护林建设项目、甘城子葡萄基地防护林建设项目、青铜峡市新材料基地南侧防护林建设项目、青铜峡市乌玛高速东侧青铜峡镇同兴村段防护林建设项目,完成造林面积5000亩,投入资金2251.44万元。

【移民村经果林产业提升】 2021年,青铜峡市组建专家服务团队开展林果技术指导服务25场次,培训果农1000余人次,着力推进以苹果为主的经果林,面积达到6.7万亩。加快建设以苹果、大青葡萄为主的绿色食品产业基地,围绕小坝镇先锋村等区域推广建设大青葡萄避雨控病标准化示范基地500亩;围绕农村庄点巷道、庭院等区域,推进发展以小杂果为主的庭院经济,打造以桃、李、杏等小杂果为主的特色林果村20个。重点围绕青铜峡镇同进村等移民村和邵岗镇甘城子等苹果产业带建设以苹果为主的高标准生态经果林基地7300亩。同进村完成5020亩(其中,桃300亩)以苹果为主的经果林栽植任务,栽植苹果、桃等经果树40万株。基地采用4米×2米及5米×2米宽行窄株距现代苹果矮化密植建园模式,便于机械化作业,同时配套果园滴管和水肥一体化水肥管理系统,土壤管理采用生草覆盖生态果园管理模式,优新品种+现代果园管理技术,可实现定植两年见花见果,三年初结果,四年形成初步产量,五年亩产3000公斤的目标，改变传统乔砧苹果建设周期长、结果迟和 M9T337 矮砧苹果根系不抗寒的难题，为生态移民富民产业增添新的动力。甘城子村被自治区领导列为包抓示范点，市自然资源局与邵岗镇及甘城子村领导沟通协调，以发展林果产业为抓手，以提升改造甘城子人居环境为突破口，拆围建绿，对原有树木修枝抚育，并重新因地制宜地栽种绿化树种，截至 11 月上旬，投入资金 853.86 万元，完成叶甘公路绿化改造提升工程，栽植各类苗木 10.94 万株。其中，栽植乔木树 4.94 万株，种植各类花灌木 6.0 万株，拉运土方 1.648 万立方米，种植草坪 8.18 万平方米。完成改造提升老果园节水灌溉主管及田间滴灌工程 500 亩，种植经果林 200 亩，调运经果林苗木 2 万多株。完成果园护栏 3760 米。

【生态屏障建设】 2021 年，青铜峡市实施贺兰山东麓西部生态屏障建设工程，围绕贺兰山东麓与内蒙古交界、酿酒葡萄基地与部队靶场交界、110 国道沿线酿酒葡萄基地等区域，采取工程项目与义务植树相结合方式，组织全市 5000 余名干部职工和群众集中 10 余天时间集中完成义务植树造林绿化 5000 亩，栽植新疆杨、速生杨、樟子松、紫穗槐等各类苗木 47 万余株，着力打造贺兰山东麓与内蒙古（部队靶场）交界防护林网、酿酒葡萄基地防护林网、110 国道沿线防护林网等三条贺兰山东麓生态屏障，推进文化旅游与葡萄产业融合发展。实施农村庄点绿化美化提升及引黄灌区农田林网建设工程，围绕全市村庄规划布局，充分利用农村人居环境整治拆迁空地及巷道和庭院空地进行植绿补绿，完成庄点绿化 5000 亩，把每个庄点打造成为"小菜园、小果园、小游园"，达到"以绿治乱、以绿治脏、以绿治丑、以绿制胜"的绿化美化效果，着力改善农村人居环境，推进乡村周边森林化，村内道路林荫化、村民庭院花果化，打造"村在林中、路在绿中、房在园中、人在景中"的美丽乡村宜居环境。在全市 8 个镇 2 个农（林）场实施引黄灌区农田防护林建设工程，完成低产林分改造提升 8000 亩，完成未成林补植补造 7500 亩，打造引黄灌区平原绿网建设样板区。

【实施"两山"生态保护修复工程】 2021 年，青铜峡市围绕贺兰山东麓、牛首山实施贺兰山东麓牛首山历史遗留废弃矿山生态修复项目（一期），采取废建筑物拆除、削坡放坡、场地平整和撒播草籽等工程措施完成生态修复面积 7000 余亩，完成投资 3050 万元。采取社会投资方式实施邵岗镇、树新林场国土综合整治项目，完成地形地貌整治、沟道治理、灌溉、田间道路、农作物种植等工程，平整新增耕地（水浇地）1 万余亩，建设投资达 1.3 亿元。

【疫病监测防治】 2021 年，青铜峡市对全市 0.87 万亩次寄主树种实施 100% 监测覆盖，统防统治苹果蠹蛾 0.5 万亩，防治食叶害虫、枝梢和顶芽害虫 6.58 万亩。落实松材线虫病和美国白蛾疫情监测、普查工作，抽检普查全市苗木 515 万多株，产地检疫苗木 3466 亩，产地检疫率 100%，办理产地检疫证 265 份，检疫苗木 220 余万株；办理调运检疫证 1100 份，检疫苗木 515 万株，其中出省检疫苗木 294.5 万多株；省内检疫苗木 220.5 万株。

树新林场

【公益造林】 2021 年，树新林场完成鸽子山北侧防风林带义务植树基地 500 亩新造林任务，补植造林 2200 亩，实施退化林分提升改造 2373.2 亩，栽植各类苗木 5 万余株。与 9 个责任单位对接做好 550 亩义务植树基地灌水管护工作。完成 2085 亩政府购买社会化服务公益林管护的实施工作，全面提升全场森林资源经营质量及管理水平。

【苗圃繁育】 2021年，青铜峡市树新林场投资90万元，续建刺槐种子园300亩、新疆杨采穗圃225亩、刺槐母树林90亩、种质资源收集区30亩、良种示范林400亩；新建良种示范林150亩、良种繁育区15亩，完成刺槐种子园修剪、新疆杨采穗圃扦插、种质资源收集区新品种收集嫁接、良种示范林施肥、刺槐母树林间伐清杂等工作，夯实种苗工作基础。

【粮食酿酒葡萄种植】 2021年，青铜峡市树新林场种植水稻1380亩、玉米6189亩。同时，采取有效措施，积极引导职工做好农业面源污染防治工作。配合青铜峡市葡萄办完成鸽子山地区新栽植葡萄11965亩，完成维加妮酒庄、鼎昌酒庄和皇蔻酒庄低产园提质增收2125亩。

【养殖业】 2021年，青铜峡市树新林场奶牛存栏6054头，肉牛存栏3439头，生猪存栏7173头，羊存栏10026只，家禽存栏1260635羽。宁夏隆晟农牧有限公司完成3座标准化生猪养殖圈棚续建任务。

【基础设施建设】 2021年，青铜峡市树新林场争取农村公益事业第二批财政奖补项目，硬化道路2.7公里，平整绿化带1400平方米；针对职工提出的树新分场一队炼油厂东边砌护渠道漏水严重，场里筹集资金3万余元重新砌护渠道286米；对林场辖区内2个污水处理站进行维修改造，经验收合格后已移交青铜峡市住建局聘请第三方进行管理；与青铜峡市城市公用事业服务中心沟通，完成青铜峡市人大代表关于树新林场水暖电移交的建议；完成2019年高效节水灌溉项目区农建1.02万亩，清挖沟道7条4.8公里，整治沿线环境卫生10公里，清运垃圾5吨，秋翻2500亩。

【为民服务】 2021年，青铜峡市树新林场针对职工提出的苗木销售难问题，场领导多方联系帮助职工销售各类苗木约15万株，为职工增加经济收入17万元；与大坝电厂等企业联系，帮助职工销售苹果30万公斤；针对近年来苗木采伐难问题，场领导多次到自治区林业和草原局对接联系，使多年来苗圃地不能采伐的苗木事宜得到解决；发动职工积极参与春季造林活动，增加劳务收入12万余元；与市农业农村局联系，为林场职工免费喷施预防玉米草地贪夜蛾面积1000亩，预防稻瘟病面积500亩，免费为职工实施玉米、水稻机深翻1000亩；针对职工修剪后果树枝梢、苗木枝梢较多无处堆放，林场划定区域集中堆放，并联系有关厂家或个人，提供场地，对枝梢、农作物秸秆、杂草等废弃物进行粉碎处理；针对职工提出的部分生产路面破损，存在出行安全隐患，林场安排专人负责对桥涵和路面进行维修铺垫，方便职工群众出行。针对林场辖区老年人提出身体不便、做饭困难，又没有地方吃饭的问题，建立林苑社区日间照料中心，于6月3日起正式运行，为辖区老年人解决吃饭难问题。对接青铜峡市卫健局，为两户失独家庭办理失独补贴。建设"林苑好人家"积分超市，通过积分制管理建立辖区内常住家庭、居民能够持续参加社区建设的长效激励机制，切实破解社区工作中管理难、组织难、作用发挥难等问题。

【森林防火】 2021年，青铜峡市树新林场全面落实森林防火和秸秆禁烧监管责任。进入森林防火重点时期，树新林场召开专题会议安排部署森林防灭火工作，成立专门的工作领导小组，制定森林防灭火工作方案。清明节期间，在公墓等重要路口设置卡点3处，安排人员全天候值守，对来往车辆和人员进行登记，宣传劝导文明绿色祭祀，并对辖区的坟墓进行摸底排查，在坟头压放宣传单。安装6个高清摄像头对全场区域进行监控,做到全覆盖。临时聘用季节性护林员5人，与重点林区、重点人员签订护林公约，同时组织职工对林区道路两侧的杂草进行彻底清理，调用机车对林地的杂草进行清除，最大限度地消除森林防火安全隐患。制定完善秸秆禁烧实施方案和具体措施，形成上下联动、部门协调、总场分场社区联动防控机制，明确总场、分场、社区二级网格化监管范围，层层签订秸秆禁烧工作目标责任书，将监管责任落实到具体单位和个人，确保每个片区都有监管责任人。加大禁烧禁牧工作处罚力度，发现一起查处一起，绝不手软，以严厉的处罚措施促禁烧禁牧工作的好转。

【**重点项目**】 2021年，青铜峡市树新林场投资90万元。完成中央财政林业改革发展资金项目计划2021年林木良种培育补助项目——青铜峡市树新林场国家刺槐新疆杨良种基地建设。基地建设总规模1075亩，其中刺槐种子园300亩、母树林90亩、采穗圃225亩、示范林400亩、收集区30亩、繁育圃30亩；投资120万元完成中央财政林业改革发展资金项目计划2021年森林抚育补助项目——青铜峡市树新林场2021年中央财政森林抚育项目，建设天保工程区采取补植、卫生伐、修枝、除草和浇水措施进行综合抚育10000亩；投资179万元完成鸽子山葡萄基地北侧防护林配套项目，建设418亩防护林配套工程，含平整场地278743平方米，种植沟开挖62348米，铺设节水滴管管网34613米及相关配套建筑物；投资195万元完成鸽子山葡萄基地北侧植树基地水利配套项目，新建泵房一座26.88平方米，安装泵房机电设备和过滤设备各1套，铺设节水滴管管道46760.36米，配套各类建筑物64座，完成土方工程40584.75立方米（含整修生产作业道路土方3080立方米）；投资156万元完成2021年第二批农村公益事业财政奖补项目，绿化14000平方米,硬化道路2公里。

生态环境

编辑 ◎ 韩 汀

环境监管

【概况】 2021年,青铜峡市环境保护局坚持以改善环境质量为核心,全面强化大气、水、土壤污染防治,全市环境质量持续稳定提升,坚决守好改善生态环境生命线。印发《关于全面加强生态环境保护坚决打好污染防治攻坚战的实施方案》《关于在建设黄河流域生态保护和高质量发展先行区中干在先走在前的实施方案》等措施文件,成立青铜峡市委、市政府主管网格化体系,构建形成责权统一、多元共治环境保护工作格局。截至12月26日,全市城市环境空气质量有效监测天数356天,优良天数292天,占比82.02%;PM_{10}浓度60微克/立方米,$PM_{2.5}$浓度27微克/立方米。黄河青铜峡段出入境断面保持Ⅱ类进Ⅱ类出,罗家河入河口、南干沟利青段面、第一排水沟青铜峡至永宁段水质总体保持在Ⅳ类,4个城市饮用水源地水质符合地下水Ⅲ类水质标准。

【环保责任落实】 2021年,青铜峡市环境保护局落实《青铜峡市党委和政府及有关部门生态环境保护责任》,将生态环境保护责任落实情况作为领导干部离任审计重要内容,并将生态环保工作纳入年终考核,推动各项任务落实落细、落地见效。全年召开市委常委会、政府常务会各18次、专题会议20余次研究部署生态环境保护工作,党政主要负责人深入一线,现场督办解决大气、水、土壤污染防治和农村污水治理等问题30余次。

【推进改革创新】 2021年,青铜峡市环境保护局抢抓被确定为全区用水权改革重点县机遇,大力开展用水权改革,在全区率先建成二级市场交易平台,年内交易水权指标1500万立方米,实现收益1.6亿元,磋商市内水权交易4笔227万立方米;土地权改革落实土地指标跨省交易2472亩,预计实现收益9888万元;排污权改革首批40家重点企业初始排污权完成核算上报;山林权改革清理林权证275本328宗地,林权抵押融资贷款370万元,全年新增国家级高新技术企业4家,自治区小巨人企业6家、科技型中小企业4家,全社会R&D经费投入强度达2.61%,位居川区六县第一。

【环保督查问题整改】 2021年,青铜峡市环境保护工作坚持把中央、自治区环保督察问题整改作为重要政治任务,成立领导小组,制订整改方案,坚持不降标准、不打折扣、不走过场,通过督办及专项整治逐个销号落实。2020年自治区党委生态环保督察反馈意见34项,整改29项,完成率85.3%,

转（督）办件21件全部整改到位、完成率100%；2021年自治区党委生态环保专项督察反馈问题29项，整改26项，完成率89.7%，转（督）办件5件，整改4件，完成率80%。截至12月19日，配合第二轮中央生态环保督察组调阅资料16批次31项223件，收到自治区转交群众信访投诉件40件，办结29件。针对中央生态环保督察期间群众集中反映较为突出的大气污染、矿产资源盗采、畜禽养殖及垃圾固废倾倒堆存问题研究制订《专项整治方案》，在全市范围内开展为期1个月的专项整治行动。

【国务院第八次督查反馈问题整改】 2021年，青铜峡市委、市政府针对鸿裕公司越界开采等5个方面问题，立即召开专题会议研究整改，制订整改方案，依法向其下达责令停产整改通知书，并对公司厂区进行全面封闭管控，全力恢复受破坏的生态环境。截至年底，修复非法盗采区域生态土地2192.25亩，加固修复高压电网铁塔地基13座，迁移2座，依规依纪立案调查涉案人员13人。坚持问题导向，开展大排查大整治专项行动，制订行动方案，全面排查辖区9家矿产开采企业问题31个，全部得到整治。

【环境保护执法】 2021年，青铜峡市环境保护局强化执法队伍业务培训，不断提升监管执法水平。对辖区企业开展专项执法、联合执法，保持打击环境违法行为高压态势。全年累计出动执法人员1543人次，现场检查企业762家次，实施行政处罚案件15件，罚款276.3万元，移送公安机关予以刑事立案1件，未发生重特大环境污染事故。扎实做好舆论舆情处理，受理生态环境信访投诉238件，办结率100%。

【存在主要问题】 2021年，青铜峡市作为全区老工业基地，工业经济倚重倚能、资源利用率偏低等问题尚未彻底解决，工业长期占GDP比重达50%左右，电力、冶金、化工、建材四大高耗能产业占到规模以上工业增加值的87%以上，加快产业转型升级、新旧动能转换、推动经济高质量发展的任务依然艰巨；部分企业扬尘污染问题比较突出，煤炭物流、火电企业封闭式储煤仓建设缓慢，存在原煤露天堆放，加之沙尘天气等因素影响，造成全年空气质量指标有所下降；工业固废充分利用不够，粉煤灰、炉渣、脱硫石膏等废物长期贮存、逐年累积的情况依然存在，造成资源浪费。

污染防治

【水体污染治理】 2021年，青铜峡市组织实施罗家河人工湿地水质改善工程（二期）等新建尾水人工湿地项目2个，开展6个"千吨万人"农村集中式饮用水水源地规范化建设，建立黄河干流及重点入黄排水沟排污口清单，持续巩固提升重点入黄排水沟环境质量。争取上级资金1950万元实施完成8个农村污水处理站建设项目并投入运行，全市农村生活污水处理设施监测实现全覆盖。

【土壤环境管控】 2021年，青铜峡市环境保护局加强涉重金属、危险固废企业土壤环境管控，对金昱元、京成天宝等17家重点企业进行土壤污染监测和强制性清洁生产审核，累计核查点位218个，均无污染地块情况，辖区16家涉放射源企业总体安全可控。开展危险废物专项整治三年行动，严厉打击非法处置危险废物、偷排、超标排放等违法行为5起，危废和医疗废物处置率达100%。加强农业面源污染综合治理，深入推进畜禽粪污资源化利用，规模养殖场粪污处理设施配套率达100%。持续推进农药化肥减量增效、农作物秸秆和农残膜综合利用，测土配方施肥技术覆盖率、秸秆综合利用率、农膜回收率分别达到95%、90.5%和87%。2021年11月，生态环境部通过卫星遥感反馈青铜峡市疑似固废点位8处，已完成清理；通过无人机拍摄反馈疑似固废点位3处，经核查，属于固废点位2处，已清理完毕；属于生活、建筑垃圾点位1处清理完毕。

【清洁能源推广】 2021年，青铜峡市辖区内北京洁源、古峡新能源等项目并网发电，新增装机容量17.8万千瓦；列入自治区"十大工程"的牛首山抽水蓄能电站前期道路项目9月开工建设；在全区率先试点屋顶光伏工作，实施甘城子村等4个"光伏+清洁取暖"示范项目，为农村燃煤替代积累了经验、探索了路径。

【能耗双控落实】 2021年，青铜峡市环境保护局完成32家重点耗能企业节能诊断，提出"一企一策"节能措施，9家企业错峰生产，实施青铝、金昱元等技改项目43个，淘汰落后产能540吨，单位GDP能耗下降2.5%，推动工业向绿色化方向发展。

【大气环境整治】 2021年，青铜峡市环境保护局开展工业炉窑、工业无组织排查整治，4家重点企业编制挥发性有机物"一企一策"治理方案，确定的大气污染重点治理项目，年内完成并投入使用。狠抓扬尘烟尘治理，整合取缔非煤矿山企业12家；强化企业管控，成立重点企业生态环境保护工作专班，强化电力、煤炭物流、固废处置、冶炼等企业工业固废贮存场扬尘综合治理力度。建立机动车排放检测与维修制度，实现"检测—维修—复检"闭环管理。

2021年青铜峡市重点企业大气污染防治项目一览表

序号	项目名称	企业名称	所在位置	建设内容	投资规模	起止时间
1	在线监测设施安装项目	宁夏金昱元资源再生有限公司	白灰窑排放口和兰炭烘干排放口	白灰窑生产设施和兰炭烘干生产设施配套建设在线监测设备（共2套）	83万元	2021年6月至11月27日
2	污染源自动监控设施（CEMS）在线设备	青铜峡市利源实业有限公司	利源公司氧化锌车间尾气吸收塔	烟气在线监测设施3套吸收塔	90万元	2021年3月至2022年1月
3	煤场全封闭环保升级改造项目	青铜铝业发电有限公司	宁夏青铜峡工业园区	对现有煤场采用双跨预应力管桁架结构进行全封闭改造，改造面积为32270平方米封闭式煤棚	6000万元	2021年3月10日至11月30日
4	封闭煤仓项目	宁夏大唐国际大坝发电有限责任公司	青铜峡市大坝镇	对现有煤场采用下弦预应力张弦管桁架体系进行全封闭改造，改造面积为43520平方米封闭式煤棚	8139万元	2021年4月22日至2022年6月30日
5	封闭煤仓项目	华能宁夏大坝发电有限责任公司	青铜峡市大坝镇	对现有煤场采用单跨预应力管桁架结构进行全封闭改造，改造面积为37260平方米封闭式煤棚	8848.17万元	2021年3月10日至2022年6月30日
6	160系列阳极焙烧烟气净化升级改造项目	青铜峡铝业股份有限公司青铜峡铝业分公司	青铜峡铝业分公司焙烧一车间(160)	采用悬浮分离法脱硫工艺，对现有除尘设施进行升级改造	2400万元	2021年10月15日至2022年3月31日
7				采用悬浮分离法脱硫工艺，对现有脱硫设施进行升级改造		
8	宁夏西夏天杰水泥有限公司2500t/d水泥生产线烟气超低排放改造项目	宁夏西夏天杰水泥有限公司	宁夏西夏天杰水泥有限公司窑尾旋窑车间	新建窑尾SNCR脱硝系统1套，改造窑尾除尘器和更换除尘布袋，更换窑尾在线监测设备析仪和增加氨逃逸监测设备；窑头电收尘器改造为布袋收尘器,更换窑头在线监测设备	755万元	2021年6月1日至12月20日

生态保护

【黄河流域生态环境问题整改】 2021年，青铜峡市制定"1+6"整改方案，成立由党政主要负责人任组长的领导小组，组建工作专班，一个问题一个市级领导负责主抓，下大力气整改存在问题。全面完成黄河楼占用河道问题整改，将黄河母亲像平移至黄河河道管理范围之外，全面完成黄河文化园清理整治工作，依法依规清理水上餐厅、游乐设施及周边商铺，完成1747株高大乔木移植，恢复自然生态9万平方米，全力保障黄河泄洪安全。紧盯"挖湖造景"及河滩地被占、整治违反"四水四定"等6个方面问题深入开展排查，整治黄河流域生态环境关联性衍生性问题及其他生态环境风险隐患。按照中央、自治区、吴忠市关于"两高"项目排查部署要求，共排查出在建项目1个，严格按照产业政策，落实错峰生产措施，逐步投产，排查出存量项目13个。

【生态环境修复】 2021年，青铜峡市委、市政府强化黄河河道、滩地整治，9070亩河滩地全部收回，其中1945亩确权耕地全部禁种高秆作物；国土整治修复1.8万亩，栽植营造林3.3万亩，完成自治区下达目标任务的124%，生态修复卓有成效；第二污水处理厂尾水处理、罗家河人工湿地二期投入运行，在全区率先与宁国运签署先行区基金合作项目协议，初步确定3个生态环保项目，从根本上治理环境隐患。

（张广谦）

污水处理

【安全生产管理】 2021年，青铜峡市污水处理中心在第一污水处理厂、中水厂、第二污水处理厂、第三污水处理厂的日常运行维护中，突出作业环节的安全防范措施落实。通过定时巡检和临时排查相结合，及时清除各种安全事故隐患，杜绝安全事故的发生，确保设备设施安全稳定运行，全年召开安全生产会议50次，进行安全生产培训4次，专业知识培训1次，对设备进行维修保养70余次，组织安全隐患大排查20次，发现并排除安全生产隐患72余处。

【污水处理排放】 2021年，青铜峡市污水处理中心第一污水处理厂处理污水569.4万立方米，向大唐大坝发电有限公司输送中水220.6万立方米，实现COD减排1356吨，氨氮减排150.7吨；第二污水处理厂处理污水44.8万立方米，实现COD减排190.2吨，氨氮减排29.3吨；第三污水处理厂处理污水141.2万立方米，实现COD减排250.3吨，氨氮减排21.7吨。全年采样2390个，化验302次，COD、氨氮、总磷、总氮达标排放率均达到96%以上。为防止城市东区涉水企业超标排放，增加第一、第二、第三污水处理厂进水负荷，导致微生物中毒，生化系统崩溃，先后对嘉宝园区涉水企业排查71次，第二污水处理厂周边涉水企业排查33次，第三污水处理厂周边涉水企业排查25次，发现问题及时上报相关主管部门；排查入黄口、西排沟、团结沟、南干沟等受纳水体污染物主要指标19次，并对氨氮、总氮及总磷进行撒药降解共10余次；对罗家河人工湿地每月两次采样化验进行监测，确保中心泵站排往湿地的废水达标排放。

【污水处理项目建设】 2021年，青铜峡市污水处理中心主要承担第一污水处理厂出水管道改造工程(出水稳定塘部分)和第二污水处理厂及河东区污水处理厂尾水人工湿地一期工程(剩余部分)的续建任务，以及第二污水处理厂尾水提升工程和青铜峡市南二沟水质提升项目的新建任务。第一污水处理厂出水管道改造工程(出水稳定塘部分)，稳定塘部分概算投资1457.55元，于3月开工建设，年内完成项目主体工程，水质展示区水生植物计划2022年种植。第二污水处理厂及河东区污水处理厂尾水人工湿地一期工程(剩余部分)，3月10日复工，年内潜流湿地水草种植完成、表流湿地水草完成、绿化完成，项目已进行调试运行、水草养护。第二污水处理厂尾水提升项目，工程建设规模及主要建设内容为在原第二污水处理厂厂区内新建提升泵站一座，规模为1万立方米/天，沿立马公路敷设输水管线3.3公里。工程概算投资1315万元，争取中央资金支持500万元，自治区统筹资金500万元。8月，项目开工建设。截至年底，工程进度投资完成500万元，基础完成100%，主体完成50%。青铜峡市南二沟水质提升项目，项目建设规模及主要内容为利用南二沟建设表流湿地，总长520米；改造第三污水处理厂部分设施，规模为4000立方米/天，主要新建进水池及在线监测房、深度处理车间、反洗水池各1座，配套建设半地下水池等。项目概算总投资1184万元，年底在线监测室土建完成100%，电气完成50%，深度处理车间基础完成100%。

【公共排污设施维护】 2021年，青铜峡市污水处理中心落实每月两次定期巡检制度，在重大节日及下雨等特殊时节由主要领导带队，组织生产技术科进行重点巡查。对破损井圈、井盖及时更换，对排水管网疏通清淤，确保排水管网通畅。定期、不定期组织对全市排污设施进行排查，在日常公共排污设施维护、维修过程中，为施工单位作业提供有毒有害气体检测，保障施工人员安全，对排查出存在安全隐患的公共排污设施进行及时维修，确保排污设施维修的安全。全年对城市东区排水管网巡查38次，对河东区排水管网巡查50次，对河西区排水管网巡查33次。同时，结合卫生城市创建工作，对排水系统、检查井、雨水箅子挨个进行摸排检查，更换下水井盖57个、雨水箅子46个；对纬四路排水井清淤1次，小坝森林派出所化粪池清淤1次，银河广场东北角十字路口排水井疏通清淤1次，新宁广场红绿灯路口西侧疏通清淤1次，东港华庭小区南门排水井疏通清淤1次。

科技·教育

编辑◎韩 汀

科学技术

科技服务

【概况】 2020年，青铜峡市全社会R&D经费支出3.43亿元，投入强度达到2.61%。技术合同成交额1.1亿元。实施石墨烯基隔热防腐涂层材料研发关键技术及应用等重点研发项目3项，钝化氧化锌技术研发等一般研发项目15项；科技创新后补助项目38项；科技特派员专项22项、科技服务类项目11项、乡村振兴引进示范项目6项。共获批项目资金2588.83万元。全年培育认定国家高新技术企业4家，区外引进培育国家高新技术企业1家；认定自治区科技小巨人企业6家；备案自治区科技型中小企业20家；认定自治区农业高新技术企业3家；认定自治区农业科技示范展示区1家；柔性引进科技创新团队1家；培育建设各类科技平台3个；开展东西部合作项目25项，引进华中科技大学教授毛宽民、宁夏大学教授张东峰两个专家团队与10家企业建立产学研用紧密合作关系。组织20家科技型企业参加第十届宁夏创新创业大赛，取得一等奖1个、三等奖2个；宁夏法安德药业有限公司、宁夏鼎辉科技有限公司参加第十届中国创新创业大赛，取得优胜奖。全年发放科普宣传材料、展品20000多份。

【政策落实】 2021年，青铜峡市深入落实自治区创新驱动"30条"和青铜峡市创新驱动"17条"，突出政策引领，强化资金保障，稳定科技项目前支持、后补助、间接投入等支持方式，鼓励支持企业自主、联合开展技术攻关，共建创新平台，构建创新联盟，激励创新主体的研发投入。

【培训辅导】 2021年，青铜峡市举办R&D经费投入统计与科技创新政策解读培训班4期，邀请宁夏技术市场相关专家围绕科研项目立项、费用归集处理、加计扣除政策等进行培训讲解和现场交流互动，提升企业研发经费归集工作的水平和质量。

【企业扶持】 2021年，青铜峡市科技局深入规模以上企业开展2020年度全社会研究与试验发展（R&D）投入统计填报的政策宣传、项目整理、研发投入辅助账建立以及研发资金归集等工作，经国家统计局审核并公告，全市2020年度全社会研究与试验发展（R&D）经费3.43亿元，投入强度达到2.61%，位居吴忠市、川区六县第一。

【科技创新】 2021年，青铜峡市科技局深入重点企业调研挖掘项目创新点，掌握项目申报指南，精准谋划项目，严把材料审核关，按照"需求征集—梳理凝练—智能分析—发布需求—精准对接"的实施路径，采取"征集一批、成熟一批、发布一批、对接一批"的组织方式，聚合优势创新资源，汇集精锐力量，全力突破技术难题。全年组织申报自治区重点、一般研发项目39项，实施石墨烯基隔热防腐涂层材料研发关键技术及应用等重点研发项目3项，钝化氧化锌技术研发等一般研发项目4项；获批自治区企业科技创新后补助项目38项，到位资金2818.83万元。引导全市304名科技特派员围绕优势特色产业，立足科技项目，增强创新创业能力。根据产业需求，主动对接区内外大专院校、科研院所定向选派酿酒葡萄、畜牧养殖、设施瓜菜等领域的专家学者、高层次人才21名加入科技特派员队伍，全部承担科技服务类项目，实现精准对接服务。组织实施2021年自治区科技特派员专项22项，争取项目资金154万元。围绕百万移民致富提升行动重点村产业需求，组织实施科技服务项目11个，争取项目资金55万元。围绕酿酒葡萄产业、绿色食品等领域组织实施乡村振兴科技成果引进示范项目6项，争取项目资金180万元。

【培训宣传】 2021年，青铜峡市科技局以科技成果应用、科技型小巨人申报、高企认定为契机，组织塞上一家、鑫茂祥等10家企业主要负责人赴浙江大学、苏州工业园区等地参加电子信息化产业、创新精神等专题培训班4期；组织开展科普人员能力提升培训，建设壮大科普队伍；组织农业科技型企业、法人科技特派员202人参加青铜峡市县域创新和乡村振兴科技成果推介对接会，农业企业管理、宁夏首届葡萄酒分析检测培训班。组织开展科普项目和科普基地申报工作。全市共有5个社区、2所学校等单位申报2022年科普项目。裕民街道唐源社区获批2021年科普项目1项。组织好2020年科普统计系统填报工作和科技投入调查工作。充分利用全国文明城市创建，文化、科技、卫生"三下乡"，"科技活动周"等时机，通过微信公众号、政务微博转发最新政策信息，组织干部职工开展科技政策和科普知识宣传活动。5月28日，在古峡广场开展以"百年回望：中国共产党领导科技发展"为主题的2021年科技活动周活动，发放科普宣传材料、展品20200份，14家企业展示具有自主知识产权的科技新产品27种。

（撖　钰）

防震减灾

【概况】 2021年，青铜峡市防震减灾工作严格地震监测预报分析制度，全年进行周会商54次，月会商12次。全年完成建设工程项目抗震设防确认35项。对2016年以来重大建设工程开展地震灾害风险隐患排查和抗震性能普查；对2009年5月以来全市学校、幼儿园77个建设项目和医院13个建设项目开展抗震设防专项检查与整治。加快实施地震易发区房屋设施加固工程，完成采集录入信息加固房屋设施638个、新建房屋设施595个。

【防震减灾宣传】 2021年，青铜峡市地震部门不断创新防震减灾宣传方式，加大防震减灾宣传力度，开展一系列的宣传活动。5月12日在古峡广场开展以"防范化解灾害风险，筑牢安全发展基础"为主题的防灾减灾知识宣传教育和应急演练活动，通过发放防震减灾知识手册、地质灾害防治和自救知识手册等宣传品，提高群众防灾减灾意识。结合"7·28"唐山大地震45周年纪念日，向群众普及宣传《中华人民共和国防震减灾法》和《宁夏回族自治区防震减灾条例》法律法规、现场讲解及有奖知识竞答等宣传方式吸引过往小学生和居民群众驻足观看，宣传活动期间共发放宣传资料1500余份，接待咨询群众200余人次。

【抗震设防监管】 2021年，青铜峡市地震部门开展"三服务一推进"实践活动，通过按时办结和主动上门服务，加大建设工程抗震设防管理力度。全年完成地震安评项目1项，办理抗震设防确认项目35项，为全市建设工程提供地震动参数和抗震设计的法定依据。

【震情跟踪监视】 2021年，青铜峡市地震部门印发《青铜峡市震情监视跟踪方案》，安排部署年度震情监视及短临跟踪工作，明确责任，细化措施，强化震情意识，科学部署震情跟踪工作，切实采取有效措施，及时开展异常核实，全力做好震情监视跟踪与研判工作。

【震情监测分析】 2021年，青铜峡市地震部门牢固树立"宁可千日不震,不可一日不防"的震情观念，认真执行上级业务部门的管理规定，全年周会商54次，月会商12次，会商后及时将分析预报意见书面上报主管部门，为地方经济发展社会稳定做好服务。

【抗震设施能力建设】 2021年，青铜峡市地震部门印发《青铜峡市抗震救灾指挥部办公室关于开展全市房屋设施抗震设防信息采集和建立动态更新机制工作通知》，切实做好全市加固和新建、改建、扩建房屋设施数据信息采集工作。按照方案要求和任务分工，组建本辖区各领域信息采集员队伍，完成软件新用户注册工作，全市有122名采集员报上级部门备案。采集2018年10月10日至2020年底完成加固和2020年度新建、改建、扩建的所有居民小区、大中小学校、医院、农村民居、重要交通生命线、电力和电信网络、水库大坝、危险化学品厂库、应急避难场所等房屋设施抗震设防信息。全年完成采集录入加固房屋设施工程数量638个、新建房屋设施工程数量595个。指导督促各行业管理部门抓好相关工作落实，强化协调联动，保障信息共享，形成工作合力。组织做好信息采集、汇总、上报，确保数据的真实性、准确性，全面提升地震易发区房屋设施抗震能力，切实管控地震灾害风险，消减地震灾害风险隐患。

【地震应急演练】 2021年,5月12日上午10时鸣放防灾警报，全市各单位、学校、社区及人员集中等场所开展地震应急疏散逃生演练活动90余场次，有6万多人参加。

气象测报

【通信系统升级改造】 2021年，青铜峡市气象局争取地方项目资金43.48万元，用于开展26套区域自动气象站通信系统升级改造工作，由2G通信线路板升级改造为4G。提升全市自动气象站数据传输的稳定率,2—10月各站数据传输及时率均为100%。

【质量管理体系建设】 2021年，青铜峡市气象局制定印发2021年观测质量管理体系运行工作方案，明确岗位职责，多次召开观测质量管理体系推进会议，组织学习观测质量相关文件、研究部署观测质量管理体系各项工作，切实发挥内审员职责，建立职责明确、协调有序、标准统一、观测规范、考核有效和持续改进的工作机制。5月，完成观测质量管理体系内审工作，针对内审提出的不合格项和改进工作，扎实推进气象观测质量管理体系建设和运行工作，稳步提升气象观测业务质量。

【应急联动机制】 2021年，青铜峡市气象局与农业农村局、水务局、自然资源局、应急管理局、生态环境局等部门开展调研和座谈会，签订气象灾害应急联动服务协议书，明确分管领导和应急联系人，建立部门气象灾害联合会商机制，实现信息互通共享。年内选派副科级领导在青铜峡市应急管理局交流挂职，双向打通信息共享传输壁垒，增强部门联动质效。

【气象预警服务】 2021年，青铜峡市气象局严格执行24小时值班守班制度、天气会商制度，并规范重大过程决策服务，坚持直报青铜峡市委、市政府主要领导工作机制，为青铜峡市委、市政府主要领导第一时间决策部署提供支撑。1~11月，共进入重大气象灾害应急响应2次，发布预警信号161条，服务共计127512人次，制作发布气象服务材料93期。

【气象工作宣传】 2021年，青铜峡市气象局结合"5·12"防灾减灾日、"科技活动周"、"安全生产月"等科普宣传活动，利用微信、微博等融媒体开展气象防灾减灾宣传活动5次。开展气象工作宣传投稿，《中国气象报》采稿13篇，《今日关注》采稿2篇，气象政务管理信息系统投稿48篇。

【气象为农服务】 2021年，青铜峡市气象局加强气象为农服务工作，重点推进酿酒葡萄和富硒水稻特色农业气象服务工作，联合青铜峡市农业农村局印发联动协议，明确部门职责、理顺工作流程，为全市农业增产增收提供部门合力。成立以农牧、林业专家和镇级农技专干为成员的为农服务专家联盟，提高为农服务的针对性和实效性。结合农时季节，通过气象电子显示屏和预警大喇叭，每天发布常规天气预报2次，气象科普知识2次。围绕"春播、三夏、秋收"农业生产关键时节，成立相关气象服务领导小组，制订农业气象服务方案，及时收集汇总全市农作物播种情况、生长阶段和收获进度，组织气象服务人员认真分析天气变化对农事活动的影响。

【服务酿酒葡萄产业】 2021年，青铜峡市气象局落实自治区乡村振兴和脱贫富民战略，围绕青铜峡市特色产业种植结构，组织开展特色气象服务，印发《2021年酿酒葡萄周年服务方案》，重点推进酿酒葡萄特色农业气象服务工作，结合关键农事期，制发酿酒葡萄专题材料6期、农用天气预报8期，助力农业产业提质增效。

【服务行业发展】 2021年，青铜峡市气象局先后制订印发《青铜峡市气象局决策气象服务周年方案（2021年）》《青铜峡市气象局2021年春运气象服务方案》《青铜峡市气象局2021年春播气象服务方案》，为全市公众与各行各业提供精准预报服务。主动融入地方战略发展，围绕青铜峡市工业园区，布设区域自动气象站，为工业园区产业规划布局提供数据支撑。通过区域站布局调整，实现全市景区气象监测站点全覆盖，结合站点数据和气候变化，编制旅游气候资源分析专报，助力青铜峡市全域旅游提质增效。

【气象助力精准扶贫】 2021年，青铜峡市气象局主动开展产业扶贫直通式气象服务，走访调查温棚种植结构及移民户气象服务需求，将全市移民户联系方式纳入移动云MAS手机短信平台，及时发布预报预警。在设施温棚周边建设区域自动气象站，精准监测移民温棚种植区天气实况，为移民户农业种植增收保驾护航。

【气象保障服务】 2021年，青铜峡市气象局加强与生态环境部门的合作，强化重污染天气联合会商和综合研判机制，每天分早中晚3次发送空气污染扩散气象条件预报，制作发布生态环境专报19期，提高空气污染气象条件预报的预见期和精准度。助力生态环境分局在优良天数、$PM_{2.5}$和PM_{10}三项指标考核中发生逆转，顺利通过考核，生态环境分局拨付5万元以奖代补资金用于感谢气象部门做出的贡献。常态化开展生态修复型人工影响天气业务，抓住有利作业时机，及时开展人工增雨雪和防雹作业，为生态修复增加有效降水。

【防雷监管】 2021年，青铜峡市气象局依托全国防雷减灾综合管理服务平台，充分运用信息化手段探索开展雷电防护安全监管工作，推动"互联网＋监管"，提高监管覆盖面和工作效能。对易燃易爆和危险化学品场所开展安全检查，重点检查雷电灾害防御监管、防雷装置检测资质管理和相关安全制度措施落实情况。结合安全生产专项整治三年行动，组织对全市易燃易爆和危险化学品企业进行防雷安全隐患专项检查3次，检查企业69家，针对检查情况，建立安全隐患台账，对存在安全隐患的企业，加强引导教育，提高气象灾害防御意识。

【施放气球监管】 2021年，青铜峡市气象局对申请施放气球活动的单位，严格审查其资质、资格、施放环境和施放期间的气象条件和其他安全条件，对不符合条件的施放活动一律不得批准。全年完成升放气球活动行政许可3件，并加强对施放现场的核查工作，组织专班开展升放氢气球安全巡查20次，杜绝无证施放、违规施放和安全责任事故的发生。通过移动监管手机APP对11项监管事项进行全覆盖。

（蒋　惠）

教　育

教育行政管理

【概况】 2021年，青铜峡市有中小学（园）72所，在校学生（幼儿）39251名，教师2557名，拥有国家级重点职业中学1所，区级示范高中2所、示范幼儿园3所，是自治区"互联网＋教育"达标县、校园治理达标县。扩大普惠性学前教育资源供给，投入1456.19万元，新建第七幼儿园，增加学位540个；改造提升3所老旧幼儿园，更新完善5所幼儿园生活设施设备，学前教育三年毛入园率达88.51%，公办园在园幼儿占比达88.05%，普惠园覆盖率达100%。推进义务教育学校标准化建设，投入3667万元，对9所学校运动场、22所学校厕所、3所移民学校校舍进行改造提升，更新完善全市中小学教学仪器设备和课桌凳。实施普通高中新高考综合改革项目，投资946万元新建市第一中学5号教学楼。实施"互联网＋教育"建设项目，三年内投入资金6000万元，建成信息化标杆校5所，中小学宽带网络实现全覆盖，"三个课堂"建设实现全覆盖。

【基层组织建设】 2021年，青铜峡市教育局党委实施"党建强魂"工程，推进中小学党组织领导下的校长负责制改革，全市所有学校（园）实行书记校长一肩挑，较大规模学校设置专职副书记。开展星级党组织创建、实施"书记项目"，持续抓好中小学校党支部标准化规范化建设和民办教育党支部"五个一"建设，三星级及以上党组织占比达到60%以上。实施"双建双带"计划，成立教育团工委，建成"教师党校"3所、"青年团校"3所。

【强师工程】 2021年，青铜峡市教育局推进人事制度改革，制订《青铜峡市教育系统"立德强师"工程实施方案》，修订完善《青铜峡市中小学（幼儿园）教职工奖励性绩效工资实施办法》。优化教师队伍结构，招聘事业编教师62人、特岗教师30人、公费师范生9

人，交流轮岗110人。加强教师培训，组织全市100名名师和骨干教师参加"学党史 强基础 提能力"主题培训班，选派160名中小学骨干教师、名师、优秀教师分别赴浙江、江苏、山东等教育经济发达省区培训学习，安排7名校长外出培训、跟岗实践和实地研修，选派"塞上名师"、中小学校长、部分初高中教师到银川、福州、杭州等地培训研修。实施教师入职宣誓制度，建立师德师风承诺、负面清单和失范通报警示制度，严肃查处师德失范行为。推进"三名"工程人才建设项目，组织开展教师全员赛课、创新素养大赛、教师基本功大赛等活动，培养名师、名校长、名班主任100人。

【教育教学管理】 2021年，青铜峡市教育局制订《青铜峡市深化新时代教育督导体制机制改革实施方案》《青铜峡市贯彻落实新时代教育评价改革实施方案》，细化工作任务清单，推进教育督导、评价改革，落实校园治理目标任务，实现中小学（幼儿园）封闭化管理和专职保安配备、一键式报警器、视频监控系统与公安联网、护学岗建设四个100%工作目标，中小学（园）"互联网＋明厨亮灶"智慧监管全覆盖，校园治理保障能力不断提升，经自治区党委教育工作领导小组办公室的验收考核，被确定为全区第一批校园治理达标县。制订《关于进一步规范学校管理切实减轻中小学生课业负担的实施方案》，印发《关于进一步做好"五项管理"贯彻落实工作的通知》《关于全市中小学全面禁止学生将个人手机、平板电脑等电子产品带入校园的通知》，落实教育工委领导、局干部包校责任制，不定期检查抽查学校落实情况；利用两微一端等新媒体手段宣传"五项管理"相关内容，转发教育公众号5篇，点击量达3.5万余次，下发《致家长一封信》3万余份。提升课后服务水平，办好"四点半·阳光学堂"，参与志愿服务党员教师941人，解决近3900个家庭困难，受惠学生达14700余人，全市义务教育阶段学校课后延时服务实现全覆盖。

【民办教育管理】 2021年，青铜峡市加强民办教育机构日常监管，开展民办教育机构年检工作，做好招生备案、教材备案审查等工作。成立民办教育协会，规范校外培训机构管理，成立教育、市场监管、公安、消防救援、民政等各相关部门组成的校外培训机构治理领导小组，建立联席会议制度，联合开展专项检查，召开专项会议3次，夜间联合部门检查3次，实地督导57所培训机构5轮，发放师生调查问卷460份，召开教师座谈会5场次，下发整改通报41份，约谈教师42人次，停业8所，查封2所，取缔2所。

【教育资源配置】 2021年，市教育局制定《2021—2025年青铜峡市幼儿园布局规划》，实施城镇老旧小区幼儿园改造工程，投资207万元为4所新建幼儿园配备生活设施、玩教具等8540件套。实施中小学集中改厕项目，对市第四中学等24学校厕所进行改扩建。实施中小学校舍改造提升工程，投资1353.19万元改造9所学校室外运动场地80145平方米，投资90万元购置饮水设施62套，投资16万元购置学生高低床200套，投资226万元购置学生升降课桌凳12750套，投资218万元购置学生教师用计算机490台，投资99万元购置实验实习设备8111台件套，投资320万元购置音体美器材30226件。同时，加大普通高中基础设施和教学仪器设备投入，实施普通高中校舍改造提升工程，投资1050万元新建青铜峡市第一中学教学楼。撤销大坝中心小学，合并到青铜峡市第五小学唐源分校，推进人数较少的农村初中、中心小学合并为九年一贯制学校。

【教育督导体制改革】 2021年，青铜峡市教育局贯彻落实《关于深化新时代教育督导体制机制改革意见》，加强教育督导，完善教育督导体制机制，做好自治区对市人民政府履行教育职责评价、学校督导评估、教育质量监测和教育重点工作任务专项督导，研究制订中小学校（幼儿园）高质量发展评价体系，落实教学常规和目标责任考核，开展"三深入"活动，实施教学"四清"管理，多措并举做好中高考组织管理，做好国家义务教育质量监测工作，获得全区教育工作奋进奖。

【教育惠民政策】 2021年，青铜峡市教育局做好教育资助，截至年底，各学段共资助10435人次，发放资助资金783.29万元。其中，学前阶段资助880人，发放资助资金90.34万元；义务教育阶段资助3488人，发放资助资金113.13万元；普通高中阶段资助1456人次，发放资助资金118.72万元；中职阶段资助4611人次，发放资助资金461.1万元。落实控辍保学"双线目标责任制"，强化学籍信息化管理，开展"千名教师访万名学生"活动，走访学生26078人，控辍保学实现动态清零。

【公益助学活动】 2021年，青铜峡市教育局为使"希望工程·青铜峡梦想助学基金"更充实，组织全市2580名教职工进行捐款。学前阶段资助880人，发放资助资金90.34万元；义务教育阶段资助3488人，发放资助资金113.13万元；普通高中阶段资助1456人次，发放资助资金118.72万元；中职阶段资助4611人次，发放资助资金461.1万元。落实生源地信用助学贷款政策，签订助学贷款合同2282笔，涉及贷款金额1598.2万元。"燕宝奖学金"受奖励人数744人，每人每年奖励4000元，连续奖励4~5年，涉及金额1190.4万元。金徽正能量公益助学资助家庭经济困难学生15人，每人2000元，共计3万元。

【教育资助工作】 2021年，青铜峡市教育局全面落实各级各类资助政策，累计发放各类资助金1536.20万元，共资助20520人次。其中，学前教育资助1651人次，发放资助金169.84万元；义务教育享受家庭经济困难学生生活补助6916人次，发放资助224.58万元；普通高中资助2473人次，发放资助金193.78万元；中职阶段资助9480人次，发放资助金948万元。办理生源地助学贷款2268笔，发放贷款金额1657.13万元；"燕宝奖学金"奖励744人，共奖励1190.4万元。"十三五"易地扶贫搬迁安置点补助学生204人资金5.5万元，移民村补助学生134人资金4.6万元。对于初中毕业生未能升入高中就读的农村贫困家庭中的"两后生"，鼓励到中职学校就读，按国家政策享受中职助学金和免学费资助政策。

【资源增量达标工程】 2021年，青铜峡市教育局完成上争资金1.44亿元，招商引资4600万元；投入4521万元改善12所中小学办学条件，实施3所移民学校校舍改造提升工程，实施市第一中学教学楼建设项目；争取"互联网+教育"专项资金800万元，建成信息化标杆校5所，23所学校建成智慧教室、录播教室，"三个课堂"建设实现全覆盖。

【规范化管理工程】 2021年，青铜峡市教育局推进"五项管理"，落实"双减"政策，"5+2"课后服务实现全覆盖，学科类校外培训机构压减率达74.28%；稳步提升教育教学质量，高考本科上线率达64.5%，高于全区平均录取率十个百分点，中考录取最低控制分数线位居吴忠市第二，首次实现切块到校零突破。职教中心进入区级"双优学校"行列；承办全区第十一期"互联网+教育"大讲坛，信息化案例——借"云"起舞青铜峡在线教育风景独好获全国在线教育优秀典型案例，"三个课堂"建设应用经验在全区交流。

【改革创新工程】 2021年，青铜峡市教育局推动义务教育优质均衡发展，实施集团化办学改革，19所学校（园）实行联盟化、集团化办学，组建4个智慧学区、11个吴忠市区域内在线互动课堂共同体，实现优质教育资源共享共用。深化教师队伍建设，实施干部教师交流轮岗制度，招聘引进教师106名，校级领导和教师轮岗交流125名；建立政府购买教育服务机制，落实保安岗位149名，学前教育岗位142名。健全完善校园治理体系，实现校园封闭化管理、专职保安配备、一键式报警和网络视频监控与公安联网、护学岗建设"四个100%"的目标。首批进入全区校园治理达标县行列。

【三项建设行动】 2021年，青铜峡市教育局推进党的创新理论"三进"体系建设，成立教育系统百人宣讲团，邀请自治区党校教授辅导讲座4次，教育工委领导带头讲座6次，将党的创新理论体系融入教师的教学体系和学生的价值体系；推进学校党组织"对标先进"建设，三星级及以上党组织达到60%；推进校园治理大数据平台建设，建立教育系统校园安防巡查数字平台，中小学网络带宽接入均达300兆以上，实现无线网络全覆盖。

【四项改革行动】 2021年，青铜峡市教育局在职教中心党组织领导下的校长负责制试点改革基础上全面推行中小学（园）党组织领导下的校长负责制，加强党对教育工作的领导，完善局党组意识形态工作责任制，将意识形态工作纳入局党组议事日程，与业务工作同研究、同检查、同考核，每季度自查1次，半年督查各党总支（支部）1次，确保任务落细落实；推进中小学思政课一体化改革，每学期召开专题会议研究思政课建设问题，建立学校书记、校长抓思政课机制，每学期听课、讲课不少于4课时；配齐思想政治理论课教师，举办暑期思政课教师培训班2期，培训500余人，依托宁夏教育云平台，组织开展"同上一堂思政课"活动，推进思政课优质资源全覆盖；推进医教协同改革，建立并完善43个医校协同体，按标准配备校医，建立学校卫生室、保健室，配齐卫生设施器材；推进学校食堂管理改革，落实学校食堂大宗食品公开招标采购制度，设立专职食品安全管理员，38所中小学（园）实现明厨亮灶，加强食品采购加工制售全过程安全监管。

【五项全覆盖行动】 2021年，青铜峡市教育局推进民办学校党的组织和工作全覆盖，建立向民办中小学校选派党组织书记兼任政府教育督导专员制度，成立民办党支部2个，联合党支部1个，配备民办联合党支部书记1名。推进学校教材教辅图书读本排查整治全覆盖，开展学校课程、校刊校报、教材读本等排查整治，确保依法依规使用教材，开展马克思主义国家观、民族观、文化观、历史观教育学习和民族团结教育大宣讲活动，进一步铸牢师生中华民族共同体意识；推进校园周边环境排查整治全覆盖，依托"扫黑除恶"专项斗争，关停2所非法校外办学机构，联合卫健、市场监管等部门开展复课评估、实地督导，对3所违反规定的办学机构责令停业整改，学科类培训机构全部停止。推进校园安防"四个100%"全覆盖，实施中小学幼儿园安全防范建设三年行动计划，严格落实门卫管理制度，设立警务室75处，实现校园封闭化管理100%，建立危险水域清单并向社会公布，加强巡查管控，严防发生学生溺水事故；58所中小学（园）安装一键式紧急报警设备，视频监控系统与公安联网100%；政府购买服务与教师转岗相结合，专职保安员配备率100%；协调辖区派出所安排75名干警，一校一警实现护学岗100%；推进乡镇（街道）设立教育专干全覆盖，各镇和裕民街道设置教育专干9人，实行双重领导,协助学校做好校园周边环境整治、课后服务等工作。

【七项提升行动】 2021年,青铜峡市教育局推进教育财政投入水平提升,建立健全动态调整机制,足额拨付各项教育经费,全市按在校学生人数平均一般公共预算教育支出总量逐年增加,普通高中生均公用经费拨款每生每年1050元,不断改善普通高中基础设施,全面消除55人以上大班额,为新高考改革提供保障,普惠性民办幼儿园生均公用经费每生每年160元落实到位。推进校园减负工作实效提升,健全课堂教学管理办法,成立学校教学督导委员会,每学期开展课堂教学抽检巡检3次以上;建立进校园事项清单管理制度,落实"减负三十条""五项管理"和"双减"工作要求,梳理涉及学校及教师督查检查、评比考核事项22项、清理整治11项,压减率达到50%。推进中小学教师待遇提升,建立义务教育教师工资待遇长效联动保障机制,2020年全市义务教育教师年平均工资108116元/人,高出公务员年平均工资12263元;修订专业技术人员岗位工资晋级方案,完成702名教师工资晋级。推进学校体育美育劳动教育质量提升,开齐开足体育艺术劳动教育课时,所有中小学建立劳动教育实践基地并挂牌,设立劳动教育周,按期开展劳动教育实践活动;推进体教融合和劳动教育,落实作业、睡眠、手机、读物、体质"五项"管理,定期开展学生体质健康监测,逐步降低中小学生近视率、肥胖率。推进校园治理保障能力提升,完善校园矛盾纠纷防范化解机制,教育系统聘任法律顾问1名,学校聘任人民调解员40名。推进学生心理健康和疏导能力提升,配齐心理健康教师,开设心理健康教育课,建立心理咨询室,组织暑期心理健康培训班,不断提升师生心理健康预警、干预能力;特别是疫情期间,10名心理健康专业教师开通网上心理辅导驿站,团队干部网上团队课16节,累计参与20万余人次,做好师生心理疏导。推进师德师风建设水平提升,成立青铜峡市立德树人教育发展基金会,健全先进集体个人奖励机制,常态化开展师德师风专项整治,对违规补课、违纪人员全系统进行通报处理,形成震慑。

【教育信息化建设】 2021年,青铜峡市教育局加快"互联网+教育"创新融合应用,创建信息化标杆校2所、示范校达5所。深化专递课堂、名师课堂、名校网络课堂"三个课堂"建设,应用经验在全区交流。推动"人工智能"助推教师队伍建设,开设网络教研学科课程社区14个、市(县)级名师工作室11个,教学助手使用率、智慧校园开通率、学校机构空间开通和使用率均达到100%。实施信息化网络改造升级工程,建成网络远程互动智慧教室20间,录播教室3间,中小学网络宽带接入达到300兆以上,无线网络实现全覆盖。开展"互联网+教育"十百千万人才培养项目,培养高层次应用人才7名,信息化骨干教师130名;发挥市五小、市五中信息化标杆校引领作用,实施市三小信息化标杆校建设项目。承办全区第十一期"互联网+教育"大讲坛,高标准顺利通过自治区"互联网+教育"达标县验收。

【教育教学改革】 2021年,青铜峡市教育局减负增效并举,推进"双减""五项管理"工作落实落地见效,多渠道建立儿童关爱体系,推进"5+2"课后服务,开展"四点半·阳光学堂",实现义务教育学校全覆盖、有需求的学生全覆盖;深化产教融合、校企合作,职业教育迅速发展,市职教中心进入全国千所重点中等职业教育示范校、区级"双优学校"行列;深化区域合作,推进利青教育一体化发展,共享吴忠市优质教育资源,组建吴忠中学与青铜峡市高级中学等教育共同体3个,宁夏民族职业技术学院与青铜峡市职教中心等教育合作体10个；推进中小学（园）集团化办学，组建市第五中学、市第四中学、市第六中学3个教育联盟，市第五小学、市第一幼儿园、市第二幼儿园3个教育集团，实现优质资源的拓展和增值，教育发展水平稳步提升。

【全民健康水平提升行动】 2021年，青铜峡市教育局印发《教育系统健康青铜峡行动计划》，大力开展爱国卫生运动，增强师生的公共卫生和食品安全意识，促使师生养成良好的卫生习惯，提高自我防范的能力。加强师生体育锻炼，不断增强体质，增强防病抗病能力。中小学保证每两周1课时的健康教育课，实现"教师、教材、教案、课时、评价"五落实，健康教育课开课率100%。严格落实儿童入托健康体检和查验预防接种证工作；与卫健部门联合组织开展健康巡讲专家进学校活动，大力开展健康科普宣传，倡导健康生活理念，推广科学佩戴口罩、保持社交距离、分餐分筷等文明卫生好习惯，深入推进减盐、减油、减糖和健康口腔、健康体重、健康骨骼"三减三健"宣传培训活动。开展心理健康咨询服务，促进学生身心健康发展。开展阳光体育活动，开齐开足体育课程，实施体育艺术"2+1"项目，丰富大课间活动内容，落实每天锻炼1小时制度，让学生在活动中得到充分的锻炼。举办全市中小学生田径运动会、校园足球联赛、中小学生乒乓球、篮球比赛、围棋比赛、冬季越野赛等形式多样的体育竞赛活动，以赛促练，以练促赛，不断提升学校体育工作水平。推进"健康学校"创建工作。不断提升学校健康教育工作的水平，创造中小学生健康成长的良好环境。

【"互联网+教育"示范校创建】 2021年，青铜峡市教育局争取项目资金800万元，完成信息化网络改造升级工程，中小学无线网络实现全覆盖，多媒体终端班班通比例达到100%。2021年新建自治区"互联网+教育"标杆学校1所，建成录播教室3间，智慧教室20间。全市建成自治区信息化标杆校3所，信息化示范校5所；成功举办第十一期宁夏"互联网+教育"大讲坛，"三个课堂"建设与应用取得显著成效，在全区进行经验交流；深化提升"互联网+教育"融合应用水平，选送的案例——"借'云起舞'青铜峡在线教育风景独好"荣获中央电化教育馆在线教育应用创新典型案例。

【校园治理达标县】 2021年，青铜峡市教育局落实校园治理目标任务，提升校园治理保障能力，着力推进"五项管理"，2021年首批进入全区校园治理达标县行列。

【校外培训机构专项治理】 2021年，青铜峡市教育局贯彻落实自治区有关文件精神，制订《青铜峡市校外培训机构专项治理工作方案》，设校外培训机构管理室及专项治理工作专班，具体开展工作。按照"三个一批"（取缔一批、规范一批、停业整顿一批）的要求，统筹开展校外培训机构专项治理行。2021年联合各部门实地督导培训机构6轮，发放师生调查问卷400余份，召开教师座谈会5场次，整改通报41份。依法注销35所学科类校外培训机构，准备营转非7所，学科类校外培训机构压减率达到80%。发挥教育部门行业监管职责，加强培训机构规范办学督导和防范劳动用工风险。所有校外培训机构证照齐全，严格遵循培训内容备案审核制度，均签订中小学生校外培训服务合同，做到规范收费、退费。各培训机构从业教师均持有教师资格证，严格遵守培训时间，不存在聘用在职教师及外籍教师任教情况。教育、市场监管、住建等部门联合召开专项会议3次，夜间联合部门检查12次，联合开展"护苗助老"虚假违法广告整治行动、安全专项治理行动等，对检查中发现的问题，采取对照考核细则、列出问题清单、建立整改台账、完成整改报告方式,全面做好治理整顿。采取"双随机、一公开"、部门联合抽查、处置投诉举报等方式,开展校外培训机构日常治理行动,对违规收取培训费、日常管理混乱、虚假广告宣传、超标超前教学等违法违规行为依法予以处罚并公开曝光。建立青铜峡市校外培训机构"黑白名单"制度,在各校外培训机构显著位置设立公示栏,将年检合格的培训机构有关办学资质、师资力量、收退费标准和培训内容等信息及时发布在公示栏及全国、全区校外培训机构信息管理平台。

【"阅读强智"工程】 2021年,青铜峡市教育局出台《青铜峡市"阅读强智"工程实施方案》,通过"阅读强智"工程的实施,培育一批阅读教学的优课名师,掀起"书香校园"的高潮,营造全民阅读的浓厚氛围。全市39个中小学都建立标准化的图书阅览室,生均图书31册;建立班级图书角587个,上架图书6000余册,校园阅读角15个,上架图书1000余册。

(席 燕)

2021年青铜峡市校(园)基础设施建设一览表

项目名称	所在位置	建设内容	批复资金(万元)
建民幼儿园等4所幼儿园消防水池及泵房项目一标段	建民幼儿园校园内	新建消防消防水池及泵房一座(105×4)平方米,配套相关管线、硬化及设备等	265.08
建民幼儿园等4所幼儿园消防水池及泵房项目二标段	青镇中心幼儿园校园内		
建民幼儿园等4所幼儿园消防水池及泵房项目三标段	东区幼儿园校园内		
建民幼儿园等4所幼儿园消防水池及泵房项目四标段	城区幼儿园校园内		
2021年义务教育薄弱环节改善与能力提升建设项目一标段	第四中学校园内	规划改善9所学校运动场,建筑面积共80145平方米。其中:新建运动场一个7124平方米,改造完善运动场9个73021平方米	1423.52
2021年义务教育薄弱环节改善与能力提升建设项目二标段	汉坝小学校园内		
2021年义务教育薄弱环节改善与能力提升建设项目三标段	第五中学校园内		
2021年义务教育薄弱环节改善与能力提升建设项目四标段	第六中学校园内		
2021年义务教育薄弱环节改善与能力提升建设项目五标段	第四小学校园内		
2021年义务教育薄弱环节改善与能力提升建设项目六标段	第七中学、第三小学校园内		
2021年义务教育薄弱环节改善与能力提升建设项目七标段	第二小学、第五小学校园内		

续表

项目名称	所在位置	建设内容	批复资金（万元）
第一中学5号教学楼建设项目	第一中学校园内	规划建设教学楼一栋，框架结构三层3000平方米，及室外水暖电等附属配套设施	920.26
青铜峡市易地扶贫搬迁规划区内甘城子中心学校校舍改造完善项目	甘城子中心学校校园内	改建室外篮排球场1216平方米，运动场人工草坪2460平方米、运动场塑胶跑道2214平方米，综合楼、教师周转宿舍、幼儿园外墙真石漆涂料、新建音乐教室290平方米	198.81
青铜峡市易地扶贫搬迁规划区内同乐小学校舍改造完善项目	同乐小学校园内	对综合楼、教学楼外墙真石漆涂料喷涂，规划新建200米塑胶运动场，将原运动场改造成篮排球场，铺设13毫米厚塑胶地垫	196.78
青铜峡市易地扶贫搬迁规划区内同进小学校舍改造完善项目	同进小学校园内	对综合楼、教学楼外墙真石漆涂料喷涂，250米塑胶运动场跑道铺设13毫米塑胶，两栋教学楼中间活动场地铺设13毫米厚塑胶地垫	190.51
宁夏教育强国推进工程青铜峡市中小学集中改厕项目一标段	连湖小学、邵岗中学、甘城子中心学校、同富小学、同乐小学、叶盛中心小学校园内	对24所学校的厕所进行维修改造和新建，总建筑面积4033平方米。其中维修改造22所，建筑面积3283平方米；新建2所，第四中学和第六小学，建筑面积750平方米	640.42
宁夏教育强国推进工程青铜峡市中小学集中改厕项目二标段	第三小学、第四小学、瞿靖中心小学、陈袁滩中学、唐滩小学校园内		
宁夏教育强国推进工程青铜峡市中小学集中改厕项目三标段	第六小学、汉坝小学校园内		
宁夏教育强国推进工程青铜峡市中小学集中改厕项目四标段	第四中学校园内		
宁夏教育强国推进工程青铜峡市中小学集中改厕项目五标段	第三中学、第六中学、第七中学、巴闸小学、任桥小学校园内		
宁夏教育强国推进工程青铜峡市中小学集中改厕项目六标段	同兴小学、同进小学、广武中心小学、河西小学、河西口小学校园内		

学前教育

【概况】 2021年，青铜峡市有各类幼儿园33所（其中公办幼儿园21所，民办普惠幼儿园5所，城镇小区配套幼儿园3所，民办幼儿园4所）学前班5个，在园幼儿6853人，全市学前三年适龄幼儿7742人，全市幼儿毛入园率88.51%，普惠性幼儿园覆盖率88.05%，公办园在园幼儿占比64.06%，学前教育"三率"较上年均有提高，"入园难、入园贵"问题有所缓解。青铜峡市有自治区学前教育专家指导委员会幼儿游戏与玩具专家委员1人，被吴忠市评定为自治区一类幼儿园2所，向吴忠市学前教育中心教研组推荐教研员2人。

【幼儿园管理】 2021年，青铜峡市教育局完成公民办幼儿园年检工作，并予以公布。开展民办园收费检查工作，规范收费行为。按要求严格督查全市公民办幼儿园疫情防控工作，杜绝疫情传播。

【提高幼儿园覆盖率】 2021年，青铜峡市教育局启动实施第四期学前教育三年行动计划，印发《青铜峡市关于学前教育深化改革规范发展实施方案》，做好市一幼学府分园、市二幼南苑分园、青镇中心幼儿园秋季招生工作；提高学前教育生均公用经费标准，新建学府一号、韵欣苑分院2所幼儿园，新增学位1080个。

【2021年度普惠性幼儿园奖补资金发放】 2021年，青铜峡市教育局使用专项经费489.9万元购买学前教育服务岗位142个，并为购买服务岗位的142人缴纳养老保险金。为第一幼儿园、第二幼儿园、大坝电厂幼儿园3所公办幼儿园拨付用于改善办园条件资金34.6万元，利用城镇小区配套幼儿园资金70万元为城镇小区配套的幼儿园配备设备和玩教具，积极改善办园条件。

【学前教育扶贫】 2021年，青铜峡市教育局在2020年学前教育扶贫工作的基础上，继续以"户籍+学籍"为基本方法，以乡镇中心学校、城区教育指导组为责任人，及时摸清"家底"，规范幼儿资助发放流程，及时足额发放幼儿资助款项，确保2021年建档立卡贫困户在园幼儿资助全覆盖，并按要求完成园内幼儿资助工作。

【学前教育办学条件】 2021年，青铜峡市教育局争取政府购买学前教师、保育员、卫生保健员、安保人员、餐厨人员岗位服务。政府购买保安岗位33名，加强幼儿园的安全防护工作。33所幼儿园全部安装与公安部门联网的一键式报警器，确保幼儿健康活泼成长。支持农村经济薄弱家庭幼儿接受完整的学前三年教育，全市学前三年毛入园率达88.5%，公办幼儿园在园幼儿和普惠园在园幼儿占比达64%和88%。规范幼儿园办学行为，实施科学保教，坚持以游戏为基本教学内容，创设寓教于乐的活动环境，坚决纠正"小学化"倾向。投资265万元在建民、青镇中心、城区、城市东区4所幼儿园建设消防水池及泵房等硬化设备。推进学前教育普及普惠优质发展。实施第四期学前教育行动计划，启动学前教育普及普惠县创建工作，紧盯普及普惠水平、政府保障和幼儿园保教质量保障等3方面18项任务36条指标，增加投入、改善条件、规范管理，不断提升学前教育办学水平。

【学前教育普及普惠县创建工作】 2021年，青铜峡市教育局启动教育普及及普惠县创建工作，紧盯普及普惠水平、政府保障和幼儿园保教质量等3个方面18项二级指标36项三级指标，明确责任，规范管理，增加投入，改善条件，推动学前教育普及普惠优质发展。截至目前，全市学前三年毛入园率达88.51%，公办园在园幼儿占比达64.06%，普惠园覆盖率87.9%。

义务教育

【概况】 2021年，青铜峡市有义务教育学校40所（完全初中6所、九年一贯制学校5所、完全小学29所），621个教学班（小学427个、初中194个），在校学生24860人（小学15719人、中学9141人），教职工2694人。全市县域义务教育优质均衡发展推进情况总体各项指标完成位居全区前五名。

【义务教育优质均衡发展】 2021年，青铜峡市成立政府分管领导为组长，青铜峡市委编办、发改、教育、财政、人社、公安、市场监管、卫健、自然资源、住建等18个党政部门为成员单位的青铜峡市推进义务教育优质均衡发展工作领导小组，统筹推进义务教育优质均衡发展各项工作。研究制订《青铜峡市推进县域义务教育优质均衡发展实施方案》《2021年推进县域义务教育优质均衡发展工作方案》，坚持教育优先发展，落实政府教育经费投入。实施义务教育薄弱环节改善与能力提升项目。完成第七小学二期综合实验楼、综合楼、运动场及附属设施项目；第三中学综合楼项目、第五小学新建综合楼项目、汉坝小学新建综合楼项目、同乐小学新建教学楼项目、第二小学新建综合楼项目等项目建设中。2021年8月，实施市第四中学、第五中学、第六中学、第七中学及市第二小学、第三小学、第四小学、第五小学和汉坝小学运动场9个运动场项目；推进宁夏教育强国推进工程，实施青铜峡市中小学集中改厕项目，改扩建邵岗中学、第三小学、第四小学、汉坝小学、叶盛中心小学、甘城子中心学校、同富小学、同乐小学、瞿靖中心小学、任桥小学、巴闸小学、同兴小学、同进小学、河西口小学、河西小学、陈袁滩中心小学、唐滩小学、广武中心小学、第六中学、第四中学、第二小学、第七中学、连湖小学、第三中学24所中小学厕所改造项目。加快推进"互联网+教育"，建设智慧校园。投资530万元实施学校信息化网络改造工程，中小学网络带宽接入农村300兆、城区500兆、普通高中1G，无线网络全覆盖。建成自治区信息化标杆学校2所，信息化示范校5所。投入134万元建成30间在线互动课堂教室，实现优质教学资源共享，缩小城乡校标差距。根据全市社会经济发展、人口分布特点和生源变化趋势，重点做好农村小学撤并和城区小学建设，2020年撤并农村学校5所，新建第五小学唐源分校，切实保障义务教育阶段学位供给。

【基础教育质量提升】 2021年，青铜峡市教育局全面加强党对教育工作的领导，深化教育管理改革，推进义务教育内涵发展。坚持立德树人、德育为先原则，全面贯彻党的教育方针，遵循教育规律，促进学生德智体美劳全面发展。实施基础教育质量提升行动，落实"五项管理"，切实减轻学生课业负担和校外培训负担，加强教学常规管理和目标责任考核，提高教育教学质量。推进"六强"工程，落实校园治理"五大行动"，加强校园安全管理，努力提高人民群众对教育的获得感。加强教师队伍建设，提升教师素质。贯彻落实教师职业道德行为准则，建立教师师德师风负面清单，规范教师从教行为。推进"三级"骨干教师体系建设，优化教师捆绑交流，加大农村小规模学校教师交流力度，优化农村教师资源配置。改革义务教育学校管理，缩小城乡教育教学质量校标差距。积极探索集团化办学、联盟办学，实施市第五中学、青铜峡市第四中学、青铜峡市第六中学3个教育联盟、青铜峡市第五小学教育集团化办学，推进优质教育资源扩面提质共享。

【控辍保学成果巩固】 2021年，青铜峡市教育局义务教育实行控辍保学"双线目标责任制"和"三包三保"工作机制，开展"千名教师访万名学生"活动，强化学籍信息化管理，完善义务教育档案，落实动态管理追踪信息报送制度，关注"建档立卡贫困户"、进城务工随迁子女、留守儿童和残疾儿童入学工作，坚持送教上门服务制度，让每一个适龄儿童都能接受完整的义务教育。全市义务教育阶段适龄儿童23314人，小学六年和初中三年巩固率均为100%，控辍保学实现动态清零。

【教育教学管理优化】 2021年，青铜峡市教育局出台《青铜峡市义务教育阶段课后服务工作实施方案》《青铜峡市义务教育阶段中小学课后服务管理办法（试行）》，会同发改部门制定课后服务收费标准,坚持家长、学生自愿的原则,秋季开学,全市36所义务教育阶段中小学课后服务"5+2"实现全覆盖。其中,农村中小学16所。

【农村学校办学条件改善】 2021年,青铜峡市教育局加快推进农村学校布局调整,撤并农村小规模学校4所。筹措资金599万元对同进小学、同乐小学、甘城子中心学校3所移民学校校舍进行改造提升,加快移民地区教育发展,持续改善生态移民村学生生活条件,4所学校学生免费营养午餐实现全覆盖,让移民村的孩子享受更加优质的教育。

【移民学校教育教学质量提升】 2021年,青铜峡市教育局秋季开学实施义务教育阶段学校教师交流轮岗工作,对110名教师进行城乡交流,优化农村学校教师结构,配齐音体美教师。加强农村学校教学过程性监管,统一城乡学校教育教学、教师管理、业绩考核、教育评价标准和要求,全面提升农村教育质量。

【义务教育优质均衡发展】 2021年,青铜峡市教育局准确把握义务教育优质均衡发展县验收标准,印发《青铜峡市深化教育教学改革全面提高义务教育质量的实施方案》《青铜峡市推进县域义务教育优质均衡发展实施方案》,制订年度实施计划,持续推动义务教育城乡一体化,统筹推进义务教育向优质均衡发展,补齐短板弱项。全面消除义务教育阶段大班额,推进学校内涵发展,提高教育教学质量,逐步缩小校际差距。健全控辍保学长效机制,推进"互联网+教育",促进义务教育阶段学校落实优质均衡发展任务,提升义务教育优质均衡发展水平。投资3528万元建成青铜峡市第七小学。加快第二小学、青铜峡市第五小学综合楼建设。对全市24所学校的厕所进行维修改造和新建,总建筑面积4033平方米。改善9所学校运动场,总建筑面积80145平方米。规划新建青铜峡市第八幼儿园、青铜峡市第八中学,扩大学位供给,促进义务教育优质均衡发展。

【规范化办学】 2021年,青铜峡市教育局严格按照国家课程方案和课程标准实施教学,加强课程实施日常监督,确保达到国家规定学业标准。实施"创新强才"工程,分学科制定课堂教学基本要求。完善"优质品牌学校+新校、强校带弱校、城乡对口支援"的集团化联盟办学模式,组建3个教育集团化办学共同体、3个教育联盟化合作体、4个智慧学区、11个吴忠市区域内在线互动课堂共同体。投资400万元实施青铜峡市第三小学"互联网+教育"示范校培育项目,投资420万元实施智慧教室、录播教室建设项目。全面普及专递课堂、名师课堂、名校网络课堂应用。

高中教育

【青铜峡市宁朔中学】 2021年,青铜峡市宁朔中学有教职工214人(在编教师181人,新入职事业编教师6人,聘用教师4人,西部计划志愿者1人,工勤临聘人员22人),其中专任教师176人,学历达标率100%。教师队伍中,有高级教师62人,一级教师62人,有全国模范教师1人,自治区级学科骨干教师10人,吴忠市学科骨干教师10人,青铜峡市级学科骨干教师22人,吴忠市名师9人。学校有49个教学班,在校学生2445人。其中,高一年级16个班,高二年级15个班,高三年级18个班。

2021年本科上线人数537人,其中一本上线195人。近三年学校共获得24项自治区、吴忠市、青铜峡市荣誉。近三年教师获得全国模范教师、自治区优秀共产党员、吴忠市优秀共产党员、吴忠市优秀班主任、青铜峡市"古峡名师等"市级以上奖励188人次。

教师中有504人次在论文发表（获奖）、辅导竞赛、课题研究等方面取得优异成绩，其中一项国家级课题"智能互联教育项目"已于2021年顺利结题，并被评为精品课题。

【立德强师工程】 2021年，宁朔中学落实师德师风第一标准，强化师德建设主体责任，贯彻落实《新时代中小学教师职业行为十项准则》，深化拓展师德师风治理成果，推进"三级"骨干教师体系建设，开展全员赛课、师德铸魂演讲等活动，落实优秀教师奖励机制，树德育人。推行以教研组为单位的教师考核制度，克服唯分数、唯升学的评价倾向，充分激发教师教书育人的积极性、创造性。学校教务处利用互联网开展教育教学以学评教线上调研活动，评选学生最喜欢班主任和任课教师，实现以学评教量化考核。建立师德师风负面清单，落实师德"一票否决制"，持续落实教育行风建设"五条禁令"等要求，严禁有偿家教，强化教师责任，引导教师牢固树立爱岗敬业、为人师表、关爱学生、真情服务的形象，做到依法执教、廉洁从教、文明施教，构建师德建设长效机制。实施教师专业发展规划，优化教师队伍结构，注重骨干教师和青年教师培养。2021年，有8名教师被确立为青铜峡市级第四批骨干教师培养对象。健全校本教研制度，充分发挥教研组、备课组、年级组的作用，开展经常性教研活动。各学科教研组开展主题教学研讨活动36次，各备课组开展备课组活动63次。支持教师参加专业培训、凝练教学经验、创建优质课程。学校先后组织教师参加青铜峡市、教育厅等部门组织区内外各类培训300余人次。

【创新强才工程】 2021年，宁朔中学优化学生学习方式，把学生从过重的课业负担中解放出来，加强探究思考，了解社会、参与实践；发挥评价的监督引领作用，完善评价体系，将创新教育的理念融入对学校、教师、学生的三个层面评价，着力培养师生创新思维。围绕文化基础、自主发展、社会参与三个方面的核心素养，开足开齐科学、物理、化学、地理、劳动、历史、信息技术、通用技术等学科课程，加强创新教育学科渗透，深化课堂教学改革，锻炼学生动手、动脑能力，培养学生适应终身发展和社会发展需要的必备品格和关键能力。开展科技创新活动。充分发挥品牌学科创新教育引领作用，以第二课堂、社团活动等，多渠道多形式拓展核心素养教育，组队参加国家、区市各级科技创新大赛、机器人大赛、科幻画比赛、电脑绘画比赛等，将创新教育纳入考核体系，营造良好的创新教育氛围。

【体教融合】 2021年，宁朔中学强化体育教会勤练常赛，开齐开足开好体育课，完善"健康知识+基本运动技能+专项运动技能"的教学模式，强化学校体育教学训练，保障学生每天1小时体育活动；深入开展"青少年阳光体育运动"，持续落实体育艺术"2+1"项目，形成学校体育特色。

【校园文化建设】 2021年，宁朔中学抓社团建设及活动开展。落实好特色项目（包含足球特色、体育传统项目、心理健康教育、艺术、美术、音乐传媒等活动）的开展。利用校园广播、展板、电子屏、黑板报、手抄报、校园网、心理咨询等营造浓郁的校园人文氛围，巩固学校德育的文化特色。学校举行校园歌手大赛；举办"诵经典·品书香·悦人生"中华经典诵读比赛、"青春飞扬，放飞梦想"校园风筝展；组织参加2022年吴忠市学生舞蹈展演等活动。此外，传媒、美术、舞蹈、书法等社团活动精彩纷呈。

【家校合作共育】 2021年，宁朔中学推进家校合作共育，建立家校合作沟通渠道，促进家校合力的形成。各班建立家长委员会，搭起家校联系的桥梁。建立班级家庭教育微信群，使学校和家长、家长和家长建立经常性联系，进行家庭教育交流。学校给各班发放家校联系单，班主任通过家校联系单，及时了解学生在家表现，家长及时了解学生在校表现。班主任开展经常性的与家长交流活动，密切学校、教师与家长的联系，发挥"家校共育"的作用。开展家长培训，提高家长对家校合作教育的认识。学校通过开展线上家长培训，让家长认识到家长自身肩负的家庭教育的责任和义务，承担家庭教育的职责。

【教学管理】 2021年，宁朔中学落实教学管理制度到位，提升教学质量。制订《关于开展基础教育质量提升"5+1"系列活动方案》，确保提升教育教学质量目标明确。健全落实各项管理制度，保证教学管理的有效性。加强教学常规检查、评估，落实常规月检查评估，将评估结果与聘用、评先、评优、晋级、绩效挂钩，增强教师业务能力，提高教育教学质量。完善教师集体备课制度，健全巡课、听课和教学评价制度，注重教学诊断与改进；学校领导深入课堂听课、参与教研、指导教学。

【青铜峡市第一中学】 2021年，青铜峡市第一中学有教学班57个，在校学生2997人，在编教职工211人，其中高级教师60人，中级教师86人，有全国优秀教师1人，全区优秀教师7人，有区、地、市、校级骨干教师69人，研究生学历14人。2021年先后取得"全区中小学艺术展演"舞蹈类一等奖、青铜峡市教育局"高中阶段教育教学管理工作先进集体"、青铜峡市教育局"德育工作先进集体"、青铜峡市2021年奔跑吧少年中小学生乒乓球赛混合团体（高中组）、"中小学生体教融合活动展演"二等奖、"先进基层党组织"、青铜峡市第十四届中小学生田径运动会高中组团体总分第一名、自治区教育工委、自治区教育厅党组"先进基层党组织"学校2021年高考成绩稳步提升，全校一次性二本上线人数800人，其中一本上线318人，二本上线482人，升学率分别达到28.34%、71.30%。

【常规教学教研】 2021年，青铜峡市第一中学的教学教研工作主要有配合学校各部门完成了各项检查的档案建设工作。采用线上线下形式开展吴忠市第二次联考质量分析和习近平新时代中国特色社会主义思想与高中学科教学融合的同课异构活动，涉及3个学校、3个年级、9门高考学科科目，参与观课议课活动和研讨交流教师400人次左右。完成"宁夏第五届基础教育课题研究"申报上报14项课题工作。组织教师参加区第十届中小学优秀自制教具评选活动，8件代表青铜峡市参加区级比赛。组织完成2021年青铜峡市中小学"学党史、讲党史、感党恩"千师百课评选与展示活动，共计上报15节优质课视屏资料。组织高三高考备考调研课16节、高一教学质量调研课16节、高二推门听课8节。组织开展教师作业设计和展评活动和学生优秀作业评比活动。推选18名师参加市级比赛。至2021年7月1日，全校师生取得各项荣誉182余项。

【第二课堂活动】 2021年，青铜峡市第一中学为激发学生学习兴趣、拓宽学生视野，组织开展内容丰富的第二课堂活动16项。其中语文组"阅读强智活动"、政治组"建党100年"系列活动和时政讲座、高二英语备课组"唱响五月、放飞梦想"外文歌曲大赛、高二物理"一飞冲天，扬科技魅力——水火箭"比赛活动、高二化学弘扬科学家精神主题活动、高三化学"走进化学实验室"学生实践活动、高二生物细胞模型设计与制作活动、高二地理"中国政区拼图"比赛活动、"缅怀袁隆平院士"活动。

【教师培训】 2021年,青铜峡市第一中学配合教研室组织教师完成2021年"国培计划"培训网络培训。组织全体教师参加2021年宁夏专业技术人员全员岗位培训继续教育网络培训。开展青年教师过关课活动,涉及语文、数学、英语、物理、化学、政治、历史、地理、生物、体育10个学科,参加展示的青年教师26人,观课议课教师达到200余人。继续组织青年教师开展读书活动和三笔字练习活动。结合"宁夏第五届基础教育课题"研究工作的开展,一方面深入推进课题研究,提升学校的教研氛围和水平,另一方面将课题研究与课堂教学紧密结合,督促各课题组进行课题实践研究与研讨课的开展。教科室完成教研室、教育局对学校进行的相关考核工作,建立健全学习交流制度。每月有一次学习交流活动,参加人员覆盖所有教研组长、备课组长、骨干教师。

（毛文东　王　彬）

教学研究与教师培训

【概况】 2021年,青铜峡市有教学研究在职人员19人。其中,具有高级教师专业技术职称11人、一级教师专业技术职称7人,三级技师1人。全年全体教研员共听课1192节次,撰写调研报告35份,承担市级以上专题讲座12次、学科教研活动44余次,集体下校调研3次,个人下校督查联片研训工作29人次,指导磨课74余节;组织教师参加青铜峡市、吴忠市、自治区各级学科教研及课堂教学比赛41次,其中382人获奖;开展青年教师教学能力提升培训活动118余人次;成功申报自治区第六届基础教育教学立项课题10个,青铜峡市第六届基础教育教学立项课题83个。

【组织基础教育质量提升"5+1"系列活动】 2021年,青铜峡市教研室制定《青铜峡市开展全区基础教育质量提升"5+1"系列活动的通知》,加快推动青铜峡市基础教育质量提升行动,对"大展示、大比武、大练兵、大评比、大参与、大访谈"5+1系列活动做出具体安排。各校根据活动内容分项制定实施方案,精心组织,加强宣传,充分利用新媒体、家长开放日等渠道展示系列活动成果。市第五中学校长参加吴忠市创新素养教育领航学校校(园)长主题论坛;组织校、市级班主任基本功大赛,并推选优秀班主任参加吴忠市级比赛;组织青年教师"三字一话"基本功大赛;组织全市教师"互联网+"教育应用大赛;组织课堂教学"四课"比赛;新入职教师讲达标课、学科教师讲优质课、骨干教师讲示范课、教学名师讲精品课比赛,掀起人人讲课、个个比赛的热潮;制订教研员"大练兵"活动方案,通过学习安排,更新教研员的教研理念,增强角色意识,创新工作思路,提升教研员在课堂教学、考试评价、资源开发与利用等方面的能力,努力打造一批思想过硬、业务精湛、敢于担当的教研队伍,为开展创新素养教育,提高教学质量奠定基础。市教育局组织各校学生开展的五育成果"大评比",活动形式多样,内容丰富多彩。

【教学常规落实】 2021年,青铜峡市教研室抓实教学管理,落实教师备课、上课、作业布置与批改、教学辅导等教学常规环节管理。建立并推进作业"纠错本",分层实行手写教案,实施教学"四清"(教学知识堂堂清、日日清、周周清、月月清)管理,重视日常教学检查,紧盯薄弱学科建设,向课堂要质量。加强学科组团队建设,组建学科组团队联盟,利用"互联网＋教育"手段,创新开展多种形式教学研究,经常性开展学科网络研讨,共享学科建设成果,开展全市高(中)考备考、小学质量检测分析座谈会;义务教育阶段学校教育教学常规考评,初三、高三教学调研等工作,不断促进学校教学质量提升。制订《青铜峡市"阅读强智"工程实施方案》，构建阅读课程体系，开展全市大阅读活动，由教学研究室依据"课程标准"分学段、分年级为中小学推荐必读和选读书目；落实每周一节阅读课，落实"晨诵午吟暮读"制，重视对学生阅读方法的指导，做好课内阅读与课外阅读相结合，通过"阅读强智"工程的实施，培育一批阅读教学的优课名师，掀起"书香校园"的高潮，营造全民阅读的浓厚氛围。

【作业设计优化】 2021年，青铜峡市教研室落实教育部、教育厅关于"双减"和"五项管理"工作的文件精神，制定《青铜峡市中小学作业管理规定》，加强学生作业管理，对违反作业规定的行为"零容忍"，并引导教师"减负不减质、减负不减责"。教研室在全市中小学教师中开展"作业设计和展评"活动，并通过宁夏教育云平台线上发布"作业设计和展评"活动专题，全市中小学、普通高中、中职等29所学校，推荐上传精选作品400余份，由专兼职教研员、各级骨干教师组成的15个学科评审组进行评审，以赛促使教师关注优化作业、减负增效。

【教研队伍建设】 2021年，青铜峡市成立教师发展中心，选拔专兼职教研员，调整优选配齐学科教研员，建立"专职+兼职"的教科研联盟队伍。市教育局督促各学校配备懂教学、爱教研的名师骨干担任学校的教学管理工作；组建过硬的校本教科研队伍，各校与兄弟学校、与邻市县特色名校组建"教研发展联盟体"，建构多元协同，自下而上的教研闭环队伍，加强教研互动，开阔研训视野，创新教研形式，提高研训质量，扩大研训影响力，助推课堂教学质量。

【教研员"五包"工作】 2021年，青铜峡市教研室聚焦乡村学校和薄弱学校在课程改革、教育教学、教师发展等方面的短板弱项，制定教研员包联盟、包学校、包学科、包教师、包质量工作制度，将全市中小学划分为10个联盟片区，每个联盟片区由两个教研员承包。教研员一一对应承包学校线上线下研训活动，帮助青铜峡市第七中学、青铜峡市第五中学、青铜峡市第三小学、青铜峡市第四小学、青铜峡市第五小学等学校打造课改模式，开展示范课、讲座、综合教研能力展示活动。利用教研员名师工作室机构，落实教研员包青年教师的任务，利用送教下校等活动，引领青年教师专业成长。通过"五包"，把教研机构建设成为优秀教师的培训中心、教师成长历练的场所，学校特色发展的助手、教研联盟的中间站，让教研机构真正成为服务基层学校的学术机构。

【城乡联动教研】 2021年，青铜峡市教研室根据自治区教育厅城乡联动要求和吴忠市教育局印发《吴忠市教学（教研）共同体行动计划的通知》《青铜峡市人民政府办公室关于印发〈利青同城教育发展工作实施方案〉的通知》和《青铜峡市联片学校校本研修活动考核方案》要求，建立城乡联动教研机制，在城市学校与农村学校、教学质量较高的学校与教学质量薄弱学校之间建立10个联片教研片区。其中，高中1个，初中4个，小学5个。吴忠教育局牵头，成立教学（教研）共同体12个，有青铜峡市参与的教学（教研）共同体11个。其中，教研室层面1个，高中2个，初中6个，小学2个。两个层面的城乡联动教研机制，都能够按照教研工作方案，开展"主题研讨""送教下校""观摩课展示""在线互动课堂""期中、期末联考""结对帮扶"等研讨活动。

【在线互动课堂】 2021年，青铜峡市教研室以"互联网+课堂教学"为抓手，以30个微能力点"为内容，促进信息化技术与课堂教学深度融合，提升课堂讲学实效性。加强在线同步课堂系统建设,实现校校互通、优质资源共建共享;通过互联网技术,主课堂和辅课堂音视频互联互通;互动平台系统所配置的在线课堂终端与班班通数字资源全覆盖系统集成。发挥名师骨干教师、名校作用,推进专递课堂、名师课堂、名校网络课堂"三个课堂"建设。加大师资培养培训力度,推进"三级"骨干教师体系建设,依托"互联网+教育"十百千万人才培养项目,培训信息化骨干教师130人。依托宁夏教育云平台建设,创建名师网络工作室和学科教研组网络空间,通过师带徒、集中和分散、线上和线下相结合的培训形式,开展线上研修活动。

【数字教材应用】 2021年,青铜峡市按照《自治区教育厅教研室关于在全区义务教育阶段教师群体推广使用数字教材并深入推进"互联网+教学"工作的通知》要求,在全市范围内开展数字教材应用培训达到学科全覆盖、学校(中心校)全覆盖,基本达到一线教师人人会用数字教材、资源进行备授课。高度重视数字教材应用研究,由专人负责全市数字教材应用工作,将数字教材应用研究作为"互联网+教育"背景下教研工作的重要内容。课题《"互联网+"环境下的中小学数字教材区域推广应用策略研究》为宁夏第六届基础教育教学立项课题。开展"互联网+教育"暨"学党史、强能力"数字教材应用课例展示活动,共有4个学科16节优秀课例在全市展示推广。

【义务教育质量监测】 2021年,青铜峡市教研室根据国家抽取青铜峡市的四年级、八年级师生参加义务教育质量监测,组织做好质量分析会,构建教育质量监测结果应用机制,组建教育质量监测结果运用骨干队伍,负责监测结果报告的解读分析、结果运用的指导和跟踪督查等,运用监测报告改进教育教学和开展课题研究。各学校深入研究分析监测结果,对政策性问题、教育教学问题、管理性问题等分门别类地进行分析和研究,将监测结果转化为教研问题、科研问题以及培训课程,从而提高教研针对性、科研实效性及培训有效性,把做好质量监测、用好监测结果作为提升教育质量的有效手段。

【基础教育教学课题研究】 2021年,青铜峡市教研室发挥教科研工作在校本培训、教学研究、课堂教学改革、教师专业成长、提高教学质量中的作用,组织学科专家,按照"青铜峡市第六届基础教育教学课题立项评审评分标准",对全市各中小学申报的134项课题进行评审。根据评审结果,推荐10个课题申报宁夏第六届基础教育教学立项课题,83个课题批准为青铜峡市第六届基础教育教学立项课题。

(汤莹丽)

职业教育

【概况】 2021年,青铜峡市职业教育中心推进职业教育培优提质,进入全国千所重点中等职业教育示范校、自治区级"双优学校"行列。实施教师交流轮岗制度,交流教师142人,破解城乡师资不均衡问题。建立完善教师长效补充机制,招聘教师101人,改善教师年龄、学科结构。发挥先进模范引领示范作用,培优选树名师、名校长、优秀教师等256人,骨干教师占比达22.1%。承办全区第11期"互联网+教育"大讲坛,信息化案例获全国优秀典型案例。

【高职分类考试】 2021年,青铜峡市职业教育中心有810余名学生参加高职分类考试,39名学生达到应用型本科的录取分数线。其中,宁夏师范学院的学前教育、小学教育、体育教育三个专业录取11人,宁夏大学新华学院电子信息工程专业录取4人,其他所有学生全部被区内各高职院校录取。

【基础设施建设】 2021年,青铜峡市职业教育中心为新建教学楼安装智慧黑板24套,新建师生心理咨询中心1个。为75个教室安装智慧云端电子班牌、移动式互动录播设备2套及12台实训录播小推车,在原有数字图书馆系统上增加人脸识别功能模块,建设校园24小时无人值守智慧图书馆和2个朗读亭及8台电子图书自助下载机。新购置图书近25000册。对电子电工专业、老年照护、学前教育、财会专业等实训室进行数字化升级改造。更新安防系统,共设视频监控点268个。在校门口安装人脸门禁系统及AR云镜,通过摄像头监控校园安全状况,有6个重要监控点与公安联网。

【订单培养及冠名培养】 2021年,青铜峡市职业教育中心不断优化新型校企合作模式,以宁夏各工业园区为合作平台,为实现学生"订单"培养、"冠名"培养,先后与银川隆基硅材料有限公司、共享集团有限责任公司、宁夏锦宁巨科新材料有限公司、北京商鲲教育集团等50多家企业组建"定单班、企业定制冠名班"。确保学生培养目标与企业人才需求标准"零"距离对接。

【工学交替】 2021年,青铜峡市职业教育中心开展工学交替、生产见习、跟岗实习,让学生深入了解合作单位的新产品、新工艺、新技术、经营理念、管理制度等,深入了解企业文化和纪律要求,到合作企业现场观摩与学习工作过程和生产、操作流程;并安排师生实地参与相关工作、亲手制作产品、参与产品管理,较为系统地掌握岗位工作知识,有效增强协作意识、就业意识和社会适应意识等能力,为优质就业、减少就业流失率提前做好预防及准备工作。

【校企共建培训基地】 2021年,青铜峡市职业教育中心根据专业设置和实习教学需求,本着"优势互补、互惠互利"的原则与有合作意向的企业共同建立校内外实训基地。与银川隆基硅材料有限公司、宁夏锦宁巨科新材料股份有限公司、宁夏泰益欣生物科技有限公司等企业,开展现代新型学徒制试点工作,与宁夏小巨人机床有限公司等30多家企业建立"校企共建实训基地"。与宁夏共享集团股份有限公司、蒙牛乳业(宁夏)有限公司、宁夏青铜峡水泥股份有限公司、宁夏泰瑞制药股份有限公司等20多家企业建立"高技能人才培训基地"。

(王 楠)

文化·旅游·传媒

编辑 韩 汀

文化

综 述

【文艺作品创作】 2021年，青铜峡市创作各类文学艺术作品60余件，其中鲁兴华的小说获全国微小说精品奖，周培贵的书法作品获得"艺赞百年路，大美西夏区"庆祝中国共产党成立100周年书画摄影展优秀奖，戴红的美术作品《一路芳华》入选"美丽新宁夏，翰墨颂党恩"庆祝中国共产党成立100周年全区书画作品展。文化馆广场舞队代表宁夏参加第十四届全国运动会群众展演广场舞项目比赛，荣获群众展演广场舞项目乡镇组"二等奖"。复排秦腔历史剧《窦娥冤》《生死牌》《辕门斩子》，新创排了诗朗诵《中国共产党万岁》、伦理教育黄梅小戏《爸爸回来了》、传统小戏《红灯记》、秦腔古典剧《王魁负义》、宁夏小曲《狱中阳光》等节目；打磨提升大型实景剧《黄河谣》，在黄河楼旅游区常态化演出26场次。

【文化惠民】 2021年，青铜峡市实施以送戏下乡、广场文艺、演艺进景区、戏曲进校园、文化卫生科技三下乡为主要内容的"文化惠民"演出76场；组织开展各类广场文艺晚会、公益性讲座、展览共31场次；举办以青少年、中老年、扶贫村文化需求为内容的各类免费辅导325班次，共计1万余人受益；对接各级公共文化网络服务平台，为群众提供线上文化服务；完善免费开放服务，提供错时服务，为上班族每周四晚间开设器乐班、声乐培训班；开放对外活动场地6个，服务各业余团队活动12个。

【全民阅读】 2021年，青铜峡市组织开展全民阅读活动，打造图书馆+镇文化中心+村农家书屋的新模式，推广阅读进校园活动，让全民阅读活动向基层延伸，向农村覆盖。积极利用馆藏文献资源，推出"党史学习教育专题书架""党史学习教育读书汇"等红色经典阅读和红色文书籍参展等活动。结合"4·23"世界读书日活动，在各农家书屋举办基层图书管理员集中业务培训2期，在镇文化综合服务中心、基层点、学校举办阅读推广活动3场、业务指导20次。

【文化市场监管】 2021年，青铜峡市文化旅游体育广播电视局建立健全文化市场长效管理机制，围绕整治任务，加大执法力度，严厉打击违法违规经营行为，确保专项整治工作真正落到实处。落实执法人员责任，明确执法人员的监管区域和监管任务，实行责任化管理，执法人员分片包干，采取重点执法、常规巡查、暗访调查的方式开展日常执法监管。文化市场综合执法大队共出动执法人员2700多人次，检查文化市场1300余家次，责令整改15家，行政处罚4家，停业整顿1家，罚款金额3616元。在执法过程中，坚持依法行政，严格办案程序，案件查处做到据实调查、证据充分、正确处理，严肃执法纪律。年内没有发生新闻媒体曝光或社会公众反映强烈的文化市场违法违规经营情况。

【文化市场整治】 2021年，青铜峡市文化市场综合执法大队结合文化市场整治、疫情防控和"扫黄打非"等工作，分行业分类别开展文化市场专项整治，重点整治疫情防控不力、无证经营乱象乱点问题和各类违法违规经营行为。围绕经营场所接纳未成年人进入、擅自从事娱乐场所经营活动、未按规定悬挂证照和警示标志等违法违规现象，进行全面整治。以净化歌舞娱乐场所为重点，全面清查歌舞娱乐场所，清理整顿无证（照）经营娱乐场所，不按要求亮证经营行为，严厉查处歌舞娱乐场所接纳未成年人、超时经营、播放违禁歌曲、噪音扰民等行为，严厉打击歌舞娱乐场所"黄赌毒"等违法犯罪活动，净化娱乐市场，推动文化娱乐市场规范、有序发展。通过整治，全市15家网吧全部安装人脸识别系统，从源头上杜绝未成年人进入营业场所，网吧全部安装远程视频监控系统，实现网上在线监控。持续开展旅游市场"黑导""黑社""黑车"专项整治工作，严厉打击未取得道路旅客运输经营许可，擅自从事道路旅客运输经营的行为；严查使用失效、变造、被注销无效道路旅游客运牌证以及从业资格证件的行为；查处不按规定线路行驶以及无包车单的行为；查处以旅游客运名义未经许可变相从事客运班线活动的行为；查处未进行安全例检、存在安全隐患从事旅游客运经营的行为。并检查景区内商品店是否都明码标价；是否严格按照物价部门规定进行一货一价进行标价；商品价格是否在合理的浮动区间内；景区内是否存在"欺行霸市"现象。检查旅游景区导游人员相关活动，严厉打击未取得导游证或持有假导游证从事导游和领队业务的违法行为等情况；整治旅行社低价揽客、不签订合同或者签订虚假合同、导游擅自增加购物或者另行付费项目、强迫或者变相强迫消费诱骗游客消费等行为。维护校园周边文化市场的安全，开展校园周边专项整治行动，严厉查处中小学校周边200米范围内的网吧、游戏厅、歌舞厅等娱乐经营场所，加大对印刷、发行盗版教材、教辅读物行为打击力度。按照"扫黄打非"工作要求，开展印刷市场、出版物市场专项整治。对出版物市场全面清查不利于未成年人健康成长的非法出版物、打击印刷盗版教辅教材等；全面清查印刷企业生产的印刷品内容是否合格，印刷品承印手续是否齐全等。重点治理商场游商摊点，共收缴非法出版物64本。

【行政审批执法】 2021年，青铜峡市文化旅游体育广播电视局规范行政执法程序、推行各项法律工作制度、实行行政执法人员持证上岗和资格管理制度等相结合。完善"全国文化市场监管平台"，落实行政审批业务平台上线操作，及时更新完善"一户一档"信息。完成工作信息12条，做到及时上报，准确反映文化市场动态。坚持各项执法工作实现平台操作，在平台上办理业务，实现资源互通、信息共享。全年在平台上完成业务录入969条，开展双随机抽查7次，随机抽查106家次。全面推进"互联网+监管"平台数据系统建设工作，提高信息采集工作速度和质量，扩大数据覆盖率，根据自身职责进行"一对一"对接认领监管事项，确保事项一项不漏应领尽领，截至目前，在国家"互联网+监管"系统中录入监管行为347条。

【群众文化活动】 2021年,青铜峡市文化馆充分发挥地方文化资源优势,以大型活动及传统节日为带动,广泛开展特色文化活动。举办青铜峡市2021年"贺岁迎春"书画作品展、"构筑新时代,翰墨颂党恩"老年书画作品展、"学史崇德力行,弘扬抗疫精神"蒯万海书画作品展,共展出各类美术书法作品300余幅;举办全市"花开新时代 启航新征程"第四届牡丹文化艺术节及第六届"走·黄河岸边吼秦腔"票友大赛颁奖晚会,开展以"学党史、跟党走"为主题的文化惠民演出活动。为庆祝中国共产党成立100周年,开展"传承红色基因 赓续精神血脉 汲取奋进力量"青铜峡市党史学习教育暨"4·23"世界读书日经典诵读活动;先后在各类线上平台举办"共沐书香,放飞心灵"世界读书日主题书展、"环球共此佳节——世界元旦风俗展"等活动。

(田海波)

群众文化

【公共文化服务】 2021年,青铜峡市文化馆围绕群众生产生活中的精神文化需求,开展公共文化服务65场,6600余人次参加。开展有特色的(美好生活志愿服务)活动,长年针对工作人员上班忙、周末带孩子、没有时间接受文化艺术普及的急切心愿,安排专业老师每周四为上班族错开时间,在晚间开设器乐72班次、声乐培训班48班次,培训学员6000人次。开放对外活动场地6个,免费服务各业余团队活动12个15000余人次。音响组为吴忠文化馆下基层文艺演出、组织部书画展开幕式、医保局开幕式等单位提供音响服务5场次。

【人才培训】 2021年,青铜峡市文化馆组织开展"十百千"文艺人才培训工程4期,培训人员1200余人,老年大学美术培训班28期培训人员500人次;武术培训班84班次,培训人员2600人次;老年声乐器乐培训班96班次2700人次,7月至9月转在网上开展培训;第三小学少儿书法培训班24班次1200人次;开展"结对子 种文化"移民村少儿艺术培训班52期2600人次;邵岗镇同乐村小学文学培训班6期300人次;叶盛镇开展文化扶贫培训班2天80人次,暑期少儿艺术培训30班次,培训学员600人次。组织业务骨干参加2021年"三区"人才计划——"唱响宁夏山河川"全区群众文艺骨干广场舞培训班。组织举办5期文学创作培训班,参加学员480人。

【文化活动】 2021年,青铜峡市文化馆联合邵岗镇二旗村党支部在村部举办文化和自然遗产日暨"人民的非遗 人民共享"剪纸培训班,培训传承人30余人。复排广场舞《小花灯》,参加非遗过大年录制。举办"文化志愿行 温暖永相伴"雷锋志愿者活动,到青铜峡市敬老院为老人拍摄照片。组织"花开新时代 启航新征程"。第四届牡丹文化艺术节,演出6场次,观众6000余人。五一期间,推出当地美食、古峡特产舌尖美味,以及地方文化名人书法、绘画、书籍等展示展出。组织参加"青铜峡市"宣传专题片、黄河楼"2021新年祝福语"和黄河楼"快闪"合唱《没有共产党就没有新中国》录制工作。组织牡丹节英模人物及抗疫流动画展6场次,参观人数6000余人。组织接待公益性讲座9场次,培训人员800人次。组织各类展览14场次,参观人员4200人次。

【文化三下乡活动】 2021年,青铜峡市文化馆组织为黄河楼景区、全市镇(村)、社区、文联、局机关等单位和社会各界义务书写春联近5000副。承办青铜峡市2021年"贺岁迎春"书画作品展,展出美术书法作品76幅,承办"构筑新时代,翰墨颂党恩"老年书画作品展,展出美术书法作品近200幅。在七一临近之际,组织"文化惠民"送戏下乡76场观众14000

人次。组织自治区京剧团下基层演出18场3600人次。银河广场"永远跟党走"广场文艺晚会8场次9000人次。

【文化宣传】 2021年，青铜峡市文化馆利用业务特长宣传党史教育和抗疫精神。承办的"学史崇德力行，弘扬抗疫精神"书画作品展，展出蒯万海美术作品65幅，展出2个月，参观人数16000余人，最高的一天人数达410人。在第四届牡丹文化艺术节活动期间，利用展板形式，将"学史崇德力行，弘扬抗疫精神"书画作品展在青秀园展出。

【文艺创作】 2021年，青铜峡市文化馆创排广场舞《我奋斗我幸福》，参加全区线上广场舞大赛，获得一等奖；排练第九套广播操，参加全区线上广播操大赛，获得三等奖。文化馆广场舞队通过宁夏赛区初赛、预赛、决赛层层选拔，代表宁夏参加第十四届全国运动会群众展演广场舞项目比赛，获得群众展演广场舞项目乡镇组二等奖。参加吴忠市"宁夏中房杯"百乡千村广场舞大赛决赛暨"我要上全运"全国第十四届运动会广场舞项目宁夏选拔赛吴忠赛，获得一等奖，被选拔代表吴忠市参加全区总决赛，冲击第十四届全运会比赛。7月9日，参加自治区党委宣传部、自治区文化和旅游厅、自治区妇联、自治区体育局、宁夏广播电视台和吴忠市人民政府在吴忠市举办庆祝中国共产党成立100周年——"永远跟党走 幸福生活舞起来"全区广场舞大赛颁奖暨集中展演活动中，创编的广场舞《田野欢歌》获得二等奖，辅导老师马力、李慧娟荣获优秀辅导奖。10月13日至15日，参加由自治区体育局举办的2021年宁夏第八届社会体育指导员交流展示大赛，获得健身秧歌一等奖、团体三等奖。选送作品参加"美丽新宁夏，翰墨颂党恩"庆祝中国共产党成立100周年全区书画作品展、"六盘山杯"庆祝中国共产党成立100周年全国书画展、"礼赞百年，银川之光"庆祝中国共产党成立100周年艺术作品大展、吴忠市庆祝中国共产党成立100周年书画作品展、"艺赞百年路，大美西夏区"庆祝中国共产党成立100周年书画摄影展等展览和赛事。文化馆业务人员在各级展演、比赛中入选各类文学艺术作品60余件，其中创研部业务人员鲁兴华的小说获全国微小说精品奖，周培贵的书法作品获得"艺赞百年路，大美西夏区"庆祝建党100周年书画摄影展优秀奖，戴红的美术作品入选"美丽新宁夏，翰墨颂党恩"庆祝建党100周年全区书画作品展。

【非物质文化遗产保护】 2021年，青铜峡市文化馆开辟公共文化线上服务，组织业务精英对非遗项目《青铜峡小花灯舞》进行创编、排练，通过抖音、快手平台"视频直播家乡年"非遗春节活动专区，展播民俗非遗项目《小花灯舞》视频，活动微信浏览160人次、抖音平台浏览330人次、快手平台浏览437人次。筛选中医烧烫伤紫草祛腐生肌膏、编结、喜牛舞、"以指代针"按摩疗法4个项目申报第六批自治区级非遗保护项目。其中，编结被确立为自治区级非遗保护项目。组织八宝姜枣茶、烫面油香、罗氏螺丝菜参加全区美食大赛，组织黄河大峡谷、黄河楼13名讲解员参加吴忠市非遗讲解大赛初赛及全区非遗讲解大赛。组织二毛皮、编结、泥塑等11个项目的11个传承人参加全市第四届牡丹文化艺术节活动的现场展示及非遗流动展。组织编结、泥塑、二毛皮、马氏不孕不育疗法项目及传承人参加第十一个旅游日相关活动。组织衡器、柳编等16个项目的16个传承人参加"文化和自然遗产日"宁夏主会场黄河楼景区活动。筛选夏氏中医正骨、刘氏泥塑申报第七批吴忠市级非遗保护项目。组织第四届牡丹文化艺术节非遗传承宣传活动6场次，11个项目的18名传承人，现场表演结合实物展，参观人数

5500余人，流动展览参观人数6000余人。

（段学珍）

文艺创作与演出

【概况】 2021年，青铜峡演艺公司演出总场次共计126场。其中文化惠民演出100场，大型实景剧《黄河谣》演出26场。举办吴忠市春晚录制2场、元宵节晚会1场、"送戏下乡"党史学习教育宣传演出28场、第四届牡丹艺术节2场、歌手大赛及器乐大赛颁奖1场、青铜古镇开业典礼1场、一百零八塔宣传演出1场、黄河楼非遗演出1场、部队慰问演出2场、邵岗镇同乐村宣传启动会1场、银河广场"永远跟党走"专场文艺演出1场、"庆祝中国共产党成立100周年"专场文艺演出1场、宣传习近平总书记七一重要讲话精神文化惠民演出17场、深入青铜古镇、怡园社区、林皋村进行"送戏下乡"惠民文艺演出4场、在汉坝小学、市第五中学、职教中心等进行戏曲进校园演出8场、在青铜峡市影剧院进行秦腔历史剧《窦娥冤》《王魁负义》《生死牌》等戏曲展演12场、邵岗镇甘城子村交流会1场、学习宣传贯彻党的十九届六中全会精神16场。

【文艺作品】 2021年，青铜峡文化演艺有限公司为庆祝中国共产党成立100周年，重温红色经典，复排秦腔历史剧《窦娥冤》《生死牌》《辕门斩子》。新创作排练诗朗诵《中国共产党万岁》、伦理教育黄梅小戏《爸爸回来了》、传统小戏《红灯记》、秦腔古典剧《王魁负义》、宁夏小曲《狱中阳光》等节目，把中国共产党百年的光辉历程展现给千家万户，让红色精神激发力量，以昂扬的斗志开创新的征程。为加强黄河文化遗产保护，深入挖掘黄河文化，讲好"黄河故事"，推进黄河流域生态保护和高质量发展。新版《黄河谣》经过近半年时间的全方位优化提升，重新布置演出场地、更新服装道具、升级灯光音响设备、调整舞美和艺术表现形式，使现场沉浸式观演效果和视觉冲击力更强，带给游客的是更加生动的文化视听盛宴。

文物保护

【文化遗产保护】 2021年，青铜峡市文物所完成长城北岔口段抢险加固修缮项目，推动黄河铁桥加固修缮工程和一百零八塔安防工程建设；结合党史学习教育以及"文化和自然遗产日"活动，开展黄河铁桥、拦河大坝、余家桥革命文物展览展示和革命文物保护利用宣传活动，举办文化遗产专题讲座，普及文化遗产资源保护知识，讲述革命文物和红色文化遗址故事；加强非物质文化遗产保护工作。组织筛选中医烧烫伤紫草祛腐生肌膏、编结、喜牛舞、"以指代针"按摩疗法4个项目申报第六批自治区级非遗保护项目，筛选夏氏中医正骨、刘氏泥塑申报第七批吴忠市级非遗保护项目，其中编结被确立为自治区级非遗保护项目。

【文物保护宣传】 2021年，青铜峡市文物所开展《中华人民共和国文物保护法》及相关法律法规宣传文物保护活动，利用学雷锋日、"文化和自然遗产日"及庆祝建党一百周年等活动，分别开展学雷锋日、文化遗产进机关、进校园、进社区及庆祝七一一系列宣传活动。6月5日，为庆祝中国共产党成立100周年，结合党史学习教育活动，文物所与市第二小学联合开展保护红色文化遗址、弘扬革命精神、传承红色基因短视频录制系列宣传活动。

【文物保护项目工程】 2021年，青铜峡市文物所完成四项文物保护项目工程，分别为完善长城北岔口段抢险加固修缮项目工程资料，施工单位继续对部分裂缝进行处理。邀请自治区文物局专家组初步验收，等待国家文物局验收。上报长城青铜峡段保护修缮二期，长城青铜峡市北岔口段数字化保护工程。完成黄河铁桥加固修缮工程。黄河铁桥在2019年因洪水过大，不停地冲刷致使桥基已不能正常使用。2020年争取自治区文旅厅专项维修项目资金计划对黄河铁桥进行维修加固，完善相应的基础设施和标识系统，2021年3月开始动工，截至年底，1~5号墩维修加固全部完成。完成一百零八塔安防工程项目，总投资143万元，历时两个半月。

【田野文物安全巡查】 2021年，青铜峡文物所针对全市不可移动文物实际情况，开展对各级文物保护单位进行文物巡查，填写巡查记录，及时发现文物破坏、违规在建控地带施工建筑情况。协调公安派出所、文化市场执法队，解决古峡新能源公司在建控地带安装风机底座1台违反文物保护规定事项。

【文物保护四有工作】 2021年，青铜峡市文物所继续开展文物保护"四有"（有保护范围、有标志说明、有记录档案、有专门保管机构或专人管理）工作，树立鸽子山遗址保护说明牌2个，补立鸽子山建控地带界桩60个。修复受损的契必氏墓保护标志碑、长城保护标志碑、长城宣传标识牌20个。

【文物保护单位管理权移交】 2021年，青铜峡市根据自治区人民政府《关于同意青铜峡市峡口镇新田村、跃进村行政区划调整的批复》。2021年8月18日，将新田村、跃进村的两处市级文物保护单位：石峡沟浆鳞鱼化石区、新田唐墓群移交中宁县文物管理所管理，双方签署《关于市级文物保护单位石峡沟浆鳞鱼化石区、新田唐墓群移交管理权移交手续》，并移交各类档案资料。

【文物基础数据整理】 2021年，青铜峡市文物所按照吴忠市文物局要求做好文物基础信息填报工作，将全市212处不可移动文物基础信息录入全国文物保护单位基础信息系统并上传相关文件，完善相关信息。整理上报青铜峡市红色文化资源管理利用情况的档案资料。按照自治区文物局的要求整理国家长城重点段工作档案资料。

【文物保护单位基础数据测量】 2021年，自治区文物保护单位"两线"测绘项目青铜峡段正式启动。"两线"，即为划定文物保护单位保护范围和建设控制地带，是保护文物本体和环境的重要基础性工作。共计测绘青铜峡境内全国重点文物保护单位1处，烽火台12个，自治区级文物保护单位12处。

【石窟寺及长城调查工作】 2021年，青铜峡市文物所落实国务院办公厅《关于加强石窟寺保护利用工作的指导意见》，配合自治区石窟寺调查组对市境内石窟寺开展为期一周的调查工作，辖区内有石窟寺3处，为一百零八塔卧佛洞、牛首山西寺睡佛殿、牛首山东寺睡佛洞。对青铜峡境内长城墙体、敌台、烽火台等遗址保护方案设计进行调查工作，确保设计方案科学合理。

【文物安全检查】 2021年，青铜峡市文物所加大文物安全日常巡查力度，开展消防安全应急演练1次，重大节日对文物保护单位消防设施、器材的配置、进行检查；对消防控制室值班操作人员进行培训1次；并强调文保单位禁止吸烟、文物保护范围内不得违规使用明火。

图书管理

【概况】 2021年，青铜峡市图书馆纸质藏书达182494册，新增借阅卡369个；征订2022年度杂志252种266份，征订报纸51种61份。接待读者116416人次（其中15个基层图书服务点共计借阅图书10314册），借阅册次达152798册。歌德电子借阅机图书下载量18556册，移动图书馆访问量

300281次。全年加工整理新旧图书，录入数据5438册。及时对借阅率低的书刊进行更换，累计出库各类文献10194册。其中，图书8989册，期刊合订本1205册。入库文献2107册。其中，期刊合订本1409册，图书698册。

【读书日活动】 2021年第26个世界读书日，青铜峡市在青铜峡影剧院举办以"传承红色基因 赓续精神血脉 汲取奋进力量"为主题的党史学习教育暨"4·23"世界读书日经典诵读展演活动，活动由中共青铜峡市委、青铜峡市人民政府主办，中共青铜峡市委宣传部、市文化旅游体育广电局、市图书馆承办，全市千名党员参加展演活动。展演活动以夏谦长诗《百年辉煌》为主线，通过四位讲述人的朗诵，使整个展演大气磅礴、格调高雅、浑然一体，为党的百年华诞送上热忱的祝福。

【线上阅读】 2021年，青铜峡市图书馆以"书香古峡"微信公众号为阅读推广平台，设置"党建书屋"栏目，内容包括《精选》《党刊》《党书》三个子栏目，举办线上"共沐书香，放飞心灵"世界读书日主题书展活动，配置一万余册电子图书、期刊，向读者免费开放阅读。

【服务基层】 2021年，青铜峡市图书馆按照"闭馆不谢客、服务不打烊、上门搞服务"的工作思路，结合"4·23世界读书日"及庆祝中国共产党成立100周年系列活动，开展以"传承红色基因、不负时代使命"为主题的送经典到社区、送阅读到家门、送服务到基层的阅读推广活动。活动中，为8个社区、1个学校、2个敬老院等11个单位播放《建党伟业》《血战湘江》等17部电影20场次，定时定期为32户弱势群体读者送书刊118次，送书刊520余册、报纸12种158份；配合自治区图书馆开展全区图书馆界"稚子童音·古韵今鸣"线上诗词诵读大赛，图书馆被评为最佳组织奖。严格执行信息发布"三审"制度，通过"书香古峡"微信公众号，做好线上展览活动，先后推出《只争朝夕 不负韶华——喜迎2021"元旦文化"展》《民法典与生活同行》《礼赞新中国 歌唱新时代——庆祝中华人民共和国成立72周年颂歌图片展》等42期线上展览；参与文明城市创建工作，投资7万余元在裕民分馆购置移动式电子屏、布设12处永久性宣传"形象墙"，在馆外布设社会主义核心价值观等4处宣传"文化墙"，联合星主播培训中心启动"阅百年历程、传精神力量"为主题的《漫说红色故事》活动18期；聚焦图书馆重大服务项目，"世界读书日"活动期间，先后走进怡园、唐源、东街等10个社区、2个敬老院及居民集中的广场开展红色电影展演，定期定时将红色书报刊送到弱势群体读者家中。

【"三下乡"活动】 2021年，青铜峡市图书馆收集实用的农业、农村种养殖业方面的图书二维码，通过图书馆微信平台，市委宣传部"三下乡"线上平台上发布，推介新书二维码100余册，开展《舞墨青春新春寄语——书法篆刻专题展》《名家谈传统文化》《辛丑话牛——2021迎新春文化特展》《最美中国年画展》《牛文化主题展》《中国木版年画精品线上展》等线上阅览活动。

【移动图书馆】 2021年，青铜峡市图书馆为方便广大读者充分利用图书馆的资源，开通"超星移动图书馆"服务，读者只需用手机扫一扫"移动图书馆"的二维码，再下载一个手机客户端，就能把相应的图书轻松"装"进手机或平板电脑浏览140多万种电子书、400多种每天实时更新的报纸、1.2万集有声读物及2万集课程的在线视频课堂。

（方 军）

图书发行

【概况】 2021年，青铜峡市新华书店年营业收入1164.54万元，比2020年同期增加53.47万元，增长4.81%；主营业务收入1128.57万元，比2020年同期增加71.23万元，增长6.74%；其他业务收入35.97万元，比2020年同期减少17.76万元，减少33.05%；实现利润30.68万元，比2020年同期减少9.55万元，减少23.74%。

【教材教辅发行】 2021年，青铜峡市新华书店教材教辅销售码洋1008.57万元，比2020年同期增加39.93万元，增长4.12%，其中免费教材361.75万元，比2020年同期减少52.67万元，减少12.71%；非免教材码洋136.41万元，比2020年同期增加8.77万元，增长6.87%；免费教辅销售码洋79.37万元，比2020年同期减少31.73万元，减少28.56%；减少的主要原因是学生人数减少1662人；非免教辅销售码洋431.04万元，比2020年同期增加115.97万元，增长36.81%。

【一般图书发行】 2021年，青铜峡市新华书店全年完成一般图书销售120万元，比2020年同期增加31.30万元，增长35.29%。销售《习近平新时代中国特色社会主义思想学习问答》2320册，码洋6.8万元；《习近平谈治国理政》第三卷销售1178册，码洋9.4万元；《论中国共产党历史》4600册，码洋9.8万元；《毛泽东邓小平江泽民胡锦涛关于中共共产党历史论述摘编》2690册，码洋6.3万元。《中国共产党简史》3000册，12.6万元；《中华人民共和国简史》858册，3.3万元；《改革开放简史》866册，2.8万元；《社会主义发展简史》865册，销售8.6万元。《在庆祝中国共产党成立100周年大会上的讲话》1000册，码洋3000元；《中国共产党党内法规汇编》120册，2.3万元；《民法典》销售1278册，码洋38340元；《新征程面对面》销售1228册，码洋30700元。

【图书下基层活动】 2021年，青铜峡市新华书店继续开展与幼儿园的常态化亲子阅读活动，得到学校支持和家长好评；开展"图书进军营""图书进学校""下乡售书活动"，服务官兵、服务学生、服务城乡。年内，流动售书共计8次，销售额达1万元；以中国共产党成立100周年、"诗在远方"新书发布会、"世界读书日"、法定节假日为契机，开展促销活动。

（王小琴）

旅 游

综 述

【全域旅游】 2021年，青铜峡市各景区、农家乐接待游客272.09万人次，比2020年增长119.76%，比2019年增长31.51%；实现旅游营业收入3782.47万元，比2020年增长51.59%，比2019年下降15.89%；实现旅游综合收入14.97亿元，比2020年增长119.82%，比2019年增长31.55%。

【黄河大峡谷国家5A级景区创建】 2021年，青铜峡市文化旅游体育广播电视局对照中华人民共和国文化和旅游部资源开发司下发的《关于反馈旅游景区检查情况的函》，制订整改方案，完成旅游交通、游览等7个方面17个问题的整改工作；组织创建国家5A级景区专题培训班和接待服务"大练兵"，举办"启航新征程·再创新辉煌"等活动，将青铜峡水利枢纽、黄河铁桥、水利博览馆等多个红色地标串联成线，打造"行走的红色党课"；加强与新闻媒体、旅游网站、旅行社等平台合作，在高铁站、河东机场、高速路出口处设置擎天柱宣传广告，塑造"十里长峡 黄河之魂"旅游品牌。黄河大峡谷旅游区通过中华人民共和国文化和旅游部国家5A级旅游景区景观质量评审，列入创建国家5A级景区预备名单。

【文旅产业融合】 2021年，青铜峡市文化旅游体育广播电视局推动旅游和教育的跨界融合，开展"国学六艺"体验、"我的中国梦""清明祭英烈，永远跟党走，感恩母亲河""探索黄河文化""保护水源地·关爱母亲河"等研学项目。截至2021年10月，各A级旅游景区接待研学游39批次12191人次，黄河大峡谷景区、黄河楼景区被自治区教育厅命名为"首批宁夏中小学生研学实践教育基地"，黄河坛景区、西鸽酒庄、青铜峡市大坝镇韦桥村古渠首、青铜峡市福汇龙门农庄被吴忠市教育局、吴忠市文化旅游体育广电局命名为"吴忠市中小学生研学实践教育基(营)地"；新建宁夏青铜峡农特产品文创产业基地、青铜峡市中新云智文化旅游农创发展有限公司等文创产品、旅游商品研发、销售企业，牛仔八宝茶获得"2021中国旅游商品大赛"银奖。结合第四届牡丹文化艺术节活动，组织18家特色旅游商品企业的36余种商品参展，提升文化旅游品牌知名度。

【旅游品牌宣传】 2021年，青铜峡市文化旅游体育广播电视局在青铜峡市政府网站、青铜峡旅游板块、"畅游青铜峡"微信小程序、文旅青铜峡微信公众号和官方抖音等新媒体平台持续推广青铜峡旅游文旅资源，发布文章和视频105篇，平台浏览量达26万次。开展陕西西安"坐着高铁游宁夏给心灵放个假"、"5·19"中国旅游日大型文化旅游节、"两晒一促"大型文旅推介，接待中央电视台、中央人民广播电台宣传采访。黄河大峡谷景区被自治区文化和旅游厅命名为自治区级文旅旅游示范单位。在"引客入青"政策的拉动下，推出新产品、打造新路线，利用新媒体营销、拓展新市场，激励效应逐步显现，赴青包机、专列和旅游大巴数量较以往呈几何式增长，各A级旅游景区、宾馆、餐饮收益明显提高。

景区建设

【旅游项目建设】 2021年，青铜峡市文化旅游体育广播电视局完成青铜古镇萌宠乐园、精品酒店、商业街等改造运营项目，后期将继续对青铜古镇原河源组团、渠城组团、水城组团三个功能建筑组团进行改造，建设温泉街、自由式餐饮、特色商铺、SPA理疗馆、中小型商务会议厅等；推动青铜峡市黄河楼景区提升项目和黄河流域文化旅游带青铜峡古渠首公园旅游基础设施和公共服务设施配套项目建设；依托贺兰山东麓葡萄酒黄金产区，整合鸽子山葡萄酒产区周边酒庄、鸽子山遗址、北岔口明长城、庙山湖等文化旅游资源，以葡萄酒文化旅游融合发展为目标，发展青铜峡市鸽子山葡萄酒文化旅游小镇项目，通过"葡萄酒庄+文化体验+乡村民宿"的发展模式，发挥度假、康养、休闲、游憩等旅游体验功能，打造宁夏乃至全国第一家以葡萄酒文化为主题的国家级旅游度假区。小镇道路、停车场等基础设施项目已开工建设。

【旅游质量提升工程】 2021年，青铜峡市文化旅游体育广播电视局开展星级宾馆年度核查工作，对龙海宾馆、青铜峡宾馆、凯鹏宾馆等按照要求完成整改；制定回乡返乡人员从事宾馆服务业奖励补助政策，提升从业人员就业服务；组织第三方专家评定复核，马长滩欢乐天地旅游区、宁夏贺兰芳华田园酒庄被评定为"AA国家级旅游景区",韦桥水韵人家农家乐、叶盛地三人家农家乐评定为三星级乡村旅游示范点;组织推荐清逸园农庄申报五星级乡村旅游示范点,韦桥水韵人家农家乐、叶盛地三人家农家乐申报四星级乡村旅游示范点,青铜峡镇余桥村申报宁夏特色旅游村,深度对接乡村振兴战略,加快乡村旅游重点村建设步伐。

传　媒

广播电视

【概况】 2021年,青铜峡市融媒体中心紧扣主题、紧盯现场,围绕宣传"十四五"开局、建设黄河流域生态保护和高质量发展先行区、"5+5"十强产业体系、庆祝中国共产党成立100周年、党史学习教育、乡村振兴、基层治理、市镇领导班子换届、政法队伍教育整顿、老旧小区改造、新时代文明实践等市委、市政府中心工作开设专题专栏,系统、全面地报道相关信息、先进典型、部门动态,为全市经济社会高质量发展谋势造势。市融媒体中心制订党史学习教育、"两会"、第十三次党代会等宣传报道方案,每周推出宣传提示要点、新闻选题,明确报道方向、报道思路、报道重点,精细新闻宣传,细化责任分工,让一线记者做到心中有数,确保报道主题鲜明,内容翔实。全年电视新闻累计发稿1962条;"云上青铜峡"APP客户端下载量88526人次,推送稿件共计21653条;微信公众号共发布信息8302条,粉丝数38274人;微博共发布信息4543条;抖音推送视频951条,粉丝9628人;"黄河云视"发布稿件1936条;发布"现场云"报道1.0万条,视频1352条,直播102场次;"学习强国"青铜峡融媒号推发图文视频类稿件1092条,签发369条,签发稿件数量位居吴忠市前列,受到吴忠市宣传部领导点赞。

【广播电视播放】 2021年,青铜峡市融媒体中心加强对广电系统主体责任单位安全责任制落实和安全检查、隐患消除。修订完善《青铜峡市广播电视系统安全播出应急预案》《青铜峡市广电行业网络安全事件应急处置预案》,以及事故报告、网络安全信息通报制度,落实意识形态和安全保障工作责任制,保障广电播出安全。开展非法销售安装使用卫星电视地面接收设施专项整治行动。自8月23日从重点的汉源社区开始,共对裕民街道办、陈袁滩镇10个社区、39个居民小区、6条街道非法卫星电视接收设施进行集中清理整治,拆除非法"卫星锅"945套。其中,集中清理强制拆除820套;社区物业动员居民自行拆除125套。

【重要宣传报道】 2021年,青铜峡市融媒体中心聚焦庆祝中国共产党成立100周年、党史学习教育、乡村振兴等主题,开设《奋斗百年路　起航新征程》《以史为鉴开创未来》等新闻专栏,在广播、电视、微信等媒体平台重要版面、黄金时段,采制刊播"学党史　悟思想　办实事　开新局""红色记忆""党史百年天天读"等党史宣教内容,通过政策宣传、典型宣传、成就宣传,全方位、多角度展现全市干部群众干事创业激情、凝聚全市上下干事创业的磅礴力量;聚焦市镇换届、政法队伍教育整顿、文旅融合、老旧小区改造等重点工作、民生热点,挖掘典型经验,先后推出《白天鹅"领舞"青铜峡库区湿地　上演和谐生态大戏》《建设黄河流域生态保护和高质量发展先行区》《青铜古镇：黄河金岸地标式休闲度假旅游目的地》《政法队伍教育整顿·七大提升行动 I 基层基础提升行动——青铜峡市深入推进全域网格积分制管理》《四大提升行动——邵岗镇甘城子村：乡村振兴扮靓"颜值"壮大产业增效益》《青铜峡镇：老旧小区旧貌换新颜》等主题宣传报道，全面展示青铜峡持续健康发展的良好态势和经济社会发展的巨大成就。在10月疫情防控期间，市融媒体中心第一时间利用广播、电视、"两微一端"、抖音等媒体平台，以图文、短视频等形式，宣传报道党中央决策部署和自治区、吴忠市及青铜峡市工作要求，报道全市疫情防控工作中的先进做法和感人故事，实现传统媒体和新媒体同频共振，为疫情防控工作营造宣传声势。

【优势特色】 2021年，青铜峡市融媒体中心建立健全快发机制，统筹采编力量，最大限度压减制播时间，依托"云上青铜峡"客户端第一时间推送新闻资讯、最新动态；依托"魅力青铜峡"视频号、抖音号对新闻报道第一时间实现可视化、快速传播；依托九渠云"现场云"直播，对"两会"、党代会、青铜峡市第四届基层理论"微宣讲"大赛、青铜峡市庆祝建党100周年"永远跟党走"革命歌曲大合唱、2021年"中国农民丰收节"暨大坝韦桥黄河大地艺术展演等重要会议、重大活动进行直播，多渠道同步分发，提升受众关注度，提升青铜峡市美誉度和知名度。市融媒体中心深入挖掘本地鲜活题材，精准对接上级媒体，在广播、电视等传统媒体平台做好报道内容的深度生产，在新媒体平台加强深度加工，探索外宣新思路，向上级各媒体平台报送稿件，强化对外宣传。其中，在学习强国推送的《每日一景 I 宁夏青铜峡库区湿地最美的日出日落》，一经推送，浏览量达5万多人次，该篇报道随后被《人民日报》转载；在学习强国推送的《白天鹅"领舞"青铜峡库区湿地 上演和谐生态大戏》受到广大网友的广泛关注，人民网对该选题进行二次编辑推送报道；《天鹅领舞，百鸟飞翔，尽显生态和谐美景》短视频在学习强国平台总网双月赛中再次进行展示，浏览量高达101.1万人次，点赞近6万人次。

【业务融合】 2021年，青铜峡市融媒体中心深化体制机制改革，优化资源配置，加强全媒体人才培养，探索建立"新闻+政务+服务+商务"运营模式，实现"不见面、网上办"政务服务功能。为推进媒体深度融合，融媒体中心深化全媒体流程，优化全媒体平台再造，大力提升1+1＞2的增值能力，做强新媒体集群，打通全媒体传播渠道。形成两微一端、抖音、央视新闻+、新华社"现场云"、今日头条号、学习强国县融媒号、黄河云视等为主体的新媒体集群；实现青铜峡市广播电视台电视节目进入自治区IPTV传输平台。市融媒体中心下属宁夏黄河九渠云文化传媒有限公司，通过强化制度改革，充分利用融媒体中心广播、电视、电子大屏、微信等媒体矩阵，多平台、全方位投放广告、承揽大型活动、专题片制作等。全年实现创收60万元。

（石佳瑞）

电影放映

【概况】 2021年，青铜峡市文化旅游体育广播电视局结合党史教育组织开展"庆祝中国共产党成立100周年百部红色电影进基层"活动及农村公益电影放映工作。截至10月20日，共放映优秀国产（红色）故事片31部1349场次、农村科普教育片23部1190场次，累计完成放映场次1510场，观影人数18.9万人次。

【放映任务分解落实】 2021年，青铜峡市文化旅游体育广播电视局将农村电影放映1387场任务科学合理地分解到80个行政村（975场）、4个移民村（90场）、17个城镇社区（269场）和3个农林场（53场），分解落实到9名放映员。广播电视管理室每月对农村电影放映工作做出具体安排，并在每月的放映员例会上组织落实；每名放映员也将各自的放映场次任务，做出每月放映日程公示表，发到微信群，做到场场有安排、有公示。

【放映员培训管理】 2021年，青铜峡市文化旅游体育广播电视局在每月3日定期组织放映员，进行政策、职业道德、标准化专业技能和安全放映培训，对放映员上月电影放映情况，放映日志填写，放映点实地检查情况和监映平台抽查情况进行通报，并按规章制度该告诫的进行批评教育，该惩罚的当场做出处罚。并落实标准化规范化安全放映和设备维护责任，广播电视管理室与放映员签订农村电影规范安全放映责任书和农村电影放映设备管理检查维护责任书，把规范安全放映、设备管理维护、保养安全责任落实到每一位放映员，在电影放映季节每月初将设备集中统一进行除尘、保养、检修，确保设备完好、安全高效运转。

【百部红色电影进基层及优秀影片展映】 2021年，青铜峡市文化旅游体育广播电视局推出广场电影、社区电影、农民工电影、敬老电影等公益放映活动，让25部革命爱国主义红色影片走进农村文化广场、走进种植基地、走进农村学校、走进敬老院、走到农民工和孤寡老人身边、走到最基层群众中去。其中，在社区及居民小区放映145场，农村种菜基地放映8场。

【科教片展映】 2021年，青铜峡市文化旅游体育广播电视局为突出农村电影放映公益性，提高社会效益，结合"6·26"禁毒日，将科教片《远离毒品 珍爱生命》在全市84个农村放映点和10个社区、3个农林场持续不断滚动放映。为满足广大农民求富、求知、求发展、求文明、求健康、求安全的需要，把科教片作为重点，坚持做到在每场放映故事片前加放一部科教片。2年内共放映科教片《怎样执行抚养和赡养义务》《家庭节约用电》《高血压的中医预防》《酒对人体健康的影响》《静脉曲张的预防治疗》《如何预防老年痴呆病》《手足口病防治常识》《流感是怎样"杀人"的》《过度使用手机十大危害》《拒绝毒品幸福人生》《儿童用眼健康常识》等23部1190场。

电视网络

【概况】 2021年，青铜峡电视网络分公司以经营业务发展为"出发点"，保障网络安全"基本点"，狠抓作风建设的"关键点"，提升服务创新的"落脚点"，全年完成营业收入721.5万元。其中，公客收入483万元；集客收入238.5万元。新增用户1089户，回流用户306户。

【资产整合】 2021年，青铜峡电视网络分公司多次与青铜峡市政府协调沟通，与相关单位合力推进资产整合工作，完成资产评估移交工作以及分公司名称变更及银行、税务、车辆等信息变更工作。

【项目审计】 2021年，青铜峡电视网络分公司配合总公司完成宽带乡村及中小城市基础网络完善工程228个项目审计工作，配合集团公司对原任领导的离任经济责任审计。

【民生工程】 2021年，青铜峡电视网络分公司落实青铜峡市政府"四大提升"工程任务，实施青铜峡市老旧小区改造项目，完成光纤改造1200户，整治老旧线路7.8公里。实施邵岗镇甘城子村、小坝镇先锋村、峡口镇任桥村等乡村振兴示范点网络线路上改下工程,敷设改造光缆线路48.5公里,用户3200户。

【农网收费】 2021年,青铜峡电视网络分公司采取提前打电话预约、上门逐户、加微信、电话指导等缴费方式应收尽收。推出回馈农网用户续费两年优惠促销活动,主动占领农村阵地,增加营业收入,拉长农网用户在网时间,全年农网收入140万余元。

【营销策略】 2021年,青铜峡电视网络分公司设立分公司微信公众号,利用"中秋""十一"等重要节点,开展营销活动,通过"入户直推、印发宣传彩页、发微信、礼品大赠送"等促销方式,不断稳固老用户、发展新用户,增加公客经营收入。结合"双十二",推出"办理爱家套餐送电动车"活动,共办理业务34笔,收入6.8万元。

【安全保障】 2021年,青铜峡电视网络分公司不断完善安全制度,压实安全责任,明确分工,细化任务,做到了领导在一线指挥,问题在一线解决,强化员工安全意识、技术培训、实操演练,加强国省干线路巡查频次,严防重点开挖路段现场监护,机房用电保障、主备信号、环网设备、链路保护等环节的运行安全。对前端机房、供配电室、发电机房等重要部位和场所进行"拉网式"安全排查,更换和维护保养机房、库房、供配电室等重点部位的灭火器,清理归置消防应急通道,使得安全隐患早发现早排除。

【网络传输服务】 2021年,青铜峡电视网络分公司履行国企责任,启动防疫应急工作机制,切实做到"居家不脱岗、营销不缺位、服务不间断",在防疫全封闭管理期间营收40.7万元,发展用户102户,电话指导维护925户。

【网络资源利用】 2021年,青铜峡电视网络分公司推进广联业务深度合作,将楼宇入户闲置皮线出租给联通公司并签订合作协议,户均年分红170元。与青铜峡市公安局签署2020年新建45处点位维护合同,由分公司负责维护的青铜峡市公安局链路监控点位达90%。完成吴忠市鑫盛达牧业公司智慧牧场安防系统一期建设工程,涉及金额16万余元。完成青铜峡市快速通道项目回款35万元,"百村广电惠民"工程回款10万元,公安局天网项目回款200万元。

(陈建军)

卫生·体育

编辑◎韩 汀

卫生健康

卫生行政管理

【概况】 2021年，青铜峡市有医疗卫生机构164家。其中，公立二级综合医院1家、二级中医院1家，二级妇幼保健机构1家、疾病预防控制机构1家、卫生计生监督执法机构1家、健康教育机构1家、采血站1家；乡镇卫生院9家，城市社区卫生服务中心（站）5家，村卫生室83家；民营医院3家，个体诊所57家。

【人才工作】 2021年，青铜峡市卫生健康局着眼于健全人才工作机制，推荐12名人员参加卫生健康系统高级职称评审，完成386人岗位晋级。年内公开招聘1名行政编制人员、24名事业编制人员、2名订单定向医学生、10名"三支一扶"人员充实到卫生健康系统。年内完成吴忠市级Ⅱ类继续医学教育项目69项，共计745名专业技术人员参加。对紧缺人才及基层全科转岗培训，选派县级医院骨干医师培训1人，院前急救医师培训3人、院前急救护理技术培训2人，新生儿科、新生儿救治医师培训2人、护理1人，康复医学培训4人，ICU护理培训2人，其他到区内外进修培训5人；临床全科转岗培训3人，中医全科转岗培训4人。

【新冠肺炎疫情防控】 2021年，青铜峡市卫生健康局建立完善公共卫生和应急体系，新建改建发热门诊2个、预检分诊点19个、核酸检测实验室2个，组建流调、检测、消杀防疫队伍12支，定点发热门诊累计就诊2835人次，基层医疗机构转诊发热患者317人次。高效处置"10·20"疫情，重点管控涉及风险人员5833人，开展三轮大规模核酸检测664715人，重点管控人员核酸检测84551人次，均为阴性。全市规范设置新冠疫苗接种点22个，累计为3岁以上人群接种新冠疫苗473614剂次。强化医疗机构重点人群、重点环境定期核酸检测工作，累计采样检测85916人次，切实做到早发现、早报告、早隔离、早治疗。

【公共卫生管理】 2021年，青铜峡市卫生健康局深入推进14类54项基本公共卫生服务，城乡居民电子健康档案建档86.02%，健康教育行政村（社区）覆盖率100%。传染病疫情报告及时率为100%，0—6岁儿童健康管理率98.09%，儿童眼保健和视力检查覆盖率97.24%。产后访视率98.30%，健康管理率69.70%，高血压患者规范管理率90.76%，糖尿病患者规范管理率90.5%，严重精神障碍患者规范管理率88%。协助开展协管巡查1138次，卫生监督协管报告率100%。肺结核确诊患者管理率100%，规则服药率97.6%。老年人和0~36个月儿童中医药健康管理率分别达到71.7%、92.1%。

【基层卫生建设】 2021年，青铜峡市有6家卫生院通过自治区优质服务基层行创建活动评审，达到国家基本标准；千名医师下基层全面落实，共选派24名市级医疗机构中级以上业务骨干下沉到各基层医疗机构对口帮扶。依托自治区培训能力提升项目，遴选11名基层业务骨干到市级医疗机构跟班学习。医养结合工作深入开展，两家医疗机构和养老机构签订服务协议，建设改造大坝镇医养结合服务中心，裕民街道南苑社区评为全国示范性老年友好社区。年内组建家庭医生团队80个，常住人口签约率49.7%，辖区重点人群数76890，重点人群签约数66752，重点人群签约率86.8%。

【健康扶贫】 2021年，青铜峡市卫生健康局继续在卫生系统推行"先住院后付费"服务和"一站式"结算模式，按照分类管理的原则，脱贫户大病集中救治1555人，慢病签约管理576人，重病兜底保障18人次，"三个一批"救治率达到100%。建立"不见面、马上办、最多只跑一趟"经办服务模式，规范健康扶贫医疗保障"一站式"结算的业务经办流程。脱贫人口因病治疗医疗费用可在全区基本医保联网定点医疗机构直接即时结算，贫困患者住院实际报销比例达到90%以上，累计报销2766人次440万余元，个人自付比例8.51%，群众就医负担减轻，满意度达95%以上。

【行政事项审批】 2021年，青铜峡市卫生健康局深入推进"放管服"改革，所有行政审批事项采用一事一评，好评率达到100%。年内共受理业务护士注册、变更、延续326人，执业医师变更、多点备案、注册89人，受理医疗机构执业许可校验、变更法人120件，新个体诊所登记注册2家、中医诊所备案1家、医疗机构校验150家、变更注册13家、注销5家。补办独生子女证69人，受理三孩审批28人，办理公共场所卫生许可证变更、延续224人，放射诊疗许可校验、延续3件，生活饮用水集中供水事项3家，录入电子证照349人，双公示615人，依托市人民医院办理健康证12488人。

【医疗服务】 2021年，青铜峡市卫生健康局规范医疗行为，成立护理、院感、医学检验、药事管理4个质控中心。年内完成红十字救护培训任务786人，选派医疗、药事、康复、护理等专家97人，接受群众问诊1267人次。开展"合理用药、合理检查、合理诊疗"工作，年内组织会议25次，参会人次1372人，制作宣传展板35块，滚动宣传电子屏26个。处理电话投诉信息3条，累计检查整改问题373条，互认临床检验结果2063份，开展处方点评232541份、住院病历7798份。全市基础护理合格率达96%，危重患者护理合格率达95.8%，褥疮零发生率，年内护理事故零发生率，急救物品完好率达100%，急救物品完好率达100%，"一人一针一管一用一毁形"合格率100%，器械消毒灭菌合格率达到100%。

【平安医院建设】 2021年，青铜峡市54家参保机构完善医疗纠纷人民调解和医疗纠纷赔偿风险分担机制，落实医疗责任保险制度；全市4家二级医疗机构设置警务室4个，安装一键报警系统4套，配备安防器材6套，安装监控探头392个，配备保卫人员6人，配备专职保安31人，保安配备全部达标。累计受理医疗纠纷案件5起，医疗纠纷投诉案件数较上一年显著下降，全年未发生恶性伤医和在医疗机构摆放花圈、设置灵堂等黑社会性质的事件。

【院感防控】 2021年，青铜峡市

卫生健康局加强医疗机构院感防控能力，严格落实预检分诊，强化首诊负责制。年内组织专家开展专项检查7次，组织线上线下培训17次，共计3000余人次；"10·20"新冠疫情发生后，组织监督、院感、消杀、防护服穿脱示教老师到17个集中隔离医学观察点开展防护服穿脱、医疗垃圾处理、消毒剂的配比和环境消杀等薄弱知识的培训、示教工作。

【中医中药事业】 2021年，青铜峡市卫生健康局坚持中西医并重，组织参加省市级中医药培训26人次。在全市各医院推行中医特色服务项目，门诊中医治疗率达到60%，住院病人中医治疗率90%以上。大力开展义诊工作，发放普法资料和中医药健康知识手册500余份，发送扇子100余把，接受群众咨询约500人次、义诊70余人次，居民免费测量血压300余人。

【紧密型医共体建设】 2021年，青铜峡市卫生健康局组建以市人民医院牵头，市中医医院、妇幼保健和计划生育服务中心、疾病预防控制中心、9家镇（农场）卫生院、3家社区卫生服务中心（站）为成员单位的青铜峡市医疗健康总院，将85家村卫生室全部纳入医疗健康总院管理。与福建医科大学附属第二医院长期合作，6名专家团队下沉市医院，开展新适宜技术6个，新项目6项，提升医疗、教学及学科建设水平。与自治区人民医院、宁夏医科大学总院附属医院、吴忠市人民医院构建跨区域医联体建设，建成国家级基层版胸痛中心、卒中中心、创伤中心、孕产妇急救中心和新生儿急救中心等重点学科，逐步实现医疗健康总院业务同质化管理。

【互联网+医疗健康】 2021年，青铜峡市投入2530万元对市医院进行云网配套建设、院内HIS系统升级、网络安全防护加固和云资源扩容，配套相关硬件设施。安装完成9家乡镇卫生院、3家社区卫生服务中心远程影像及远程心电系统，医疗健康总院开展远程影像会诊936人次，远程心电会诊346例，远程病理356例，远程区内外会诊4次，实现基层检查、上级诊断及区域内检查结果互认共享；为7家医疗机构配备远程会诊小推车，与自治区远程会诊中心实现联通，可进行远程诊疗及远程教育；完成全市108家基层医疗卫生机构人工智能辅助诊断系统和市人民医院、市卫生健康局运行监管系统安装部署，对基层医疗机构、监管机构128名人员进行系统操作培训，共培训142人次，提升基层医疗机构门诊医师处方书写能力、提高病历书写规范率，基层病历书写规范率由90%左右提高到99%以上。

【综合医改】 2021年，青铜峡市卫生健康局加大对公立医院的投入，财政补助收入占公立医院支出的比重由2020年的20.6%提高至22%。建立药品网上采购平台，14家医疗机构全部实行网上集中采购，与12家药品配送企业签订协议，保障药品的及时供应。全面落实154种带量药品的集中采购和使用任务，并实行医保经办机构直接与药品生产和流通企业结算货款，节省药品费用1338万元。年内，公立医院医疗收入19150.95万元，较2020年下降1.87%；门诊次均费用165元，较2020年增长1.8%；住院次均费用4533元，较2020年下降1.0%；药占比25.13%，较2020年下降1.57%；百元医疗收入消耗卫生材料23.55元，较2020年增长1.68元；医疗服务性收入占比33.90%，较2020年增长0.34%；全市医疗机构就诊1050006人次，基层医疗机构就诊488084人次，基层就诊率占全市46.5%。基层医疗机构向公立医院转诊人次下降13.6%，下沉基层医疗机构的门诊大病人次增长58.4%。组建家庭医生团队80个，辖区内常住人口298070人，常住人口签约数148151人，常住人口签约率49.7%,辖区重点人群数76890人,重点人群签约数66752人,重点人群签约率86.8%。

(赵建兵)

疾病防控

【新冠肺炎疫情防控】 2021年,青铜峡市疾病预防控制中心(以下简称"青铜峡市疾控中心")做好新冠肺炎疫情常态化防控工作,落实"四早"防控措施,对全市医疗机构预检分诊、发热门诊防控工作进行2轮次的专项督导、指导。严格按照防控方案要求,对新冠肺炎确诊病例、疑似病例、无症状感染者、密接者、次密接者等重点人群进行流行病学调查。年内,完成涉疫人员流行病学调查1389人,外省市推送协查人员47人。采集重点场所、隔离人员等鼻咽拭子样本5981份,核酸检测6044人,环境检测11523份,食品检测208份。全市接种新冠病毒疫苗481487剂次,其中第一剂接种215686人次,第二剂接种209451人次。二针全程接种率97.11%,第三剂接种56350人次。监测疑似预防接种异常反应7例,其中一般反应6例、偶合症1例,未监测到严重异常反应病例。对全市医疗机构、学校等单位200余人进行新冠肺炎防控知识及技能培训,对全市400余人参与新冠病毒疫苗接种工作的医务人员进行全员培训2次。对42家单位开展疫情防控技术指导,参与各种大型赛事、文化节、商品展销会、高考等现场疫情防控、消毒技术现场指导12场次,开展疫源地消毒54472平方米。开展健康教育宣传,印发各类宣传折页、宣传手册等宣传资料5种10万余份。

【重点传染病监测与防治】 2021年,青铜峡市疾控中心对全市18家医疗机构开展传染病漏报调查和传染病报告质量及管理现状调查,漏报率在2%以下。加强手足口病、不明原因肺炎监测,全市报告手足口病243例,采集手足口病样66份,无重症、死亡病例报告。全年接诊可疑肺结核患者505例,发现肺结核患者71例,其中病原学阳性患者41例,病原学阳性率为57.75%,确诊患者全部纳入规范化管理,管理率100%,对涂阳肺结核患者家属筛查率100%,网络直报总体到位率100%。联合市教育局对全市115所学校、托幼机构结核病防治工作进行专项督导。开展性病、艾滋病防治工作。

【地方病防治】 2021年,青铜峡市疾控中心完成90个氟中毒病区和7个砷中毒病区饮用水监测,病区改水率100%,改水后水氟(砷)含量均未超标。对氟中毒病区453名8~12岁儿童开展氟斑牙监测,对砷中毒病区226名常住人口进行砷中毒病情调查,无新发病例。完成200名学生和100名孕妇的盐碘和尿碘监测工作。年内,疾控中心组织各镇卫生院完成41名地方病现症病人的摸底调查、健康体检和随访管理工作。重点人群健康教育干预包发放1500人,布鲁氏菌病重点人群筛查1500人,发现并治疗管理布病患者144人。包虫病B超筛查成人7000人、学生1500人,成人采血60份。对全市家犬进行登记管理,家犬驱虫15000条,犬粪检测830份、野犬粪40份、牛羊监测1000头。

【免疫规划】 2021年,青铜峡市疾控中心规范实施免疫规划工作,适龄儿童免疫规划疫苗接种41174人次,报告接种率99.97%,非免疫规划疫苗共接种32477人次。按照《中华人民共和国疫苗管理法》的要求对各类疫苗和注射器执行出入库制度,做到账苗相符。加强疫苗针对疾病及疑似预防接种异常反应监测,报告疑似预防接种异常反应病例12例,偶合症3例,均为一般反应。年内,开展脊髓灰质炎等国家免疫规划疫苗查漏补种工作,2月龄至6周岁以下儿童实补种人数1626

人，补种率97.89%。为预防水痘疫情发生，对8509名幼儿、中、小学生开展水痘疫苗接种工作。

【慢性病防治】 2021年，青铜峡市疾控中心收集整理国家慢性病综合防控示范区建设共七大类62项工作指标的动态信息资料。加强居民和重点人群管理，城乡居民健康档案纸质建档256467人，建档率86.04%，电子建档率86.02%，电子档案动态使用率59.42%。65岁以上老年人接受健康管理人数20261人，健康管理率70.8%，体检率85.9%。管理高血压患者21402人，糖尿病患者6511人，高血压、糖尿病规范管理率分别为90.76%、90.52%，高血压、糖尿病控制率分别为85.93%、81.66%。年内，累计管理严重精神障碍患者1248人，患者管理率4.26‰，规范管理率88%，面访率93.84%，在册患者服药率82.23%，规律服药率62.98%，在册精神分裂症服药率75.04%，规律服药率59.36%，应急处置28例，处置率100%，累计免费发药891人次7236瓶。管理癫痫病人347人，发放癫痫药品4830瓶，癫痫有效控制率95%。同时，加大慢性病监测，完成死亡、肿瘤病例及心脑血管事件报告、收集、审核和录入，共报告死亡病例1465例，粗死亡报告率粗死亡率为652.45/10万，肿瘤随访登记1112例，报告心脑血管事件632例。

【公共卫生监测】 2021年，青铜峡市疾控中心监测全市生活饮用水季度及枯、丰水期水样123份，合格78份，合格率63.4%。医疗单位消毒监测35家，采集样品158份，紫外线灯监测41具，合格率100%；监测消毒餐具厂2家，采集样品40份，合格率100%；协同市卫生计生监督所对22家"五小行业"公共场所进行检测，采集118份样品，合格率88.9%。加强食源性疾病主动监测，监测病例信息131例，采集样品122份。对哨点医院、所有乡镇卫生院、民营医院和二级医疗机构进行督导和培训。开展重点职业病危险因素监测，对全市25家厂矿企业3917名人员职业性健康检查结果和23张农药中毒卡进行网络审核，每半年对市医院和铝厂社区卫生服务中心职业健康体检工作进行督导和指导。每季度对26家医疗机构67名放射人员进行个人剂量检测工作。随访管理13例职业性尘肺病人。开展学校环境卫生常规监测工作，全年对9所中、小学29个班级进行学校环境卫生监测，完成1912名学生近视等常见病现场监测工作，对相关学校开展近视、脊柱侧弯干预工作。年内，开展病媒生物监测43次，完成城区病媒生物控制水平调查、评价病媒生物控制水平报告撰写工作。

卫生监督

【创城复审】 2021年，青铜峡市卫生监督执法以创建全国文明城市、迎接国家卫生城市复审为核心，切实加强医疗卫生机构、公共场所卫生监管。医疗卫生机构主要以传染病防控、医疗废弃物处置、病媒生物防治监督为重点，出动执法人员107人次，车辆21台次，检查市级医疗机构3家、民营医院3家、个体诊所46家，督促各医疗卫生单位张贴"双创"标识100余份，制作电子横幅和电子屏50余条，增补病媒微生物防制措施50余条。在公共场所行业，以公共用品清洗、消毒、保洁、内外卫生管理、门前"三包"落实、病媒生物防制等环节为重点，指导各单位增加灭蝇灯30多个、粘蟑纸

2000余张、粘鼠板2000余个、粘蝇条600多条。发放相关宣传单1500多份，宣传小册400多本，倡议书近百份，禁止吸烟标识1500多个，确保各项评审指标达到国家卫生城市复审标准和要求。

【新冠疫情防控】 2021年，青铜峡市卫生监督执法所组织召开专门会议11次，投入防控人员386人次，投入疫情防控专项物资价值23700元，投入执法车辆80台次，检查各级各类医疗卫生单位158家次，集中隔离和医学观察点1家次，检查大型超市、宾馆、招待所、理发美容业等公共场所484家，检查学校42家、托幼机构26家，集中开展防控知识培训3次，开展全员穿脱防护服集中培训1次，举办宣传专栏2期，制作电子横幅6条，印发工作快讯13期，工作简报10期，上报疫情周报5期。

【卫生监督执法】 2021年，青铜峡市卫生监督执法所严格执行卫生行政许可审批制度，查处卫生违法案件47起，依法给予警告37家，罚款38家，罚款44000元。辖区内未发生重大公共卫生违法案件。审查办理卫生许可证206份（公共场所200份，生活饮用水3份，放射诊疗3份），检查各类监管单位894家，总监督覆盖率99.34%。

【打击医疗乱象】 2021年，青铜峡市卫生监督执法所出动执法人员336人次、执法车辆56台次，检查各级各类医疗卫生机构159家302家次，依法取缔无证行医窝点1家、查处聘用非卫生专业技术人员医疗机构1家，罚款6000元。检查医疗美容机构2家、大中型生活美容场所28家，出动卫生监督员36人次，车辆16台次。

【传染病监督】 2021年，青铜峡市卫生监督执法所协同市疾控中心对35家医疗卫生机构消毒和灭菌效果开展监督抽检，抽检样品165份，合格159份，合格率96.36%，处罚不合格单位2家，罚款2000元。完成医疗卫生机构综合评价161家。

【职业卫生整治】 2021年，青铜峡市卫生监督执法所出动执法人员185人次、车辆40台次，检查企业45家，检查发现各用人单位接触职业病危害因素12191人，其中接尘8015人，对1家未按要求制定职业病防治规章制度的企业依法给予警告。

【放射诊疗整治】 2021年，青铜峡市辖区有放射诊疗机构26家，有放射诊疗设备37台，市卫生监督执法所开展放射工作人员集中培训和职业性健康体检128人，发放放射工作人员证60份，完成个人剂量监测3个周期，监测204人次，监测合格率100%。对1家未办理诊疗科目登记开展放射诊疗工作的医疗机构依法给予罚款3000元。

【消毒产品整治】 2021年，青铜峡市卫生监督执法所出动执法人员15人次、车辆4台次，检查二级医院2家、民营医院3家、诊所5家、药店6家，抽查样品13件，检查发现各单位抗（抑）菌制剂膏、霜剂，产品名称、标签、说明书、包装等均符合规范要求，不存在违法违规宣传疗效情况。

【健康体检】 2021年，青铜峡市卫生监督执法所对2家市级医疗机构、3家民营医疗机构、9家乡镇卫生院进行监督检查。2家市级医疗机构均开展健康体检工作。其中，市人民医院具有资质总检医师2人，体检医师8人，共体检16家单位531人次，网络上报508人，噪声禁忌症13人；铝厂社区卫生服务中心具有资质总检医师2人，体检医师3人，共体检7家单位1482人，网络上报1200人。

【人类辅助生殖整治】 2021年，青铜峡市卫生监督执法所出动执法人员85人次、车辆21台次，排查医疗机构20家。检查母婴保健服务机构4家，从事母婴保健技术服务人员48人，B超12台。未发现擅自开展人类辅助生殖技术行为，未发现非法采供精、非法采供卵、非法性别鉴定以及"代孕"活动、发布"代孕"广告、信息等行为。

【公共场所卫生监督】 2021年，青铜峡市卫生监督执法所对474家公共场所进行卫生监督量化分级管理动态评审，对卫生信誉度达不到C级的经营单位进行限期整改，依法查处公共场所卫生违法案件，规范公共场所经营行为。年内，查处公共场所卫生违法案件26起，结案25起，罚款20500元。

【生活饮用水卫生监督】 2021年，青铜峡市辖区内有各类供水单位19家。其中，市政供水单位4家、城市二次供水单位2家、农村集中供水单位11家、企业自备供水单位1家、乡镇自建设施供水单位1家。年内，市卫生监督执法所开展监督检查2轮次，枯水期与丰水期采样监测38家次，合格9家次，合格率23.68%；采集水样90份，合格48份，合格率53.33%，对监测不合格单位依法下达卫生监督意见书。

【学生卫生监督】 2021年，青铜峡市卫生监督执法所联合市疾病预防控制中心以落实二案九制、消毒、晨午检、因病缺勤、防控物资储备等工作为重点，对42所中小学和26家托幼机构开展学校卫生专项监督检查。出动执法人员60人次、车辆12车次，对存在问题的68家单位分别提出限期整改意见。

【卫生协管监督】 2021年，市卫生所监督执法所对各镇、城市社区卫生监督协管员进行理论和实践培训，组织开展以会代训2期，培训26人次，对各协管单位开展现场指导1轮次。共组织开展卫生监督协管巡查420次，报告各类卫生监督协管信息18条，信息报告率100%。

爱国卫生

【健康教育宣传】 2021年，青铜峡市爱国卫生运动委员会（以下简称"青铜峡市爱委会"）每周末、月末组织开展全市各单位干部职工、市民志愿者清扫办公区域、公共责任区域、居民小区楼宇的环境卫生。成立市健康教育宣讲团，以健康知识"六进""三减三健"巡讲活动为抓手，利用健康教育培训、专栏、宣传活动等形式，开展城乡居民健康知识大课堂68场次，设立健康教育咨询点118个，开展义诊185次，志愿者服务577场次，发放宣传资料和宣传品15万份，服务人群2.27万人次。

【病媒生物防制】 2021年，青铜峡市爱委会对全市各级各类医疗单位的医务骨干进行新冠疫情及各类传染病防控技术培训，累计举办宣传培训班175期，培训人员18750余人；发放宣传画1.95万余张、宣传彩页5.79万余份；制作宣传栏95期。年内，动员群众67850余人次，出动各类车辆台3790次，治理卫生死角3000余处，清除垃圾570余车，消杀下水道10194个，共计消杀重点区域面积439.6万平方米。

【国家卫生城市复审】 2021年，青铜峡市爱委会先后印发《督查通报》《督办通知》22期，及时召开复审工作推进会12场次，先后制作墙体大型宣传牌幅75块，沿街路绿化林带制作大型镂空彩色宣传标语62条，各施工工地围挡栏制作镂空字标语320条，个性化宣传牌幅168块，沿街路单位、商铺电子屏滚动播放国家卫生城市长效管理标语328条，沿街路公交车站台张贴复审宣传喷绘210条，顺利通过第三轮国家卫生城市复审验收。

【健康"细胞"建设】 2021年，青

铜峡市爱委会推进健康社区、健康村、健康单位、健康学校、健康家庭等健康"细胞"建设，打造市级"健康细胞"150个，申报自治区级"健康细胞"13个。年内，评选确定8个健康"细胞"建设示范点和2个健康家庭，包括2个社区（村）、2个学校、2个单位（企业、事业单位）。

【全民健康水平提升行动】 2021年，青铜峡市爱卫会申请市财政安排专项工作经费5万元，投放健身设施300套，新增体育场地面积5.57万平方米，全民健身场所实现全覆盖。人均体育场地面积达到3.13平方米，经常参加体育锻炼人数比例达到35.33%。

【无烟党政机关创建】 2021年，青铜峡市卫生健康局在全市打造"禁烟示范点"30个，巩固市人民医院戒烟门诊工作，健全医疗干预戒烟门诊，力争戒烟门诊的建设数量逐年增加。确定青铜峡市第一中学、高级中学、第五中学、职业中学、铝厂中学、峡口中学等6个监测点，开展青少年烟草流行监测，针对监测点学校的初中学生，发放调查问卷833份。年内，开展无烟家庭建设100户，党政机关全部建成为无烟党政机关，无烟医疗卫生机构建设覆盖率达到100%，无烟学校达到100%。

妇幼保健

【概况】 2021年，青铜峡市妇幼健康工作继续以《中国妇女发展纲要》《中国儿童发展纲要》为目标，以降低孕产妇死亡率、婴儿死亡率、5岁以下儿童死亡率为重点，以重大妇幼健康工作项目为抓手，改善医疗服务态度、提升医疗服务质量、优化医疗卫生发展环境，全力推进妇幼健康工作全面开展。年内，进行免费婚前医学检查952对（1904人），婚前医学检查率为91.28.%。

【妇幼卫生三项监测】 2021年，青铜峡市妇幼保健计划生育服务中心全市产妇1740人，活产1750人，住院分娩率100%；早建卡1526人，建卡率87.70%；产后访视1531人，访视率87.99%；高危孕妇851人，高危管理率100%，高危住院分娩率达到100%。年内，全市0~6岁儿童14064人。5岁以下儿童死亡9人，死亡率5.14‰；婴儿死亡3人，死亡率1.71‰；免费新生儿"多种遗传代谢性疾病"筛查1268人，筛查率99.45%；听力筛查1272人，筛查率99.76%。

【孕产妇妊娠风险评估】 2021年，青铜峡市妇幼保健计划生育服务中心为全市孕产妇妊娠风险评估1393人，其中评估为绿色（低风险）色标624人、黄色（一般风险）色标560人、橙色（较高风险）色标160人、紫色（传染病）色标47人、红色（高风险）色标2人。对危急重症孕产妇做到及时随访，及时管理直到产后42天，其中转诊到上级医院的16人，安全分娩。

【增补叶酸预防神经管缺陷】 2021年，青铜峡市妇幼保健计划生育服务中心统计全市增补叶酸新增应服用人数2125人，实际服用2121人，叶酸服用率99.81%，依从人数1795人，依从率84.63%，增补叶酸知识知晓人数2095人，知晓率99.59%。

【两癌筛查】 2021年，青铜峡市妇幼保健计划生育服务中心完成自治区下达宫颈癌筛查任务数4100人，筛查率100%，经筛查出低级别癌前病变1人，高级别癌前病变11例，确诊宫颈癌1人。年内，乳腺癌任务数4100人，实际初筛人4100人，筛查率100%，需要复查B超52人，复查52人，转诊钼靶42人，实际钼靶检查人42人，筛查出乳腺良性疾病3人、4级的4人、乳腺癌确诊3人，都做随访指导。

【预防艾滋病、梅毒和乙肝母婴传播】 2021年，青铜峡市孕期接受

HIV、梅毒、乙肝检测1275人，艾滋病、梅毒和乙肝的孕期检测率100%。年内，发现梅毒感染孕产妇6例，阳性发生率为0.47%；乙肝表面抗原阳性孕产妇43例，阳性发生率3.37%。阳性产妇所生新生儿均及时给予乙肝免疫球蛋白注射，检测阳性患者及所生婴儿都严格按照项目方案要求进行管理、治疗与随访。

【儿童眼保健和视力检查】 2021年，青铜峡市0~6岁儿童总数14064人，进行儿童眼保健及视力检查人数13676人，电子档案录入人数13676人，录入率100%。0~6岁儿童眼保健及视力检查覆盖率97.24%，6岁儿童视力不良检出人数34人，0~6岁儿童视力检查不良转诊人数38人，均已随访。

【孕产妇优生优育】 2021年，青铜峡市目标人群按自治区卫健委下达1029对任务，已做孕检夫妇1162对，覆盖率达到112.93%，高风险目标人群随访率100%。

【避孕药具管理】 2021年，青铜峡市计划生育免费技术服务项目全面落实、普查普治、宣传培训活动按季度规范开展。年内，避孕药具服务总人数8625人，发放避孕药具17086盒，药具应用率99.35%，药具有效率100%。

【人才培养】 2021年，青铜峡市妇幼保健计划生育服务中心为规范实施重大公共卫生服务项目内容、服务流程，举办妇幼卫生项目专题培训班12期，培训市级业务人员300余人次，镇村级妇幼卫生人员1200余人次。每月组织一次市级对镇级、镇级对村级的妇幼专干例会，采用以会代训的方式，分级培训的办法，提升全市各级妇幼保健专业人员的素质。

【疫苗接种】 2021年，青铜峡市妇幼保健计划生育服务中心共接种新冠疫苗27482剂次，流感疫苗289剂次，二价宫颈癌疫苗1528剂次，四价宫颈癌疫苗15剂次，九价宫颈癌疫苗18剂次，水痘疫苗2273剂次。

医疗机构

【市人民医院】 2021年，青铜峡市人民医院门诊诊疗410353人次，比2020年同期增长88190人次，增长率27.37%；住院人次15789人，比2020年同期减少3348人次，减少率17.5%；治愈率83.7%；好转率12.8%；死亡率0.09%；病床使用率68%；抢救成功率96.7%；门诊与住院诊断符合率99%；入出院诊断符合率99.8%；三日确诊率98%。

疫情防控期间，市人民医院在院内规范设置核酸检测采样点3个，24小时全天候不间断，做到应检尽检、愿检尽检、发热患者分开采集，检测能力从每日检测500人份提升到3000人份。年内，医院共采集检测标本11万管，15万人次，准确检测报告3例阳性患者。对就诊患者实行"红黄绿"三色分类管理，24小时接诊发热患者，通过微信、视频号等方式将医院核酸采集、报告打印、就诊方式等信息及时向社会公布，确保疫情防控期间广大人民群众安全有序就医。10月20日疫情发生后，医院先后派出100多组380名采集人员到封控区，进社区、入乡村，参与全市三次大规模核酸采集；精心安排对儿科100位医护人员和患儿及家属封闭隔离近20天；外派54名医护人员在12个宾馆隔离点及封控小区驻扎防疫；出动救护车免费接送治疗发热和隔离患者300多人次，为全市有效控制疫情发挥重要作用。

利用国家项目资金1100万元实施青铜峡市人民医院救治能力提升项目，对发热门诊、感染科进行改扩建，建筑面积由1200平方米增加到2260平方米，床位由10张增加到30张。由东软公司免费投资300万元的医院内部信息化升级改造项目，经过半年多运行,信息化水平进入一个全新阶段。配合全市实施的一期"互联网+医疗健康"项目已基本完成,启动一体化平台建设,与基层医疗卫生机构实现HIS互联互通。争取建设银行免费投入55万元的银医通升级改造项目效果显著,医院微信公众号预约挂号,自助缴费、报告单自助打印,排队叫号正常开展。争取环保局投入35万元实施的医废处置项目顺利实施,招标采购安装医疗废水、废物在线监测平台,进行污水工艺技改每天节省成本近100元。累计投入140万余元对远程会诊中心、病理科、口腔科进行改建并购置设备,设置药房阴凉间,增加学生公寓洗澡间,改造病房卫生间,院内服务设施。

市人民医院加快专科建设,4月胸痛中心通过国家基层版认证并正式授牌,新生儿救治中心成立并正式投入运行;6月妇产、呼吸两个科室申报吴忠市重点专科并通过初步验收;8月创伤中心及重症监护ICU建设同时拉开帷幕,12月10日ICU通过验收,12月15日开科接诊,创伤中心12月25日自治区专家组验收通过。消化内科新购进国产高清高端电子内镜并投入使用,胃镜室成功为2岁小女孩在全麻下用胃镜将误吞到胃内发夹取出,属全市首例。3月成功实施首例输尿管结石、肾结石输尿管软镜激光碎石术,填补该项技术空白。4月与宁夏医科大学总医院耳鼻喉头颈外科联合开展手术、义诊等系列活动。5月清华大学第一附属医院专家团队到医院开展大型义诊活动,开展现场教学6次,分析案例8场,参与抢救急危重症3例,冠状动脉介入手术11例。7月多科联合完成第一例脑动脉造影术,并承办全国性泌尿"U医公益行"系列活动及中国超声工程学会全区学术两场会议。

2021年,青铜峡市医疗健康总院在市人民医院成立,标志着青铜峡市域综合医改工作迈出可喜一步。现代医院管理制度进一步健全,落实院长办公会会议议事规则,合理进行院领导班子分工,规范医院中层例会制度。进一步优化人员和薪酬制度,制订《聘用职工月基本工资方案》,聘用人员人均工资涨幅在400元左右,结合实际,对医师类岗位落实同工同酬。重新讨论修订职称聘任办法,在院内开展公平、公正的全员职称聘任,调剂或晋升正高12人,副高57人,中级108人,共203人调级。加强人才队伍建设,福建省医科大学附属第二医院第四批6名专家进行为期半年的"闽宁对口帮扶"指导,医院选派4名医护人员到福建泉州进修,实现人员互动。建成影像、检验、心电、病理、程诊断平台,全年累计双向转诊243人,开展远程影像171例,远程心电262例,远程病理52例,远程会议27次,区内远程培训22次,区外远程培训4次。

【市中医医院】 2021年,青铜峡市中医医院医疗收入4104.64万元,与2020年基本持平。社会效益指标方面,药占比控制在28.1%,同期持平;检查化验收入占医疗收入23.26%,高于2020年同期2.06%;耗材占比13.08%,低于2020年同期1.96%;医疗服务收入占医疗收入的32.79%,较2020年同期降低1.58%。业务发展指标方面,门急诊量143753次,较2020年同期增长3.7%,出院人数4845人次,低于2020年同期0.82%,平均住院天数8.49天;床位使用率80.1%。

新冠疫情防控期间,市中医医院抽调人员专职负责核酸检测点核酸采样工作,共采集核酸标本约32331人次,按照市疫情防控指挥部成立大规模核酸采样应急小组37组74人,封箱组20人,重点人群采样组13人,完成三轮核酸采样88848人次,院内职工1091人次,疾控卡点1952人次,入户采集约1500人次,接种新冠肺炎疫苗29128剂次。承担大坝卫生院、东街社区卫生服务站、小坝卫生院、裕民街道卫生服务中心、连湖卫生院、瞿靖卫生院等基层单位的疫苗接种应急保障任务200次左右，派出应急保障人员682人次、车次65次。

编印全国基层名中医武廷辅祖传中医手抄本《医理详解》1~5卷。内科、心病科购进中央心电监护系统。开展"李氏虎符铜砭刮痧"技术，成为广东省中医院李氏砭法虎符铜砭刮痧联盟成员单位。治未病科开展"三氧"疗法，功能科开展TCD、颈部血管超声，临床对症治疗、缓解疾病症状以及预防脑卒中起到积极的促进作用。年内，设置成立院感科，由4人组成，加强对院感知识的培训，和重点环节、重点科室的院感防控，严格执行新冠肺炎防控期间的医疗废物管理工作，规范执行暂存、封口、登记等工作，做好各科护理人员职业暴露的防范，畅通处置渠道，按期完成医疗废物和医疗污水的在线监测。疫情防控期间全院提升为二级院感防控，对各科室医务人员正确佩戴口罩、戴手套、穿脱隔离服、正确洗手等再次进行强化培训。

总投资330万元实施中医医院医街项目，建筑面积735.18平方米，用于内部连通门急诊楼和医技住院综合楼，设置挂号收费、医保、出院结算、中西药房及便民超市等，该项目建成后能够将门急诊楼与新建医技住院综合楼融合连通为一体。

体　育

群众体育

【体育设施建设】 2021年，青铜峡市推动公共体育设施建设，完善瞿靖镇全民健身中心室内装修项目；推进城区黄河路街健身步道项目建设，实现年底完工。

【全民健身活动】 2021年，青铜峡市文化体育旅游广电局继续实施《全民健身计划（2021—2025年）》，举办了2021年全民健身季"迎新春"象棋比赛、乒乓球、羽毛球赛、第四届农民篮球争霸赛；承办全国毽球公开赛、全国田径分区赛（西北赛区2）、全区羽毛球邀请赛、2020—2021年"冠深杯"游泳俱乐部大联盟赛宁夏首站赛（青铜峡站），协办全区中学生田径运动会。严格按照十六届全运会要求设置比赛项目，精心选拔符合条件的青少年参加训练；积极做好夏季假期集训工作，全力备战全运会。

【体育社团管理】 2021年，青铜峡市文化体育旅游广电局配合市民政局按时完成了1个体育总会、14个单项体育协会的换届、法人变更等工作，规范了体育社团管理工作。

学校体育

【体教融合发展】 2021年，青铜峡市充分利用各学校教育体育资源，探索建立健全"一条龙"体育人才培养体系，在汉坝小学、第四中学、高级中学等中小学组建对口升学单位，开展同项体育训练，解决体育人才升学断档问题。与宁夏冠深文化体育发展有限公司、吴忠体育中心、青铜峡市足协等企业、社团合作，委派专业教练员指导足球、羽毛球等训练活动。市第一中学、市第四中学、市第七中学与吴忠市体育中心开展举重、射箭、摔跤联合教学；市第三小学、市第五小学与市足球协会开展足球联合教学；市第二小学、市第三小学、市第一幼儿园与冠深文化体育发展有限公司开展羽毛球、篮球联合教学。文化旅游体育广电局选派12名专业教练员进校指导教学与训练,组建了市第一中学摔跤、田径、排球青少年训练队;市第七中学举重、毽球训练队;高级中学、汉坝小学、市第四小学足球训练队,并设立足球训练基地;市第四中学射箭训练队;第六小学游泳队。青少年体育冬夏令营每年开展2期,平均6名以上优秀运动员入选全国冬夏令营。市第六中学学生李世荣被恒大足球俱乐部足球学校选拔录取。

【学校体育活动】 2021年,青铜峡市各学校坚持"健康第一"的教育理念,开齐开足体育课程。全市12所足球特色学校每周增加1节足球课,课时40分钟。赋予学校自主权利,合理安排课程内容,市第一中学、市第七中学、市第六小学根据季节变化,分别开设游泳、举重等室内训练项目,足球、排球等室外训练项目,既增加课程内容的选择性、趣味性,又保证了体育专业性和连贯性。8所试点学校率先实施"一校一品""一校多品"学校体育模式,市第五小学挖掘发展花样跳绳、轮滑等特色体育活动项目;铝业学校、市第四中学开展武术、抖空竹等中华传统体育项目。

【体育竞赛】 2021年,青铜峡市建立常态化校园体育竞赛机制,构建年级、校级、市级三级竞赛体系,广泛开展班级、年级体育比赛,每学期举办一次校内运动会,每年举办一次全市综合性学生运动会,使"教会、勤练、常赛"常态化。全市建有男女足球、排球、篮球高水平运动队4支,市第一中学排球队、市第六中学足球队经选拔代表吴忠市参加全区锦标赛,获得优异成绩,市第七中学学生马海涛获2020年全区青少年锦标赛中国式摔跤60公斤级冠军,曾志云获52公斤级亚军。

社会管理

编辑◎韩 汀

人力资源和社会保障

综　述

【职务聘任及岗位晋升】 截至2021年年底，青铜峡市人力资源和社会保障局共办理事业单位工作人员聘任晋级及转岗业务356人。其中专业技术人员聘任晋级281人（正高级职称3人，副高级职称49人，中级职称150人，初级职称79人）；工勤人员8人；管理岗位晋升47人；管理人员及其他转岗业务20人。事业单位非领导职责职员岗位晋升工作共受理并办理事业单位非领导职责职员岗位晋级人员3人，均为管理九级职员晋升非领导职责八级职员。全区职称申报线上系统全面铺开，共审核13个用人单位的平台申报信息，审核并发布了8个系列的初级职称评审活动，线上预审职称申报材料37人次。共为7家事业单位审批事业单位岗位设置方案。2021年全市工勤人员等级晋升工作，审核上报高级技师2人，技师40人，高级工51人，中级工19人。开展"双定向"职数核定工作，为卫生、交通等6个行业及单位核定"双定向"高级职数55个。

【人才项目申报和推荐选拔】 2021年，青铜峡市人力资源和社会保障局做好人才项目申报和推荐选拔工作。组织相关事业单位及企业积极上报，通过资料审核宁夏新大众机械有限公司、宁夏众虎科技股份有限公司、宁夏鼎辉科技有限公司申报"人才小高地"3个。组织协调事业单位及企业进行条件筛选、资料审核，确定推荐上报涉及农牧、教育、企业等行业的自治区青年拔尖人才培养工程人选4人，推荐上报自治区政府特殊津贴人员8人。2020年有2人入选自治区青年拔尖人才，共拨付培养、培训经费14.4万元。协调相关单位拨付经费，按照要求用于人才的培养培训等。

【2020年度全市事业单位考核及招聘】 2021年，青铜峡市人力资源和社会保障局完成全市事业单位工作人员年度考核资料。2020年全市参加事业单位年度考核144个单位5410人，其中：裕民街道、镇（场）11个单位424人；部门所属事业单位82个单位1425人；教育系统34个单位2619人；卫生系统17个单位942人。评选优秀870人，其中：裕民街道、镇（场）81人；部门所属事业单位220人；教育体系402人；卫生系统167人。2021年青铜峡市62个事业单位设置124个岗位招聘164人，资格初审及笔试工作已结束。

【劳动权益维护】 2021年，青铜峡市人力资源和社会保障局劳动仲裁共受理来访举报投诉、市长信箱、12333和12345热线、网络舆情等多渠道各类劳动维权线索62件，为531名劳动者追回劳动报酬647.83万元，向公安部门移送案件2起，涉及46人25.9万元。接待群众来访咨询近410批次1300余人，来电投诉举报750余次。共受理劳动争议案件98件，时限内结案81件，结案率100%，已结案中调解结案55件，调解率为67.9%。

【劳动执法监察管理】 2021年，青铜峡市劳动保障监察执法局充分发挥市农民工工作领导小组办公室职能作用，开展全市保障农民工工资支付工作推进会2次，对拖欠农民工工资突出问题进行专题研究。春节前期，对辖区或行业内重点欠薪案件化解情况进行摸底排查，按照"行业主管、属地管理"原则，将9件涉及行业主管部门的案件线索以转办函、督办函的形式告知各相关单位，并依据责任制、限时制要求，对案件及时处理，压紧压实案件化解责任，确保农民工春节前足额拿到工资回家过年。认真做好群众来访来电投诉举报受理工作，安排专人及时接收全国根治欠薪线索反映平台相关线索，做到逐条核实，限期销号。

【农民工欠薪监管】 2021年，青铜峡市劳动保障监察执法局针对拖欠农民工工资问题加强监管，紧盯源头进行治理。建立重点欠薪案件动态监管机制，对重点领域、重点工程、重点案件及发生过欠薪案件的重点企业，定期巡查，对存在欠薪隐患的企业提前发出预警，紧盯紧防，从源头杜绝欠薪行为的发生。严格做好项目建设现场劳务人员备案审查工作。要求项目建设施工企业实行实名制管理，先签合同后用工，设立劳资专管员，建立用工管理考勤制度，通过"一卡通"支付农民工工资。提高日常检查频次，强化监察执法力度。先后开展"根治欠薪"冬季攻坚行动、建筑工地复工后用工管理情况、用人单位遵守劳动用工和社会保险法律法规情况、清理整顿人力资源市场秩序等专项检查4次，重点检查用人单位在劳动用工合同签订、工资发放、社会保险缴纳、休息休假、女职工权益保护等方面，共检查各类用人单位62家（次），涉及劳动者2854人次，向违反劳动法律法规行为的企业下达《劳动保障监察限期整改指令书》28份，以拒不支付劳动报酬罪移送公安2件，涉及职工（农民工）46人，涉及工资25.9万元。

2021年，青铜峡市劳动保障监察执法局在拖欠农民工工资监管上加强制度建设，落实农民工（职工）工资清欠问题清单、责任清单、乱点乱象线索摸排表报告制度。对重点欠薪案件实行"包案件、包查办、包落实、包稳定"的"四包"责任制，明确责任领导、责任单位及化解时限，建立台账，紧盯案件化解情况。严格执行"三项制度"（工资总包代发、分账管理、工资保证金制度），加大政府建设项目和社会投资项目的农民工工资保证金收缴力度，严格执行收缴制度，杜绝各类项目不缴、少缴、缓缴和拒缴现象发生。截至年底，共收缴农民工工资保证金763.74万元，办理保险保函2家。建立健全诚信机制和企业诚信档案，将劳动用工、工资支付情况作为企业诚信等级评价的重要依据。2021年，共对连续三年内未发生拖欠农民工工资的12家用人单位减免收取农民工工资保证金并通报表扬，将诚信信息情况通报各金融部门，争取更多政策性支持；将2名企业法人记入农民工工资支付不诚信个人黑名单；对2家企业禁止2021年度在青铜峡市范围内开发新建项目，禁止参加招投标活动。

【2020年度农民工工资支付考核与宣传】 2021年，青铜峡市劳动保障监察执法局全力做好迎接国务院2020年度保障农民工工资

支付考核准备工作，组织召开"保障农民工工资支付工作推进会"，对标考核细则，逐条逐项梳理，指派专人收集考核支撑材料。联合全市在建项目各行业主管部门对各自在建项目进行梳理，排查抓好对"三项制度"的督促落实，完成规模以上在建项目的保障农民工工资工作规范化建设指导，促成企业各项制度的建立健全。以全面贯彻落实《保障农民工工资支付条例》（以下简称《条例》）工作为抓手，开展劳动法律法规宣传，做到边执法边普法。深入企业、工地、社区开展百场普法进工地活动，采取集中宣传和分散宣传相结合，分别在阳光灞上御景等10个重点监控建设项目工地同时进行《条例》宣传，现场培训农民工280人次，发放《条例》口袋书、农民工维权服务知识问答、农民工维权须知、扫黑除恶专项斗争等宣传手册600余份。按照2021年企业薪酬调查工作安排要求，积极采取电话联系、现场指导等方式，为企业解释相关填报指标，切实推进全市120家样本企业薪酬调查工作顺利开展。全年共撰写劳动保障监察信息简报9篇。

【事业单位工资管理】 2021年，青铜峡市人力资源和社会保障局根据2020年度机关事业单位工作人员年度考核结果，在工资信息管理系统录入2020年度考核结果5442人。对115个事业单位5442名在职职工正常晋升了薪档工资，月增资46.64万余元。对135名教师护士的教护龄进行调整（月增资376元）。完成94个事业单位4564职工下达2021年度奖励性绩效工资总额其中调控线内绩效工资3824万元。办理日常各类工资变动审批478人（件）。其中：转正定级6人，办理工作调动13人（调出12人，调入1人），职务晋升3人，岗位聘任356人，退休100人。按月审核发放全市统发单位工资，涉及人员5442人。完成事业单位2020年效能的补发工作、2020年事业单位工资年报、事业单位2020年乡镇补贴的审核工作。审核完成2020年文明单位奖及2021年第一季度平时考核奖。

（综合办公室）

就业创业与人才服务

【概况】 2021年，青铜峡市就业创业与人才服务工作完成城镇新增就业3361人，完成目标任务的105%；城镇失业人员再就业1714人，完成目标任务的103.9%；就业困难人员实现就业296人，完成目标任务的105.7%；城镇登记失业率控制在3.78%以内。农村劳动力转移就业20821人，完成全年目标任务数的104.1%；实现工资性收入28650.24万元，完成全年目标任务的143.3%。完成铁杆庄稼保考核人数20640人，完成全年目标任务数的129%。

【高校毕业生就业创业】 2021年，青铜峡市落实高校毕业生就业创业政策，举办2021年大中城市联合招聘青铜峡市高校毕业生春季网络专场招聘会，安置高校毕业生286人，为4家企业发放吸纳高校毕业生社保补贴8.92万元，为3名大学生发放一次性创业补贴1.6万元，6名高校毕业生发放租房补贴3.49万元，对30名大学生进行网络创业培训。

【农民工就业服务】 2021年，青铜峡市通过制定政策鼓励外出务工人员返乡创业就业，增加收入，巩固脱贫成果。全年农村劳动力转移就业20821人，实现工资性收入28650.24万元。

【就业援助兜底】 2021年，青铜峡市加强城镇失业人员、残疾人、零就业家庭等困难人员就业援助，切实发挥公益性岗位托底安置作用，确保零就业家庭动态清零。年内通过专场招聘会等形式安置城镇公益性岗位人员205人、乡村公益性岗位人员45人。

【就业技能培训】 2021，青铜峡市就业创业与人才服务工作开展重点群体就业技能培训班41期，培训学员1719人；创业培训班25期，培训学员807人；企业职工技能提升培训46期2499人。全市8家创业孵化基地累计入驻企业和商户581家，提供就业岗位2548多个，园区入孵实体孵化成功率均达到65%以上，入孵实体到期出园率总体达到90%以上。

【转移就业】 2021年，青铜峡市就业创业与人才服务工作搭建供需平台力促转移就业。全年为130家企业提供用工信息，提供就业岗位4347个，解决3623余人就业。

【失业保险】 2021年，青铜峡市就业创业与人才服务工作落实各项政策发挥失业保险稳岗位作用。通过实施稳岗返还、阶段性失业补助、以工代训补贴等政策，全面落实"六稳""六保"任务。失业金发放6248人次926.10万元，农民工一次性生活补助金40人17.80万元，代缴医疗保险费6208人次203.47万元，失业补助金15108人次1607.38万元。

（综合办公室）

社会保险

【概况】 2021年，青铜峡市企业职工基本养老保险参保65721人，完成全年目标任务的99.7%。基金收入61611万元，支出58654万元，滚存结余5515万元；机关事业单位养老保险参保人数10841人，完成目标任务的102%。基金收入21071万元，支出23558万元，滚存结余643万元；失业保险参保42236人，完成全年目标任务的100%。基金收入4625万元；工伤保险参保36253人，完成全年目标任务的102.4%。基金收入2080万元，支出1066万元，滚存结余693万元；城乡居民基本养老保险参保112160人，完成全年目标任务的100%，基金收入11400万元，支出6340万元，滚存结余25296万元。

【社保待遇调整发放】 2021年，青铜峡市社会保障管理局为4116名机关事业单位退休人员调增养老金，人均增资额181.6元，机关事业退休职工平均养老金达到4996.5元；为17814名企业退休（退职）人员调增养老金，人均增资额145.7元，企业退休职工平均养老金达到2416.6元；为全市28888名享受待遇的城乡居民调增基础性养老金5元，城乡居民平均养老金达到224.2元。

【工伤保险即时结算】 2021年，青铜峡市社会保障管理局继续做好全市工伤保险医疗服务和就医管理。继续推进工伤保险即时结算工作。针对全市工伤保险基金收不抵支的情况，委托第三方公司编制《青铜峡市2021年度工伤预防项目实施计划》，以期通过开展工伤预防、岗位培训，有效降低工伤风险，减少经济损失，促进企业稳定发展和社会安定。

【职业年金做实】 2021年，青铜峡市社会保障管理局完成对全市123个全额供款单位职业年金单位缴费部分实账管理的测算工作。计划分五年，将2014年10月至2021年12月期间，全市全额供款机关事业单位职业年金22343万元（本金18939万元，利息3404万元）做实，确保按期保质保量完成机关事业单位职业年金虚账做实工作，维护好全市参保职工个人合法权益。

（综合办公室）

民 政

【社会救助】 2021年，青铜峡市民政局健全分层分类的社会救助体系，完善低保、高龄低收入老年人津贴、特困供养、低收入家庭认定等社会救助审核确认权限下放镇、街道工作；巩固拓展脱贫攻坚成果同乡村振兴有效衔接，开展农村低收入人口监测预警；全力做好国家审计署11月对青铜峡市救助资金使用情况全面审计工作，聘请第三方对全市低保、高龄、特困等人员按照不低于30%的比例进行全面核查，全年核查清退1004户1020人，新增城乡低保、高龄1320户1660人。对因疫因病等4431名困难群众应救尽救，发放临时救助资金701.4万元。累计发放各类救助资金及补贴9423.3万元。

【养老服务】 2021年，青铜峡市民政局健全养老服务工作，完善并督促怡园老年养护院、怡园社区日间照料中心等8个养老服务设施投入运行。黄河楼社区"物业+养老服务"模式得到自治区民政厅领导的肯定。投资60万元打造黄河外滩老年驿站，"圈"出"十五分钟便民生活圈"；投资65万元提升改造邵岗镇沙湖村老年幸福院，"幸福圈"辐射周边，"嵌入式"养老设施作用发挥明显。华龄养老公寓对接到青铜峡市旅居养老7800人次。4家养老院全部采用"公建民营"模式运行，投资170万元完成第三敬老院一期改造提升。

【社会组织管理】 2021年，青铜峡市民政局基层社区治理工作实行"一社区一品牌一特色"鲜明工作主题，东街、紫薇等6个社区治理工作经验入选自治区"社区治理百佳品牌"。形成以居委会为主体、多部门配合、社会广泛参与的"街长制"管理新模式让城市治理更加精细，共治堡垒更加坚强。注册登记社会组织133家，备案社区社会组织310家，党组织覆盖率达到87%，党的工作实现全覆盖。开展打击整治非法社会组织专项行动，11家"僵尸组织"、70家村级用水协会依法注销。社会组织参与社会捐资、助学、抗疫等捐款捐物100万余元。

【社会事务工作】 2021年，青铜峡市民政局编制《青铜峡市殡葬事业发展规划》，起草《公墓建设管理规划方案》，投资200万余元新修公益性公墓道路3.4公里，栽植树木1.5万棵。结合全区殡葬领域专项治理，对公墓价格进行核定，努力减轻群众殡葬负担。在全市84个行政村均配备1名儿童关爱主任，建设"儿童之家"95家。红白理事会推进乡村文明建设和移风易俗改革作用显著，"厚养薄葬、婚事简办"新观念深入人心。争取市财政资金160万元，加强对吴忠市公益性公墓基础设施建设。

【婚姻登记】 2021年，青铜峡市民政局开展婚姻家庭辅导工作，全年开展新婚辅导人数100多人；离婚调解92对，缓离夫妻43对，缓离率46%。

【未成年人保护】 2021年，青铜峡市农村留守儿童关爱保护工作领导小组调整为青铜峡市未成年人保护工作领导小组，切实加强未成年人保护工作的组织领导和统筹协调，保障未成年人合法权益。开展困境儿童摸底排查、建档工作，对全市200多名困境儿童、留守儿童家庭状况、生活教育等状况进行全面摸底排查，签订监护人认定书，建立健全困境儿童档案。对30名申报材料不全的儿童，停发孤儿养育津贴，对46名符合提标政策的困境儿童，孤儿养育津贴由537元提高至937元。

【基层换届选举】 2021年，青铜峡市有84个村、25个社区，村(社区)"两委"换届工作从2020年11月开始，2月8日全部完成，按照先村(社区)党组织、后村(居)民委员会的程序进行。选举产生的新一届村"两委"成员578人，其中党组织委员392人（含书记84人、副书记80人），村委会委员436人（含主任84人、副主任107人），村"两委"成员交叉任职238人，书记、主任"一肩挑"60人；新一届社区"两委"成员219名，其中党组织委员127人（含书记25人、副书记24人），居委会委员176人（含主任25人、副主任26人），社区"两委"交叉任职84人，书记、主任"一肩挑"17人。同步选举产生村监会成员405人、居监会成员83人。相比换届前班子成员平均年龄下降5.5岁，35岁及以下的人数提高14.08%，大专及以上学历人数提高11.64%，女性委员人数提高7.17%；25个城市社区选举产生新一届社区"两委"成员219人，相比换届前班子成员平均年龄下降5.2岁，35岁及以下人数提高22.3%，大专及以上学历人数提高16.5%，女性委员占社区工作者总人数83.3%，总体实现"一降三升"目标。社区专职工作者实行日常管理和绩效管理相结合，社区专职工作者报酬平均达到每月3948元，财政补充保险、住房公积金等平均每月1478元，社区书记年收入基本达到同工龄街道事业人员薪资标准。社区专职工作者人事档案"一人一档"和社区社会信用代码"一社区一码"实现全覆盖。

【养老项目工程建设】 2021年，青铜峡市民政局续建的老年养护院、怡园老年养护院、怡园社区日间照料中心、敬老院护理楼，新建的敬老院提升改造、黄河外滩老年驿站、沙湖村老年幸福院7个养老服务项目全部建成并顺利通过节能、消防、质量、规划等专项验收。中商至善养老院等4个养老机构实现"公建民营"模式，怡园社区日间照料中心、黄河外滩老年驿站、沙湖村老年幸福院等第一批社区"嵌入式"养老服务设施投入运行。按照新建小区无偿配建养老服务用房"四同步"原则，对接自然资源局和开发商，为黄河楼社区落实开发商配建养老服务用房2122平方米，改变社区养老服务设施单纯由政府投资建设的畸形局面。

【居家养老服务】 2021年，青铜峡市民政局争取吴忠市项目资金619万元，实施困难老年人家庭床位建设项目，为全市629名特殊困难老年人提供适老化改造、器具适配和居家养老入户服务。

【社会组织】 2021年，青铜峡市市各类社会组织涉及社区服务、社会事务、文化体育、农村专业经济等，门类多、范围广。在组织体育赛事、民间文艺演出、就业创业培训、幼儿教育、农业技术推广普及等方面发挥积极作用，是政府职能转变不可替代的有力补充。全市依法登记社会组织116家，其中社会团体85家，民办非企业31家；农村专业经济协会18家，行业商会6家，有个人会员84370人，正常开展活动的有105家，其中作用发挥较好的有30家，占28.57%。不经常开展活动的有20家，"僵尸型"社会组织11家，申请注销登记4家，撤销登记2家，变更整改5家。社会作用发挥较好的有：农业类的青铜峡市葡萄酒产业协会、叶盛镇龙门林果协会等；行业协会商会类的有餐饮商会、食品商会等；社会服务类的有古峡禁毒帮困志愿者联合会、峡口镇携手同行志愿者联合会；文化体育旅游类的有旅游协会、红歌艺术团、毽球协会等；社会服务机构的有小博士华谷幼儿园、蓝天幼儿园等。

【日间照料服务】 2021年，青铜峡市民政局加强分散供养照护。对全市358名分散供养人员签订分散供养协议和委托照料声明书。以镇为单位建立分散供养特困人员照料服务微信群，动态探视照料服务落实情况，对委托照料责任落实不到位的及时更换委托照料责任人。疫情防控期间，对全市分散供养人员通过电话、微信、走访形式全面摸排生活情况，及时补充生活及防疫用品。落实动态供养需求，将符合条件1人纳入特困供养，将4名有集中供养意愿的分散供养人员纳入供养机构。

【残疾人两项补贴】 2021年，青铜峡市民政局对享受残疾人两项补贴对象每月实行动态管理和按月发放补贴。清退因死亡等不符合条件的1062人，新增两项补贴对象1121人。做好残疾人两项补贴标准调整工作，自2021年1月1日起，困难残疾人生活补贴由每人每月100提高到110元，重度残疾人护理补贴由80元提高到120元。开展残疾人"两项补贴"跨省通办工作。

【农村低保专项整治核查】 2021年，青铜峡市民政局根据自治区民政厅财政厅关于印发《2021年度县（市、区）困难群众救助工作绩效评价指标和评价标准的通知》《关于在全区开展困难群众救助资金管理自查自纠工作的通知》要求，购买第三方对社会救助工作进行绩效评价。加强低保专项治理，规范分类动态管理。建立低保对象长期公开公示制度，接受群众监督。建立机械变动零报告制度，利用民政云系统对全市1.8万名城乡低保对象、高龄对象进行全面复核，新增低保、高龄1496户1869人，清退低保对象1101户1373人。

【社区服务专项治理】 2021年，青铜峡市民政局结合"我为群众办实事"活动，协同各镇（街道）、村（社区），全面规范对外挂牌，解决"牌子满墙""制度满屋"问题，清理"奇葩"证明、循环证明、重复证明，排查出各类证明26条项，取消18项，保留8项；各类对外工作机构挂牌约20项，清理后为13项；各类上墙制度30项，其中包括派出所、消防大队、图书馆、文化馆等指导部门要求上墙的制度14项，剩余上墙制度均是各类征地建设需要，清理后剩余20项。印发《不应由基层群众性自治组织自出具证明事项清单（第一批）》转发至各镇、街道、农林场。同时，改进和规范基层群众性自治组织出具证明工作，对村（社区）出具证明事项建立报备和登记制度。以联合党委共建单位会议、邻里会、板凳会等社区协商议事形式，民主议事会坚持"听民声、集民意、暖民心、解民忧"原则，协商小区矛盾纠纷、公共服务、公益事业和群众反映强烈的民生问题，开展议事协商活动256次，参与协商群众6217人次，解决问题353件，年内市财政安排资金170万元，结合"我为群众办实事"活动，用于社区环境整治、社区就业服务、社区文化场所建设、社区老年人服务等事项。

【社区阵地建设】 2021年，青铜峡市民政局强化社区阵地建设规范化，25个城市社区阵地全部达到400平方米以上，通过新建、改建、租赁等形式解决社区阵地，按照"办公空间最小化，服务空间最大化"原则，高标准设置"一室八中心"，进一步提升社区综合服务设施和办公场所功能。将韵欣苑、名峡、汉源社区"一室八中心"建设纳入"十四五"规划，计划2022年实施韵欣苑社区建设项目。

【城市治理】 2021年，青铜峡市民政局在全区率先开展"街长制"改革探索工作，在全市城区范围内34条街路巷推行"街长制"管理，按照"一街一长、条块结合、群众参与、责任到人"的原则，探索实施街道（镇）、社区、群众三级街长，明确三级街长职责，建立信息收集调处、网格数字化服务管理、联席协商三项机制，以此推动管理重心下移，调动社会力量参与，形成共治共建共享的建设合力，全面提升大街小巷环境秩序，把群众身边的问题更快、更好、更有效的解决好。坚持把群众需求作为"主打产品",推进"一社区一品牌一特色"工作,裕民街道东街、紫薇和青铜峡镇铝厂社区等6个社区入选自治区"社区治理百佳品牌",青铜峡市电视台开设《社区治理百佳品牌风采展》专栏,对品牌特色进行宣传。各社区结合自身特色,形成"一社区一品牌",东街社区"一核六治"激活社区治理"动力源";南苑社区党建引领"五步议事法"协商共建老旧小区改造,让居民幸福在家门口升级,"三治融合 四联互动"矛盾纠纷多元调解机制的建立,让新时代"枫桥经验"落地生根;汉源社区"1+5+X"探索基层协商民主治理新模式;黄河楼社区通过"老年驿站""圈"出"十五分钟便民生活圈";韵欣苑社区全域网格积分撬动"微治理"等。各社区形成工作典型经验50余篇,先后被《人民日报》、央视频、学习强国、《中国社会报》《宁夏日报》、宁夏电视台等刊发。按照《民政部办公厅关于征集基层治理创新典型案例的通知》要求,整理上报以《青铜峡市"六新"推挤基层改革全面提升乡镇治理能力》服务管理类别典型案例,申报裕民街道紫薇、北苑、汉源和陈袁滩镇韵欣苑、黄河楼5个社区的城乡社区治理服务类别典型案例。2021年陈袁滩镇黄河楼社区被吴忠市基层政权与社区治理工作领导小组命名为五星级和谐社区。至2021年全市三星及以上共有24个社区,达到96%,其中五星级和谐社区达到9个,占36%;四星级和谐社区达到7个,占28%。

【社区网格化建设】 2021年,青铜峡市民政局将社区管理实行积分制与网格化管理整合,把积分制引入基层治理重点围绕社会治安类、乡村文明类、志愿服务类、人居环境整治类、家庭美德类五大项内容制定赋分项目标准,成立"积分超市",将各类公共事务和群众行为量化,建立积分手册,采取"日记录、月审核、季公示"的方式,"小积分"可兑换物质奖励、精神鼓励,并可优先享受有关激励政策,真正把积分制结果融入群众自治多个社会治理环节,让"小积分"释放"大能量",激发群众自我管理的内生动力,建立社区治理新模式。

(闫博翔)

医疗保障

【概况】 2021年,青铜峡市城乡居民基本医疗保险参保缴费人数216018人,完成目标任务的99.64%。扶贫部门推送14137名建档立卡贫困户始终实现100%动态参保,372名边缘户全部参保。

【医保基金支出】 2021年,青铜峡市城镇职工基本医疗保险待遇支付:职工住院21242人次,医保基金支出8315.43万元;普通门诊就诊249598人次,医保基金支出387.62万元;门诊大病(慢性病)就诊136105人次,医保基金支出1314.61万元。生育保险报销343人,基金支出353万元。城乡居民基本医疗保险待遇支付:居民住院20527人次,医保基金支出8189万元;普通门急诊249598人次,医保基金支出388万元;门诊大病(慢性病)就诊119043人次,医保基金支出1210万元。

【医疗救助】 2021年,青铜峡市医疗保障局全面落实资助困难群众参保政策,坚持统一动态管理,常态摸底排查,对困难群众住院救助和门诊救助实现应救尽救,缩短因病致贫家庭患病人员医疗救助资格认定时间，提高认定精准率，确保救助资金及时惠及有需求的困难群众。全年住院救助4560人次，救助费用579万元；门诊救助21903人次，救助费用125万元，特大病救助48人，救助费用240.2万元。

【医保收费】 2021年，青铜峡市医疗保障局启动CHS-DRG和按病种收付费方式改革，全市2家公立医院、5家二级医疗机构纳入改革试点，市人民医院、中医医院两家DRG试点医院于7月10日正式上线运行。至是年底，按病种结算共755例。

【电子医保卡使用】 2021年2月，青铜峡市医疗保障局在全市范围内启动开展15项医疗保障信息业务编码贯标工作，至年底采取"一人包一镇"的方式，利用新冠疫苗集中接种、"百场培训讲医保"宣讲契机，引导群众激活医保电子凭证，不定期开展督导。全市医保电子凭证应激活257790人，实际激活193283人，激活率74.98%，全区排名第6，吴忠市排名第2。

【药品采集】 2021年，青铜峡市医疗保障局实施集采工作，中选药品平均降幅63%，最高降幅71%，全市17家公立医疗机构累计采购和使用国家带量采购药品538.4万余元，按集中采购前价格计算，节省购药费用3271.2万余元，实现降价控费，保障广大群众用药需求，减轻群众用药负担。

【"一站式"结算和异地就医直接结算服务】 2021年，青铜峡市医疗保障局落实区内就医待遇结算"同城化"，第一时间取消区内转诊转院和异地就医备案，切实减轻群众和基层医疗机构负担。年内，医保扶贫"一站式"结算住院总人次645人次，发生医疗总费用532万元。跨省异地就医门诊、住院直接结算920人次，统筹支付788万元。

【医保基金监管】 2021年，青铜峡市医疗保障局坚持以强化基金监管为总目标，织密医保基金"安全网"，管好用好群众"救命钱"。建立监督检查制度，针对不合理用药、挂床住院、虚构医药服务及伪造医疗文书和票据、串换药品及刷卡套现等违法违规行为进行现场检查，对157家医疗机构开展现场检查，累计扣回医保基金84.87万元。宣传贯彻《医疗保障基金使用监督管理条例》，建立医保基金监管长效机制，依法依规严厉打击各类欺诈骗保行为。

（金丽霞）

退役军人事务管理

【退役军人专项服务】 2021年，青铜峡市退役军人事务局成立退役军人法律援助服务站，为退役军人维护合法权益提供免费法律服务。成立退役军人"红五星"志愿服务队，组织志愿者到社区、广场为群众开展义务理发等服务；定向招聘退役军人担任辅警；为全市746名60至80周岁，113名60周岁以下优抚对象购买人身意外伤害保险；联合市就业局、工信局、工业园区举办春季招聘会，帮助退役军人再就业，100余家企业为求职者和退役军人提供3175个岗位；定期发布就业信息，帮助退役军人了解政策，全年发布招聘信息2000余条；对接中石化吴忠分公司，开展退役老兵一键"加油惠"活动，共有785辆汽车享受优惠；"春节、八一"对驻青铜峡部队、到青铜峡外训部队进行慰问，对260名重点优抚对象进行全覆盖慰问，为9名荣立三等功的现役军人家属送喜报并各发放奖励金1000元。

【退役军人服务保障】 2021年，青铜峡市退役军人事务局联合市司法局、宁夏青禾律师事务所共同成立青铜峡市退役军人法律维权工作站，这是全区首家以维护退役军人合法权益而成立的法律服务站。以退役军人就业创业基地为平台，持续为退役军人提供免费物业、工商财税法律、企业行政事务代办、企业营销宣传、创业培训及辅导等一站式综合就业创业服务。退役军人创办企业12家，2年内培训3场次60人，代办事项23件。采用集中技能培训和职业推介相结合的方式，开展订单式、定向式、定岗式培训，按照"谁培训谁负责就业"的要求，年内培训43人，成功就业40人。

【拥军优属】 2021年，青铜峡市退役军人事务局开展"情系边海防官兵"慰问活动，送达祝福和慰问礼包475份；春节、建军节送去慰问物品40万余元；协助医疗队对部队官兵开展全员核酸检测，送去防护服、医用酒精等物资20万余元；建立退役军人法律工作站，解决涉军维权问题3起；帮助随军家属解决就业1人，子女入学、入托3人。深入开展走访慰问活动，年内发放慰问金、慰问品80万余元，送喜报18人次，为859名优抚对象购买人身保险33680元。

【拥政爱民】 2021年，青铜峡市退役军人事务局以重大纪念活动为契机，开展大型升国旗仪式、"七一"中国共产党成立100周年、"八一"建军文艺演出、国庆节文艺会演等活动8场次，引导全市军民接受爱国主义和革命英雄主义教育，激发爱党、爱国、爱军情怀。利用部队"开放日"，组织干部、学生进军营参观军史馆、观摩军事训练，集中观看国防教育片；消防部队主动上门宣讲防火知识300余户，划拨6万元为80个小区购置灭火器3000具，深入中小学、幼儿园组织师生开展逃生疏散演练16场次。

（李恩童）

应急管理

安全管理

【安全责任落实】 2021年，在青铜峡市委常委会、政府常务会上听取安全生产工作汇报各3次，召开安委会会议3次，安全生产及防灾减灾风险分析研判会议3次，研究部署安全生产及应急管理工作。青铜峡市委、市政府领导在"两会""五一""端午节""十一"等重要时段带队督查检查安全生产工作。青铜峡市安委办联合市委、市政府督查室开展安全生产督查检查2次，并进行通报。下发履职预警通知书27份、安全隐患督办函3份。召开安全生产专项整治三年行动工作推进会、培训会3场，分阶段安排部署全市三年行动工作。做实"两个清单"。加强"两个清单"常态化管理，采取"五定"措施（定责任人、定时限、定措施、定预案、定资金），对排查出的所有突出问题、重大隐患实行清单化管理，制定集中攻坚任务65项，并全力推进任务落实。开展三年行动督查检查并进行通报和督办，全力推进各项整治工作任务如期完成。

【森林草原防灭火】 2021年，青铜峡市应急管理局贯彻落实上级森林草原防灭火工作电视电话会议及文件精神，加强防火责任体系、物资储备、应急队伍建设和风险分析研判。开展打击森林草原违法用火行为专项行动，完善森林草原防火应急处置预案，提升应急防控备战能力。

【防灾减灾救灾】 2021年，青铜峡市应急管理局落实好自然灾害生活困难救助政策，落实中央和自治区救灾资金285万元，发放冬令春荒救助资金105万元。抓好防灾减灾宣传教育工作。抓好"5·12""6·16""10·13"防灾减灾日宣传系列活动，开展"防灾减灾'五进'"宣传教育活动。创建"全国综合减灾示范社区"1家。抓好工业园区消防救援站建设项目。预计在11月底可交工并投入使用。积极做好新冠疫情防控应急救灾物资保障工作。

【防汛抗旱】 2021年，青铜峡市应急管理局组织修订全市各级防汛抗旱预案27个、举办全市防汛应急演练1场、组建防汛抢险救援队伍13支；储备各类防汛抗旱物资2.12万件，黄河备防四脚体17000立方米、备防石28000立方米。强化监测预警预报机制。成立1个市级、6个镇（场）级、19个村级山洪灾害防御指挥机构，督促建立市、镇、村三级组织指挥机构；落实强降雨期间山丘区人员转移避险措施，摸排风险隐患点16处，对600余名群众的转移避险工作明确责任人；及时维修维护全市41套预警广播等监测预警设施，维修更换山洪沟道防汛警示牌260个；印发山洪灾害避险明白卡4000多张，张贴山洪灾害防灾避险宣传栏19个。持续对全市防汛抗旱工作进行督查，对督查发现的21项问题及时督促整改；督促落实履职预警通知书8份；整改落实上级履职预警通知书2份、通报1份。

【应急保障能力建设】 2021年，青铜峡市应急管理局加强应急预案体系建设，组织相关部门编制《青铜峡市突发事件应急预定案（征求意见稿）》等13项预案；督促水务部门、八镇两场等相关部门完善防汛抗旱预案27个。并按照行业类别和灾情类型，分别组建20支各类抢险救援队伍。同时与青铜峡市水利工程有限公司、国家电网青铜峡供电分公司、驻青铜峡部队、恒源兴银物流公司、中铁一局等企业、单位签订应急抢险合作协议，增强应急处置专业化水平。强化基层应急能力建设，围绕"补短板、强基础、织底网、促协同"要求，实现镇场（街道）应急管理"六有"和村（社区）应急管理"三有"标准化建设。

【安全生产行政执法】 2021年，青铜峡市应急管理局坚持"从严执法、严管重罚"，把安全生产风险等级较高、存在重大安全隐患企业，全部列为执法检查重点企业，切实解决监管执法中存在的重检查、轻执法，重整改、轻处罚问题，聘请安全生产专家对非煤矿山、危险化学品、冶金等工贸企业进行"把脉会诊"，主动帮助企业查找问题隐患。全年检查非煤矿山企业13家次，出动执法人次29人次，查出问题隐患45条，整改44条，整改率98%；检查危险化学品企业72家次，出动执法175人次，查出问题隐患348条，整改330条整改率95%；检查冶金等工贸企业68家次，出动执法148人次，查出问题隐患397条，整改381条，整改率96%；检查烟花爆竹59家次，查出问题隐患75条，出动112人次，全部闭环整改。共计立案6起，挂牌督办企业1家，罚款14.5万元；事故处罚1起，罚款45.93万元。

【应急预案演练】 2021年，青铜峡市应急管理局修订完善防汛抗旱应急预案，全市制订各级防汛抗旱预案27个。7月12日，在邵岗镇甘城子村开展全市山洪灾害防御应急演练1场，演练人数达到500多人。

【防汛抢险队伍建设】 2021年，青铜峡市应急管理局组建防汛抢险救援队伍13支，队员累计达到1000人，与驻青铜峡部队建立军地突发事件联动机制，与国家电网青铜峡供电分公司、驻青铜峡部队、恒源牧业、中铁一局等单位签署联动协议，不断提升应急救援能力。

【灾害防御教育培训】 2021年5月21日，举办青铜峡市水旱灾害防御知识培训班，围绕水旱灾害防御暨防汛"三个责任人"，对成员单位防汛责任人、预警人员、防汛抗旱工作人员和重点山洪危险区群众140余人开展防汛抗旱业务知识和山洪灾害避险知识培训。对山洪灾害重点区域的19个村张贴山洪灾害防灾避险宣传栏，印发山洪灾害防险避险明白卡4000多张，全部发放到农户，明确转移路线、安置地点、防汛责任人、转移责任人，提高群测群防能力。

【群测群防网络】 2021年，青铜峡市应急管理局成立1个市级、6个镇（场）级、19个村级山洪灾害防御指挥机构，建立市、镇、村三级组织指挥机构，形成市、镇、村、组、户五级山洪灾害防御责任制体系。

【预警预报设施】 2021年，青铜峡市应急管理局多方筹措资金48万元对全市41套预警广播、7套电动防空警报器、33套手摇警报器等监测预警设施设备进行全面检查和维修维护，对全市29条山洪沟道共计260多个防汛警示牌进行全面检查维修更换，采购了800多套（件）防汛物资。

【防洪隐患排查】 2021年，青铜峡市应急管理局吸取中宁县发生的事故教训，组织开展蓄水池专项安全检查和隐患整改，重点落实强降雨期间山丘区人员转移避险措施，摸排风险隐患点16处，对600余名群众的转移避险工作明确责任人。

【汛期隐患整改】 2021年，青铜峡市应急管理局投资900万余元对黄河唐滩七队段789米塌岸进行抢护；对黄河生态园拆除时遗留在黄河西河道内路基及时进行清除；对鸽子山葡萄基地2016年建设20万方蓄水池和三趟墩村生态移民高效节水北区14.5万方蓄水池完成整改，消除防汛安全隐患。

【防洪工程修复治理】 2021年，青铜峡市应急管理局新建4座拦洪库与西干渠连接段泄洪工程，疏通泄洪通道；对5座拦洪库机电设备进行保养调试和工程维修，确保水库正常运行；马莲沟下游浆砌片石护坡冲毁20米长完成修复；贺兰山东麓山洪沟与大树路、国防公路等过水路面警示牌全部安装完毕；将黄河唐滩四队、五队段塌岸治理列入黄河防洪工程三期项目。

【水库安全管理】 2021年，青铜峡市应急管理局对水库防汛"三个责任人"并进行公示，细化修订水库汛期调度运行计划、防汛抢险应急预案，加强日常巡查管理，确保工程防洪正常发挥作用。投资65万元对大坝、磨石沟等5座小型拦洪库进行维修养护；争取水利厅投资100万余元对大坝拦洪库、大沟拦洪库、马圈沟拦洪库等3座拦洪库的泄洪通道进行砌护连接，消除安全隐患。

【城市排灌设施排查】 2021年，青铜峡市应急管理局在汛期来临之前，督促行业主管部门及相关镇和街道组织对易涝区域和重点部位防涝隐患进行彻底的检查和整治，做好市政公用设施的检查和维护，对城区内的各种检查井、排水管道、污水泵站等设施进行清淤疏通和全面检修，对小坝城区（老城区+东城区）3500余个下水井、5800余个雨水篦子，青铜峡镇镇区和青铜峡铝厂900余个下水井、1700余个雨水篦子进行排查检查，针对淤堵的下水井、雨水笾子及时进行清理。

【落实产权单位主体责任】 2021年，市应急管理局督促有关单位、企业做好供水、供热、城镇燃气加配气站和燃气设施的加固、维护和巡检，落实相关安全责任；加强对施工开挖、深基坑支护、施工现场排水、脚手架工程、施工用电、垂直运输设备、临时设施等部位的监管，确保消除各项事故隐患。

（葛淑霞）

消防救援

【概况】 2021年，青铜峡市消防中队共涉15类36项135条任务，接警出动339次，火灾187起，出动消防车683辆次，消防人员3580人次，抢救被困人员37人，保护财产价值607万元。成功处置"2·4"叶盛黄河大桥冰面救援，"3·22"小坝青城印象学生坠楼救援，"8·15"鸟岛湿地自然保护区火灾。完成"大西北吴忠早茶文化节""首届中国（宁夏）国际葡萄酒文化旅游博览会"等重大消防安保工作任务。被青铜峡市委、市政府授予"2020年度支持地方经济社会发展先进单位"荣誉称号。龚建平代表总队出战第一届全国火焰蓝消防职业技能大赛，取得个人单项第7的优异成绩。

【消防整治】 2021年，青铜峡市消防中队向市委领导专题汇报消防工作7次，提请市委领导带队开展检查10余次。联合行业部门开展联合检查30余次，发送提示函10余份，集中开展重大危险源企业专项治理，指导6家重大危险源企业开展自查，建立"一厂一策"6份。与交管部门建立联合执法机制，持续开展"打通生命通道"专项行动，清理违法占用消防车通道车辆50余辆；开展高层建筑消防安全整治，完成全市100栋高层建筑履行"楼长制"职责；推动10个老旧小区进行消防改造，建立"一区一策"，拓宽小区道路5条，新建电动自行车充电桩239个，联合住建部门开展彩钢板房专项检查治理，拆除违规彩钢板建筑2300平方米，新建市政消火栓16个；推动市国资委新建停车场9个。全年检查社会单位1808家，督改隐患1024处，办理行政处罚案件42起，三停（停止施工、停止使用、停产停业）10家，临时查封12家，罚款31.62万元，摘牌销案重大火灾隐患2家。督促公安派出所检查1650家，发现和督促整改隐患203处，下发《责令改正通知书》170份。

【消防宣传】 2021年，青铜峡市消防中队以"五进"工作为主线，深入党政机关、农村、学校、企业、家庭等开展消防培训76期，累计培训14000人次。全区首先在叶盛镇地三村建成消防科普教育点。与宁夏顺宝现代农业发展有限公司签订合作协议，在市场投放40万枚印有消防标语的鸡蛋，发送消防安全提示短信24万余条。

【消防备战】 2021年，青铜峡市消防中队开展岗位练兵工作，大队指挥能力考评通过率100%，安全员和紧急救援小组复训达标率100%。开展多部门综合实战演练11次，常态化熟悉演练60余次，完成69家重点单位预案修订工作。4名指战员参加全国水域救援技术教练员培训班训练，完成国家消防救援局、自治区消防救援总队水域救援专业队拉动、各项水域救援任务及演练13次。

（丁志强）

银行·保险

编辑◎韩 汀

银 行

中国人民银行青铜峡市支行

【支持乡村振兴】 2021年，中国人民银行青铜峡市支行印发《青铜峡市金融支持乡村振兴战略实施方案》，切实掌握试点乡镇社会经济发展状况和对金融支持乡村振兴的主要需求；组织金融机构发放3702万元支农再贷款支持农联社投放扶贫小额贷款巩固邵岗镇脱贫攻坚任务。截至年底，全市扶贫小额贷款1689户余额7935万元；引导金融机构开展信用镇、村、户的评级工作，并通过发放2000万元支农再贷款支持引导农联社、农业银行、邮储银行等加强对农户、农业种养殖大户、涉农企业的信贷投放力度，支持涉农经济发展。着力推动"信用村"工程建设，完成84个行政村整村评级授信。

【服务经济发展】 2021年，中国人民银行青铜峡市支行认真落实灵活精准、合理适度的稳健货币政策要求，把握好信贷投放的力度和节奏，在中期风险可控的前提下，保持信贷平稳增长，为地方经济高质量发展创造良好的货币金融环境。落实普惠小微企业贷款延期还本付息和信用贷款支持延续政策至2021年底，缓解小微企业偿贷压力和融资担保困境，确保央行激励资金运用合规精准到位。巩固和深化LPR改革成果，健全和优化利率定价机制，落实各项减费让利政策，确保小微企业综合融资成本稳中有降。落实"贷动小生意，服务大民生"宁夏金融支持个体工商户发展专项活动各项安排，加大对个体工商户的信贷支持力度，提升个体工商户融资的满意度、便利性和获得感。

【维护金融稳定】 2021年，中国人民银行青铜峡市支行制订《青铜峡市准高风险地方法人金融机构风险防范化解处置方案》，对青铜峡市农村信用联社风险处置进行督导。全年组织开展防范电信网络诈骗宣传450场次，向公安部门移交重点可疑交易报告1份，组织召开相关工作会议4次，转发推送典型案例、风险提示等600多次，张贴公示6批次涉案账户管控工作通知及管控名单。面向基层网点工作人员反复开展防控银行账户风险相关培训，协同打击治理电信网络诈骗工作取得明显成效。开展青铜峡市"碳账户"试点工作，组织金融机构联系到35家企业注册"融信通"并报送碳账户核算表。推进《法人金融机构洗钱和恐怖融资风险自评估指引》的实施，加强反洗钱监管工作，组织召开反洗钱联席会议，与公检法等部门共同推进洗钱案件立案、侦办。深入法人机构走访、督导,通过座谈交流、调阅资料、查看业务系统等方式,对相关金融机构履行反洗钱义务、落实扫黑除恶工作责任中存在的问题予以指导和纠正。

【财政金融服务】 2021年,中国人民银行青铜峡市支行强化会计核算工作,完成2021年度TCBS、TMIS、TIPS、财政无纸化前置系统的参数设置、系统升级、数据同步工作。办理各级预算收入16.65万笔25.10亿元;支出4.56万笔37.16亿元,办理各类收入退库1.44万笔1.89亿元;更正调库530笔0.51亿元。拨付疫情防控应急资金25笔870万元;销售国债18期0.37亿元。

【征信服务和管理】 2021年,中国人民银行青铜峡市支行执行《中国人民银行吴忠市中心支行应疫情防疫期间做好征信服务工作方案》,全力保障疫情防控期间企业和个人的征信服务需求,提供个人征信查询19703笔,企业查询527笔,司法查询34笔。全力推广"易信贷"中小企业融资综合信用服务示范平台应用,及时上报阶段性减免部分征信服务收费情况,按季开展征信信息安全自查自纠工作,切实防范征信信息泄漏风险。为8家企业提供中登网动产融资登记服务平台常用户审核工作,为企业办理动产融资登记提供相应的帮助。

【农村支付环境建设】 2021年,中国人民银行青铜峡市支行开展农村支付环境建设细化工作,深入辖区各个乡镇、社区,对70家银行卡助农服务点进行现场走访督导,全面了解银行卡助农服务点的建设和运营情况,完成对助农取款服务点的分类评级。

【辖区客户金融服务】 2021年,中国人民银行青铜峡市支行分别对辖区银行机构开户服务、外汇管理等持续进行暗访,及时上报暗访中发现的问题;督导银行机构对网点进行适老化改造,满足老年人等特殊群体的金融服务需求。推进"存款保险明白卡"嵌入业务活动,在各金融机构业务柜台、理财业务接待室、大堂服务点,随业务将"存款保险明白卡"发送至客户手中,两家金融机构22个营业网点实现存款账户开户及存取款短信回执中增加存款保险宣传内容。

【绿色金融体系建设】 2021年,中国人民银行青铜峡市支行联合地方政府部门开展工业企业"碳账户"建设工作,探索建立健全青铜峡市绿色金融体系,助力企业绿色融资,以开展"碳账户"试点为契机,在绿色金融组织推动、绿色信贷增量扩面、绿色金融改革创新上下功夫,推动绿色金融发展,助力经济绿色发展。通过强化宣传引导,提高辖区群众金融素养,组织辖内金融机构积极开展"金融宣传月"等主题活动,补齐群众金融知识短板。加强金融宣传,推动消费者金融素养的提升。全年累计开展活动235次,其中线上活动185次,线下活动50次,原创宣传资料2013份,发放宣传资料13260份,受众消费者量达14万人次。

(苏剑勇)

中国农业发展银行青铜峡市支行

【业务经营】 2021年,中国农业发展银行青铜峡支行全年累计投放各类贷款6400万元,同比多投放5400万元。年末存款余额7127.54万元,比年初增加2846.33万元,增长66.48%。不良贷款持续保持零余额,信贷资产质量状态良好。

【服务经济发展】 2021年,中国农业发展银行青铜峡支行守牢粮食安全"底线",落实"藏粮于地、藏粮于技"战略,发挥"粮食银行"作用,保障中央、地方储备粮油增储和轮换资金供应,确保辖区内粮食安全。支持地方发展特色葡萄酒产业、种业、奶牛产业，投放农发行宁夏区分行首笔农业科技贷款，为青铜峡市新增2万亩良种繁育基地建设提供金融助力。

（宋晓东）

中国工商银行股份有限公司青铜峡支行

【概况】 2021年，中国工商银行股份有限公司青铜峡支行两项存款余额113076万元，较年初减少13203万元（主要由于大坝电厂资金归集上收、青铝有限公司承兑汇票保证金减少及个别大户企业资金），日均余额107513万元，较年初增加2091万元，其中机构存款时点余额19083万元，较年初增加2632万元，两年来首次正增长。各项贷款余额207929万元，较年初减少39455万元，其中公司贷款余额197948万元，较年初减少271万元，各项贷款余额184734万元，较年初减少62650万元。普惠贷款户数60户，较年初增加3户，其中小微企业贷款户数43户，较年初增加15户，个体工商户17户，较年初减少12户。

【对外营销】 2021年，中国工商银行股份有限公司青铜峡支行围绕打造"第一个个人金融银行"的工作部署和要求，主动调整个人挂钩网点比例，加强外拓营销、主动营销，提升全量客户及产品渗透。在抓好个人客户的批量拓户，要求各网点对周边情况进行梳理，选择有价值的场景，进政府进企业开展批量办卡、代发工资等业务的营销的同时，增加各网点外拓次数，年度共计外拓30余次，通过扫街营销的方式，抓住商户客群，以e支付收款码、信用卡等为主要推广产品快速扩大商户群体，同时营销电子社保卡、我的宁夏e钱包等产品，提升各项小指标完成情况。加强线上获客，在"我的宁夏"平台布放暖气缴费及红十字会捐款项目，加快推进钱包账户获客。结合"我的宁夏"医保缴费、养老缴费为客户开通"工银e钱包"等有效实现线上获客875户。

【对公业务】 2021年，中国工商银行股份有限公司青铜峡支行围绕自治区及青铜峡市"十四五"规划确定的九个重点产业规划开展工作，狠抓对公账户拓户，针对分行下达的目标客户清单对无贷户、有贷户、存量客户采取一户一目标、一举措、一责任人的管理方法。对青铜峡市"十四五"规划及政府年度确定的项目名单，积极跟进营销，深化建立与政府良好的政银合作关系。截至12月末，年度累计新增税务贷客户25户，新增普惠贷款2433万元，同拓展对公账户22户。

【安全管理】 2021年，中国工商银行股份有限公司青铜峡支行加强运行风险过程控制、提高运行效率和质量，提升运行管理专业服务能力和综合管理水平。加强运营风险关键环节管理，提升营业网点现场履职管理及日常运营风险控制能力，持续强化柜面业务事中管控力度，确保业务处理规范有效。落实单位结算账户风险治理，提升中小微企业便捷开户服务效率；严格对强高危行业、严控领域的账户准入管理，强化账户年检工作。

（赵海龙）

中国农业银行股份有限公司青铜峡市支行

【概况】 2021年，中国农业银行股份有限公司青铜峡市支行实现拨备前利润5119万元，实现拨备后利润5922万元，同比增加447万元，完成计划的115%；实现净利润3950万元，同比增加242万元，完成计划的123%；人民币各项存款日均余额277561万元，同比增加6378万元；各项贷款余额180997万元，同比增加967万元；实现中间业务收入1714万元。实现信用卡业务收入604万元，保险业务收入125万元，贵金属业务收入50万元，中间业务收入达到1714万元，创收能力逐步提升。对公账户数新增319户，新增对公线上活跃客户数376户，代发工资客户数净增30户，个人有效客户数新增11435户，个人有效账户新增16668个，个人贵宾客户数净增1137户，新开立社保卡2455张。

【存款业务】 2021年，中国农业银行股份有限公司青铜峡市支行坚持"个人+对公+同业"一把抓，紧盯源头资金，实施客户分层管理，利用数字化管户、"智付+"平台、对公客户营销系统等增存拓存"利器"，大力推广聚合码、第三方存管等，实现个人存款增长有力、对公存款基础得到夯实、同业存款潜力释放，各项存款稳中有增的阶段性目标。

【服务乡村】 2021年，中国农业银行股份有限公司青铜峡市支行坚持"服务乡村振兴领军银行"定位，以巩固拓展脱贫攻坚成果同乡村振兴有效衔接为重点，制订实施乡村振兴服务方案，持续强化服务能力。派驻3名工作队员入驻青铜峡镇同兴村进行扶贫帮扶，组织帮扶责任人10余次深入大沟村进村入户，送温暖、解难题。开展线上消费扶贫帮扶，累计消费6万元。推进三资管理平台落地，与市农业农村局签订市农经综合信息管理平台合作协议，持续跟进项目落地见效。深化"5+X"应用，推广玉风模式，年度内新增农户贷款5989万元。深耕数字乡村建设，加快农户信息建档步伐，启动惠农通升级改造，累计创建信用村5个，布放"惠农通"机具141部，机具升级改造率100%。

【信用贷款】 2021年，中国农业银行股份有限公司青铜峡市支行聚焦绿色能源、加工制造业、植种与养殖等特色产业板块，强化"信贷+""+信贷"双向拓展。各项贷款总量180997万元，投放绿色贷款19212.42万元。新增人行、银保监会口径普惠贷款8860万元、3239万元。个人贷款增量7082万元，对公实体贷款回补票据贴现5亿元。

【清收处置】 2021年，中国农业银行股份有限公司青铜峡市支行成立不良资产清收团队，制订实施逾期贷款管理考核方案，压实清收责任，全方面、全方位推进清收处置工作。全行不良贷款余额压降至703.33万元，不良率0.39%，较年初下降0.2个百分点。全年累计清收处置不良贷款2253.60万元，其中收回已核销贷款434.09万元，收回以资抵债法人贷款1009万元。

【数字经营】 2021年，中国农业银行股份有限公司青铜峡市支行坚持做大"农银e贷"规模，通过农户信息建档、线上批量获客、优质客群渗透等方式，推动"惠农e贷""小微e贷"扩量上户，较年初分别增加4553万元、457万元。推广"智迎客"系统和掌银乡村版，掌银月活（掌上银行每月活跃用户）客户数净增3442户。聚焦场景高频次导向，以"衣食住行"等民生类10大场景系为重点，新增智慧场景4个，场景项目总量达14个。

【风险防控】 2021年，中国农业银行股份有限公司青铜峡市支行推进"利箭计划"，守牢案防风险底线。组织开展员工行为排查4次，员工行为专项排查1次，案防工作会议4次，运营主管例会4次，员工行为管理联席会议2次。紧盯重点岗位、重点人员，持续强化合规教育，累计处理责任人106人次。信息科技、消保普法、反洗钱、保密印章、安全保卫、扫黑除恶等工作稳步推进，为支行高质量发展提供有力支撑。

【支持地方经济】 2021年，中国农业银行股份有限公司青铜峡市支行累计发放各项贷款6658笔14.57亿元，其中对公贷款投放244笔10.12亿元，个人贷款投放6414笔4.45亿元；涉农贷款投放4840笔8.21亿元。截至年末，各项贷款余额18.10亿元，在消化贴现贷款5.5亿元的情况下，较年初增加967万元（同业九行中四家正增长行之一，四大行唯一正增长行）；个人贷款余额6.48亿元，较年初增加7081万元，其中农户贷款余额23947.40万元，较年初增长5989万元；普惠贷款余额1.52亿元，较年初余额净增139户3239万元。

（马　峰）

中国建设银行股份有限公司青铜峡支行

【概况】　2021年，中国建设银行股份有限公司青铜峡支行实现账面拨备前利润5982.27万元。实现主营业务收入11315.08万元。其中，实现利息净收入8650.37万元，实现非利息净收入2664.70万元。一般性存款余额30.09亿元，时点新增2.96亿元，四行新增占比154%，新增占位第一。其中对公存款时点余额7.79亿元，余额四行占比36%，排名第一；公存款时点新增0.13亿元，四行新增占比42%，新增占位第一。个人存款时点余额22.29亿元，较年初新增2.83亿元，日均余额20.34亿元，较年初新增2.83亿元。各项贷款余额36.14亿元。其中公司类贷款余额27.91亿元，减少0.09亿元；余额四行占比39%，排名第一；个人类贷款余额8.23亿元，新增0.13亿元。其中个人住房贷款市场份额四行占比53%，市场占位第一。实现中间业务收入2664.70万元，在四行占位占比第一。对公全量客户1923户，新增49户，机构长尾客户新增43户。对公结算账户净新增104户，其中基本账户净新增93户。个人全量客户176199户，新增2679户；其中个人有资产客户132392户，新增3567户；个人有效客户54399户，新增1412户，其中个人全面关系客户9542户，新增1655户；个人加权有效客户180784户，当年新增14070户。不良贷款余额2150.28万元，比年初减少1698.47万元，不良率0.60%，较年初下降0.47个百分点。不良率0.60%，较年初下降了1.1个百分点。

【存款业务】　2021年，中国建设银行股份有限公司青铜峡支行围绕"七抓"（抓代发、抓高端、抓商户、抓活动、抓服务、抓流程、抓机制）优化资源配置，组织开展"兴建旺行"旺季营销活动，旺季营销期间一般性存款时点、日均新增四行第一，储蓄存款时点新增、日均新增均居四行第一，为全年存款工作奠定坚实基础。开展对公重点客户重要时段存款营销维护，借助住房维修资金管理系统上线，青铜峡市房屋产权产籍管理所将历年存量1150万元维修基金全量从其他银行转入，实现了住房维修资金建行独家代理。

【信贷业务】　2021年，中国建设银行股份有限公司青铜峡支行加大绿色贷款和普惠金融贷款投放力度，为宁夏大唐国际红寺堡新能源有限责任公司成功发放可再生能源补贴确权贷款7940万元，实现该产品在区分行的首笔投放。为自治区重点龙头企业恒源牧业发放分行创新信贷产品"塞上奶牛贷"2000万元。实现"裕农快贷""塞上移民贷""塞上兴农贷""塞上农直贷"等多项产品破零。发放线下个人经营性贷款31笔，金额957万元。完成"惠懂你"出海4户。公积金贷款新增1142万元，公积金存贷款市场占位占比保持四行第一。个人消费贷款余额11683万元，较年初新增1495万元，在系统内保持领先优势，居第三位。信用卡新增发卡1344张，发卡客户新增247户；消费交易额18.08亿元，计划完成率95.70%；实现分期6415万元，其中专项分期1776万元，计划完成率85%，全区排名第一；信用卡贷款余额27907万元，不良率1.72%，较2020年末下降0.26%。

【三大战略实施】　2021年，中国建设银行股份有限公司青铜峡支行与宁夏金石市场管理有限公司签署"CCB建融家园"品牌合作协议书，挂牌高品质商圈建融家园项目整租房间39套，1800平方米。通过4个楼盘项目准入，与青铜峡市住建局、宁夏阳光置业有限公司等签订4份资金监管协议，在资金监管系统内新建4个资金监管账户，监管账户收住房首付款缴纳、贷款等资金3000万元。公租房系统成功上线，录入房源信息15390套，租户家庭信息14778户。以自治区"四权"改革为契机，为乡镇"水权"改革搭建交易平台、畅通金融服务。成功为7家乡镇用水协会开立账户，悦生活缴费平台成功上线。通过"裕农通+乡村善融"，成功上线中国建设银行宁夏回族自治区分行首家"乡村善融"商户，提升县域乡村服务力，打造乡村服务品牌。

【营销服务】 2021年，建设银行股份有限公司青铜峡支行聚焦场景建设与获客活客，持续开展绑卡、用卡优惠活动、龙支付商户新客1元购、满减优惠购、商户成长值活动，以及"一元观影""一元洗车""刷建行龙卡，购物享好礼""刷建行龙卡，美食满减""微信绑卡"等信用卡促销活动，累计投入23万元营销费用，搭建用卡场景，助力网点开展营销。手机银行活跃客户新增31663户，计划完成率99.29%；短信金融客户新增4192户，计划完成率104.80%；新增悦生活平台16户，完成率114.29%。搭建悦生活场景109个，新增16个。新增商户48户，裂变建行生活用户1200多户，入驻建行生活商户27家。针对农户的金融服务痛点提供有针对性的普惠金融服务，推进电商场景叶盛大米、连湖西红柿、甘城子果品、先锋大青葡萄等当地有特色的农产品入驻总行"裕农优品""善融商务"平台，从源头上实现批量获客。9月，青铜峡支行裕农通团队代表宁夏区分行参赛，获得总行裕农通三创大赛湖南赛区决赛最佳人气奖（二等奖）。

【服务"三农"】 2021年，建设银行股份有限公司青铜峡支行围绕大青葡萄、贺兰山葡萄酒等青铜峡农业特色产业，加快"裕农通+"场景的普及与推广，试点养殖业、电商企业、农业联合体等三类龙头企业，通过打造以平台生态为主要生产方式的现代金融供给体系，助力乡村振兴迈上"快车道"。广泛宣传叶盛、邵岗、瞿靖、树新林场4个乡镇服务点天然气缴费，发挥裕农通获客活客的重要利器。裕农通服务点107户，活跃服务点93户。做好乡村振兴与脱贫攻坚有效衔接，帮助30户建档立卡贫困户人口194人全部脱贫，帮助销售普罗旺斯西红柿7000斤，销售苹果3000斤；帮助交通意外受伤家庭捐款9030元。

（张树荣）

中国银行股份有限公司青铜峡支行

【概况】 2021年，中国银行股份有限公司青铜峡支行截至年末存款时点余额为123191万元，较2020年增加3272万元，增幅9.98%。对公普惠金融贷款余额13132.37万元，较2020年新增2503.49万元，完成92.72%。授信客户32户，较2020年新增15户。其中，线上产品贷款余额1133万元，较2020年新增1133万元，授信客户11户，较2020年新增11户，完成率151.07%。个人普惠金融贷款截至年末余额2907.38万元，共74户，较2020年末新增823.22万元，新增户数9户，全年任务完成率150.77%，全区中行排名第2。

【服务经济发展】 2021年，中国银行股份有限公司青铜峡支行结合"十四五"规划总体布局，持续跟进重点项目，其中三峡新能源4.76亿元和黄河大峡1000万元区分行已批，铝业科技1亿元项目已上报，这些重点项目的持续跟进为后续绿色金融业务发展奠定良好基础。项目储备持续推进，其中普惠金融储备1户（煤炭物流园）共计1000万元。服务国家冬季电力能源保供，向自治区分行上报3000万元能源保供贷款。

【农通业务】 2021年，中国银行股份有限公司青铜峡支行中银e农通业务在2020年8月成功落地，签约3个乡镇，开立行政事业单位结算账户26户，在稳定行政事业单位存款的同时为后续在乡村振兴业务发展方面奠定良好基础。

（杨忠宝）

青铜峡市农村商业银行

【概况】 2021年，青铜峡市农村商业银行截至12月末，各项存款余额52.01亿元，较年初净增0.22亿元，其中活期存款10.18亿元，较年初净增0.25亿元，剔除财政资金因素，活期存款较年初净增0.62亿元，增幅6.09%，对接黄河银行存款11.67亿元，占定期存款的29.20%。各项贷款（含转贴现、网贷）余额30.78亿元，较年初净增3.53亿元，增幅12.97%。其中，自营贷款24.30亿元，较年初净增3.81亿元，增幅18.61%。全口径不良贷款263万元，较年初下降51万元，五级不良贷款余额9810万元，较年初下降51万元。截至12月末，累计清收表内不良贷款1000万元，抵债资产处置共收回1690万元。实现经营利润-796.45万元，较同期增加2595.61万元，净利润11.29万元，较同期增加3535.05万元，自营贷款利息收入较同期增加2688万元，增幅22.57%。各项监管指标均达标。贷款损失准备充足率为139.13%，较年初下降40.51个百分点；拨备覆盖率146.95%，较年初减少5.34个百分点；资本充足率为10.93%，较年初减少0.72个百分点。

【存款业务】 2021年，青铜峡市农村商业银行3次下调存款挂牌利率，各档次存量存款利率为辖区内金融机构最低水平；新增存款11152万元，其中新增储蓄活期存款9345万元，对公活期存款1550万元，存款利息支出较同期减少1754万元，降幅13.38%，定期存款占比较年初下降4.45%。

【营销业务】 2021年，青铜峡市农村商业银行推进网格化营销力度，从"单打独斗"向"团队营销"转变，先后与辖内市场监督管理局、农业农村局、退伍军人事务管理局等多个部门对接，获取当地个体工商户、优质纳税人企业、农业专业合作社、退伍军人及企事业单位公职人员名录，同时匹配公积金快贷、退伍军人贷、党员先锋贷等贷款产品，督促支行营销人员分门别类、逐户对接，精准营销。通过手机银行、微信银行、统一收单等线上业务，不断提高青年客户的黏性，建立一批能带来综合收益、稳定的优质客户群。截至12月末本行收单商户总数4945户，较年初增长78户；交易笔数53.23万笔，较年初增长30.12万笔；交易金额20010.26万元，较年初增长10190.10万元；动户率64.23%，较年初增长19.13%；资金沉淀8421.74万元，较年初增长2111.67万元。

【支持政府重点项目建设】 2021年，青铜峡市农村商业银行主动跟进和支持青铜峡市城乡结合部新农村建设项目，从"散客营销"向"批量获客"转变，全年营销各类对公客户197户，其中包括叶盛镇10个村的村集体账户。年内对接青铜峡粮食储备库，沉淀活期存款1500万元。

【服务"三农"】 2021年，青铜峡市农村商业银行发挥金融服务乡村振兴主力军作用，截至12月末，涉农贷款15697户、21.75亿元，较年初增加93户3.20亿元。全面推进整村授信工程，深入农村、社区，采集农户信息、主动评级授信，确保达标村授信户占比达95%，用信户占比达75%。截至12月末，评级23220户，授信17700户9.66亿元，用信8495户4.60亿元，完成84

个行政村的整村授信达标工作。搭建银政合作平台，择优支持具有农业专业组织资质的"公司＋农户""龙头企业＋农户""协会＋龙头企业＋农户"项目。重点支持辖内奶牛、肉牛等养殖及传统粮食作物种植大户及粮食加工特色产业发展，截至12月末，对奶产业总授信额度161户17381.63万元，较年初增加22户5820.77万元。

【信贷业务】 2021年，青铜峡市农村商业银行针对有稳定工资收入职工客群，推出用于日常消费的"公积金快贷"信用贷款，全年发放"公积金快贷"370户4682万元；通过抢抓农村土地确权及"四权"改革工作机遇，以"信用（保证）+农村产权"抵押的担保模式，通过适度增加额度、下调利率、放宽授信期限、延长抵押期限等优惠措施推广农村产权抵押贷款，共发放农村产权抵押贷款26户152万元，办理林权抵押贷款3户290万元。

【财务管理】 2021年，青铜峡市农村商业银行加强和规范财务管理工作，坚持"阳光"财务，按季公开财务状况及费用列支情况，对各项收支较同期情况进行分析报告，引导中层管理人员正确认识经营现状。严格预算管理，严控不合理的费用支出。组织开展创建"节约型联社"活动，教育引导全行勤俭节约。落实"过紧日子"的工作要求，坚持"可花可不花的钱坚决不花，可办可不办的事项坚决不办"原则，严格控制成本费用支出。通过调整绩效激励措施、制订费用预算控制计划、创建"节约型联社"等措施，最大限度压降营业成本，改善财务状况。截至年末，业务及管理费用较同期减少1761万元，其中人力费用较同期减少1151万元，降幅19.57%；办公费用较同期减少610万元，降幅22.88%，实现净利润11.29万元，较同期增加3535万元。

【清收处置】 2021年，青铜峡市农村商业银行坚持用足、用活、用好各类不良资产处置措施，修订考核办法，通过对清收人员奖惩并举，提高清收效能。常态化完善分类管理台账，了解掌握客户最新动态、分类实施，对于大户、难户由机关领导亲自带队清收，50万元以下发动全员清收，截至12月末，收回不良250笔，本金1000万元，利息231万元；加大与客户、担保人以及两级法院的沟通对接，提高处置成效，截至12月末，通过执行方式收回风险资产54笔，399万元。

【资产处置】 2021年，青铜峡市农村商业银行规范抵债资产接收、处置工作流程，通过内网、拍卖行、房屋中介、微信平台等多种渠道公告出租、拍卖，加快抵债资产处置变现，减少对资本的占用。截至12月末，拍卖成交房产12套，1690万元，出租抵债资产9套，实现租金收入29.5万元。

【企业改制】 2021年2月，青铜峡市农村商业银行全面启动农商行改制相关工作，先后4次召开党委会议进行安排部署，于6月末组织召开社员代表大会审议通过组建青铜峡农商行的相关提案，以6月末为基准日开展清产核资和资产评估工作。在黄河银行和监管部门的悉心指导下，经过筹建工作小组的精心准备，12月9日获得宁夏银保监局同意筹建农商行的批复，12月15日召开创立大会暨第一次股东大会，12月28日获得吴忠银保监分局同意开业的批复，于12月31日挂牌开业，全面完成改制工作。

（张永明）

石嘴山银行青铜峡支行

【概况】 截至2021年年末，石嘴山银行青铜峡支行，共募集资金38149.64万元，较年初增加5794.85万元。其中对公存款较年初增加2384.61，零售AUM较年初增加3410.25万元。储蓄存款余额24697.41万元，较年初增加

706.75万元。非保本理财余额9368.9万元，较年初增加2703.5万元。零售AUM34066.31万元，较年初增加3410.25万元，线上信用类消费贷款共授信1918户，授信余额6287.13万元。

【存款营销】 2021年，石嘴山银行青铜峡支行建立线上客户福利群10个，客户数970人，通过每天暖心提醒、金融知识普及、产品分享等方式管理线上客户，并定期开展线上金融小讲堂、团品优惠购等线上活动，提高居民防诈骗意识，普及金融知识。为庆祝中国共产党成立100周年，免费组织以爱国影视教育为主的免费观影活动，主要针对群体为企事业单位、社区、学校（培训机构）等，邀约150人。通过与眼镜店、餐饮、养生理疗、美容美发、教育培训5类7家在青铜峡有一定品牌影响力的商家开展营销合作，形成异业权益联盟。2021年组织亲子财商教育、爱心义剪活动、社区党建活动等包括汉源社区"九九重阳节，爱心义剪"及怡园社区开展"关爱老年人爱心义剪"等。

（杜小芹）

贺兰山村镇银行

【概况】 截至2021年年末，贺兰山村镇银行，负债总额64180.29万元，较年初增加10571.65万元，增幅19.72%；各项存款余额62667.01万元，较年初增加10289.84万元，完成年度计划目标的102.90%，活期存款余额5125.51万元，较年初增加128.36万元，占比8.18%。

【信贷投放】 2021年，贺兰山村镇银行资产总额70040万元，较2020年增加11431.36万元，增长19.50%；各项贷款余额52316.21万元1604户，较年初增加10007.67万元252户，增幅23.65%、18.64%，完成年度计划目标的83.40%、89.46%，涉农贷款余额43279.87万元，占比82.73%；小微企业贷款余额35323.74万元，占比67.52%。

【营业收入】 2021年，贺兰山村镇银行实现各项营业收入4709.68万元，较2020年增加1162.68万元，增幅32.78%；贷款收益3964.55万元，各项贷款加权平均利率8.27%；各项营业支出3791.95万元，较2020年增加338.07万元，增幅9.79%，职工工资695.66万元，存款成本为1914.13万元，各项存款加权平均利率3.36%，存贷利差4.91%；实现净利润860万元，拨备前利润（含财政收入696万元）1622.51万元，完成全年目标任务的218.76%。

【风险指标评估】 2021年，贺兰山村镇银行先后通过建立监管指标测算、分析和报告机制以及将风险指标细化分解至各部门考核内容，准确评估和监控全行各项业务合规审慎经营状况，有效评估风险。年末，全行资本充足率13.13%，杠杆率8.31%，单一客户贷款集中授信度8.01%，不良率0.55%，拨备覆盖率453.02%，贷款拨备率2.50%，流动性比率140.47%，涉农贷款占比82.73%，成本收入比46.05%，小微企业"两增两控"指标持续达标，县域法人金融机构考核新增当地贷款占年度新增可贷资金比例达到119.80%，村镇银行坚守定位9项指标全部达标。

（白璐）

保 险

中国人寿保险股份有限公司青铜峡支公司

【概况】 2021年,中国人寿保险股份有限公司青铜峡支公司有员工21人,内设综合管理部、客户服务管理中心、营销发展部、收展发展部、机构业务部5个职能部门。全年总保费实现1.65亿元,同比增长-5.1%;受理理赔案件3949件,总赔款1409.95万元。截至12月31日,实现首年期交1495万元,完成率82.8%,实现总保费9604万元。截至12月31日,实现总保费5012万元。完成首年期交保费261.47万元,预算完成率为100.57%。大短险完成1412万元;团短险完成597.64万元;代理财产险完成27万元;互联网短期险完成71.33万。

【运营服务】 2021年,中国人寿保险股份有限公司青铜峡支公司开展"柜面服务焕新升级常态化"活动。开通现金收费、必配老花镜、增配便民药箱、血压计、轮椅等适老化服务;推介"空中客服",提供"不出门、就见面"的远程视频服务。畅通投诉渠道,保障消费者权益。在营业大厅公布保险消费投诉电话及公司统一客服电话95519,在营业场所开辟投诉专区,张贴客户投诉办理须知,切实保障消费者权益。开展"上门服务暖心赔""快捷理赔有温度"活动,提升理赔服务品质。主动上门为客户收集理赔申请资料、协助客户通过国寿e店进行线上报案、帮助客户学会使用寿险APP等线上报案。开展"理赔直付便捷赔""小额案件高效赔""重大疾病一日赔"。严格落实当地政府应对新冠疫情决策部署及要求,客服大厅统一配置非接触人体测温一体机、口罩、医用手套等防护消毒用品,柜员每日测体温上岗,营业前对营业场所进行消毒,对临柜办理业务客户逐一进行测量体温,加强健康监测和报告。

【"防贫保"】 2021年,中国人寿保险股份有限公司青铜峡支公司开展建档立卡贫困户"防贫保"保险。全市14380位建档立卡贫困户投保了"防贫保"保险,拥有总额为7.19亿元的风险保障,增强贫困人口抵御风险能力,着力解决因意外事故、因病因灾返贫问题。

【普惠性保险推广】 2021年,中国人寿保险股份有限公司青铜峡支公司为巩固拓展脱贫攻坚成果同乡村振兴有效衔接,推出百姓保、爱妮保、长期外出务工保险、交通意外伤害保险、老年人意外伤害综合保险等业务,让更多的妇女"病有所医,医有所资",解决因外出务工时发生意外致贫、返贫风险,解决务工家庭的后顾之忧,充分发挥商业保险在维护经济发展和社会稳定大局、保障民生、促进巩固拓展脱贫攻坚成果同乡村振兴有效衔接等方面的重要作用,服务好地方经济发展,促进高质量发展。

【企业保险发展】 2021年,中国人寿保险股份有限公司青铜峡支公司发展企业工程保险、意外伤害保险、医疗保险等险种,为实体经济运行提供风险保障。帮助企业建立补充医疗,补充养老保险机制,减轻城镇职工看病就医和养老负担,减轻企业财务压力,帮助企业释放更多的资金用于实体经济发展;大力开展贷款借款人意外险业务,发挥保险增信功能,为中小微企业、涉农企业、城乡个体工商户和创业者提供增信支持,维护金融市场安全稳定。

(杨晓丽)

中国人民财产保险股份有限公司青铜峡支公司

【概况】 2021年,中国人民财产保险股份有限公司青铜峡支公司全险种保费收入11803.70万元,增量保费 785.52 万元，增速 7.13%，累计市场份额 56.13%，同比提升 5.48%；车险保费收入 4949.0 万元，增量保费 -285.09 万元，增速 -5.45%，累计市场份额 41.94%，同比提升 1.61%，业务占比 41.93%；商非保费收入 1474.49 万元，增量保费 396.44 万元，增速 36.77%，累计市场份额 52.85%，同比提升 7.56%，业务占比 12.49%。农险保费收入 5380.15 万元，增量保费 674.11 万元，增速 14.32%，累计市场份额 87.13%，同比提升 12.81%，业务占比 45.58%。2021 年全险种共计赔付 9841.97 万元，其中车险赔款 3326.63 万元，商业非车险赔款 830 万元，农险赔款 5685.34 万元。

【车辆保险】 2021 年，中国人民财产保险股份有限公司青铜峡支公司时刻关注市场动态，制订符合实际的考核方案，定期掌握市场动向，阶段性采取灵活的应对措施，做到费用精准投放。加强车商渠道建设，紧盯当地新车来源渠道。因地施策，把重点放在紧盯重点客户和团车、客车、新车业务，弥补当地二网及经销商新车销售乏力短板，提升新车业务占比。对渠道维护人员重新做了调整。根据每周送修协调会，及当地修理厂业务特点，根据定损比及时调整送修，采取"1 主 2 副"的送修模式，加强点对点精准送修；定期召开研讨会，通报存在问题，做好问题解决。

【非商业性保险业务发展】 2021 年，中国人民财产保险股份有限公司青铜峡支公司对接政府，发展民生类保险业务和商业兴新业务，针对银邮经代业务，由专人进行对接，并对各大银行进行专项培训，发展借款人意外险和商业新兴险种。多措并举发展商非分散性业务，稳定存续业务，逐单跟踪大业务续保，保证续保业务收入囊中。对辖区内企业、工业园区进行摸排后，以企财险、意外险、责任险为突破口，公司领导率先垂范，带领员工及时对接，促进商业非车险业务发展。落实项目库建设，围绕辖区企业开展需求，主动进行产品宣传，在责任类险种上取得较大成果，险类增速达到 40% 以上。强化商非队伍建设，提升全员商非销售能力，全年开展商非产品培训工作共计 30 场。

【农险市场拓展】 2021 年，中国人民财产保险股份有限公司青铜峡支公司挂农险作战地图，农险市场地图对各网点各乡镇的人口结构、土地种植面积、养殖情况进行精细过程管理，通过农险市场地图更精确地对各网点的业务做成清单并进行详细标注，随时掌握了解各网点辖内业务情况，做好业务的拓展。加强政企互动，密切市、镇、村三级党委政府部门关系，开展扫村行动，抢抓市场信息，为占领农村市场、推动政策性业务和商业性业务融合发展夯实基础。及时查勘农险现场，强化理赔服务，提升理赔质量，缩短理赔周期，强化时效管控。提升农网员工业务技能和非农业务的发展，持续推进农网建设，筑牢农村保险市场根基。强化农业保险科技赋能建设。先后投入养殖险远程理赔系统以及无人机查勘等技术工具，与外部农险科技服务商沟通接洽，进行保险新技术工具运用，持续提高农业保险服务能力和质量。做好劝导站的落地工作，加强警民联动，做好农村协保员的宣传讲解工作，扩大充实农网点的人员队伍，做好政商融合各项工作，提高农网点的各项产能；通过目前设立的 10 个劝导站，充分发挥劝导员的作用，除了协助交通事故的疏导以外，宣传倡导"一盔一戴"安全出行，大力发展电动自行车第三者保险等其他非农险种，牢固占据农村市场。加强合规经营，强化风险意识，严守底线，确保公司农险稳定发展。

（韩梦瑜）

镇·街道

编辑 ◎ 陈玲

青铜峡镇

【概况】 2021年，青铜峡镇行政区域面积613平方千米，下辖6个城镇社区（新民社区、利民社区、艾山社区、峡石社区、峡西社区和铝厂社区）、6个行政村（广武村、余桥村、沃沙村、三趟墩村和同兴村、同进村2个移民村），总人口4.43万人。镇驻地面积约18平方千米。城镇和农村居民人均年可支配收入分别达到31201元、16461元。辖区有企事业单位117个（包括青铝集团、黄河水电厂、宁夏金昱元化工集团等一批大中型企业和新材料基地的嘉琪隆冶炼、东吴农化等一批有规模的非公有制企业）。驻青铜峡部队5个。域内有青铜峡火车站，包兰铁路、古青高速、西线高速、109国道、201省道等道路纵横交错、交通便利，是青铜峡市的老工业基地和全域旅游发展核心区。

【项目建设】 2021年，青铜峡镇坚持"三产"融合发展，着力推动产业高质量发展，夯实经济增长基础。紧紧围绕"两大任务"总体要求，实现招商引资1.1亿元，争取项目资金1124.35万元，为全镇经济持续向好提供不竭动力。青铜峡镇以"多规合一"为引领，因村制宜、突出特色，编制同兴村、同进村村庄规划。争取项目资金356万元，全年实施"一村一年一事"建设项目6个，实施余桥村绿化项目、沃沙村庄点巷道硬化项目、广武村地面硬化项目及三趟墩村庄点巷道硬化项目，农村基础设施建设得到提升。实施基本公共文化服务免费项目，开展各类文化艺术基础辅导培训，培育扶持乡土艺术人才和群众性文化组织，完成"文化惠民"下乡演出8场次。

【现代农业】 2021年，青铜峡镇农作物播种面积33669.57亩，粮食产量1125万公斤，优质粮食种植3.3万亩，经济作物种植2100亩，酿酒葡萄8030亩，新增经果林5020亩，完成原粮收购小麦77吨。新建标准化规模养殖园区（场）4个，年底全镇奶牛存栏3.15万头，肉牛饲养量1.25万头，生猪饲养量1.15万头，羊只饲养量4.1万只，家禽饲养量26万羽。

【文旅产业】 2021年，青铜峡镇挖掘乡村旅游资源，投入资金800余万元，实施余桥村文旅融合项目，依托高质量宜居村庄建设项目，打造集"古渠漫步、农业观光、特色民俗、农耕文化、文创产品"于一体的"秦渠第一村"乡村旅游体验区，带动周边村民就业100余人，增加村集体经济收入10万元以上，成为青铜峡镇乡村旅游、群众增收致富新的增长点。

【疫情防控】 2021年，青铜峡镇把疫情防控作为最重要的政治任务来抓，成立疫情防控工作领导小组及五个工作专班，制订应对新冠肺炎疫情应急预案，按照"外防输入、内防扩散"的要求，落实落细"四包一"工作机制，创新防控工作方法，运用"三色动态管理法"，推出"青镇一家人"智能操作平台，运用智能信息化助力疫情防控高效便捷。做好全员接种疫苗工作，完成接种两剂次新冠灭活疫苗56412人次，疫苗接种任务完成率106.2%。自10月20日青铜峡市发生输入性病例以后，青铜峡镇疫情防控指挥部，招募志愿者350余人，对余桥村、铝厂社区8个单元楼采取封控措施，设置卡点19个，安排专人值班。有序完成三轮全员核酸检测，第一轮核酸检测30448人，第二轮核酸检测30787人，第三轮核酸检测30994人，三轮核酸检测均为阴性。

【人居环境优化】 2021年，青铜峡镇深入开展农村人居环境整治，打造同兴村、同进村人居环境整治示范点，投工投劳13831人次，清理残垣断壁797处，整治巷道4066条，打扫庭院9499座，清渣74159.3立方米，改造房屋12户，拆除土坯房15户，整治隐患窨井盖226个。

【生态环境保护】 2021年，青铜峡镇成立工作小组，制订生态环境督查反馈意见整改方案，整改完成各类生态环境保护案件7个。开展自查自纠，制定环境保护问题清单，共排查水、大气和土壤等污染问题73项，整改43项。全面落实巡河任务，持续开展"清河专项行动"，对16条主要河道建立信息档案。严厉打击秸秆焚烧、偷牧现象，共办理案件44起。加大植树造林力度，共栽植各类苗木12.3万株，全镇森林覆盖率达到27.5%。

【脱贫攻坚成果巩固】 2021年，青铜峡镇严格落实"四个不摘"要求，常态化开展"四查四补"工作，共排查基础设施、民生保障等问题44个，整改完成32个。加大"三类"人群监测帮扶力度，对全镇15户监测户实施"一户一策"，确定镇、村级帮扶责任人，制订帮扶措施，把精准帮扶政策落实到位。

【卫生健康】 2021年，青铜峡镇举办生育健康及慢性病知识专业培训50余场次，发放宣传材料1万余份，引导广大群众树立科学健康观念。全镇人口自然增长率0.98‰，政策出生符合率为92.6%，对146对夫妇实施孕前优生检测。

【民生保障】 2021年，青铜峡镇完善民政对象全员普查、新增入户、调增核实、停发及时、提标扩面、一户一档的工作机制，累计发放低保金1220万余元、高龄津贴65万余元、残疾人两项补贴130万余元、临时救助52万余元。开展春季专场招聘会1场，安置公益性岗位22人，申请创业担保贷款商户32家，发放创业贷款315万元。新增创业实体90家，创造新岗位245个，带动就业238人。

【综合治理】 2021年，青铜峡镇坚持完善基层治理体系，创新"一一六八十"社会治理模式，普及推广网格积分制管理模式，创建余桥村市域社会治理示范点，在各村(社区)配备村(社区)网格长12人，网格员111人，建设余桥村一体化监控信息平台。全面开展安全生产专项整治三年行动，摸排发现安全生产隐患20处，督促整改18处，全年未发生安全生产事故。开展扫黑除恶斗争常态化宣传，加强《宪法》《刑法》等法律知识宣传，共张贴海报24张、发放调查问卷228份，整治火车站煤场乱点乱象问题1处。对全镇416名涉毒人员实行分级分类管控，扎实做好安置帮教工作，对38名病残吸毒人员制定帮扶救助措施，并对5名吸毒人员进行慰问。着力抓好矛盾纠纷排查化解工作，全年共排查化解矛盾纠纷81起。

【法治政府建设】 2021年，青铜峡镇召开法治政府建设工作会议3次，党委专题会议研究法治政府建设工作3次，确保法治政府建设工作落实落地。将依法行政工作落实到完善学法制度、重大事项民主决策、强化规范性文件管理、推行政务公开等法治建设各方面，完善政府法律顾问和"一村（社区）一法律顾问"制度，开展政法队伍教育整顿工作，张贴公告82张，发放《致群众一封信》1万多份，填写满意度调查问卷400多份，确保决策程序、行政执法行为依法规范。

【基层党建】 2021年，青铜峡镇党委按照"两低一高"班子配备要求，选优配强党支部书记，把会管理、懂经济的优秀人才选进"两委"班子。开展星级评定工作，4个党支部被评为四星级党组织，8个党支部被评为三星级党组织。培育选树"六个先锋"示范户90户，"两个带头人"78人。严格落实"三会一课"等制度，组织召开党史学习教育专题组织生活会，深入开展党史学习教育"60+"活动，全心全意为民办实事，实施老旧小区改造项目等8个项目改造，惠及居民群众2558户，水利确权工作完成率达到75%，土地确权签字户数达75%。

【第十三次党员代表大会】 2021年7月29日，中国共产党青铜峡镇第十三次党员代表大会召开。大会听取审议上届党委、纪委工作报告，确定出席中国共产党青铜峡市第十三次代表大会代表候选人名单。大会选举产生中国共产党青铜峡市青铜峡镇第十三届委员会委员9人，分别为王浩、叶国威、陈飞、虎彬彬、赵忠宏、施静、唐晓亮、海军、魏巍；青铜峡镇纪律检查委员会委员5人，分别为王学武、杨晓荣、何金梅、施静、雷燕。选举王浩为党委书记，海军、叶国威为党委副书记，施静为纪委书记。

【第五届人民代表大会第一次会议】 2021年9月8日，青铜峡镇召开青铜峡镇第五届人民代表大会第一次会议。大会应到代表72名，实到代表70名。大会听取并审议镇人民政府镇长候选人海军做政府工作报告，镇人大主席候选人赵忠宏做人大主席团工作报告。依法选举产生青铜峡镇第五届人民代表大会主席赵忠宏；镇人民政府镇长海军，副镇长3名，分别为张伏元、魏巍、虎彬彬。

（彭　荔）

小坝镇

【概况】 小坝镇位于青铜峡市中东部，是以优质粮食、农作物制种、鲜食葡萄、食用菌及蔬菜种植、设施农业作为支柱产业的农业镇。2021年，小坝镇行政区域面积4597公顷，辖9个行政村（林皋村、小坝村、张岗村、先锋村、新林村、永丰村、红星村、林东村和南庄村），57个村民小组，户籍人口7644户22925人，常住人口3857户9903人，农村居民人均可支配收入达到19535元，较2020年增长13.2%。

【项目建设】 2021年，小坝镇共有项目建设4个，分别为先锋村蔬菜种植加工保鲜冷链建设项目，投资990万元，搭建棚架1080平方米，建设办公用房120平方米，库房70平方米，硬化场地1800平方米；宁夏嘉谷茂源农业科技有限公司小坝镇林皋村食用菌生态产业项目，投资1290万元，安装菌菇生产机械设备，砌筑围墙120平方米，搭建设施温棚10栋；这两个项目2021年3月10日开工，截至年底已全部完工。小坝镇先锋村乡村振兴特色产业示范点项目，投资590万元，新建日光温棚5座4800平方米、混凝土路9400平方米、沥青混凝土路4972平方米，面包砖铺装5228.4平方米、草坪砖铺装800平方米，沟道砌护400米，防腐木围栏4635米，钢走廊除锈及刷漆1800平方米等；小坝镇先锋村人居环境提升改造项目，投资210万元，主要做屋面防水工程、砌体工程。这两个项目截至年底各完成40%。

【现代农业】 2021年，小坝镇实施优质粮食工程，全镇完成粮食播种面积40243亩，其中水稻3945亩、小麦968亩、玉米15290亩；在永丰村、红星村等6个村种植制种玉米20040亩。落实原粮储备基地建设任务，小麦原粮储备基地建设任务为300亩，种植主体申报面积为528亩，完成建设任务的176%。水稻原粮储备基地建设任务为2000亩，种植主体申报面积为2010亩。全镇肉牛饲养量6918头，生猪饲养量5224头，羊饲养量8147只、家禽饲养量23473羽。

【特色产业】 2021年，小坝镇坚持把发展特色产业作为建设现代农业的重要突破口，在先锋村围绕大青葡萄开展乡村振兴试点项目，突出"党建引领、支部先行、群众参与、项目支撑、品牌提速、文旅融合"，按照"环境美、田园美、村庄美、庭院美"的标准，构建"一带、三组、四圈"发展新格局(绿色道路景观带；东部文化主题组团、南部乡愁体验组团、集聚提升园组团；西部诗画田圈、特色瓜果圈、生态养殖圈、绿色大地圈)，编制"多规合一"适应性村庄规划，投入资金1000万余元，主要依托先锋村大青葡萄基地、村庄、巷道和农户，建设完善绿色食品、特色风景、红色文化、民宿体验、幼儿教育、基础设施等生产及功能服务，加快先锋村一二三产业融合发展，促进农民增收。已完成部分特色村居、特色葡萄藤条围栏、巷道美化亮化、金山集邮博物馆、七彩葡萄长廊、科普长廊、体验型民宿、乡间花径、休闲采摘、"网红"打卡地等项目建设。先锋村葡萄种植面积达4100亩，80%种植户使用遮虫网、遮雨布，大青葡萄品质及抵抗自然灾害能力明显提高。重点加快推进农副产品展销体验中心、幼教研学基地、特色民宿、农家乐、高标准日光温室采摘园、农副产品交易中心、大青葡萄溯源科技馆等项目建设，发展错季产业，延长旅游周期，实现产区变景区，田园变公园，庭院变花园，庄园变游园，全力打造集"农家采摘、葡园观光、科普教育、休闲娱乐"等服务为一体的"大青葡萄第一村"。

【生态环境保护】 2021年，小坝镇全面加强对违规废品收购、路面扬尘和秸秆焚烧的监管，减少空气污染。争取一事一议项目，硬化路面减少扬尘。增强木材加工人员及汽修人员环保意识和责任意识，督促商户安装扬尘防治设施。对蔬菜种植基地农家肥运输、装卸、堆存问题进行定期不定期检查，要求运输、贮存必须全遮盖，装卸过程及时洒水降尘。强化种植养殖户环保意识，加大农业技术培训力度和覆盖面，进一步控制农业面源污染。落实秸秆禁烧及禁牧封育四级网格体系及巡查制度，制定秸秆禁烧及禁牧封育考核管理办法，镇域范围内全天24小时无缝隙实行动态巡查，处理焚烧点火事件3起，罚款2000元，下发工作不力整改通报五期。签订河湖沟道目标管理责任书，制订《小坝镇美丽河湖行动实施方案》。变更完善全镇河湖名录信息，落实全镇河湖"一河一策"河湖治理要求，各村分段管护、责任到人、定期巡查管护。与镇执法办、康洁公司三方联动管护全镇河湖，及时制止并处理往河湖沟道倾倒垃圾现象，确保水源水质。全镇累计动用机械2948台次、人工53177人次,清理村内沟渠池塘1334条,拆除废弃房屋279户,清理残垣断壁494处,清理乱堆乱放、私搭乱建2687处。春季新造林及补植补造经果林及各种风景树76290多株。

【民生保障】 2021年,小坝镇开展农村低保专项治理工作,清理各类不符合政策的城乡低保户9户9人,追缴领取不符合政策规定的城乡低保金、特困供养费和高龄补贴资金2.86万元。实施社会救助政策兜底脱贫成果"回头看",排查困难家庭329余户,新办理城乡低保38户43人。发放城市低保户生活保障金115万余元,农村低保金450万余元。办理临时救助52户10.03万元,殡葬救助3户4950元。发放优抚对象生活补贴24万元。办理新增高龄12人,分散特困供养人员集中供养5人,办理享受困境儿童政策15人。关注民生服务,受理各类事项2932件,其中政务云平台办理2320件,专网办理367件,APP等其他方式办理245件,正常办结率100%;依托"12345"便民服务热线,受理群众反映问题60件,办结55件。落实耕地地力保护补贴4912户,落实补贴面积4.41万亩,补贴金额348.19万元。城乡居民医疗保险全镇应缴费21000人,实际缴费20753人,缴费比率98.82%。开展城乡居民养老保险工作,上报办理60岁领取养老金待遇66人,城乡居民死亡待遇支付及个人账户一次性支付72人,死亡停发110人,认证申请补发33人,对各村领取待遇人员资格认证980人。办理失地农民养老保险,涉及小坝村、张岗村、南庄村、红星村共1407人,发放补贴资金537.35万元。落实铁杆庄稼保惠民政策,下达任务2640人,参保人数2764人,完成任务的105%。全镇累计输出劳务人员2632人,有组织输出532人,自发输出2100人。新培育小企业71家,创业典型5人;办理创业贷款58人,金额700万元;创业新增岗位150人,办理4050创业就业人员登记314人。举办技能培训班4期,培训人员166人,其中育婴班1期50人,挖掘机技能培训班2期60人,创业培训班1期56人。打卡发放2020年铁杆庄稼保政府补贴资金1156人5.2万元。

【文化产业】 2021年,小坝镇提升打造了红星村、张岗村美丽乡村大舞台以及村文化阵地。在南庄村、林皋村进行文化下乡演出活动2场次。结合"我们的节日",组织开展"春节新春送福进农家""迎三八学党史颂党恩跟党走""端午送温暖"等主题活动。结合党史学习教育,精心挑选100部红色影片,开展"观百年红色光影 学百年恢弘党史"红色电影巡回展映活动26场次,在新林电影放映队推行《平"语"近人——习近平总书记用典》《党史学习教育》宣传短片首页刊播放映制度,形成线上线下宣传宣讲格局。

【脱贫攻坚成果巩固】 2021年,小坝镇党委成立巩固拓展脱贫攻坚工作领导小组,常态化开展"四查四补"工作,印发《小坝镇持续做好农村低收入人群常态化监测预警和帮扶工作实施方案》《关于开展防止返贫动态监测和帮扶大排查工作方案》《关于实现巩固拓展脱贫攻坚成果同乡村振兴有效衔接实施方案》《贯彻落实〈自治区关于建立巩固拓展脱贫攻坚成果有效衔接乡村振兴"四查四补"常态化机制的意见〉重点任务分工方案》《关于开展巩固拓展脱贫攻坚成果大排查工作方案》,确保责任到人,全力推动巩固脱贫攻坚成果工作。建立防止返贫监测机制,各村每月定期召开建立防止返贫动态预警监测会议,对照农村低收入人群识别标准,围绕义务教育、基本医疗、住房安全、饮水安全、人均收入以及是否家庭发生重大变故或者重大事故影响生活等进行走访排查,6月,集中组织大排查,摸排农户4620户

13661人，通过农户自主申报、村民代表会议评议、基层干部排查、镇人民政府审核，上报市乡村振兴局，识别胡新顺、邓学军2户（6人）为监测对象。10月，重点排查失业人员13户、大病重病户和负担较重的慢性病者459户、重度残疾人206户、失能老年人40户、困境儿童等特殊群体的家庭8户；户籍、生活没与子女在一起的老年家庭115户。拟识别张立萍、王兰芳、邹学琴、包红卫4户为监测对象。完成四类人员房屋改造建房任务43户、抗震宜居建房任务38户、土坯房拆除91户。医保参保率100%，无辍学儿童。

【疫情防控】 2021年，"10·20"疫情传播以后，小坝镇聚焦基层党组织这个核心，安排包村领导、村书记（主任）、驻村第一书记、包村组长始终站在疫情防控第一线，有力调配人员和物资。组织慰问活动20余次，发放防控、生活物资价值5万余元。坚持线上与线下相结合，通过线上新媒体与线下传统方式"双线并进"，加强正面舆论引导，做好健康知识普及，宣传发生在身边的先进人物和典型事迹，持续释放"正能量"。全镇共挖掘报道先进典型事迹10余篇，动态信息20余篇，张贴发放"疫情防控九个记牢"海报400余份，公告倡议书2万余份，悬挂横幅130余条，设置LED电子屏10块，各类公示牌10余块。建立全天候值守制和片区包干制，共设卡点24个，组织110余名党员志愿者、141名镇村党员干部及120余名群众分布在辖区内9个村的主干道路和疫情防控点上扎实开展工作，筑牢疫情防控"隔离带"。

【法治政府建设】 2021年，小坝镇制定重大事项决策程序和重大事项风险评估工作制度，梳理出重大行政决策事项3类5项。建立健全突发事件应急机制、综治领导责任机制、行政过错责任追究制度、党风廉政建设责任机制等。将法律顾问审核列入行政重大决策程序，明确镇村两级聘用法律顾问参与重大事项的决策审核，镇村两级共聘用律师10人次。按照行政规范性文件"三统一"管理规定，对10年以来的所有文件进行清理，共清理出规范性文件2起，均已废止。健全行政规范性文件备案监督制度，出台重要的规范性文件须履行评估论证、征求公众意见、合法性审查、集体审议和公开发布等程序。健全行政规范性文件动态清理工作机制，确定每年6月、12月底对行政规范性文件进行清理。严格落实行政执法公示、执法全过程记录、重大执法决定法制审核"三项制度"，加强执法信息公示。

【党史学习教育】 2021年，小坝镇印发《小坝镇关于开展党史学习教育的实施方案》，组织党史学习教育"读书班"，重点学习《论中国共产党历史》《中国共产党简史》等内容。深入挖掘红色资源，打造党史学习教育基地。在金山集邮文化博物馆举办"邮票里的党史"庆祝中国共产党成立100周年红色集邮展，已累计开展"观邮展听党史"主题活动238场次，接待23000余人次。依托全国基层电影放映先进集体小坝镇新林电影放映队，精心选择100部经典红色影片，开展红色电影巡回展映活动。全镇共累计开展红色电影巡回展映26场次，开展读书班50场次，集中专题培训10次，红色现场体验教学12场次，观看红色党史影片44场次，举办主题党日活动13场，应知应会测试10场、红歌大赛3场、演讲比赛1场、红色经典诵读1次、党史知识竞赛1次，讲党课12次。

【基层党建】 2021年，小坝镇健全村书记备案管理档案，7个行政村村书记落实"一肩三挑"。采取"镇带村、老带新、强带弱"方式，对确定的张岗村、南庄村、新林村、先锋村、林东村、红星村6个帮带对象按照"六个一"的要求，扎实开展"导师帮带制"，着力提升新任党组织书记能力素质。各村共有致富带头人159人、村级后备力量43人、网格党小组67个、党员中心户17户。建立党员联系服务群众机制，每名党员联系10—15户群众，镇党委班子成员按照包村工作，包抓联系9户党员群众。制订后进村整改方案、细化措施，切实抓好张岗村整改工作。

【第四次党员代表大会】 2021年7月29日，中国共产党小坝镇第四次党员代表大会召开。会议听取党委、纪委工作报告，确定出席市第十三次党代会代表候选人名单。大会选举产生中国共产党小坝镇第四届委员会委员9人，分别为杨建光、李刚、马存福、牛萧云、纳晓东、沈涛、李庭鹏、赵圣、李克刚；小坝镇纪律检查委员会委员5人，分别为王颖、沙立锋、纳晓东、武莉锋、黄明。选举杨建光为党委书记，李刚、牛萧云为党委副书记，纳晓东为纪委书记。

【第五届人民代表大会】 2021年9月8日，小坝镇召开第五届人民代表大会第一次会议。大会应到代表61人，实到代表61人。大会听取并审议李刚代表镇人民政府作政府工作报告，马存福代表镇人大做工作报告。大会选举产生小坝镇人民代表大会主席马存福，小坝镇人民政府镇长李刚，副镇长3名，分别为李庭鹏、赵圣、张媛媛。

【村"两委"换届】 2021年，小坝镇完成村"两委"换届工作，原村书记大专及以上学历的5人，班子成员中大专及以上学历为14人，新选出的村书记人选中大专及以上学历的6人，班子成员中大专及以上学历的18人，同比学历提升29%；原村党组织人员平均年龄为48.9岁，现班子成员平均年龄为41.6岁，比原来下降7.3岁，年龄降低15%；原正职平均年龄在54.2岁，现正职年龄为46.6岁，比原来下降7.6岁，平均年龄降低14%；原9名村支部书记均为男性，现选举产生1名女性村支部书记。现选出村党组织班子成员中有致富带头人11人，退伍军人4人，本乡本土大学生1人，机关下派人员1人。

（郭 瑞）

瞿靖镇

【概况】 瞿靖镇位于青铜峡市西北部，是以优质粮食、农作物制种、蔬菜种植、设施农业为支柱产业的农业大镇。2021年，行政区域面积104.22平方千米，辖14个行政村（蒯桥村、时坊村、毛桥村、友好村、友谊村、瞿靖村、尚桥村、蒋西村、蒋顶村、新民村、银光村、光辉村、玉南村和朝阳村），1个社区（瞿靖社区），户籍人口12337户3.49万人，常住人口5815户1.46万人。农村居民人均可支配收入达到18983元，较2020年增长11%，移民人均可支配收入达到15597元，较2020年增长23%，优于全市平均水平。

【项目建设】 2021年，瞿靖镇投资680万元，实施高效设施农业产业园改造项目，其中改造提升"十三五"易地搬迁设施产业园温棚53栋，新建高标准日光温棚32栋。整合12个村，壮大村集体经济资金660万元，在光辉村新建占地20余亩，建筑面积4200平方米1600吨大型连体仓贮冷库包装车间，有效解决全镇2万余吨的瓜果、露地蔬菜等农产品的分拣、包装、冷贮和销售需求，提高农产品的附加值20%左右。在光辉村投资120万元建设8栋高标准蔬菜育苗大棚,每年可为周边各村提供3万亩—6万亩的各类蔬菜种苗。实施朝阳村千亩麒麟西瓜种植基地建设项目,建设移动温棚2600栋1206亩。完成3.54万亩农田水利基本建设任务,实施银光村、蒋西村高效节水建设0.41万亩和治理面积0.53万亩的高标准农田建设项目工程。复整提高蒋顶村、新民村高标准农田建设高效节水灌溉喷灌项目,复整面积0.6万亩。复整提高西大路两侧的朝阳村、玉南村、光辉村治理片区,复整面积2.0万亩。2021年新增村壮大集体经济项目3个,争取资金380万元,全镇共有发展壮大集体经济项目12个。预计全镇村集体经济收入由2020年的345万元增加到430万元,农民人均收入由17102元增加到18500元以上。

【现代农业】 2021年,瞿靖镇加快调整农业结构,流转土地面积达6.02万亩,粮食作物播种面积7.16万亩。落实日光温棚、大小拱棚设施农业6405亩,新增2100亩玉米制种"五化"基地1个,新建1000亩以上集中连片蔬菜生产基地2个、200亩集中连片设施蔬菜基地3个,建成千亩集中连片水稻基地1个,新建设施温棚32栋、高标准蔬菜育苗大棚8栋,改造提升水肥一体化设施温棚53栋。规模种养经营大户不断增加,支持各村发展特色产业,实施银光、友谊、时坊、光辉4个村壮大村集体经济项目,落实蔬菜制种、蔬菜育苗,做优做特蔬菜产业。以蒯桥村玉米制种、瞿靖村设施温棚、毛桥村果蔬冷链物流集配中心、蒋顶村扶贫产业园高标准日光温棚、尚桥村羊肚菌栽培种植、友好村粮食制种等特色产业为基础,"一村一品"产业格局初步形成。

【人居环境优化】 2021年,瞿靖镇创新推行"1132"模式(即织密"一张网络",建立"一套机制",强化"三项措施",做好"两个结合"),全面推进人居环境整治常态化,拆除土坯房281户,整治农户庭院5500余户、房前屋后乱堆乱放1520余处,危房维修加固558户。投资112.9万元实施"一村一年一事"项目14个。开展人居环境"笑脸积分制"管理及"美丽庭院"评选,每月进行积分考核。摸排2013年以来改造的6078户卫生厕所,发现问题厕所810户,11月底前完成全部整改工作。投资1233.77万元完成蒯桥村、光辉村、新民村、时坊村、毛桥村、友好村、友谊村7个农村人居环境整治示范村建设。春季投资325万元,对14个村212个庄点94条巷道(长度为13180米)实施绿化,共计绿化面积为338亩,栽植苗木59615株,其中小杂果(桃、李子、杏子、梨)25873株,红宝石海棠6473株,栽植四季玫瑰、丁香、侧柏等花灌木27269株;秋季对陈渠路、邵蒋路、永涵沟朝阳段等路段进行补植,补植造林176亩,栽植新疆杨等苗木4220株,修枝抚育涂红刷白树木2061亩。

【脱贫攻坚成果巩固】 2021年,瞿靖镇严格落实"四个不摘"要求,从收入、住房、饮水、医疗保险、教育等方面开展防止返贫动态监测和帮扶大排查工作,排查重点对象4315户8213人(其中:建档立卡贫困户55户303人,低保户1437户1600人),排查出边缘易致贫户10户30人,脱贫不稳定户1户6人,均建立一户一档,制定帮扶措施全面落实帮扶政策。组织召开面点、烹饪等技能培训班7场次,受益300余人。就近务工人员达到40余人,外出务工移民共有143人,从事公益性岗位11人。实现义务教育阶段适龄儿童零失学、零辍学,为中职高职在校学生发放补贴资金11人16500元。完成128户家庭医生签约,55户移民享受健康扶贫"一站式"结算,"扶贫保"实现移民全覆盖。

【乡村振兴示范村打造】 2021

年，瞿靖镇毛桥村新建交通驿站一处，驿站商贸房部分出租，部分合作社经营餐饮，增加收入6.8万元。实施乡村旅游及民宿项目，对公园及农户周边环境进行美化、亮化，建成农家乐餐厅5间，改建特色民宿四户，安装空气热能泵6台，完成供热燃煤替代工程5户520平方米。建成2120平方米文化广场一处，完成广场围栏、绿化和烧烤庭廊其他辅助设施建设。

【民生保障】 2021年，瞿靖镇全面落实政策兜底救助，发放临时救助资金85.13万元、春节慰问金4.55万元。高龄津贴374人121.6万元。农村低保1497户1683人，新增167户192人，调增24人，累计发放533.6万元。城市低保34户41人，新增2户2人，累计发放19.8万元。特困人员73人，新增1人，累计发放50.9万元。城乡居民养老保险参保22507人，申请办理"4050"社保补贴392人。为501名重度残疾人申报发放重度残疾人居家月护理补贴共计6.01万元，为603名二级以上重度残疾人月发放生活补贴6.63万元。投资10万元建设残疾人康复站2个，扶持残疾人自主创业基地3个，共补助资金4.8万元。举办中式面点、中西式烹饪等培训班7期，医保培训班14次，取得资格证176人，受益1880人次以上。

【疫情防控】 2021年，瞿靖镇扎实开展疫情防控，成立党委书记任组长的防疫指挥部，下设7个工作组，针对区内外疫情形势，全面摸排中高风险地区来青返青人员，实施分级分类管控措施，完成三轮全员核酸检测，累计检测51009人次；有序组织完成疫苗接种14922人28366剂次。

【综合治理】 2021年，瞿靖镇不断探索优化信访工作机制，按照"三色"预警管理办法，实行一人一专班，全力稳控重点人员，11名重点信访人员全部落实包保责任，未发生越级上访事件。开展矛盾纠纷风险隐患排查化解，受理群众来访48批次107人，排查邻里纠纷、土地纠纷、物权纠纷等矛盾纠纷109起，化解103起，调处化解率达94.5%。落实安全生产责任，与14个村签订消防安全目标责任书，和32家企业签订安全生产目标任务书。联合驻镇执法单位检查生产经营企业29家，下达责令整改通知书2份。加大外销蔬菜基地、工业危化企业等领域专项整治力度，现场整改风险隐患问题25个，确保安全生产形势持续稳定。推行全域网格积分管理制度，15个村（社区）全面运行"善行银行+积分制"模式。不断深化"平安瞿靖"建设。纵深推进扫黑除恶斗争常态化工作有效开展，依托网格员队伍，对全镇157名精神病人、64名刑满释放人员、192名吸毒人员进行定时走访，掌握最新思想动态、社会关系等情况，落实监督管控"双保险"。

【基层党建】 2021年，瞿靖镇持续抓好党员队伍建设，发展党员12人，培养农村致富带头人213人，村党组织后备力量人才84人。在全市率先创新并推行党员联户"345+"机制（制定党员联户"联系清单""权责清单""考评清单"三张清单，将联户分为绿、黄、橙、红四色等级，建立"五权五责"权责统一机制，推行"党员联户+善行银行"），成立网格党小组58个，确定党员联系户304户。深化"一抓两整"（农村党建抓乡促村、整乡推进、整县提升示范县乡创建行动）、"两个带头人"（农村党组织带头人和致富带头人），创建党建工作示范村10个，高标准打造新时代文明实践所（站），实现15个村（社区）全覆盖。持续开展"我为群众办实事"实践活动，解决群众急难愁盼实事111件。开展"六个先锋"示范引领行动，评选先锋示范户398户。完成"十个一"党史学习教育系列活动，组织党员干部参与党史知识测试、观看历史影片、举办红色经典诵读比赛等多种形式开展党史教育活动，不断提升学习成效。积极争取资金，对银光村、玉南村、朝阳村卫生室门前道路进行维修改造，开展"关爱中老年人的视力健康"眼部筛查义诊活动，着力解决群众面临的揪心事、烦心事、操心事。

【党风廉政建设】 2021年，瞿靖镇严格落实党风廉政建设主体责任，对干部提醒谈话10人，1名干部在镇村干部大会做出深刻检讨。严格审查15个村（社区）"两委"人选资格。积极配合市委巡察，对巡察反馈的问题，逐条逐项明确责任，制定整改措施，筑牢拒腐防变思想基础。整合村农家书屋、党员活动室等现有资源，在新民村小游园广场、毛桥村、瞿靖村等墙面绘制乡风文明、移风易俗等宣传墙，在友谊村广场打造长20米的"新时代文明实践长廊"，进一步加大宣传的范围，营造浓厚的宣传氛围。充分利用"蒲公英"理论宣讲队，开展各种理论宣讲120余场次，志愿服务50余场次。开展"板凳会""庭院会"等特色宣讲230场次，受众达6500人次。建设完成全民健身中心，"两馆两中心"名片初步形成，2021年党史教育中心、家风家训馆、农耕文化中心共接待参观180余场次，7800余人。"蒲公英"理论宣讲队被评为吴忠市优秀宣讲品牌。党史教育中心被命名吴忠市爱国主义教育基地。

【第十五次党员代表大会】 2021年7月29日，中国共产党瞿靖镇第十五次代表大会召开。大会应到代表127名，实到代表125名。会议听取和审查中共瞿靖镇第十四届委员会工作报告（草案）和中共瞿靖镇纪律检查委员会工作报告（草案），选举产生中共青铜峡市瞿靖镇第十五届委员会委员9人，分别是丁静、王奇凡、刘强、李金川、杨轲、何少宁、聂少军、贾平、潘文科；纪律检查委员会委员5人，分别是王文华、王晓蓉、张建忠、赵岳、贾平。选举聂少军为党委书记，李金川、潘文科为副书记，贾平为纪委书记。

【第五届人民代表大会第一次会议】 2021年9月8日，瞿靖镇第五届人民代表大会第一次会议召开，应到代表68名，实到代表66名。大会听取并审议通过《瞿靖镇人民政府工作报告》《瞿靖镇人大主席团工作报告》《瞿靖镇第四届人民代表大会第六次会议代表意见建议办理情况报告》，李金川代表镇人民政府做了工作报告。会议期间代表们从瞿靖镇的产业发展、人居环境、乡村振兴等群众关心的热点问题提出了宝贵的意见建议。大会选举王奇凡为瞿靖镇人大主席，李金川为人民政府镇长，何少宁、刘强、张耘为副镇长。

（杨雨萌）

大坝镇

【概况】 2021年，大坝镇行政区域面积209.7平方千米，辖区共有15个行政村（大坝村、利民村、蒋东村、蒋南村、沙庙村、中庄村、中滩村、王老滩村、陈俊村、上滩村、滑石沟村、三棵树村、立新村、新桥村和韦桥村）和一个社区（电厂社区），87个村民小组，户籍人口11543户34063人，常住人口6985户16231人，农村居民人均可支配收入达19620元，较2020年增长13.9%。

【项目建设】 2021年，大坝镇实施项目建设4个。韦桥村无集中供热区域煤改电（清洁取暖）试点农房节能改造项目，总投资955万元，改造农房255户，主要增设农房外墙面保温及涂料粉刷，公共区域外墙贴面砖,更换部分农房门窗等;韦桥村无集中供热区域煤改电(清洁取暖)试点示范项目,总投资722万元,对清洁取暖试点区域260户农房进行供暖改造,安装"太阳能光热+空气源热泵"采暖设施,含太空能绿色恒热炉260台及室内散热器,配套建设电力增容、管线敷设等;蒋东村现代设施农业基地设施改造项目,总投资351万元,改造原夯土墙体温室33座、钢架日光温室30座,硬化混凝土巷道5120平方米,生产道路硬化1000平方米,铺设园区生产砂石路14400平方米等;蒋东村6组、8组人居环境改造提升项目,总投资160万元,入户道路硬化987平方米,花园围栏1462米,新建围墙195米,改造围墙625米,新建人行道417米,渠边硬化铺装390平方米,新建停车场434平方米,新建采摘道1081平方米等。

【现代农业】 2021年,大坝镇农作物种植面积9.3万亩,其中小麦2000亩、水稻6000亩、玉米5.7万亩、粮食及蔬菜制种1.8万亩、瓜菜1万亩。围绕"制种大镇""种业强镇",打造万上路优质粮食、瓜菜,永庆路设施农业,大青路特色养殖,109沿线制种,乡村旅游"六大"产业带。深入推进"龙头企业+基地+合作社+品牌+农户"模式,建成中滩、上滩、王老滩、中庄2个千亩富硒水稻示范方和韦桥水稻绿色育种园,培育乐宝农蔬菜、贝芮安蔬菜制种、新四通农业综合服务中心等特色品牌企业,注册蒋东"巨宝棚"果蔬、中滩"久禾谷香"水稻、沙庙"玉米情"鲜食玉米等商标,对标全区8个区域公用品牌,打造农业全产业链,把产业链主体留在镇域,让农民在全产业链推进中分享不同环节的收益。做强万上路沿线瓜菜种植产业带,形成中滩、上滩、中庄村万亩连片瓜菜种植基地;做优永庆路沿线设施农业产业带,发展蒋东、沙庙、大坝村日光温室产业,打造蒋东村全区永久性日光温室基地,成为青铜峡市日光温室科技示范点,全镇日光温室达到970栋。做大109沿线制种产业带,形成以大坝村、沙庙村、利民村为中心的万亩玉米制种基地、千亩玉米"五化"基地和百亩蔬菜制种园区;做实大青路沿线畜牧养殖产业带,以大青路为核心的肉牛养殖企业扩产增量,现有百万规模养殖场17家,其中奶牛3家,肉牛4家,肉羊3家,生猪7家,畜禽养殖大户164个,推进榆树湾生猪养殖基地项目扩建,补齐拉长"配种、育肥、屠宰、销售、研究"的生猪全产业链条。全镇生猪饲养量达6.1万头,肉牛6259头,奶牛5200头。

【村集体经济发展】 2021年,大坝镇推行"支部+产业基地+合作社+农户"致富模式,拓宽农民增收渠道,壮大村集体经济。建设葡萄、油桃、毛桃和瓜果蔬菜采摘大棚26栋,鼓励种植大户发展观光农业,建成1500亩高效休闲农业示范园、300亩向阳花创意农业展示园和200亩桃园驿站采摘园。仅大棚采摘一季收入161万元(其中,17栋大棚葡萄每棚平均收入7万元,3栋大棚油桃毛桃平均收入4万元,6栋瓜菜大棚每棚收入3万元)。成立村级旅游合作社,盘活土地、人才、资金等资源,组建刺绣编织团队1个,引进农家乐2家,建设民宿6家,电商超市1家。新建成的农家乐、民宿就吸引本地及周边兄弟县市参观游客达3000余人,实现销售收入19.25万元。全年可带动村民就业100余人,增加村集体经济收入10万元以上。

【文旅融合】 2021年,大坝镇依托引黄古灌区世界灌溉工程遗产,投入资金重点实施韦桥人居环境整治和乡村旅游示范村提升工程,全力打造"都市后花园",奏响"九渠之首世界殊"的乐章,重点围绕"一心四区"打造汉唐古渠水韵韦桥乡村旅游目的地。以大坝水利风景区为核心,深入挖掘古渠首和大坝营历史文化遗址,建设水韵韦桥农业观光区、农事体验区、农耕文化展示区、文创产品销售区。通过"一心四区"建设，把韦桥打造成一个集旅游观光、休闲养生、农事体验、科普培训等为一体的乡村旅游特色村。创新实施农光互补项目，增加乡村游新业态，开发建设光伏长廊，发展"农光"旅游。将农事体验、休闲垂钓、生态农家乐、观光采摘、科普研学、绿色电厨一体推进，打造水韵韦桥"桃花驿站"网红打卡地，举办采摘节、农事体验日、"向阳花开，我约你来"摄影采风等系列活动，叫响"汉唐古渠第一村"美名。成功举办吴忠市2021年休闲农业提升年暨青铜峡市"中国农民丰收节"系列活动。9月1日，自治区文旅厅非遗部在韦桥村成功验收青铜峡非遗项目编结，10月8日央视新闻直播推介韦桥村。韦桥村先后荣获"自治区生态村"、自治区民族团结进步示范村、自治区乡村治理示范村、全国文明村、中国美丽休闲乡村、全国乡村旅游重点村等荣誉。做响乡村旅游品牌，以全域旅游为契机，抢抓黄河流域生态保护和高质量发展先行区机遇，以韦桥村为核心，以点带面，深挖乡村旅游潜力，聚焦中滩、中庄村观光采摘、上滩村大青葡萄长廊、王老滩村休闲垂钓，打造"滨河路休闲农庄"旅游线；聚焦古渠世界灌溉遗址公园，打造"汉延渠南北全线"旅游线；聚焦蒋东、沙庙村蔬菜瓜果采摘园，打造"红旗沟瓜菜满园"旅游线，构建"三线一区"文旅融合发展新格局。

【人居环境整治】 2021年，大坝镇以"五清一绿一改"为抓手，以农村"四美"为目标，充分发动各方力量，在全镇范围内整治提升10个村人居环境（重点提升滑石沟村、立新村、蒋东村3个村；整治完善新桥村、大坝村、蒋南村、沙庙村4个村；巩固提升韦桥村、三棵树村、利民村3个村），开展土坯房、残垣断壁清理等"无土行动"。全镇发动群众1.5万人次，清理各类乱堆乱放974处，清除残垣断壁122处，清渣运废1.7万吨。利用村庄内外、房前屋后空地开展绿化美化，建设"四小园"和"小微游园"24家，栽植桃李、金叶榆、花灌木等各类树木1.6万余株，整治巷道绿化带2.6千米，砌护维修花池围栏8.65千米，逐步实现周边森林化、村内道路林荫化、村民庭院花果化，构建"村在林中、路在绿中、房在园中、人在景中"的现代化农村人居景观环境。

【污水管网扩面】 2021年，大坝镇实施韦桥村1、2、6组分散式污水处理项目，建设分散式小型污水处理站3座，建设新桥村、滑石沟村生活污水处理站，完成3904户卫生厕所改建工作，整改率达98%，位居全市第一。在全镇范围内配备吸污车一辆，及时清运粪污并进行无害化处理，探索建立污水处理受益农户付费制度，确保农村改厕建管并重，农民长期持续受益。

【住房安全】 2021年，大坝镇紧盯空心房问题整治，已完成新桥1、4、5组空心房整治、大坝村1、2、3组庄点合并及立新3组旧庄点整治；继续实施危房改造项目，危房加固改造411户，原址翻建189户，拆除土坯房清渣192户、土圈舍（棚）46户，加快推进滑石沟、韦桥、蒋东三个村"多规合一"村庄规划编制工作，持续巩固安全住房成效。

【清洁供暖工程】 2021年，大坝镇利用电厂余热、天然气、太阳能光伏、生物质成型燃料等模式，探索实施农村清洁供暖工程，在全市率先完成滑石沟村300户电厂余热供暖工程，在韦桥村开展光伏发电供暖试点工程，采用屋顶分布式光伏"太阳能光热+空气源热泵"技术，建设屋顶分布式光伏255户（完成31户），有效解决群众冬季取暖和燃煤污染问题，推动碳达峰、碳中和目标与生态文明建设、美丽乡村建设高度契合。

【脱贫攻坚成果巩固】 2021年，大坝镇严格落实"四不摘四防止"要求，保持产业、就业、社保等主要帮扶政策总体稳定。健全防止返贫动态监测和帮扶机制，巩固已脱贫销号31户69人。新排查监测户7户21人，已制订帮扶措施。继续对脱贫不稳定户、边缘易致贫户开展定期检查、动态管理，重点监测收入和"两不愁三保障"状况。对农村低收入人口半个月一回访、每个月一走访，推行"红黄绿"动态监测预警和四级网格化管理做法。确保脱贫人口不返贫、边缘人口不致贫。

【民生保障】 2021年，大坝镇持续推行"阳光低保""一站式"救助服务工作，累计审批低保1488户1622人，定时足额向931名残疾人、42名五保户发放各类政策补贴，医疗保险实现应保尽保，全年共发放各类补贴424万元。发挥紧邻大坝电厂区位优势，平均每年组织劳务输出4000余人，创收4287万元，就业率稳步提升。每年举办中式面点、特色烹饪、机械电焊等培训班7期，5年来累计培训3000余人，群众获得"土地＋劳务"双份收入。

【平安建设】 2021年，大坝镇"一村一法律顾问"实现全覆盖，"七五"普法顺利收官。培育法律明白人1000余人，创新"1227"积分管理模式，纵深推进扫黑除恶专项斗争，深化信访矛盾排查、调处、化解矛盾纠纷600余件。韦桥村、中滩村创建吴忠市党建引领基层治理示范村，大坝镇被司法部授予"推行枫桥经验、实现矛盾不上交"试点先进集体称号，中央政法委秘书长、全国扫黑办主任陈一新到大坝镇调研时给予肯定。全镇拥有团结进步示范村2个（韦桥村、利民村），全国文明村1个（韦桥村），吴忠市文明村2个（上滩村、利民村）。

【"五元"共治】 2021年，大坝镇依托新时代文明实践所（站），全面推行"积分卡"制度，建立志愿服务体系，打造"向阳花""红袖标""俏村姑"等志愿服务品牌。组织开展"六个先锋"示范引领行动，选树先进模范482户。严格落实村级重大事项"四议两公开"、推进村民代表会议制度规范化建设；推进"互联网＋村级公共服务建设"，整合乡村党建、综治、政务服务、社区治理等信息资源，建设一体化信息系统和综合指挥平台，形成"政治、法治、德治、自治、智治"五元共治格局。

【文化阵地建设】 2021年，大坝镇累计投资150万余元实施村级综合文化中心提升工程，建设文化活动广场17个，文化长廊4条，标准化篮球场15座。阅览室、活动室、棋牌室、党员活动中心、综治民生服务中心全覆盖，形成集村务办理、便民服务、医疗服务、文体休闲为一体的开放式服务格局。

【基层党建】 2021年，大坝镇在全市率先开展基层改革试点工作，设立"五办四中心"，全面构建"大党建""大综治""大农业""大审批"治理新格局。承接162项审批服务事项，建立"窗口＋网格员"代办服务模式，让群众"推开一扇门，办成一揽子事"。纵深织密网格，建立镇、村、组、户四级网格体系，实现党的组织和工作全覆盖。基层整合审批服务执法力量改革成效得到自治区党委组织部部长石岱的肯定。开展"一抓两整"和农村"六项行动"，创建党建工作示范村12个、三星级党支部12个、四星级党支部1个、五星级党支部1个，蒋南、中滩2个村村集体经济超过50万元。深入开展"六个先锋"示范引领行动，评选先锋示范户428户，镇党委被评为吴忠市先进基层党组织、青铜峡市党建工作示范镇。

【第四次党员代表大会】 2021年7月30日,中国共产党青铜峡市大坝镇第四次党员代表大会召开。大会应到代表121名,实到代表119名。会议听取并审议中国共产党大坝镇第三届委员会工作报告和中国共产党大坝镇纪律检查委员会工作报告,大会选举产生中共青铜峡市大坝镇第四届委员会委员和纪律检查委员会委员。9名党委委员分别是马新斌、王冰洋、任金山、刘明、李洪忠、杨冬霞、周娟、赵壮壮、翟慧;5名纪委委员是丁雪莹、王冰洋、王晓静、陈丽娟、潘永鹏。选举马新斌为党委书记,刘明、赵壮壮为党委副书记;王冰洋为纪委书记。

【第五届人民代表大会】 2021年9月8日,大坝镇召开第五届人民代表大会。会议听取和审议大坝镇人民政府工作报告;听取和审议大坝镇人大主席团工作报告;听取大坝镇2022年财政预算(草案)报告(书面),审查批准大坝镇2022年财政预算;听取大坝镇人民政府关于大坝镇四届五次人代会代表意见、建议办理情况的报告;选举大坝镇人民代表大会主席,人民政府镇长、副镇长并选举马春明、马爱琴、马新斌、田辉、白新文、刘立华、何建国、吴文彪、张万军、李洪忠、汪晓、沙吉武、邹学梅、邹建国、陈丽娟、周丽娜、赵壮壮、袁保峰、贾学锋、郭晓宏、梁军、韩淑文为青铜峡市第十六届人民代表大会代表。

(马林杰)

峡口镇

【概况】 峡口镇地处青铜峡市东南部,2021年镇域面积298.23平方千米,耕地面积33049亩,辖10个行政村(郝渠村、赵渠村、汉渠村、闫渠村、巴闸村、沈闸村、谭桥村、任桥村、西滩村和草台子村),1个社区(团结新村社区),55个村民小组,总人口27499人,农村居民人均可支配收入达18929元,较2020年增长11.5%,实现地区生产总值增长6.5%,完成招商引资1.1亿元,上争资金680万元。

【项目建设】 2021年,峡口镇全年实施项目12个,年度投资3.97亿元,完成固定资产投资2.48亿元。盘活传统村落、乡土文化资源,实施"峡口味集"项目,整合地域美食资源,配套建设农特集市、民俗展示、乡野游园、田园采摘等乡村休闲体验项目,全面改善任桥村人居环境,实现创业带动就业、产业带动消费。借助牛首山优质奶牛养殖核心区建设,实施完成牛顺源二期、牧源牧业奶牛标准化养殖场建设2个市级重点项目,可扩充奶牛存栏量1.1万头。实施巴闸村、赵渠村、沈闸村、赵汉新村人居环境整治项目,镇村环境持续改善。完成赵渠路下段1.4公里1.1万平方米道路铺装;马青路硬化项目完成赵渠路跨南干沟桥汉渠、郝渠路段,配套桥涵翻建23座,路基铺垫3.4公里;赵渠路跨南干沟桥已完成排架浇筑,即将进入桥板安装及路面铺装;郝渠村、汉渠村巷道硬化1.5万平方米项目,已完成全部招标任务。持续推进厕所革命,闫渠村、汉渠村500户改厕任务已完成污水管网铺设。全镇实现自来水入户、太阳能热水器安装、生活垃圾处理全覆盖,卫生厕所普及率超过85%。南干沟污水处理厂尾水人工湿地深度处理及河道综合生态整治工程进入招投标阶段。

【现代农业】 2021年,峡口镇落实粮食播种面积4.2万亩。其中,落实小麦种植面积630亩,水稻种植面积783.6亩,玉米种植4.06

万亩，完成原粮储备基地建设5个、小麦订单任务208吨。高标准农田建设面积达到5.02万亩，实施高效节水1.2万亩，为现代化农业发展奠基铺路。围绕自治区9个重点产业发展方向，因地制宜推动奶产业、皮草产业、绿色农业、商贸业加速发展。全镇标准化规模奶牛养殖场达18家，奶牛存栏突破3万头，年产鲜奶12万吨，行业产值超4亿元。培育"祥云"等8家皮草企业，"二毛皮"制作工艺被列入国家级非物质文化遗产名录。加速发展设施农业，巴闸村麒麟西瓜种植成为全区连片种植面积最大的基地，"越夏番茄""赵渠牌"韭菜、沈闸村优质外销蔬菜等名品作物，成功打开东南沿海市场。依托董府、牛首山旅游景区，大力发展餐饮、乡村游等新业态，"峡口味集"项目被宁夏电视台专题报道，任桥、谭桥村商业氛围日益浓厚。

【脱贫攻坚成果巩固】 2021年，峡口镇原有帮扶政策力度不减，严格落实"四个不摘"要求，健全防止返贫动态监测长效帮扶机制，加强13户边缘户、6户防止返贫监测户收入常态化监测，保持过渡期内主要帮扶政策总体稳定，强化产业、就业等帮扶工作，持续巩固拓展脱贫攻坚成果。

【推进农村改革】 2021年，峡口镇以推动农业供给侧结构性改革为主线，推进用水权、土地权、排污权、山林权"四权"改革。推进农村土地制度改革，落实第二轮土地承包到期后再延长30年政策，做好农村承包地"三权分置"制度落实，实施农村集体经营性建设用地入市交易，审慎推进宅基地"三权分置"改革。深化土地承包经营权制度改革，健全耕地保护和补偿制度，持续推进城乡水价等综合性改革，健全农村集体"三资管理"和收益分配制度，让群众得到更多实惠。

【优化人居环境】 2021年，峡口镇提炼推广"1334"人居环境整治模式，清理生活垃圾23450吨、残垣断壁128处，新栽补栽各类树木11万株，栽植小游园36处，绿化灌木20万株，村庄绿化率达到16.3%，逐步实现农村人居环境从"脏、乱、差"到"净、畅、丽"的转变。

【生态环境保护】 2021年，峡口镇狠抓禁牧封育和秸秆禁烧工作，杜绝"烟、火、羊"乱象。全面落实国务院大督查反馈宁夏鸿裕农业发展有限公司越界开采整改工作，开展牛首山北麓综合整治，清退滚泉地区非法压砂种植面积1.4万亩，一体推进越界取土取砂区域生态保护修复、国有土地清查和养殖场占地、环境治理等问题治理，生态环保问题1件及时整改销号。南干沟污水处理厂投入运行，南干沟水质恢复至Ⅳ类。加大打击力度，保持"散乱污"企业归零的良好势头不反弹。常态化河、湖长制工作，加大保洁力度，清理沟渠1485条。

【民生保障】 2021年，峡口镇分层分类实施社会救助，完善最低生活保障制度，健全低保标准制定和动态调整机制，调整优化低保政策，建立完善社会救助"一门受理、协同办理"机制，规范完善转办、督办制度。依规使用民政资金，实行"阳光评议"，共将1069户1166名纳入低保，实行低保人员动态管理，新增低保39户43人，退出低保36户36人，做到应保尽保、应兜尽兜、应退尽退，发放临时救助49户14.67万元，做到凡困必帮、有难必救。改造新建镇卫生院及村卫生室，构建基层首诊、双向转诊、急慢分治、上下联动的分级诊疗模式，实施先住院后付费和住院包干制，家庭医生签约率达44.2%，峡口镇中心卫生院达到国家基本标准。

【文化教育】 2021年，峡口镇不断加强教师队伍建设，义务教育大班额全部得到化解。发放各类贫困学生资助金5.7万元，受益学生18人次，义务教育无一人因贫失学。组建赵渠、巴闸2个村民自乐班子，适时开展"庆三八""重阳敬老"等各类文体活动，峡口镇荣获全市"七一"大合唱一等奖，赵渠舞龙顺利通过吴忠市级非遗项目复验。

【疫情防控】 2021年，峡口镇全面做好疫情常态化防控，运用"大数据+网格化"精准摸排，累计接种新冠病毒灭活疫苗24296剂次，其中，第一剂12640人次，第二剂11656人次。强化重点人员闭环管控，高效完成三轮大规模核酸检测，累计采样37419人次，检出结果全部阴性，实现疫情防控"零感染"的重大成果。

【精神文明建设】 2021年，峡口镇持续开展精神文明教育，推进移风易俗，引导群众向上向善、共荣共进。新建巴闸、任桥、闫渠三村新时代文明实践站，农家书屋、村级活动场所实现全覆盖。全面推行"433"全域网格积分管理模式，实现全域网格积分制全覆盖，将乡村治理中涉及产业发展、道德素养、环境保护等"堵点""难点"内容全部纳入积分项目，"红榜"公示100余人，"黑榜"公示12人，形成共建共治共享乡村治理新格局。引领"携手同行"志愿者联合会通过常态化、规范化志愿服务补齐基层小微服务短板，常态化、规范化开展志愿服务活动45次，打通乡村治理"最后一公里"，充分发挥志愿活动带动作用，传播正能量，引领新风尚。

【综合治理】 2021年，峡口镇深入开展扫黑除恶专项斗争，探索全域网格积分制管理，接待国家反恐办一行到鸿乐府拱北调研。开展"八五"普法教育，实现11个村、社区"一村一法律顾问"全覆盖，受理法律援助案件30件，化解矛盾纠纷192起，保持群体性事件和恶性事件零记录，谭桥村、赵渠村成功创建全国文明村镇，峡口镇荣获自治区级"七五"普法先进集体、成功创建全国示范型退役军人服务站。

【法治政府建设】 2021年，峡口镇做好政府信息公开和政务公开工作，严格落实《重大行政决策程序暂行条例》，坚持重大行政决策事项依法公开，做好规范性文件清理、审查等工作。加大对生态环境保护、自然资源、信访条例、禁毒打假、打击电信诈骗等法律法规的宣传，努力提高法治宣传、行政执法的知晓度和支持度，全年共开展法治宣传活动40余场。推动基层公共服务（一门式）全覆盖，促使政务服务事项要做到"三个精简"。推进公共法律服务平台向村（社区）延伸，11个村（社区）实现法律顾问全覆盖。发挥村民代表大会的积极效用，畅通村规民约法治化程序，使村规民约与现代法治制度相融合，实现以法治促自治、乡村善治。

【基层党建】 2021年，峡口镇严格实行党委中心组理论学习、每周三晨会学习制，结合党史学习教育开展党员思政教育，扎实开展学教"六进"活动，邀请各级领导讲党课33场次，全镇党员撰写学习心得268篇，组织观看警示片、红色电影68场次。严格落实"三会一课"制度，各支部坚持每月开展"6+X"主题党日活动，形成镇党群服务中心辐射带动各支部党群服务站的"1+11"工作体系。充分发挥基层党组织战斗堡垒作用、两个带头人"头雁作用"和党员先锋模范作用，认真做好"两优一先"评选和表彰大会工作，选树"六个先锋"示范户116户，培养"农村致富带头人"156名、村级后备力量51名，56名村"两委"成员包组联户，帮助9300余名群众实现共同富裕，赵渠村获评自治区级先进基层党组织、镇党委获评青铜峡市级先进基层党组织，基层党建工作在全市做交流发言。坚持党管意识形态，认真落实意识形态工作责任制，加强正面宣传引导及网络舆情监管，牢牢掌握意识形态领域工作的领导权和主动权，组织开展意识形态领域风险隐患分析研判4次，对各支部意识形态工作指导督查11次。

【党风廉政建设】 2021年，峡口镇狠抓党风廉政建设，坚持问题导向，正风肃纪常抓不懈。加强对党员干部日常监督力度，配合镇党委开展农村"五大提升工程"专项监督检查3次，梳理整改峡口镇工程建设项目和政府采购自查问题台账9条，开展换届纪律监督检查、党史学习教育专项督查、镇村值班执勤情况督查共27次。深入开展反面典型警示教育，组织26人赴青铜峡市警示教育基地参加廉政警示教育，树牢底线意识，敲响廉政警钟。强化监督执纪问责，认真做好信访件及问题线索核查办理，加大信访积案化解力度，以案示警、以案明纪，进一步提升党员、干部纪律意识和规矩意识，党内政治生态持续好转。

【第十四次党员代表大会】 2021年7月29日，中国共产党峡口镇第十四次党员代表大会召开。大会应到代表114名，实到代表112名。大会听取和审议中国共产党峡口镇第十三届委员会工作报告；审议中国共产党峡口镇纪律检查委员会工作报告；选举产生中国共产党青铜峡市峡口镇第十四届委员会委员9人分别为马力、马立忠、王伟、王明、刘晏荣、李彩霞、秦子轩、黄志娟、梁学军；纪律检查委员会委员5人，分别为丁晓红、王瑛、刘晏荣、张鑫、常红梅。选举王伟为党委书记，马力、黄志娟为党委副书记，刘晏荣为纪委书记。

【第十七届人民代表大会第一次会议】 2021年9月9日，峡口镇召开第十七届人民代表大会第一次会议。大会应到代表63名，实到代表61名。会议听取和审议峡口镇人民政府工作报告；听取和审议峡口镇人大主席团工作报告；审查和批准峡口镇2016年以来的财政预算执行情况和2022年财政预算（草案）的报告；审查批准峡口镇2022年财政预算。大会选举产生峡口镇人大主席马立忠，峡口镇人民政府镇长马力，副镇长梁学军、张烨、王明。

（刘　欢）

叶盛镇

【概况】 叶盛镇地处青铜峡市北大门，距青铜峡市政府所在地14公里，东临黄河与灵武市、利通区隔河相望，南与小坝镇接壤，西至汉延渠，北靠永宁县，地居黄河之滨，位处交通枢纽，国道109、101及京藏高速公路交汇于此，交通便利，水系发达，区位优势明显。2021年，叶盛镇行政区域面积55.53平方公里，耕地面积5.5万亩，黄河流经境内，自流灌溉方便，条件得天独厚，是优质粮食的主产区，更是久负盛名的"贡米之乡"。全镇辖10个行政村（地三村、张庄村、正闸村、叶盛村、盛庄村、联丰村、光明村、五星村、蒋滩村和龙门村），1个社区（叶盛社区），46个村民小组，户籍5599户，总人口19889人，农村居民人均可支配收入19155元。

【项目建设】 2021年，叶盛镇实施千亩麒麟西瓜种植项目，引进社会资本2600万元，流转土地2000余亩，建成可移动式拱棚4500栋发展麒麟西瓜产业，直接解决群众就业300余人，人均收入提高10%以上；实施五星村、联丰村一二三产业融合发展项目，项目概算投资650万元，利用联丰村闲置小学（原叶盛第三小学）

建成占地6000平方米的果蔬产后服务交易中心；实施宁夏润丰种业有限公司北繁科研育种基地建设项目，招商引资3000万元，建设玉米制种基地5000亩、优质种子基地50亩、种业储存研发中心1320平方米及配套设施等；实施中大型水库移民后期扶持工程项目，整合资金196万元，为联丰村、盛庄村、龙门村安装太阳能路灯57盏；硬化巷道2.8公里，新建文化广场2354平方米，争取自治区扶持壮大村集体经济项目资金200万元，在蒋滩村一、二组分别为蒋滩村、正闸村新建高标准移动式拱棚60栋。全镇村集体收入突破100万以上的村2个、20万以上的村3个、剩余村均达到10万以上。

【现代农业】 2021年，叶盛镇按照"稳粮、增菜、扩经、优畜"的发展思路，持续优化农业产业结构。完成全镇优质粮食生产播种任务总面积5.03万亩，其中玉米播种面积3.9万亩、小麦790亩、杂粮510亩。发展优质水稻1万亩，创建水稻5000亩方2个、500亩方4个。建设千亩集中连片蔬菜基地3个，200亩集中连片设施蔬菜基地3个，建立产品质量追溯体系2处。完成蔬菜种植面积6030亩，麒麟西瓜种植4000亩，全镇蔬菜正向种植区域化、生产规模化、销售一体化的良性发展。全镇生猪饲养量3.62万头，肉牛饲养量达1.1万头，羊饲养量达3.81万只，家禽饲养量达32万只，培育规模养殖大户312户，畜禽养殖健康发展。全镇累计投工投劳4万余人次，出动机械360余台次，完成沟道清淤整治524条388公里，渠道疏浚治理1132条591.5公里，平整农路550条330公里，机深翻5.4万亩，为发展高质量农业奠定良好基础。

【庆祝中国共产党成立100周年系列活动】 2021年，叶盛镇结合党员慰问、表彰大会现场颁发等形式，向73名符合条件的老党员颁发"光荣在党五十年"纪念章。积极竞演全市党课大赛，组织编排的情景剧《半条被子》获优秀奖并进行全市展演。参加"永远跟党走"革命歌曲大合唱比赛，组织120余名镇村干部进行为期两个月的排练，排练曲目《天耀中华》《在灿烂阳光下》获全市乡镇组三等奖。

【美丽乡村建设】 2021年，叶盛镇重点围绕乡村振兴示范村建设、人居环境提升工程、脱贫攻坚与乡村振兴有效衔接等重点工作，不断改善农村环境。围绕道路铺装、墙面粉刷、清理断壁、完善垃圾处理基础设施等，打造地三村、联丰村、张庄村、正闸村、五星村等农村人居环境整治示范点5个。新建污水处理站1座，配套建设污水收集管道2公里，更新叶盛镇域垃圾站设备，强化农村治污能力。打造农房建设质量提升重点村3个，整改问题厕所436户，按照发展庭院经济的思路，栽植各类乔木、花灌木及经果林8.2万株，全镇10个村的人居环境持续提升。五星村村庄主干道路和巷道砌护青砖围墙5.5公里，建设文化广场400平方米，更换农户入户院门45户，实现"村在景中，人在画中"新景象。地三村拆除土房、土墙54户，改造房屋加固158户，整治农户庭院216户，打造最美庭院36家。建立积分超市和新时代文明实践站。实施庄点绿化1.8万平方米，推行风貌改造50户，改造提升地三人家等农家乐3家，租赁农房改造主题民宿6户，打造"百亩桃园"，力促旅游产业全面提档升级。改造叶盛社区党群服务中心600平方米，设置"一站式"办事大厅、党员活动室、老年活动室、图书电子阅览室、文化活动室、儿童之家、爱心驿站等公共服务阵地，集中整治饮用水质、机车乱停乱放、垃圾清理不及时等群众反映多、意见大的问题56件。

【民生保障】 2021年，叶盛镇开展城乡低保"阳光评议"工作，新增农村低保122户139人，城市低保2户2人。共保障城乡低保974户1148人，发放低保救助津贴400.9万元。发放高龄老人津贴255人80万元，为176人困难群众发放救助资金27.9万元，为495户受灾群众发放因灾救助金43.7万元。拆除土坯房476户，土坯房拆除宅基地清渣448户，清理残垣断壁410处，实施危房改造39户，抗震宜居农房建设原址翻建12户，加固486户。

【脱贫攻坚成果巩固】 2021年，叶盛镇组织镇村（社区）干部、网格员、帮扶责任人153人对全镇辖区内4135户17360人，逐户逐人进行全方位实地排查，排查"三类人员"911户1083人。及时将张庄村一组村民1户5人纳入监测预警。

【法治政府建设】 2021年，叶盛镇全面梳理2011年至今的1199份政府文件，核查行政规范性文件26份，决定清理废止1个。法律顾问全覆盖，为镇村重大决策提供法律建议，为群众提供法律咨询81人次，审查受理法律援助4件。承接基层行政执法事项66项，共联合上级部门开展焚烧秸秆执法8起，拆除乱搭乱建3处，阻止违法占地施工1处，规范行政执法。

【平安建设】 2021年，叶盛镇调处化解各类矛盾纠纷248起。对排查出的重点信访问题和重点信访人员采取专人专班专案管控，未发生进京赴银到吴越级上访案件和重大群体性事件。更换宣传栏展板6块，悬挂宣传横幅100余条，张贴各类宣传标语600余条，营造浓厚氛围。维护10个线索意见箱，组成线索摸排小组，畅通排查渠道，扫黑除恶斗争转入常态化。宣传印发防范电信网络诈骗告知书2000余份，指导安装"国家反诈中心"APP共7854人，帮助群众守好钱袋子。认真开展安全生产月和安全生产万里行活动，共检查辖区企事业单位32家150次，设置水域安全警示牌130处，督促整改一般安全隐患12个，重大安全隐患2个，责令停工停产2家，全年未发生重大安全事故。

【疫情防控】 2021年，叶盛镇组织各村（社区）8600余人接种疫苗，常住人口接种率达到96.7%以上，筑起了疫情防控的铜墙铁壁。10月18日以来，先后成立疫情防控临时党支部15个，设立镇级防疫登记卡点16个，组织187名镇村组三级干部、70名医务人员、12名公安民警、发动300余名志愿者参与防疫工作。在全市率先完成全员核酸检测工作，累计检测22643人次。认真履行居家健康监测人员"五包一"责任，累计实行居家健康监测77人，现有居家健康监测30人，切实做到"外防输入、内防反弹"，全力保障辖内居民人身财产安全。

【党史学习教育】 2021年，叶盛镇开展交流研讨15次，干部读书班20期，撰写心得体会250余篇，组建"田间地头学党史"微党课团队12个，累计开展田间地头学党史260余次，送学上门130余次，同时整合资源，先后为群众解决排灌、人居环境等实事85件。

【对外宣传】 2021年，叶盛镇推送全镇亮点重点工作、民生领域热点问题等宣传报道350余篇，受众10000余人次，先后在《人民日报》《宁夏日报》《宁夏电视台》《吴忠日报》《青铜峡电视台》等主流媒体播放或刊登报道80余篇（次），农田水利建设被农业农村部报道。

【基层党建】 2021年，叶盛镇完成全镇11个村（社区）"两委"换届选举工作。新选出村（社区）"两委"班子成员78名，平均年龄39.7岁，中专以上文化占比46.2%，实现村干部学历、年龄"一升一降"。严肃换届风气，高标准完成镇党委换届工作。坚持政治标准，新确定入党积极分子63人，新接收预备党员17人，拟接收预备党员16人。深化导师帮带工作，搭建蒋滩村稻香工作室、金点子课堂等载体。成立蒋滩村、正闸村、张庄村产业联合党支部、联合股份合作社，共同打造占地200亩的高标准移动式拱棚设施农业产业基地。巩固深化"抓乡促村、整乡推进、整县提升"示范县乡创建行动，扎实推进"六个先锋"示范引领行动，培育选树勤劳致富、美丽庭院、睦邻和谐、崇文重教、遵纪守法、移风易俗先锋示范户356户。

【党风廉政建设】 2021年，叶盛镇开展廉政警示教育系列活动，组织镇村干部集中观看《国企"蛀虫"沉浮录——国资国企领域严重违纪违法典型案件警示录》，开展新任职村(社区)干部警示教育2场次。认真接待群众来信来访、及时受理、处理、答复群众来信来访，主动化解信访矛盾纠纷12起。全面排查在农村低保、村级财务、党员干部违纪违法等方面的问题线索，依法依规依纪开展案件查处。全年共受理问题线索11件，处置问题线索11件，初核了结4件，立案7件7人，给予党内警告3人，党内严重警告1人，剩余3人正在审理环节。

【第十二次党员代表大会】 2021年7月30日，中国共产党叶盛镇第十二次代表大会召开。大会应到代表113名，实到代表108名。大会听取各代表团审议关于党委、纪委工作报告；选举产生中国共产党青铜峡市叶盛镇第十二届委员会委员9人，分别为石楠、申志华、田永锋、刘红、肖辉、沈建文、金鹏剑、赵小顺、蒯莉；叶盛镇纪律检查委员会委员5人，分别为王成玉、仇建萍、刘红、何欢、荀光兵。选举金鹏剑为党委书记，赵小顺、申志华为党委副书记，刘红为纪委书记。

【第十五届人民代表大会第一次会议】 2021年9月9日，叶盛镇召开第十五届人民代表大会第一次会议。本次大会应到代表58名，实到代表58名。大会听取和审议叶盛镇人民政府工作报告；听取和审议叶盛镇人大工作报告；选举田永锋为叶盛镇人大主席，赵小顺为政府镇长，石楠、沈建文为政府副镇长。

（沈丽莎）

邵岗镇

【概况】 邵岗镇地处青铜峡市西北部，距青铜峡市区21公里，镇域面积28万亩，现可利用土地面积11万亩，粮食种植面积5.98万亩，是青铜峡市的葡萄大镇、畜牧重镇、生态亮镇。辖15个行政村（邵岗村、邵南村、邵西村、邵北村、沙湖村、下桥村、永涵村、玉泉村、东方红村、二旗村、大沟村、玉西村、甘城子村、同富村和同乐村），2个社区（玫香园社区、连湖社区），1个农场（连湖农场），71个村民小组，全镇9427户39403人，其中，"十二五""十三五"易地搬迁生态移民1899户8992人，辖区内农民主要以粮食种植、葡萄种植、畜牧养殖、外出务工等为主要收入来源，2021年农民人均可支配收入18980元。

【项目建设】 2021年，邵岗镇以甘城子村、同乐村、同富村、大沟村、玉西村、玫香园社区、连湖社区7个村(社区)为重点，探索建立"强村带弱村、村村联动、抱团发展"的新模式，大力实施百万移民致富提升行动。主抓"甘城子苹果、酿酒葡萄、畜牧养殖"三大优势特色产业，全力实施老果园改造1500亩、栽植各类苹果苗木11万余株；实施同富村、同乐村养殖园区二期建设项目，新建消毒室和公厕2座，标准化羊圈100座，同乐村经果林围栏建设项目，保障群众产业发展。实施甘城子集市改造项目，新建农产品交易大棚1座、面积2024平方米，配套设施健全，采取"政府+龙头企业+村集体+农户"的"托管养殖"模式，与顺宝公司共建养鸡产业园，探索企业与村集体合作发展的共赢致富新路子。切实抓好民生项目建设，实施同富村、同乐村污水处理站尾水蓄水池项目、甘城子村人居环境整治项目，建设污水处理站2座，拓宽街道1.4公里，更新排水管网600米，水电路气覆盖到每个村组，延伸到每家每户。

【现代农业】 2021年，邵岗镇坚持以市场为导向，以专业合作社和龙头企业为引领，以农业综合开发和现代农业发展项目为支撑，全力提升和优化全镇农作物结构布局，形成以优质粮食种植、设施农业建设为主的现代农业发展体系。全镇粮食种植面积持续稳定在6.75万亩，瓜果蔬菜种植面积达14560亩，新建日光温室288座，新增高标准农田1500亩，累计达5.7万亩。连湖西红柿、甘城子苹果入选名特优新农产品名录，品牌影响力不断扩大。畜牧业实现园区化、规模化、集约化，培植连湖农场奶牛、甘城子生猪规模养殖场3家，建成移民村规模养殖园区2个。完成生猪品种改良1450头，黄牛品种改良3650头。全镇生猪饲养量达5.2万头，奶牛存栏7410头，肉牛存栏5510头，羊饲养量5.22万只，肉驴饲养量1020头，家禽饲养量130.2万羽。

【葡萄产业】 2021年，邵岗镇以贺兰山东麓酿酒葡萄高质量发展为契机，着力发展以"酿酒葡萄为主导，鲜食葡萄为先导"的"紫色产业"。打造沙湖、下桥村3100亩鲜食葡萄产业带，引进密登堡、古城人家等14家葡萄酒庄，酿酒葡萄种植面积扩充至5.2万亩。酿酒葡萄种植面积及葡萄酒销售额分别较2016年末增长18%、20%，年创产值7.02亿元。

【脱贫攻坚成果巩固】 2021年，邵岗镇严格落实"四个不摘"要求，建立监测帮扶机制，制订《关于实现巩固拓展脱贫攻坚成果同乡村振兴有效衔接实施方案》等工作方案5个，重点围绕"六个核查"开展农村常住户"两不愁三保障"大排查和饮水安全动态监测，排查9206户（脱贫户1409户，边缘易致贫户34户，其他农户7763户），按照"动态监测、每月上报"的要求，组织镇村干部对镇域内低收入人员每月进行一次核查，重点排查建档立卡贫困户、边缘户、低保户、特困户、残疾人等，年内新纳入低保91户95人，调增44人，新增特困供养户1户，给予临时救助172人32.6万元，新增残疾人两项补贴132人。

【乡村振兴示范村建设】 2021年，邵岗镇培育沙湖、下桥、邵岗、邵北、邵南5个乡村振兴示范村，争取自治区住建厅高质量美丽宜居村庄建设项目，实施危房、抗震宜居农房改造工程并开展拆除农村土坯房清零行动，加大植绿力度，把沙湖、下桥村房前屋后、庭院建成具有特色的"小果园、小菜园、小花园、小游园"。开展沙湖、下桥、甘城子村太阳能光伏采暖，减少大气污染、优化能源结构。挖掘沙湖村老北京等特色移民文化，打造沙湖村知青大院，成功举办葡萄采摘节暨农民丰收节，扩大沙湖村农旅产业影响力。

【民生保障】 2021年，邵岗镇织密织牢民生保障网，落实低保救助、困难救助、大病救助、残疾人补贴等政策，全面开展社保参保扩面行动，按照"应救尽救、及时救助、适度救助"的原则，为257

人发放临时救助48.2万元,社会保障能力明显增强。高度关注弱势群体,妇女"两癌"筛查650人,开展老年人普惠性健康体检1877人。成功创建全国示范型退役军人服务中心(站)。

【基础设施建设】 2021年,邵岗镇投资1213余万元实施乡村振兴"一村一年一事"项目21个,完成危房改造748户,自来水改造526户,整修农路494条395公里。实施东方红村、大沟村、甘城子村高标准农田建设项目3.52万亩。

【生态环境保护】 2021年,邵岗镇狠抓"四尘三烟三气"治理,全面摸底"散乱污"企业,依法对连湖农场纸箱厂燃煤锅炉进行拆除,规范辖区内蔬菜基地环保设施,依法打击秸秆焚烧、道路矿山扬尘等环境违法行为。落实河湖长制,配备24名河湖长,不断推动河湖水安全、水生态、水景观全面向好。

【人居环境优化】 2021年,邵岗镇聚焦"五清一绿一改",全面完成人居环境整治三年行动,累计拆除私搭乱建、残垣断壁429处,拆除危旧土房436户,持续开展"十清"治理行动,累计发动群众出工21560人次,出动大中小机械650余台,清理沟渠杂草650余条,清运垃圾7630吨,环境整治面达到100%。稳步推进"厕所革命",建成无害化水冲式卫生厕所5508座,农村卫生厕所普及率达到90%。

【法治政府建设】 2021年,邵岗镇坚持依法行政,把政府活动全面纳入法治轨道,不断提升治理能力现代化水平。严格落实党政主要负责同志"开门接访、带案下访"工作要求,为民解难、为民疏怨,接待法律咨询120人次。审查办理法律援助案件34件,调解96起案件。自觉依法接受人大监督,人大代表议案建议均已办理。认真实施政务公开,大力推进"互联网+政府服务",及时倾听群众诉求,回应社会关切,全年共回复12345平台反映问题87件。利用政府政务公开网站和美邵岗微信公众号等平台,加强与各大新闻媒体的宣传对接,及时推送政府工作动态,公众号公开信息130余条,其余各平台公开信息800余条。

【综合治理】 2021年,邵岗镇建设规范化综治中心8个,充分发挥全域网格作用,对重点部位、重点人员实行联防联控。强化"四类人员"管控救助,严格落实123名精神残疾人员监管责任,对171名涉毒人员实行双"四色"管理。开展铁路外环境安全整治大排查,排除化解涉路安全隐患10余起。坚持开门接访、带案下访,排查调处各类矛盾纠纷454起,为群众挽回经济损失176万余元。

【精神文明建设】 2021年,邵岗镇落实意识形态工作责任制,强化网络舆论引导和阵地管理,吴忠市级以上报道48次。加强新时代文明实践所、站、点建设,实现新时代文明实践站全覆盖、积分管理制超市全覆盖,全镇成立志愿服务小组58支,开展志愿服务活动400余次。建设邵岗镇全民健身中心,新建玫香园、连湖社区文化服务阵地2个,完成永涵、邵南等9个村的文化活动场所提升改造,村(社区)综合文化服务中心实现全覆盖。深入推进全民健身运动,举办广场舞比赛、移民村运动会等多场文体活动,年均开展文化惠民演出30余场。

【基层党建】 2021年,邵岗镇深入推进农村党建"一抓两整"示范镇村创建行动和"基层党建全面提升年"活动,大力推进基层党建工作提档升级,成立67个网格党小组,设立125户党员中心户,配备158名专(兼)职网格员,构建"镇党委—村党支部—网格党小组—党员中心户"四级组织体系,打通基层党建"神经末梢"。深入开展"六个先锋"示范引领活动,创新"1345"工作机制,评选表彰"勤劳致富"等各类示范户359户,建立"导师帮带制",深入落实"六个一"工作法,全面优化提升基层干部队伍能力素质。

【第四次党员代表大会】 2021年7月30日,中国共产党邵岗镇第四次代表大会召开。大会听取和审查梁才代表中共邵岗镇第三届委员会做的《不忘初心使命 勇于担当作为 奋力谱写邵岗新时代 振兴发展新篇章》的工作报告;审查中国共产党邵岗镇纪律检查委员会工作报告;大会选举产生中国共产党邵岗镇第四届委员会委员9人,分别为梁才、王娟、杨天禄、张亮、陈中华、马婷、洪峰、潘鑫、陈文奇。

【第五届人民代表大会第一次会议】 2021年9月9日,邵岗镇召开第五届人民代表大会第一次会议。会议听取和审议邵岗镇人民政府工作报告;听取和审议邵岗镇人大主席团工作报告;听取邵岗镇四届四次人民代表大会代表意见建议办理情况报告;听取邵岗镇2020年财政预算执行情况与2021年财政预算(草案)报告(书面);选举杨天禄为邵岗镇人大主席,王娟为邵岗镇人民政府镇长,洪峰、潘鑫、卢春柱为副镇长。

【村(社区)"两委"换届选举】 2021年1月,邵岗镇按照村(居)委会换届选举的工作方案要求和市民政局下发的村(居)委会换届选举进度安排,依法落实村委会换届选举的8个环节、居委会换届选举的7个环节,完成15个村委会79名成员(其中主任15人、副主任30人)、2个社区居委会12名成员(其中主任2人、副主任3人)的换届选举工作。全镇完成此次换届的有15个村党组织和2个社区党组织。共选举产生书记17人、副书记16人、委员24人。17名支部书记平均年龄37.7岁,其中,女性3人,占17.7%;大专及以上学历10人,占58.82%。16名支部副书记平均年龄36.25岁,其中,女性4人,占25%;大专及以上学历5人,占31.25%。24名支部委员平均年龄44.45岁,其中,女性12人,占29.3%;大专及以上学历8人,占19.51%。

(马　晓)

陈袁滩镇

【概况】 陈袁滩镇位于青铜峡市的东大门,沿黄河河畔27公里而居,与吴忠市区隔河相望,距离吴忠市区3公里,距青铜峡市区5公里。2021年镇域面积59平方公里,辖5个行政村(补号村、袁滩村、沙坝湾村、陈滩村和唐滩村),2个社区(韵馨苑社区、黄河楼社区),30个村民小组和13个居民小区,总人口27333人(不包括流动人口),农村常住居民人均可支配收入达18211元,较2020年增长11.5%。

【项目建设】 2021年,陈袁滩镇争取"一事一议"项目资金280万元,在袁滩村三四组、沙坝湾村、唐滩五组硬化农用路33条2.1万平方米。运用自治区财政扶持发展壮大村集体经济项目资金300万元,在陈滩村、唐滩村建设冷库2座、改造鱼池280亩。在唐滩村投资乡村振兴和人居环境提升项目资金557万元,实施"唐滩渔村"项目。投资400万余元,打造唐条景观长线,投资500万余元打造唐滩旅游垂钓中心,招商引入康乐泳宫、欧蓓莎游乐园等大型游乐项目。争取项目资金100万元,打造解放军"青年林"基地

280亩。各村集体收益均达到10万元以上。推进清洁能源进村入户，改变基础设施条件、改善农村能源结构，按照逐年推进原则，上报袁滩村和唐滩村光伏发电项目等待实施。

【现代农业】 2021年，陈袁滩镇优化产业结构，巩固发展优质富硒水稻1.29万亩，籽粒玉米1.61万亩，高效经济作物8000亩，完成夏粮、秋粮原粮储备收购任务4300亩。推广小农户托管2000亩，发展制种玉米1000亩，螺丝菜种植面积稳定在3000亩，打造水稻千亩示范点4个，瓜菜示范基地4个，发展家庭农场19家，各类专业合作社28个。全力推进沟、渠、田、林、路综合治理，以解决群众灌排难、生产难、增收难等实际困难为落脚点，建成3个高标准农田片区，辖区3.4万亩农田实现农建全覆盖。巩固发展畜牧养殖，推动畜牧业由传统模式向现代化转型，改进粪污处理设备，加大动物防疫力度，全镇生猪饲养量达到1.31万头，肉牛饲养量达到5000头、羊饲养量达到3.2万只。

【用水改革】 2021年，陈袁滩镇完成水利服务体系改革，清算注销村级5个农民用水协会，统一收归镇农民用水协会管理，选举产生会长、委员、会计等11人，灌溉面积确权28872亩，黄河边8座提水泵站全部办理取水许可证。

【文旅融合】 2021年，陈袁滩镇积极融入黄河楼景区旅游发展圈，制订陈袁滩生态旅游发展规划，有效发挥"唐滩渔村""罗记农家小院"等文旅融合项目影响力，筹办"农民丰收节""巧媳妇"螺丝菜酱菜大赛等活动，打造"陈滩创意农业体验园—黄河楼—康乐泳宫—袁滩休闲采摘园—黄土地度假村—唐滩渔村"乡村旅游精品线路，构建旅游带动、集中连片的服务新业态，建设成为特色生态旅游村镇。

【生态建设】 2021年，陈袁滩镇全面治理"黄河四乱"，收回黄河陈袁滩镇段私开河滩地27户2042.97亩，拆除黄河西岸废弃泵站4个、黄河楼景区码头1个，落实确权耕地，禁种高秆作物1858.08亩。建立区域与流域相结合的河(湖)长制组织体系，开展定期巡河(湖)1084次，清理河道沟渠垃圾36吨。开展秸秆禁烧工作，建立镇村组三级网格管理制度，全面防控处置焚烧秸秆现象。全力做好土壤污染源头防治，推广应用有机肥料，提升耕地质量，实施秸秆培肥改良1.5万亩，增施有机肥2万亩，回收农药包装废弃物5吨，回收率、处理率分别达到80%、100%。

【美丽乡村建设】 2021年，陈袁滩镇以农村生活垃圾治理、生活污水治理、农村"厕所革命"和村容村貌提升为主攻方向，扎实开展乡村建设"五大提升工程"。按照环境美、田园美、村庄美、庭院美的"四美"推进思路，以"五清一绿"为抓手，清理全镇主干道路、村庄四周、房前屋后、院落内外各类积存垃圾。出动机械470台次，人工2570人次，拆除露天旱厕24处、土坯房147处，清理乱堆乱放和乱搭乱建890余处。以提升群众健康水平和生活质量为目标，将补号村泰宁新村164户农户污水处理接入城市管网。摸排整改全镇2019—2020年农村卫生厕所问题507户。优化农房布局，提高农房质量，完成农村危房改造和抗震宜居农房改造原址翻建58户，完成袁滩村和唐滩村抗震宜居房屋加固改造268户。排查房屋安全隐患及自然灾害2871户，发现并整改用作经营房2户、非用作经营自建房3户。结合农村庄点规划，坚持景观效益和生产效益相结合，春季绿化总面积651.93亩，栽植苗木5.98万株，修枝抚育2万余株，打造解放军青年林一处。秋季结合农田水利建设，统一拉线涂红刷白、修枝抚育28千米。

【人居环境改善】 2021年，陈袁滩镇聚焦唐滩村、袁滩村两个人居环境重点提升村和陈滩村整治完善村，完成唐滩村休闲垂钓区280亩、儿童娱乐区500平方米、餐饮住宿区3家的三服务模块建设，延伸打造唐滩商贸街400米，拓展丰富业态服务功能；在袁滩村成功召开全区农村厕所革命现场会，运用的联户管网小型污水收集处理模式接受国家部委观摩；三个村巷道铺装10900平方米、硬化道路7650平方米、新砌围墙2300米，高效快速完成市督查反馈人居环境问题图斑整改245处，积极自查整改问题图斑81处。

【疫情防控】 2021年，陈袁滩镇积极应对"10·20"新冠疫情，辖区精准完成三次全员核酸检测，检测率达100%，做到不漏一户、不漏一人，建立"镇村组、镇社区小区"三级防护网格，落实"五包一"责任制，全镇党员干部、群众全力奋战疫情防控一线，保障人民群众生活生命安全。全镇接种新冠肺炎疫苗27522剂次。

【脱贫攻坚成果巩固】 2021年，陈袁滩镇严格落实"四个不摘"总要求，扎实做好防止返贫动态监测和帮扶大排查，建立防返贫动态监测预警台账，定期跟踪回访，新识别突发严重困难户5户14人，全部落实针对性帮扶措施。推动工作目标和资源稳步向乡村振兴转型，抓好"四大提升行动"，翻新加固农村危房326户，完善控辍保学机制，落实分类资助参保政策，全面推广"互联网+城乡供水"，持续巩固拓展脱贫攻坚成果。

【民生保障】 2021年，陈袁滩镇落实城乡居民最低生活保障政策，公开审核农村全镇新增城乡低保89户107人，提标8户8人；共发放临时救助资金82户21万元，妥善安置城市公岗38人、农村公岗7人，农村合作医疗参合率达到100%，办理"铁杆庄稼保"1449人。培育小企业14个、小老板69人、创业典型1个，创造新岗位224个，完成劳务输出2207人，实现劳务收入5623万元，发放2021年度创业贴息贷款17笔112万元，发放妇女创业贷款36户362万元。

【科教卫健工作】 2021年，陈袁滩镇大力开展科普宣传活动，完成新型农民培训500人，致富能手100人。持续巩固教育强镇成果，小学、初中适龄儿童入学率达到100%。认真开展爱国卫生运动和健康教育活动，完成农村妇女"两癌"筛查500余人次，实现常住人口健康档案全覆盖，全面提升计生优质服务水平，孕前优生检查完成率达到98%。结合国家卫生城市复审工作，创建黄河楼社区为自治区级健康细胞项目，打造滨河新村健康跑道和韵欣苑社区健康小屋，补号村顺利完成自治区健康社区检查验收。

【平安建设】 2021年，陈袁滩镇扎实推进"八五"普法工作，开展普法宣传20余次。全面推行"网格化"管理模式，打造全域网格积分超市6个，袁滩村被评为全国第二批乡村治理示范村。坚持信访、矛盾纠纷排查、稳控、督办、化解制度，化解重点信访案件25件、矛盾纠纷68件，搭建舆情预警中心，加强精神病人、涉毒人员、刑满释放人员等6类重点人员管控力度，全年无命案发生。

【安全生产】 2021年，陈袁滩镇开展全域创建"食品药品安全区"，修订完善安全生产16项制度，成立消防、水域、交通等10个安全生产专项工作小组，严格落实辖区89个重点场所、区域巡防监督整改，累计开展大检查64次，排查整改安全隐患62处，组织培训演练10余次。完成道路交通两站三员建设，在各村建设交通安全劝导站4个,配备5名劝导员,宣传维护道路交通安全。

【法治政府建设】 2021年,陈袁滩镇严格落实依法治镇"一岗双责",坚持法治建设与中心工作、业务工作同谋划、同部署,不断丰富领导干部学法用法内容,组织开展法律知识学习20余次。落实行政执法三项制度,全面推行行政执法公示、执法过程全记录、重大执法决定全审核。完善规范性文件管理机制,行政规范性文件清理63份。大力推进政务公开标准化规范化试点工作,按照"五公开"内容架构,市政府公示重大决策事项目录1项。充分利用"互联网+"模式,先后公开政务信息1450余条,办结"12345"便民服务热线216件,办理市、镇两级人大代表意见建议9件。

【精神文明建设】 2021年,陈袁滩镇落实《意识形态责任制实施细则》,定期召开党委会研究意识形态工作,强化网络舆论引导和阵地管理,工作动态信息先后在"学习强国"、《宁夏日报》《吴忠日报》报道30余次,青铜峡市电视台采播15余次,韵欣苑小区基层治理得到《宁夏法治报》头版专题报道。高效运用新时代文明实践站(点),营造社会主义核心价值观广泛宣传教育氛围,充分发挥陈袁滩镇"红草帽"志愿服务队作用,打响"保护母亲河,青年在行动"、五色"韵欣""黄河情"志愿服务3个志愿服务品牌。深入推进移风易俗、文明村镇创建等重点工作,规范各村(社区)村规民约、红白理事会运行,补号村通过全国文明村复验,袁滩村通过吴忠市文明村复验。

【基层党建】 2021年,陈袁滩镇扎实开展党史学习教育,打造陈袁滩镇党史学习教育中心,接待全市各单位参观学习30余次,先后运用理论学习、专题研讨、主题党日等学习形式,组织专题研讨8次,集中观看电影4次,实地观摩3次,理论宣讲20余场,落实为民办实事50余件,不断强化党员干部理想信念教育和党性教育。严格按照"十严禁"的换届纪律,统一思想、凝聚共识,圆满完成镇新一届党委、人大、政府领导班子选举,指导各村、社区完成"两委"换届选举,成功选出村、社区"两委"成员27人,一升一降目标顺利完成。深入推进农村党建"一抓两整"示范镇村创建行动和"基层党建全面提升年"活动,大力推进城市基层党建工作提档升级,成立21个网格党小组,确定42名党员联系户,打通基层党建"神经末梢"。发展党员9名,年末完成14名党员发展任务。开展六个先锋示范户评选,全镇评选136户。扎实开展"导师帮带制",结成"书记帮书记""老同志带新干部"等帮扶对子6对。

【党风廉政建设】 2021年,陈袁滩镇严格落实党风廉政建设和意识形态工作责任制,持续纠治"四风",排查整治群众身边腐败和作风问题4个,追回违规发放社会救助金1.21万元。深化运用督查机制,结合脱贫攻坚、黄河治理、工程建设等工作开展各类监督检查共26次,协调解决民生问题13个,高效处置问题线索3件,立案1件,给予党纪政务处分1人。

【第四次党员代表大会】 2021年7月29日,中国共产党陈袁滩镇第四次代表大会召开。大会应到代表109名,实到代表108名。大会听取和审查中共青铜峡市陈袁滩镇第三届委员会的工作报告;听取和审查中共青铜峡市陈袁滩镇纪律检查委员会的工作报告;选举产生中国共产党陈袁滩镇第四届委员会委员9人,分别为马莉、马维忠、王保、孙超、李霞、陈文宝、武智杰、周文军、柏晓东,陈袁滩镇纪律检查委员会委员5人,分别为马莉、马东升、罗晓、宗丽娟、景志红。选举柏晓东为党委书记,武智杰、马维忠为党委副书记,马莉为纪委书记。

【第十六届人民代表大会第一次会议】 2021年9月9日,陈袁滩镇召开第十六届人民代表大会第一次会议。大会应到代表60名,实到代表60名。大会听取和审议陈袁滩镇人民政府工作报告;听取和审议陈袁滩镇人大工作报告;听取和审议陈袁滩镇第十五届人民代表大会第四次会议以来代表意见建议办理情况报告;审议陈袁滩镇财政预算决算报告;选举孙超为镇人大主席,武智杰为政府镇长,周文军、王保为政府副镇长。

(高正舒)

裕民街道

【概况】 裕民街道地处青铜峡市政治经济文化中心,2021年辖区面积29.6平方千米,常住人口10.2万人,加流动人口达到14万,占全市人口一半。辖10个社区居委会(紫薇社区、怡园社区、北苑社区、南苑社区、银河社区、东街社区、名峡社区、唐源社区、惠源社区和汉源社区),113个住宅小区。

【网格化治理】 2021年,裕民街道针对疫情防控中暴露出的基层治理力量薄弱的短板,选派100多名干部下沉到网格,公开招聘120名公益性岗位担任网格员,每个网格至少配备3名网格员,社区工作者从以前每个社区7—9人增至现在每个社区40人以上。建立便民服务驿站,推行"136"工作法,做实网格化管理。在社区建立综治中心,健全"源头发现、采集建档、分流交办、检查督促、结果反馈"的网格化管理运行机制,做到居民诉求快速响应、快速处置。

【物业服务监督】 2021年,裕民街道制订《裕民街道2021物业服务管理工作方案》,修改《裕民街道物业考核办法》,强化物业企业监督考核,以考核促进物业服务的提升。引入物业竞争机制,优胜劣汰,将服务理念好、服务水平高的物业企业引入进驻小区。在条件成熟的小区及时成立业委会。加大住宅专项维修资金审计,把好审核关口,确保资金使用公开、透明、有效。协调住建、公安等部门,调处化解物业矛盾纠纷350起。

【便民服务】 2021年,裕民街道深入开展全国文明城市创建及卫生城市复验,巩固提升老旧小区改造后的物业管理,推进北苑小区改造项目,获得自治区党委书记陈润儿高度评价,人民日报客户端以"让居民的幸福生活在家门口升级"为题专题报道。全面落实"一网一门一次一窗"的改革举措,在街道建立"一站式"综合服务场所,根据街道服务人口数量和45项政务服务事项,编制便民服务事项目录清单,合理设置服务窗口,优化服务流程,推行"全科"综合受理模式,推动更多审批服务事项网上办理,采取"互联网+政务服务"的便民服务模式,业务部门下放的43项政务服务事项全部实现网上办理,累计办件1580件,办结率100%。在各社区建立社区便民服务驿站,面向社区居民开展家政维修、技能培训等便民服务,提供代缴代办代理等服务,实现群众办事就近能办、多点可办、少跑快办,切实增强了群众办事的获得感和满意度。截至目前,各社区通过宁夏政务服务网办件累计6492件,办结率100%。街道荣获全国示范型、自治区标杆型退役军人服务站称号。借助老旧小区改造项目和天网、地网工程,推动智慧小区建设,在小区安装智能云广播、人脸识别门禁、微卡口视频识别系统,为辖区居民提供更多安全智能服务,让智慧社区更"智慧"。

【综合治理】 2021年，裕民街道深化政务公开标准化规范化建设，巩固拓展"政府开放日"活动，认真开展"八五"普法，推行"一社区一法律顾问"，13名干部取得行政执法资格证，成立南苑社区矛盾纠纷联调中心，努力构建警律联调、警司联调、警行联调、警民联调的大调处格局，做到"大事不出街道，小事不出社区"，累计化解各类矛盾纠纷共计1600余起，成功率100%，街道连续两年实现"零上访"。在各社区打造标准化的便民服务驿站，服务内容由简单的便民服务向职业介绍、家政维修、技能培训、代办代缴等方向拓展，为居民提供更加多样、便捷的服务。全年办理12345便民服务热线诉求112件，办结率100%，化解物业管理、环境保护、消防安全等方面的纠纷82起，调解成功率100%。共发布就业信息3600条，帮助356人再就业。协调解决了新井、供电、剧团等老旧小区869户居民的天然气用气问题。推行红色业委会、红色物业公司"双红工程"，切实推动物业服务提质增效。全面推行全域网格积分制管理，建立奖励激励机制，激发广大党员干部参与基层治理的热情。加大联合执法力度，集中开展"五乱整治"、消防安全隐患排查等专项整治12次，消除一般安全隐患430处，上报、处置违规存放液化气等重大安全隐患7处，处置率达100%。全年未发生人员伤亡及重大安全生产事故。东街社区荣获第五届全国消防安全先进集体。

【疫情防控】 2021年，裕民街道制订《裕民街道全员核酸检测应急预案》，设立1个领导小组和7个工作专班开展疫情防控。严格落实疫情防控措施，在130个居民小区合理设置76个全员核酸检测采样点，完成城区218233人的三轮全员核酸采样，严格管控77个封控单元，落实居家隔离1611人次。累计完成疫苗接种68075人，按照实际辖区居住人口超额完成疫苗接种任务。

【社区整治】 2021年，裕民街道结合全国文明城市、国家卫生城市复验工作，联合相关执法部门开展执法行动，深入开展"五乱"专项整治，对居民小区内乱停乱放、乱贴乱画、高空甩线充电、侵占绿地等问题综合整治，开展环境集中整治40场次。建立街道志愿服务联合会，推进志愿服务活动常态化，助力新时代社区文明实践活动，巩固国家卫生城市创建成果。开展志愿服务活动478场次，解决群众微心愿289条，化解各类矛盾纠纷1300余起。开展挤占消防通道乱堆乱放、侵占绿地、小广告专项整治行动，共清理乱堆乱放乱搭乱建240处，铲除各类小广告5600处，更换破损垃圾桶200个，清理小区公共绿地种菜1035处，补栽补植花卉树木40839平方米。清除各类垃圾杂物210吨，治理高空飞线充电1280处。

【民生保障】 2021年，裕民街道共发放低保、高龄津贴、特困户补助等各类临时救助金共计115250元，城镇失业人员再就业906人，完成目标任务数的101%；困难人员再就业150人，完成目标任务数的100%；培养小老板196家，完成目标任务数的122.5%，创造新岗位409个，完成目标任务数的113.6%；举办育婴师、烹饪、IYB培训班各1期，培训人次150人；上报就业创业信息5篇。做好社区网格员（公益性岗位）招募及就业困难人员公益性岗位申报工作，共报名104人，通过层层筛选，街道分配社区网格员及劳动保障协理员52名，按指标分配到相关社区，做好录用人员的合同备案、社保办理等相关工作。孕前优生检查126对252人，计生特扶家庭46户，扶助金37.2万元。

【党史学习教育】 2021年，裕民街道严格按照青铜峡市委党史学习教育领导小组及督导组的要求，结合街道实际，制订实施方案和学习清单，明确"五学活动""四个引领""四项提升"行动、"七个新"重点任务，确保党史学习教育开好局、起好步。各社区党组织细化任务，责任到人，线上、线下同步开展学习动员，确保组织到位、措施到位、落实到位。街道社区开展专题党课61场次，党史研讨105场次，党史学习520场次，集中学习400场次，主题党日活动44次，共观看红色电影78场次、红歌联唱35场、参观党史展23次、红色基地现场体验学习14次。

【精神文明建设】 2021年，裕民街道进一步完善社区党校、新时代文明实践站、道德大讲堂、街道综合文化服务中心、社区"百姓大舞台"等社区宣传文化阵地，新建南苑社区雷锋馆，做强主阵地。借助社区居民微信群、QQ群、公众微信号等新型媒介，发挥协商议事会、红白理事会的作用，举办移风易俗"微宣讲"、移风易俗巡演等主题文化活动，唱响主旋律，弘扬正能量。以创建国家卫生城市、全国文明城市为载体，以宣传贯彻社会主义核心价值观为主旋律，广泛开展文明新风宣传引导活动，在各社区成立红白理事会，评选推荐表彰战疫模范、最美家庭等400余人，群众性文艺团队达到27支1500人。在街道辖区广泛开展了传染病防治、婚丧嫁娶事宜公约、文明祭祀、文明上网、志愿之城创建等文明新风宣传引导活动。在10个社区建立了移风易俗"一会一约"和"四德榜"，登记注册惠援管家、东街大妈、益+艺等志愿服务组织10个，实名注册志愿者总数8230人，发起志愿项目38个，开展志愿活动350场次。紫薇社区荣获自治区文明单位称号和志愿服务社区称号。推行社区民警担任社区党委（总支）副书记、社区助理，构建社区民警指挥负责、辅警和各种社会综治力量参与的1+X+N工作模式，进一步完善壮大红袖标、小喇叭义务巡防队等群防群治组织，强化人防物防技防防控网络建设，建立无人警务室，深入推动平安街道建设。

【基层党建】 2021年，裕民街道通过完善基层党建组织架构，纵向建立以街道党工委—社区党委（党总支）—网格党支部—楼栋党小组—党员中心户为链条的组织架构。横向健全街道联合工委、社区联合党委为支撑的组织体系。不断强化基层党建对基层治理的政治引领、组织引领、能力引领、机制引领，把制度优势转化为治理效能。建立街道联合工委，完善街道联合工委议事规则、保障机制等制度体系，探索建立"街道吹哨，部门报到"机制，落实"一书三单"，为街道、社区在更大范围内调度辖区资源、推进共建共治共享建立了制度保障。确保党的政治引领覆盖到街道社区的各个层面，以健全的组织体系引领基层社会治理。街道党工委荣获吴忠市先进基层党组织。10个社区全部升格为党委（总支），全部建立标准化的党群活动服务中心、开放式社区党校，成立网格党支部30个，建立楼栋党小组87个，落实在职党员到社区报到制度。在21个条件成熟的小区成立"红色业委会"，引导77名群众声望高、服务意识强的党员担任业主委员会委员（其中党员42名）。在条件具备的物业服务企业成立党支部，将"红色基因"注入物业企业、业委会，充分发挥党的组织优势，进一步强化了社区党组织的引领作用。依法开展社区两委换届，两委换届活动圆满成功。充分发挥社区联合党委作用，调动成员单位发挥人力、财力、物力等方面的优势，支持社区建设，帮助社区解决实际问题，切实改善了街道、社区单打独斗小马拉大车的局面。建立街道志愿者联合会，培育壮大志愿服务队伍，社区实名注册志愿者人数达到居民人数13%以上，精心培育了"东街大妈""惠源管家"等志愿服务品牌。按照"协商于民、协商为民"的要求，在社区推行协商"六事"工作机制，即百姓点事,广收议题;"两委"定事,确定议题;居民议事,平等协商;与会决事,集体表决;多元办事,组织实施;公众评事,督促落实,变"为民做主"为"由民做主"。因时制宜,因地制宜,采取民情恳谈会、网格议事会、板凳会等形式,组织居民自己提出解决问题的方案,引导居民自己议、自己定、自己干、自己管,不断拓宽民主议事的范围和途径,激发基层自治活力。

【党风廉政建设】 2021年,裕民街道严格落实党风廉政建设责任制,完善党工委"三重一大"、集体决策等议事规则,牢固树立"抓好主体责任是本职,不抓主体责任是失职,抓不好主体责任是不称职的"理念,勇于担当,真抓实管,落实党建工作责任制,坚持中心组学习制度,加强街居干部绩效考核,切实增强党工委抓党建、抓治理、抓服务的主体责任。充分运用监督执纪"四种形态",坚持把监督严在日常,抓在经常,切实提高党员干部遵规守纪的自觉性。细化党风廉政建设"三个清单"内容,严格落实"一岗双责",制定并公示各办(中心)、所负责人及重点岗位工作人员岗位廉政风险点,强化执纪监督,做到有案必查、违纪必究,签订党风廉政责任书31份,签订廉政承诺书130余份,全年约谈精准扶贫、医保缴费等工作推进缓慢、作风不实的干部5批次20人,查处各类违纪案件8件,组织处理5人,给予党纪处分3人。

(潘越玲)

荣 誉

编辑◎陈 玲

先进集体

省部级先进集体名录

【全国脱贫攻坚先进集体】

中共青铜峡市邵岗镇委员会

颁奖单位：中共中央委员会、中华人民共和国国务院

颁奖时间：2021年2月25日

【第二批全国乡村治理示范村】

青铜峡市陈袁滩镇袁滩村

颁奖单位：中共中央农村工作领导小组、农业农村部、中共中央宣传部、民政部、司法部、国家乡村振兴局

颁奖时间：2021年9月23日

【第九届全国服务农民、服务基层文化建设先进集体】

青铜峡市图书馆

颁奖单位：中共中央宣传部、文化和旅游部、国家广播电视总局

颁奖时间：2021年12月22日

【2016—2020年全国普法工作先进单位】

青铜峡市委全面依法治市委员会守法普法协调小组

颁奖单位：中共中央宣传部、司法部、全国普法办

颁奖时间：2021年12月28日

【2021年国家农民合作示范社】

青铜峡市嘉泰奶牛养殖专业合作社

青铜峡市金土地农作物专业合作社

青铜峡市先锋大青葡萄种植专业合作社

颁奖单位：农业农村部、国家发展改革委、财政部、水利部、税务总局、市场监督总局、国家林草局、供销合作总社

颁奖时间：2021年6月11日

【全国第一批节约型机关】

中国共产主义青年团青铜峡市委员会

青铜峡市妇女联合会

中共青铜峡市委员会办公室

颁奖单位：国家机关事务管理局、中共中央直属机关事务管理局、国家发展改革委、财政部

颁奖时间：2021年8月23日

【2020年度全国综合减灾示范社区】

青铜峡市裕民街道东街社区

颁奖单位：国家减灾委员会、应急管理部、中国气象局、中国地震局

颁奖时间：2021年2月25日

【第三批全国乡村旅游重点村】

青铜峡市大坝镇韦桥村

颁奖单位：文化和旅游部

颁奖时间：2021年8月2日

【2017—2020年度全国群众体育先进单位】

青铜峡市体育中心

颁奖单位：国家体育总局

颁奖时间：2021年9月2日

【2020—2021年度全国"五好"县级工商联】

青铜峡市工商业联合会

颁奖单位：中华全国工商业联合会

颁奖时间：2021年12月27日

【全区脱贫攻坚先进集体】

青铜峡市农业农村局

青铜峡镇人民政府

青铜峡市邵岗镇同乐村驻村工作队

颁奖单位：中共宁夏回族自治区委员会、宁夏回族自治区人民政府

颁奖时间：2021年4月25日

【全区法治政府建设示范地区(单位)】

青铜峡市

颁奖单位：中共宁夏回族自治区委员会

颁奖时间：2021年6月21日

【全区先进基层党组织】

青铜峡市裕民街道怡园社区党委

青铜峡市峡口镇赵渠村党支部

青铜峡市中医院党支部

颁奖单位：中共宁夏回族自治区委员会

颁奖时间：2021年6月24日

【全区"七五"普法先进集体】

青铜峡市市场监督管理局

颁奖单位：中共宁夏回族自治区委员会、宁夏回族自治区人民政府

颁奖时间：2021年11月30日

【自治区高新产业开发区】

青铜峡市工业园区

颁奖单位：宁夏回族自治区人民政府

颁奖时间：2021年12月27日

厅局级先进集体名录

【2020年国家义务教育质量检测实施"县级优秀组织单位"】

青铜峡市教育局

颁奖单位：教育部基础教育质量监测中心

颁奖时间：2021年1月8日

【第三批全国农村创业创新典型县】

青铜峡市

颁奖单位：农业农村部办公厅

颁奖时间：2021年1月14日

【2020年全国青少年校园足球特色学校】

青铜峡市沈闸中心小学

青铜峡市第四中学

青铜峡市第五中学

颁奖单位:教育部办公厅

颁奖时间:2021年1月15日

【2020年全国足球特色幼儿园】

青铜峡市韵欣苑幼儿园

青铜峡市七彩幼儿园

青铜峡市龙海幼儿园

颁奖单位:教育部办公厅

颁奖时间:2021年1月15日

【2016—2020年度全国科普示范县总结评估优秀县（市）】

青铜峡市

颁奖单位:中国科协办公厅

颁奖时间:2021年3月29日

【全国农民合作社质量提升整县推进试点单位】

青铜峡市

颁奖单位:农业农村部办公厅

颁奖时间:2021年6月21日

【2021年农产品产地冷藏保鲜整县推进试点】

青铜峡市

颁奖单位:农业农村部办公厅、财政部办公厅

颁奖时间:2021年7月23日

【2020年度全国工会财务先进单位】

青铜峡市总工会

颁奖单位:中华全国总工会办公厅

颁奖时间:2021年8月27日

【2021年中国美丽休闲乡村】

青铜峡市青铜峡镇余桥村

颁奖单位:农业农村部办公厅

颁奖时间:2021年11月12日

【全国星级基层农技推广机构】

青铜峡市农业技术和农机化推广服务中心

颁奖单位:农业农村部科技教育司

颁奖时间:2021年11月17日

【全国一级文化馆】

青铜峡市文化馆

颁奖单位:文化和旅游部公共服务司

颁奖时间:2021年11月18日

【第一批创建农业现代化示范区】

青铜峡市

颁奖单位:农业农村部发展规划司、财政部农业农村司、国家发展改革委农村经济司

颁奖时间:2021年11月19日

【2020年度政务信息工作先进单位】

青铜峡市医疗保障局

颁奖单位:自治区医疗保障局

颁奖时间:2021年1月7日

【2020年度全国示范型退役军人服务中心(站)】

青铜峡市退役军人服务中心

瞿靖镇退役军人服务站

小坝镇退役军人服务站

叶盛镇退役军人服务站

陈袁滩镇退役军人服务站

大坝镇退役军人服务站

邵岗镇退役军人服务站

峡口镇退役军人服务站

裕民街道退役军人服务站

青铜峡镇退役军人服务站
颁奖单位:自治区退役军人服务厅
颁奖时间:2021年1月20日

【2020年度自治区标杆型退役军人服务中心(站)】
青铜峡市退役军人服务中心
小坝镇退役军人服务站
裕民街道退役军人服务站
颁奖单位:自治区退役军人服务厅
颁奖时间:2021年1月20日

【2020年全区空中课堂工作先进单位】
青铜峡市教育局
颁奖单位:自治区教育工委、自治区教育厅
颁奖时间:2021年1月21日

【2020年全区教育宣传工作先进单位】
青铜峡市教育局
颁奖单位:自治区教育工委、自治区教育厅
颁奖时间:2021年1月21日

【全区优秀公安基层单位】
青铜峡市公安局交通管理大队
颁奖单位:自治区公安厅
颁奖时间:2021年1月25日

【2020年全区重大气象先进集体】
青铜峡市气象局
颁奖单位:自治区气象局
颁奖时间:2021年2月

【自治区精神文明建设工作先进集体】
青铜峡市文明办
颁奖单位:自治区文明办
颁奖时间:2021年3月30日

【自治区未成年人思想道德建设工作先进单位】
青铜峡市第五小学
颁奖单位:自治区文明办
颁奖时间:2021年3月30日

【自治区移风易俗工作先进村镇】
青铜峡市邵岗镇
颁奖单位:自治区文明办
颁奖时间:2021年3月30日

【自治区移风易俗工作先进红白理事会】
青铜峡市峡口镇沈闸村红白理事会
青铜峡市小坝镇南庄村红白理事会
颁奖单位:自治区文明办
颁奖时间:2021年3月30日

【2020年全区中小学"互联网+教育"应用大赛优秀组织奖】
青铜峡市教育局
颁奖单位:自治区教育厅
颁奖时间:2021年3月26日

【继续确认的自治区文明村镇】
青铜峡市峡口镇赵渠村
青铜峡市叶盛镇五星村
青铜峡市青铜峡镇
青铜峡市陈袁滩镇
颁奖单位:自治区精神文明建设指导委员会
颁奖时间:2021年4月6日

【继续确认的自治区文明单位】
青铜峡市司法局

青铜峡市公安局城关派出所

宁夏渠首管理处

宁夏塞外香食品有限公司

颁奖单位：自治区精神文明建设指导委员会

颁奖时间：2021年4月6日

【自治区第一批党史学习教育参观点】

青铜峡余家桥烈士陵园

青铜峡唐正闸（大坝）水利风景区

颁奖单位：自治区党委党史学习教育领导小组

颁奖时间：2021年4月12日

【自治区无烟党政机关】

青铜峡市人民法院

青铜峡市人民检察院

国家税务总局青铜峡市税务局

青铜峡市气象局

青铜峡市渠首管理处

青铜峡市烟草专卖局

颁奖单位：自治区卫生健康委员会、自治区精神文明指导委员会办公室、自治区爱国卫生运动委员会

颁奖时间：2021年4月21日

【2021年全区学生田径锦标赛暨中华人民共和国第十四届学生运动会选拔赛"体育道德风尚奖"】

青铜峡市体育局

颁奖单位：自治区教育厅

颁奖时间：2021年4月

【2021年自治区科普工作站】

青铜峡市裕民街道唐源社区

颁奖单位：自治区科学技术厅

颁奖时间：2021年5月6日

【2020年全区法治政府建设示范地区】

青铜峡市

颁奖单位：自治区党委全面依法治区委员会

颁奖时间：2021年6月7日

【全区公安机关信访工作成绩突出集体】

青铜峡市公安局政工监督室

颁奖单位：自治区公安厅

颁奖时间：2021年6月11日

【"感恩新时代 歌声献给党"红色经典歌曲比赛一等奖】

宁夏储备粮青铜峡储备库（有限公司）

颁奖单位：中共宁夏回族自治区粮食和物资储备局直属机关委员会、宁夏粮食工会委员会、共青团宁夏回族自治区粮食和物资储备局机关委员会

颁奖时间：2021年6月11日

【全区禁毒工作先进集体】

青铜峡市叶盛镇人民政府

颁奖单位：自治区禁毒委员会

颁奖时间：2021年6月14日

【全区教育系统先进基层党组织】

青铜峡市第一中学党总支

颁奖单位：自治区教育工委、自治区教育厅党组

颁奖时间：2021年6月22日

【水利厅先进基层党支部】

宁夏渠首管理处大坝管理所党支部

宁夏渠首管理处大清渠管理所党支部

颁奖单位：中共宁夏回族自治区水利厅党委

颁奖时间：2021年6月23日

【全区税务系统先进基层党组织】

  中共国家税务总局青铜峡市税务局小坝税务分局支部委员会

  颁奖单位：自治区税务局党委

  颁奖时间：2021年6月25日

【婚姻家庭矛盾纠纷观察点】

  青铜峡市妇女联合会

  青铜峡市裕民街道汉源社区

  颁奖单位：自治区妇女联合会

  颁奖时间：2021年6月

【2021—2023年创建自治区文明校园先进学校】

  青铜峡市第五中学

  青铜峡市第五小学

  青铜峡市高级中学

  颁奖单位：自治区文明办、自治区教育厅

  颁奖时间：2021年7月22日

【宁夏特色旅游村】

  青铜峡镇余桥村

  大坝镇韦桥村

  颁奖单位：自治区文化和旅游厅

  颁奖单位：2021年7月28日

【"永远跟党走　幸福生活舞起来"全区广场舞大赛二等奖】

  青铜峡市文化馆

  颁奖单位：自治区党委宣传部、自治区文化和旅游厅、妇女联合会、体育局、宁夏广播电视台

  颁奖时间：2021年7月

【"宁夏中房杯"百乡千村广场舞大赛暨"我要上全运"全国第十四届运动会广场舞项目宁夏选拔赛全区总决赛一等奖】

  青铜峡市文化馆

  颁奖单位：自治区体育局

  颁奖时间：2021年7月

【"颂歌献给党——全区劳动者之歌"合唱大赛优秀奖】

  青铜峡市陈袁滩镇人民政府——青铜峡市陈袁滩"红草帽"合唱队

  颁奖单位：自治区总工会、文化和旅游厅、广播电视局、宁夏广播电视台、宁夏广电传媒集团有限公司

  颁奖时间：2021年8月4日

【全区公安机关扫黑除恶专项斗争有功嘉奖集体】

  青铜峡市公安局河西派出所

  颁奖单位：自治区公安厅

  颁奖时间：2021年8月6日

【自治区健康社区示范点】

  青铜峡市裕民街道东街社区

  青铜峡市陈袁滩镇黄河楼社区

  颁奖单位：自治区爱国卫生运动委员会

  颁奖时间：2021年8月30日

【自治区健康机关(事业单位)示范点】

  国网宁夏电力有限公司青铜峡市供电公司

  国家税务总局青铜峡市税务局

  颁奖单位：自治区爱国卫生运动委员会

  颁奖时间：2021年8月30日

【自治区健康学校示范点】

  青铜峡市第五中学

青铜峡市第七中学

颁奖单位：自治区爱国卫生运动委员会

颁奖时间：2021年8月30日

【2021年第四届宁夏农村创业创新项目创意大赛优秀组织奖】

青铜峡市农业农村局

颁奖单位：自治区农业农村厅、自治区人力资源社会保障厅、自治区总工会、自治区妇女联合会

颁奖时间：2021年8月

【第一批宁夏特色旅游村镇】

大坝镇韦桥村

青铜峡镇余桥村

叶盛镇地三村

颁奖单位：自治区文化和旅游厅、自治区发展和改革委员会

颁奖时间：2021年9月13日

【"美丽中国·节水在身边"短视频征集大赛二等奖】

青铜峡市团委报送的作品《黄河的渴望·节水从我做起》

颁奖单位：自治区党委宣传部、自治区文明办、自治区团委、自治区水利厅、自治区教育厅、自治区生态环境厅、自治区节水办、宁夏广播电视台

颁奖时间：2021年9月18日

【2021年宁夏全民科学素质网络知识竞赛县级优秀组织单位】

青铜峡市科学技术协会

颁奖单位：自治区科学技术协会、宁夏全民素质纲要实施工作办公室

颁奖时间：2021年10月18日

【2021年宁夏第八届社会体育指导员交流展示大赛健身秧歌一等奖】

青铜峡市文化馆

颁奖单位：自治区体育局

颁奖时间：2021年10月

【2021年宁夏第八届社会体育指导员交流展示大赛健身秧歌团体三等奖】

青铜峡市文化馆

颁奖单位：自治区体育局

颁奖时间：2021年10月

【全区教育系统庆祝中国共产党成立100周年系列活动优秀组织奖】

青铜峡市教育局

颁奖单位：自治区教育工委、自治区教育厅

颁奖时间：2021年11月11日

【庆祝中国共产党成立100周年全区第八届高中组学生合唱类二等奖】

青铜峡市高级中学的合唱歌曲《没有共产党就没有新中国》《不忘初心》

指导教师：李黎　安娜　樊荣杰

颁奖单位：自治区教育工委、自治区教育厅

颁奖时间：2021年11月11日

【庆祝中国共产党成立100周年全区第八届小学组学生合唱类二等奖】

青铜峡市第二小学的合唱歌曲《没有共产党就没有新中国》《唱支山歌给党听》

指导教师：王海燕　徐薇

颁奖单位：自治区教育工委、自治区教育厅

颁奖时间：2021年11月11日

【2019—2020年医保转移支付资金使用绩效评价考核优秀单位】

青铜峡市医疗保障局

颁奖单位：自治区医疗保障局

颁奖时间：2021年11月19日

【2021年自治区三星级农机作业公司】

青铜峡市金土地农机作业服务有限公司

青铜峡市益新农机服务有限公司

青铜峡市振兴农机服务有限公司

青铜峡市嘉禾源农机作业服务有限公司

颁奖单位：自治区农业农村厅

颁奖时间：2021年11月25日

【2021年度全区医保电子凭证激活推广工作成绩突出单位】

青铜峡市医疗保障局

颁奖单位：自治区医疗保障局

颁奖时间：2021年12月

【2021年疫情防控工作优秀青年集体】

青铜峡市团委青年突击队

颁奖单位：共青团宁夏回族自治区委员会、宁夏志愿者协会

颁奖时间：2021年12月13日

【全区第七次全国人口普查先进集体】

青铜峡市统计局

青铜峡市裕民街道办事处

青铜峡市青铜峡镇人民政府

青铜峡市小坝镇人民政府

青铜峡市瞿靖镇人民政府

颁奖单位：自治区第七次人口普查领导小组

颁奖时间：2021年12月27日

【2021年度全区退役军人信息宣传成绩突出单位】

青铜峡市退役军人事务局

颁奖单位：自治区退役军人事务厅

颁奖时间：2021年12月29日

【全区应急管理(安全生产)先进集体】

青铜峡市应急管理局

颁奖单位：自治区安委会办公室、自治区应急管理指挥部办公室、自治区应急管理厅

颁奖时间：2021年12月31日

【2021年评定为"优秀"等次的全区纪检监察特色亮点工作】

青铜峡市纪委监委　建立督查工作站助力乡村振兴工作

颁奖单位：自治区纪委

颁奖时间：2021年12月31日

【全区教育系统2021年度先进记者站】

青铜峡市教育局

颁奖单位：自治区教育厅

颁奖时间：2021年12月

吴忠市先进集体名录

【全市先进基层党组织】

青铜峡市裕民街道党工委

青铜峡市大坝镇党委

青铜峡市市场监督管理局机关党委

青铜峡市委组织部党支部

青铜峡市小坝镇先锋村党支部

青铜峡市铝业学校党支部

青铜峡市青铜峡镇中心卫生院党支部

青铜峡市广武林果协会党支部

青铜峡市陈袁滩镇黄河楼社区党总支部
颁奖单位：中共吴忠市委员会
颁奖时间：2021年6月25日

青铜峡市先进集体名录

【集体三等功】

陈袁滩镇人民政府

颁奖单位：中共青铜峡市委员会、青铜峡市人民政府

颁奖时间：2021年2月26日

【2020年度晋升五星级基层党组织】

青铜峡镇谭桥村党支部

颁奖单位：中共青铜峡市委员会

颁奖时间：2021年3月18日

【2020年度晋升四星级基层党组织】

（一）党委

宁夏金昱元化工集团有限公司党委

（二）农村党组织

峡口镇任桥村党支部

大坝镇利民村党支部

大坝镇中滩村党支部

（三）机关单位党组织

公安局交警大队党支部

总工会党支部

检察院第一党支部

市委政法委党支部

政府办公室党支部

市妇女联合会党支部

（四）中小学校党组织

第六中学党支部

（五）国有企业党组织

城市公用事业服务（中心）有限公司机关党支部

（六）非公企业党组织

宁夏金昱元能源化学有限公司党支部

宁夏金昱元化工集团有限公司机关党支部

颁奖单位：中共青铜峡市委员会

颁奖时间：2021年3月18日

【2020年度支持地方经济社会发展先进单位】

青铜峡市气象局

青铜峡市消防救援大队

国家统计局青铜峡调查队

中国农业发展银行青铜峡支行

颁奖单位：中共青铜峡市委员会、青铜峡市人民政府

颁奖时间：2021年5月

【全市先进基层党组织】

中共青铜峡市人大常委会机关支部委员会

中共青铜峡市纪委监委支部委员会

中共青铜峡库区管理局支部委员会

中共青铜峡市委网信办支部委员会

中共青铜峡市公安局指挥中心支部委员会

中共青铜峡市住房和城乡建设局机关委员会

中共青铜峡市市政管理服务中心支部委员会

中共青铜峡市图书馆支部委员会

中共青铜峡市气象局支部委员会

中共青铜峡市第五中学支部委员会

中共青铜峡市第五小学支部委员会

中共青铜峡市红星中心小学支部委员会

中共青铜峡市叶盛镇中心卫生院支部委员会

中共青铜峡市市场监督管理局裕民市场监管所支部委员会

中共青铜峡市妇女联合会支部委员会

中共青铜峡市农田建设服务中心支部委员会

中共青铜峡市不动产登记服务中心支部委员会
中共青铜峡市裕民街道银河社区委员会
中共青铜峡市峡口镇委员会
中共青铜峡市青铜峡镇铝厂社区支部委员会
中共青铜峡市青铜峡镇沃沙村支部委员会
中共青铜峡市大坝镇三棵树村支部委员会
中共青铜峡市大坝镇韦桥村支部委员会
中共青铜峡市小坝镇南庄村支部委员会
中共青铜峡市瞿靖镇毛桥村支部委员会
中共青铜峡市瞿靖镇时坊村支部委员会
中共青铜峡市叶盛镇联丰村支部委员会
中共青铜峡市邵岗镇委员会
中共青铜峡市邵岗镇同富村支部委员会
中共青铜峡市恒源砼业有限公司支部委员会
颁奖单位:中共青铜峡市委员会
颁奖时间:2021年6月29日

【全市2020年度模范机关创建达标单位】

青铜峡市委办公室
青铜峡市人大常委会办公室
青铜峡市人民政府办公室
青铜峡市政协办公室
青铜峡市纪委监委
青铜峡市人民检察院
青铜峡市委组织部
青铜峡市委宣传部
青铜峡市委政法委
青铜峡市总工会
青铜峡市发展和改革局
青铜峡市司法局
青铜峡市财政局
青铜峡市退役军人事务局
青铜峡市审计局
青铜峡市市场监督管理局

国家税务总局青铜峡市税务局
国家统计局青铜峡调查队
颁奖单位:中共青铜峡市委员会
颁奖时间:2021年7月13日

【青铜峡市精神文明建设工作先进集体】

市委办公室
市政府办公室
市政协办公室
市委组织部
市委政法委
市委网信办
市发展和改革局
市教育局
市司法局
市财政局
市交通运输局
市科学技术局
市文化旅游体育广电局
市总工会
共青团青铜峡市委员会
市残疾人联合会
陈袁滩镇
瞿靖镇
邵岗镇
峡口镇赵渠村
青铜峡镇铝厂社区
大坝镇王老滩村
小坝镇先锋村
叶盛镇叶盛村
裕民街道南苑社区
裕民街道怡园社区
市第五中学
市人民医院

市"携手同行"志愿者联合会

宁夏新大众机械有限公司

颁奖单位：中共青铜峡市委员会、青铜峡市人民政府

颁奖时间：2021年12月

先进个人

【全国脱贫攻坚先进个人赵忠宏】

1974年4月出生，四川省三台县石安镇人，中共党员，大专学历。2017年1月担任青铜峡镇党委委员、武装部长、同进村驻村工作队长以后，他始终把脱贫攻坚作为重大政治任务和第一民生工程抓紧抓实，聚焦"两不愁三保障"标准，坚持精准方略，带领驻村工作队队员、村"两委"班子和广大群众扎实工作、合力攻坚，脱贫攻坚取得决定性成效。

结合移民群众屋顶闲置资源实际，他主动谋划屋顶光伏项目，使同进村成为青铜峡市光伏扶贫第一村，户均年增收达到500元，年累计收益76.65万元，带动村集体经济收入6万元；针对部分留守妇女劳动力闲置情况，与青铜峡工业园区对接，引进宁夏青铜峡市海源包装有限公司在同进村实施吨袋加工扶贫项目，解决留守妇女就业岗位60个，人均月收入提高到3000元以上，累计增收280万余元；联系对接驻青68216部队，定点帮扶同进村建设村级文化广场，发展壮大村集体经济，结对帮扶10户建档立卡贫困户；鉴于人口密集、商贸需求较大的实际，创立同进村创业孵化园及农贸集市，鼓励群众发展三产，累计发展商户140余家，带动就业300余人；争取扶贫项目支持，建设养殖圈棚80栋、设施温棚53栋，带动建档立卡贫困户300余人自主发展种养殖业，人均年收入1.5万元。同进村709户3212名贫困人口全部清零，贫困发生率下降为零，建档立卡贫困户人均纯收入达到9170元，是2015年末的2.5倍，彻底解决绝对贫困问题。通过光伏等产业发展村集体经济，村集体经济由2016年的"空壳"增长至27万元。2018年同进村被吴忠市委、市政府评为"脱贫攻坚驻村帮扶先进集体"。2021年2月25日，赵忠宏被中共中央委员会、中华人民共和国国务院授予"全国脱贫攻坚先进个人"荣誉称号。

【2017—2020年度平安中国建设先进个人梁维科】

1973年10月1日出生，宁夏同心县人，中共党员，三级警长，1999年参加公安工作，先后在青铜峡市公安局河西派出所艾山社区和城关派出所南苑社区担任社区民警，现任城关派出所南苑警务室社区民警、社区党委副书记。

梁维科参加工作以来，一直坚守在社区岗位上，用辛勤的付出赢取了群众的信任和支持，群众亲切地称他为"老梁"。在社区警务工作中他始终坚持以党建为引领，以深化新时代社区警务改革为契机，积极践行"枫桥经验"，逐步探索总结出"老梁""二三四"工作法，即：网上网下"两个拓扑式"管理，创新建立"三治融合、四联互动"多元化矛盾纠纷调解新机制，不断夯实公安基层基础工作，努力实现共建、共治、共享的社区治理新格局。

2020年，青铜峡市公安局党委决定，将南苑社区警务室命名为"老梁"警务室。因工作业绩突出，梁维科先后被评为缉毒工作先进个人、防范和处理邪教工作先进个人；荣获优秀共产党员2次，连续5年被

评为优秀社区民警；荣立个人三等功1次、记个人嘉奖7次。2021年12月，被平安中国建设协调小组、人力资源社会保障部授予"2017—2020年度平安中国建设先进个人"荣誉称号。

【"全国市场监管卫士"丁蕾】

女，回族，1991年5月出生，宁夏青铜峡市人，中共党员，本科学历，是青铜峡市市场监督管理局食品安全监管室的一名工作人员。2013年7月通过公务员考试参加工作，2015年从事食品安全监管工作。刚入职时为尽快熟悉工作，她努力学习食品安全方面的法律法规，不放弃每一次学习培训机会，记录业务学习笔记近15万字，撰写学习心得20余篇，为把所学和实际工作相结合，主动联系基层监管所跟班学习，发现问题及时请教，业务水平和执法水平不断地得到提高。在年底举办的业务技能比武中，荣获"业务能手"的称号。在完成食品监管工作的同时，她还参与开展农村食品安全现状、监管盲区食品安全监管等多项专题调查，摸清家底，有针对性地开展工作。从一名"零经验"的新手，短短几年时间成长为独当一面的能手。

2017年，由于工作表现突出，她被提拔为食品安全监管室副科长，所负责的食品安全监管工作连续五年无食品安全事故。2018年市场监管局建设食品检测室，她主动请缨承担建设工作，7个基层监管所检测室建设事无巨细，从柜台设计、试剂配备、实际操作等工作着手，和其他工作人员一起找问题，想办法。2019年，取得宁夏食品许可审查员资格。她工作的全部就是"检查+办案"，从最初单一的跟随检查，到后来食品安全监管"全能通"，不断涉及新的工作领域，不断学习、不断积累经验。先后数次深入食品生产企业检查，对辖区内所有食品生产企业的情况做到心中有数，有效维护了辖区食品安全。

参加工作以后，她先后主办各类食品案件50余件，案件罚没款92万元，其中罚没款万元以上案件30件。2018年在查办一起抽检产品中检出富马酸二甲酯案件中，先后六次到企业取证，周末也不休息整理案卷，最终对涉案企业做出吊销食品生产许可证的行政处罚决定，并对该企业法定代表人、生产负责人做出五年内不得申请食品生产经营许可，或者从事食品生产经营管理工作、担任食品生产经营企业食品安全管理人员的行政处罚决定。该案件也成为局里第一起"处罚到人"的案件，成为典型案例。2019年在查办一起未经许可从事饮料加工的案件中，当事人为逃避处罚，找人说情被拒绝后，进而威胁，她依然坚持按照规定做出罚款3万元的行政处罚决定。作为一名食品安全监管人员，她始终将"权为民所用，利为民所谋"的工作理念牢牢地刻在心中，时常告诫自己，权力是人民赋予的，要为百姓谋利益，凡是违反原则的事，给多少好处也不干。铁面无私的执法在日常工作中得罪过不少人，甚至受到一些经营者的恐吓和无理纠缠。2021年8月，拖着4个月的身孕，她连续7天配合基层所开展夜查，感动同事，也感动市场主体，用坚持和汗水树立市场监管干部的新形象。2021年12月，被国家市场监督管理总局评为"全国市场监管卫士"。

【全国乡村振兴青年先锋陈飞】

回族，1991年5月出生，宁夏泾源县人，中共党员，本科学历，现任青铜峡市青铜峡镇党委委员、组织委员。作为一名扶贫专干的他，以肩担责，践行青春使命，建立完善青年干部脱贫攻坚分工责任制，确保中央和区市县的各项决策部署落地落实。依托党团共建服务平台，积极协调产业项目落地落实，先后实施同兴村、同进村养殖园建设项目3个，建成羊棚188个，温棚建设项目3个，建成设施温棚72座，共带动就业260户，户均增收20000元；创建同进村扶贫车间1个，解决60人就业问题，人均月收入达到

3000元左右；打造同进村精准扶贫创业孵化园暨综合市场，容纳固定商户41家，容纳流动商户100余家，带动就业300余人，平均每集交易额达15万元。

以他为首的青年干部们，将入户常态化，给群众解读政策、摸清致贫原因、理清发展思路、制订脱贫规划，协调相关部门，携手部分青年致富带头人，举办电焊、家政服务、酿酒葡萄栽培、畜禽养殖、手工制作等各类职业技能培训20多场次，受益人数达到2000多人，提升移民青年群众就业技能，增加创业机会。近年来，自主创业就业群众242人，人均收入3万元以上。对接团市委扎实开展"希望工程"助学行动，劝导42名辍学儿童继续完成学业，爱心助学24户，发放助学金48300元，在助力脱贫攻坚、促进教育发展、服务青少年成长、引领社会风尚等方面发挥了重要作用。2021年4月25日，陈飞被自治区党委、政府授予"全区脱贫攻坚先进个人"荣誉称号。2021年12月30日，他被共青团中央、农业农村部授予"全国乡村振兴青年先锋"荣誉称号。

【全国乡村振兴青年先锋王雪枫】

1993年12月18日出生，宁夏青铜峡市人，共青团员，本科学历，现任宁夏新农甄选农业发展有限公司总经理。2016年创立青铜峡市枫霖养殖家庭牧场，2018年创立宁夏新农甄选农业发展有限公司，注册"枫睿""新农甄选""叙北""奈法"系列商标。公司承包土地300亩，其中矮化密植苹果示范园200亩，北京中科院培育"京密""京香玉"示范葡萄园100亩；千只肉羊标准化规模养殖场1个，100吨冷库1个。拥有各类农业机械10余台(套)，流转租赁土地1000亩种植饲料玉米。

他通过探索电商销售方式、联合周边养殖大户，在农村小范围养殖联盟的基础上，全面开展滩羊养殖项目，初步形成"互联网+生态农业"的企业经营模式。在矮化密植苹果园方面，机械化作业提升50%，降低30%的人工成本，缩短3年结果期，平均每亩增产20%。葡萄园引进北京中科院植物研究所培育的"京香玉""京密"等优质葡萄品种，丰富鲜食葡萄产业，增加鲜食葡萄品种竞争力。在养殖方面，以发展宁夏滩羊为主，建立生态循环养殖模式，采用综合利用生态链式养殖的方式，将养殖(滩羊、果园土鸡)与种植(苹果、葡萄、玉米等)相结合，利用玉米秸秆制作青贮，增加种植效益，减少养殖成本；利用养殖所产生的畜禽粪便发酵还田，减少羊粪的污染，有机肥替代化肥，减少种植成本，保护土壤环境，实现了产业发展与保护生态有机统一。经过几年的发展，通过循环农业，公司直接带动10人，间接带动群众务工每年2000人次，辐射种植面积2000亩，使周边农户种植成本降低12%左右，提高收入15%。2021年12月30日，王雪枫被共青团中央、农业农村部授予"全国乡村振兴青年先锋"荣誉称号。

【第七次全国人口普查先进个人刘丽娟】

女，1975年8月出生，宁夏青铜峡市人，大专学历，2008年到统计局参加工作。在第七次全国人口普查工作中，她以高度责任感和使命感，积极统筹谋划和安排，既是优秀的组织者，又是积极的参与者，凭借老普查人先后参加和组织实施了青铜峡市五普、六普、农普、经济普查的工作经验，及较高的综合素质和组织协调能力，认真抓好普查工作每一个阶段的工作，秉持"应普尽普、不重不漏"原则，采取有效措施准确摸底，全力破解"人难找、门难进、信息难登记"等问题，用"看电灯、查水表、查电表"等多种方式，核对空置率。比对复查阶段，根据系统反馈下发的问题清单，创新采用"系统比对+综合查找+实地走访+电话回访"的方式，第一时间梳理下发、逐户逐人准确核实，按时按要求完成了户籍地核查、居住地核查、户籍地补报、居住地补报、错误修改、低龄人口核查等各项比对复查工作。在行职业编码阶段，刘丽娟以市人普办工作人员为骨干，分片包干，有条不紊地开展编码工作。其间，对存在的疑点、难点、易错点，予以梳理和解答，协调市人普办编码人员互相学习、交流经验，有效提高编码质量。她用身体力行诠释了身为普查业务负责人的责任担当，以热爱奉献谱写了普查工作的美丽篇章。2021年刘丽娟被中共青铜峡市委、青铜峡市人民政府授予"青铜峡市精神文明建设工作先进个人"荣誉称号；2021年9月，被国务院第七次全国人口普查领导小组授予"第七次全国人口普查先进个人"的荣誉称号。

【全国优秀河(湖)长余振民】

1964年出生，宁夏青铜峡市小坝镇人，中共党员，现任峡口镇党委书记。自2018年全面推行河湖长制工作后，余振民第一时间成立镇党委书记任总河长兼黄河过境段河长，班子成员任其他16条干、支沟及1湖河湖长，各村党支部书记任本村沟渠河长的领导小组，建立"属地管理、分级负责"的管理责任体系，将黄河过境段、南干沟作为治理重点，按照"谁分管、谁负责"的原则，切实将河湖长制责任逐级落细落实。坚持月集中检查、周重点督查、日随机抽查的监督模式，形成有部署、有落实、有督查、有整改闭环管理，整改垃圾倾倒、水污染等各类重点问题87个。

作为峡口镇总河长，3年来他累计巡河600余天，巡河里程超过1500公里。在他的带领下，峡口镇统筹河、渠、沟、湖、塘保洁维护，清理沟渠3722条，清运垃圾、杂草及各类漂浮物108吨。南干沟沿线改造住户卫生厕所4600户、建成运行污水处理站11座、封堵排污口8处、拆除养殖场6家，确保不达标生产、生活污水零排放，逐步将南干沟水质恢复至Ⅳ类以上。皮草产业是峡口镇的"老"产业，既是国家级非物质文化遗产，也有具备规模的成熟企业。但是由于排污问题，皮草产业直接威胁到了南干沟的水生态。为解决排污问题，他多方争取，跑项目、要资金，从立项起耗时3年，投资5864万元的大型污水处理厂终于在2020年建成并完成试运行，南干沟污染问题得到根治。全镇河沟实现污水治理、提质增绿、清障治乱的预期目标，使峡口镇黄河过境段和南干沟及其7大支沟水质及水域生态环境发生了翻天覆地的变化，峡口镇也因此荣获全国文明村镇、全国生态镇、自治区环境优美乡镇、基层治理示范镇等荣誉称号。2021年5月28日，余振民被水利部授予"全国优秀河(湖)长"荣誉称号。

【全国红领巾巡讲团成员徐晶晶】

女，1983年3月7日出生，宁夏青铜峡市人，中共党员，本科学历，中教一级职称，现任青铜峡市峡口中学少先队大队辅导员、团委书记。自从事教育工作以来，始终以一名优秀的教师标准严格要求自己，师德高尚，爱岗敬业，果敢坚毅，敢于担当，勤勉上进，深受学生的喜爱、家长的欢迎和领导的信任。在全身心投入教育教学工作的同时，她也深深地爱上了少先队事业，她把中队工作当作人生的光辉阵地，在丰富多彩的中队活动中和队员们一起成长，用爱心和恒心培养了一批批优秀的少先队员。一分耕耘，一分收获，她所带的中队先后被评为"全区优秀少先队集体"，青铜峡市优秀少先中队；个人先后获青铜峡市"教坛新秀""优秀班主任"；吴忠市"优秀少先队辅导员"，吴忠市"最美志愿者"，吴忠市先进德育工作者，吴忠市优秀共产党员，吴忠市少先队辅导员技能大赛一等奖，吴忠市微课比赛一等奖，吴忠市党史微宣讲比赛一等奖；自治区"全区优秀少先队辅导员"；2017年获国家关工委、司法部"关爱明天，普法先行"优秀辅导员荣誉称号；2020年被全国少工委评为"全国优秀少先队辅导员"；2021年先后被青铜峡团市委、吴忠团市委聘为红领巾讲师团团长、副团长，并开展了多场党史宣讲，多次在吴忠市团委书记、少先队辅导员培训班中承担党史示范宣讲、少先队礼仪规范、少先队活动示范课授课任务。2021年5月被全国少工委聘请为全国红领巾巡讲团成员，2021年11月，由于在参与全国红领巾巡讲团集体备课中表现突出，被团中央招录为全国"青马工程"首批少先队工作者班学员。

【2017—2020年度全国群众体育先进个人张宏杰】

1967年出生，宁夏平罗县人，中共党员，大专学历。1986年，年仅19岁的张宏杰从宁夏体育运动学校毕业，带着献身体育事业的虔诚心愿，放弃在银川的工作，投入到他实习的地方，在青铜峡市体委担任业余体校教练员，他勤勉敬业，所带领的田径运动员多次在全区年度青少年比赛和自治区运动会上取得优异成绩，在带队期间共获得自治区级金牌62枚，自治区田径最高纪录中3项是他所带队员保持，为自治区优秀运动队和区市体校输送了40多名合格体育人才，每年都有高中毕业田径队员被全国体育院校录取。

2015年，张宏杰被任命为市体育中心主任，针对青铜峡市群众体育基础设施已经落后于全区川区市县的实际，他跑项目，争资金，勘察场地，先后争取到国家体育彩票公益金支持近2000万元，市财政配套近1000万元建设全民健身中心3个、社区多功能运动场4个、生态移民新村体育健身工程3个；新建青秀园休闲体育公园1个，市区内建成健身步道20公里；为全市8镇2场、91个行政村、23个社区健身工程提档升级项目安装维修健身路径1800件，实现健身路径全覆盖；全县各类体育场地达到1624个，人均体育场地面积达到2.4平方米。发展各类体育协会15个、体育俱乐部10个、各项目社会体育指导员851人，其中国家级社会体育指导员6人，国家一级社会体育指导员24人，国家二级社会体育指导员143人，国家三级社会体育指导员678人 在自治区第九届全运会上，青铜峡市以团体总分排名第三，是有史以来的最好成绩，获得精神文明和运动成绩双丰收。在自治区第十五届全运会上，青少年组、群众组取得金牌16.5枚、银牌9枚、铜牌7枚的好成绩。他也多次荣获青铜峡市、吴忠市和自治区体育系统先进个人。2021年9月2日，他被国家体育总局授予"2017—2020年度全国群众体育先进个人"的荣誉称号。

【全区脱贫攻坚先进个人杨文福】

回族，1973年7月出生，宁夏同心县人，中共党员，大学学历。2017年12月任青铜峡市委常委、统战部部长以后，分管脱贫攻坚工作，他始终坚持脱贫攻坚工作亲自部署、重大方案亲自把关、关键环节亲自协调、落实情况亲自督查，紧盯"解决移民'两不愁三保障'突出问题，如期实现脱贫目标"的目标，实现"移民贫困人口脱贫，移民零就业家庭，'十三五'易地扶贫搬迁结余资金，反馈问题整改"四项工作清零，着力压实行业部门、所属乡镇、驻村工作队及结对帮扶单位工作责任、通过种种措施强力推进、有效落实。牵头起草出台《青铜峡市2020年脱贫攻坚工作实施方案》《青铜峡市全面开展"四查四补"确保按时高质量打赢脱贫攻坚战实施方案》，集中精力抓扶贫、促脱贫，累计投入资金8797万元，实施了一批扶贫产业项目；协调组织贫困人口务工7000余人次，帮助8个扶贫龙头企业和12个车间稳定生产，户均增收2万元以上。安排2716名干部拉网式、全覆盖排查摸底"两不愁三保障"领域薄弱环节、工作短板，排查发现问题即时交办、限时"清零"。安排辖区重点企业，开展结对帮扶未脱贫户、边缘户和脱贫监测户，累计提供就业岗位208个、发放残疾人学生助学金11.5万元，扶持养殖畜禽3300余头（只），"百企帮千户"行动得到自治区肯定。截至2020年年底，青铜峡市建档立卡贫困人口3035户14137人全部清零，同兴、同进、同富3个贫困村全部脱贫出列,群众认可度达到95%以上。2021年4月25日,杨文福被自治区党委、自治区人民政府授予"全区脱贫攻坚先进个人"荣誉称号。

【全区脱贫攻坚先进个人马云东】

回族,1968年6月出生,宁夏同心县人,中共党员,大学学历,在任青铜峡市农业农村局副局长、扶贫办副主任四年期间,以高度的政治责任感、历史使命感和工作紧迫感全身心投入到全市脱贫攻坚工作中。围绕"五个一批"和"两不愁三保障",先后牵头制定《打赢脱贫攻坚战三年行动方案》等政策性、制度性文件41个,建立健全联席会商、督查通报、定期调度等工作机制,组织开展扶贫减贫成效、帮扶责任落实、扶贫资金使用等方面督查检查60余次,全力指导督促各镇、各部门要做细做实精准文章,确保贫困户脱贫政策、脱贫村扶持政策全部落实到位、见到实效。紧盯"两率一度"、农民人均可支配收入、基础设施建设和公共服务水平、防止因病、因学及新冠肺炎疫情影响等返贫致贫方面的问题,先后向市委、市政府建言献策100余条,向各贫困村、帮扶单位直接反馈各类帮扶问题300余条,推动建档立卡贫困户点对点劳务输出,发放外出务工交通补贴,设立全市每周"集中帮扶日",建立市级调度帮扶、镇级研判预警、村级日常监测的动态监测预警机制等一系列创新举措落地落实,进一步查补工作漏洞,切实提升工作成效。始终坚持把产业带动作为脱贫攻坚的治本之策,坚持不懈推动"种植+养殖+劳务"三驾马车齐头并进。2018年以来累计建成奶牛养殖园区4个,建成养殖圈棚288栋,设施温棚385栋,发展经果林5815亩,群众脱贫增收基础得到夯实。打造培育扶贫龙头企业8家、就业扶贫基地17家、扶贫合作社5家,建成扶贫车间12个,年吸引建档立卡贫困户就业创业7200余人,户均务工收入1.5万元以上。创新实施"技能培训+就业、政策支持+创业、劳务输出+保障"扶贫模式,开展技能培训8574人次,培训移民劳务经纪人118人,实现建档立卡贫困人口户均1.5人就业,人均年工资收入1.8万元,劳务产业成为群众脱贫增收的"铁杆庄稼"。全市建档立卡贫困人口3035户14137人全部脱贫,3个贫困村全部脱贫出列,脱贫攻坚工作群众认可度达到95%以上。2021年4月25日,马云东被自治区党委、人民政府授予"全区脱贫攻坚先进个人"荣誉称号。

【全区脱贫攻坚先进个人白永德】

回族,1969年2月出生,宁夏同心县人,中共党员,高中学历。2012年9月从同心县马高庄乡白阴洼村移民搬迁至邵岗镇同富村,11月任同富村村委会副主任;2013年11月,任同富村党支部书记、村委会主任。同富村位于沿山公路甘城子段邵岗镇葡萄园区内,成立于2012年9月,属"十二五"生态移民村。全村原搬迁人口500户2275人,移民来自于同心县,分南、北两个庄点安置。共识别建档立卡贫困户271户1405人,2018年脱贫出列。

他在任职期间,全村流转土地2275亩(全部流转给密登堡酒庄种植酿酒葡萄),流转费每年收入100多万元。肉牛、奶牛各500头,托管收入200万元。白永德积极争取上级资金,建设同富村种植产业园和养殖园区,建成温室大棚29栋,牛、羊棚21栋,可实现村集体收入15万元;扶贫车间4栋,引进企业2家(宁夏昊顺德食品有限公司、宁夏富瑞杰机械有限公司),解决23名群众就业,实现人均收入3000元,村集体收入5万元。全村现有劳动力1285人,每年外出务工900人以上,户均实现2人外出就业。个体经营户24户,劳务经纪人32人,劳务收入达1000万元以上,占户均收入71%,人均纯收入由2016年4105元提升为2020年7804元,村集体年收入由2016年的5500元增加为2020年的20.92万元。他严格按照低保办理流程为同富村148户270人办理低保。紧紧围绕"两不愁三保障",识别监测户1户、边缘户1户,依托"百企帮千户",帮扶未脱贫户、监测户、边缘户发展产业,群众收入显著提高,同富村建档立卡户全部脱贫,监测户全部销号。根据同富村无下水现状,白永德积极向青铜峡市委、市政府请示,下水项目于2018年6月完工。白永德2016年被青铜峡市委、市政府评为青铜峡市优秀共产党员,2019年被评为吴忠市脱贫攻坚先进村级组织带头人,2021年4月25日,被自治区党委、人民政府授予"全区脱贫攻坚先进个人"荣誉称号。

【全区脱贫攻坚先进个人黎晓园】

1987年1月出生,宁夏西吉县人,中共党员,研究生学历,青铜峡市劳动保障监察执法局劳动保障监察员,2018年12月派驻到青铜峡镇同兴村驻村工作队。驻村2年来,入户走访2132次,辖区群众满意率达98%以上。先后协办低保63人,申请救助22人,法律咨询27次,撰写诉状7份,调处纠纷27人次,追讨工资3次14万元,介绍务工47人。同时对接企业,从产业、就业、教育、医疗多方面协调资金9万余元,保障脱贫不稳定群众增收。先后撰写扶贫相关材料98余份,内容涉及壮大村集体经济、村级和务工基地简介、资金申请、承包合同、总结及汇报等。到辖区派出所、市扶贫办、镇民生保障服务中心等部门,对本村人口基础数据进行比对核实。尤其建档立卡人口底数、单双老户、低保、务工、空房数据,采取入户走访实际确认和对比人口底数相结合的方式,确保各项数据真实准确、底数明晰,细化制作建档立卡人口、低保人口花名册等各类表册50余份。创新制作《村情明白卡》和《农户收入及明细说明》,直观反映村级各类数据和脱贫惠民政策。他时刻把脱贫攻坚工作摆在首位,一心为民,始终用新时代共产党员的纯洁性、先进性、模范性,感动并带动移民群众脱贫致富。2021年4月25日,黎晓园被自治区党委、人民政府授予"全区脱贫攻坚先进个人"荣誉称号。

【全区优秀党务工作者夏建军】

1968年11月出生,宁夏青铜峡市人,中共党员,大学学历,现任青铜峡市审计局党组书记、局长。自2017年11月担任青铜峡市审计局党组书记、机关党支部书记以来,始终以政治建设为统领,切实做到党建与审计工作统筹部署、协同推进,在符合条件的审计组成立临时党小组,财政资金支出到哪里,审计监督就延伸到哪里。2019—2021年审计重点项目87个,其中3个项目受到自治区审计厅表彰,向青铜峡市委、市政府报送审计专报8篇,充分发挥审计监督在国家治理体系和治理能力现代化中的积极作用。深入推进"三强九严"工程,严格"三会一课"制度,创新党建工作载体,扎实开展支部"6+X"主题党日、审计大讲堂、干部微党课、党员干部志愿服务等活动,不断增强凝聚力和战斗力,使市审计局党组织成为锤炼党性、提高业务、服务干部职工的重要阵地。市审计局先后获自治区文明单位、巾帼建功先进集体和全市党风廉政建设先进集体等称号,连续3年全市效能目标考核优秀等次,局机关党支部晋升为四星级支部,2018年7月个人被青铜峡市人民政府记三等功一次。2021年6月24日,夏建军被自治区党委授予"全区优秀党务工作者"荣誉称号。

【全区优秀党务工作者赵静】

女,1986年10月出生,宁夏青铜峡市人,中共党员,大学学历,现任青铜峡市裕民街道南苑社区党委书记、居委会主任。自2009年到社区工作以来,兢兢业业,无私奉献,急群众之所急,想群众之所想。构建起社区党委、网格党支部、楼栋党小组、党员中心户四级组织架构,构筑起横向到边、纵向到底的服务体系,不断延伸服务触角,多元化了解、解决居民诉求。

新建社区党群活动服务中心，打造标准化"一室八中心"，结合辖区居民的实际需求，建设老年饭桌、卫生服务室、便民超市、家政中心、阳光课堂、职工之家，打造居民15分钟便民服务生活圈。老旧小区改造期间，她带领工作人员入户征求意见，及时协调解决改造中存在的问题和矛盾，老旧小区改造工作得到各级领导的肯定，在全区做出样板示范。疫情防控期间，她带领社区工作人员主动担当走在前，轮班值守，地毯式摸排，核酸检测，一遍又一遍宣传、一轮又一轮走访，用实际行动筑牢疫情防控"防火墙"。社区建设"先锋号便民服务驿站"，就业培训、求职招聘、房租租售、诚信借用等各项便民服务措施让社区党群活动服务中心发挥作用更加显著。她积极联系市残联，对接服务项目，为符合条件的残疾人申请轮椅，又在社区便民服务驿站里设立了辅助器具借用、回收维修站，居民可以免费借用，解决了有需求居民的难题，也让辅助器具实现了爱心接力，得到了辖区居民的一致好评！社区先后被评为全国示范性老年友好型社区、全国无邪教示范社区、五星级服务型党组织、五星级和谐社区、自治区充分就业社区、吴忠市最美志愿服务社区、青铜峡市先进基层党组织等多项荣誉称号。2019年，赵静被吴忠市委评为吴忠市优秀党务工作者。2021年6月24日，被自治区党委评为"全区优秀党务工作者"。

【全区优秀党务工作者王成】

1968年3月出生，宁夏青铜峡市叶盛镇人，大学学历，中共党员。王成自担任邵岗镇党委书记以来，处处以党的建设为引领，钻研党的理论，做好党务工作，一心一意谋发展，群策群力搞建设。坚持把支部建在产业链上，打造沙湖下桥"联合党委"，实施"书记带书记"工程，建设邵岗农村党校，打造镇级党建示范村11个、市级党建示范村9个、吴忠市级党建引领基层治理示范村1个、党建引领乡村振兴示范村1个。培养致富带头人195人，后备干部91人；成立玫香园社区党支部和邵岗镇农村优秀人才党支部，完成15个村、2个社区及顺宝公司、山果果业2个非公企业和社会组织党支部换届工作。开展"三联三帮"结对帮扶，签订帮扶责任书15份。发展壮大村集体经济，指导各村制定村集体经济发展规划，通过盘活村级资产、资源，实现"空壳村"100%清零。严格落实"五级书记"抓脱贫攻坚，紧扣"两不愁三保障"，聚焦"三落实"，坚持"四不摘"。积极争取脱贫攻坚项目资金，在同乐村、同富村、邵岗村等脱贫任务较重的村，累计落实资金1.54亿元用于脱贫攻坚工作，先后实施扶贫项目14个（其中基础设施提升改造项目5个、产业项目7个、文化扶贫项目2个），特别是建设的同富村扶贫车间，解决了建档立卡贫困户就业难、务工难等难题。依托邵岗镇葡萄产业优势，大力发展劳务输出，组织当地群众到葡萄基地务工，拓宽致富渠道，提高农民收入。到2020年底，全镇建档立卡贫困人口1405户6892人全部清零，移民村同富村脱贫出列，群众认可度达到95%以上。建档立卡贫困户人均纯收入由2015年的3754元提高到2020年的9936元。先后获得吴忠市黄河金岸建设先进个人、农田水利建设先进个人，青铜峡市优秀共产党员、经济工作先进个人、优秀公务员、党管武装先进个人。2021年6月24日，被自治区党委评为"全区优秀党务工作者"。

【全区优秀共产党员王志琴】

女，1970年9月出生，宁夏青铜峡市人，中共党员，主任法医师，现任青铜峡市公安局刑侦大队副大队长，主要承担法医检验工作。截至2021年年底，她共受理法医活体损伤鉴定5000余起，检验各类命案尸体2000余具，出具鉴定书及检验报告5500余份，为各类案件的破获提供了大量重要线索，是许多重案、要案第一现场的见证人。凡是有命案的现场，总会见到她的身影。面对质疑的眼光，她没有气馁，以吃苦耐劳的敬业精神，科学严谨的工作态度和对法律、对人民高度负责的精神，全身心投入到法医这个平凡而又神圣的工作上，表现出良好的职业道德和技术水平，用实际行动证明了基层女法医一样能干好现场勘验及尸体检验工作、一样能在平凡的岗位上做出不平凡的业绩。曾先后多次获得优秀共产党员、青铜峡市人民满意政法干警、吴忠市优秀人民警察、自治区敬业模范、吴忠十大杰出青年等称号，两次荣立个人三等功，入选公安部刑事科学技术青年人才库，青铜峡市优秀人才、吴忠市优秀人才、吴忠市五一巾帼标兵、全区优秀人民警察、公安部优秀人才三等奖、自治区三八红旗手、全区刑侦部门优秀侦查员、全区公安机关岗位能手等荣誉称号，2021年3月8日，被公安部新闻宣传局授予"全国公安系统二级英雄模范"荣誉称号，2021年6月24日，被自治区党委评为"全区优秀共产党员"。

【全区优秀共产党员胡丽红】

女，1980年4月出生，宁夏青铜峡市人，中共党员，本科学历，毕业于宁夏医学院临床护理专业，现任青铜峡市人民医院护理部副主任，取得急诊专科证书，任宁夏护理肿瘤委员会委员。

2020年新年伊始，武汉新冠疫情发生，胡丽红第一时间递交援鄂请战书。2月4日，匆匆踏上征战武汉疫情之旅。到达武汉后，她第一时间递交了入党申请书，在她的影响下其他6名护士也积极向党组织靠拢。面对疫情她不退缩，不畏惧，始终冲在战"疫"前线，冲锋在前，事无巨细皆上手。制定培训、工作、锻炼计划，用自己的付出彰显了责任与担当。

胡丽红工作21年以来，任劳任怨，不计较个人得失，恪守着"奉献不言苦，追求无止境"的人生格言。在急诊、神外以任务繁重而出名，昏迷病人呕吐、大小便失禁、污秽满身、臭气逼人是常有的事，她用温暖有力的双手总会给病人以生的希望，忙而不乱地抢救给惊慌失措的家属以支持鼓励。她以党员的标准要求自己、严格自律，积极发挥先锋模范带头作用，凝聚了人心和力量，用"南丁格尔"职业操守和默默无闻的付出践行着初心与使命。她先后获得全区优秀共青团员、十佳护士、宁夏第二季最美青工、三八红旗手、护理操作比武大赛、全市急救技能大赛一等奖，连续多年被卫健局评为三个文明先进个人、优秀护士长等。2020年支援武汉被武汉方舱医院评为"先进标兵"，被湖北省委、湖北省人民政府授予"新时代最美逆行者"荣誉称号；因2020年疫情防控阻击战中表现突出被评为自治区"全区抗击新冠肺炎疫情先进个人"，中国共产党成立100周年被自治区评为"全区优秀共产党员"，被青铜峡市委评为"先进个人"。2021年6月24日，被自治区党委评为"全区优秀共产党员"。

【全区优秀共产党员郭万钧】

1972年12月出生，宁夏青铜峡市人，本科学历，中共党员，1995年7月参加工作先后在青铜峡市职业中学和第五中学任教，2005年7月调到青铜峡市高级中学。从教二十多年以来，他热爱党的教育事业，以"四有"好老师作为职业追求，认真贯彻"为党育人，为国育才"的教育理念，服从学校工作大局，连续二十一年担任班主任工作，承担物理教学工作，2016年担任政教主任。在教学工作中，他关注每一位学生的能力和发展，注重钻研教法学法，擅长试题分析，在2015年、2017年承担青铜峡市高考备考观摩课任务，受到好评。他主动思考德育教育短板，探索当下德育新思路，创新德育活动内容，以"国防安全"教育，"五四清明祭奠烈士"活动，纪念"一二·九"学生爱国运动强化爱国主义精神，以"爱国爱党、勤奋学习，报效祖国"为主题，开展"红色家书 经典诵读"交流活动，培养学生的深厚的爱国主义情感。

在新冠疫情防控工作中，他把为师生服务作为首要工作。疫情期间共接送22名学生和家长、10位老师，配合社区安排隔离事宜，圆满完成开学复课师生返青工作。从2020年4月正常复课后，负责疫情防控常态化工作，坚持每天6：30前到校，检查测温设备，组织学生入校测温，晚上在校值班，妥善处理发烧发热等疑似症状，与工作人员一起对教室、办公室消毒，保障师生安全。多方搜集资料，编写校园疫情防控工作流程，制作预防传染病知识课件，通过多种途径，把疫情防控方法宣传到学生、家长。还联系医疗卫生部门到校开展防疫知识讲座等活动，为学校师生健康做出应有的贡献。他先后被评为青铜峡市优秀共产党员、吴忠市优秀德育工作者、吴忠市教育局优秀共产党员、青铜峡市优秀教师、青铜峡市高考优秀教师、古峡名师、青铜峡市禁毒先进个人，2021年6月24日，被自治区党委评为"全区优秀共产党员"。

【全区优秀共产党员韩占奎】

1939年6月出生，中共党员，宁夏青铜峡市大坝镇韦桥村村民。20世纪80年代，全国开始"包干到户、包产到户"，韩占奎从农活中解放出来，踏上外出打工之路。从拉石头到搬砖、运水泥，承包工程、外出经商、修路、做基建、开煤矿，生意越做越红火，成为村里第一个万元户、第一个挣得10万元的人。从此他就走上了公益慈善之路。1993年青铜峡市大坝中学教学楼老化，一下雨教室就积水，韩占奎拿出50万元，并四处"化缘"200多万元，为学校建新校舍；1998年长江流域出现历史上罕见的洪涝灾害，韩占奎筹集100多万元物资，运往灾区；1999年冬天，韩占奎为盐池县苏步井乡的几所小学捐助价值3万元的煤，让学生们过了一个温暖的冬季；2001年，他响应退耕还林政策，在青铜峡市广武镇开垦1万多亩荒地，种草植树，改善生态环境；2012年，74岁的韩占奎回到韦桥村，出资200多万元，给6个村民小组装上249盏太阳能路灯。进入古稀之年，韩占奎决定将家业交给4个儿子，不过他开出一个苛刻的继承条件——不论生意做多大、挣多少钱，都不能忘了乐于助人。在韩占奎的影响下，儿子们纷纷解囊，乐于行善的信念在三代人之间薪火相传。

75岁这年，韩占奎成为青铜峡市年龄最大的入党积极分子。入党后，韩占奎得知一个刚刚成立的老年文艺团队没有经费购买道具和服装，他当即拿出3万元；看到韦桥村没有文化场所，他出资80万元，在村里建了占地4亩的文化广场，还为村社火队、剪纸和书法爱好者购置服装道具。韩占奎倾尽所能地帮助他人，有记录的捐款累计达1000多万元。有不少人从他那里获得感动，他的善举也正在被"模仿"。韦桥村安装自来水，每户要收650元入户费，村民韦德江主动提出承担全部费用；在外做工程的村民何欢，掏钱接济村里的困难户。与周边家底丰厚的企业家相比，韩占奎不是最富有的一个。但他为社会所创造的"精神财富"，却是无价的！2021年6月24日，韩占奎被自治区党委评为"全区优秀共产党员"。

【全区"七五"普法先进个人丁冬】

回族，1989年1月出生，宁夏同心县人，中共党员，一级警司警衔，现任青铜峡市公安局刑侦大队副大队长。自2012年参加工作以来，主侦、参与破获多起电信诈骗案件和传统盗抢骗等案件180余起，抓获犯罪嫌疑人50余人，开展普法宣传70余场次，发放普法宣传相关材料5000余份。为了全面完成普法工作任务，他身体力行，全身投入，对每年要求学习的普法内容和近年来新出台的法律法规全部梳理一遍。他还为辖区各部门、街道和学校等各行各业定期开展法制宣传，直接或间接开展法制宣传达五万余人次。坚持用自己的学识和人格去影响周围每一个人，用真诚和热情去感动温暖周围每一个人。一年

360天，他总是斗志昂扬，全心扑在工作上。加班多、材料多、动脑多，个人休息少、身体考虑少、提的条件少，这"三多三少"构成了他的行为特征。面对刑侦和普法宣传工作，专挑难处下手，拣重担上身，多次向部门领导和局领导汇报宣传工作进展情况，精心勾勒普法思路，着力打造普法亮点，刷下浓墨重彩的一笔。因他表现优异，业务精湛，多次被青铜峡市公安局、吴忠市公安局和公安部刑侦局授予嘉奖、三等功和"平台之星"荣誉称号。2021年11月30日，被自治区党委、政府授予"全区'七五'普法工作先进个人"荣誉称号。

【全区"七五"普法先进个人盖圆圆】

女，回族，1988年1月出生，宁夏银川市人，中共党员，本科学历，2010年参加工作。"七五"普法期间，指导各单位制定"四清单一办法"，建立《青铜峡市普法责任清单》，起草下发《青铜峡市普法责任实施意见》，建立"七五"普法电子台账，策划开展"助力脱贫攻坚和乡村振兴""服务大局普法行""一月一主题"、以案释法大宣讲、"12·4"宪法日暨宪法宣传周等系列活动，推动全市普法依法治理工作健康有序发展。针对领导干部"关键少数"，组织法律讲座、学法考试、旁听庭审，进一步增强领导干部和国家工作人员法治教育的实际效果；全面开展"全国民主法治示范村(社区)""依法治校""法律八进"示范点等创建活动。建立了一支农村(社区)"法律明白人"骨干队伍，平均年参与排查化解各类矛盾纠纷200多起；组建普法讲师团、法治文艺宣传队、普法志愿者服务队等，为经常性开展普法活动提供了支持。积极开展青少年普法工作，2018年青铜峡司法局获得"全国青少年普法先进单位"称号。借助"青铜峡司法局"微信公众号发布法律知识、以案释法案例、微视频等200多条，微信公众号年度平均阅读数过万；开办《与法同行》《法治青铜峡》普法栏目；编发普法公益短信30多万条；撰写普法宣传稿件多次被《宁夏日报》《宁夏法治报》及普法微信公众号刊登和转载；编纂涉及公民、农村、青少年等普法宣传书籍和宣传资料上万本；撰写以案释法案例被司法部案例库采用，刊登在《中国普法案例》书籍中，通过"智慧普法""创新学法"增强普法工作的吸引力和影响力。因工作成绩突出，她被单位推荐为青铜峡市级战"疫"模范，被评为2020年优秀公务员。2021年11月30日被自治区党委、政府评为"全区'七五'普法工作先进个人"。

【全区"七五"普法先进个人高伟】

1986年9月出生，甘肃省镇原县人，中共党员，本科学历，现任国家税务总局青铜峡市税务局法制股股长，全面负责本单位普法宣传教育工作。"七五"普法期间，协调组织落实各级地方党委、政府及上级税务部门普法工作部署，紧密结合工作实际，及时制定法制政府建设工作要点、普法依法治理工作要点、干部职工普法学习计划，确保"七五"普法工作各项任务落实落细。认真组织开展"12·4"宪法宣传日、税收宣传月、"法律九进""税法讲堂"等活动，扎实开展法律法规宣传教育。组织或参与各类法治培训、法治考试、普法宣传等活动40余次，积极增强普法宣传教育成效。无论是在工作、学习还是生活中，都能以身作则，为同事做出表率，以饱满的热情出色地完成各项工作任务，努力工作，勇于创新，为他人树立爱岗敬业、优质服务的好榜样，赢得纳税人和全局税务干部的一致好评。2018年2月被评为2017年度青铜峡市地方税务局"先进工作者"；2018年7月被评为青铜峡市地方税务局"党员示范岗"；2019年2月被评为2018年度青铜峡市税务局"先进工作者"；2021年3月被评为2020年度青铜峡市税务局"优秀公务员"。2021年11月30日被自治区党委、政府评为"全区'七五'普法工作先进个人"。

【全区"七五"普法先进个人李涛】

1978年2月出生,宁夏青铜峡市人,中共党员,本科学历。2016年11月任青铜峡市第三中学校长以来,在普法教育工作中始终坚持"以师生为本,崇法尚德,依法治校,构建和谐校园"理念,切实树立起依法治校、依法治教意识,积极参与自治区依法治校示范校创建,不断探索普法教育工作的新途径、新方法。积极争取自治区教育厅青少年普法教育示范校项目,建设学校青少年法治教育基地,创建依法治校示范学校,将法律知识融入课堂,延伸到实践活动之中,做到学校民主法治建设和精神文明建设相互促进,共同提升。根据学校实际,在广泛征求意见的基础上,主持起草《学校章程》,完善教育教学、财务、教师、学生、后勤、安全等各项管理制度汇编,真正做到有章可循,有纪可遵,有法可依,使各项规章制度形成体系,走向制度化、规范化和量化管理的科学轨道;加强与社区、派出所的联动治理,聘请法治副校长定期开展青少年犯罪的预防、交通安全知识、防火防盗、校园欺凌等法律教育讲座,帮助学生从小树立正确的人生观、价值观和世界观,增强学生法纪意识和法治能力;利用"世界水日""中国水周"开展节水教育活动,学习《中华人民共和国水法》,增强全体师生的节水意识;开展"强我国防 祝福祖国 走进军营"活动,学习国防知识,增强学生爱国情感、民族情感;开展毒品预防知识进校园活动,提高学生知毒、识毒、防毒、拒毒的意识;组织学生研学游活动,激发学生对祖国、对家乡、对人民的热爱之情;开展民族团结进步教育活动,加强全体师生社会主义核心价值观教育,增强全体师生的马克思主义民族宗教观认识。2021年11月30日被自治区党委、政府评为"全区'七五'普法工作先进个人"。

厅局级先进个人名录

【全国农机使用一线"土专家"名录】

史兴安　青铜峡市金土地农业社会化综合服务站

颁奖单位:农业农村部办公厅

颁奖时间:2021年3月21日

【全国第九届"书香三八"读书活动二等奖】

沈小英的书法作品《石钟山记》

颁奖单位:红旗出版社、中国妇女报社

颁奖时间:2021年10月

【全区岗位学雷锋标兵】

李拥军　青铜峡市住房和城乡建设局市政管理中心职工

颁奖单位:自治区党委宣传部

颁奖时间:2021年2月

【全区新任职基层武装部长集训竞赛性考核先进个人】

李彩霞　青铜峡市峡口镇武装部长

颁奖单位:自治区党委组织部、宁夏军区动员局、宁夏军区整治工作局

颁奖时间:2021年5月26日

【全区非公企业优秀党务工作者】

石国祥　青铜峡市工业园区党群工作部部长

颁奖单位:自治区党委组织部、自治区非公有制经济组织和社会组织工委

颁奖时间:2021年6月

【2021年全区"最美基层民警"】

梁维科　青铜峡市公安局城关派出所

颁奖单位:自治区党委宣传部、自治区公安厅

颁奖时间:2021年11月30日

【继续确认的自治区文明家庭】

谢海平家庭　青铜峡市瞿靖镇蒋顶村

颁奖单位:自治区精神文明建设指导委员会

颁奖时间:2021年4月6日

【自治区精神文明建设先进工作者】

王　伟　青铜峡市峡口镇党委书记

颁奖单位:自治区精神文明建设指导委员会

颁奖时间:2021年5月7日

【全区教育系统优秀共产党员】

乔晓军　青铜峡市教育局干事

颁奖单位:自治区教育工委、自治区教育厅党组

颁奖时间:2021年6月22日

【全区教育系统优秀党务工作者】

秦　烨　青铜峡市第三小学党支部书记、校长

颁奖单位:自治区教育工委、自治区教育厅党组

颁奖时间:2021年6月22日

【庆祝中国共产党成立100周年全区教职工中小学组(绘画类)作品一等奖】

魏庆龄　绘画作品《坚强的背影》　青铜峡市第三小学

颁奖单位:自治区教育工委、自治区教育厅

颁奖时间:2021年11月11日

【庆祝中国共产党成立100周年全区教职工中小学组(绘画类)作品二等奖】

李　刚　绘画作品《伟大的伉俪战友》　青铜峡市职教中心

冯海侠　绘画作品《谁能横刀立马》　青铜峡市第六中学

李梦竹　绘画作品《荷花》　青铜峡市第二幼儿园

马　燕　绘画作品《送教上门》　青铜峡市叶盛中心小学

颁奖单位:自治区教育工委、自治区教育厅

颁奖时间:2021年11月11日

【庆祝中国共产党成立100周年全区教职工中小学组(绘画类)作品三等奖】

陈　佳　绘画作品《舞姿翩翩颂党恩》　青铜峡市职教中心

颁奖单位:自治区教育工委、自治区教育厅

颁奖时间:2021年11月11日

【庆祝中国共产党成立100周年全区教职工中小学组(书法类)作品一等奖】

沈小英　书法作品《习近平讲话精神》　青铜峡市第四小学

颁奖单位:自治区教育工委、自治区教育厅

颁奖时间:2021年11月11日

【庆祝中国共产党成立100周年全区教职工中小学组(书法类)作品二等奖】

刘玲佳　书法作品《为人民服务》　青铜峡市职教中心

张卫东　书法作品《中国隶书　咏中国梦》　青铜峡市第二小学

颁奖单位:自治区教育工委、自治区教育厅

颁奖时间:2021年11月11日

【庆祝中国共产党成立100周年全区教职工中小学组(书法类)作品三等奖】

包志明　书法作品行楷对联　青铜峡市第五小学

颁奖单位：自治区教育工委、自治区教育厅

颁奖时间：2021年11月11日

【水利厅优秀共产党员】

杨少波　宁夏渠首管理处灌溉管理科副科长

魏韶山　宁夏渠首管理处大坝管理所渠道维护工

颁奖单位：自治区水利厅党委

颁奖时间：2021年6月23日

【水利厅优秀党务工作者】

郑　黎　宁夏渠首管理处党委委员、组织人事科科长

王树华　宁夏渠首管理处大坝管理所副所长

颁奖单位：自治区水利厅党委

颁奖时间：2021年6月23日

【水利厅"七五"普法先进个人】

王克伟　宁夏渠首管理处办公室主任

李贵祥　宁夏渠首管理处秦民渠管理所党支部书记、所长

颁奖单位：自治区水利厅党委

颁奖时间：2021年10月10日

【水利厅扫黑除恶专项斗争先进个人】

陈新民　宁夏渠首管理处水政科科长

颁奖单位：自治区水利厅党委

颁奖时间：2021年10月10日

【全区气象部门优秀党务工作者】

李睿华　青铜峡市气象局局长

颁奖单位：自治区气象局党组

颁奖时间：2021年6月25日

【全区气象部门优秀共产党员】

周　军　青铜峡市气象局业务骨干

颁奖单位：自治区气象局党组

颁奖时间：2021年6月25日

【全区税务系统优秀共产党员】

苏吉生　国家税务总局青铜峡市税务局党委书记、局长

陆银山　国家税务总局青铜峡市税务局党委纪检组四级高级主办

盛志龙　国家税务总局青铜峡市税务局大坝分局局长

颁奖单位：自治区税务局党委

颁奖时间：2021年6月25日

【全区税务系统优秀党务工作者】

庞亚妮　国家税务总局青铜峡市税务局机关党委（党建工作股）副股长

段婉璐　国家税务总局青铜峡市税务局办公室党务专干

颁奖单位：自治区税务局党委

颁奖时间：2021年6月25日

【2020年自治区劳动模范】

马剑钊　宁夏青铜峡水泥股份有限公司二分厂包装班班长

妥玉英　宁夏金昱元化工集团有限公司分析岗班组长

徐明秀　宁夏塞外香食品有限公司大米车间主任

焦文东　华能宁夏大坝发电有限责任公司燃料运输部铁运三班班长

马昌云　青铜峡市峡口镇谭桥村党支部书记

叶小云　青铜峡市叶盛镇龙门林果协会理事长

颁奖单位：自治区总工会

颁奖时间：2021年1月5日

【2020年全区"最美基层民警"】

王志琴　青铜峡市公安局刑侦大队主任法医师、一级主管

颁奖单位：自治区公安厅

颁奖时间：2021年1月7日

【公安系统个人三等功】

杨　阳　青铜峡市公安局四级警长

刘振军　青铜峡市公安局叶盛派出所副所长、二级警长

颁奖单位：自治区公安厅

颁奖时间：2021年1月21日

【全区优秀人民警察】

郁作为　青铜峡市公安局禁毒大队大队长

颁奖单位：自治区公安厅

颁奖时间：2021年1月25日

【维护政治安全工作成绩突出个人三等功】

王　浩　青铜峡市公安局国保大队大队长

颁奖单位：自治区公安厅

颁奖时间：2021年7月7日

【全区公安机关扫黑除恶专项斗争受嘉奖个人】

吴海涛　青铜峡市公安局瞿靖派出所副所长

卢　鹏　青铜峡市公安局陈袁滩派出所三级警长

姜思源　青铜峡市公安局刑侦大队四级警长

颁奖单位：自治区公安厅

颁奖时间：2021年8月6日

【全区公安系统受嘉奖个人】

郝立兵　青铜峡市公安局陈袁滩派出所

韩立兵　青铜峡市公安局陈袁滩派出所

颁奖单位：自治区公安厅

颁奖时间：2021年9月1日

【2020年度自治区"最美庭院"】

王自龙　青铜峡市青铜峡镇余桥村二队

张凤琴　青铜峡市大坝镇沙庙村七组

李会珍　青铜峡市邵岗镇邵北村六组

金芝灵　青铜峡市陈袁滩镇唐滩村五组

马玉国　青铜峡市峡口镇西滩村三组

何新福　青铜峡市峡口镇赵渠新村

倪永伟　青铜峡市小坝镇南庄新村1305

曹元升　青铜峡市小坝镇林皋村七组

王建军　青铜峡市小坝镇林皋村一组

马　侠　青铜峡市叶盛镇叶盛村三组

颁奖单位：自治区妇女联合会、自治区农业农村厅

颁奖时间：2021年1月15日

【2020年度全区退役军人服务中心（站）"优秀主任（站长）"】

肖吉元　青铜峡市退役军人服务中心主任

刘　蹟　青铜峡市青铜峡镇镇退役军人服务站站长

周国应　青铜峡市新民街道东方社区退役军人服务站站长

李希花　青铜峡市青铜峡镇铝厂社区退役军人服务站站长

赵　静　青铜峡市裕民街道南苑社区退役军人服务站站长

刘建华　青铜峡市小坝镇林皋村退役军人服务站站长

颁奖单位：自治区退役军人服务厅

颁奖时间：2021年1月20日

【第七届全区迎新春群众书法绘画大赛二等奖】

沈小英　书法作品《记游定惠院》

颁奖单位：宁夏文化馆

颁奖时间：2021年1月

【"塞上江南　美丽宁夏"摄影作品展二等奖】

曹文德　摄影作品《宁夏黄河第一村——南长滩》

颁奖单位：自治区党委、自治区文联

颁奖时间：2021年1月

【第五批宁夏青年检察人才】

韩海鹰　青铜峡市人民检察院第二检察部四级检察官助理

孔文秀　青铜峡市人民检察院第二检察部五级检察官助理

颁奖单位：自治区人民检察院

颁奖时间：2021年3月23日

【自治区精神文明建设工作先进工作者】

王　伟　青铜峡市文化旅游体育广电局局长

颁奖单位：自治区文明办

颁奖时间：2021年3月30日

【自治区未成年人思想道德建设工作先进工作者】

哈　攀　青铜峡市教育局工委副书记

颁奖单位：自治区文明办

颁奖时间：2021年3月30日

【自治区移风易俗模范户】

姚　军　青铜峡市陈袁滩镇滨河新村村民

颁奖单位：自治区文明办

颁奖时间：2021年3月30日

【2020年宁夏教育云平台优秀管理员】

周永新　青铜峡市教育局

颁奖单位：自治区教育厅

颁奖时间：2021年3月30日

【2020年全区中小学网络学习空间教育活动案例一等奖】

"疫情期间"在线教育教学辅导案例

王凤君　青铜峡市沈闸中心小学

云端筑梦　幸福前行——农村小学语文网络学习空间应用案例

崔计东　青铜峡市沈闸中心小学

网络云平台　促进师生共成长

徐　静　青铜峡市沈闸中心小学

联通网络空间　共享美好端午

董　艺　青铜峡市第二小学

颁奖单位：自治区教育厅

颁奖时间：2021年3月30日

【2020年全区中小学网络学习空间教育活动案例二等奖】

用"云"传递知识　用心促进成长

吴淑琴　青铜峡市第二小学

校园垃圾分类活动

何威宏　青铜峡市叶盛中心小学

颁奖单位：自治区教育厅

颁奖时间：2021年3月30日

【2020年全区中小学教学助手教学课例一等奖】

部编版小学语文一年级下册21《小壁虎借尾巴》

王　静　青铜峡市第五小学

5.3实验：研究平抛远动

铁　香　青铜峡市高级中学

营造地表形态的力量

马海霞　青铜峡市第一中学
颁奖单位：自治区教育厅
颁奖时间：2021年3月30日

【2020年全区中小学教学助手教学课例二等奖】

《乡下人家》

董　洁　青铜峡市第五小学

《醉花阴》

周　媛　青铜峡市高级中学

《高二 Book6 Unit5: The Lake of Heaven》

陈枝俏　青铜峡市高级中学

颁奖单位：自治区教育厅

颁奖时间：2021年3月30日

【2020年全区中小学在线课堂教学课例一等奖】

《色彩取样》

刘晓丽　青铜峡市第五小学

辅讲老师

李　华　青铜峡市河西小学

杨万兰　青铜峡市同富小学

《3的倍数的特征》

李清莹　青铜峡市第二小学

辅讲老师

孙丽娟　青铜峡市任桥小学

徐　静　青铜峡市郝渠小学

颁奖单位：自治区教育厅

颁奖时间：2021年3月30日

【自治区教育厅2021年基础教育教师年度人物】

刘文仓　青铜峡市第一中学

赵　芳　青铜峡市第一中学

刘俊琴　青铜峡市第五中学

李长春　青铜峡市甘城子中心小学

吴志红　青铜峡市第六小学

颁奖单位：自治区教育厅

颁奖时间：2021年9月18日

【2021年度全区教育系统宣传工作优秀通讯员】

乔晓军　青铜峡市教育局

颁奖单位：自治区教育厅

颁奖时间：2021年12月

【"巾帼创业先进个人"】

李　楠　中国银行青铜峡支行个人数字金融部主任

颁奖单位：中国银行宁夏区分行

颁奖时间：2021年3月

【"美丽新宁夏　翰墨颂党恩"庆祝中国共产党成立100周年书法美术摄影民间工艺作品展三等奖】

陈少林　摄影作品《大地乐章》（组照）

颁奖单位：自治区文联

颁奖时间：2021年6月

【自治区健康家庭示范点】

李　峰家庭　青铜峡市峡口镇闫渠村

王胜武家庭　青铜峡市陈袁滩镇黄河楼社区

颁奖单位：自治区爱国卫生运动委员会

颁奖时间：2021年8月30日

【入选"宁夏好护士"年度人物】

李富兰　青铜峡市人民医院内二科护士长

颁奖单位：自治区文明办、自治区卫健委

颁奖时间：2021年8月

【重要天气过程预报服务中表现突出个人】

朱君凤　青铜峡市气象局干部

颁奖单位：自治区气象局

颁奖时间:2021年11月24日

【全区气象部门抗击新冠肺炎疫情工作表现突出个人】

赵　鑫　青铜峡市气象局干部

颁奖单位:自治区气象局

颁奖时间:2021年11月24日

【全区铁路护路联防工作先进个人】

刘佳丽　青铜峡市护路办专职工作人员

赵小龙　青铜峡市邵岗镇综治中心主任

郭　军　青铜峡市连湖农场铁路护路承包人

颁奖单位:自治区铁路护路联防工作领导小组

颁奖时间:2021年12月8日

【2021年"欢乐宁夏"全区群众文艺会演表演奖一等奖】

青铜峡市文化馆　小戏《爸爸回来了》

颁奖单位:自治区文化和旅游厅

颁奖时间:2021年12月10日

【2021年"欢乐宁夏"全区群众文艺会演表演奖三等奖】

青铜峡市文化馆　器乐演奏《长河流韵》

颁奖单位:自治区文化和旅游厅

颁奖时间:2021年12月10日

【2021年"欢乐宁夏"全区群众文艺会演创作奖二等奖】

青铜峡市文化馆　古峡曲子《狱中阳光》

青铜峡市文化馆的陕西快板《田阿姨买鸡》

颁奖单位:自治区文化和旅游厅

颁奖时间:2021年12月10日

【2021年"欢乐宁夏"全区群众文艺会演创作奖三等奖】

青铜峡市文化馆　鼓乐《战鼓》

颁奖单位:自治区文化和旅游厅

颁奖时间:2021年12月10日

【2021年疫情防控工作优秀青年】

马可序　国能宁夏电力大坝三期发电有限公司

周　天　国家税务总局青铜峡市税务局

王　娜　青铜峡市团委

李晓萌　青铜峡市团委

王云龙　青铜峡市团委青年突击队

刘　璐　青铜峡市团委青年突击队

胡菁茹　青铜峡市团委青年突击队

魏　娜　青铜峡市团委青年突击队

颁奖单位:共青团宁夏回族自治区委员会、宁夏志愿者协会

颁奖时间:2021年12月13日

【全区第七次全国人口普查先进个人】

马丽晓　青铜峡市公安局三级警长

孟光瑞　青铜峡市统计普查中心职员

马佳司　青铜峡市统计局一级科员

周文军　青铜峡市陈袁滩镇人民政府副镇长

孟光福　青铜峡市邵岗镇人民政府统计专干

范文俊　青铜峡市大坝镇人民政府经济发展办公室主任

施　生　青铜峡市叶盛镇人民政府统计专干

耿学琴　青铜峡市裕民街道办事处普查指导员

熊海军　青铜峡市峡口镇人民政府普查指导员

胡济荣　青铜峡市小坝镇人民政府普查指导员

张子嫣　青铜峡市青铜峡镇人民政府普查指导员

张艳茹　青铜峡市陈袁滩镇人民政府普查指导员

吴　佳　青铜峡市邵岗镇连湖社区普查员

梅思媛　青铜峡市大坝镇利民村普查员

颁奖单位:自治区第七次人口普查领导小组

颁奖时间:2021年12月27日

【全区先进会计工作者】

王　瑛　青铜峡市峡口镇财经服务中心负责人

颁奖单位：自治区财政厅

颁奖时间：2021年12月31日

【首届全区检察机关民事检察业务竞赛能手】

马彦坤　青铜峡市人民检察院第四检察部副主任

颁奖单位：自治区人民检察院政治部

颁奖时间：2021年9月15日

【第三届全区检察机关未成年人检察业务竞赛业务能手】

孔文秀　青铜峡市人民检察院第二检察部五级检察官助理

颁奖单位：自治区人民检察院政治部

颁奖时间：2021年9月

吴忠市先进个人名录

【全市优秀共产党员】

卜兴泰　青铜峡市人大常委会原副调研员

张立军　青铜峡市委办公室、机要局局长

丁洪军　青铜峡市税务局副局长

虎一冰　青铜峡市邵岗镇二旗村党员

周学明　青铜峡市政协秘书长、办公室主任

余广生　青铜峡市政府办公室干部

刘亚军　青铜峡市职业教育中心教师

哈凤侠　青铜峡市瞿靖镇瞿靖村村委会副主任

徐　金　青铜峡市瞿靖镇友谊村党员

马绍楠　青铜峡市瞿靖镇中心卫生院院长

陈开春　青铜峡市叶盛镇龙门村村委会主任

马忠和　青铜峡市小坝镇新林村党员

李　明　青铜峡市青运客运出租有限责任公司职工

周建国　青铜峡市城市公用事业服务（中心）有限公司职工

张　军　青铜峡市裕民街道东街社区党委委员、派胜水岸世家党支部书记

杨玉梅　青铜峡市北方众康医院护士长

聂振华　青铜峡市市场监督管理局四级主办

吴　军　青铜峡市检察院第一检察部主任

闫少祥　青铜峡市大坝镇王老滩村党支部委员、村委会委员

朱静宁　青铜峡市树新林场工会主席

王　保　青铜峡市陈袁滩镇副镇长

颁奖单位：中共吴忠市委员会

颁奖时间：2021年6月25日

【全市优秀党务工作者】

武　聘　青铜峡市裕民街道唐源社区党总支书记、居委会主任

曹　琦　青铜峡市第一中学党总支书记

丁宝明　青铜峡市青铜峡镇沃沙村党支部书记、村委会主任

王立军　青铜峡市金昱元化工集团股份有限公司党委副书记、工会主席

王佳园　青铜峡市小坝镇党委宣传干事

颁奖单位：中共吴忠市委员会

颁奖时间：2021年6月25日

【第三届"吴忠英才"】

郭生海　宁夏新大众机械有限公司总经理、助理工程师

颁奖单位：中共吴忠委员会、吴忠市人民政府

颁奖时间：2021年12月

【第五届享受市政府特殊津贴人员】

吴　峰　青铜峡市人民医院儿科主任、主任医师

夏　谦　青铜峡市图书馆馆长

颁奖单位：中共吴忠委员会、吴忠市人民政府

颁奖时间：2021年12月

【第三届吴忠市优秀人才】

刘俊萍　青铜峡市高级中学高级教师

王文霞　青铜峡市汉坝小学副校长、一级教师

叶学文　青铜峡市人民医院麻醉手术室兼重症医学科主任、主任医师

叶小波　青铜峡市人民医院内分泌科主任、副主任医师

张兴旺　青铜峡市人民医院内一科副主任、主任医师

张　和　宁夏新华轩高新技术有限公司总经理助理、工程师

蒯立军　宁夏新大众机械有限公司副总经理、工程师

范　永　青铜峡市美御酒业有限公司技术部经理、工程师

张言志　宁夏西鸽酒庄有限公司董事长

邓志军　宁夏塞外香食品有限公司副总经理、助理经济师

许伏海　宁夏众虎科技股份有限公司副总经理、工程师

刘　江　宁夏江洋汇聚农牧开发有限公司总经理

颁奖单位：中共吴忠委员会、吴忠市人民政府

颁奖时间：2021年12月

青铜峡市先进个人名录

【全市优秀共产党员】

田　宁　青铜峡库区管理局资源保护科干部

杨　勇　青铜峡市政府办公室副主任

胡兴成　青铜峡市发展和改革局党组书记、局长

王秀峰　青铜峡市教育局体卫艺与安全管理室主任

蒋　波　青铜峡市第四中学教师

李小龙　青铜峡市峡口中学教师

金　辉　青铜峡市工业和信息化局办公室主任

汤建军　青铜峡市公安局交通管理大队大队长

田　丰　吴忠市生态环境局青铜峡分局办公室主任

段文定　青铜峡市和城乡建设局办公室主任

包　锋　青铜峡市水务局离退休干部党支部书记

韩万东　青铜峡市农业农村局党组书记、局长

张　宁　青铜峡市商务和投资促进局副局长

张占奎　青铜峡市卫生健康局业务科主任

张　玮　国家统计局青铜峡调查队干部

李　华　青铜峡市退役军人事务局党组书记、局长

赵春云　国家税务总局青铜峡市税务局陈袁滩党支部书记、税务分局局长

陈　惠　青铜峡市医疗保障局副局长

王自迁　青铜峡市伊斯兰教协会党组书记、常务副会长

郝思佳　青铜峡市残疾人康复和就业服务中心副主任

陈树华　青铜峡市裕民街道党工委书记

洪爱娟　青铜峡市裕民街道汉源社区党委副书记

严丽华　青铜峡市裕民街道惠源社区党委副书记

刘艳华　青铜峡市裕民街道北苑社区党委副书记

王　明　青铜峡市峡口镇党委委员、副镇长

曹兴礼　青铜峡市峡口镇谭桥村党员

孙建业　青铜峡市峡口镇闫渠村党员

何艳红　青铜峡市青铜峡镇新民社区党支部书记

马俊龙　青铜峡市青铜峡镇同进村党支部书记

马少军　青铜峡市青铜峡镇同兴村驻村工作队队长

孙　茹　青铜峡镇三趟墩村党支部书记

周　娟　青铜峡市大坝镇党委委员、组织委员

郭建设　青铜峡市大坝镇沙庙村党员
张立成　青铜峡市大坝镇立新村党支部书记
吴　锋　青铜峡市小坝镇农业综合服务中心主任
盛向波　青铜峡市小坝镇张岗村党支部副书记
蒋文兵　青铜峡市小坝镇先锋村党员
马少忠　青铜峡市陈袁滩镇陈滩村党员
杜会萍　青铜峡市陈袁滩镇补号村党员
张建忠　青铜峡市瞿靖镇农业综合服务中心干部
王润侠　青铜峡市瞿靖镇银光村党支部副书记
李　梅　青铜峡市瞿靖镇蒋顶村党支部书记
王占虎　青铜峡市瞿靖镇新民村党员
何立国　青铜峡市叶盛镇党委书记
王成玉　青铜峡市叶盛镇民生服务中心干部
刘晓京　青铜峡市叶盛镇叶盛村党支部书记
李兵强　青铜峡市邵岗镇连湖农场卫生院党支部书记、院长
尚学虎　青铜峡市邵岗镇甘城子山果果业协会党支部书记
曹大荣　青铜峡市邵岗镇东方红村党支部书记
王怀新　宁夏塞上阳光太阳能有限公司生产部副主任、研发部技术员
颁奖单位：中共青铜峡市委员会
颁奖时间：2021年6月29日

【全市优秀党务工作者】
马　楠　青铜峡市人民检察院办公室副主任
王怀仙　青铜峡市委组织部干部
秦　攀　青铜峡市委政法委干部
哈　文　青铜峡市河西中心小学校党支部书记、校长
张　艳　青铜峡市科学技术局党组成员、党务干部
陈海波　青铜峡市公安局党委委员、政工室主任
郭晓燕　青铜峡市财政局党务干部
孟鑫玉　青铜峡市文化旅游体育广电局党建办公室主任
冯淑娟　青铜峡市卫生健康局党务干部
马克梅　青铜峡市市场监督管理局党务干部
晁永刚　青铜峡市裕民街道东街社区党委书记
刘玉成　青铜峡市峡口镇巴闸村党支部书记
苏立梅　青铜峡市陈袁滩镇韵欣苑社区党总支书记、居委会主任
丁　静　青铜峡市瞿靖镇党委委员、组织委员
蒯　莉　青铜峡市叶盛镇党委委员、组织委员
孙学龙　青铜峡市叶盛镇盛庄村党支部副书记
拓守员　青铜峡市邵岗镇党建工作办公室主任
张光林　青铜峡市树新林场甘城子分场党支部书记、场长
庞亚妮　国家税务总局青铜峡市税务局党务干部
吴全生　宁夏东吴农化股份有限公司党支部书记、副总裁
颁奖单位：中共青铜峡市委员会
颁奖时间：2021年6月29日

【2020年度受嘉奖公务员】
纪委监委：袁续兵　姜建辉　樊维莲　张　娟
　　　　　马学兵　孙　波　王晓玲　吴宏丽
　　　　　曹　娜　刘雅荣
法　院：魏晓红　王　璐　马惠珍　杨志毅
　　　　李　欢　李卫英　郑鑫龙　张希斌
　　　　马玉平　张艳霞　马海学　王岩峰
检察院：马　楠　方　荣　刘晓欢　米　菲
　　　　郭昆仑　韩海鹰
市委办：牛天昊　郭　涛　罗海英
人大办：刘学文　田　莉　孙　颖
政府办：张　雪　马建山　李冰洋
政协办：周学明　张欣泽　李　军　盛敏秀
组织部：宁　乐　马　亮　张学成　俞小雨

宣传部：马新斌　张博皓
统战部：哈新强　王品娟　王　璇
政法委：马　亮　赵嘉城
政研室：卢　海　杨　波
网信办：陈智辉
编　办：马　静
档案馆：朱永霞　岳晓莉
史志办：乔才山　韩　汀
总工会：马　蓉　雷　毅
团　委：赵壮壮
妇　联：李金红
科　协：吴志东　张军宁
工商联：关秀林　何万林　马翠霞
文　联：包作军
残　联：田学军
伊　协：丁福才
发改局：胡兴成　李广平　张璐英　马天鸿
教育局：马旭芳
科技局：官振华　韦　沙
工信局：杨婷婷　何吉萍
公安局：张宏武　杨　浩　汤建军　王立坤
　　　　陈　波　杨关军　哈成龙　汤羽飞
　　　　李学峰　白俊峰　刘兆宁　周振华
　　　　张　超　盛志娟　罗绍华　马晓燕
　　　　贺　存　李　悦　李　龙　李志军
　　　　张　鹏　郭　佳　郭小伟　汪建强
　　　　马建平　田晨辉
民政局：王晓岚　周建新
司法局：李凤峡　宋自豹　盖圆圆　杜佳丽
　　　　王昕玮
财政局：罗志成　丁振宇　晏嘉瑞
人社局：王淑娟　赵　波　李雪琼
自然资源局：顾书敏
住建局：王　浩　范　悦

交通运输局：马明松　杨文静
水务局：唐思军
农业农村局：马云东　马金荣　刘　圆
　　　　　　马若挺　马莹琪
商务和投资促进局：张　宁　胡晓伟　黄　进
文化旅游体育广电局：王兴云　孟鑫玉　韩　波
卫生健康局：马　奇　王紫玉
退役军人事务局：李　华　铁　楠
应急管理局：郭　涛　陈辉辉
审计局：刘　华　李明慧　单　楠
市场监管局：滕建荣　秦慧颖　黄宏亮
　　　　　　唐兴平　刘文军　李凌凯
　　　　　　郭朝阳　杨京宁　张　军
　　　　　　朱　青　王　勇　丁　蕾
　　　　　　高　洁　南蕊蕊
统计局：马佳司
信访局：杨振宇　张　琴
医疗保障局：肖敬元　陈　惠
审批服务管理局：李志平　徐新勇　袁银章
政务服务中心：朱会青
裕民街道：何巧娟　张建军　李　莹　李　红
峡口镇：余振民　李　刚　张　鑫
青铜峡镇：张伏元　魏　巍　李　岩　张子嫣
　　　　　徐　珊　吴　燕
大坝镇：肖　波　刘　明　杨冬霞　王金生
　　　　刘忠保　任金山
小坝镇：李庭鹏　张媛媛　任学才　黄　明
　　　　黄正行
陈袁滩镇：苏学信　周文军　马　莉　马玉春
　　　　　徐　良　王　芳
瞿靖镇：姚鹿君　何少宁　赵晶晶
叶盛镇：赵小顺　李海文　刘　金　何　欢
邵岗镇：马　婷　卢思媛　于赛军　张凤仙
就业局：潘玉秀　花　蕊　胡　杨

驻村工作队：赵忠宏　杨　轲　陈文宝
　　　　　　黎晓园　赵建兵　丁学良
　　　　　　马　东
下派社区干部：姬永旷　蔡歆兰　撒　军
颁奖单位：中共青铜峡市委员会、青铜峡市人民政府
颁奖时间：2021年8月8日

【2020年度记三等功公务员】

纪委监委：王立平
检察院：马娇娇
市委办：海　军　马汉东
组织部：张静波
党　校：董学君
工信局：金　辉
公安局：吴君梅
文化旅游体育广电局：董欣楠
卫生健康局：李庞林
审计局：刘自金　塔朝清　黄安宁
市场监管局：徐昊明　丁　琳　王　娟
政务服务中心：马思瑾
裕民街道：何　珊
小坝镇：王佳园
邵岗镇：拓守员
叶盛镇：马　喆　丁红艳
瞿靖镇：丁　静
颁奖单位：中共青铜峡市委员会、青铜峡市人民政府
颁奖时间：2021年8月8日

【2020年度考核确定为优秀等次事业单位工作人员】

政府办：赵志强
纪委监委：杨利斌
人武部：郑周明　常堪宁
工业园区：岳　军　王学军　朱志刚　马　越
　　　　　谢　清
库区管理局：王　刚　孙　丽　尚建勋
人大办：葛树桂
政协办：李彦玲
检察院：邹志明
团　委：石小春
残　联：卢　艳
发改局：张杰民　顾嘉宁
教育局：宋　辉　葛永生　梁　艳　韩玉峰
　　　　陈彩凤　乔晓军　王秀峰　周学文
民政局：任晓妍　张　丽　刘海洋　沈志毅
财政局：赵　乾　李明华　郭晓燕　徐　维
　　　　罗　欣
自然资源局：满自新　何高明　马彩霞
　　　　　　张晓彤　李　娜　王登明
　　　　　　李文胜　牛安邦　许　升
　　　　　　张默然
水务局：杜建华　张伟华　张伟平　李君明
　　　　曹学东　王新海
住建局：段文定　马　江　周　洁
交通运输局：徐永宏　聂　伟
农业农村局：王东勇　施润国　袁文元
　　　　　　周秀红　高银东
市场监管局：葛　卫　李毅恒　李　青
　　　　　　史　华
信访局：赵学文
审批服务管理局：张　洁　王艳荣　赵金霞
　　　　　　　　李建平　罗丽娟
网信办：林建虎
退役军人服务中心：夏伏国　王玉芳
农技中心：白建忠　丁永锋　哈东兴　蔡卫国
　　　　　王利峰　栗学军　朱兴武　黄　萍
农田建设服务中心：鲁晓华　李自荣　丁　娟

农业综合执法大队:谢　忠　吴　波　王永新
　　　　　　　　张　亮
动物疾病控制中心:郭致林　赵淑霞
农村能源工作站:宋　亮
葡萄产业服务中心:李建飞
动物卫生监督所:刘金川　李文强
畜牧水产技术推广服务中心:吴振兵　刘　波
　　　　　　　　　　　　任　凯　王丽琳
　　　　　　　　　　　　包玉珍
农业广播电视学校:席　宏
农业产业化服务中心:肖艳春
各乡镇畜牧兽医站:郑学明　余存兵　李学文
农村合作经济经营管理站:郑连柱　王立锋
科学技术服务中心:侯克峰
机关事务服务中心:李文瑞　张沛卓　李泽兵
　　　　　　　　李登江
职工文化活动中心:胡相宁
残疾人康复中心:詹海霞　席跃东　张文英
　　　　　　　郭晓军
裕民街道:孙伟玲　刘建华　罗丽荣　王海荣
　　　　苏甲男　魏　科　葛冬玲　晁永刚
　　　　任新伏　黄自林　刘中峰　安春燕
　　　　李荣侠
峡口镇:王　瑛　张惠萍　马燕蓉　贾景骁
青铜峡镇:陈　飞　黄正军　刘万云　王学武
　　　　马　骅　张　兵　董金成
大坝镇:王　宁　马小军　蒋少楠　张天华
　　　　刘志成　陈芳木　詹怀军　范文俊
　　　　潘永鹏
小坝镇:荣文庭　胡济荣　吴　锋　司占宏
　　　　李建宏　陈　珉　张立明
陈袁滩镇:景志红　王　宾　吴金荣　王　保
　　　　陈兴武　马振忠　乔瑞山　施海涛
　　　　陈建军

瞿靖镇:张　耘　王晓蓉　牛继成　王文华
　　　　张　帆　张爱军　范淑娟　杨海涛
叶盛镇:荀光兵　王成玉　王国福　余　森
　　　　张振敏　李新国　李兴德
邵岗镇:赵小龙　张　华　花永强　孟光福
　　　　刘佳宝　侯占云　吴全录　孙会勇
树新林场:朱静宁　朱建宁　包月霞　顾炜华
　　　　张晓梅　桂　燕
良繁场:杨文斌　刘　波
社保中心:杨学军
医保中心:王家奎　赵晓燕　金丽霞　李文国
　　　　闫宝珠　周剑锋
不动产登记中心:贺文娟　张　丹　杜玉清
房屋产权交易服务中心:马立军
市政管理服务中心:盛艳祥　徐安娜　赵永林
　　　　　　　　薛　晶　曹严宁　陶玉红
　　　　　　　　段学军　胡新慧　赵宏生
　　　　　　　　张立刚　薛金莲　李敏静
　　　　　　　　景立明　高宪丽　王兴全
　　　　　　　　余红霞　铁永梅　舒　娟
　　　　　　　　马淑军　赵志荣
建设工程质量监督站:郑　晓
青秀园管理所:刘自虎
园林绿化大队:张月钦　曹　茜　张　瑾
　　　　　　陈　华　闫丽萍　闫学信
　　　　　　徐秀红　肖永福　周北方
城建综合执法大队:芦跃进　张学军　刘丽莉
　　　　　　　　王　华　王继兴　杨晓东
　　　　　　　　邱立雄
污水处理中心:叶容海　马学萍　汤红涛
交通运输综合执法大队:费宁怀　李建国
　　　　　　　　　　黎　玲　马宁忠
　　　　　　　　　　何英明　王学兵
　　　　　　　　　　郑平元

公路管理段:董学斌　马振斌　马雪花
　　　　　马金虎　董建云
甘城子扬水管理站:张立华　李　斌　刘学红
扶贫办:魏梦凡
图书馆:夏　谦　方　军　岳晓艳
文化馆:马　力　鲍慧梅　孟晓燕
　　　　雷　洁　李慧娟　段学珍
　　　　郭　利　张金铭
演艺公司:安海军　张　凯
融媒体中心:张青云　徐雅丽　王　泉
　　　　　张　竞　田　柯　魏　鹏
　　　　　闫　萍
文物管理所:张　伟　常　刚
体育中心:张宏杰
文化市场综合执法大队:来晓锋
法律援助中心:龚　成
农用三轮车辆管理站:张志刚　白玉栋
　　　　　　　　　杨　勇　马晓龙
社区警务管理中心:王江宇　张　磊　庄敏明
　　　　　　　　马玉龙　赵宏伟　冶　星
　　　　　　　　马启珍　韩立兵
应急保障服务中心:王文军　杨　颖
统计普查中心:任新军
节能服务中心:叶玉洁
中小企业服务中心:郭淑娟
驻村工作队:杨志宏　詹学平
创建全国文明城市指挥部:高　明
教学研究室:商俊兵　赵志兴　朱海蓉
　　　　　张永华
高级中学:刘　文　张浩栋　杨永红　马军侠
　　　　李福年　刘俊萍　孟红霞　李　彬
　　　　金跃武　马金昕　马学红　王　辉
　　　　刘艳梅　尤贵新　陈玲美　张艳荣
　　　　师晓梦　包红霞　马会兰　刘彦龙
　　　　郭建军　谢进侠　沙欣荣　曹静鹏
　　　　王　彬　李小鹏　刘　东　詹慧荣
　　　　左立宁　万自荣　李　恒　吴　锋
　　　　马进瑞　何宝山
第一中学:蔡　莉　董国宏　杜晓东　侯宗文
　　　　胡彦鹏　姜万华　李凤梅　李慧宁
　　　　李文军　李学军　李玉峰　刘迪一
　　　　刘　静　马海霞　马海洋　马小燕
　　　　马学坚　毛文东　牛春伟　冉明芳
　　　　宋　茹　孙继珍　孙生斌　孙学莲
　　　　陶　波　王　靓　王梅芹　温　祺
　　　　徐立娟　杨丽萍　张　浦　张　蕊
　　　　张彦婷　张　颖　张　渊　赵　芳
　　　　朱锦涛　李　晓
第二中学:王少军　梁　瑜　柴少清　哈　福
　　　　杨金萍　薛润和　马旭东
第三中学:刘晓春　马玉萍　马海娟　李　颖
　　　　李文静　王素霞　秦　炜　王立荣
　　　　王丽波　胡开平　马　思　李新梅
　　　　闫　峰
第四中学:陈　娟　代秀梅　花志鹏　黄艳茹
　　　　李晓军　李　艳　李元东　马小侠
　　　　马永平　张　磊　沙　学　王菊莲
　　　　王　婷　杨凤仙　杨建宗　唐毅昭
　　　　张兴平　左秀玲　陈　辉　刘　德
第五中学:陆永丰　冯兴民　刘　娟　刘俊琴
　　　　余　斌　董淑侠　汤丽娟　蒋兴华
　　　　黎彦萍　胡鑫鹏　张文彩　白耀伟
　　　　刘　旭
第六中学:陈　默　樊建国　黄　威　李宁侠
　　　　孙永荣　刘全英　强双艳　盛艳梅
　　　　刘海波　侯　如　潘淑芳　陶玲萍
　　　　谢振宁　薛　峰　王丽娟　张吉翔
　　　　李秀红　平学彬　强克宁

第七中学：陈 国　范 瑞　范晓林　冀 成
　　　　　梁生英　陆玉香　孟新科　史 鑫
　　　　　王立兵　王秀红　吴晓庆　吴秀芳
　　　　　李 超
职教中心：陈少娴　张思明　哈学存　何建国
　　　　　贺满珣　李 刚　李兴国　刘亚军
　　　　　吴 毅　乔梦娇　王晓兰　于 婷
　　　　　钱金山
汉坝小学：唐保燕　张建萍　刘丽娟　钱金萍
　　　　　白晓玲　李 靓　吴婧婷　张 红
　　　　　沈艳萍　沈学亮　赵凤红　吴丽娟
　　　　　石 华　汤 翔　倪 秀　曹永娟
　　　　　鲁永锋
第二小学：王兴兵　邢海燕　哈 菲　肖瑾觐
　　　　　任继敏　何海燕　文永惠　张卫东
　　　　　徐 薇
第三小学：丁 莉　赵少锋　韩慧卿　叶 华
　　　　　魏庆龄　张 玲　李素娟　张丽慧
　　　　　李宗宁
第四小学：朱建宁　付天芳　陈 蓉　何丽春
　　　　　李 莉　陆 莉　沈凤玲　沈小英
　　　　　石永军　王丽芳　王彦华　吴慧琴
　　　　　张文瑞　张学娟　李云飞
第五小学：周建华　郭 勤　王 君　李海燕
　　　　　段 涛　陈玉华　杨 霞　包艳茹
　　　　　徐 帅　席占银　舒俊杰　马学红
　　　　　乔月红　李思国　潘晓溪　陈玉霞
第六小学：袁 霞　冯丽娟　吴瑞涵　刘 睿
　　　　　王雪峰　郑芳芳
铝业学校：陈晓燕　杜 娟　康金玲　李彩萍
　　　　　王秀玲　闫 洁　杨少梅　张 艳
　　　　　张东辉　徐晓蓉　黄菊霞　李向林
　　　　　倪晓玲　于海静　董潇梅　张丽萍
　　　　　张 斌
大坝电厂学校：马明芳　高 锐　张敏华
　　　　　　　蔡 晖　王子凌　李彩玲
　　　　　　　康 丽　郭立清
峡口中学：谢 进　李清琦　路 维　马平涛
　　　　　马保英　李艳萍　郝立雅　马晓萍
　　　　　马海峰　王 侠　丁春燕　徐晶晶
甘城子中心学校：张鹏燕　陈文婕　王春山
　　　　　　　　吴秀娥　范耀丹　徐春梅
　　　　　　　　张 涛　陈 宁　郭红霞
　　　　　　　　李长春　高迎风　丁艳芬
　　　　　　　　李 瑞　陈文举　马启娜
　　　　　　　　姬建勇　任建华　韦红军
　　　　　　　　詹丽娟　任永才　张欣芳
邵岗中学：赵 静　杨永贞　朱文伟　苏 娜
　　　　　黄志刚
大坝中心小学：唐正东　卢学娟　鲍文东
　　　　　　　王学锋
广武中心小学：张浩然　王建宏　应 瑜
　　　　　　　张 磊　冯海燕　肖月红
　　　　　　　张学平　张 晶　肖金燕
　　　　　　　韩生栋　赵文进　张泽花
　　　　　　　丁跃娟
红星中心小学：陶斯亮　张学军　宋兴红
瞿靖中心小学：杨碧云　尚锦铭　李 帆
　　　　　　　李林杰
邵岗中心小学：赵学荣　张玲侠　张光清
　　　　　　　王 硕　倪学莲　王 灏
　　　　　　　董红莉
沈闸中心小学：代海娟　丁海珍　丁 玲
　　　　　　　冯小娟　龚 诚　何佳丽
　　　　　　　胡晓娟　胡学文　李桂莲
　　　　　　　马金侠　马丽燕　马艳玲
　　　　　　　马玉娟　庞元杰　张 明
　　　　　　　张永红

河西中心小学：高艳艳　吴春梅　万　辉
　　　　　　张雅文　张　芳　段永梅
　　　　　　王玉琴　马宁青
叶盛中心小学：宋迪媛　张克宏　陈丽芳
　　　　　　韩　忠
陈袁滩小学：何　侠　朱立新　吴少忠
　　　　　候建军　李淑芳
第一幼儿园：周晓梅　马丽莉　齐学霞
　　　　　唐晓莉　张存珍　赵　虹
　　　　　徐　辉　李惠敏
第二幼儿园：王晓红　张红霞　党清茹
　　　　　谢海峡　李姝娴　刘韶筠
　　　　　秦立珍　李晶宇　席　娟
第三幼儿园：李梦竹
健康教育所：包　成　朱芳萍　刘君英
　　　　　张永红
市医院：赵燕玲　马　静　张桂兰　温　洋
　　　陈学栋　贺晓娟　黄文霞　王丽霞
　　　赵　海　贾袭云　余红萍　郑玉花
　　　魏　娟　李宁梅　黄春燕　马　莉
　　　王加庆　及小双　杨咏梅　马晓燕
　　　王　晶　宣　巍　张　敏　田　磊
　　　施海燕　张　虎　马　静　黄　虎
　　　武维华　李富兰　王小意　陈　福
　　　王志英　曹国祥　岳彩霞　姜海燕
　　　李瑞芳　李凤霞　潘学玲　王　磊
　　　叶学文　林梓坤　王国英　马　俊
　　　刘学荣　姚　亮　褚慧娟　贡立军
　　　王小意　张永清　徐静亚　张春霞
　　　张　琴　王发强　罗朋英　滕永娟
　　　曹志强　胡晓峰　金　芳　王自霞
　　　沙丽霞　唐　静　陈思贤　闫自娟
　　　王建军　沈占武　周学琴　胡丽红
　　　刘　静　伍振娟　宋丽群　胡　莹
　　　秦　凤　王　鑫　张华萍　张兴旺
　　　张彦平　苟亚婷　王　琦　吴淑宁
中医院：沙立军　毛万宝　谢　德　刘　惠
　　　黄　庆　沈海燕　王彦锋　张　标
　　　李玉萍　武秀峰　白汉莲　黄小平
　　　包建宁　黄绍斌　闫　华　赵　娟
　　　包彦平　吴　娜　秦继峥　吴自明
　　　王红丽　吴志川
妇计中心：赵红梅　包凤兰　吴　燕　孙　艳
　　　　李秋红　刘　杰　田　辉　苟秀峰
　　　　李玉仙　马淑宁
疾控中心：史红娟　姚占伏　贾丽萍　杜　伟
　　　　李　波　夏艳荣　伏　宇　马　丽
　　　　马巧玲　鲁红莲　王红玲
卫生计生监督执法所：李清明　丁永香
　　　　　　　　　王玉国　哈　忠
　　　　　　　　　陶雪枫
瞿靖中心卫生院：伏满军　王念玲　毛学琪
　　　　　　　沈会玲　鲁志玲　狄青娟
　　　　　　　陈宝侠
青镇中心卫生院：郑　财　田晓丽　滕永军
　　　　　　　李　洁　张永莉　门　倩
叶盛中心卫生院：刘义萍　李丽娟　崔　锋
　　　　　　　陆兴燕
峡口中心卫生院：商　震　尹晓明
邵岗卫生院：李　惠　刘　月　李会茹
　　　　　张玉梅
大坝卫生院：赵　元　汤　涛　文丽红
　　　　　王　丹　辛本菊
小坝卫生院：熊　伟　胡亚楠
陈袁滩卫生院：陶永华　张宝旭　李　川
连湖农场卫生院：孙卫华　杨　梅　杨　兴
裕民街道社区卫生服务中心：姜晓玲
北苑社区卫生服务站：许玉兰

颁奖单位：中共青铜峡市委员会、青铜峡市人民政府

颁奖时间：2021年8月8日

【"见义勇为"先进个人】

王　刚　　青铜峡市香溪苑小区居民
周吉成　　青铜峡镇利民社区居民
颁奖单位：青铜峡市人民政府
颁奖时间：2021年9月27日

【青铜峡市精神文明建设工作先进个人】

郭　涛　　市委办公室副主任
孙　颖　　市人大常委会办公室一级科员
李冰洋　　市政府办公室一级科员
马妍妍　　市人民检察院一级科员
张梓杰　　工业园区管委会办公室十级职员
尚建勋　　库区管理局资源保护科十级职员
张　娟　　市纪委监委案件审理室主任
张学成　　市委组织部办公室副主任
张　静　　市委宣传部一级科员
朱彦珍　　市委统战部副部长
刘喜平　　市委政法委副书记
吴旭艺　　市委政研室一级科员
陈瑞龙　　市委党史和地方志研究室副主任
纪乃月　　市融媒体中心干部
曹梦钰　　市工业和信息化局科员
何秀花　　市公安局交管大队二级警长
张丽红　　市公安局城关派出所民警
王晓岚　　市民政局副局长
李雪琼　　市人力资源和社会保障局一级科员
许　升　　市自然资源局办公室副主任
李瑞琼　　市交通运输局九级职员
仇建明　　市水务局办公室主任
杨　泽　　市农业农村局干部
何玲丽　　市商务和投资促进局四级主任科员
冯淑娟　　市卫生健康局干部
杨　颖　　市应急管理局十级职员
单　楠　　市审计局办公室主任
秦慧颖　　市市场监督管理局副局长
刘丽娟　　市统计局办公室主任
杨振宇　　市信访局办公室主任
姜丝雨　　市医疗保障局一级科员
刘　庆　　市审批服务管理局干部
张沛卓　　市机关事务服务中心九级职员
沈　冰　　市总工会副主席
苏学文　　市文联副主席
丁　悦　　峡口镇沈闸村党支部副书记
马静芳　　峡口镇宣传干事
叶国威　　青铜峡镇党委副书记
白宏福　　青铜峡镇余桥村第一书记
刘　明　　大坝镇党委副书记
陈丽娟　　大坝镇韦桥村党支部书记、村委会主任
马金萍　　陈袁滩镇唐滩村党支部副书记
杨　梦　　陈袁滩镇宣传干事
杨建光　　小坝镇党委书记
王　菁　　小坝镇小坝村村委会副主任
李　波　　瞿靖镇江西村党支部委员、村委会副主任
姬顺祥　　瞿靖镇光辉村党支部副书记
张学燕　　叶盛镇正闸村村委会副主任
张　丹　　叶盛镇叶盛社区党支部书记、居委会主任
马　强　　邵岗镇宣传干事
祖铭芳　　邵岗镇邵岗村村委会副主任
何巧娟　　裕民街道党工委副书记、纪工委书记
王红艳　　裕民街道紫薇社区党委副书记、居委会主任
曹严宁　　市市政管理服务中心副主任

马　钰　市城市管理综合执法大队干部
段学珍　市文化馆干部
王　洁　市图书馆干部
周惠茹　市人民医院医务科副科长、儿科副主任医师
李云飞　市第四小学办公室主任
张玉楼　市第三中学副校长、工会主席
颁奖单位：中共青铜峡市委员会、青铜峡市人民政府
颁奖时间：2021年12月

附 录

编辑◎陈 玲

青铜峡市农业灌溉末级渠系终端水费收缴及末级渠系水费使用管理办法

青政规合〔2021〕2号

为规范灌区水费收缴，保障水管服务组织和灌区内用水户的合法权益，让用水户用放心水、交明白费，促进灌区水费收缴、使用规范，特制定本办法。

第一章 末级渠系终端水费收缴

第一条 本办法中所称的末级渠系终端水价是指灌溉干渠水价+末级渠系水价的总和。

第二条 干渠水价按照自治区物价局、水利厅《关于调整我区引黄灌区水利工程供水价格的通知》（宁价商发〔2008〕54号文件）规定按方收取，即定额内（平价水）农业灌溉用水0.025元/立方米，超定额（高价水）农业灌溉用水0.045元/立方米。

第三条 末级渠系水价按照《关于对农业末级渠系终端水价定价的通知》（青发改价格〔2020〕8号）规定执行，即自流灌区末级渠系水价2021年执行0.0093元/立方米，2022年执行0.0156元/立方米，2023年执行0.0218元/立方米，2024年执行0.0312元/立方米；农业自流灌区提水灌溉末级渠系水价0.0526元/立方米；农业自流灌区沟水补灌末级渠系水价0.0357分/立方米。超用水指标20%（含20%）以内部分按照末级渠系水价1.4倍收费，超用水指标20%以上部分按照末级渠系水价的3倍收费。

第四条 镇（场）用水协会向用水户收取水费必须以干渠直开口或计量斗口的实际用水量和水价计算水费，实行按方收费。计量条件达不到要求的，按直开口灌域内的实际灌溉面积分摊到户。

第五条 镇（场）用水协会向用水户收取水费必须出具税务部门的统一收费发票和银行部门的收款凭据，使用税务票据、银行凭据以外的票据收取水费，用水户可以拒绝缴纳水费。

第六条 镇（场）用水协会工作人员必须在每年灌溉前及时将水费预收通知单下发到用水户手中，用水户收到通知单后，按照规定时间到指定的银行或用水协会缴纳水费。在灌溉结束后，按照实际用水量结算水费，根据多退少补的原则，各镇用水协会与用水户结清当年水费。

第七条 用水户收到通知单后，及时支付水费，用水户逾期不支付水费的，应该收取一定的滞纳金。经催告用水户在合理期限内仍不支付水费和滞纳金的,用水协会可以按照有关规定停止供水。

第八条 镇(场)用水协会按照年初水利部门下达的水费收缴计划,将干渠水费上缴渠道管理部门,末级渠系水费上缴市财政纳入预算管理。推行微信、支付宝、银行收款码收费方式,减少水费现金流转环节,方便用水户缴费。

第九条 镇(场)用水协会加强对工作人员的管理,严格履行工作职责,严禁将水费做人情,做到水费应收尽收。

第十条 镇(场)用水协会可在年初一次下达当年水费收缴计划,也可与用水户签订供水与缴费合同,分期分批收缴,收费进度与供水进度一致。

第二章 末级渠系水费使用

第十一条 镇(场)用水协会应建立银行账户,财务管理工作要严格遵守国家法律、法规和财务管理制度,切实履行财务职责,如实反映财务状况,做到专款专用,主动接受财政、税务、水务、民政及各镇人民政府的监督。

第十二条 在镇(场)用水协会推行账务代管制,账务由镇(场)财经中心财务人员或外聘财会人员代管,财务人员变动时,事先做好财务移交手续。

第十三条 严格资金管理,做到专款专用,任何单位和个人不得以任何借口挤占、截留、挪用水费。

第十四条 收取的水费存放在用水协会账户,镇用水协会不得存放现金。经费开支一律采取账户支付,支票支付的须加盖单位财务章和会长个人印章后有效。财务章和支票由财务人员保管,会长的印章由本人保管。网银支付的出纳为经办人,会长为授权审批人,网银优盾和密码由出纳和会长分别保管。

第十五条 收取的末级渠系水费主要用于人员报酬、小型水利工程设施维修养护费、办公及业务费、精准补贴及节水奖励等。

(一)人员工资指镇用水协会管理人员薪资报酬及村级水利管理人员的劳务报酬。

(二)小型水利工程设施维修养护费指支斗渠岁修、抢险以及附属设施的维修养护费等。

(三)办公及业务费指镇用水协会的正常办公费、水电费用的开支;开展有关节水灌溉和水价政策等方面的宣传和业务培训费。

第十六条 镇(场)用水协会在开支使用末级渠系水费时必须制定使用计划。使用计划必须明确人员报酬、工程维修养护费用、协会的办公经费以及宣传、培训、奖励等费用的明细项目和具体内容。水费使用计划按以下规定编制。

(一)末级渠系水费达到完全成本后,用于灌区小型水利工程维修养护费不高于末级渠系水费的35%,用水协会人员工资和办公经费不高于末级渠系水费的40%,用于精准补贴和节水奖励的不高于末级渠系水费的25%。

(二)镇(场)用水协会人员报酬根据相应的岗位职责、工作量进行核定。推行基础报酬和绩效报酬相结合、按月发放和年底考核发放相结合的考核制,即实行百分制考核制,其中80%为基本补助,20%为绩效补助。核定的人员补助,经监事审批后进行公示。

(三)工程维护和单位的办公及业务费用等由各协会制定计划,报监事批准后实施。工程维修计划必须说明工程名称、地点和工程建设维修的理由、方案、规模、投资等。不具备工程维修预算编制条件的可由社会机构、镇农业综合中心或水务局协助编制。对于工程设施维修计划,经监事实地察看,确定规模方案和投资预算无误后进行审批。

第十七条 镇(场)用水协会按照审批的计划安排资金使用。其中报酬部分必须出具工资表,办公经费的开支必须出具正规发票,经会计审核后,报监事和会长签字,用水协会出纳报账支出。工程维修费需经监事对维修工程组织验收、审核、签字，施工单位出具工程维修决算及施工影像资料后方能报账支出，财务需在支出凭证后附验收、结算等签字后的资料。镇（场）用水协会需要建立规范的工程维修、管护及应急抢险等工程档案资料。

第三章 监督管理及处罚

第十八条 镇（场）用水协会要每月定期向用水单位和用水户公布水量和水费，公开接受群众监督，灌溉结束后，对全年用水进行统一结算，并将结果通知用水户或公布于众。

第十九条 市场监管、财政、水务及审计部门应对镇（场）用水协会水费的收取、使用及管理情况进行业务指导和专项检查，发现问题及时进行整改。

第二十条 镇（场）用水协会要将年度财务报表、各种会计凭证、账簿等资料建立档案，并妥善保存，以备查验。

第二十一条 镇（场）用水协会工作人员截留、挪用水费，收人情水费，一经查实，给予除名处分，涉及犯罪的，移交司法机关依法查处。

第四章 附则

第二十二条 本办法适用于自流灌区和以渠（沟）道为水源的提水灌溉灌区，甘城子、鸽子山、马场滩、同乐移民村等扬水灌区遵从扬水灌区水费收缴及使用办法。

第二十三条 本办法自2021年6月5日施行，有效期至2024年12月31日。

青铜峡市人民政府
2021年5月6日

青铜峡市自流灌区农业灌溉末级渠系水价调整执行方案

青政规发〔2021〕3号

为了建立良性供水价格运行机制，充分发挥价格杠杆调节作用，有效提高水资源利用率和效益，促进水资源可持续利用和青铜峡市水利事业健康发展，按照《青铜峡市农业水价综合改革实施方案》（青政办发〔2017〕146号）和青铜峡市发展和改革局《关于对农业末级渠系终端水价定价的通知》（青发改价格〔2020〕8号）及自治区有关政策的规定，结合青铜峡市实际，制定青铜峡市农业灌溉末级渠系水价调整执行方案。

一、水价执行原则

按照"动态调整、一次定价，分年实施"的原则，2021年至2024年四年完成水价调整，最终实现节水增效和基层水管组织自我维护、自我发展的目标。

二、水价执行范围

自流灌区、沟水补灌区内所有农业、水产养殖、生态等取用黄河水。

三、水价执行标准、时间及配水定额

（一）水价执行标准。执行青铜峡市发展和改革局《关于对农业末级渠系终端水价定价的通知》（青发改价格〔2020〕8号，见附件1）。

1.自流灌区粮食作物、经济作物、林草地的灌溉用水末级渠系终端水价：2021年起执行0.0343元/立方米，2022年执行0.0406元/立方米，2023年执行0.0468元/立方米，2024年执行0.0562元/立方米，以上水价包含干渠水价0.025元/立方米。

2.自流灌区渠道提水灌区粮食作物、经济作物、林草地的灌溉用水末级渠系终端水价：2021年起执行0.0776元/立方米（含干渠水价0.025元/立方米，甘城子、鸽子山、马场滩、同乐扬水灌区除外）。

3.以各级沟道为水源的扬水灌区粮食作物、经济作物、林草地的灌溉用水末级渠系水价：2021年起执行0.0357元/立方米。

4.自流灌区和以干渠为水源的扬水灌区的终端水价在干渠水价调整时，随干渠水价调整。

（二）超定额用水水价。为提高用水效率和效益，促进农业种植结构调整和节约用水，按照《关于印发宁夏农业水价综合改革实施方案的通知》（宁政办发〔2017〕94号）、《关于印发宁夏回族自治区有关行业用水定额（修订）的通知》（宁政办规发〔2020〕20号）、《关于印发青铜峡市农业水价综合改革实施方案》（青政办发〔2017〕146号）等相关文件精神，对超定额用水一律实行累进加价收费，末级渠系水量超用水指标20%（含20%）以内部分按照末级渠系水价的1.4倍收费，超用水指标20%以上部分按照末级渠系水价的3倍收费；干渠超定额用水水费按照《关于调整我区引黄灌区水利工程供水价格的通知》（宁价商发〔2008〕54号）规定标准收取上缴渠道管理部门。

（三）执行时间。自本办法公布后立即施行。

（四）配水定额。配水定额由渠道管理部门根据各用水户实际农作物种植面积和种类，依据《关于印发宁夏回族自治区有关行业用水定额（修订）的通知》（宁政办规发〔2020〕20号）规定标准予以确定(见附件2)。

四、水费征收管理和使用

水费分夏秋灌溉和冬灌两次结算,按照"统一征收,分级使用管理"的办法,由各镇(场)用水协会征收。根据工程管理权限,干渠水费直接上缴到相应的渠道管理部门,末级渠系水费上缴市财政收入集中户,纳入市财政预算,实行收支"两条线"管理。末级渠系水费达到完全成本后,用于灌区小型水利工程的维修养护费不高于末级渠系水费的35%,用水协会人员工资和办公经费不高于末级渠系水费的40%,用于精准补贴和节水奖励的资金不高于末级渠系水费的25%。

五、节水奖励

对积极推广应用工程节水、农艺节水、调整种植结构并取得明显节水成效的农业用水主体给予末级渠系水费一定比例的奖励,重点奖励用水协会、新型农业经营主体等,具体比例由市水务局根据每年用水量和节水量确定。对于未发生实际灌溉、因种植面积缩减或者转产等非节水因素引起的用水量下降不予奖励。奖励标准主要考虑节水水量、示范作用、影响效应等因素。

六、工作要求

(一)依法分配用水指标。各镇(场)用水协会根据辖区实际灌溉面积和种植结构上报用水计划,市水务局根据各镇计划,按照自治区水利厅分配我市的用水量指标,参考黄河水资源使用权确权数,依据"丰增枯减、总量控制、定额管理"同比例进行增减的原则,供水单位依规分配本单位的用水指标供水,根据实际引水量和定额配水量结算水费。

(二)加强供用水过程管理。严格履行灌域间指标调剂和新增用水指标行政审批程序,供水单位不得超指标供水,坚决抑制不合理的用水需求,凡新增用水户应当按照国家取水许可制度和水资源有偿使用制度关于"向水行政主管部门或者流域管理机构申请领取取水许可证,并缴纳水资源费,取得取水权"的规定。已建成的高效节水灌溉项目区,一律按照节水定额配水并进入蓄水池,水管单位不得向项目区渠道配水实施大田灌溉。

(三)强化水费收缴管理。各镇(场)农民用水协会要与同渠道部门加强配合,对抗交水费的"钉子户",采取说服教育、通过司法程序或纳入社会征信体系等措施,督促其交清水费,减少负面影响。用水协会采用税务部门统一发票征收水费,严禁打白条或出具不符合规范要求的收据等收缴水费,水费发票由用水协会统一从税务部门领取,各收费人员领取发票需在用水协会备案,无票据或不出票据向用水户收取水费一律视为乱收费。

(四)农业水价及水费计收实行公示制。用水协会与供水单位水费结算完成后,应通过公示栏、公示牌等多种方式和渠道,及时向用水户公示水量、水价、水费收入和支出及每个用水户的水费缴纳有关信息,主动接受公众监督。市水务局、市场监督管理局、各镇(场)要加强对农业末级渠系水价、水量和水费计收情况的监督管理,依法查处乱收费、搭车收费等价格违法行为。

(五)加大宣传力度。通过电视、电台、"两微一端"等多层次、多形式、多渠道广泛开展宣传教育工作,及时做好政策解读工作,营造家喻户晓、人人关心、积极参与的舆论氛围,为改革的顺利推行打下坚实的群众基础。

七、本《方案》自2021年6月5日施行,有效期至2024年12月31日。

青铜峡市人民政府
2021年5月6日

附件1

青铜峡市自流灌区农业灌溉末级渠系供水价格调整及执行计划表

执行时间：2021年1月1日

序号	灌区类别	末级渠系终端水价（元/立方米）	干渠水价（元/立方米）	其中				末级渠系超定额用水累进加价	
				定额内末级渠系水价（元/立方米）				20%以内	20%以上
				2021年	2022年	2023年	2024年		
1	自流灌区	0.0562	0.025	0.0093	0.0156	0.0218	0.0312	1.4倍末级渠系水价	3倍末级渠系水价
2	干渠提水灌区	0.0776	0.025	0.0526	0.0526	0.0526	0.0526		
3	沟水补灌区	0.0357	0.0357	0.0357	0.0357	0.0357	0.0357		

1.各灌区干渠水价暂按自治区物价局水利厅《关于调整我区引黄灌区水利工程供水价格的通知》(宁价商发200854号)文件精神执行，新的干渠水价待自治区出台后执行。
2.干渠提水灌区是指以干渠为水源，提水灌溉的灌域。
3.本水价不包含甘城子、鸽子山、马场滩、同乐扬水灌区。

附件2

农业灌溉用水定额表（2020年）

序号	作物名称	灌溉方式		青铜峡河东灌区	青铜峡河西银南灌区	备注
1	水稻	控制灌溉	生育期	830	830	
			冬灌	—	—	
			小计	830	830	
		常规灌溉	生育期	1050	1100	
			冬灌	—	—	
			小计	1050	1100	
2	春小麦	畦灌	生育期	250	240	
			冬灌	60	60	
			小计	310	300	
3	冬小麦	畦灌	播前灌	60	60	
			生育期	240	240	
			小计	300	300	
4	玉米	畦灌	播前灌	60	60	
			生育期	230	220	
			小计	290	280	
		沟灌	播前灌	60	60	
			生育期	160	160	
			小计	220	220	
		露地滴灌		200	200	
		膜下滴灌		140	140	
5	油葵	畦灌		210	210	
6		滴灌		120	120	
7	马铃薯	沟灌		160	160	
		滴灌		95	95	
		喷灌		—	—	
8	日光温棚	膜下滴灌		360	360	
9	拱棚蔬菜	膜下滴灌		260	260	

续表-1

序号	作物名称	灌溉方式		青铜峡河东灌区	青铜峡河西银南灌区	备注
10	露地蔬菜	沟灌	播前灌	60	60	
			生育期	320	320	
			小计	380	380	
		滴灌		300	300	
11	外销蔬菜	喷灌		600	600	
12	露地西甜瓜	沟灌	播前灌	60	60	
			生育期	120	120	
			小计	180	180	
		滴灌		120	120	
13	红枣	畦灌	生育期	230	220	
			冬灌	60	60	
			小计	290	280	
		沟灌	生育期	200	190	
			冬灌	60	60	
			小计	260	250	
		滴灌		210	210	
14	果树	畦灌	生育期	240	230	
			冬灌	60	60	
			小计	300	290	
		沟灌	生育期	150	140	
			冬灌	60	60	
			小计	210	200	
15	葡萄	沟灌	生育期	290	290	
			冬灌	60	60	
			小计	350	350	
		滴灌		280	280	

续表-2

序号	作物名称	灌溉方式		青铜峡河东灌区	青铜峡河西银南灌区	备注
16	枸杞	畦灌	生育期	440	440	
			冬灌	60	60	
			小计	500	500	
		滴灌	生育期	240	240	
			冬灌	40	40	
			小计	280	280	
17	牧草	畦灌	生育期	230	230	
			冬灌	60	60	
			小计	290	290	
		喷灌		240	240	
18	优质高产苜蓿	格田灌溉		560	560	
		喷灌		450	450	
19	防护林	滴灌		140	140	

1. 作物灌溉定额系指农作物在播前（含冬灌）及全生育期内，单位灌溉面积上的灌溉水量，即净灌溉定额。各级渠道的毛灌溉定额，可用净灌溉定额除以灌区田间水利用系数及相应的渠系水利用系数来确定。

2. 外销蔬菜一般指菜心、白菜、菠菜、油菜、芥蓝、雪豆、旺菜、上海青等；露地蔬菜主要指西红柿、辣椒、西芹、南瓜、大白菜、萝卜、甘蓝等。

3. 定额中畦灌灌溉定额均是在对田块进行激光平地作业后的灌溉定额；冬灌定额是在田地深松翻、磨耱或旋耕作业后的灌溉定额。

4. 不在此定额范围内的可参照《宁夏回族自治区有关行业用水定额（修订）的通知》（宁政办规发〔2020〕20号）有关规定。

青铜峡市基层水利服务体系改革实施方案

青政发〔2021〕23号

为全面贯彻落实《国务院办公厅关于推进农业水价综合改革的意见》（国办发〔2016〕2号）和《自治区人民政府办公厅关于印发〈宁夏农业水价综合改革实施方案〉的通知》（宁政办发〔2017〕94号）精神，规范农民用水协会合理发展，提升农民用水协会综合服务能力，逐步建立工程良性运行、农民用水协会良性发展的灌区运行机制，实现灌区末级渠系科学化管理目标。按照《青铜峡市农业水价综合改革实施方案》（青政办发〔2017〕146号）精神，结合青铜峡市农民用水协会实际情况，制订本实施方案。

一、指导思想及原则

（一）指导思想

全面贯彻落实党的十九大和十九届二中、三中、四中、五中全会、黄河流域生态保护和高质量发展座谈会及自治区第十二次党代会精神，深入贯彻落实党中央"节水优先、空间均衡、系统治理、两手发力"的治水方针和习近平总书记视察宁夏重要讲话精神。

（二）基本原则

1.精简高效，规范管理。根据水利工程补短板，水利行业强监管的总基调，依法依规规范农民用水协会发展，强化农民用水协会队伍建设，优化农民用水协会体系结构，合理配置资源，确保农民用水协会合法规范运行。

2.因地制宜，切合实际。按照乡镇机构改革要求，结合青铜峡市水利工程建设、管理中的短板，建立与灌区实际相适应的基层水利管理体制和机制，不断健全基层水利服务体系。

3.政府主导，综合治理。充分发挥政府主导职能，各部门通力配合，强化农民用水协会的公益性职能，将灌区现代化建设、农业水价综合改革、基层水利服务体系建设相结合，支持多元发展、综合治理。

二、实施目标

全面贯彻落实党中央、国务院和自治区的决策部署，严格执行节水优先战略方针，加快供给侧结构性改革，强化农业用水需求管理，充分发挥市场在资源配置中的决定性作用，坚持综合施策、两手发力、供需统筹、因地制宜的基本原则，以完善农田水利工程体系为基础，以健全农业水价形成机制为核心，以创新体制机制为动力，推进农业水价综合改革，保障农田水利工程良性运行，促进节约用水和农业可持续发展。

三、主要任务

（一）规范基层用水组织，强化用水管理

1.规范农民用水协会组织机构。一是在保留各镇农民用水协会总会和甘城子用水协会的基础上，对全市其余已注册的村级农民用水协会和渠系协会开展清算进行注销，清算注销工作由市水务局指导各镇完成，审计经费由各镇用水协会自行解决，不足部分由市水务局申请市人民政府给予解决，同时撤销整顿支渠个人承包模式。二是在市水务局、民政局的指导下，按照《社会团体登记管理条例》对全市8个镇农民用水协会总会和甘城子用水协会变更法定代表人，法定代表人由用水协会会员担任，各镇行政领导和甘城子扬水站工作人员不再兼任协会会长，同时组建树新林场农民用水协会。用水协会为公益性社团组织，主要负责所在辖区内的农田灌溉管理、小型水利工程养护、水资源调配、水费收缴等水利基本工作,为辖区内的用水户做好用水服务。市水务局为农民用水协会业务指导和监督单位,各镇场对农民用水协会履行属地管理职责。三是按照《社会团体登记管理条例》依法依规开展农民用水协会法定代表人变更和注销事宜,全市8个镇1个场和甘城子农民用水协会,共计10个用水协会按照规定设置监事。农民用水协会镇总会设会长(法定代表人)1人和副会长2人,财务人员2人(其中出纳由副会长兼职,会计由镇财经中心工作人员兼任或外聘财会人员),设委员若干人。会长、副会长、委员由用水协会用水户代表大会选举产生;设监事2人(由镇(场)水利专干和事业人员担任)。人员薪酬待遇:协会会长、副会长发全年任职补助,2021年每月补助2100元(含通信、交通等补助),分基本补助+绩效补助两部分,其中80%为基本补助,20%为绩效补助,基本补助按月发放,绩效补助在年终测评后兑现,2021年后,月补助每年以4%递增,最高不超过1000元/月;监事属事业单位在编工作人员,不计取报酬;村级水利管理,各镇(场)用水协会总会参照实际情况,由镇总会成立村级或渠系水利服务小组,对村组用水进行管理,水利服务小组管理人员由镇总会从会员中聘用,聘用那些责任心强、组织能力强、在用水户中起带头作用的能人充实到村级或渠系水利服务小组中,加强用水协会的组织领导力。在聘用人员上,原则上每三千亩地配备1人,灌溉面积不足三千亩的村,按三千亩配备人员,聘用人员误工补贴由镇(场)用水协会总会根据水管人员所管理的灌溉面积大小、用水管理服务成效及小型水利工程管护的成果考核兑现,2021年灌溉期间误工补贴标准,原则上每月不超过2000元,2021年以后,月补贴每年以4%递增,最高不超过1000元/月。

牵头单位:各镇、农林场

配合单位:市水务局、民政局

2.实行多元化灌溉管理。各镇(场)用水协会总会可以根据实际情况,因地制宜进行用水管理;以往拍卖的小型水利工程保持现有属性不变,但其收取的水费不得高于《青铜峡市自流灌区农业灌溉末级渠系水价调整执行方案》相关规定,并建立水费收缴台账,接受水务局、各镇(场)的监督。用水协会实行承包管理的支渠必须以水量承包,用水协会根据三年平均用水量,提出承包标的,经监事审核后,通过公开招标或议标的形式承包,并将招标结果报市水务局备案。招标中杜绝暗箱操作、严禁按亩打包,做到公开公正公平。

牵头单位:各镇、农林场

配合单位:市水务局

3.配齐田间水管人员。不论何种灌溉管理模式,各镇(场)用水协会总会均应按照灌溉面积的大小配齐田间淌水员,实行水旱地"一把锹"淌水制度,各淌水人员报酬由用水户支付,标准由各村委会、用水户和淌水员自行协商确定。各行政村配合用水协会总会做好灌溉管理工作。

牵头单位:各镇、农林场

配合单位:市水务局

4. 配齐协会办公设施。各镇(场)农民用水协会总会要充分利用好现有的办公场所,无办公场所的,由本镇人民政府帮助解决,用水协会总会与房屋所有权人签订租赁合同或场所使用协议。

(二)落实灌溉面积,夯实水价基础

市水务局、各镇(场)指导农民用水协会总会以土地确权面积为基础,参考自治区水利厅2020年青铜峡市各干渠直开口灌溉遥感面积,会同各行政村落实各干渠直开口的真实有效灌溉面积,各方签字确认,并以干渠直开口建立灌溉面积台账。核定的灌溉面积作为各干渠直开口配水、水费收缴、结算、核查的依据,各镇总会必须在6月30日前完成此项工作,由市水务局年终进行考核。

牵头单位:市水务局

配合单位：各镇、农林场，市农业农村局

（三）建立健全水价机制

青铜峡市农业水价由干渠水价和末级渠系水价两部分组成，干渠水费上缴干渠管理部门，末级渠系水费纳入市财政预算管理，统筹安排使用，优先确保水利工程管理维修养护等方面资金需求，切实做到"镇用、市管、行业监督"。末级渠系水费达到完全成本后，用于灌区小型水利工程的维修养护费不高于末级渠系水费的35%，用水协会人员工资和办公经费不高于末级渠系水费的40%，用于精准补贴和节水奖励的不高于末级渠系水费的25%。2021年、2022年、2023年用水协会人员工资按实际发生额发放。

牵头单位：市水务局

配合单位：各镇、农林场，市财政局

（四）加快量测设施建设，实现用水精准化

为加快配套渠道测量设施，实现用水精准化计量，解决青铜峡市田间灌溉吃大锅水、用水不均等现象，市水务局、农业农村局要积极上争项目，加快农业灌溉计量设施的现代化改造。同时，市政府从水权交易收益中提取部分资金用于农业灌溉计量设施现代化改造，重点实施从沟道取水的61座泵站计量设施改造。通过工程建设改造，配套完善的计量水设施，形成工程良好、计量设施配套完善，量水单元适宜的灌溉系统。

牵头单位：市水务局

配合单位：各镇、农林场，市农业农村局

（五）实施精准补贴，促进节水增效

根据自治区人民政府办公厅《关于印发宁夏农业水价综合改革实施方案的通知》重点任务第（六）项（建立农业用水精准补贴和节水奖励机制）第（2）条关于"政府统筹整合水资源费、水权转换费、水权交易费、超定额累进加价水费、非农业供水利润、财政补助和社会捐助等各类资金，落实农业用水补贴和节水奖励资金来源"的规定，由市财政筹措整合水资源税、水权交易费、末级渠系水费对高效节水和节约用水进行奖补。由市水务局和农业农村局负责，对实现"测控一体、水肥一体"且使用效果达到工程设计预期目标的已建成高效节水灌溉项目区进行考核，由市财政依据考核结果予以5元/亩的补助，确保高效节水灌溉工程充分发挥作用，提高用水户主动节水的意识和积极性。

牵头单位：市财政局

配合单位：市水务局、农业农村局

（六）制定节约用水奖励办法，促进节约用水

对积极推广应用工程节水、农艺节水、调整种植结构并取得明显节水成效的农业用水主体，给予末级渠系水费一定比例的奖励，重点奖励用水协会、新型农业经营主体等，具体比例由市水务局根据每年用水量和节水量确定。对于未发生实际灌溉、因种植面积缩减或者转产等非节水因素引起的用水量下降不予奖励，奖励标准主要考虑节水水量、示范作用、影响效应等因素。

牵头单位：市水务局

配合单位：市财政局，各镇、农林场

（七）整顿水费拖欠，营造水费缴纳良好氛围

各镇（场）农民用水协会要与同渠道部门加强配合，对抗交水费的"钉子户"，采取说服教育、通过司法程序或纳入社会征信体系等措施，督促其交清水费，减少负面影响。水费收缴统一采用税务部门发票征收，严禁采用"白条子"、收据等不符合财务要求的票据收缴水费，水费发票由用水协会总会统一从税务部门领取。各责任单位、用水协会要倡导用水户积极缴费，营造水费缴纳的良好氛围。

牵头单位：市水务局

配合单位：各镇、农林场

（八）农业水价及水费计收实行公示制

用水协会与供水单位水费结算完成后，应通过公示栏、公示牌等多种方式和渠道，及时向用水

户公示水量、水价、水费收入和支出及每个用水户的水费缴纳有关信息,主动接受公众监督。市场监督管理局、水务局、各镇(场)要加强对农业末级渠系水价、水量、水费计收情况的监督管理,依法查处乱收费、搭车收费等价格违法行为。

牵头单位:市水务局

配合单位:市场监督管理局,各镇、农林场

四、实施进程

(一)完成注销及变更工作

2021年4月1日—2021年4月30日,各镇(场)全面完成现有村级(渠系)农民用水协会注销和8家镇用水协会总会法定代表人变更工作。

(二)完成面积核实工作

2021年5月1日至2021年5月30日,各镇(场)用水协会总会根据章程开展工作,推行按终端水价收取水费,完成辖区内灌溉面积核实工作。

(三)完善镇用水协会总会

2021年6月1日至2021年9月30日,逐步完善镇用水协会总会,推进协会规范化运行。

(四)考核验收

2021年10月1日至2021年10月31日,对镇场用水协会进行考核验收。

2024年底,全灌区完成基层水利服务体系改革,实现工程完好、配套齐全的灌溉工程体系、科学的灌区末级渠系管理体制和灌区良性运行机制。

五、考核评议

用水协会总会人员薪资报酬采取基本报酬+绩效报酬相结合的方式,在市水务局和镇(场)的指导监督下,按年度对用水协会总会所承担的工作任务进行民主评议量化测评,测评结果和协会人员绩效报酬相挂钩,倒逼协会人员履职尽责。

镇(场)用水协会总会和用水协会总会水管人员考核采用百分制。用水协会总会考核中,镇(场)打分占25%,水务局打分占25%,用水户民主测评打分占50%,具体测评办法由市水务局制订。用水协会总会水管人员考核中,用水户民主测评打分占50%,镇(场)用水协会总会考核打分占50%,具体考核细则由镇(场)用水协会总会制订,考核细则、考核结果报市水务局备案。

六、组织保障

(一)加强领导,扎实推进

农业末级渠系水价改革事关农业农村发展全局,政策性强、涉及面广。各镇(场)、农业水价综合改革领导小组其他成员单位要高度重视,切实履行工作职责,精心组织实施注销用水协会和镇总会法定代表人变更等工作,确保各项任务落到实处。

(二)明确分工,落实责任

农业终端水价实施是涉及全市农业农村经济发展的重大事项,市农业水价综合改革领导小组办公室要将此项改革任务纳入目标管理,明确目标任务,形成齐抓共管、各负其责的工作格局。市水务局负责用水协会组建指导、水费收缴监督检查、用水协会考核考评以及精准补贴及节水奖励核定兑现;财政局负责农民用水协会财务管理业务指导;民政局负责农民用水协会注销和法定代表人变更注册登记;各镇(场)负责用水协会组建和日常工作的指导监督。

(三)强化指导,加快推进

市农业水价综合改革领导小组办公室要对工作进展情况进行定期检查指导,及时解决相关问题,确保按时完成各项目标任务。

(四)加强考核,严格奖罚

建立农民用水协会改革绩效考核奖惩机制,实行年度考核评比制度,考核结果作为解聘续聘、工资发放等的依据,并与奖惩挂钩,倒逼用水协会及水管人员依法依规履行工作职责,确保改革工作稳步推进。

青铜峡市人民政府

2021年5月6日

索 引

编辑◎乔才山

说明：
1.本索引采用主题分析法，按主题词首字汉语拼音字母顺序排列。
2.主题词后的数字标示内容所在页码，数字后的a、b、c表示该页自左至右的栏别。

A

爱国卫生　324b
安全管理　339a
安全生产行政执法　340c
安全生产责任落实　257b
安全生产专项整治　257b
安全责任落实　339a
案件查处　113a
案件侦破　133c

B

百部红色电影进基层及优秀影片展映　316a
包装印刷工业　231
保密、档案工作会议　87c
保险　352
保障性住房建设　252c
避孕药具管理　326a
病虫害防治　182b
病媒生物防制　324c
病死畜禽无害化处理　188c
部门评议　90a　91b　92b　93c　95a

C

财经工作　83a
财税金融　56b
财政　173
财政管理　173c
财政金融服务　344a
财政税务　173
财政收入　173a
财政预算调整审查工作　91a
财政预算执行审计工作监督　90c
财政支出　173a
餐饮住宿　234c
残疾人扶残助学　161c
残疾人合法权益维护　162a
残疾人基本状况调查　162b
残疾人教育培训阵地建设　162c
残疾人就业培训　161b
残疾人康复工作　161a

残疾人两项补贴　336a
残疾人邻里照护服务　162c
残疾人社会保障　162a
残疾人托养中心投入运营　162b
残疾人文化宣传　162b
草原监理和执法　272b
草原生态修复治理　273c
草原征占用审核审批　273c
测绘行业监管　265c
测土配方施肥　182b
产品质量安全监管　169b
产业发展新业态培育　180c
产业转型升级　213b
常规教学教研　300b
超限超载治理　256c
车辆保险　353a
陈袁滩镇　376
城市党组织建设　77a
城市公共设施安全专项体检　250b
城市公用事业　243c
城市公用事业服务　245
城市管理综合执法　251
城市建设　58c
城市排灌设施排查　341c
城市污水垃圾处理　243b
城市治理　336c
城乡供电　254
城乡建设　166c　241
城乡居民收入提升行动　199b
城乡客运一体化　256b
城乡联动教研　302c
城镇节水减漏降损　206a
储备粮油规范化管理　238a
储备粮油轮换　238c

传媒　314
传染病监督　323b
创城复审　322a
创新强才工程　299b
春麦复种两熟模式示范　183b
村级集体经济项目实施　196a
村级综合服务社建设　236b
村（社区）廉政监督　114b
村（社区）"两委"换届工作　77c

D

打击医疗乱象　323b
大坝镇　363
大气环境整治　280c
大气污染管控　215c
大事记　42
代表培训　91c
代表议案建议督办　94c
代表资格审查　94c
单位名录库充实完善　170b
党的建设　60a
党风廉政建设　61a
党课质量提升　85a
党内评选表彰慰问　75c
党史编研　86a
党史地方志编研　85b
党史宣传　86b
党史学习教育　79a
党外工作　82a
党校（行政学校）工作　84b
档案安全、执法监督检查　87b
档案查阅利用服务　87b
档案馆际共享　86c

档案管理　86c
档案归集整理接收　87a
档案"十四五"规划编制　87c
档案信息化工作　87b
道路建设　257c
道路桥梁隐患排查　244b
道路营运专项治理　257a
低产低效葡萄园改造　186a
地方病防治　321b
地方特产　56b
地理环境　52a
地名由来　54c
地图市场巡查　265c
地形地貌　52a
地震应急演练　286b
地质灾害防治　270c
第二课堂活动　300c
第七次全国人口普查数据发布　170c
第十五届、第十六届政府常务会议　95c
电话实名登记　261b
电力工业　216
电商发展　234c
电视网络　316c
电网建设　255a
电信　259a
电信诈骗宣传　261c
电影放映　315c
电子医保卡使用　338a
调查基础工作　203a
调查研究工作　85b
调研工作　82b
调研考察配合　108a　108c
订单粮食和新增储备粮油收购入库　238b
订单培养及冠名培养　304a

动物产地检疫和屠宰检疫监管　188a
动物防疫法宣传　190c
动物防疫监管　191b
动物防疫物资管理　192a
动物防疫先打后补　190c
动物防疫宣传　191c
动物防疫责任落实　191a
动物疾病防控　189
动物卫生监督　179b　187
动物卫生信息化管理　188b
动物疫病防控　179a
动植物资源　54a
读书日活动　311a
对口协商　109b

E

儿童眼保健和视力检查　326a

F

法院　137
法治　123
法治乡村建设　202b
法治政府建设　61b　131　140a
法治政府体制建设　131a
反诈防诈　126b
防洪工程修复治理　341b
防洪隐患排查　341b
防雷监管　288a
防贫保　352b
防汛抗旱　207c　340a
防汛抢险队伍建设　341a
防灾减灾救灾　340a

防震减灾　285c

防震减灾宣传　285c

房地产开发　244c

房地确权登记　267c

房屋面积测量　253a

房屋质量投诉受理　249c

"放管服"改革　168a

放射诊疗整治　323b

放映任务分解落实　315c

放映员培训管理　316a

非煤矿山安全专项整治　269a

非商业性保险业务发展　353b

非物质文化遗产保护　308c

非洲猪瘟防控　189c　190a

服务业发展　167a

服务业扶持　234b

服务中心工作　81c

妇联队伍素质提升　153c

妇联换届选举　153c

妇女权益保障　153a

"妇女之家"建设　153b

妇幼保健　325b

妇幼卫生三项监测　325b

附录　423

G

干部监督管理　76b

干渠输水保障　208a

高标准农田建设　179c

高校毕业生就业创业　332c

高效农业　57b

高职分类考试　303c

高中教育　298c

各领域党建工作　77c

耕地保护利用　267a

工程质量提升行动　250c

工会组织建设　148a

工矿废弃地整治　267a

工伤保险即时结算　333c

工商联第十次代表大会　146b

工学交替　304b

工业　213

工业经济　57a

工业节水减排治污　205b

工业用水权确权　206c

公安　133

公安队伍建设　134b

公安基层机制改革　133a

公安执法服务　134a

公共安全管理　125a

公共场所卫生监督　324a

公共法律服务　141a

公共法律服务建设　133b

公共排污设施维护　283b

公共卫生管理　318c

公共卫生监测　322b

公共文化服务　307a

公路改建　256b

公路管养　256a

公益诉讼检察　135c

公益造林　275c

公益助学活动　290a

公租房分配　252a

共青团青铜峡市委员会　150

供暖　246a

供水　245a

供水供暖控制自动化　247a

供水设施设备改造　246b
供水用户普查　247b
供销合作　235
《古峡文学》刊发　155c
固定资产投资　57a　213a
关爱妇女健康　152c
灌溉用水管理　208b
灌区标准化建设　208a
广播电视　63a　314a
广播电视播放　314b
规范性文件备案审查　92a
规范性文件管理　132b
规模畜禽养殖业用水权确权　206c
规模养殖场防疫监督检查　188b
国防动员潜力调查　119b
国防教育　120a
国家安全机制建立　123c
国家安全宣传　123c
国家电投集团黄河上游水电开发有限责任公司宁电分公司　217b
国家电投集团宁夏能源铝业科技工程有限公司　219a
国家农业现代化示范区创建　180a
国家卫生城市复审　324c
国能宁夏大坝发电有限责任公司　216a
国能宁夏大坝三期发电有限公司　216c
国能宁夏大坝四期发电有限公司　217b
国企审计　172a
国土规划编制　263a
国土空间规划编制　263b
国务院第八次督查反馈问题整改　279a
国有农用地开发利用清查　266c
国有资产监督　91a

H

行业领域整治　113b　130b
行业整治　125a
河湖水域划界确权登记　267c
河滩地管理　206a
贺兰山村镇银行　351b
宏观经济管理　166
湖泊湿地　53b
"互联网+教育"示范校创建　293b
互联网+医疗健康　320b
"互联网+政务"融合　131b
化肥减量增效　183b
化学工业　223
环保督查问题整改　278c
环保责任落实　278b
环境保护执法　279b
环境保护专项整治　242c
环境监管　278
环境质量　65a
换届选举工作　60c
黄河大峡谷国家5A级景区创建　312b
黄河流域生态环境问题整改　282a
黄河宁夏段青铜峡市河道及河滩地土地利用状况调查　265b
婚姻登记　334c

J

机构编制动态管理　84a
机构编制管理　83a
机构编制核查　84a
姬文泽　15

基层换届选举　335a
基层培训　84c
基层"3+1"组织服务能力提升　154c
基层审批执法改革　133a
基层团组织建设　151a
基层卫生建设　319a
基层整合审批服务执法力量改革　83a
基层政务服务　102b
基层政务公开标准化规范化试点县(市)创建　132a
基层组织建设　60b
基础教育教学课题研究　303b
基础教育质量提升　297b
基础教育质量提升行动　200a
基础网质量建设　260b
极端天气　53a
疾病防控　321a
集体建设用地确权登记　268a
计划执行和经济运行情况监督　90b
计量器具检定　169a
纪检工作　112a
纪委监委　112
寄递业务　259a
家庭农场联盟组建　197a
家校合作共育　299c
价格调控　167c
监督性协商　108b
检察　134
检察队伍建设　136c
减税降费　174a
建材工业　225
建设工程标准化推行　249c
建设工程质量监督　249
建筑业市场管理　244a
健康扶贫　319a

健康教育宣传　324b
健康体检　323c
健康"细胞"建设　324c
交通　256
交通事故预防　124b
交通邮政通信　256
交通运输　59c
交通运输规划编制　256a
教材教辅发行　312a
教师培训　301a
教学常规落实　301c
教学管理　300a
教学研究与教师培训　301a
教研队伍建设　302a
教研员"五包"工作　302b
教育　288
教育督导体制改革　289c
教育惠民政策　290a
教育教学改革　292c
教育教学管理　289a
教育教学管理优化　297c
教育信息化建设　292b
教育行政管理　288a
教育资源配置　289c
教育资助工作　290b
秸秆焚烧监督执法　198c
节能降耗　167b
节水机关创建　205a
界别工作室建设　108a　109c
界别群众服务　109c
界别委员活动　108c
界别协商　107c
巾帼创业行动　152b
巾帼志愿服务　152a

禁牧封育　272b
紧密型医共体建设　320a
经济案件审判　137b
经济发展情况　166a
经济犯罪防范打击　124a
经济管理　166
经济建设　56
经济社会发展调研　107b
经济总量　56a
经济作物种植　182a
精神文明创建　79c
精神文明建设　61c
景区建设　313b
警示教育　113b
就业创业与人才服务　332b
就业技能培训　333a
就业援助兜底　332c
救助募集工作　163b
居家养老服务　335b
居民收入　64a
居民收入调查　204a
居民消费支出调查　204c
军事　118
军事训练　121a
军事重镇　55c

K

开采企业专项整治　269c
抗震设防监管　286a
抗震设施能力建设　286a
考察交流接待　110b
科技创新　284c
科技创新引领　215a
科技服务　284a
科技　教育　284
科技人才培养　154b
科技志愿服务　154a
科教片展映　316b
科普基础设施建设　154c
科普平台应用　154b
科普项目申报　155a
科普宣传　154b
科学技术　284
控辍保学成果巩固　297c
矿产资源　53c
矿产资源管理　268
矿产资源生态治理　270a
矿产资源专项整治行动　269a
矿山安全生产专项整治　269c
矿山动态监测　268a
矿山恢复治理　270b
矿山信息联网　268c
矿山扬尘污染治理　270a

L

劳动权益维护　330c
劳动执法监察管理　331a
劳模评选　149b
老旧小区改造　241c
老旧小区改造工程质量监管　250b
理论文章撰写　85a
理论武装　78b
理想信念教育　76a
理论宣讲　78c
历史沿革　54b
立德强师工程　299a

联合培训　84c
联通　261c
良种繁育体系建设　185b
粮食安全　167c　237a
粮食购销与储备　237
粮食绿色转型科技创新示范园区　182c
粮食营销　237c
粮食作物生产动态监测　183a
粮食作物种植　182a
粮油平衡专项调查　238a
两癌筛查　325c
"两规划"实施　153a
林草湿地管理　271
领导干部经济责任审计　171c
旅游　312
旅游服务　58a
旅游品牌宣传　313b
旅游项目建设　313b
旅游质量提升工程　313c
旅游资源　55b
绿地补栽改造提升　242b
绿色金融体系建设　344b
绿色食品产业　178a

M

慢性病防治　322a
矛盾纠纷化解　124b　130c
美丽乡村建设　260c　262b
美丽宜居村庄建设　243a
免疫规划　321c
苗圃繁育　276a
民办教育管理　289b
民兵训练　119a

《民法典》培训　91c
民革青铜峡市委会　142
民进第三次代表大会　144c
民进青铜峡市委会　144
民盟第五次代表大会　143b
民盟青铜峡市委会　143
民生支出　173b
民事案件审判　138a
民事检察　135b
民营经济代表人士政治推荐和考察　146b
民营经济扶贫帮困公益活动　145a
民营经济人士政治引领　145a
民政　334
民主党派与工商联　142
民族团结进步创建　62b
民族宗教　55b
命案防控　124a
目标效能考核　82c

N

奶牛养殖　178c
能耗双控落实　280b
年度气候　52c
宁夏大唐国际青铜峡风电有限责任公司　217c
宁夏鼎辉科技有限公司　218b
宁夏东吴农化股份有限公司　223b
宁夏法福来食品股份有限公司　228a
宁夏富佑达纸业有限公司　232c
宁夏国昌实业有限公司　221c
宁夏海盛实业有限公司　222a
宁夏和兴碳基材料有限公司　221b
宁夏黄河谣农产品综合开发有限公司　229a
宁夏汇高科技集团有限公司　230b

宁夏吉宏环保包装科技有限公司　231a
宁夏嘉惠道路资源再生利用有限公司　226a
宁夏嘉祺隆冶金化工集团有限公司　221a
宁夏金昱元化工集团有限公司　223a
宁夏京成天宝科技有限公司　223c
宁夏蓝伯碳素有限公司　222a
宁夏农垦连湖农场有限公司　209
宁夏青龙管业股份有限公司　225b
宁夏青铜峡市海源包装有限公司　231b
宁夏青铜峡水泥股份有限公司　225a
宁夏瑞资联实业有限公司　222b
宁夏塞上阳光新能源科技有限公司　230a
宁夏塞外香食品有限公司　228b
宁夏圣泰环保科技有限公司　232a
宁夏苏锡铜业科技有限公司　230c
宁夏苏锡威特铝业有限公司　220a
宁夏天达环保有限责任公司　227b
宁夏西夏天杰水泥有限公司　225b
宁夏新大众机械有限公司　230a
宁夏新希望反刍动物营养食品有限公司　229b
宁夏鑫电铝合金线缆有限公司　220b
宁夏亿昀特种工程材料有限公司　226c
宁夏银河钢塑滴灌设备有限公司　231b
宁夏中青银铝业有限公司　219b
酿酒葡萄基地建设　185a
牛皮肤性结节病防控　188a
牛羊布鲁氏菌病基线调查　192b
农产品产地冷藏能力提升　180b
农村产权交易　197c
农村承包地管理和改革　181a
农村承包地和宅基地确权　268b
农村党组织建设　76c
农村低保专项整治核查　336a
农村公路养护　257c

农村供热改造工程建设　246b
农村合作经营管理　194
农村集体产权制度改革　180c　195c
农村人居环境整治　181b
农村"三资"管理业务培训　195b
农村"三资"监管　196a
农村生活污水第三方运维　242c
农村土地承包经营权确权颁证　194a
农村土地经营权流转　195a
农村土地经营权流转风险防范　195a
农村危房和抗震宜居农房改造　241b
农村用地市场交易　264c
农村宅基地改革管理　181a
农村支付环境建设　344b
农房质量提升工程　200c
农机安全管理　193c
农机购置、报废补贴　192c
农机化技术推广应用　192a
农机免费管理项目　193b
农机农艺融合示范园区建设项目　193a
农机培训与宣传　194a
农机社会化服务　194c
农机新技术新机具试验示范　192b
农机质量监督检查　194a
农机综合保险保费补贴项目　193b
农机作业公司建设项目　193a
农技协组织建设　154c
农民负担监督管理　197b
农民工就业服务　332c
农民工欠薪监管　331b
农民合作社质量提升行动　196b
农民专业合作社和家庭农场培育　196c
农田水利基本建设　180a
农险市场拓展　353b

农业机械化　178b　192
农业机械研发　194b
农业技术推广　178a
农业面源污染治理　179b
农业农村经济调查　203
农业社会化服务托管试点项目　196c
农业生产资料储备供应　235a
农业投入品质量监管　179b
农业污染物回收　184a
农业用水权确权　206b
农业与农村经济　177
农业综合社会化服务体系建设　235b
农业综合执法　198
农资案件查处　198b
农资市场监管　198a
农作物播种面积及粮食产量调查　205a
农作物秸秆综合利用项目　193b

P

棚户区改造　252b
批捕公诉　134c
平安城市建设　260c
平安医院建设　319c
葡萄酒产品推介　186c
葡萄酒产业　185
葡萄酒产业人才培养和引进　186a
葡萄酒品牌宣传　187a
"葡萄酒+文化旅游"发展　186b
葡萄酒庄建设　186b
普法依法治理　140b
普惠性保险推广　352b

Q

《七彩古峡》编辑　86b
其他会议　73c　99a
企业服务　213c
企业科研服务　154b
气候特征　52c
气象保障服务　287c
气象测报　286c
气象工作宣传　287a
气象为农服务　287a
气象预警服务　287a
气象助力精准扶贫　287c
侨胞之家建设　164c
强师工程　288c
青年创业　151b
青年之家阵地建设　150c
青年志愿服务　151a
青少年合法权益保护　151c
青少年科技教育活动　155b
青铜峡铝业发电有限责任公司　218b
青铜峡铝业股份有限公司　218a
《青铜峡年鉴（2021）》编辑　85c
青铜峡市残疾人联合会　161
青铜峡市第十五届人民代表大会第六次会议　88a
青铜峡市第十六届人民代表大会第一次会议　88a
青铜峡市第一中学　300a
青铜峡市妇女联合会　152
青铜峡市富安隆建材有限公司　227c
青铜峡市工商业联合会　145
青铜峡市归侨侨眷联合会　164
青铜峡市恒源砼业有限公司　226c
青铜峡市红十字会　163

青铜峡市宏达砼业有限公司　227c
青铜峡市凯旋商贸有限公司　227b
青铜峡市科学技术协会　154
青铜峡市老苗食品有限责任公司　228c
青铜峡市利源工贸有限公司　224b
青铜峡市良种繁殖场　211
青铜峡市蒙龙砂业科技有限公司　226a
青铜峡市宁朔中学　298c
青铜峡市农村商业银行　349a
青铜峡市人大常委会会议　88c
青铜峡市人民代表大会　88
青铜峡市人民政府　95
青铜峡市人民武装部　118
青铜峡市仁和纺织科技有限公司　229c
青铜峡市瑞通支撑剂有限公司　227a
青铜峡市文学艺术界联合会　155
青铜峡市文学艺术界联合会第二次代表大会　156b
《青铜峡市志》编修　85b
青铜峡市中源有色金属有限公司　219a
青铜峡市总工会　148
青铜峡镇　354
青秀园绿化管理　245b
青秀园提升改造　245a
青逸湖改造　245c
轻工业　228
清洁能源产业发展　167a
清洁能源推广　280b
庆祝中国共产党成立100周年系列活动　75c
渠首管理　208
瞿靖镇　360
取水许可管理　207b
全国档案事业发展规划宣讲　88a
全民健康水平提升行动　200b　293a　325a
全民健身活动　328a

全民阅读　305b
全区农业社会化服务推进会筹备　197b
全域旅游　312a
全域网格积分制管理　202c
全域网格建设　125c
群测群防网络　341a
群众体育　62c　328a
群众团体　148
群众文化　307a
群众文化活动　307a

R

燃煤供热替代工程　201a
燃气管理　244b
人才工作　78a　318a
人才培训　307b
人才培养　326b
人才项目申报和推荐选拔　330b
人防警报鸣放　121b
人防系统电台维护值班　121b
人防行政审批　121a
人口发展　55a
人类辅助生殖整治　323c
人力资源和社会保障　330
人民防空　121
人民调解工作　140b
日间照料服务　335c
荣誉　384

S

"三位一体"综合合作试点启动工作　236b
"三献"工作　163c

扫黑除恶　114c　136b　137a
扫黑除恶斗争　128c　169c
森林草原防灭火　272c　339c
森林防火　276c
商贸服务　234
商贸流通　233
商品砼和检测机构专项检查　250a
商协会建设　147a
少先队工作　151c
邵岗镇　373
设施农业建设　178b
社保待遇调整发放　333b
社会保险　333b
社会保障　65a
社会管理　330
社会建设　64
社会救助　334a
社会事务工作　334b
社会宣传　79b
社会治理　65b
社会治理机制建立　125c
社会组织　335c
社会组织管理　334b
社情民意信息　107c　109b　110b
社区服务专项治理　336b
社区网格化建设　337c
社区阵地建设　336c
涉农案件审判　137c
深化改革　59c　82c
审计　171
审计成果巩固　172c
审计质量提升　172b
审判监督管理　139a
审判执行　138b

审批服务管理　102a
生活饮用水卫生监督　324a
生态保护　282
生态保护项目建设　272a
生态环境　278
生态环境保护督查问题整改　263b
生态环境修复　282b
生态建设及林场管理　274
生态林管理　274a
生态林建设　274a
生态屏障建设　275a
生态文明建设　65
生态修复　66a
生物育种　177b
生猪检疫监督　187c
生猪养殖　178b
生猪运输车辆监管　187c
失业保险　333a
湿地保护修复　274b
湿地保护宣传与监管执法　271a
湿地管理　271a
湿地修复　271b
石嘴山银行青铜峡支行　350c
时代新风弘扬　80b
实施"两山"生态保护修复工程　275b
实用技术培训　154a
食品安全监管　168a
市场监测　235a
市场监督管理　167
市场监管　169b　240b
市情概况　52
市情教育　86c
市人民医院　326b
市容环境专项整治　242a

市镇代表选举　94a
市镇领导班子换届　76a
市中医医院　327c
市政管理服务　248
市政基础设施管理　243a
事业单位登记管理　83c
事业单位改革　83b
事业单位工资管理　332a
兽药饲料监管　189a
兽医社会化服务　191b
数字档案馆建设　86c
"数字供销"示范区建设　236a
数字教材应用　303a
数字乡村建设　259c
数字治水　208c
树新林场　275c
"双创"工作　81c
水库安全管理　341c
水库维修养护　207c
水利　205
水利工程维修改造　208a
水利文明创建　209c
水权交易　207a
水体污染治理　215c　279a
水行政执法　207b
水源井维修　246c
水资源监管　207a
税费监管　175b
税费征收　174a
税收共治　175c
税收征管改革　174c
税收执法　175b
税务　174
税源监控管理　175a

司法公开　139c
司法能力提升　139b
司法体制改革　125b　138c
司法行政　140
宋丽　31
诉讼服务　138b
诉讼监督　135a
诉源治理　138c

T

特殊人群管控　140c
特种设备安全监管　169a
提案跟踪督办　111a
提案工作报告撰写　112b
提案工作信息化建设　111b
提案文本规范　110c
提案征集　112c
体教融合　299c
体教融合发展　328b
体育　328
体育竞赛　329c
体育设施建设　328a
体育社团管理　328b
通信　259
统防统治与绿色防控　184b
统计　170
统计调查服务　203c
统计调查宣传　203a
统计分析监测　170c
统计工作方法创新　203a
统计公报　37
统计规范化建设　170a
统计业务培训　203b

统计执法监督　171b

统计执法检查　204a

统一战线工作　81a

图书发行　312a

图书管理　310c

图书下基层活动　312c

图书阅览　63c

土地报批　267a

土地储备　266b

土地挂牌出让　264a

土地管理　263

土地权改革　266c

土地确权登记　267b

土地审批监管　265a

土地市场动态监测　265a

土地指标跨区域交易　264b

土地资源保护与储备　266a

土地资源盘活　266a

土壤环境管控　279b

土壤水系　53b

土壤污染防控　216a

退役军人服务保障　339a

退役军人事务管理　338

退役军人专项服务　338a

脱贫攻坚成果巩固　181b

W

网格员队伍调整优化　126a

网络安全管理　104a

网络安全宣传　104a

网络安全和信息化建设　103a

网络传输服务　317b

网络订餐监管　169b

网络建设　261c

网络空间治理　103c

网络培训督导　84c

网络维护　260a

网络宣传　79b　103b

网络舆情管控　103a

网络资源利用　317c

违规开采矿山区域生态恢复　269b

维护金融稳定　343b

伪基站监控　261c

委员读书活动　111c

委员履职管理考核　110c

卫生监督　322

卫生监督执法　323a

卫生健康　318

卫生　体育　318

卫生协管监督　324b

卫生行政管理　318a

未成年人保护　334c

未成年人司法保护　136a

未成年人思想道德建设　80b

文化　305

文化活动　307b

文化惠民　80c　305b

文化建设　62

文化　旅游　传媒　305

文化三下乡活动　307c

文化市场监管　305c

文化市场整治　306a

文化宣传　308a

文化遗产保护　309b

文旅产业融合　313a

文旅融合　81a

文旅融合发展　156a

文明家庭创建　152c
文史资料编辑出版　112b
文物安全检查　310c
文物保护　309b
文物保护单位管理权移交　310b
文物保护单位基础数据测量　310b
文物保护四有工作　310a
文物保护项目工程　309c
文物保护宣传　309c
文物基础数据整理　310b
文学创作人才培训　156c
文学智　20
文艺创作　62a　80c　155a　308a　309a
文艺创作与演出　309a
文艺平台建设　156b
文艺演出　62b　309a
文艺作品创作　305a
污染防治　66b　279
污水管网扩面工程　200c
污水处理　282
污水处理排放　282b
污水处理项目建设　283a
无烟党政机关创建　325a
吴忠领航生物药业科技有限公司　224a
五项教育　127a
武警青铜峡中队　120
物业服务　246c

X

希望工程　151b
峡口镇　367
辖区客户金融服务　344b
先进个人　394

先进集体　384
"先行区"建设　166b
线上阅读　311a
乡村建设　59a
乡村"四大提升"　167a
乡村振兴　198
项目服务　233c
项目建设　166a　214a
项目落实　233b
项目引进　233b
消毒产品整治　323c
消防备战　342c
消防救援　342a
消防宣传　342c
消防整治　342b
消费提升　234a
小坝城区供热一级管网井室套管防水维修　246c
小坝镇　356
小麦绿色高质高效技术模式示范　183a
校企共建培训基地　304c
校外培训机构专项治理　293c
校园文化建设　299c
校园治理达标县　293b
校园周边环境整治　251c
协商议题征集　110a
协商议政　109a　112a
新冠肺炎疫情防控　318b　321a
新闻宣传　79b
新型基层组织体系建设　235c
新型经营主体培育　180b
新型经营主体项目监管　196c
信访工作　100c
信访积案化解　124c
信访基础建设　101b

信访专项攻坚　101c

信息化建设　104b

刑事案件审判　137c

刑事检察　135a

行政案件审判　138a

行政复议和应诉工作　133c

行政检察　135b

行政区划　55a

行政审批执法　306c

行政事项审批　319b

行政执法监督管理　132c

行政执法"三项制度"推行　132c

畜牧科技培训　185c

畜牧养殖　58a

畜禽标准化规模养殖　184c

畜禽屠宰专项整治　189b

畜禽养殖监测调查　205c

畜禽养殖政策性保险　191c

宣传工作　78b

选举业务骨干培训　94a

学前教育　295a

学前教育办学条件　296b

学前教育扶贫　296a

学前教育普及普惠县创建工作　296c

学生卫生监督　324a

学校体育　328b

学校体育活动　329a

巡察成果运用　117a

巡察工作　115b

巡察规范化建设　115c

巡察"回头看"　116a

巡察人才能力素质提升　117b

巡察整改　116c

汛期隐患整改　341b

Y

烟草专卖　240

烟花爆竹经营管理　236c

盐业　238

阳光检务　137a

养老服务　334a

养老项目工程建设　335b

养殖粪污综合利用　185a

养殖业　184

药品采集　338b

药品医疗器械市场整顿　168c

冶金工业　220

叶盛镇　370

一般图书发行　312b

"一件事一次办"改革　102a

"一站式"结算和异地就医直接结算服务　338b

依法治市工作　140a

医保基金监管　338c

医保基金支出　337a

医保收费　338a

医疗保障　337

医疗服务　319b

医疗机构　326b

医疗救助　337c

遗产保护　64a

移动　261a

移动图书馆　311c

移民村经果林产业提升　274c

移民扶持　64b

移民学校教育教学质量提升　298a

移民致富提升行动　198b

义务教育　296c

义务教育优质均衡发展　296c
义务教育质量检测　303b
义务植树　274b
疫病监测防治　275c
疫苗接种　326b
疫情防控　64a　164a　169c
银行　343
银行　保险　343
营商环境优化　131c　146a　167b　176a
应急保障能力建设　340b
应急管理　339
应急救护培训　163b
应急救护宣传　163a
应急救援队建立　163c
应急预案演练　340c
拥军优属　339b
拥政爱民　339c
用水管理　207a
优质粮食工程　237a
邮政　259
邮政储蓄　259a
邮政惠农　259b
邮政业务　259b
有机肥使用　183c
幼儿园管理　296a
渔业养殖　179a
预防艾滋病、梅毒和乙肝母婴传播　325c
预警预报设施　341a
预算执行审计　171b
裕民街道　380
原粮储备生产基地建设　237c
院感防控　319c
"阅读强智"工程　294b
云改数转　260a

孕产妇妊娠风险评估　325b
孕产妇优生优育　326a

Z

灾害防御教育培训　341a
在线互动课堂　302c
增补叶酸预防神经管缺陷　325c
诈骗电话拦截　261b
张自力　1
招商引资　214c　233
震情跟踪监视　286a
震情监测分析　286a
镇　街道　354
镇（街道）赋权清单对接落实　102c
征管职责划转　176b
征信服务和管理　344a
政策研究工作　82b
政法　123
政法队伍教育整顿　126c
政府第六次全体（扩大）会议暨党风廉政建设工作
　　会议　95a
政府全口径财政决算审查和监督　90c
政府全口径预算审查和监督　90b
政府依法履职边界规范　132a
政务服务办理　102a
政务服务跨省通办　102b
政务服务评价推行　102b
政务服务宣传　103a
政协常委会会议　105b
政协教科文卫体委员会　108b
政协经济委员会　107b
政协第十二届青铜峡市委员会第一次会议　104c
政协第十一届青铜峡市委员会第六次会议　104a

政协青铜峡市委员会　104

政协青铜峡市委员会2021年协商计划开题会
　　105a

政协社会治理委员会　109a

政协提案和委员联络委员会　110b

政协主席会议　106a

政治　67

政治监督　112a

政治建设　60

政治巡察　116b

政治引领　81b

知识产权保护　168c

执纪监督　114a

执行监督　135a

职工权益维护　149a

职工文化活动　149c

职工医疗互助　149c

职工之家建设　148b

职务聘任及岗位晋升　330a

职业教育　303c

职业年金做实　333c

职业卫生整治　323b

植保监测系统建设　184a

质量安全专业技术培训　250b

智慧法院建设　139a

智能化农机装备引进　192b

智慧园区信息化建设　215b

中电投宁夏能源铝业青鑫炭素有限公司　220a

中共青铜峡市第十二届纪律检查委员会第六次全体
　　会议　115a

中共青铜峡市第十三届纪律检查委员会第一次全体
　　会议　115a

中国工商银行股份有限公司青铜峡支行　345a

中国共产党青铜峡市第十二届委员会第十四次
　　全体会议　67a

中国共产党青铜峡市第十二届、第十三届常委会
　　会议　67c

中国共产党青铜峡市第十三次代表大会　67a

中国共产党青铜峡市委员会　67

中国建设银行股份有限公司青铜峡支行　347a

中国农业发展银行青铜峡市支行　344c

中国农业银行股份有限公司青铜峡市支行　345c

中国人民财产保险股份有限公司青铜峡支公司
　　352c

中国人民银行青铜峡市支行　343a

中国人寿保险股份有限公司青铜峡支公司　352a

中国银行股份有限公司青铜峡支行　348c

中级厨师技能培训班　147c

中涛新材料有限公司　223c

中盐宁夏金科达印务有限公司　231c

中医中药事业　320a

种养一体化发展　185b

种植业　182

重大动物疫病免疫　189a

重大突发事件处置能力提升　132b

重大行政决策制度完善　132b

重大政策措施落实情况跟踪审计　171a

重点产业发展　166c

重点传染病监测与防治　321b

重点民生资金和项目审计　172a

重点人员管控　124c

重点提案遴选　111a

重要会议　67a　88a　95a　104a

重要宣传报道　314c

主体培训　84b

主要招商活动　233c

住房保障服务　252

住房公积金贷款　254a
住房公积金管理　253
住房公积金归集　253a
住房公积金提取　253b
住宅工程质量分户验收　250a
专题协商　107c　108b
专载　1
转移就业　333a
庄点清洁整治工程　200c
庄点庭院绿化工程　200c
装备制造工业　230
自然资源管理　263

自然资源调查监测　265a
自然资源评价评估　264a
宗教工作　82a
综合医改　320c
综览　52
综治中心建设　126a
组织工作　75c
作风建设　113c
作物绿色发展　184a
作物种植　177a
作业设计优化　302a